大智移云
改革会计教学

业财合一 • 流程管控系列

中央高校教育教学改革项目研究成果

GOVERNMENT ACCOUNTING

政府会计

施先旺　周　磊　主　编
刘美华　王成龙　副主编

附赠全书视频讲解!

东北财经大学出版社
Dongbei University of Finance & Economics Press
大连

图书在版编目（CIP）数据

政府会计 / 施先旺，周磊主编．—大连：东北财经大学出版社，2023.12（2025.3重印）
（业财合一·流程管控系列）
ISBN 978-7-5654-4995-6

Ⅰ.政…　Ⅱ.①施…②周…　Ⅲ.预算会计-高等学校-教材　Ⅳ.F810.6

中国国家版本馆CIP数据核字（2023）第202236号

东北财经大学出版社出版
（大连市黑石礁尖山街217号　邮政编码　116025）
网　　址：http://www.dufep.cn
读者信箱：dufep@dufe.edu.cn
大连天骄彩色印刷有限公司印刷　　东北财经大学出版社发行

幅面尺寸：185mm×260mm　字数：568千字　印张：24.25　插页：1
2023年12月第1版　　2025年3月第2次印刷

责任编辑：李　栋　吴　奂　　责任校对：刘贤恩
封面设计：原　皓　　版式设计：原　皓

定价：68.00元

教学支持　售后服务　　联系电话：（0411）84710309

如有印装质量问题，请联系营销部：（0411）84710711

序言

数字经济时代已经到来，以大数据、人工智能、移动互联网、云计算、区块链等为代表的信息技术正颠覆性地改变着会计学科的发展方向。移动互联网技术和人工智能技术下的移动支付、移动办公、云会计和财务共享中心可以使证、账、表自动生成；大数据的环境更易于实现业务与财务之间的对接，使得会计能更加实时、精准而全程地服务于业务；区块链技术的去中心化、分布式记账使得业务数据在各个节点自动相互验证，任何记录都无法被篡改。这些新技术的广泛使用，正在引领会计核算对象、成本核算方法、会计管理方式、会计报告要求、会计考核评价等发生颠覆性的变化。新技术在给会计实务带来冲击的同时，也深刻地影响了会计理论和会计实践教学，引发了会计教学内容和会计教材的创新。

如何应对信息技术的挑战，是我们每一位会计教育工作者必须交出的答卷。通过十多年的不懈努力，中南财经政法大学会计学院“财务会计学”课程组提出了“业财合一、流程管控”的会计教学改革新方法。该教学方法的特点主要体现在以下两个方面：

(1) 业财合一

“业财合一”的核心思想就是“懂业务，懂资金运动，就自然懂会计。业务即会计，会计即业务”。在该思想的指导下，会计学习的重心发生了根本性的变革，即从对传统会计处理的学习全面转向对企业的经济业务及其所引发的资金运动的把控。

传统的会计教学主要围绕着“凭证—账簿—报表”展开，它关注的是会计本身的技术处理，关注的是会计自身的“一亩三分地”。这看起来好像无可非议，但问题是在这个“大智移云”的时代，会计这“一亩三分地”中的技术处理部分完全可以由人工智能完成。

在这种新的形势下，会计教与学的重心就转变为：企业发生了什么样的经济业务，这些经济业务会引发什么样的资金运动，资金为什么会发生这样的运动。换言之，新的教学方法将会计关注的重心引向业务，引向企业的资金运动。虽然传统的会计技术处理依然要学习，但它不是会计学习的重点，它只是一个水到渠成的顺带所得，是一个“营业外收入”而已。会计自始至终都在分析企业的经济业务及其所引发的资金运动。

如何实现业财合一，使会计学习的重心转向企业的经济业务？首先，我们提出了“会计沙盘模型”，并通过该模型来全程、实体地模拟企业经济业务所引发的资金运动。该模型的提出，使课程教学中抽象的企业资金运动全部变成有形的实体运动，使会计对象、会计要素全部变成看得见、摸得着的有形实体。其次，我们在可视化的资金运动与会计信息处理之间建立起一一对应的逻辑关系。该逻辑关系就是“资金运动，终点记借，起点记贷”的记账规则。这样，新的教学方法的逻辑思路就是：经济业务—资金运动—会计处理。由于这种逻辑关系的存在，只要弄清楚了企业发生的经济业务，只要弄清楚了该业务所引发的资金运动，我们自然而然就知道该如何进行会计处理了。因此，会计教学的重心就从传统的关注会计本身的技术处理转向关注对企业的经济业务及其所引发的资金运动的把控。这样，懂业务，懂资金运动，自然就懂会计，“业”“财”因此“合一”。

（2）流程管控

“流程管控”的核心思想就是按照业务流程来分析企业的资金运动，并进行相应的会计处理，而传统的会计核算都是按照会计报表项目展开的，尤其是教学体系和教材体系。

这种新的教学方法将企业经济活动过程引入对业务、对资金运动、对会计处理的分析之中。一般而言，企业的经济活动按流程可以分为筹资、供应、生产、销售和投资等五大环节。流程管控就是按这五大环节重构企业的业务流程，并在此基础上分析各环节的基本资金运动，从而形成企业整体基本资金流程框架，最终在此框架的基础上构建新的基于资金运动视角的会计核算理论体系、教学体系和教材体系。

按五大环节构建的基本资金运动流程为分析企业经济业务提供了一个基本的逻辑分析框架，企业所有的经济业务及其所引起的资金运动都可以在这个框架之下进行分析与推演。企业经济业务及其资金运动的分析过程实际上就是沙盘的推演过程。在这个分析过程中，我们将各种财务管理与控制思想、各种会计原则和会计假设等融入资金运动的分析与推演之中。通过这种分析与推演，读者不仅知道经济业务引发的资金是怎样运动的，还知道资金为什么要这样运动，从而能更好地提升自身的综合素质和对企业进行全面把控，提高分析问题和解决问题的能力。

正因为如此，本系列教材内容除了包括传统的会计技术处理外，还可以看到大量的资金运动流程及其分析。我们认为，在这个“大智移云”的时代，对这些资金运动流程的把握远比对会计的技术处理要重要得多。愿本系列教材能够助力广大师生在会计教学改革之路上奋力开拓，砥砺前行！

施先旺
中南财经政法大学

前　言

为了推广“业财合一、流程管控”的会计教学新理念、新方法，中南财经政法大学会计学院“财务会计学”课程组联合湖北大学、武汉学院、太原大学、桂林理工大学、河南财政金融学院等院校会计学专业老师一起出版了一系列教材。

本教材主要有以下特点：

（1）紧跟最新的政府会计规范。本书以最新的政府会计准则和政府会计制度为依据，以政府会计“双核算”为核心内容，详细讲解了政府会计主体经济业务所引发的资金运动及其会计处理。

（2）体现“业财合一”思想。对于政府会计主体发生的经济业务，首先分析经济业务所引发的业务流程。其次，分析该经济业务所引发的资金运动，包括财务会计视角和预算会计视角的“双重”资金流。最后根据“业财合一”新的记账思路——资金运动，终点记借、起点记贷——进行财务会计和预算会计“双重”核算。这种新的教学思路，将会计教学的重心从传统的对会计本身的技术处理（记账、算账和报账）的关注，全面转向对经济业务及其所引起的资金运动的分析与把控，从而实现“懂业务，懂资金运动，就自然懂会计”的业财合一理念，进而全面提升学生的综合素质和分析问题、解决问题的能力。

（3）重构政府会计核算体系和教材体系。传统的政府会计核算体系和教材体系都是按会计要素展开，缺乏整体性、全面性与逻辑性。本教材参照企业的供、产、销、投资和筹资等五大环节重构政府会计核算体系与教材体系。

其重构情况如下：

①由于政府会计主体的很多经济业务都可能涉及增值税业务，因此，将增值税业务作为一个专项，作为本教材的第二章“单位增值税业务资金运动分析与会计处理”，集中在一起进行讲解。

②单位预算收入，按其是否来源于所服务的特定对象，可以分为两类：一类是指属于直接来源于所服务的特定对象的预算收入，另一类是指不属于直接来源于所服务的特定对象的预算收入。由于第一类预算收入直接来源于单位所服务的特定对象，类似于企业的收入业务，故将此类预算收入业务统称为“单位内部收入业务”，并将其作为第六章“单位内部收入与费用业务资金运动分析与会计处理”。由于第二类预算收入不是直接来源于所服务的特定对象，从这个角度来看，这些预算收入好像是从单位外部直接取得的，故将此类预算收入业务统称为“单位外部资金流入业务”，并将其作为第三章“单位外部资金流入业务资金运动分析与会计处理”。

③存货采购和加工相关的业务，类似于企业的供应与生产环节业务，将其作为第四章“单位存货采购、加工与使用资金运动分析与会计处理”。

④固定资产业务、在建工程业务、无形资产业务、对外投资业务、公共基础设施业务等，类似于企业的投资业务，将其作为第五章“单位投资业务资金运动分析与会计处理”。

⑤净资产业务、预算结余业务类似于企业的利润形成与分配业务，作为第七章“单位净资产与预算结余业务资金运动分析与会计处理”。

（4）全面体现立德树人理念。在结构安排上，每一章都设置了“育德育人”栏目，供老师和同学们学习与探讨。

（5）教材附赠全书视频讲解，扫描二维码即可免费观看。

（6）以附录的形式补充了民间非营利组织会计的相关内容。

（7）为使读者更便捷了解“业财合一、流程管控”新的会计教学方法，以附录2“业财合一视角下复式记账新诠释”对该方法进行了简要介绍。

（8）每章都附有思维导图和课后自测题。

本书由施先旺（中南财经政法大学）和周磊（武汉学院）任主编，刘美华（湖北大学）和王成龙（中南财经政法大学）任副主编。本书共十章，各章编写分工如下：第一章、第二章周磊；第三章施先旺；第四章王成龙；第五章刘美华；第六章李燕（武汉学院）；第七章罗翠英（武汉学院）；第八章匡伊婷（武汉学院）；第九章魏丽丝（武汉学院）；第十章余珍（武汉学院）；附录张娇姝（武汉学院）。

本书是中南财经政法大学中央高校教育教学改革项目“基于综合素质培养的会计课程体系建设与会计教育方法研究”的重要成果，是湖北省高等学校省级教学研究项目“基于职业判断能力培养的会计课程体系建设与会计教育方法研究”（项目编号2015160）的重要成果，是武汉学院2023年校级规划教材《政府会计》立项建设项目的重要成果。本书所使用的“会计沙盘模型”名称及其模型本身已申请专利保护，未经“施会计”团队授权，不得用于营利性活动。

本书在编写过程中得到了很多专家、学者的帮助，在此一并表示感谢。同时，还要感谢东北财经大学出版社的李栋编辑为本书的出版所做出的努力。由于编写者水平有限，本书的疏漏之处在所难免，期待广大读者批评指正，以助其不断完善。请将您对于本书的任何需求与宝贵意见告知课程组联系人（微信号：shixw2000）。

编　者
2023年8月27日

《政府会计》育德育人（二十大精神）与专业教育融合线路图

案例名称	案例目标	立德树人											
	案例维度	情感			素质			意识			思维		
	案例元素	家国情怀	民族自信	人民至上	社会责任	求真务实	职业道德	法治意识	契约意识	诚信守正	开拓创新	辩证思维	全球视角
第一章　政府会计改革的意义		√	√	√	√						√	√	√
第二章　国务院政策例行吹风会：每年减负预计达4 800多亿元				√	√	√							
第三章　建立公务卡制度，深化国库集中支付制度改革				√	√		√			√	√		
第四章　政府采购法，有效防范“权力寻租”				√	√		√	√	√	√	√		
第五章　深圳发布政府规章明确三类保障性住房类型，加快完善住房保障体系		√		√	√	√					√	√	
第六章　从“预算报告”看“民生情怀”		√		√	√							√	√
第七章　玉门市财政局清理盘活结转结余“唤醒”财政“沉睡”资金				√	√	√		√		√			
第八章　我国政府财务报告制度改革行稳致远		√	√	√	√			√		√	√		√
第九章　正视问题，整改问题			√		√	√	√	√		√		√	
第十章　不晒预决算，就该被问责		√		√	√	√						√	

目 录

第一章　政府会计总论

育德育人

政府会计改革的意义

2013年，党的十八届三中全会提出建立权责发生制政府综合财务报告，随后这一决定被写入新修订的《中华人民共和国预算法》，为我国财政体制及政府会计的改革指明了方向。2014年12月12日，国务院批转了财政部《权责发生制政府综合财务报告制度改革方案》，政府会计改革取得了里程碑式的进展。

2015年以来，财政部相继出台了《政府会计准则——基本准则》和存货、投资、固定资产、无形资产、公共基础设施、政府储备物资、会计调整、负债、财务报表编制和列报、政府和社会资本合作项目合同10项具体准则，以及固定资产准则应用指南。2017年10月24日，财政部发布了统一现行各类行政事业单位会计标准的《政府会计制度——行政事业单位会计科目和报表》。基本准则、具体准则、政府会计制度的发布对夯实部门和单位编制权责发生制财务报告、全面反映政府主体运行成本和预算执行情况奠定了坚实的基础，基本形成了我国政府会计标准体系。

政府会计改革的意义在于：

(1) 统一规范，提高信息质量。新政府会计通过规范政府各单位与部门的会计行为，消除不同规范所产生的差异。这有助于打破局部利益界线，保证会计信息质量，使各部门单位都以政府整体视角处理业务，参与政府治理，在会计领域实现统一领导分级管理的国家治理模式。

(2) 夯实管理基础，提升管理水平。通过规范收支行为，落实预算管理制度与要求；通过核算资产的增量与存量，落实国有资产管理制度，防止国有资产流失，提高资产管理绩效；增强公共管理意识，落实有关财务管理规定，实现资源合理配置，促进可持续健康发展。

(3) 准确核算成本，科学评价绩效。按权责发生制核算单位应承担的运行费用与履职成本，进而评价单位对公共资源的耗费、成本边际等，提高绩效评价的科学性。

(4) 构建报表体系，提升财务透明度。新政府会计制度构建了满足现代财政制度需要的政府财务报告体系，全面反映单位预算执行信息和财务信息，并按照规定进行审计和公开。这将显著提高财务透明度，对政府信息公开及民主化建设有着十分重要的意义。

本章思维导图

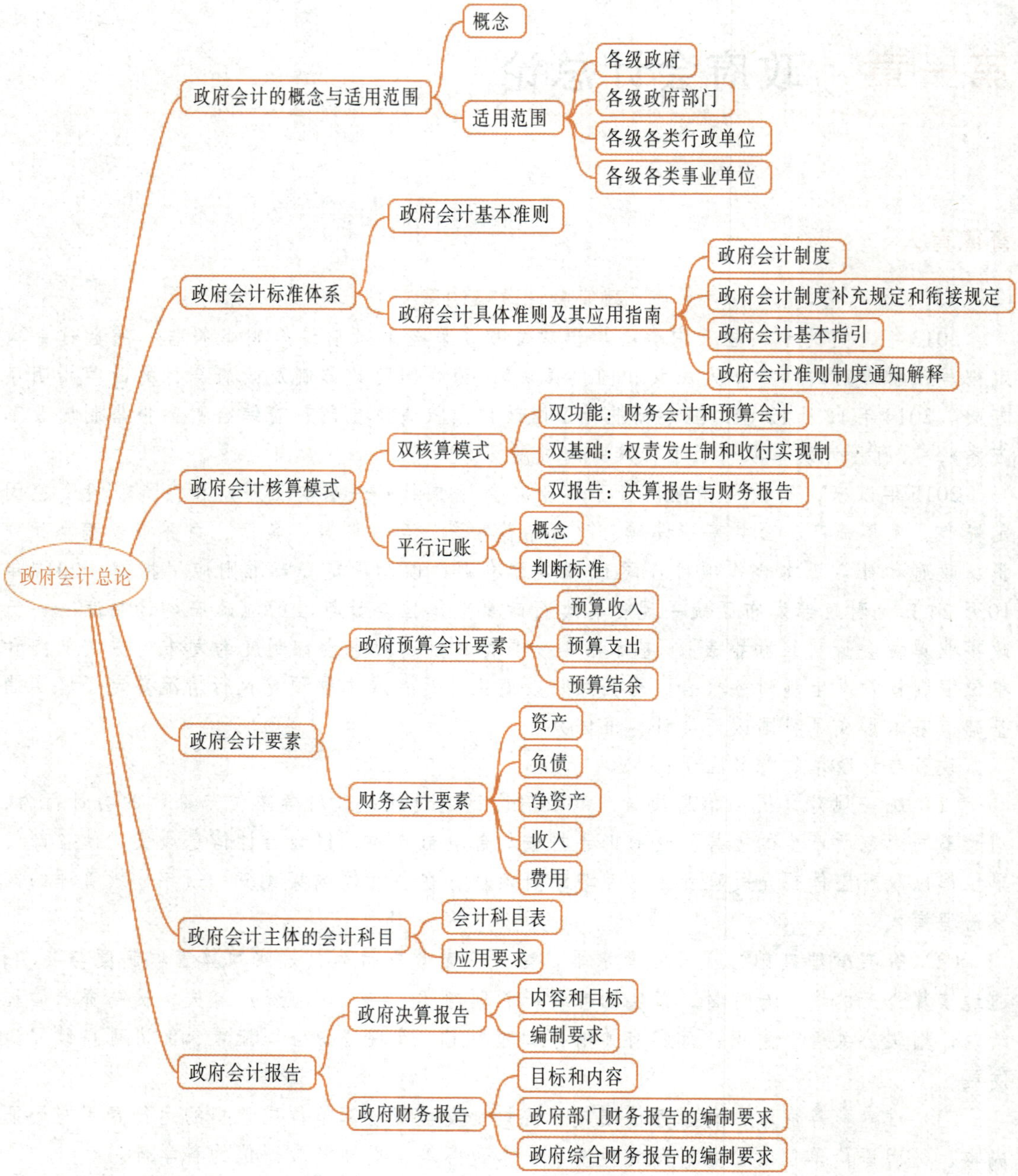

学习目标

本章主要讲授政府会计的概念，我国政府会计标准体系与核算模式，政府会计要素、会计科目与平行记账，政府会计报告。通过本章的学习，应掌握政府会计的概念与适用范围；掌握我们政府会计标准体系的构成与核算模式；掌握政府会计要素；熟悉政府会计科目；理解平行记账的基本思路；掌握政府会计报告的构成。

第一节　政府会计的概念与适用范围

政府会计是会计体系的重要分支，它是运用会计专门方法对政府及其组成主体的财务状况、运行情况（含运行成本）、现金流量、预算执行等情况进行全面核算、监督和报告。

一、政府会计的概念

根据国际会计准则委员会（IASC）的规定，政府会计是指用于确认、计量、记录和报告政府和事业单位财务收支活动及其受托责任履行情况的会计体系。由于各个国家的政治经济体制和管理体制不同，政府会计的内涵也有一定差别。我国的政府会计是用于确认、计量、记录政府受人民委托管理国家公共事务和国家资源、国有资产的情况，报告政府公共财务资源管理的业绩及履行受托责任情况的专门会计。具体来说，政府会计就是指各级政府、各部门、各单位对其自身发生的经济业务或事项进行会计核算，综合反映政府会计主体预算收支的年度执行结果和公共受托责任履行情况的专业会计。政府会计的基本目标是向财务报告使用者提供与政府的财务状况、运行情况（含运行成本）、现金流量、预算执行等有关的信息，反映政府会计主体公共受托责任履行情况，有助于财务报告使用者作出决策或者进行监督和管理。

二、政府会计的适用范围

政府会计适用于各级政府、各部门、各单位（以下统称政府会计主体）。各部门、各单位是指与本级政府财政部门直接或者间接发生预算拨款关系的国家机关、政党组织、社会团体、事业单位和其他单位。军队、已纳入企业财务管理体系的单位和执行《民间非营利组织会计制度》的社会团体不适用。

政府会计的概念与适用范围

（一）各级政府

根据我国宪法规定，政府是国家权力机关的执行机关，是国家的行政机关。我国政府分为以下五级：中央人民政府（简称中央政府）、省（直辖市、自治区、特区）政府、市（地区、自治州、盟）政府、县（区、旗、县级市）政府和乡（镇、街道）政府及其组织体系。省及以下各级政府统称地方人民政府（简称地方政府）。国务院（即中央政府）是最高国家权力机关的执行机关，是最高国家行政机关。地方各级政府均隶属其上级政府及中央政府管辖。党的十八大提出要建立权责发生制综合财务报告制度，各级政府财政部门既要负责编制本级政府综合财务报告，也要负责编制本级政府所辖行政区政府综合财务报告。

（二）各级政府部门

各级政府为履行其应尽的职责和完成其承担的任务，需要设置所属若干政府部门；各部门具有不同职责，各自完成承担的任务，共同实现一级政府的管理目标。如根据2018年国务院机构改革方案，国务院组成部门除办公厅外，还有科技部、公安部、外交部等

26个部门。各级地方政府主要机构设置同中央基本保持对应，同时根据地方经济业务事项的特点，以国家治理体系和治理能力现代化为导向，按照优化职能配置、理顺职责关系的原则设置各组成部门。根据我国政府组成部门（单位）承担的职能情况，部门（单位）还下设二级预算单位、三级（基层）预算单位等。

（三）各级各类行政单位

各级各类行政单位指的是进行国家行政管理、组织经济建设和文化建设、维护社会公共秩序的单位，主要包括国家权力机关、行政机关、司法机关、检察机关以及实行预算管理的其他机关、政党组织等。其人员实行公务员体制管理，经费、工资福利等由政府拨付。一般来说，行政单位经费来源和经济业务相对单一。

（四）各级各类事业单位

事业单位增值税一般性业务举例

事业单位是指以社会公益为目的，由国家机关举办，或其他组织利用国有资产设立的，从事教育、科技、文化、卫生等活动的社会服务组织。事业单位接受政府领导，表现形式为组织或机构法人实体。一般情况下国家会对这些事业单位予以财政补助；根据财政与单位的拨款形式，事业单位分为：全额拨款事业单位（公益一类）、差额拨款事业单位（公益二类），还有一种是自收自支事业单位（逐渐转制为企业），即国家不拨款的事业单位。

根据职责任务、服务对象和资源配置方式等不同情况，从事公益服务的事业单位细分为两大类。第一类为承担义务教育、基础性科研、公共文化、公共卫生及基层的基本医疗服务等基本公益服务的组织，这类事业单位不能或不宜由市场配置资源，被划入公益一类，由国家财政保障全部经费。第二类为承担高等教育、非营利医疗等公益服务的组织，该类事业单位可部分由市场配置资源，财政保障部分经费，被划入公益二类。由此可见，我国事业单位的性质和形成方式、经费渠道相比行政单位来说，复杂得多；其资金来源渠道既有政府财政公共资源，也有通过自身开展经营活动自创的收入。因此，在进行会计核算时，需要遵循相关的财务会计制度的规定。

综上所述，我国政府会计主体呈现出多层次、复合型、纵横交叉的情况，既可以是某个具体单位，也可以是某个组成部门，还可以是一级政府或行政区域范围内的政府。

本教材将符合政府会计准则制度规定的政府会计主体和参照执行政府会计准则制度的非政府会计主体统称为单位，或者政府单位，或者行政事业单位。

第二节　政府会计标准体系

为如实反映政府“家底”，客观反映政府运行成本，科学评价政府的运营绩效，党的十八届三中全会提出了“建立权责发生制政府综合财务报告制度”的重大改革举措。2014年12月12日，国务院批转发布了财政部起草的《权责发生制政府综合财务报告制度改革方案》（以下简称《改革方案》），该方案提出要构建统一、科学、规范的政府会计标准体系。

自2015年以来，财政部相继出台了《政府会计准则——基本准则》（以下简称《基本准则》）和存货、投资、固定资产、无形资产、公共基础设施、政府储备物资、会计调整、负债、财务报表编制和列报、政府和社会资本合作项目合同10项具体准则，以及固定资产准则应用指南。2017年10月24日，财政部发布了统一现行各类行政事业单位会计标准的《政府会计制度——行政事业单位会计科目和报表》（以下简称《政府会计制度》）。基本准则、具体准则、政府会计制度的发布对夯实部门和单位编制权责发生制财务报告、全面反映政府主体运行成本和预算执行情况奠定了坚实的基础，基本形成了我国政府会计标准体系。

一、政府会计基本准则

政府会计基本准则用于规范政府会计目标、政府会计主体、政府会计信息质量要求、政府会计核算基础，以及政府会计要素定义、确认和计量原则、列报要求等原则性事项。基本准则是政府会计准则体系的概念基础和框架，指导具体准则和政府会计制度的制定，并为政府会计实务问题的解决提供处理原则。2015年10月23日，财政部印发了《政府会计准则——基本准则》（以下简称《基本准则》），自2017年1月1日起施行。该基本准则包含政府会计目标、会计信息质量要求、会计要素的定义及确认计量原则与列报要求，共6章62条。

二、政府会计具体准则及其应用指南

政府会计具体准则依据《基本准则》制定，用于规范政府发生的经济业务或事项的会计处理原则，详细规定经济业务或事项引起的会计要素变动的确认、计量和报告。应用指南是对具体准则的实际应用作出的操作性规定，是对具体准则中的条款进行操作指引。2016年以来，财政部相继出台了存货、投资、固定资产、无形资产、公共基础设施、政府储备物资、会计调整、负债、财务报表编制和列报、政府和社会资本合作项目合同等政府会计具体准则和固定资产准则应用指南。

政府会计标准体系

三、政府会计制度及相关规定

（一）政府会计制度

政府会计制度依据基本准则制定，主要规定政府会计科目及账务处理、报表体系及编制说明等。按照政府会计主体不同，政府会计制度主要由政府财政会计制度和政府单位会计制度组成。2017年10月24日，财政部印发《政府会计制度——行政事业单位会计科目和报表》（以下简称《政府会计制度》），并自2019年1月1日起施行，该制度适用于各级行政事业单位。单位应当根据政府会计准则（包括基本准则和具体准则）规定的原则和《政府会计制度》的要求，对发生的各项经济业务或事项进行会计核算。

（二）政府会计制度补充规定和衔接规定

《政府会计制度》是按照统一性原则，在有机归并行政单位、事业单位和9项行业事业单位会计制度基础上形成的，为了规范某些行业事业单位特殊经济业务或事项的会计核算，确保新旧制度顺利过渡，需要结合行业单位实际情况，对《政府会计制度》做出必要补充。为此，财政部制定出台了7项补充规定和11项新旧制度衔接规定。

这7项补充规定涉及7个特殊行业，具体包括国有林场和苗圃、高等学校、中小学校、科学事业单位、医院、基层医疗卫生机构、彩票机构等7个行业。

这11项新旧制度衔接规定具体包括行政单位、事业单位2项衔接规定以及国有林场和苗圃、测绘单位、地勘单位、高等学校、中小学校、科学事业单位、医院、基层医疗卫生机构、彩票机构等9项行业衔接规定。

（三）政府会计基本指引

2019年12月17日，财政部制定发布了《事业单位成本核算基本指引》（以下简称《基本指引》）。《基本指引》旨在促进事业单位加强成本核算工作，提升单位内部管理水平和运行效率，夯实绩效管理基础。其主要定位和作用包括两个方面：（1）使事业单位树立成本的基本概念和理念，明确成本核算的基本原则和基本方法，为事业单位开展成本核算工作提供基本遵循依据；（2）确立事业单位成本核算技术层面的顶层设计，统御各类事业单位成本核算具体指引的制定。

财政部还会同有关单位开展深入研究，制定医院、高等学校、科学事业单位等行业事业单位的成本核算具体指引，2021年11月15日，财政部制定发布了《事业单位成本核算具体指引——公立医院》；2022年9月26日，财政部制定发布了《事业单位成本核算具体指引——高等学校》和《事业单位成本核算具体指引——科学事业单位》。该具体指引对相关行业通用的成本核算对象、成本项目、成本范围、成本归集和分配方法、成本报告内容等作出具体规定，以提高成本核算指引的指导性和操作性。

（四）政府会计准则制度通知解释

由于政府会计改革和政府会计主体的复杂性，为解决在实施过程中不断出现的问题，财政部还出台了相关的通知解释进一步明确和补充说明相关问题。如财政部于2018年12月6日印发了《财政部关于进一步做好政府会计准则制度新旧衔接和加强行政事业单位资产核算的通知》（财会〔2018〕34号）、2019年7月16日印发了《政府会计准则制度解释第1号》（财会〔2019〕13号）、2019年12月17日印发了《政府会计准则制度解释第2号》（财会〔2019〕24号）、2020年10月20日印发了《政府会计准则制度解释第3号》（财会〔2020〕15号）、2021年12月22日印发了《政府会计准则制度解释第4号》（财会〔2021〕33号）、2022年9月21日印发了《政府会计准则制度解释第5号》（财会〔2022〕25号）。这些通知和解释对制度的执行范围、合并报表的合并范围、会计处理等问题又作出进一步的明确和规定。

系列补充规定、衔接规定和相关的通知解释是《政府会计制度》的重要补充和有机组成部分，以期不断解决《政府会计制度》实施中出现的新问题，确保政府会计准则制度在全国各级各类行政事业单位全面实施。

第三节　政府会计核算模式

政府会计由预算会计和财务会计构成。政府会计制度构建了“预算会计和财务会计适度分离并相互衔接”的会计核算模式。所谓“适度分离”，是指适度分离政府预算会计和财务会计功能，决算报告和财务报告功能，全面反映政府会计主体的预算执行信息和财务信息。所谓“相互衔接”，是指在同一会计核算系统中政府预算会计要素和相关财务会计要素相互协调，决算报告和财务报告相互补充，共同反映政府会计主体的预算执行信息和财务信息。

该模式能全面、清晰反映政府财务信息和预算执行信息，为开展政府信用评级、加强资产负债管理、改进政府绩效监督考核、防范财政风险等提供支持，促进政府财务管理水平提高和财政经济可持续发展。

一、双功能、双基础、双报告的会计核算模式

（一）双功能：预算会计和财务会计

政府会计核算模式

“双功能”是指政府会计应当实现预算会计和财务会计双重功能。预算会计以收付实现制为基础对政府会计主体在预算年度内依法取得的并纳入预算管理的现金流入和流出进行会计核算，主要反映和监督预算收支执行情况。财务会计以权责发生制为基础对政府会计主体发生的各项经济业务和事项进行会计核算，主要反映和监督政府会计主体财务状况、运行情况和现金流量等情况。在同一会计核算系统中实现预算会计和财务会计双重功能，通过预算收入、预算支出和预算结余三个要素进行预算会计核算；通过资产、负债、净资产、收入、费用五个要素进行财务会计核算。

（二）双基础：收付实现制与权责发生制

“双基础”是指预算会计实行收付实现制，国务院另有规定的，从其规定；财务会计实行权责发生制。

收付实现制是指以现金的实际收付为标志来确定本期收入和本期支出的会计核算基础。凡在当期实际发生的现金收入和支出，均应作为当期的收入和支出；凡是不属于当期发生的现金收入和支出，均不应当作为当期的收入和支出。以收付实现制为核算基础的预算会计满足了预算管理的需要，能准确反映预算收支情况，对加强预算管理和监督具有重要作用。

权责发生制是指以取得收取款项的权利或支付款项的义务为标志来确定本期收入和费用的会计核算基础。凡是当期已经实现的收入和已经发生的或应当负担的费用，不论款项是否实际收付，都应当作为当期的收入和费用；凡是不属于当期的收入和费用，即使款项已在当期收付，也不应当作为当期的收入和费用。以权责发生制为基础的财务会计能满足如实反映政府资产负债管理、客观反映政府运行成本、科学评价政府的运营绩效、准确编制政府财务报告的目标和需要。

（三）双报告：决算报告和财务报告

“双报告”是指政府会计主体应当编制决算报告和财务报告。政府决算报告的编制主要以收付实现制为基础，以预算会计核算生成的数据为准；政府财务报告的编制主要以权责发生制为基础，以财务会计核算生成的数据为准。

决算报告的目标是向决算报告使用者提供与政府预算执行情况有关的信息，综合反映政府会计主体预算收支的年度执行结果，有助于决算报告使用者进行监督和管理，并为编制后续年度预算提供参考和依据。财务报告的目标是向财务报告使用者提供与政府的财务状况、运行情况（含运行成本）和现金流量等有关的信息，反映政府会计主体公共受托责任履行情况，有助于财务报告使用者作出决策或者进行监督和管理。

在同一会计核算系统中，政府预算会计要素和财务会计要素相互协调，决算报告和财务报告相互补充，共同反映政府会计主体的预算执行信息和财务信息。

二、平行记账

（一）平行记账的概念

政府会计核算模式最大的特点在于平行记账。“平行记账”是指对于纳入部门预算管理的现金收支业务，在进行财务会计核算的同时也应当进行预算会计核算。这里的现金，是指单位的库存现金以及其他可以随时用于支付的款项，包括库存现金、银行存款、其他货币资金、零余额账户用款额度、财政应返还额度，以及通过财政直接支付方式支付的款项。

平行记账要求，对符合上述平行记账界定的经济事项，要分别从财务会计视角和预算会计视角分析其资金运动，即“双资金流”；在同一个账务系统中，同时做财务会计分录和预算会计分录，即“双分录”。从本质上看，财务会计和预算会计的经济事项具有同源性，它们是从不同维度和管理需求出发反映同一经济事项的两笔关联资金流与关联分录。

通过平行记账，在同一账务系统中同时生成财务会计和预算会计两类信息，这两类信息之间既独立又关联。财务报表与预算会计报表之间存在勾稽关系，期末通过编制“本期预算结余与本期盈余差异调节表”来反映这种勾稽关系，并以报表附注的形式予以披露。该调节表反映单位财务会计和预算会计因核算基础和核算范围不同所产生的本年盈余数（即本期收入与费用之间的差额）与本年预算结余数（本年预算收入与预算支出的差额）之间的差异，从而揭示财务会计和预算会计的内在联系。

政府会计平行记账

（二）平行记账的判断标准

实务中平行记账是否做“双资金流”“双分录”按以下标准判断：

第一，经济业务是否涉及现金收支，即是否有现金流入流出单位。如果没有现金流入流出单位，例如提现、按权责发生制确认成本费用、内部资金形态变化等业务，没有现金流入流出单位，则不做预算会计资金流分析，不做预算会计分录。

第二，如果该业务是现金收支业务，则进一步判断这一收支业务是否纳入部门预算管理。如果纳入了部门预算管理，则需要做预算会计资金流分析，并进行预算会计处理。实务中，现金收支业务是否纳入预算管理，不同行业的单位存在不同的判断标准。一般来说，单位现金收支业务大部分都是纳入预算管理的，需要在预算会计中核算。但如应上缴、应转拨、应退回、暂收暂付等业务所引起的货币资金收支，不纳入单位预算管理，不需要进行预算会计资金流分析，不需要进行预算会计处理。

（1）受托代理货币资金业务。单位收到货币资金形式的受托代理资产，其所有权、控制权仍归属原单位，不属于单位的预算收入。因此，不纳入单位预算收入核算，不做预算会计资金流分析，不做预算会计分录。

（2）应缴财政款业务。单位收到资金的时候虽然有现金流入，但这笔收入按规定是要上缴财政的，如高校、医院等单位采取财政返还方式取得的收入在收到资金时，单位处置资产取得应上缴财政的资金净流入等业务，资金流入时就已明确不归属于单位，因此，不纳入单位预算收入核算，不做预算会计资金流分析，不进行预算会计核算。

（3）暂收款业务。单位收到同级财政部门预拨的下期预算款和没有纳入预算的暂付款项（如转拨下属单位款项），资金虽然流入，但流入资金不归属当期或不归属本单位的预算收入，不做预算资金流分析，不做预算会计处理。在财务会计中，应通过“其他应付款”科目核算。待到进入对应的下一预算期或批准纳入预算时，此笔款项才符合纳入单位当期预算收入的标准，再做预算资金流分析，在预算会计中确认预算收入。

（4）暂付款业务。支付款项时，资金尚未形成真正的预算支出，单位在支付款项时不做预算会计处理；待结算或报销时，按照结算或报销的金额，再做预算资金流分析与预算会计处理。跨年的业务，在年末结账前，对于尚未结算或报销的暂付款项，单位按照暂付的金额，确认相关预算支出项目；以后年度，实际结算或报销金额与已计入预算支出的金额不一致的，单位应当通过相关预算结转结余科目的“年初余额调整”明细科目进行处理。

第四节　政府会计要素

政府会计要素由预算会计要素和财务会计要素组成。预算会计包括预算收入、预算支出与预算结余三大要素。财务会计包括资产、负债、净资产、收入和费用五大要素。

一、政府预算会计要素

（一）预算收入

预算收入是指政府会计主体在预算年度内依法取得并纳入预算管理的现金流入。预算收入一般在实际收到时予以确认，以实际收到的金额计量。政府单位的预算收入按照来源分为财政拨款预算收入、事业预算收入、非同级财政拨款预算收入、经营预算收入、投资预算收益、债务预算收入、上级补助预算收入、附属单位上缴预算收入、其他预算收入等。

政府预算会计要素

（二）预算支出

预算支出是指政府会计主体在预算年度内依法发生并纳入预算管理的现金流出。预算支出一般在实际支付时予以确认，以实际支付的金额计量。政府单位的预算支出包括行政支出、事业支出、经营支出、上缴上级支出、对附属单位补助支出、投资支出、其他支出等。

（三）预算结余

预算结余是指政府会计主体预算年度内预算收入扣除预算支出后的资金余额，以及历年滚存的资金余额。预算结余包括结余资金和结转资金。结余资金是指年度预算执行终了，预算收入实际完成数扣除预算支出和结转资金后剩余的资金。结转资金是指预算安排项目的支出，年终尚未执行完毕或者因故未执行，且下年需要按原用途继续使用的资金。

二、政府财务会计要素

政府财务会计要素包括资产、负债、净资产、收入和费用。

（一）资产

资产是指政府会计主体过去的经济业务或者事项形成的，由政府会计主体控制的，预期能够产生服务潜力或者带来经济利益流入的经济资源。服务潜力是指政府会计主体利用资产提供公共产品和服务以履行政府职能的潜在能力。经济利益流入表现为现金及现金等价物的流入，或者现金及现金等价物流出的减少。

政府财务会计要素——资产

资产按照流动性分为流动资产和非流动资产。其中流动资产是指预计在1年内（含1年）耗用或者可以变现的资产，包括货币资金、短期投资、应收及预付款项、存货等；非流动资产是指流动资产以外的资产，包括固定资产、在建工程、无形资产、长期投资、公共基础设施、政府储备物资、文物资源、保障性住房和自然资源资产等。

符合政府资产定义的经济资源，在同时满足以下条件时，应确认为资产：（1）与该经济资源相关的服务潜力很可能实现或者经济利益很可能流入政府会计主体；（2）该经济资源的成本或者价值能够可靠地计量。

政府资产的计量属性主要包括历史成本、重置成本、现值、公允价值和名义金额。政府会计主体在对资产进行计量时，一般应当采用历史成本。采用重置成本、现值、公允价值计量的，应当保证所确认的资产金额能够持续、可靠计量。无法采用历史成本、重置成本、现值和公允价值计量属性的，采用名义金额计量，即按人民币1元计量。根据政府会计准则制度的规定，可以按照名义金额计量的资产只包括接受捐赠的或盘盈的，且成本无法确定的库存物品、固定资产、无形资产。

（二）负债

负债是指政府会计主体过去的经济业务或者事项形成的，预期会导致经济资源流出政府会计主体的现时义务。现时义务是指政府会计主体在现行条件下已承担的义务。

负债按其流动性划分为流动负债和非流动负债。其中，流动负债是指预计在1年内（含1年）偿还的负债，包括短期借款、应交增值税、其他应交税费、应缴财政款、应付职工薪酬、应付票据、应付账款、应付政府补贴款、应付利息、预收账款、其他应付款和预提费用；非流动负债是指流动负债以外的负债，包括长期借款、长期应付款、应付长期政府债券和政府依法担保形成的债务等。

政府财务会计要素——负债

负债按照偿还时间与金额是否确定划分为，偿还时间与金额基本确定的负债和由或有事项形成的预计负债。其中，偿还时间与金额基本确定的负债按照政府会计主体的业务性质及风险程度进一步划分为融资活动形成的举借债务及其应付利息、运营活动形成的应付款项和暂收性负债。

符合政府负债定义的义务，在同时满足以下条件时，应确认为负债：（1）履行该义务很可能导致含有服务潜力或者经济利益的经济资源流出政府会计主体；（2）该义务的金额能够可靠地计量。

政府负债的计量属性主要包括历史成本、现值和公允价值。在历史成本计量下，负债按照因承担现时义务而实际收到的款项或者资产的金额，或者承担现时义务的合同金额，或者按照为偿还负债预期需要支付的现金计量。在现值计量下，负债按照预计期限内需要偿还的未来净现金流出量的折现金额计量。在公允价值计量下，负债按照市场参与者在计量日发生的有序交易中转移负债所需支付的价格计量。政府会计主体在对负债进行计量时，一般应当采用历史成本。采用现值、公允价值计量的，应当保证所确定的负债金额能够持续、可靠计量。

（三）净资产

净资产是指政府会计主体资产扣除负债后的净额，其金额取决于资产和负债的计量。

（四）收入

收入是指报告期内导致政府会计主体净资产增加的、含有服务潜力或者经济利益的经济资源的流入。收入的确认应当同时满足以下条件：（1）与收入相关的含有服务潜力或者经济利益的经济资源很可能流入政府会计主体；（2）含有服务潜力或者经济利益的经济资源流入会导致政府会计主体资产增加或者负债减少；（3）流入金额能够可靠地计量。

政府财务会计要素——其他

（五）费用

费用是指报告期内导致政府会计主体净资产减少的、含有服务潜力或者经济利益的经济资源的流出。费用的确认应当同时满足以下条件：（1）与费用相关的含有服务潜力或者经济利益的经济资源很可能流出政府会计主体；（2）含有服务潜力或者经济利益的经济资源流出会导致政府会计主体资产减少或者负债增加；（3）流出金额能够可靠地计量。

第五节　政府会计主体的会计科目

一、政府会计主体的会计科目表

政府会计科目包括财务会计科目和预算会计科目两大类，共计103个一级科目。其中，财务会计科目共计77个，包含资产类科目35个，负债类科目16个，净资产类科目7个，收入类科目11个，费用类科目8个；预算会计科目共计26个，包括预算收入类科目9个，预算支出类科目8个，预算结余类科目9个。

根据现行规定，行政单位不得对外投资或提供担保，不得举办经济实体，不得从事经营活动，因此，与对外投资、经营活动相关的会计科目，仅限于事业单位使用。政府会计主体的会计科目表见表1-1。

表1-1　政府会计主体的会计科目表

序号	科目编号	科目名称	适用范围
一、财务会计科目			
（一）资产类			
1	1001	库存现金	行政/事业
2	1002	银行存款	行政/事业
3	1011	零余额账户用款额度	行政/事业
4	1021	其他货币资金	行政/事业
5	1101	短期投资	事业

续表

序 号	科目编号	科目名称	适用范围
6	1201	财政应返还额度	行政 / 事业
7	1211	应收票据	事业
8	1212	应收账款	事业
9	1214	预付账款	行政 / 事业
10	1215	应收股利	事业
11	1216	应收利息	事业
12	1218	其他应收款	行政 / 事业
13	1219	坏账准备	事业
14	1301	在途物品	行政 / 事业
15	1302	库存物品	行政 / 事业
16	1303	加工物品	行政 / 事业
17	1401	待摊费用	行政 / 事业
18	1501	长期股权投资	事业
19	1502	长期债券投资	事业
20	1601	固定资产	行政 / 事业
21	1602	固定资产累计折旧	行政 / 事业
22	1611	工程物资	行政 / 事业
23	1613	在建工程	行政 / 事业
24	1701	无形资产	行政 / 事业
25	1702	无形资产累计摊销	行政 / 事业
26	1703	研发支出	行政 / 事业
27	1801	公共基础设施	行政 / 事业
28	1802	公共基础设施累计折旧（摊销）	行政 / 事业
29	1811	政府储备物资	行政 / 事业
30	1821	文物资源	行政 / 事业
31	1831	保障性住房	行政 / 事业
32	1832	保障性住房累计折旧	行政 / 事业

续表

序　号	科目编号	科目名称	适用范围
33	1891	受托代理资产	行政／事业
34	1901	长期待摊费用	行政／事业
35	1902	待处理财产损溢	行政／事业
（二）负债类			
36	2001	短期借款	事业
37	2101	应交增值税	行政／事业
38	2102	其他应交税费	行政／事业
39	2103	应缴财政款	行政／事业
40	2201	应付职工薪酬	行政／事业
41	2301	应付票据	事业
42	2302	应付账款	行政／事业
43	2303	应付政府补贴款	行政
44	2304	应付利息	事业
45	2305	预收账款	事业
46	2307	其他应付款	行政／事业
47	2401	预提费用	行政／事业
48	2501	长期借款	事业
49	2502	长期应付款	行政／事业
50	2601	预计负债	行政／事业
51	2901	受托代理负债	行政／事业
（三）净资产类			
52	3001	累计盈余	行政／事业
53	3101	专用基金	事业
54	3201	权益法调整	事业
55	3301	本期盈余	行政／事业
56	3302	本年盈余分配	行政／事业
57	3401	无偿调拨净资产	行政／事业
58	3501	以前年度盈余调整	行政／事业

续表

序 号	科目编号	科目名称	适用范围
（四）收入类			
59	4001	财政拨款收入	行政／事业
60	4101	事业收入	事业
61	4201	上级补助收入	事业
62	4301	附属单位上缴收入	事业
63	4401	经营收入	事业
64	4601	非同级财政拨款收入	行政／事业
65	4602	投资收益	事业
66	4603	捐赠收入	行政／事业
67	4604	利息收入	行政／事业
68	4605	租金收入	事业
69	4609	其他收入	行政／事业
（五）费用类			
70	5001	业务活动费用	行政／事业
71	5101	单位管理费用	事业
72	5201	经营费用	事业
73	5301	资产处置费用	行政／事业
74	5401	上缴上级费用	事业
75	5501	对附属单位补助费用	事业
76	5801	所得税费用	事业
77	5901	其他费用	行政／事业
二、预算会计科目			
（一）预算收入类			
1	6001	财政拨款预算收入	行政／事业
2	6101	事业预算收入	事业
3	6201	上级补助预算收入	事业
4	6301	附属单位上缴预算收入	事业

续表

序　号	科目编号	科目名称	适用范围
5	6401	经营预算收入	事业
6	6501	债务预算收入	事业
7	6601	非同级财政拨款预算收入	行政 / 事业
8	6602	投资预算收益	事业
9	6609	其他预算收入	行政 / 事业
（二）预算支出类			
10	7101	行政支出	行政
11	7201	事业支出	事业
12	7301	经营支出	事业
13	7401	上缴上级支出	事业
14	7501	对附属单位补助支出	事业
15	7601	投资支出	事业
16	7701	债务还本支出	事业
17	7901	其他支出	行政 / 事业
（三）预算结余类			
18	8001	资金结存	行政 / 事业
19	8101	财政拨款结转	行政 / 事业
20	8102	财政拨款结余	行政 / 事业
21	8201	非财政拨款结转	行政 / 事业
22	8202	非财政拨款结余	行政 / 事业
23	8301	专用结余	事业
24	8401	经营结余	事业
25	8501	其他结余	行政 / 事业
26	8701	非财政拨款结余分配	事业

在政府会计制度规定的103个一级会计科目中，行政单位共涉及62个会计科目，其中财务会计涉及51个，预算会计涉及11个；事业单位共涉及会计科目101个. 其中财务会计涉及76个，预算会计涉及25个。

二、政府会计主体运用会计科目的具体要求

政府会计——会计科目

政府会计主体应当按照下列规定恰当地运用会计科目：

（1）政府会计主体应当按照《政府会计制度》的规定设置和使用会计科目。在不影响会计处理和编制报表的前提下，政府会计主体可以根据实际情况自行增设或减少某些会计科目。

（2）政府会计主体应当使用会计制度统一规定的会计科目编号，以便于填制会计凭证、登记账簿、查阅账目、实行会计信息化管理。《政府会计制度》采用4位数字代码对一级会计科目进行编码，对明细科目的编码规则未做具体要求。

（3）政府会计主体在填制会计凭证、登记会计账簿时，应当填列会计科目的名称，或者同时填列会计科目的名称和编号，不得只填列会计科目编号、不填列会计科目名称。

第六节　政府会计报告

政府会计报告

2014年12月12日，国务院批转发布了财政部起草的《权责发生制政府综合财务报告制度改革方案》，该方案是指导新时期政府会计改革顶层设计的纲领性文件。该方案的总体目标是构建统一、科学、规范的政府会计准则体系，建立健全政府财务报告编制办法，适度分离政府财务会计与预算会计，建立政府财务报告和决算报告的双报告体系，全面、清晰反映政府财务信息和预算执行信息。

一、政府决算报告

（一）政府决算报告的内容及目标

政府决算报告是综合反映政府会计主体年度预算收支执行结果的文件。政府决算报告的目标是向决算报告使用者提供与政府预算执行情况有关的信息，综合反映政府会计主体预算收支的年度执行结果，有助于决算报告使用者进行监督和管理，并为编制后续年度预算提供参考和依据。政府决算报告使用者主要包括各级人民代表大会及其常务委员会、各级政府及其有关部门、政府会计主体自身、社会公众和其他利益相关者。

政府决算报告作为综合反映政府会计主体年度预算收支执行结果的文件，由行政事业单位在年度终了，根据财政部门决算编审要求，在日常预算会计核算的基础上进行编制。政府决算报告包括决算报表（预算会计报表）和其他应当在决算报告中反映的相关信息和资料。部门决算报告既反映了各部门对国家重大方针政策的贯彻落实情况，也反映了各部门所承担社会事业的发展状况，与社会公众利益、民生工程息息相关。

（二）编制政府决算报告的要求

《中华人民共和国预算法》对政府决算报告的编制提出了如下的要求：

（1）政府决算报告由各级政府、各部门、各单位，在每一预算年度终了后按照国务院规定的时间编制。政府编制决算报告的具体事项，由国务院财政部门部署。

（2）政府编制决算报告，必须符合法律、行政法规，做到收支真实、数额准确、内容

完整、报送及时。政府决算报告应当与预算相对应，按预算数、调整预算数、决算数分别列出。一般公共预算支出应当按其功能分类编列到项，按其经济性质分类编列到款。

(3) 政府各部门对所属各单位的决算报告应当审核并汇总编制本部门的决算报告，在规定的期限内报本级政府财政部门审核。各级政府财政部门对本级各部门决算报告审核后发现有不符合法律、行政法规规定的，有权予以纠正。

(4) 国务院财政部门负责编制中央决算报告，经国务院审计部门审计后，报国务院审定，由国务院提请全国人民代表大会常务委员会审查和批准。县级以上地方各级政府财政部门编制本级决算报告，经本级政府审计部门审计后，报本级政府审定，由本级政府提请本级人民代表大会常务委员会审查和批准。乡、民族乡、镇政府编制本级决算报告，提请本级人民代表大会审查和批准。

全国人民代表大会财政经济委员会和省、自治区、直辖市、设区的市、自治州人民代表大会有关专门委员会，向本级人民代表大会常务委员会提出关于本级决算报告的审查结果报告。

二、政府财务报告

(一) 政府财务报告的目标及内容

政府财务报告是反映政府会计主体某一特定日期的财务状况和某一会计期间的运行情况和现金流量等信息的文件。政府财务报告的目标是向财务报告使用者提供与政府财务状况、运行情况（含运行成本）和现金流量等有关的信息，反映政府会计主体公共受托责任履行情况，有助于财务报告使用者作出决策或者进行监督和管理。

政府财务报告应当包括财务报表和其他应当在财务报告中披露的相关信息和资料。财务报表包括会计报表和附注。会计报表至少应当包括资产负债表、收入费用表和现金流量表。

政府财务报告使用者包括各级人民代表大会常务委员会、债权人、各级政府及其有关部门、政府会计主体自身和其他利益相关者。

政府财务报告包括政府综合财务报告和政府部门财务报告。政府部门编制部门财务报告，反映本部门的财务状况和运行情况；财政部门编制政府综合财务报告，反映政府整体的财务状况、运行情况和财政中长期可持续性。

(二) 编制政府部门财务报告的规定和要求

《权责发生制政府综合财务报告制度改革方案》对编制政府部门财务报告提出了如下的规定和要求：

(1) 清查核实资产负债。各部门、各单位要按照统一要求有计划、有步骤清查核实固定资产、无形资产以及代表政府管理的储备物资、公共基础设施、国有资产、应收税款等资产，按规定界定产权归属，开展价值评估；分类清查核实部门负债情况。清查核实后的资产负债统一按规定进行核算和反映。

(2) 各单位应在政府会计准则体系和政府财务报告制度框架体系内，按时编制以资产负债表、收入费用表等财务报表为主要内容的财务报告。各部门应合并本部门所属单位的财务报表，编制部门财务报告。

（3）部门财务报告应保证报告信息的真实性、完整性及合规性，并接受审计。

（4）部门财务报告及其审计报告应报送本级政府财政部门，并按规定向社会公开。

（5）各部门应充分利用财务报告反映的信息，加强对资产状况、债务风险、成本费用、预算执行情况的分析，促进预算管理、资产负债管理和绩效管理有机衔接。

（三）编报政府综合财务报告的规定和要求

《权责发生制政府综合财务报告制度改革方案》对编制政府综合财务报告提出了如下的规定和要求：

（1）清查核实财政直接管理的资产负债。财政部门清查核实代表政府持有的相关国际组织和企业的出资人权益；代表政府发行的国债、地方政府债券，举借的国际金融组织和外国政府贷款、政府其他债务以及或有债务。清查核实后的资产负债统一按规定进行核算和反映。

（2）编制政府综合财务报告。各级政府财政部门应合并各部门和其他纳入合并范围主体的财务报表，编制以资产负债表、收入费用表等财务报表为主要内容的本级政府综合财务报告。县级以上政府财政部门要合并汇总本级政府综合财务报告和下级政府综合财务报告，编制本行政区政府综合财务报告。

（3）开展政府综合财务报告审计。政府综合财务报告应保证报告信息的真实性、完整性及合规性，接受审计。

（4）报送并公开政府综合财务报告。政府综合财务报告及其审计报告，应依法报送本级人民代表大会常务委员会备案，并按规定向社会公开。

（5）应用政府综合财务报告信息。政府综合财务报告中的相关信息可作为考核地方政府绩效、分析政府财务状况、开展地方政府信用评级、编制全国和地方资产负债表以及制定财政中长期规划和其他相关规划的重要依据。

思考题

本章习题自测

1. 简述政府会计概念及政府会计主体的构成。
2. 简述我国政府会计标准体系的主要内容。
3. 简述我国政府会计核算模式及其特点。
4. 简述我国政府会计要素的构成内容。
5. 简述我国政府会计报告的内容及目标。

第二章 单位增值税业务资金运动分析与会计处理

育德育人

国务院政策例行吹风会：每年减负预计达4 800多亿元

2023年3月31日，国务院新闻办公室举行国务院政策例行吹风会，财政部、国家税务总局、人力资源和社会保障部有关负责人介绍优化完善部分阶段性税费优惠政策有关情况。

减税降费政策是积极财政政策的重要内容。按照党中央、国务院的决策部署，为了保持政策的连续性、稳定性，避免政策的断档和急转弯，财政部已经会同相关部门明确延续和优化实施了部分税费优惠政策。这次延续和优化的六项阶段性税费优惠政策，预计每年能为企业和经营主体减负达4 800多亿元。

其中，支持小微企业和个体工商户的政策措施主要包括以下四项：

（1）优化完善小微企业和个体工商户的所得税政策。自2023年1月1日至2024年12月31日，对小微企业年应纳税所得额不超过100万元的部分，减按25%计入应纳税所得额，按20%的税率缴纳企业所得税，保持相关优惠政策的衔接协调，同时对个体工商户年应纳税所得额不超过100万元的部分，在现行优惠政策基础上减半征收个人所得税。

（2）将小规模纳税人的增值税征收率降至1%。

（3）对月销售额10万元及以下小规模纳税人免征增值税。

（4）对生产生活性服务业纳税人分别实施5%、10%的增值税加计抵减。

以上各项政策，将与现行其他支持小微企业和个体工商户的政策形成合力。

资料来源 中国政府网.每年减负预计达4 800多亿元！关于税费优惠政策最新回应[EB/OL].(2023-03-31). https://mp.weixin.qq.com/s/WZb8f2imArIdz1iCq6r7bw.

本章思维导图

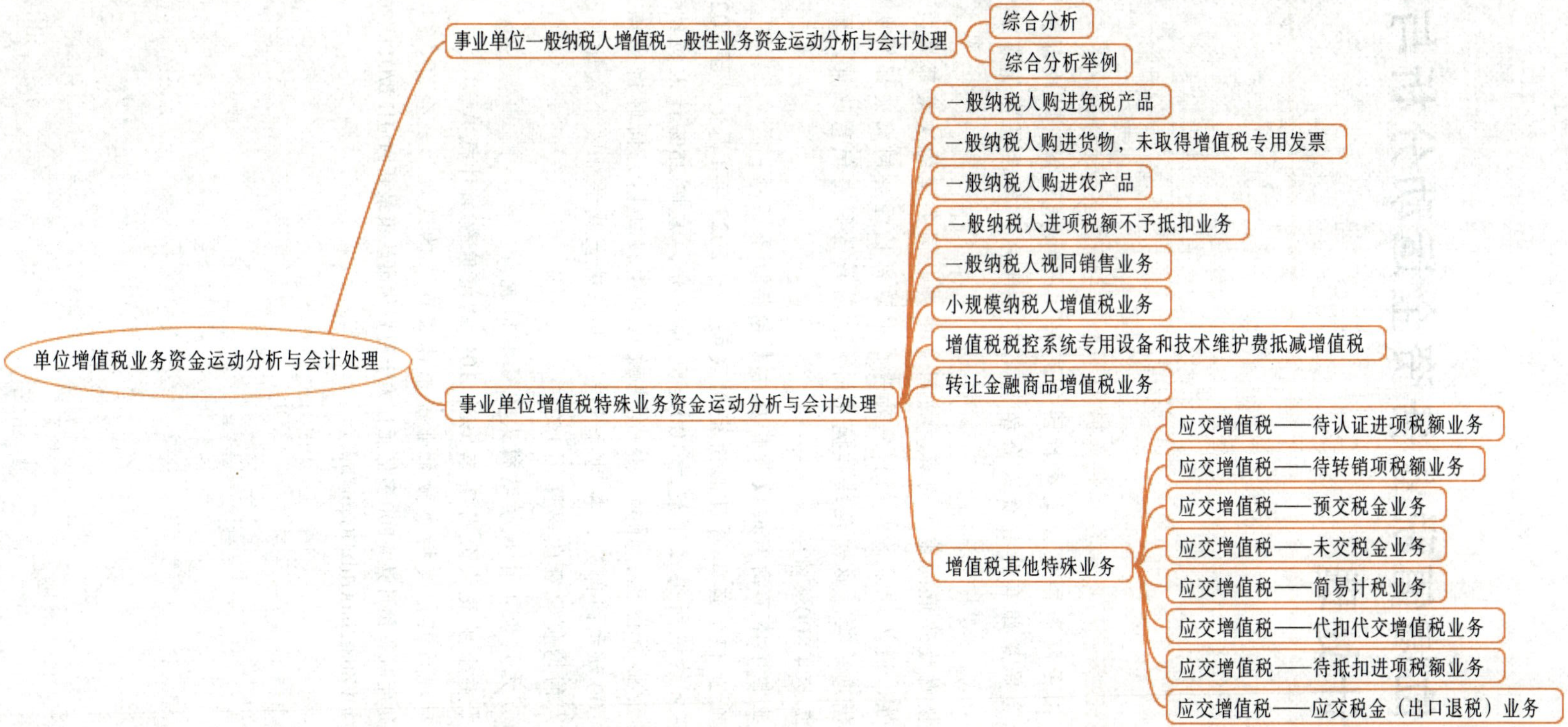
单位增值税业务资金运动分析与会计处理
事业单位一般纳税人增值税一般性业务资金运动分析与会计处理
综合分析
综合分析举例
事业单位增值税特殊业务资金运动分析与会计处理
一般纳税人购进免税产品
一般纳税人购进货物，未取得增值税专用发票
一般纳税人购进农产品
一般纳税人进项税额不予抵扣业务
一般纳税人视同销售业务
小规模纳税人增值税业务
增值税税控系统专用设备和技术维护费抵减增值税
转让金融商品增值税业务
增值税其他特殊业务
应交增值税——待认证进项税额业务
应交增值税——待转销项税额业务
应交增值税——预交税金业务
应交增值税——未交税金业务
应交增值税——简易计税业务
应交增值税——代扣代交增值税业务
应交增值税——待抵扣进项税额业务
应交增值税——应交税金（出口退税）业务

学习目标

本章主要讲授政府会计主体增值税业务资金运动分析与会计处理。通过本章的学习，应掌握一般纳税人一般性业务资金运动分析与会计处理；掌握一般纳税人购进免税农产品以及取得增值税普通发票业务资金运动分析与会计处理；掌握一般纳税人增值税不予抵扣业务和视同销售业务资金运动分析与会计处理；掌握税款抵免业务资金运动分析与会计处理；掌握小规模纳税人增值税业务资金运动分析与会计处理；掌握金融商品交易增值税业务资金运动分析与会计处理；了解增值税其他特殊业务资金运动分析与会计处理。

应交增值税是指一般纳税人和小规模纳税人销售货物或者提供加工、修理修配劳务活动本期应交纳的增值税。行政单位不涉及增值税，只有事业单位才涉及增值税，因此，本章的内容主要涉及事业单位，不涉及行政单位。

第一节　事业单位一般纳税人增值税一般性业务资金运动分析与会计处理

一、政府会计主体增值税一般性业务资金运动综合分析

作为一般纳税人的事业单位所发生的增值税一般性业务与企业的基本一致。这些增值税一般性业务所引起的资金运动的推演过程也是一样的；其主要区别是事业单位相关增值税会计科目的名称与企业的不同，如企业使用的会计科目“应交税费——应交增值税（进项税额）”，政府会计主体则称之为“应交增值税——应交税金（进项税额）”。本处省略事业单位一般纳税人一般性增值税业务的推演过程；如有不清楚的，可参见本系列《中级财务会计》教材的增值税业务处理。

（一）企业一般纳税人增值税一般性业务资金运动综合分析

企业一般纳税人增值税一般性业务资金运动整体流程如图2-1所示。

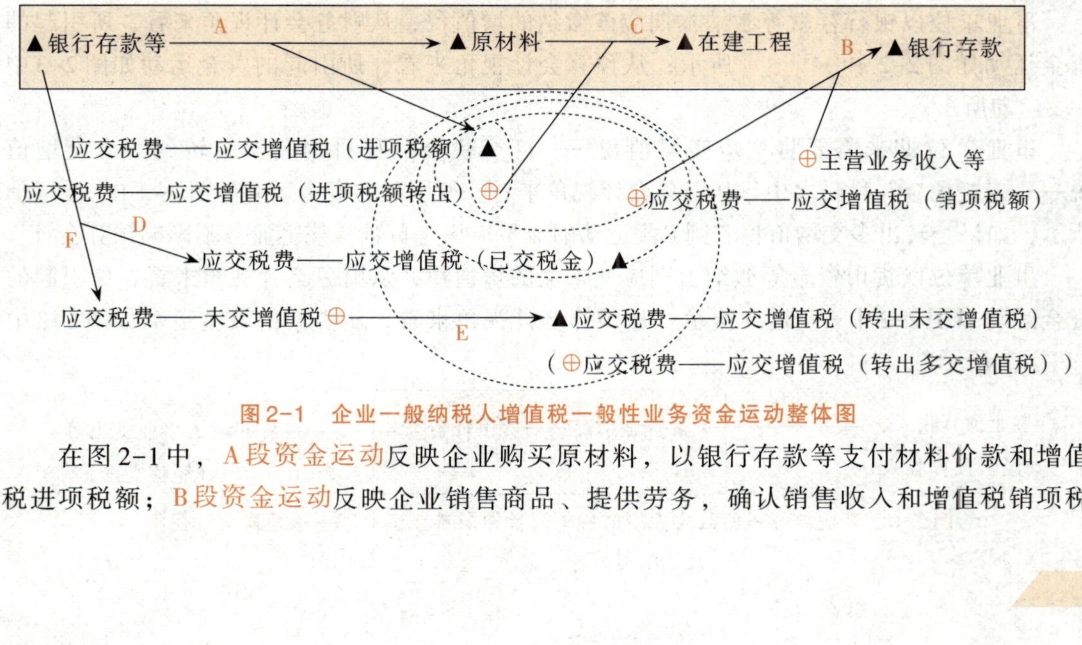

图2-1　企业一般纳税人增值税一般性业务资金运动整体图

在图2-1中，A段资金运动反映企业购买原材料，以银行存款等支付材料价款和增值税进项税额；B段资金运动反映企业销售商品、提供劳务，确认销售收入和增值税销项税

额；C段资金运动反映将原本用于生产的原材料等改变用途而用于购建非生产用固定资产，结转所购材料的成本和所支付的增值税进项税额；D段资金运动反映企业缴纳本期所应该缴纳的增值税；E段资金运动反映企业期末将“应交税费——应交增值税”的余额转入“应交税费——未交增值税”科目，在将多交的增值税余额转出时，其流量为负数。

（二）事业单位一般纳税人增值税一般性业务资金运动综合分析

事业单位采购库存物品，从财务会计视角来看，所引起的资金运动如图2-2中A段运动所示；从预算会计视角来看，只有实际支付了款项，预算会计才需要进行会计处理，所引起的资金运动如图2-3中A段运动所示。

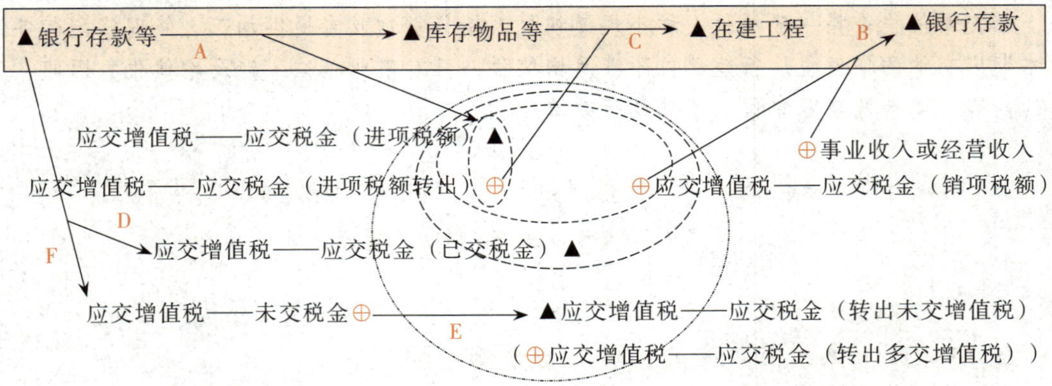

图2-2　事业单位一般纳税人增值税一般性业务资金运动图——财务会计视角

政府会计主体增值税一般性业务综合分析

事业单位取得事业收入或经营收入，从财务会计视角来看，所引起的资金运动如图2-2中B段运动所示；从预算会计视角来看，只有实际收到了货币资金等，预算会计才需要进行会计处理，所引起的资金运动如图2-3中B段运动所示。

事业单位将原购入用于生产的库存物品改变用处，用于增值税进项税额不能抵扣的非生产用固定资产等项目时（如用于集体福利），从财务会计视角来看，所引起的资金运动如图2-2中C段运动所示；该笔业务不影响预算会计。

事业单位以银行存款等缴纳本期应该缴纳的增值税，从财务会计视角来看，所引起的资金运动如图2-2中D段运动所示；从预算会计视角来看，所引起的资金运动如图2-3中D段运动所示。

事业单位期末需要将“应交增值税——应交税金”科目的余额结转到“应交增值税——未交税金”科目之中。从财务会计视角来看，所引起的资金运动如图2-2中E段运动所示，如果是转出多交增值税，则E段运动的流量应该是负数。该笔业务不影响预算会计。

事业单位以货币资金等缴纳上期应交未交的增值税，从财务会计视角来看，所引起的资金运动如图2-2中F段运动所示。从预算会计视角来看，所引起的资金运动如图2-3中F段运动所示。

图2-3　事业单位一般纳税人增值税一般性业务资金运动图——预算会计视角

二、事业单位一般纳税人一般性业务资金运动分析与会计处理举例

【例2-1】甲事业单位为增值税一般纳税人单位，适用的增值税税率为13%，库存物品按实际成本核算，销售商品价格为不含增值税的价格。20×8年8月份发生经济交易或事项如下（本例仅针对增值税进行账务处理，不考虑其他税费）。8月期初“应交增值税——未交税金”为贷方余额300 000元。

事业单位增值税一般性业务举例

（1）5日，购入库存物品一批，增值税专用发票上注明价款为120 000元，增值税税额15 600元（发票已认证可抵扣），所购物品尚未到达，全部款项已以银行存款支付。（财务会计如图2-4，A段运动所示；预算会计如图2-5，A段运动所示）

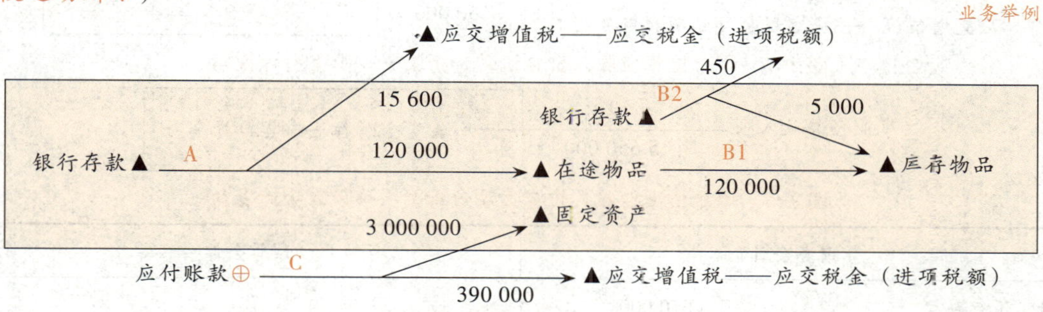

图2-4　甲单位增值税业务资金运动分析图——财务会计视角

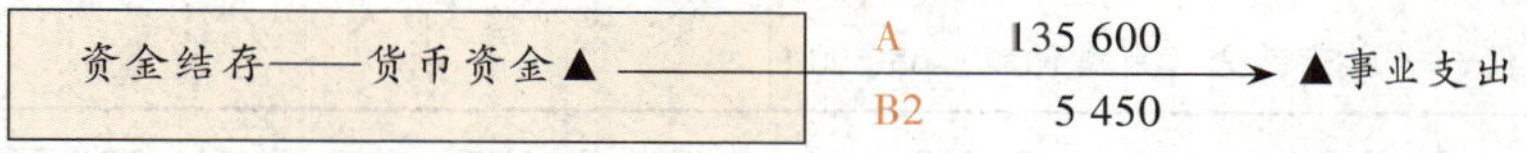

图2-5　甲单位增值税业务资金运动分析图——预算会计视角

财务会计		预算会计	
借：在途物品	120 000		
应交增值税——应交税金（进项税额）	15 600	借：事业支出	135 600
贷：银行存款	135 600	贷：资金结存——货币资金	135 600

（2）10日，收到5日购入的物品并验收入库，实际成本120 000元。同日，与运输公司结清运输费用，增值税专用发票注明运输费用5 000元，增值税税额为450元（发票已认证可抵扣），运输费用和增值税税款已用转账支票付讫。（财务会计如图2-4，B1、B2段运动所示；预算会计如图2-5，B2段运动所示）

财务会计		预算会计	
借：库存物品	125 000		
应交增值税——应交税金（进项税额）	450	借：事业支出	5 450
贷：银行存款	5 450	贷：资金结存——货币资金	5 450
在途物品	120 000		

（3）15日，购入不需要安装的科研设备一台，增值税专用发票上注明的价款为3 000 000元，增值税税额为390 000元（发票已认证可抵扣），款项尚未支付。（财务会计如图2-4，C段运动所示；预算会计不需要处理）

财务会计	预算会计
借：固定资产　3 000 000 　应交增值税——应交税金（进项税额）　390 000 　贷：应付账款　3 390 000	不涉及现金收支业务，不做账务处理

（4）15日，销售自产产品，开具增值税专用发票注明产品价款5 000 000元，增值税额650 000元，货款已收存银行。（财务会计如图2-6，A段运动所示；预算会计如图2-7，A段运动所示）

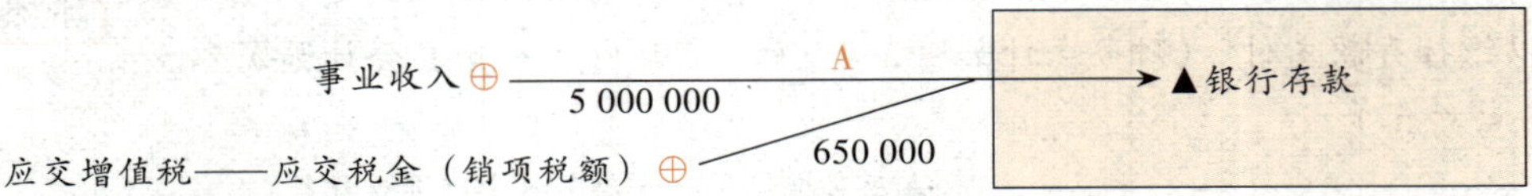

图2-6　甲单位事业收入资金运动分析图——财务会计视角

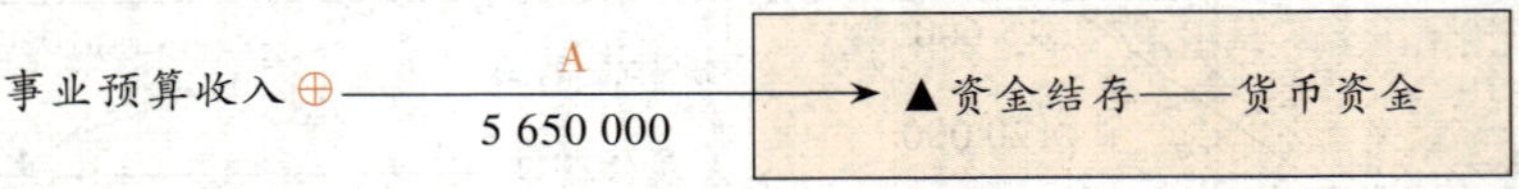

图2-7　甲单位事业收入资金运动分析图——预算会计视角

财务会计	预算会计
借：银行存款　5 650 000 　贷：事业收入　5 000 000 　　应交增值税——应交税金（销项税额）650 000	借：资金结存——货币资金　5 650 000 　贷：事业预算收入　5 650 000

（5）17日，销售自产产品，开具增值税专用发票注明产品价款1 000 000元，增值税额130 000元，货款尚未收到。（财务会计如图2-8，A段运动所示；预算会计不需要处理）

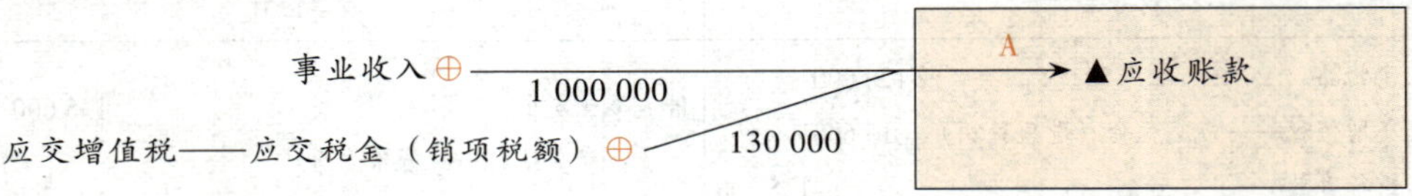

图2-8　甲单位事业收入资金运动分析图——财务会计视角

财务会计	预算会计
借：应收账款　1 130 000 　贷：事业收入　1 000 000 　　应交增值税——应交税金（销项税额）130 000	不涉及现金收支业务，不做账务处理

（6）19日，集体福利性质工程领用库存物品50 000元（不含税），该批库存物品的进项税不能抵扣，应予转出。（财务会计如图2-9，A段运动所示；预算会计不需要处理）

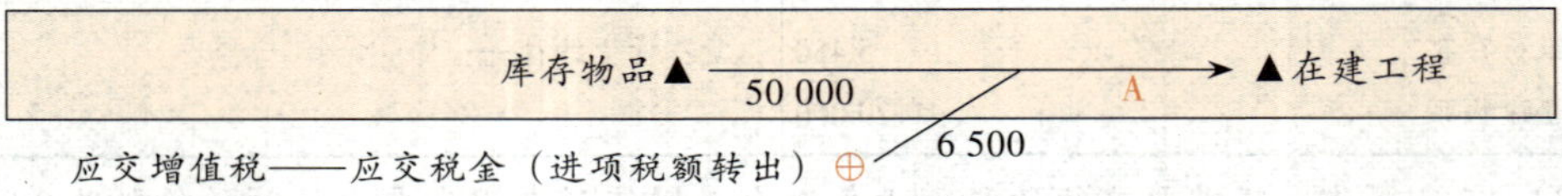

图2-9　甲单位事业收入资金运动分析图——财务会计视角

财务会计	预算会计
借：在建工程　56 500 　贷：库存物品　50 000 　　应交增值税——应交税金（进项税额转出）　6 500	不涉及现金收支业务，不做账务处理

（7）29日，以银行存款缴纳增值税500 000元，其中300 000元是上月未缴的增值税。（财务会计如图2-10，A段运动所示；预算会计如图2-11，A段运动所示）

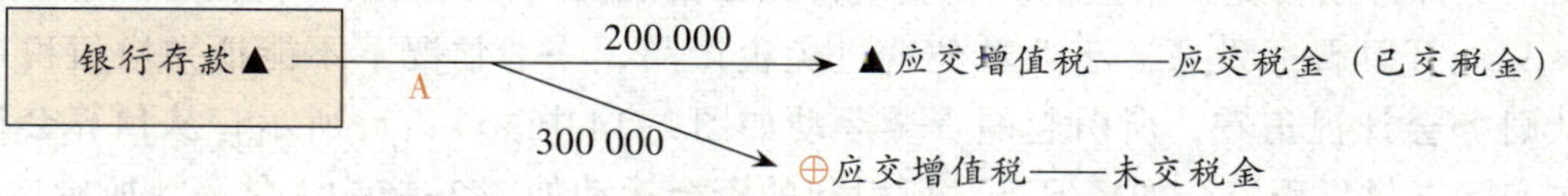

图2-10　甲单位增值税业务资金运动分析图——财务会计视角

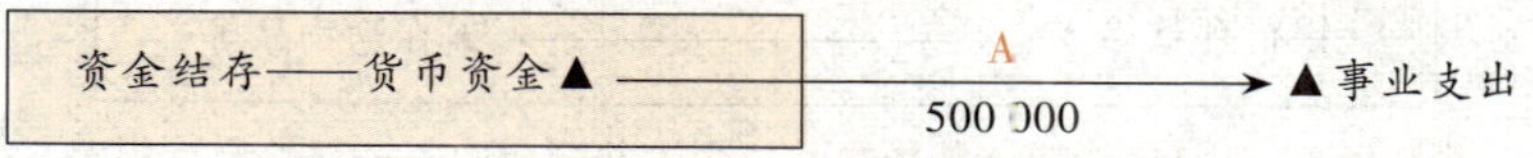

图2-11　甲单位增值税业务资金运动分析图——预算会计视角

财务会计	预算会计
借：应交增值税——未交税金　300 000 　　　　　　——应交税金（已交税金）　200 000 　贷：银行存款　500 000	借：事业支出　500 000 　贷：资金结存——货币资金　500 000

（8）8月31日，计算本月底应交增值税期末余额，并进行期末余额结转。

"应交增值税——应交税金"期末余额=（650 000+130 000）－［（15 600+450+390 000）－6 500］－200 000=180 450（元）

该余额属于应缴未缴的增值税。（财务会计如图2-12，A段运动所示；预算会计不需要处理）

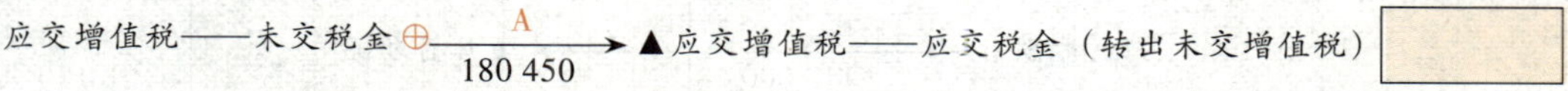

图2-12　甲单位增值税期末余额结转资金运动分析图——财务会计视角

财务会计	预算会计
借：应交增值税——应交税金（转出未交增值税）　180 450 　贷：应交增值税——未交税金　180 450	不涉及现金收支业务，不做账务处理

假如"应交增值税——应交税金"科目的期末余额为借方余额80 000元。该余额就属于企业预缴的、留待抵扣未来税款的权利。（财务会计如图2-13，A段运动所示；预算会计不需要处理）

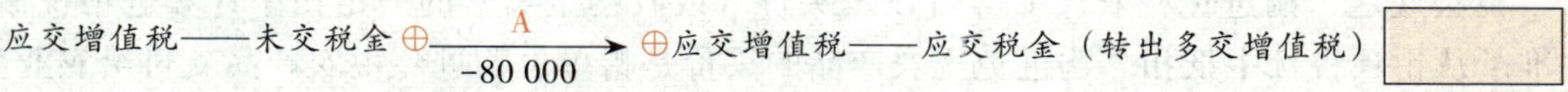

图2-13　甲单位增值税期末余额结转资金运动分析图——财务会计视角

财务会计	预算会计
借：应交增值税——未交税金　80 000 　贷：应交增值税——应交税金（转出多交增值税）　80 000	不涉及现金收支业务，不做账务处理

第二节 事业单位增值税特殊业务资金运动分析与会计处理

一、单位一般纳税人购进免税产品资金运动分析与会计处理

按《中华人民共和国增值税暂行条例》的规定，对农业生产者销售的自产农业产品、古旧图书等部分项目免征增值税。企业销售免征增值税项目的货物，不能开具增值税专用发票，只能开具普通发票。事业单位购进免税产品，一般情况下不能抵扣增值税进项税额。从财务会计视角看，所引起的资金运动如图2-14中A段运动所示；从预算会计视角看，在实际支付货币资金的情况下，所引起的资金运动如图2-15中A段运动所示。

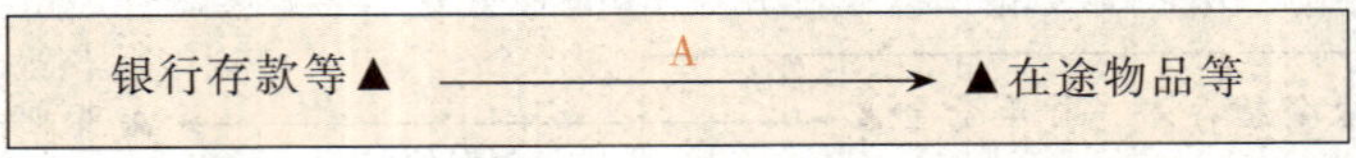

图2-14 事业单位购进免税物品资金运动分析图——财务会计视角

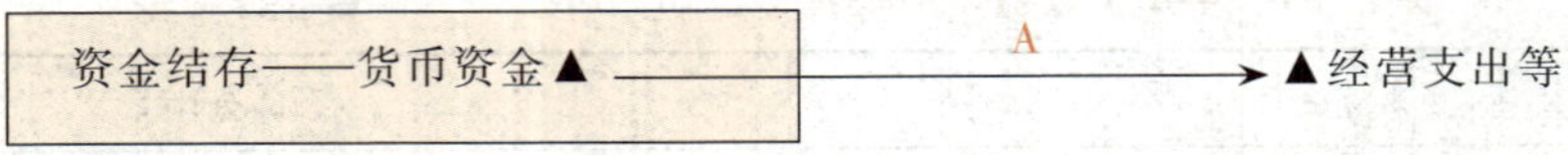

图2-15 事业单位购进免税物品资金运动分析图——预算会计视角

二、单位一般纳税人购进货物，未取得增值税专用发票资金运动分析与会计处理

事业单位一般纳税人购进货物，如未取得增值税专用发票，则应将所支付的全部价款作为所购物资的成本。所引起的资金运动与图2-14、图2-15相同。

事业单位增值税特殊业务分析1

【例2-2】甲事业单位为一般纳税人，向乙企业购入物品一批，取得增值税普通销售发票上注明的金额为113 000元，发票等结算凭证已到，货款尚未支付，物品已验收入库。（财务会计如图2-16所示；本业务不影响预算会计）

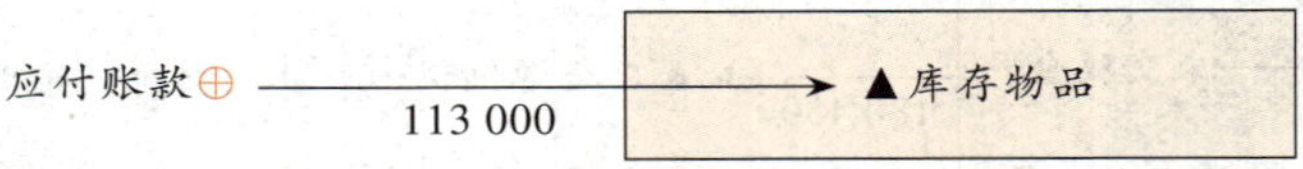

图2-16 甲单位购进物品资金运动分析图——财务会计视角

财务会计			预算会计
借：库存物品	113 000		不涉及现金收支业务，不做账务处理
贷：应付账款		113 000	

三、单位一般纳税人购进农产品资金运动分析与会计处理

税法规定，购进免税农产品等可以按买价（或收购金额）的一定比率计算进项税额，并准予从销项税额中抵扣。购进免税农产品的买价是指单位购进免税农产品支付给农业生产者的价款等。在会计核算中，一般是将购进免税农产品有关凭证上确定的金额（买价）或者按收购金额，扣除一定比例的进项税额（目前的扣除比率一般为9%），作为购进农产品的成本。

【例2-3】乙事业单位为增值税一般纳税人，本期收购农产品，以银行存款支付购买

总价款200 000元，收购的农产品已验收入库。假设其进项税扣除率为9%。

应确认增值税进项税额=200 000×9%=18 000（元）。（财务会计如图2-17所示；预算会计如图2-18所示）

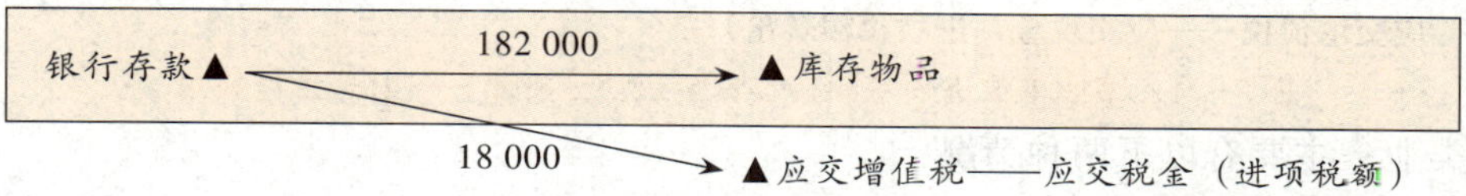

图2-17　乙事业单位购入农产品资金运动分析图——财务会计视角

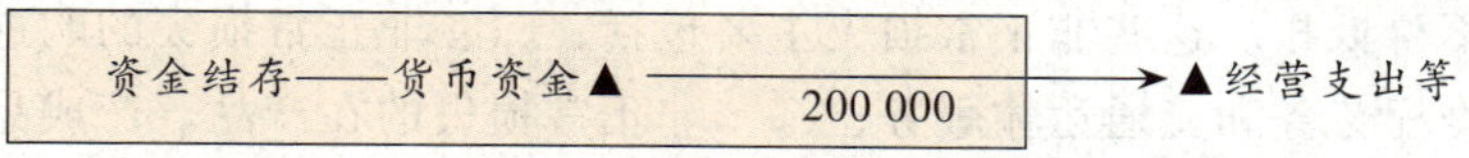

图2-18　乙事业单位购入农产品资金运动分析图——预算会计视角

财务会计		预算会计	
借：库存物品	182 000	借：经营支出等	200 000
应交增值税——应交税金（进项税额）	18 000	贷：资金结存——货币资金	200 000
贷：银行存款	200 000		

四、单位一般纳税人进项税额不予抵扣业务资金运动分析与会计处理

（一）购买时就确定不能抵扣的进项税额

事业单位在购买时就已经确定所预缴的进项税额不能抵扣的，该进项税额应该与购买价格合并，计入所购物资的成本。从财务会计视角来看，所引起的资金运动如图2-19所示；从预算会计视角来看，当实际支付款项时，所引起的资金运动如图2-20所示。

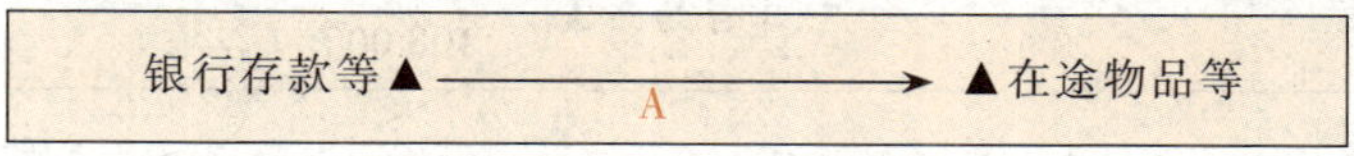

图2-19　事业单位购进进项税额不予抵扣业务资金运动分析图——财务会计视角

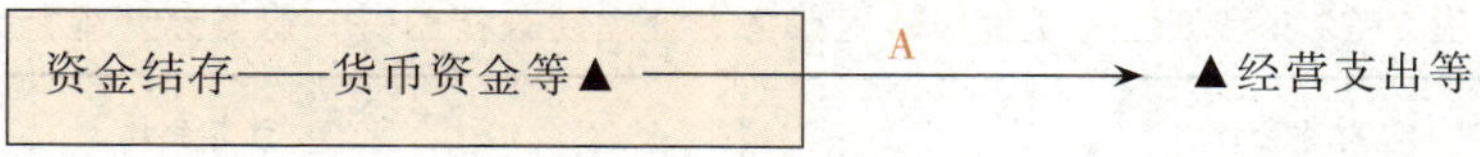

图2-20　事业单位购进进项税额不予抵扣业务资金运动分析图——预算会计视角

这类项目主要有：（1）用于简易计税方法计税项目、免征增值税项目；（2）用于集体福利或者个人消费的购进货物、加工修理修配劳务、服务、无形资产和不动产；（3）购进的贷款服务、餐饮服务、居民日常服务和娱乐服务。

事业单位增值税特殊业务分析2

职工集体福利事业主要包括：职工食堂、浴室、托儿所、医务室以及生活供应等各项集体事业。集体福利的福利形式主要包括：住房福利、交通福利、饮食福利、教育培训福利、医疗保健福利、带薪休假、文化旅游福利等。

（二）购买时可以抵扣，但后来改变用途导致不能抵扣的进项税额

事业单位原购买时所产生的增值税进项税额已经抵扣的库存物品，现改变用途，用于不能抵扣的项目，事业单位需要将已抵扣的增值税进项税额转出。从财务会计视角来看，其进项税额转出所引起的资金运动如图2-21所示；该业务不影响预算会计。

需要注意的是，在计划成本模式下，若库存物品等改变用途，其原所支付的进项税额

不能抵扣的，其转出金额不能以其计划成本来计算，而应该以其实际成本来计算。

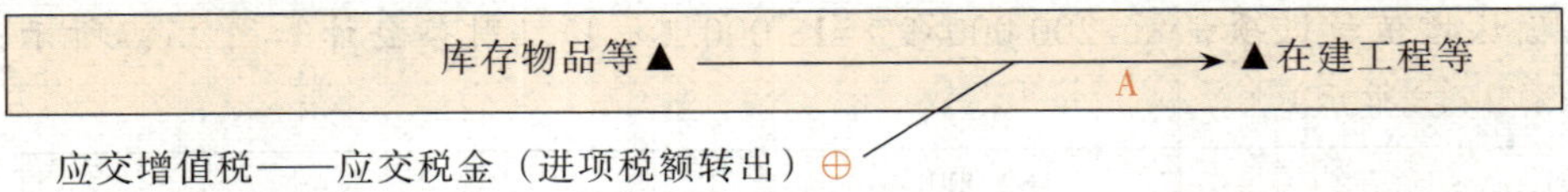

图2-21　事业单位进项税额转出资金运动分析图——财务会计视角

这类业务主要有以下两种情况：

一种是与“非正常损失”相关的业务。按照税法的规定，与“非正常损失”相关的增值税进项税额不得抵扣。这些非正常损失主要包括：(1) 非正常损失的购进货物，以及相关的加工修理修配劳务和交通运输服务；(2) 非正常损失的在产品、产成品所耗用的购进货物、加工修理修配劳务和交通运输服务；(3) 非正常损失的不动产及其所耗用的、不动产在建工程所耗用的购进货物、设计服务和建筑服务。税法所指的“非正常损失”主要包括以下两种情况：(1) 因管理不善造成货物被盗、丢失、霉烂变质的情形；(2) 因违反法律法规造成货物或者不动产被依法没收、销毁、拆除的情形。

另一种是与其他相关规定相关的业务。主要包括：(1) 非生产用固定资产或在建工程所耗用的购进货物、设计服务和建筑服务（如用于集体福利的）；(2) 已抵扣的进项税额，需要分期抵扣而转出的；(3) 出口退税时，税法规定不予退税的部分，计入出口物资成本（如经营费用等）。

【例2-4】甲事业单位将成本为100 000元的材料物品，以福利的形式发放给单位员工个人，其估计售价无法确定。该事业单位适用的增值税税率为13%。（财务会计如图2-22，A段运动所示；不影响预算会计）

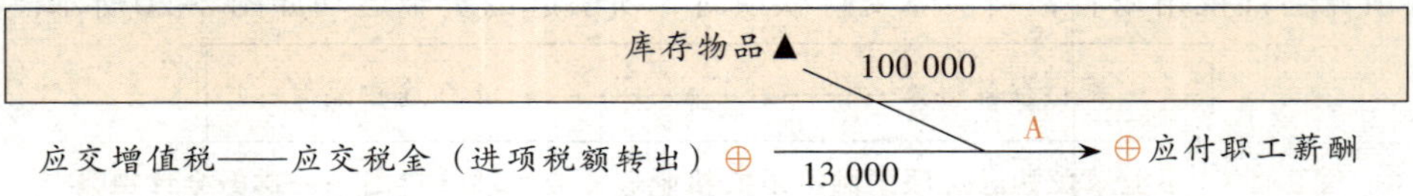

图2-22　甲单位进项税额转出业务资金运动分析图——财务会计视角

财务会计	预算会计
借：应付职工薪酬　113 000 　贷：库存物品　100 000 　　应交增值税——应交税金（进项税额转出）　13 000	不涉及现金收支业务，不做账务处理

五、单位一般纳税人视同销售业务资金运动分析与会计处理

按《中华人民共和国增值税暂行条例实施细则》的规定，单位将自产、委托加工或购进的货物分配给股东或投资者，将自产、委托加工的货物用于集体福利和个人消费等行为，应视同销售货物，须计算缴纳增值税。存货耗费与视同销售行为的关系分析见表2-1。

事业单位增值税特殊业务分析3

表2-1中的“有无增值活动”，是指该存货在事业单位是否经过了加工过程。因为存货只有经加工过，才可能涉及增值，进而涉及缴纳增值税。从表2-1中还可得知，视同销售具体分为两种情况：(1) 确认收入与费用；

（2）不确认收入与费用。

表2-1　　　　存货耗费与视同销售行为关系分析表

存货				增值税		主要业务种类
流出单位	产权变动	计量模式	有无增值活动	视同销售	增值税处理	
是	是	公允价值	—	是	应交增值税——应交税金（销项税额）	以存货抵偿债务、非货币性资产交换（含对外投资）、发放职工个人福利、发放股利等
否	否	实际成本	无	否	不影响，或应交增值税——应交税金（进项税额转出）	将原材料用于生产用在建工程（不影响），将原材料用于非生产用在建工程（进项税额转出）
			有	是	应交增值税——应交税金（销项税额）	将自产产品、委托加工物资等用于非生产用在建工程等

（一）做正常的销售处理，确认收入与费用

这类业务的特点是存货已流出事业单位，该存货的产权已经发生变化。既然涉及产权变动，那么该存货就应该按照正常的市场价格进行销售处理。在这种情况下，不仅增值税销项税额都以其销售价格为基础，而且要确认收入和费用。从财务会计视角来看，所引起的资金运动如图2-23所示；该业务不影响预算会计。

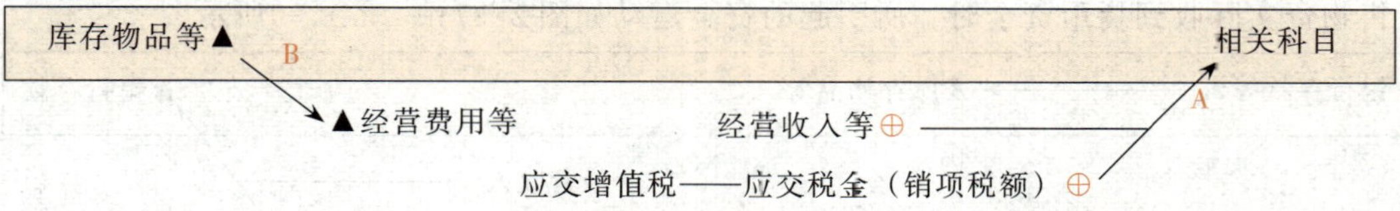

图2-23　事业单位做销售处理的视同销售资金运动分析图——财务会计视角

这类业务实际上就是一项正常的销售业务。根据其具体情况，图2-23中的相关科目可能是应付账款、固定资产、应付职工薪酬、应付股利等。

（二）不做销售处理，不确认收入与费用

此类业务主要为将自产产品、委托加工物资用于非生产用在建工程，这类业务的特点就是存货并没有流出事业单位，不涉及存货的产权变动，只是资产内部结构变动而已。既然不涉及产权的变动，那该存货就只能按原来的成本进行结转。从财务会计视角来看，存货的成本按其历史成本结转，增值税销项税额按存货的计税价格计算，所引起的资金运动如图2-24中A段运动所示。该业务不影响预算会计。

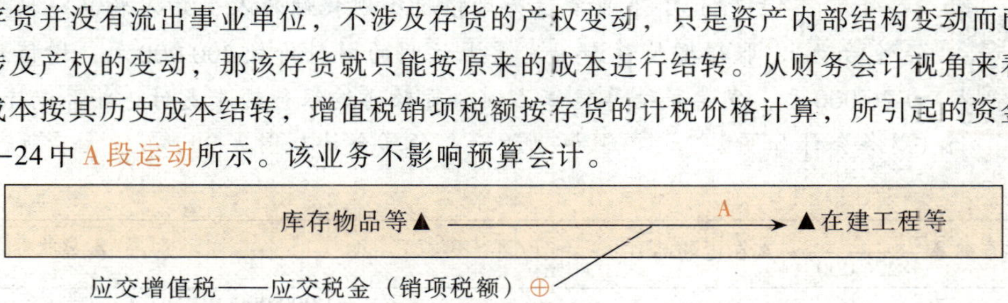

图2-24　事业单位不做销售处理的视同销售业务资金运动分析图——财务会计视角

【例2-5】甲事业单位将自产产品投入非生产用在建工程，其成本为200 000元，其计税价格为300 000元。增值税税率为13%。（财务会计如图2-25，A段运动所示；不影响预

算会计）

图2-25 甲单位视同销售业务资金运动分析图——财务会计视角

财务会计	预算会计
借：在建工程 239 000 贷：库存物品 200 000 应交增值税——应交税金（销项税额）39 000	不涉及现金收支业务，不做账务处理

六、单位小规模纳税人增值税业务资金运动分析与会计处理

按照现行税法的规定，增值税小规模纳税人不得抵扣进项税额，一般也不得对外开具增值税专用发票，其增值税采用简易计税核算方法。因此，即使取得了增值税专用发票，小规模纳税人增值税进项税额也应该与货物的买价一并计入其成本。

小规模纳税人购买货物时，无论是否取得增值税专用发票，一律价税合并计入存货成本。从财务会计视角来看，其资金运动如图2-26中A段运动所示。从预算会计视角来看，当实际以货币资金支付时，所引起的资金运动如图2-27中A段运动所示。

小规模纳税人销售货物时，按销售额和一定的增值税征收率确认其应纳增值税税额。从财务会计视角来看，其资金运动如图2-26中B段运动所示。从预算会计视角来看，当销售物资实际收到货币资金时，所引起的资金运动如图2-27中B段运动所示。

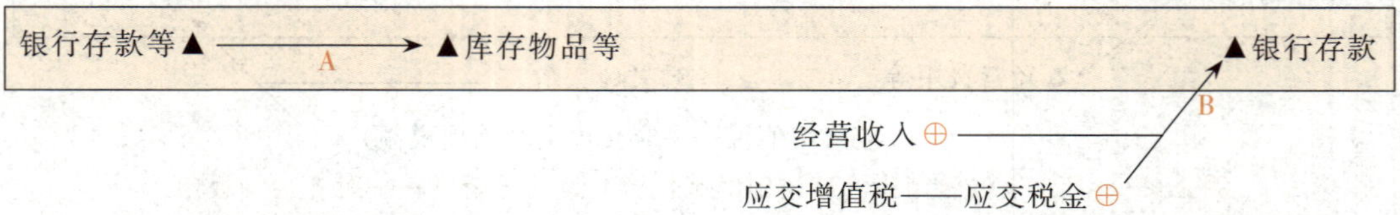

图2-26 事业单位小规模纳税人增值税业务资金运动分析图——财务会计视角

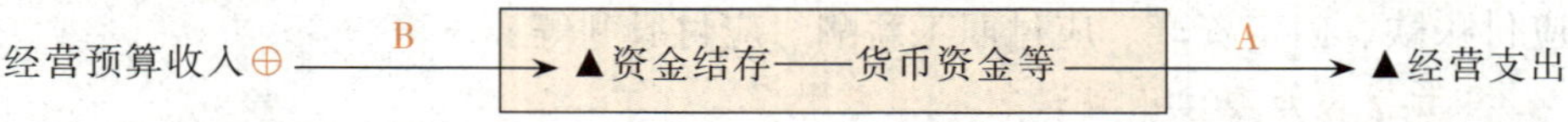

图2-27 事业单位小规模纳税人增值税业务资金运动分析图——预算会计视角

【例2-6】（1）丁事业单位为增值税小规模纳税人，购入物品一批（用于经营活动），取得增值税专用发票上注明的材料价款200 000元，增值税税额为26 000元，发票等结算凭证已到，货款通过银行转账支付，物品尚未收到。（财务会计如图2-28，A段运动所示；预算会计如图2-29，A段运动所示）

事业单位增值税特殊业务分析4

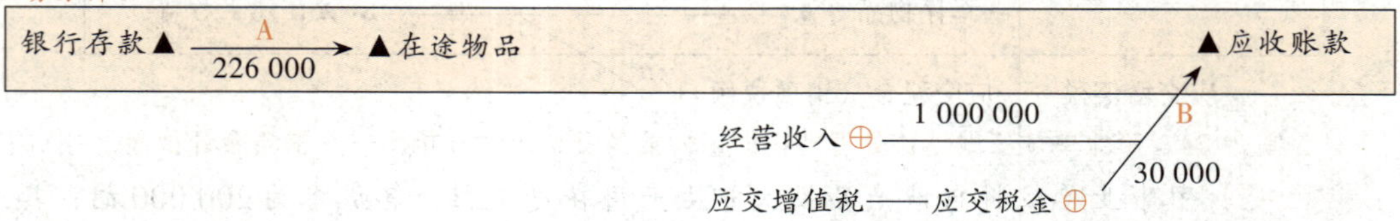

图2-28 丁单位小规模纳税人业务资金运动分析图——财务会计视角

图2-29 丁单位小规模纳税人业务资金运动分析图——预算会计视角

财务会计	预算会计
借：在途物品 226 000 贷：银行存款 226 000	借：经营支出 226 000 贷：资金结存——货币资金 226 000

（2）丁事业单位本期销售产品，取得经营收入（含增值税）1 030 000元。其增值税征收率为3%。货款尚未收到。（财务会计如图2-28，B段运动所示；不影响预算会计）

含税收入换算为不含税收入：1 030 000÷（1+3%）=1 000 000（元）。

财务会计	预算会计
借：应收账款 1 030 000 贷：经营收入 1 000 000 应交增值税——应交税金 30 000	不涉及现金收支业务，不做账务处理

七、单位增值税税控系统专用设备和技术维护费抵减增值税资金运动分析与会计处理

（一）事业单位增值税一般纳税人税款抵减业务资金运动分析与会计处理

税法规定，单位初次购买增值税税控系统专用设备支付的费用及发生的技术维护费允许在增值税应纳税额中全额抵减。

对于一般纳税人而言，单位需单独设置“应交增值税——应交税金（减免税款）”科目。该科目反映按照现行增值税制度规定，允许在增值税应纳税额中全额抵减的、单位初次购买增值税税控系统专用设备支付的费用以及缴纳的技术维护费。

单位初次购买增值税税控系统专用设备，从财务会计视角来看，在发生时全部作为“经营费用”或“业务活动费用”处理，所引起的资金运动如图2-30中A段运动所示；从预算会计视角来看，实际支付货币资金时，所引起的资金运动如图2-31中A段运动所示。到期末时再将其冲减单位本期应缴纳的增值税，从财务会计视角来看，为保持增值税各明细科目的完整性，该笔业务所引起的资金运动并没有直接冲销“应交增值税——应交税金（销项税额）”，而是通过对该资金运动进行管控，从而在“应交增值税——应交税金（销项税额）”科目的附近停留下来，进而产生一个新的科目——“应交增值税——应交税金（减免税款）”，所引起的资金运动如图2-30中B段运动所示。该业务不影响预算会计。

在使用该税控设备时，单位可能会发生一定的技术维护费等，从财务会计视角来看，技术维护费发生时所引起的资金运动如图2-30中A段运动所示；从预算会计视角来看，实际支付货币资金时，所引起的资金运动如图2-31中A段运动所示。到了期末，从财务会计视角来看，单位需要将该技术维护费转入“应交增值税——应交税金（减免税款）”科目，从而冲减增值税销项税额，所引起的资金运动如图2-30中B段运动所示；该业务不影响预算会计。

事业单位增值税特殊业务分析5

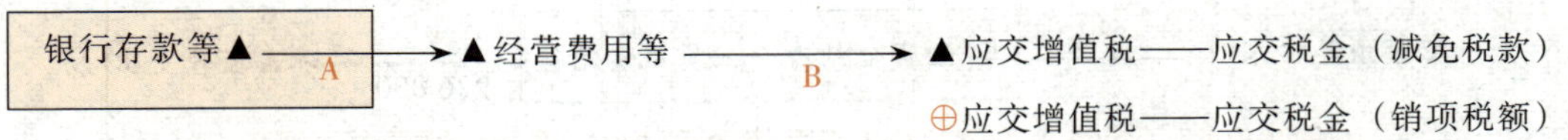

图2-30　事业单位一般纳税人税款减免资金运动分析图——财务会计视角

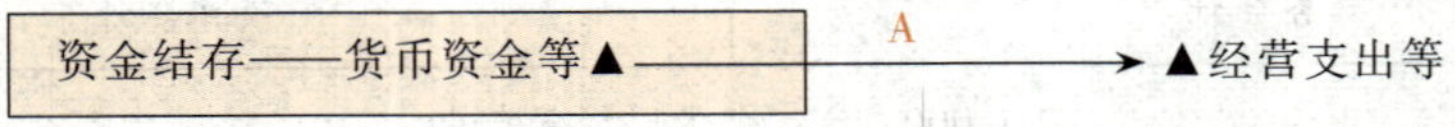

图2-31　事业单位一般纳税人税款减免资金运动分析图——预算会计视角

【例2-7】（1）甲事业单位为增值税一般纳税人，初次购入增值税税控系统专用设备（用于经营活动），取得的增值税专用发票注明买价为12 000元，增值税税额为1 560元。货款已通过银行转账支付。（财务会计如图2-32，A段运动（1）所示；预算会计如图2-33，A段运动（1）所示）

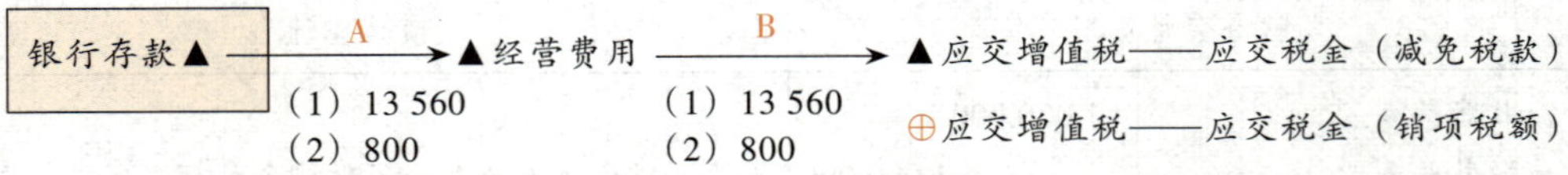

图2-32　甲事业单位税款减免资金运动分析图——财务会计视角

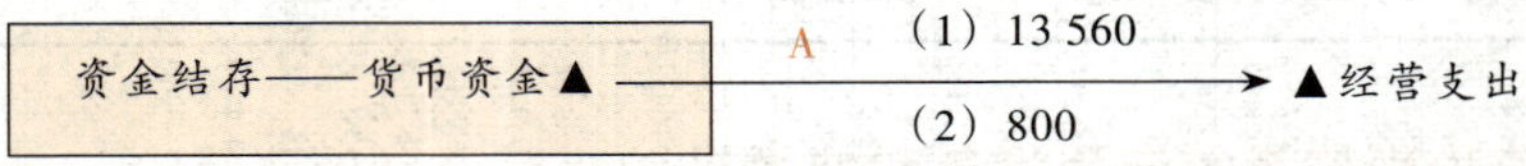

图2-33　甲事业单位税款减免资金运动分析图——预算会计视角

财务会计	预算会计
借：经营费用　13 560 　贷：银行存款　13 560	借：经营支出　13 560 　贷：资金结存——货币资金　13 560

（2）月末时，将税控系统专用设备初次购置款项转入减免税款，冲抵本期的应交增值税。（财务会计如图2-32，B段运动（1）所示；不影响预算会计）

财务会计	预算会计
借：应交增值税——应交税金（减免税款）　13 560 　贷：经营费用　13 560	不涉及现金收支业务，不做账务处理

（3）甲事业单位在税控系统专用设备使用过程中，发生维修费800元，以现金支票支付。（财务会计如图2-32，A段（2）所示；预算会计如图2-33，A段运动（2）所示）

财务会计	预算会计
借：经营费用　800 　贷：银行存款　800	借：经营支出　800 　贷：资金结存——货币资金　800

（4）期末再将该维修费冲减应交增值税。（财务会计如图2-32，B段运动（2）所示；不影响预算会计）

财务会计	预算会计
借：应交增值税——应交税金（减免税款）　800 　贷：经营费用　800	不涉及现金收支业务，不做账务处理

（二）事业单位小规模纳税人税款减免业务资金运动分析与会计处理

从财务会计视角来看，对于事业单位小规模纳税人而言，其税控系统专用设备和技术维护费抵减增值税所引起的资金运动和图2-30基本一样。其主要区别是单位小规模纳税人没有销项税额，不设置“应交增值税——应交税金（减免税款）”抵减科目，而是直接冲减“应交增值税——应交税金”科目。其具体资金运动如图2-34所示。

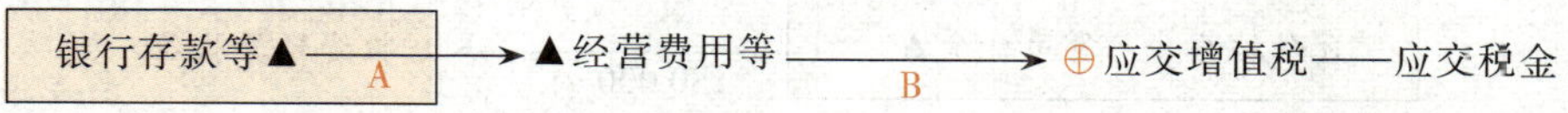

图2-34　事业单位小规模纳税人税款减免资金运动分析图——财务会计视角

从预算会计视角来看，事业单位小规模纳税人税款减免所引起的资金运动与一般纳税人税款减免所引起的资金运动完全一样。其具体资金运动如图2-31所示。

八、单位转让金融商品增值税业务资金运动分析与会计处理

无论是一般纳税人还是小规模纳税人，单位转让金融商品都需要缴纳增值税。其增值税应该以盈亏相抵后的余额作为销售额进行计量。其确认时间一般应为发生金融商品实际转让的月末。

金融商品转让按照卖出价扣除买入价（不需要扣除已宣告但未发放的现金股利和已到付息期但未领取的利息）后的余额作为销售额计算增值税，即转让金融商品以盈亏相抵后的余额作为销售额。若相抵后出现负差，可结转下一纳税期与下期转让金融商品销售额互抵，但年末仍有负差的，不得结转到下一会计年度。

从财务会计视角来看，单位实际转让金融商品的月末，如产生累计转让收益，则应该确认其应缴纳的增值税税额，所引起的资金运动如图2-35中A段运动所示；如产生转让损失，则应确认可以抵扣下月应交增值税税额的抵扣税额，其资金运动如图2-35中A段运动所示，但其流量为负。到了年末，如有借方余额，则说明本年度金融商品转让损失无法弥补，且本年度的金融资产转让损失不允许转入下年度继续抵减转让金融资产的转让收益，应将其予以转销，其资金运动如图2-35中A段运动所示。该业务的处理不涉及货币资金的收付，不影响预算会计。

缴纳增值税时，从财务会计视角来看，所引起的资金运动如图2-35中B段运动所示；从预算会计视角来看，所引起的资金运动如图2-36中B段运动所示。

事业单位增值税特殊业务分析6

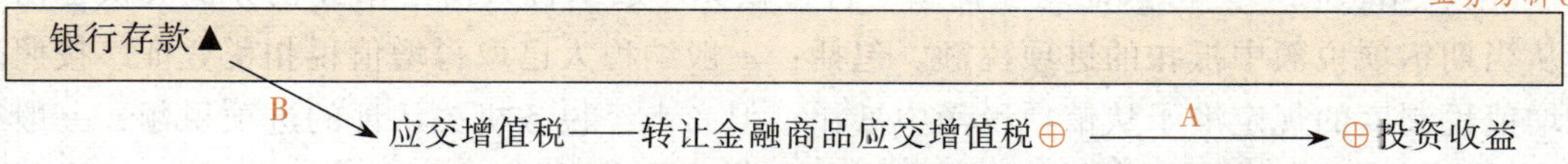

图2-35　转让金融商品应交增值税业务资金运动分析图——财务会计视角

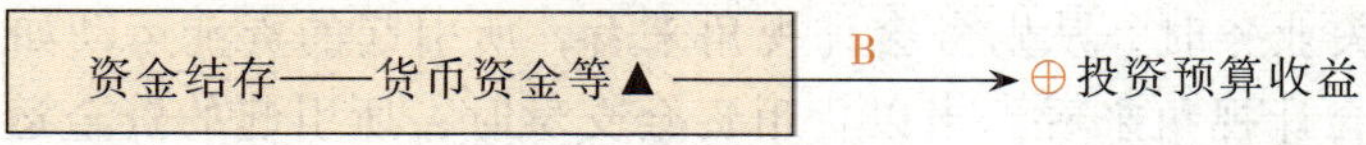

图2-36　转让金融商品应交增值税业务资金运动分析图——预算会计视角

【例2-8】（1）甲单位20×8年8月，转让金融商品盈亏相抵后投资收益为1 060 000元（含税，增值税税率为6%）。（财务会计如图2-37，A段运动（1）所示；不影响预算会计）

应交增值税=1 060 000÷（1+6%）×6%=60 000（元）

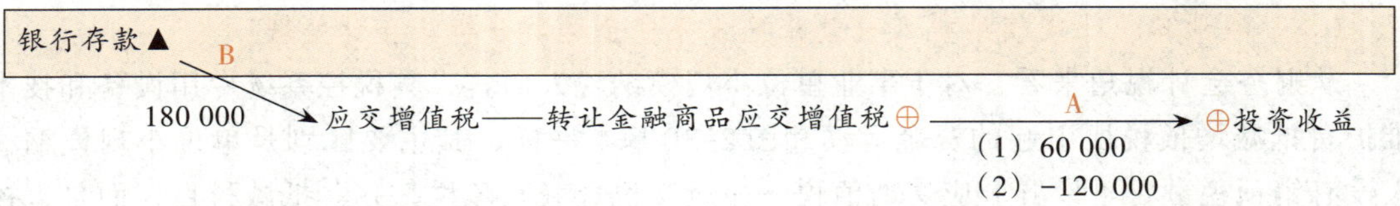

图2-37 甲单位转让金融商品应交增值税业务资金运动分析图——财务会计视角

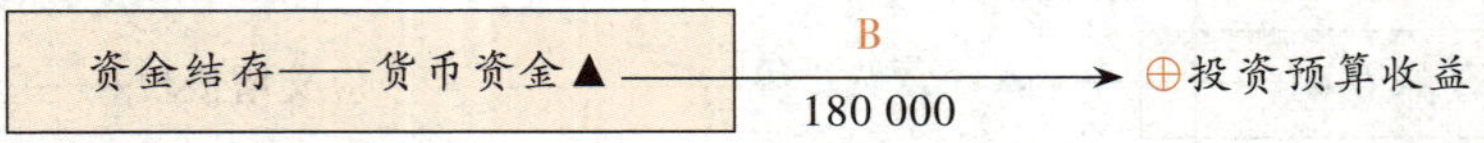

图2-38 甲单位转让金融商品应交增值税业务资金运动分析图——预算会计视角

财务会计	预算会计
借：投资收益 60 000 贷：应交增值税——转让金融商品应交增值税 60 000	不涉及现金收支业务，不做账务处理

（2）该单位20×8年9月，转让金融商品盈亏相抵后投资收益为-2 120 000元（含税，增值税税率为6%）。（财务会计如图2-37，A段运动（2）所示；不影响预算会计）

应交增值税=-2 120 000÷（1+6%）×6%=-120 000（元）

财务会计	预算会计
借：应交增值税——转让金融商品应交增值税 120 000 贷：投资收益 120 000	不涉及现金收支业务，不做账务处理

（3）20×9年1月31日，该单位以银行存款缴纳“应交增值税——转让金融商品应交增值税”180 000元。20×8年其他月份业务略。（财务会计如图2-37，B段运动所示；预算会计如图2-38，B段运动所示）

财务会计	预算会计
借：应交增值税——转让金融商品应交增值税 180 000 贷：银行存款 180 000	借：投资预算收益 180 000 贷：资金结存——货币资金 180 000

九、单位增值税其他特殊业务资金运动分析与会计处理

（一）应交增值税——待认证进项税额业务

“应交增值税——待认证进项税额”科目核算一般纳税人由于未经税务机关认证而不得从当期销项税额中抵扣的进项税额。包括：一般纳税人已取得增值税扣税凭证、按照现行增值税制度的规定准予从销项税额中抵扣，但尚未经税务机关认证的进项税额；一般纳税人申请稽核但尚未取得与稽核结果相符的海关缴款书进项税额。

单位发生相关业务时，从财务会计视角来看，所引起的资金运动如图2-39中A段运动所示；从预算会计视角来看，当以货币资金支付时，所引起的资金运动如图2-40中A段运动所示。

以后该进项税额可以抵扣时，从财务会计视角来看，所引起的资金运动如图2-39中B段运动所示。该业务不影响预算会计。

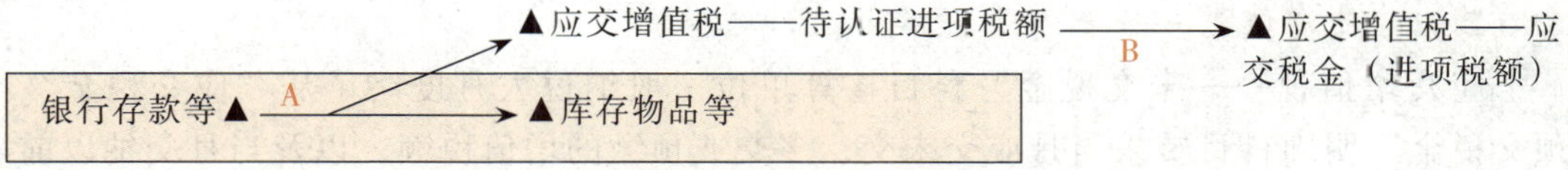

图2-39　待认证进项税额业务资金运动分析图——财务会计视角

图2-40　待认证进项税额业务资金运动分析图——预算会计视角

（二）应交增值税——待转销项税额业务

“应交增值税——待转销项税额”科目核算一般纳税人销售货物、加工修理修配劳务、服务、无形资产或不动产，已确认相关收入（或利得）但尚未发生增值税纳税义务而需于以后期间确认为销项税额的增值税税额。单位发生增值税待转销项税额业务时，从财务会计视角来看，所引起的资金运动如图2-41中A段运动所示；从预算会计视角来看，当单位实际收到货币资金时，所引起的资金运动如图2-42中A段运动所示。

以后分期转销时，从财务会计视角来看，所引起的资金运动如图2-41中B段运动所示。该转销业务不影响预算会计。

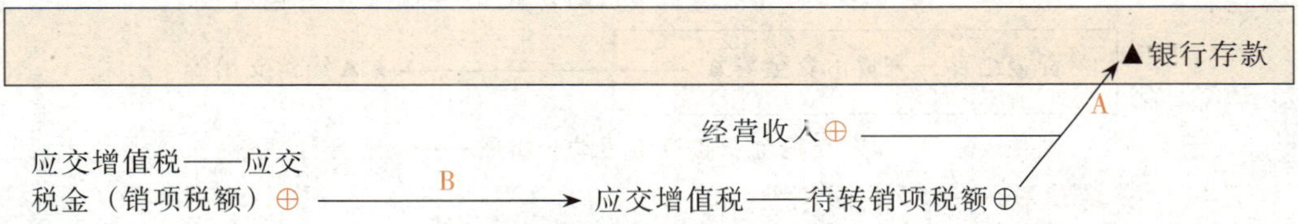

图2-41　待转销项税额业务资金运动分析图——财务会计视角

图2-42　待转销项税额业务资金运动分析图——预算会计视角

（三）应交增值税——预交税金业务

“应交增值税——预交税金”科目核算单位一般纳税人转让不动产、提供不动产经营租赁服务、提供建筑服务、采用预收款方式销售自行开发的房地产项目等，按现行增值税制度的规定应预缴的增值税税额。

事业单位增值税特殊业务分析7

单位实际预缴增值税时，从财务会计视角来看，所引起的资金运动如图2-43中A段运动所示；从预算会计视角来看，所引起的资金运动如图2-44中A段运动所示。

期末，单位需要将其结转到“应交增值税——未交税金”科目，所引起的资金运动如图2-43中B段运动所示。该业务不影响预算会计。

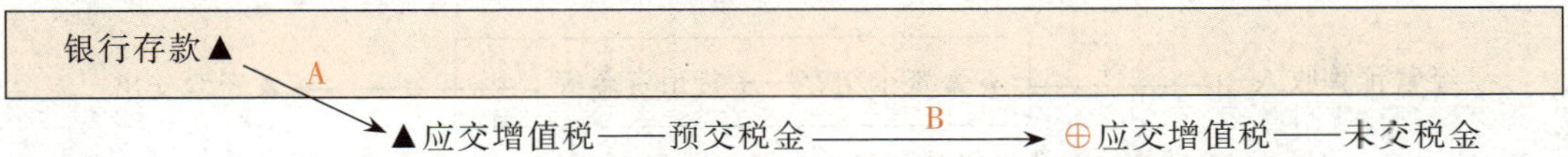

图2-43　预交增值税业务资金运动分析图——财务会计视角

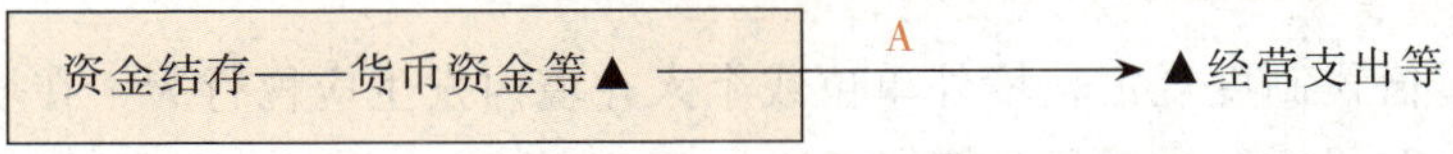

图2-44　预交增值税业务资金运动分析图——预算会计视角

（四）应交增值税——未交税金业务

“应交增值税——未交税金”科目核算单位一般纳税人月度终了从“应交税金”或“预交税金”明细科目转入当月应交未交、多交或预缴的增值税额，以及当月交纳以前期间未交的增值税额。

月末，从财务会计视角来看，单位应将应交未交、多交的增值税额转入“未交税金”明细科目，所引起的资金运动如图2-45中A段运动所示。该业务不影响预算会计。

月末，从财务会计视角来看，将预缴的增值税额转入“应交增值税——未交税金”科目，所引起的资金运动如图2-45中B段运动所示。该业务不影响预算会计。

当月交纳以前期间未交的增值税额业务，从财务会计视角来看，所引起的资金运动如图2-45中C段运动所示；从预算会计视角来看，所引起的资金运动如图2-46中C段运动所示。

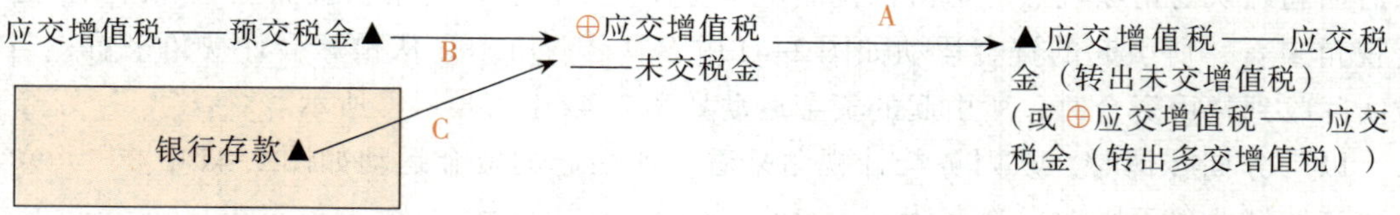

图2-45　单位未交税金业务资金运动分析图——财务会计视角

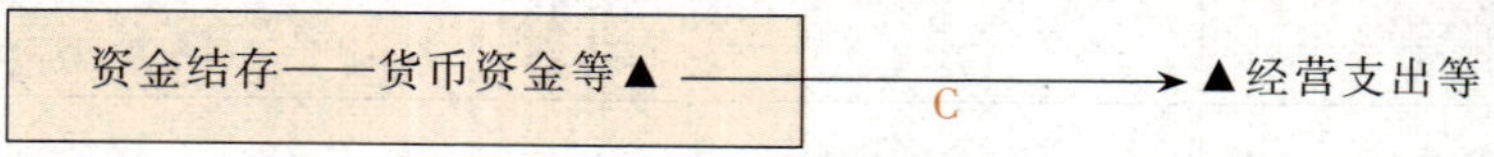

图2-46　单位未交税金业务资金运动分析图——预算会计视角

（五）应交增值税——简易计税业务

“应交增值税——简易计税”科目核算一般纳税人采用简易计税方法发生的增值税计提、扣减、预缴、缴纳等业务。

当单位发生采用简易计税方法计算增值税的销售业务时，从财务会计视角来看，所引起的资金运动如图2-47中A段运动所示。从预算会计视角来看，当单位实际收到货币资金时，所引起的资金运动如图2-48中A段运动所示。

以后单位以货币资金缴纳税款，从财务会计视角来看，所引起的资金运动如图2-47中B段运动所示。从预算会计视角来看，所引起的资金运动如图2-48中B段运动所示。

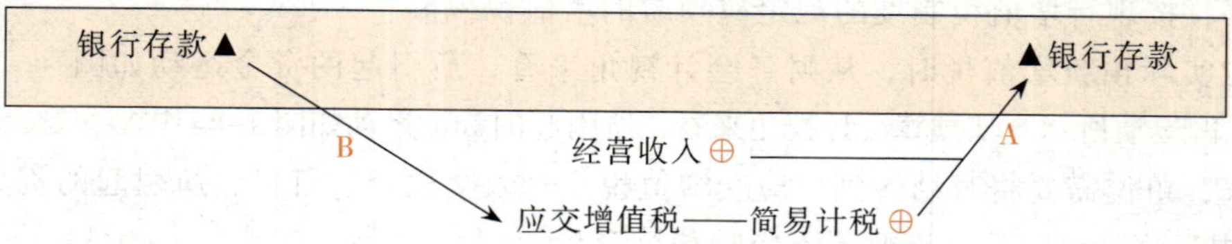

图2-47　单位增值税简易计税业务资金运动分析图——财务会计视角

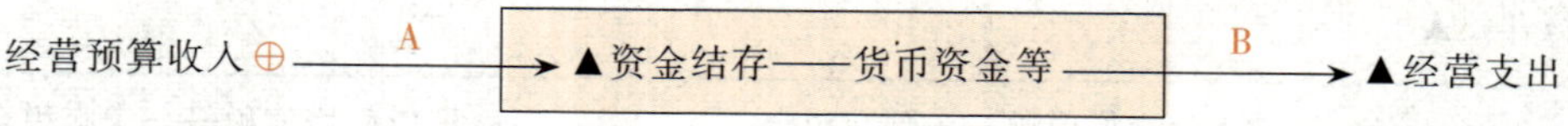

图2-48　单位增值税简易计税业务资金运动分析图——预算会计视角

（六）应交增值税——代扣代交增值税业务

按照现行增值税制度规定，境外单位或个人在境内发生应税行为，在境内未设有经营机构的，应该以购买方为增值税扣缴义务人。

境内一般纳税人购进进口服务、无形资产或不动产时，从财务会计视角来看，应按相关金额确认相关成本费用或资产以及其进项税额，并同步确认其代扣代缴义务，所引起的资金运动如图2-49中A段运动所示。从预算会计视角来看，当实际以货币资金支付时，所引起的资金运动如图2-50中A1段运动所示。

单位以后以银行存款缴纳该增值税时，从财务会计视角来看，所引起的资金运动如图2-49中B段运动所示。从预算会计视角来看，所引起的资金运动如图2-50中B段运动所示。

事业单位增值税特殊业务分析8

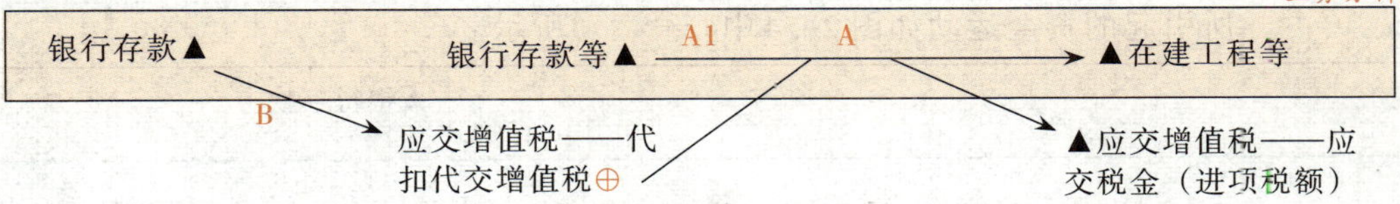

图2-49　代扣代交增值税业务资金运动分析图——财务会计视角

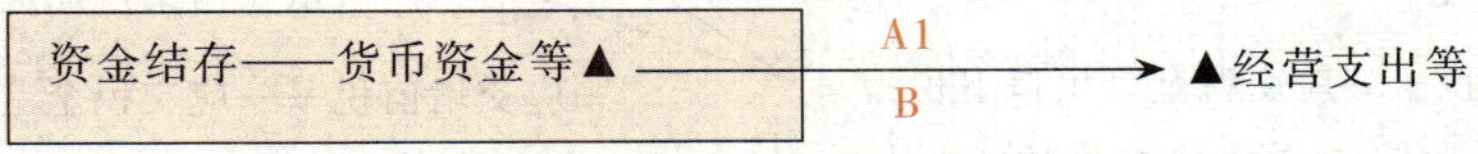

图2-50　代扣代交增值税业务资金运动分析图——预算会计视角

在单位属于小规模纳税人的情况下，财务会计处理中，图2-49中A段运动的“应交增值税——应交税金（进项税额）”应该合并到所购物资的成本之中。其他的都没有变化。

（七）应交增值税——待抵扣进项税额业务

“应交增值税——待抵扣进项税额”科目核算一般纳税人已取得增值税扣税凭证并经税务机关认证，按照规定准予以后期间从销项税额中抵扣的进项税额。发生待抵扣进项税额时，从财务会计视角来看，所引起的资金运动如图2-51中A段运动所示；从预算会计视角来看，所引起的资金运动如图2-52中A段运动所示。

以后允许抵扣时，从财务会计视角来看，所引起的资金运动如图2-51中B段运动所示。该业务不影响预算会计。

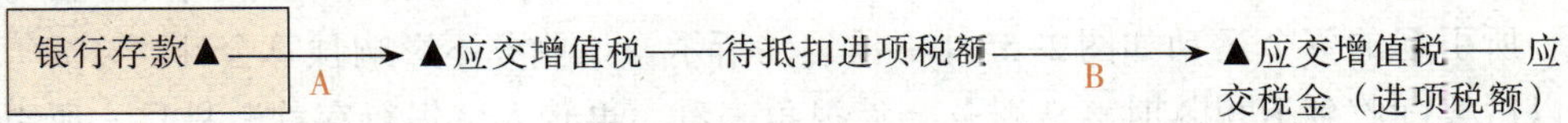

图2-51　待抵扣进项税额业务资金运动分析图——财务会计视角

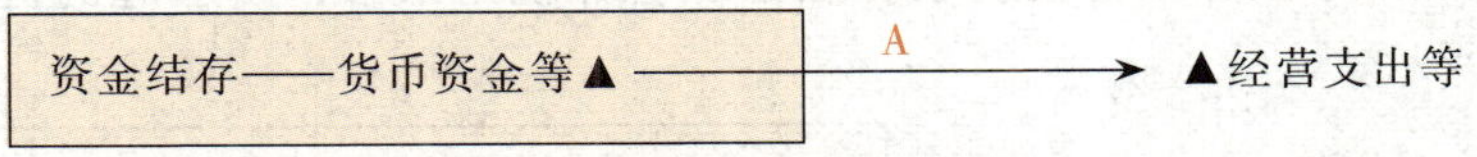

图2-52　待抵扣进项税额业务资金运动分析图——预算会计视角

（八）应交增值税——应交税金（出口退税）业务

事业单位出口退税处理与一般企业的出口退税处理基本一致。其具体推演过程可参见中级财务会计教材的相关内容。

1. 实行“免、抵、退”的单位

有进出口权的单位，出口货物所涉及的增值税业务实行免、抵、退政策。

（1）“免”。货物出口销售时，免征销售环节的增值税。

（2）“抵”。出口货物所耗库存物品等项目已缴纳的进项税额中不予退税的部分，应计入出口物资的成本之中。从财务会计视角来看，所引起的资金运动如图2-53中A段运动所示。该业务不影响预算会计。

出口货物所耗库存物品等项目已缴纳的进项税额中予以退税的部分，可以抵扣内销货物的应纳税额。从财务会计视角来看，所引起的资金运动如图2-53中B段运动所示。该业务不影响预算会计。

事业单位增值税特殊业务分析9

（3）“退”。若应退税的税额大于内销货物的应纳税额，则未抵完的应退税额予以退还；单位应在实际收到退税款时予以确认。从财务会计视角来看，所引起的资金运动如图2-53中C段运动所示；从预算会计视角来看，所引起的资金运动如图2-54中C段运动所示。

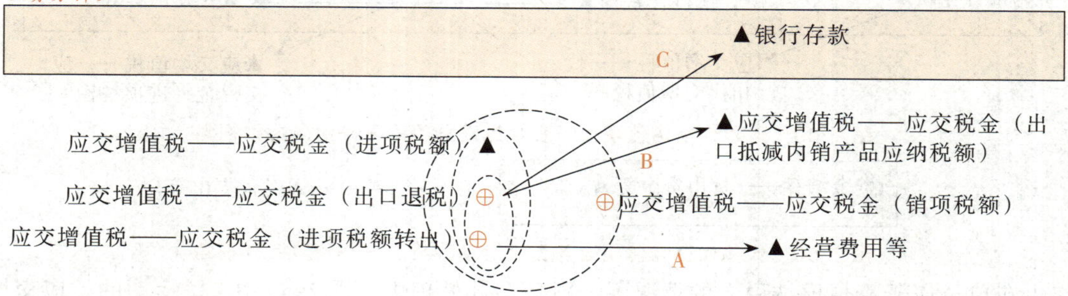

图2-53　实行“免抵退”单位出口退税资金运动分析图——财务会计视角

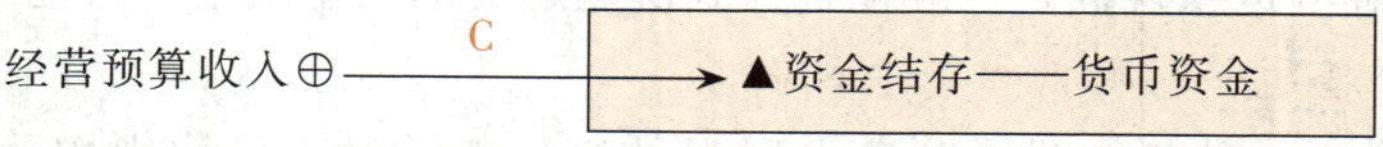

图2-54　实行“免抵退”单位出口退税资金运动分析图——预算会计视角

2. 未实行“免抵退”的单位

未实行“免抵退”的单位，应该按照所预缴的进项税额的相同金额确认销项税额。

对于不予退税的部分，单位应将其转入所出口物资的成本，从财务会计视角来看，所引起的资金运动如图2-55中的A段运动所示。该业务不影响预算会计。

对于应退税的部分，单位应将其作为“应收出口退税款”项目处理，从财务会计视角来看，所引起的资金运动如图2-55中B段运动所示。该业务不影响预算会计。

以后实际收到退税款时，从财务会计视角来看，再转入“银行存款”科目，所引起的资金运动如图2-55中的C段运动所示。从预算会计视角来看，所引起的资金运动如图2-54中C段运动所示。

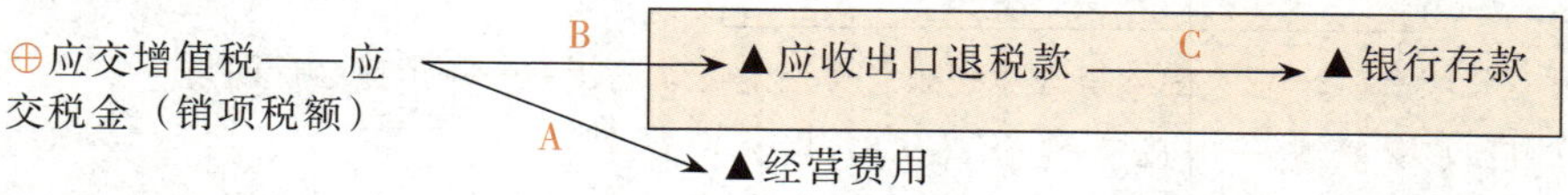

图2-55　未实行“免、抵、退”单位出口退税资金运动分析图——财务会计视角

十、应交增值税科目设置小结

事业单位与增值税有关的科目设置见表2-2。

增值税业务之所以设置很多明细科目，其原因主要有以下两点：（1）增值税是国家重要的税种，国家需要对其进行严密管理与控制；（2）为满足税务稽查的需要，单位需要提供有关增值税业务所有的、未经任何修正的原始资料。

表 2-2　**事业单位增值税相关科目设置汇总表**

纳税人	一级科目	二级科目	三级科目
一般纳税人	应交增值税	应交税金	进项税额、进项税额转出；销项税额；已交税金；转出未交增值税、转出多交增值税；出口退税、出口抵减内销产品应纳税额；减免税款
		待抵扣进项税额、待认证进项税额、待转销项税额、简易计税、转让金融商品应交增值税、未交税金、预交税金、代扣代交增值税	
小规模纳税人	应交增值税	应交税金	
		转让金融商品应交增值税	
		代扣代交增值税	

思考题

本章习题自测

1. 简要分析哪些政府会计主体需要进行增值税业务资金运动分析与会计处理。

2. 简要分析增值税一般纳税人与增值税小规模纳税人在增值税业务处理上的异同。

3. 简要分析哪些情况下增值税进项税额不能抵扣。

4. 简要分析“应交增值税——应交税金”科目的各个明细科目之间存在的逻辑关系。

5. 简要分析政府会计主体与企业会计主体在增值税业务处理方面的差异。

第三章　单位外部资金流入业务资金运动分析与会计处理

育德育人

建立公务卡制度，深化国库集中支付制度改革

2007年财政部、中国人民银行印发了《中央预算单位公务卡管理暂行办法》。2012年9月27日，财政部下发通知，要求2012年年底前全面推行公务卡。

公务卡是指中央预算单位工作人员持有的，主要用于日常公务支出和财务报销业务的信用卡。公务卡消费的资金范围主要包括差旅费、会议费、招待费和零星购买支出等费用。

公务卡的作用：(1) 有利于提高预算资金的使用效率，降低行政成本。(2) 有利于深化财政国库集中支付改革，规范财政资金管理。(3) 有利于促进非现金支付工具使用，减少现金流通。

建立公务卡制度，通过制度与技术创新，可以有机生成公务消费的各项明细信息，使公务消费置于阳光之下，提高公务支出的透明度，从而有效地克服现金支付结算方式信息不透明所带来的种种弊端。这对于深化现代公共财政改革，加强财政支出监督，进一步提高财政财务管理透明度具有重要意义。

本章思维导图

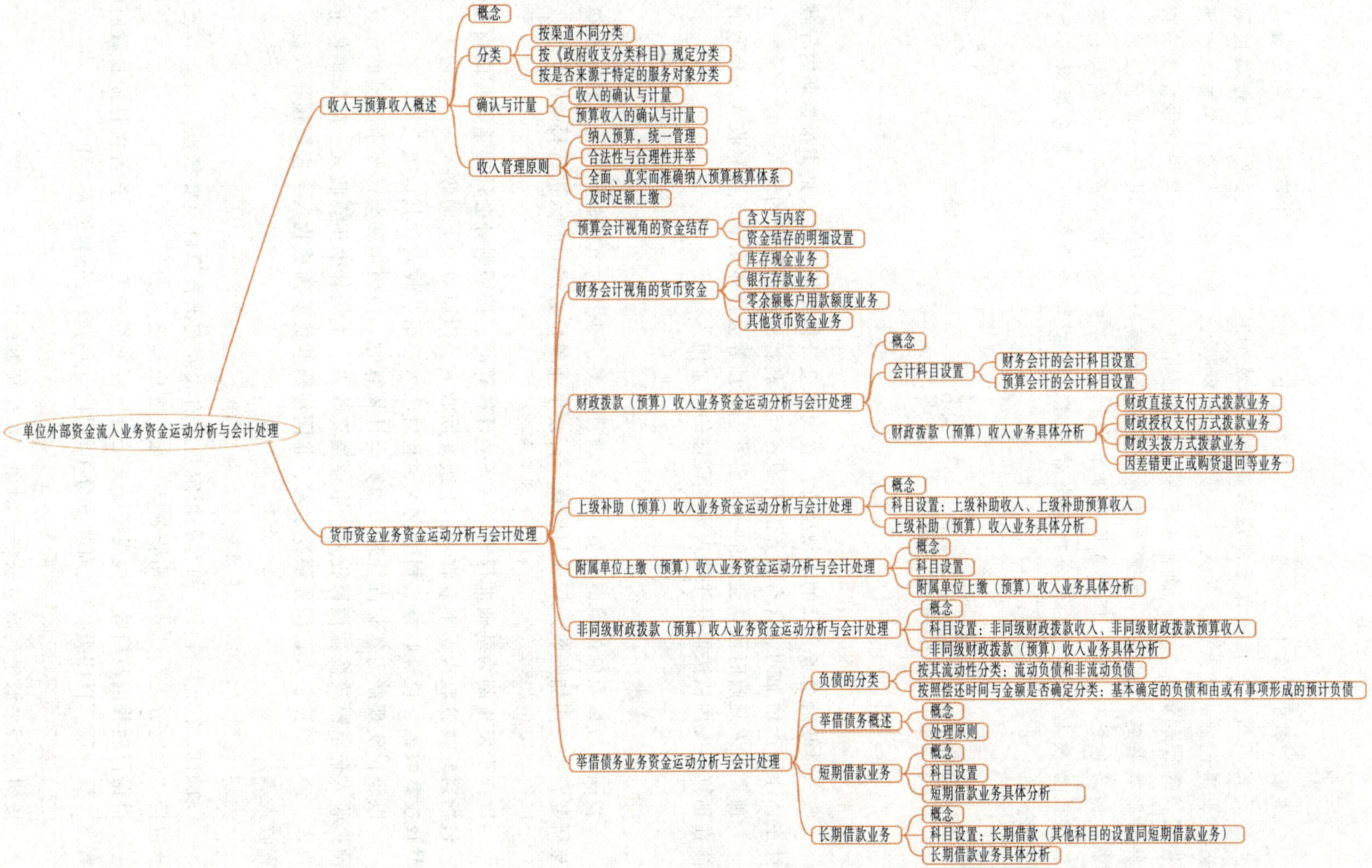
单位外部资金流入业务资金运动分析与会计处理
收入与预算收入概述
概念
分类
按渠道不同分类
按《政府收支分类科目》规定分类
按是否来源于特定的服务对象分类
确认与计量
收入的确认与计量
预算收入的确认与计量
收入管理原则
纳入预算，统一管理
合法性与合理性并举
全面、真实而准确纳入预算核算体系
及时足额上缴
货币资金业务资金运动分析与会计处理
预算会计视角的资金结存
含义与内容
资金结存的明细设置
财务会计视角的货币资金
库存现金业务
银行存款业务
零余额账户用款额度业务
其他货币资金业务
财政拨款（预算）收入业务资金运动分析与会计处理
概念
会计科目设置
财务会计的会计科目设置
预算会计的会计科目设置
财政拨款（预算）收入业务具体分析
财政直接支付方式拨款业务
财政授权支付方式拨款业务
财政实拨方式拨款业务
因差错更正或购货退回等业务
上级补助（预算）收入业务资金运动分析与会计处理
概念
科目设置：上级补助收入、上级补助预算收入
上级补助（预算）收入业务具体分析
附属单位上缴（预算）收入业务资金运动分析与会计处理
概念
科目设置
附属单位上缴（预算）收入业务具体分析
非同级财政拨款（预算）收入业务资金运动分析与会计处理
概念
科目设置：非同级财政拨款收入、非同级财政拨款预算收入
非同级财政拨款（预算）收入业务具体分析
举借债务业务资金运动分析与会计处理
负债的分类
按其流动性分类：流动负债和非流动负债
按照偿还时间与金额是否确定分类：基本确定的负债和由或有事项形成的预计负债
举借债务概述
概念
处理原则
短期借款业务
概念
科目设置
短期借款业务具体分析
长期借款业务
概念
科目设置：长期借款（其他科目的设置同短期借款业务）
长期借款业务具体分析

学习目标

本章主要讲授单位外部资金流入业务资金运动分析与会计处理。外部资金流入业务主要是指不属于直接来源于所服务的特定对象的预算收入，主要包括财政拨款预算收入、非同级财政拨款预算收入、上级补助预算收入、附属单位上缴预算收入和债务预算收入。通过本章的学习，读者应掌握收入与预算收入的界定；掌握货币资金的内涵；掌握国库集中支付方式；掌握财政拨款业务资金运动分析与会计处理；掌握上级补助业务资金运动分析与会计处理；掌握附属单位上缴业务资金运动分析与会计处理；掌握非同级财政拨款业务资金运动分析与会计处理；掌握举借债务业务资金运动分析与会计处理。

第一节　收入与预算收入概述

一、收入与预算收入的概念

收入是政府财务会计的一项要素。在财务会计体系下，收入是指报告期内导致政府会计主体净资产增加的、含有服务潜力或者经济利益的经济资源的流入。

预算收入是政府预算会计的一项要素。在预算会计体系下，预算收入是指政府会计主体在预算年度内依法取得并纳入预算管理的现金流入。

二、收入的分类

我国行政事业单位类型复杂，收入项目较多，涉及的范围广泛。为了便于核算、分析与研究，进一步加强收入管理与核算，行政事业单位必须对收入进行科学的分类。

（一）按照形成渠道不同对收入进行分类

以权责发生制为基础进行政府财务会计核算时，按照财务会计要素归类的财务会计收入包括财政拨款收入、事业收入、上级补助收入、附属单位上缴收入、经营收入、非同级财政拨款收入、投资收益、捐赠收入、利息收入、租金收入和其他收入等。

以收付实现制为基础进行政府预算会计核算时，按照预算会计要素归类的预算会计的预算收入包括财政拨款预算收入、事业预算收入、上级补助预算收入、附属单位上缴预算收入、经营预算收入、债务预算收入、非同级财政拨款预算收入、投资预算收益、其他预算收入等。

（二）按照《政府收支分类科目》规定对收入进行分类

《政府收支分类科目》的有关规定是政府收入支出核算的重要依据。政府收支分类主要包括“收支分类”、“支出功能分类”和“支出经济分类”。

根据目前我国政府收入构成情况，结合国际通行分类方法，按经济性质将政府收入分为类、款、项、目四级。《政府收支分类科目》中的收入分类见表3-1。

（三）按照是否来源于所服务的特定对象对预算收入进行分类

按照是否来源于所服务的特定对象，单位预算收入可以分为两类。

表3-1 《政府收支分类科目》收入分类

类级科目代码	科目名称	款
101	税收收入	增值税、消费税、企业所得税、企业所得税退税、个人所得税、资源税、城市维护建设税、房产税、印花税、城镇土地使用税、土地增值税、车船税、船舶吨税、车辆购置税、关税、耕地占用税、契税、烟叶税、环境保护税、其他税收收入
102	社会保险基金收入	企业职工基本养老保险基金收入、失业保险基金收入、职工基本医疗保险基金收入、工伤保险基金收入、生育保险基金收入、城乡居民基本养老保险基金收入、机关事业单位基本养老保险基金收入、城乡居民基本医疗保险基金收入、其他社会保险基金收入
103	非税收入	政府性基金收入、专项收入、行政事业性收费收入、罚没收入、国有资本经营收入、国有资源（资产）有偿使用收入、捐赠收入、政府住房基金收入、专项债务对应项目专项收入、其他收入
104	贷款转贷回收本金收入	国内贷款回收本金收入、国外贷款回收本金收入、国内转贷回收本金收入、国外转贷回收本金收入
105	债务收入	中央政府债务收入、地方政府债务收入
110	转移性收入	返还性收入、一般性转移支付收入、专项转移支付收入、政府性基金转移支付收入、国有资本经营预算转移支付收入、上解收入、上年结余收入、调入资金、债务转贷收入、接受其他地区援助收入、社会保险基金上解下拨收入、动用预算稳定调节基金、收回存量资金

第一类是指属于直接来源于所服务的特定对象的预算收入。这类预算收入，有的是因开展专业活动及其辅助活动而取得的，如事业预算收入；有的是因开展除专业活动及其辅助活动之外的、非独立核算的经营活动而取得的，如经营预算收入；有的是因对外投资而取得的，如投资预算收益；有的是因单位其他活动而取得的（如出租资产、存款利息收入等），如其他预算收入。

收入的概念与分类

第二类是指不属于直接来源于所服务的特定对象的预算收入。这类预算收入，有的直接或间接来源于财政拨款收入，如财政拨款预算收入、非同级财政拨款预算收入；有的来源于具有行政隶属关系的非财政拨款，如上级补助预算收入和附属单位上缴预算收入；有的来源于外部借款，如债务预算收入。

由于第一类预算收入直接来源于单位服务的特定对象，类似于企业的收入业务，故将此类预算收入业务统称为“单位内部收入业务”；并将其放在本书第六章“单位内部收入与费用业务资金运动分析与会计处理”中讲授。由于第二类预算收入不是直接来源于所服务的特定对象，从这个角度来看，这些预算收入好像是从单位外部直接取得的，故将此类预算收入业务统称为“单位外部资金流入业务”；并将其放在第三章“单位外部资金流入业务资金运动分析与会计处理”（即本章）中讲授。

三、收入和预算收入的确认与计量

（一）收入的确认与计量

财务会计体系下，收入是以权责发生制为基础进行核算，收入的确认应当同时满足以下条件：（1）与收入相关的含有服务潜力或者经济利益的经济资源很可能流入政府会计主体；（2）含有服务潜力或者经济利益的经济资源流入会导致政府会计主体资产增加或者负债减少；（3）流入金额能够可靠地计量。

财政直接支付方式下，财政拨款收入在财政部门完成款项的实际支付时，按照代理银行转来的入账通知书及相关原始凭证确认收入；当年预算年底未执行部分在年终确认预算收入。

财政授权支付方式下，财政拨款收入在用款额度下达代理银行账户时，按照通知书的授权支付额度确认收入。

事业收入。可以按照合同完成进度确认事业收入，或者在履行完合同后确认事业收入，即实现时确认。其中：采用收取现款的管理方式下，在收讫价款时确认事业收入；采用预收款的管理方式下，应当按照合同完成进度确认已实现的事业收入；采用应收款的管理方式下，应当按照合同完成进度确认已实现的事业收入。

（二）预算收入的确认与计量

预算会计体系下，预算收入一般以收付实现制为基础进行核算；在实际收到时予以确认，以实际收到的金额计量。

收入的确认与计量

四、收入管理的原则

（一）纳入预算、统一管理原则

根据国家相关规定，单位应当将各项收入全部纳入单位预算，统一核算，统一管理。也就是说，单位取得的财政拨款资金、事业收入、上下级缴拨款、其他收入等，都应纳入单位预算。不仅要把单位直接取得的各项收入纳入单位预算，而且要把单位内部非独立核算部门取得的收入纳入单位预算。

（二）合法性与合理性并举原则

所谓合法性，就是行政事业单位取得的任何收入必须符合国家的收费政策和相关制度。所谓合理性，就是行政事业单位取得的各项收入都应当从实际情况出发，做到取之得当、用之合理、服务对象适当负担。在遵循合法性与合理性并举原则的基础上，要注意充分利用现有人才、技术、设备等条件，不断拓宽服务范围、扩大财源。同时，还要将社会效益放在首位，体现公益性的特点，实现经济效益与社会效益的有机结合。

（三）各项收入全面、真实、准确地纳入核算体系的原则

行政事业单位的各项收入都要统一核算、统一管理，务求全面、真实、准确，坚决防止私分、瞒报收入，私设“小金库”，坐收坐支，乱支滥用等现象。对各项收入，必须严格按照批准的预算执行，如有调整要严格履行报批程序。对各类专项资金收入还要加强管理和核算，确保专款专用，防止挤占挪用。

（四）及时足额上缴的原则

行政事业单位必须严格执行财政管理的有关规定，凡应上缴国库或财政专户的资金收入，均应当按照国库集中收缴的有关规定及时足额上缴，不得隐瞒、滞留、截留、挪用和坐支。只有经核准可以不上缴的资金以及由财政专户核拨的资金，才能留给单位并按照规定进行使用。

第二节　货币资金业务资金运动分析与会计处理

货币资金是以货币形态存在的资金。政府财务会计视角的货币资金包括库存现金、银行存款、零余额账户用款额度和其他货币资金。其中，零余额账户用款额度是政府会计主体特有的货币资金形式。

为实现“财务会计和预算会计适度分离并相互衔接”的会计核算模式，与财务会计的“货币资金”科目对应，在政府预算会计的预算结余要素下设置了“资金结存”科目。“资金结存”科目用于核算单位纳入预算管理的资金流入、流出、调整和滚存等情况，该科目设置“零余额账户用款额度”“货币资金”“财政应返还额度”三个明细科目。

一、预算会计视角的资金结存

（一）资金结存的含义与内容

政府会计制度建立了财务会计与预算会计适度分离并相互衔接的“双体系”会计核算模式。在预算会计体系下，将行政事业单位纳入部门预算管理的资金流入、流出、调整和滚存作为资金结存核算。因此，“资金结存”科目属于预算会计的概念范畴。

预算会计视角的货币资金

（二）资金结存的核算内容及科目设置

“资金结存”科目设置“零余额账户用款额度”、“货币资金”和“财政应返还额度”三个明细科目。

（1）“零余额账户用款额度”。“零余额账户用款额度”明细科目核算实行国库集中支付的单位根据财政部门批复的用款计划收到和支用的零余额账户用款额度。年末结账后，该明细科目应无余额。

（2）“货币资金”。“货币资金”明细科目核算单位以库存现金、银行存款、其他货币资金形态存在的资金。该明细科目年末借方余额，反映单位尚未使用的货币资金。

（3）“财政应返还额度”。“财政应返还额度”明细科目核算实行国库集中支付的单位可以使用的以前年度财政直接支付的资金额度和财政应返还的财政授权支付资金额度。该明细科目下可设置“财政直接支付”“财政授权支付”两个科目进一步明细核算。该明细科目年末借方余额，反映单位应收财政返还的资金额度。

二、财务会计视角的货币资金

财务会计视角的货币资金主要包括库存现金、银行存款、其他货币资金、零余额账户用款额度等。

（一）库存现金业务资金运动分析与会计处理

1.库存现金业务概述

政府会计主体应严格按照国家有关现金管理的规定收支现金，严格执行国务院《现金管理暂行条例》，财政部、中国人民银行《中央预算单位公务卡管理暂行办法》，财政部《关于实施中央预算单位公务卡强制结算目录的通知》等相关规定。

目前政府会计主体的职工工资、津贴补贴、奖金等一般通过财政直接支付或授权支付方式，以及基本账户转账上卡等方式支付。随着公务卡的推行，零星的办公用品购置费、书报杂志订阅费、印刷费、差旅费、培训费、会务费、招待费、邮电费、交通费、劳务费、租赁费、手续费、小型维修费及其他零星商品和服务购买等公务性支出均通过公务卡支付。随着网银业务、财务信息化建设的开展，行政事业单位使用现金的范围将越来越小，很多单位的支付方式已实现了零现金支付。

“库存现金”科目应当设置“受托代理资产”明细科目，用以核算单位受托代理、代管的现金。

财务会计视角
库存现金业务

2.库存现金主要业务处理

（1）受托代理、代管现金的核算

单位收到受托代理、代管的现金，所引起的资金运动如图3-1中A段运动所示；支付受托代理、代管的现金，所引起的资金运动如图3-1中B段运动所示。受托代理、代管现金业务不影响预算会计。

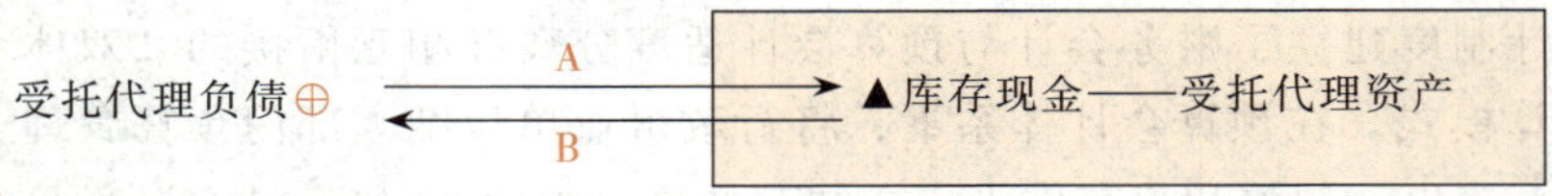

图3-1 受托代理、代管现金业务资金运动分析——财务会计视角

受托代理负债是指行政事业单位因接受委托取得受托代理资产时所形成的负债。受托代理负债应当按照对应受托代理资产的金额予以确认和计量。

（2）现金短缺或溢余业务处理

每日终了，单位出纳人员应进行现金盘点，并与库存现金日记账的余额进行核对，做到账款相符。

发现库存现金盘盈，从财务会计视角来看，所引起的资金运动如图3-2中A段运动所示；从预算会计视角来看，所引起的资金运动如图3-3中A段运动所示。

以后处理库存现金盘盈，若发现是应付未付的款项，则从财务会计视角来看，所引起的资金运动如图3-2中B1、B2段运动所示；从预算会计视角来看，所引起的资金运动如图3-3中B2段运动所示。若无法查明库存现金盘盈的原因，则作为其他收入处理，从财务会计视角来看，所引起的资金运动如图3-2中C段运动所示；该业务不影响预算会计。

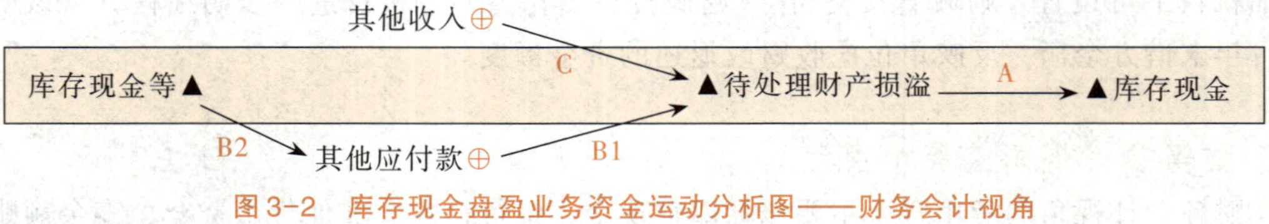

图3-2 库存现金盘盈业务资金运动分析图——财务会计视角

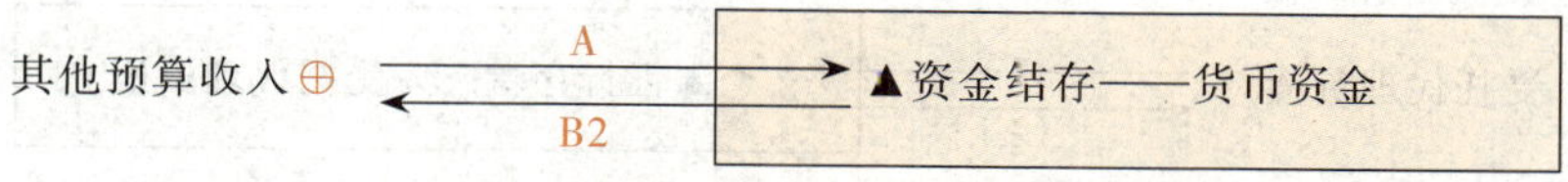

图3-3　库存现金盘盈业务资金运动分析图——预算会计视角

发现库存现金盘亏，从财务会计视角来看，所引起的资金运动如图3-4中A段运动所示；从预算会计视角来看，所引起的资金运动如图3-5中A段运动所示。

以后处理库存现金盘亏，若应该由相关责任人赔偿，则从财务会计视角来看，所引起的资金运动如图3-4中B1、B2段运动所示；从预算会计视角来看，所引起的资金运动如图3-5中B2段运动所示。若无法查明库存现金盘亏的原因，则从财务会计视角来看，作为资产处置费用处理，所引起的资金运动如图3-4中C段运动所示；该业务不影响预算会计。

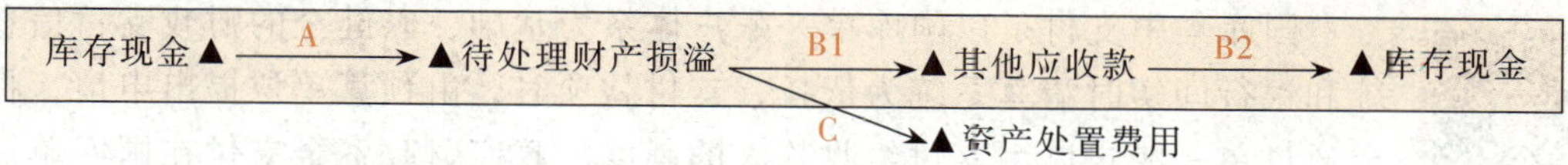

图3-4　库存现金盘亏业务资金运动分析图——财务会计视角

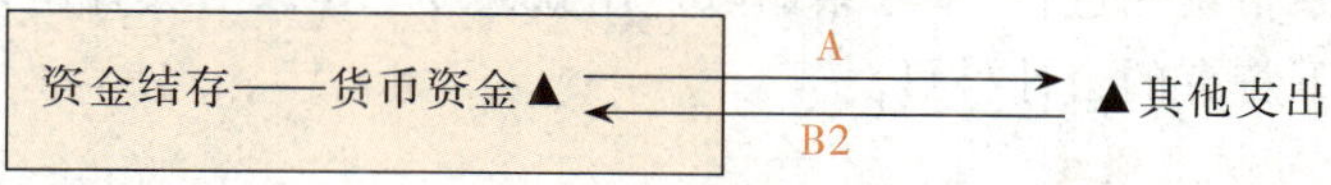

图3-5　库存现金盘亏业务资金运动分析图——预算会计视角

需要注意的是，年末，经批准处理后，“待处理财产损溢”科目一般应无余额。

（3）外币现金业务处理

单位有外币现金的，应当分别按照人民币、外币种类进行明细核算，并分别设置“库存现金日记账”。发生外币现金收付业务的，按照业务发生当日的即期汇率，将外币金额折算为人民币金额记账，并登记外币金额和汇率。期末，按照期末的即期汇率折算为人民币，作为该币种期末余额，调整后的人民币余额与原账面余额的差额，作为汇兑损益计入当期费用（其他费用科目）。

（二）银行存款业务资金运动分析与会计处理

1.银行存款业务概述

“银行存款”科目核算单位存入银行或者其他金融机构的各种存款。政府会计主体银行账户包括基本存款账户、专用存款账户、外汇账户、党费账户、工会经费账户、房改资金账户等。账户的开立应按规定履行财政审批、备案手续。单位应按照开户银行或金融机构、存款种类及币种等，分别设置“银行存款日记账”。银行存款收支业务应严格按照国家有关支付结算办法的规定办理，每月至少核对一次“银行存款日记账”和“银行对账单”；月度终了，二者如有差额，应查明原因并进行处理，并按月编制“银行存款余额调节表”。

“银行存款”科目应设置“受托代理资产”明细科目，核算单位受托代理、代管的银行存款。

财务会计视角的银行存款业务

2.银行存款主要业务处理

（1）受托代理、代管银行存款业务处理

单位受托代理、代管银行存款业务，从财务会计视角来看，所引起的资金运动如图3-6所示。该业务不影响预算会计。

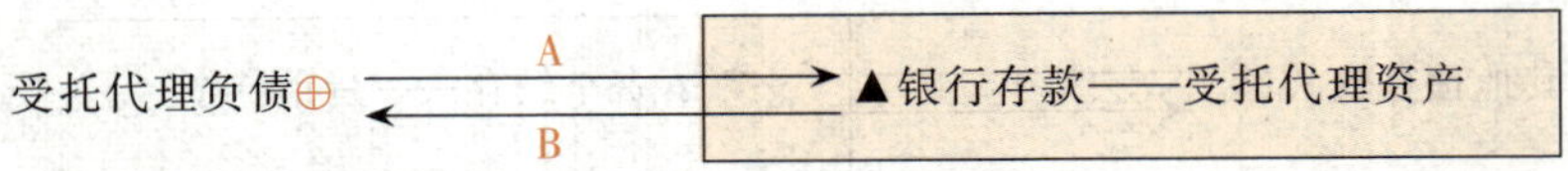

图3-6 受托代理、代管银行存款业务资金运动分析图——财务会计视角

(2) 银行存款外币账户业务处理

①业务发生当日账务处理。单位有外币业务的，应当按照业务发生当日的即期汇率，将外币金额折算为人民币金额记账，并登记外币金额和汇率。

②期末账务处理。期末，按照期末的即期汇率折算为人民币，作为该币种期末余额，调整后的人民币余额与原账面余额的差额，作为汇兑损益计入当期费用（其他费用科目）。

(三) 零余额账户用款额度业务处理

财务会计视角的零余额账户用款额度业务

国库集中支付是以国库单一账户体系为基础，以健全的财政支付信息系统和银行间实时清算系统为依托，支付款项时，由预算单位提出申请，将资金通过单一账户体系支付给收款人的制度。政府财政资金支付在国库单一账户体系下统一进行，“零余额账户用款额度”是政府会计主体在国库集中支付制度下特有的会计科目。

1.国库集中支付制度概述

国库集中支付制度是以国库单一账户体系为基础，财政预算部门要在商业银行开设零余额账户，并为预算单位开设零余额账户，通过零余额账户，对政府财政资金采取财政直接支付和财政授权支付两种方式支付给商品或劳务供应商。财政直接支付是按照部门预算和用款计划确定的资金用途和用款进度，根据用款单位申请，由财政部门将资金直接支付给收款人（即商品或劳务的供应商等）或用款单位（即具体申请和使用财政性资金的预算单位）。财政授权支付是根据部门预算和用款计划确定的资金用途和用款进度，由预算单位自行开出支付令将资金支付给商品、劳务供应商或用款单位。商业银行代理支付的财政资金，每日与财政部门开设在中国人民银行的国库单一账户进行清算。

2.国库集中支付相关业务流程

(1) 办理预留印鉴。

中央预算单位实行国库集中支付，应首先办理预留印鉴手续，使用《中央基层预算单位预算资金拨款印鉴卡》、《中央一级预算单位预算资金拨款印鉴卡》和《中央一级预算单位财政直接支付印鉴卡》。

(2) 申请用款计划。

中央预算单位通过中央预算单位财政资金支付管理系统编报用款计划，及时将电子数据报财政部。中央预算单位财政资金支付管理系统中的用款计划表格包括《明细用款计划打印表》《预算单位1—5月基本支出分月用款计划表》《预算单位6—12月基本支出分月用款计划表》《预算单位1—5月项目支出分月用款计划表》《预算单位6—12月项目支出分月用款计划表》。

(3) 办理财政直接支付或者财政授权支付。

办理财政直接支付的流程如下：

①支付申请。基层预算单位办理财政直接支付申请时，填写《中央基层预算单位财政直接支付申请书》，报送财政部驻本省、自治区、直辖市、计划单列市财政监管局（以下

简称监管局）审核；一级预算单位审核汇总后，填写《财政直接支付汇总申请书（单位财务公章）》。

②支付指令。财政部通知代理银行支付资金时，填写《财政直接支付凭证》。

③信息反馈。代理银行办理资金支付业务后开具《财政直接支付入账通知书》。基层预算单位收到入账通知书后进行相应账务处理。

④更正调整。基层预算单位办理财政直接支付更正调整业务时，填写《中央基层预算单位财政直接支付更正申请书》，报送属地监管局审核；一级预算单位审核汇总后，填写《财政直接支付更正汇总申请书（单位财务公章）》。

⑤资金退回。财政直接支付的资金由代理银行支付后，因收款单位的账户名称或账号填写错误等原因发生资金退回财政部零余额账户的，代理银行应当在当日（超过清算时间的在第二个工作日）将资金退回国库单一账户并向财政部（国库司）发出《财政直接支付资金退回入账通知书》。

办理财政授权支付的流程如下：

①额度下达。财政部下达财政授权支付用款额度时，向代理银行签发《财政授权支付额度通知单》。有关财政授权支付明细信息以电子方式传递。代理银行通知基层预算单位用款额度到账时，使用《财政授权支付额度到账通知书》。基层预算单位收到《财政授权支付额度到账通知书》时进行相应的会计处理。

②支付指令。预算单位办理财政授权支付业务需按相应规则填写支付指令。支付完成后，预算单位根据银行回单进行相应的会计处理。

③更正退回。财政授权支付资金更正（退回）时，使用《财政授权支付更正（退回）通知书》。

（4）对账管理。

财政部门、预算单位、代理银行之间按照预算项目并区分预算来源进行对账。

（5）年终注销额度。

年末，对于财政授权支付额度，预算单位根据代理银行提供的对账单做注销额度处理；对于财政直接支付额度，预算单位根据本年度财政直接支付指标数大于当年财政直接支付实际发生数的差额，进行相应的会计处理。

（6）下年初恢复额度。

下年初，预算单位根据代理银行提供的“上年度注销额度恢复到账通知书”做恢复额度的账务处理。

3. 中央预算单位公务卡结算规定

2007年财政部、中国人民银行印发了《中央预算单位公务卡管理暂行办法》（财库〔2007〕63号），2012年9月27日，财政部下发通知，要求2012年年底前全面推行公务卡。

公务卡是指中央预算单位工作人员持有的，主要用于日常公务支出和财务报销业务的信用卡。公务卡消费的资金范围主要包括差旅费、会议费、招待费和零星购买支出等费用。推行公务卡有利于进一步深化国库集中支付制度改革，规范中央预算单位财政授权支付业务，减少现金支付结算，提高支付透明度，加强财政监督，方便预算单位用款。

4.“零余额账户用款额度”科目核算内容

“零余额账户用款额度”科目核算实行国库集中支付的单位根据财政部门批复的用款计划收到和支付的财政授权支付额度。

零余额账户是政府会计主体特有的账户类型，用于财政直接支付和财政授权支付及清算。零余额账户用款额度核算的是财政授权支付的额度，财政部门每年根据预算批复单位用款计划，单位在批复的用款计划额度内根据业务事项的内容进行支付，年末未支付的额度将注销。

需要注意的是，在实际业务核算中，零余额账户用款额度还应按照相应预算所属年度（本年度、以前年度）、项目支出功能分类（教育、科学、国防、农业、林业等）、项目预算关联号等设置明细或辅助核算。本书在案例中做简化处理。

（四）其他货币资金业务资金运动分析与会计处理

1.其他货币资金业务概述

其他货币资金包括单位外埠存款、银行本票存款、银行汇票存款、信用卡存款等各种其他货币资金。单位通过支付宝、微信等方式取得相关收入，对于尚未转入银行存款的，仍在第三方支付平台账户的余额，也应当通过“其他货币资金”科目核算。

“其他货币资金”科目应当设置“外埠存款”“银行本票存款”“银行汇票存款”“信用卡存款”等明细科目，进行明细核算。

2.其他货币资金主要业务处理

虽然其他货币资金的明细内容不相同，但所引起的资金运动基本相同。为取得其他货币资金，从财务会计视角来看，单位需要将相应的货币资金从单位的银行存款等中单独划拨出来，形成其他货币资金专户，所引起的资金运动如图3-7中A段运动所示。该业务不影响预算会计。

财务会计视角的其他货币资金业务

单位使用其他货币资金采购物品等，从财务会计视角来看，所引起的资金运动如图3-7中B段运动所示；从预算会计视角来看，所引起的资金运动如图3-8所示。

单位将结余的资金转回原来的银行存款等账户，从财务会计视角来看，所引起的资金运动如图3-7中C段运动所示；该业务不影响预算会计。

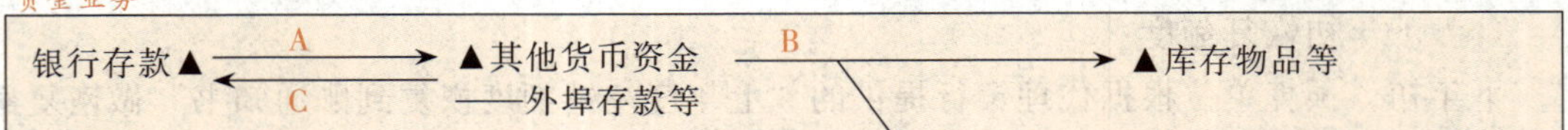

图3-7 其他货币资金业务资金运动分析图——财务会计视角

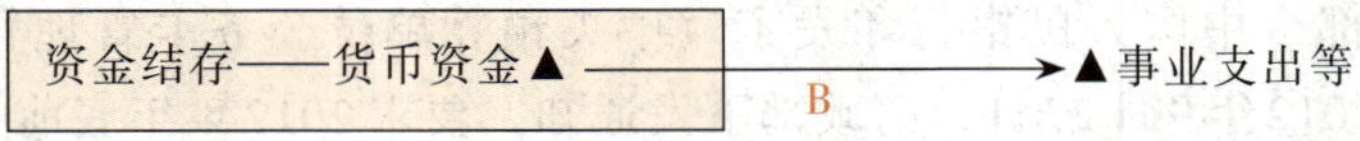

图3-8 其他货币资金业务资金运动分析图——预算会计视角

【例3-1】甲事业单位在20×8年8月发生与其他货币资金相关的下列业务：

（1）1日将款项交存银行，办理银行汇票100 000元。（财务会计如图3-9，A段运动所示；预算会计不需要处理）

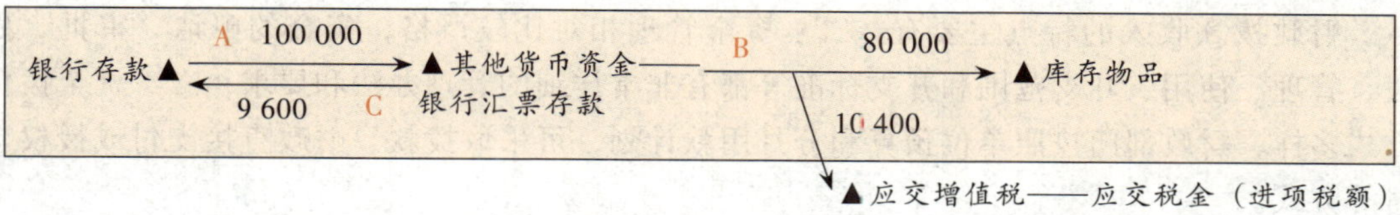

图 3-9　甲单位其他货币资金业务资金运动分析图——财务会计视角

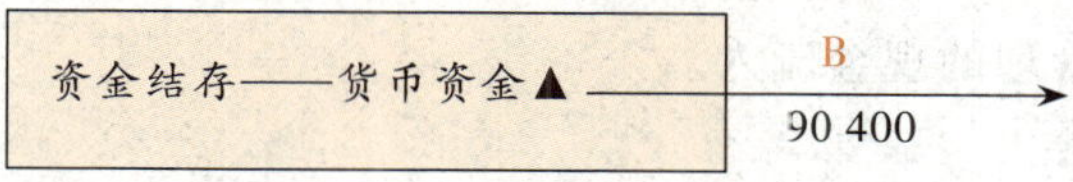

图 3-10　甲单位其他货币资金业务资金运动分析图——预算会计视角

财务会计	预算会计
借：其他货币资金——银行汇票存款 100 000 贷：银行存款 100 000	没有现金流入流出单位，不做账务处理

（2）15 日以银行汇票支付材料款 80 000 元、增值税进项税额 10 400 元，材料已验收入库，用于经营活动。（财务会计如图 3-9，B 段运动所示；预算会计如图 3-10，B 段运动所示）

财务会计	预算会计
借：库存物品 80 000 应交增值税——应交税金（进项税额）10 400 贷：其他货币资金——银行汇票存款 90 400	借：经营支出 90 400 贷：资金结存——货币资金 90 400

（3）20 日将 9 600 元余款转回开户银行。（财务会计如图 3-9，C 段运动所示；预算会计不需要处理）

财务会计	预算会计
借：银行存款 9 600 贷：其他货币资金——银行汇票存款 9 600	没有现金流入流出单位，不做账务处理

第三节　财政拨款（预算）收入业务资金运动分析与会计处理

一、财政拨款收入与财政拨款预算收入的概念

财政拨款收入是一个财务会计概念，是指政府会计主体从同级财政部门取得的各类财政拨款。主要包括三层含义：（1）“从同级财政部门取得”是指行政事业单位直接或者按照部门预算隶属关系从同一级次财政部门取得的财政拨款。（2）“各类财政拨款”是指行政事业单位从同级财政部门取得的所有财政拨款，强调全面、完整。（3）财政拨款收入主要包括两方面，一方面是日常经费（用于基本支出），即为保障机构正常运转、完成日常工作任务安排的财政拨款；另一方面是专项资金（用于项目支出），即为完成特定的工作任务或发展目标，在基本支出之外安排的财政拨款。

财政拨款收入的特点主要有：(1) 资金管理相对比较严格，资金的申请、审批、划拨、管理、使用、开支范围和开支标准等都有非常详细的管理办法和要求；(2) 资金拨付方式多样，财政部门按照单位预算和分月用款计划，可采取拨款、财政直接支付或授权支付等方式。

财政拨款预算收入是一个预算会计概念，是指政府会计主体在预算年度内依法从同级财政部门取得的并纳入预算管理的现金流入。

财政拨款收入概念与科目设置

二、财务会计与预算会计的会计科目设置

(一) 财务会计的会计科目设置

1.“财政拨款收入”科目

在财务会计体系中，单位应设置“财政拨款收入”科目。该科目核算单位从同级政府财政部门取得的各类财政拨款。平时其余额在贷方，年末结转后无余额。“财政拨款收入”科目可按照一般公共预算财政拨款、政府性基金预算财政拨款等拨款种类进行明细核算。

同级政府财政部门预拨的下期预算款和没有纳入预算的暂付款项，以及采用实拨资金方式通过本单位转拨给下属单位的财政拨款，应通过“其他应付款”科目核算，不通过“财政拨款收入”科目核算。

2.“财政应返还额度”科目

在财务会计体系中，单位应设置“财政应返还额度”科目。该科目核算实行国库集中支付的单位应收财政返还的资金额度，包括可以使用的以前年度财政直接支付资金额度和财政应返还的财政授权支付资金额度。

“财政应返还额度”兼具货币资金和应收款的特性，其中，可以使用的以前年度财政直接支付资金额度具有货币资金的性质；财政应返还的财政授权支付资金额度具有应收款的性质。

该科目应设置“财政直接支付”“财政授权支付”两个明细科目进行明细核算。该科目期末借方余额，反映单位应收财政返还的资金额度。

(二) 预算会计的会计科目设置

在预算会计体系中，单位应设置“财政拨款预算收入”科目。该科目核算单位从同级政府财政部门取得的各类财政拨款。“财政拨款预算收入”科目应当设置“基本支出”和“项目支出”两个明细科目，并按照《政府收支分类科目》中“支出功能分类科目”的项级科目进行明细核算；同时，在“基本支出”明细科目下按照“人员经费”和“日常公用经费”进行明细核算，在“项目支出”明细科目下按照具体项目进行明细核算。有一般公共预算财政拨款、政府性基金预算财政拨款等两种或两种以上财政拨款的单位，还应当按照财政拨款的种类进行明细核算。

三、财政拨款（预算）收入业务具体资金运动分析与会计处理

(一) 财政直接支付方式拨款业务资金运动分析与会计处理

财政直接支付是指由财政部门签发支付令，代理银行根据财政部门的支付指令，通过

国库单一账户体系将资金直接支付到收款人或用款单位账户。

1.财政直接支付的发生

对财政直接支付的支出，单位收到“财政直接支付入账通知书”时，按照通知书中的金额直接确认入账金额。从财务会计视角看，所引起的资金运动如图3-11中A段运动所示；从预算会计视角看，所引起的资金运动如图3-12中A段运动所示。

库存物品、业务活动费用和单位管理费用属于财务会计范畴。库存物品是指单位在开展业务活动及其他活动中为耗用或出售而储存的各种材料、产品、包装物、低值易耗品以及达不到固定资产标准的用具、装具、动植物等。业务活动费用是单位为实现其职能目标，依法履职或开展专业业务活动及其辅助活动所发生的各项费用。单位管理费用是事业单位本级行政及后勤管理部门开展管理活动发生的各项费用。

行政支出和事业支出属于预算会计范畴。行政支出是行政单位履行其职责实际发生的各项现金流出。事业支出是事业单位开展专业业务活动及其辅助活动实际发生的各项现金流出。

2.年末确认拨款差额

年末，根据本年度财政直接支付预算指标数与当年财政直接支付实际支出数的差额，单位应确认该额度。从财务会计视角看，所引起的资金运动如图3-11中B段运动所示；从预算会计视角看，所引起的资金运动如图3-12中B段运动所示。

财政直接支付业务资金运动分析

3.下年度恢复上年拨款差额所发生的支出

下年度恢复财政直接支付额度后，在发生支付业务时，单位以财政直接支付方式予以支付。从财务会计视角看，所引起的资金运动如图3-11中C段运动所示；从预算会计视角看，所引起的资金运动如图3-12中C段运动所示。

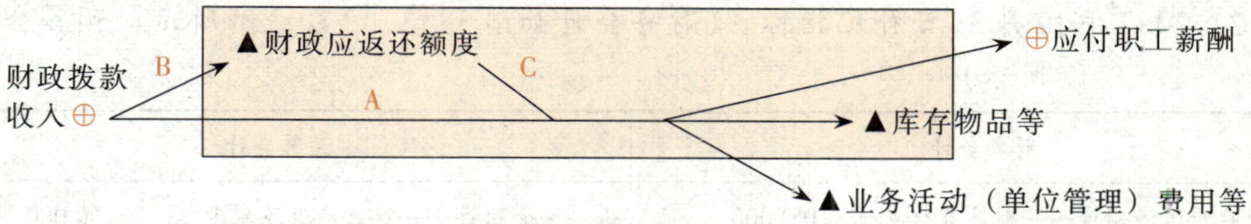

图3-11　国库直接支付业务资金运动分析图——财务会计视角

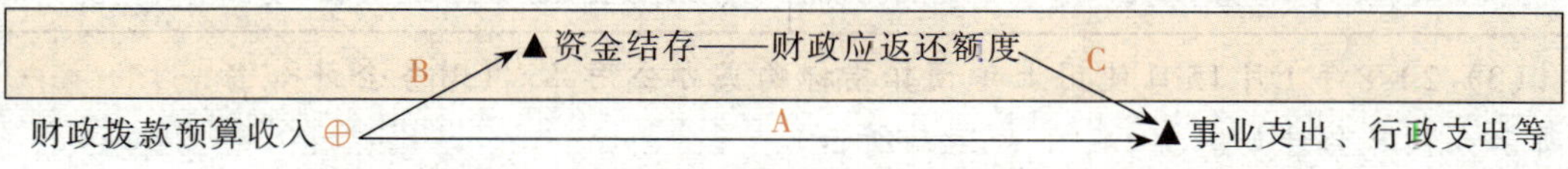

图3-12　国库直接支付业务资金运动分析图——预算会计视角

需要注意的是，按照《国务院关于进一步深化预算管理制度改革的意见》（国发〔2021〕5号）规定，市县级财政国库集中支付结余不再按权责发生制列支，相关单位年末不再进行上述账务处理；中央级和省级单位根据同级财政部门规范，国库集中支付结余按权责发生制列支的规定，相应进行会计处理。这意味着，市县级财政国库集中支付结余不再按权责发生制处理；相应地，财务会计视角的图3-11中B段运动和C段运动不复存在，而是在实际发生支出时资金发生A段运动；预算会计视角的图3-12中B段运动和C段运动不复存在，而是在实际发生支出时资金发生A段运动。

【例 3-2】20×7 年 12 月 9 日，甲行政单位根据经过批准的部门预算和用款计划，向同级财政部门申请支付第三季度水费 15 000 元。12 月 18 日，财政部门经审核后，以财政直接支付方式向自来水公司支付了该单位的水费 15 000 元。12 月 23 日，该行政单位收到了“财政直接支付入账通知书”。

20×7 年 12 月 31 日，该行政单位财政直接支付指标数与当年财政直接支付实际支出数之间的差额为 100 000 元。20×8 年年初，财政部门恢复了该单位的财政直接支付额度。20×8 年 1 月 15 日，该单位以财政直接支付方式购买一批办公用物资（属于上年预算指标数），支付给供货商 90 000 元价款。

财政直接支付业务举例

（1）20×7 年 12 月 23 日，收到“财政直接支付入账通知书”。（财务会计如图 3-13，A 段运动所示；预算会计如图 3-14，A 段运动所示）

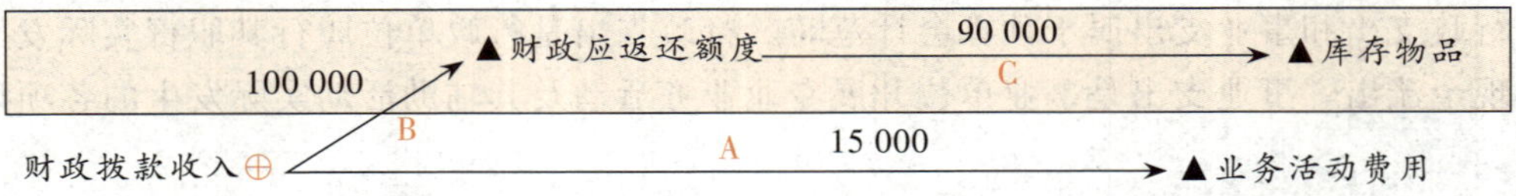

图 3-13　甲单位国库直接支付业务资金运动分析图——财务会计视角

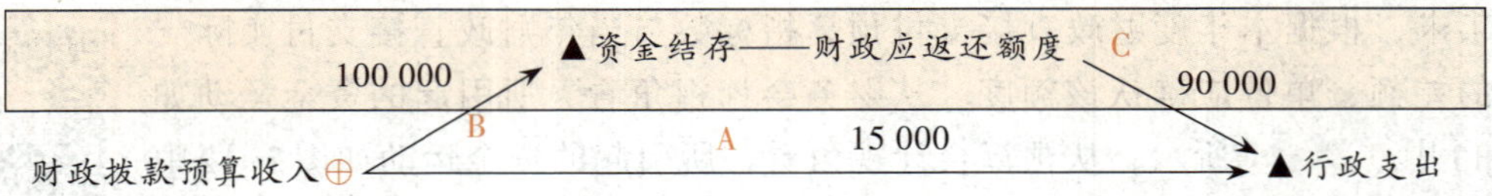

图 3-14　甲单位国库直接支付业务资金运动分析图——预算会计视角

财务会计	预算会计
借：业务活动费用　15 000 　贷：财政拨款收入——基本支出　15 000	借：行政支出　15 000 　贷：财政拨款预算收入——基本支出　15 000

（2）20×7 年 12 月 31 日补记指标。（财务会计如图 3-13，B 段运动所示；预算会计如图 3-14，B 段运动所示）

财务会计	预算会计
借：财政应返还额度——财政直接支付　100 000 　贷：财政拨款收入——基本支出　100 000	借：资金结存——财政应返还额度　100 000 　贷：财政拨款预算收入——基本支出　100 000

（3）20×8 年 1 月 15 日使用上年预算指标购买办公用品。（财务会计如图 3-13，C 段运动所示；预算会计如图 3-14，C 段运动所示）

财务会计	预算会计
借：库存物品　90 000 　贷：财政应返还额度——财政直接支付　90 000	借：行政支出　90 000 　贷：资金结存——财政应返还额度　90 000

（二）财政授权支付方式拨款业务资金运动分析与会计处理

财政授权支付是指预算单位按照财政部门的授权，自行向代理银行签发支付指令，代理银行根据支付指令，在财政部门批准的预算单位的用款额度内，通过国库单一账户体系将资金支付到收款人账户。

1.授权支付到账

在财政授权支付方式下，单位收到代理银行盖章的“财政授权支付额度到账通知书”时，反映授权支付额度到位。从财务会计角度看，所引起的资金运动如图3-15中A段运动所示；从预算会计角度看，所引起的资金运动如图3-16中A段运动所示。

财政授权支付业务资金运动分析

2.使用到账资金

单位按规定支用额度时，从财务会计角度看，所引起的资金运动如图3-15中B段运动所示；从预算会计角度看，所引起的资金运动如图3-16中B段运动所示。

3.已下达但未用完额度的处理

年末，依据代理银行提供的对账单注销零余额账户用款额度的余额（已下达未用完），从财务会计角度看，所引起的资金运动如图3-15中C段运动所示；从预算会计角度看，所引起的资金运动如图3-16中C段运动所示。下年年初恢复上年度零余额账户用款额度余额，从财务会计角度看，所引起的资金运动如图3-15中D段运动所示；从预算会计角度看，所引起的资金运动如图3-16中D段运动所示。

4.未下达额度的处理

年末，根据单位本年度财政授权支付预算指标数大于零余额账户用款额度下达数的差额，确认未下达的用款额度。从财务会计角度来看，所引起的资金运动如图3-15中E段运动所示；从预算会计角度来看，所引起的资金运动如图3-16中E段运动所示。下年度收到财政部门批复的上年末未下达零余额账户用款额度时，从财务会计角度来看，所引起的资金运动如图3-15中F段运动所示；从预算会计角度来看，所引起的资金运动如图3-16中F段运动所示。

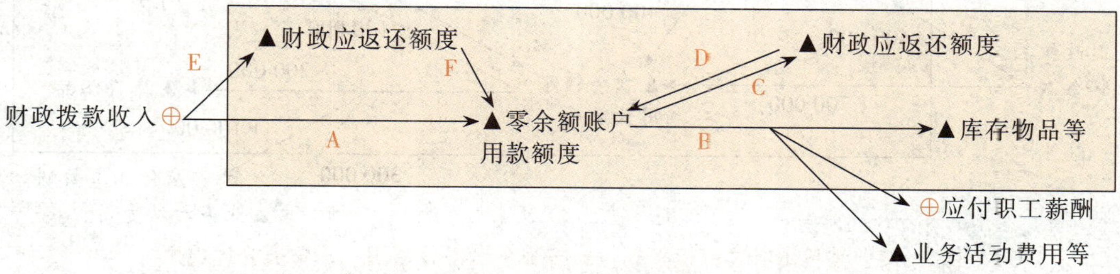

图3-15 国库授权支付业务资金运动分析图——财务会计视角

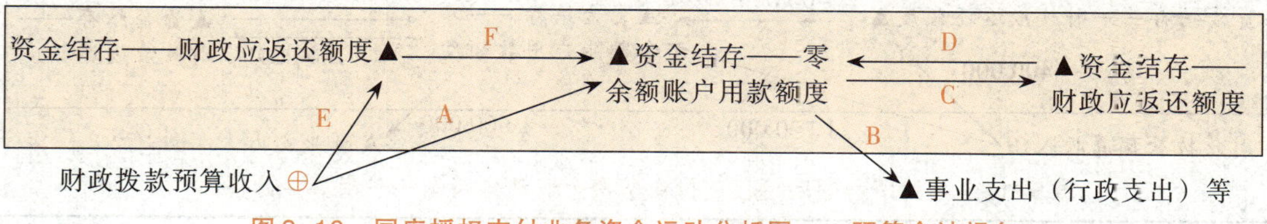

图3-16 国库授权支付业务资金运动分析图——预算会计视角

需要注意的是，按照《国务院关于进一步深化预算管理制度改革的意见》（国发〔2021〕5号）规定，相应地，财务会计视角的图3-15中E段运动和F段运动不复存在，而是在实际授权额度到账时资金发生A段运动；预算会计视角的图3-16中E段运动和F段运动不复存在，而是在实际授权额度到账时资金发生A段运动。

另外，根据《预算管理一体化规范（试行）》（财办〔2020〕13号）、《中央财政预算管理一体化资金支付管理办法（试行）》（财库〔2022〕5号）等规定，中央预算管理一体化试点部门及其所属相关预算单位（以下称中央预算单位）在会计核算时不再使用“零余额账户用款额度”科目，“财政应返还额度”科目和“资金结存——财政应返还额度”科目下不再设置“财政直接支付”“财政授权支付”明细科目。也就是说，实行预算一体化管理的中央预算单位，其国库集中支付不再采用财政授权支付的方式，而是全部采用财政直接支付的方式。

【例3-3】20×8年12月，某科研所根据经过批准的部门预算和用款计划，向同级财政部门申请财政授权支付用款额度1 800 000元。12月6日，财政部门经审核后，以财政授权支付方式下达了1 700 000元用款额度。12月8日，该科研所收到了代理银行转来的“财政授权支付额度到账通知书”。

财政授权支付业务举例

20×8年12月25日，该科研所发生人工薪酬费1 100 000元，“三公”费用300 000元，购买办公用库存物品200 000元。科研所以财政授权支付的方式予以支付。

20×8年12月31日，该科研所经与代理银行提供的对账单核对无误后，将100 000元零余额账户用款额度予以注销。另外，本年度财政授权支付预算指标数大于零余额账户用款额度下达数，未下达的用款额度为400 000元。20×9年度，该科研所收到代理银行提供的额度恢复到账通知书及财政部门批复的上年末未下达零余额账户用款额度。

（1）20×8年12月8日，收到“财政授权支付额度到账通知书”。（财务会计如图3-17，A段运动所示；预算会计如图3-18，A段运动所示）

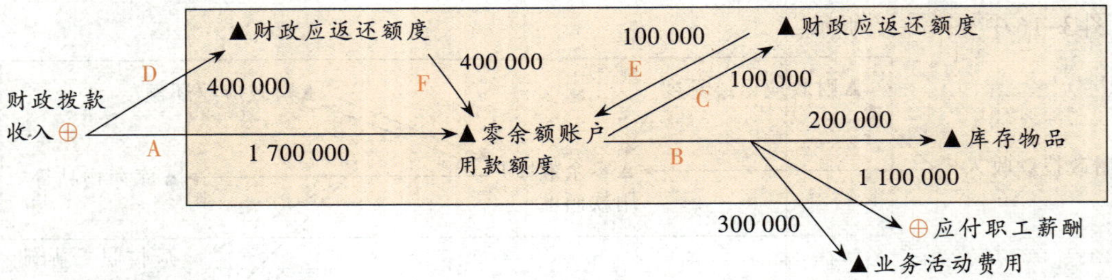

图3-17 某科研所国库授权支付业务资金运动分析图——财务会计视角

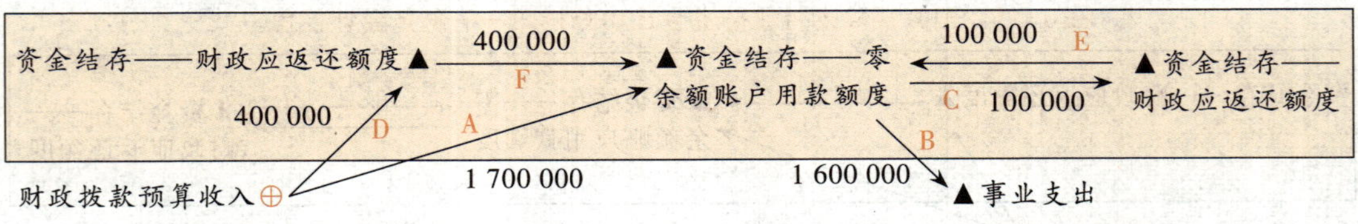

图3-18 某科研所国库授权支付业务资金运动分析图——预算会计视角

财务会计			预算会计		
借：零余额账户用款额度	1 700 000		借：资金结存——零余额账户用款额度	1 700 000	
贷：财政拨款收入——基本支出		1 700 000	贷：财政拨款预算收入——基本支出		1 700 000

（2）20×8年12月25日，发生相关支出1 600 000元。（财务会计如图3-17，B段运动所示；预算会计如图3-18，B段运动所示）

财务会计	预算会计
借：应付职工薪酬　1 100 000 　　库存物品　200 000 　　业务活动费用　300 000 　贷：零余额账户用款额度　1 600 000	借：事业支出　1 600 000 　贷：资金结存——零余额账户用款额度　1 600 000

（3）20×8年12月31日注销额度。（财务会计如图3-17，C段运动所示；预算会计如图3-18，C段运动所示）

财务会计	预算会计
借：财政应返还额度——财政授权支付　100 000 　贷：零余额账户用款额度　100 000	借：资金结存——财政应返还额度　100 000 　贷：资金结存——零余额账户用款额度　100 000

（4）20×8年12月31日补记本年未下达指标数。（财务会计如图3-17，D段运动所示；预算会计如图3-18，D段运动所示）

财务会计	预算会计
借：财政应返还额度——财政授权支付　400 000 　贷：财政拨款收入——基本支出　400 000	借：资金结存——财政应返还额度　400 000 　贷：财政拨款预算收入——基本支出　400 000

（5）20×9年1月恢复上年已下达但未用完额度。（财务会计如图3-17，E段运动所示；预算会计如图3-18，E段运动所示）

财务会计	预算会计
借：零余额账户用款额度　100 000 　贷：财政应返还额度——财政授权支付　100 000	借：资金结存——零余额账户用款额度　100 000 　贷：资金结存——财政应返还额度　100 000

（6）20×9年1月，收到财政部门批复的上年末未下达的额度。（财务会计如图3-17，F段运动所示；预算会计如图3-18，F段运动所示）

财务会计	预算会计
借：零余额账户用款额度　400 000 　贷：财政应返还额度——财政授权支付　400 000	借：资金结存——零余额账户用款额度　400 000 　贷：资金结存——财政应返还额度　400 000

（三）财政实拨方式拨款业务资金运动分析与会计处理

在国库集中支付制度下，除了财政直接支付和财政授权支付两种主要的财政支付方式外，还存在其他支付方式，如财政实拨资金方式（即将资金直接拨付至单位银行账户）。

1.收到财政实拨本期预算款项

从财务会计角度看，所引起的资金运动如图3-19中A段运动所示；从预算会计角度看，所引起的资金运动如图3-20中A段运动所示。

2.收到同级财政部门预拨的下期预算款和没有纳入预算的暂付款项

收到同级财政部门预拨的下期预算款和没有纳入预算的暂付款项，从财务会计角度看，所引起的资金运动如图3-19中B1段运动所示；该业务不影响预算会计。

财政实拨业务分析

待到下一预算期或批准纳入预算时，从财务会计角度看，所引起的资金运动如图3-19中B2段运动所示；从预算会计角度看，所引起的资金运动如图3-20中B2段运动所示。

3.采用实拨资金方式通过本单位转拨给下属单位的财政拨款

采用实拨资金方式通过本单位转拨给下属单位的财政拨款，从财务会计角度看，所引起的资金运动如图3-19中C1段运动所示；该业务不影响预算会计。

向下属单位转拨财政拨款时，从财务会计角度看，所引起的资金运动如图3-19中C2段运动所示；该业务不影响预算会计。

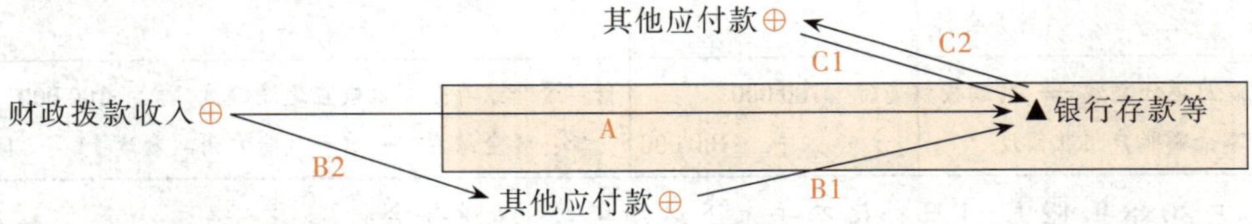

图3-19　采用财政实拨资金方式拨付业务资金运动分析图——财务会计视角

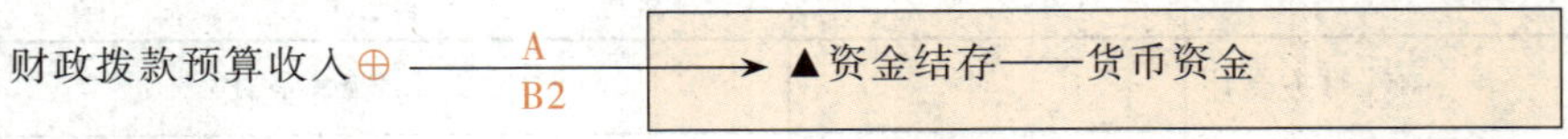

图3-20　采用财政实拨资金方式拨付业务资金运动分析图——预算会计视角

【例3-4】20×8年2月10日乙市文化局收到开户银行转来的收款通知，收到财政部门拨入一笔项目经费300 000元，用于繁荣当地文化事业。

（1）如果收到的项目经费属于当期预算的，收到银行的“到账通知书”。（财务会计如图3-21，A段运动所示；预算会计如图3-22，A段运动所示）

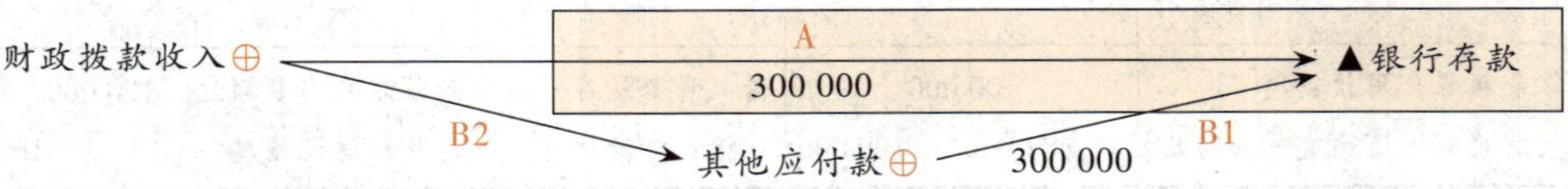

图3-21　采用财政实拨资金方式拨付业务资金运动分析图——财务会计视角

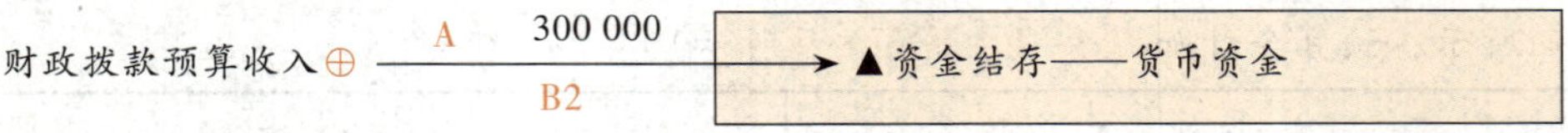

图3-22　采用财政实拨资金方式拨付业务资金运动分析图——预算会计视角

财务会计	预算会计
借：银行存款　300 000 　贷：财政拨款收入——××项目　300 000	借：资金结存——货币资金　300 000 　贷：财政拨款预算收入——项目支出　300 000

（2）如果收到的项目经费属于下一个预算期的，收到银行的“到账通知书”。（财务会计如图3-21，B1段运动所示；预算会计不进行会计处理（需要等到下一个预算期内，才发生图3-21、图3-22，B2段运动））

财务会计	预算会计
借：银行存款　300 000 　贷：其他应付款　300 000	应当在下一个预算期内，进行相应会计处理

（四）因差错更正或购货退回等发生国库直接支付款项退回的收入

如果因差错更正或购货退回等发生国库直接支付款项退回的，属于本年度支付的款项，从财务会计角度看，所引起的资金运动如图3-11中A段运动所示，但其流量为负数；从预算会计角度看，所引起的资金运动如图3-12中A段运动所示，但其流量为负数。

属于以前年度支付的款项，所引起的资金运动分析详见第七章。

【例3-5】20×8年3月25日，因质量问题，甲事业单位于本年2月20日通过财政直接支付方式购入的一批专用材料全部退回，收回材料价款50 000元。（财务会计如图3-23，A段运动所示；预算会计如图3-24，A段运动所示）

单位退货业务分析

图3-23　甲单位退货业务资金运动分析图——财务会计视角

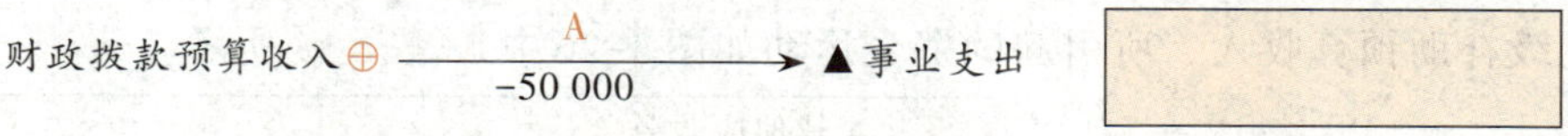

图3-24　甲单位退货业务资金运动分析图——预算会计视角

财务会计	预算会计
借：财政拨款收入——××项目　50 000 　贷：库存物品——专用材料　50 000	借：财政拨款预算收入——项目支出　50 000 　贷：事业支出　50 000

第四节　上级补助（预算）收入业务资金运动分析与会计处理

一、上级补助收入与上级补助预算收入的概念

上级补助收入是一个财务会计概念，是指事业单位从主管部门和上级单位取得的非财政拨款收入。为了促进各类事业的发展或弥补事业单位业务收入抵补其业务支出的不足，各类事业单位的主管部门可以利用自身组织的收入或集中下级单位的收入以一定方式对事业单位予以拨款补助，这是一种非财政性资金。这部分拨入资金形成了事业单位的上级补助收入。其资金性质与财政拨款收入不同，财政拨款收入是预算单位从财政部门或通过主管部门取得的各类事业经费，属于预算内财政性资金。

上级补助预算收入是一个预算会计概念，是指事业单位从主管部门和上级单位取得的非财政补助现金流入。

上级补助收入业务分析

“上级补助收入”“上级补助预算收入”科目仅限事业单位使用。

二、上级补助收入与上级补助预算收入科目的设置

在财务会计体系中，单位应设置“上级补助收入”科目。该科目核算事业单位从主管部门和上级单位取得的非财政拨款收入。该科目应当按照发放补助单位、补助项目等进行明细核算。

在预算会计体系中，单位应设置“上级补助预算收入”科目。该科目核算事业单位从

主管部门和上级单位取得的非财政补助现金流入。该科目应当按照发放补助单位、补助项目、《政府收支分类科目》中"支出功能分类科目"的项级科目等进行明细核算。上级补助预算收入中如有专项资金收入，还应按照具体项目进行明细核算。

三、上级补助（预算）收入业务资金运动分析与会计处理

从财务会计视角来看，应按照应收或实际收到的金额，确认上级补助收入，所引起的资金运动如图3-25中A段、B1段运动所示。如实际收到上级补助款，则从预算会计视角来看，应确认上级补助预算收入，所引起的资金运动如图3-26中A段运动所示；如财务会计只是确认了应收款项，则预算会计不需要进行会计处理。

从财务会计视角来看，若前期确认的是应收款项，则待实际收到时再转为银行存款，所引起的资金运动如图3-25中B2段运动所示。在预算会计视角下，应按照实际收到的款项确认上级补助预算收入，所引起的资金运动如图3-26中B2段运动所示。

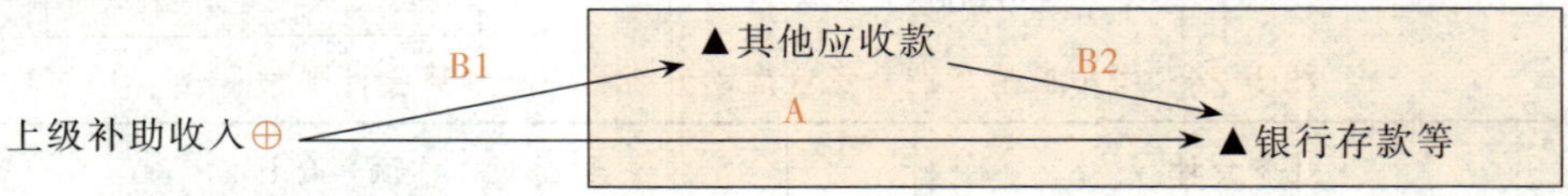

图3-25　上级补助收入资金运动分析图——财务会计视角

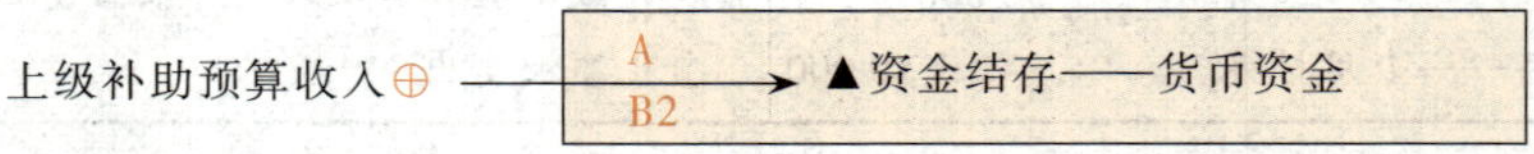

图3-26　上级补助收入资金运动分析图——预算会计视角

【例3-6】20×8年5月10日，甲事业单位收到上级主管部门非财政拨款收入1 000 000元，其中专项资金400 000元，款项已存入银行。（财务会计如图3-27，A段运动所示；预算会计如图3-28，A段运动所示）

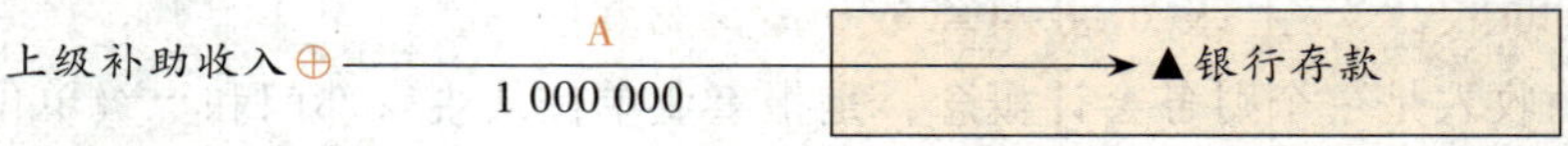

图3-27　甲单位收到上级补助收入资金运动分析图——财务会计视角

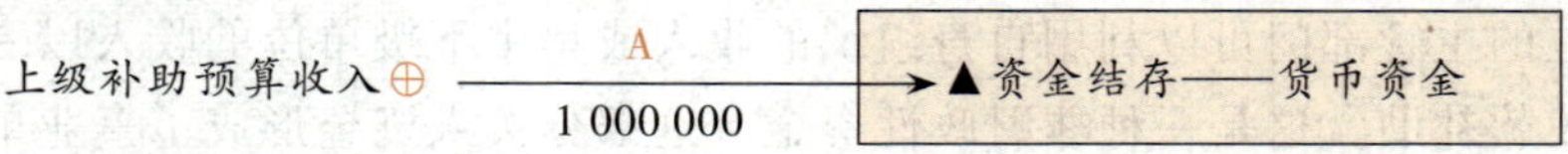

图3-28　甲单位收到上级补助收入资金运动分析图——预算会计视角

财务会计			预算会计		
借：银行存款	1 000 000		借：资金结存——货币资金	1 000 000	
贷：上级补助收入		1 000 000	贷：上级补助预算收入		1 000 000

第五节　附属单位上缴（预算）收入业务资金运动分析与会计处理

一、附属单位上缴收入与附属单位上缴预算收入的概念

附属单位上缴收入是一个财务会计概念，是指事业单位取得的附属独立核算单位按照有关规定上缴的收入，包括附属的事业单位上缴的收入和附属的企业上缴的利润等。

主管单位与附属单位，在行政上是领导与被领导的关系；而在财务上则应分级核算，即附属单位是主管单位的内部独立核算单位。附属单位一般是指具有独立法人资格的单位，包括事业单位和企业。如某科研机构新设的具有独立法人资格的学校、医院等，就是该科研机构的附属单位；又如某科研单位全资兴办的企业，也应作为该科研单位的附属单位。为了将双方作为独立法人来反映各自经济利益，主管单位对于附属单位的缴款应单独设置账户予以反映。由于此项缴款是事业单位附属单位按规定标准或比例向事业单位缴纳的资金，其数额多少直接涉及双方的经济利益，因此，事业单位应对附属单位的缴款加强管理与核算。

附属单位上缴预算收入是一个预算会计概念，是指事业单位取得附属独立核算单位根据有关规定上缴的现金流入。

“附属单位上缴收入”“附属单位上缴预算收入”科目仅限事业单位使用。

二、附属单位上缴收入与附属单位上缴预算收入科目的设置

在财务会计体系中，事业单位应设置“附属单位上缴收入”科目。该科目核算事业单位取得的附属独立核算单位按照有关规定上缴的收入。“附属单位上缴收入”科目应当按照附属单位、缴款项目等进行明细核算。

在预算会计体系中，事业单位应设置“附属单位上缴预算收入”科目。该科目核算事业单位取得附属独立核算单位根据有关规定上缴的现金流入。“附属单位上缴预算收入”科目应当按照附属单位、缴款项目以及《政府收支分类科目》中“支出功能分类科目”的项级科目等进行明细核算。附属单位上缴预算收入中如有专项资金收入，还应按照具体项目进行明细核算。

三、附属单位上缴（预算）收入具体资金运动分析与会计处理

附属单位上缴收入业务分析

从财务会计视角来看，应按照应收或实际收到的金额，确认附属单位上缴收入，所引起的资金运动如图3-29中A段、B1段运动所示。如实际收到附属单位上缴款项，则从预算会计视角来看，应确认附属单位上缴预算收入，所引起的资金运动如图3-30中A段运动所示；如只是确认了应收款项，则预算会计不需要进行会计处理。

从财务会计视角来看，若前期确认的是应收款项，则待实际收到时再转为银行存款，所引起的资金运动如图3-29中B2段运动所示。从预算会计视角来看，应按照实际收到的款项确认附属单位上缴预算收入，所引起的资金运动如图3-30中B2段运动所示。

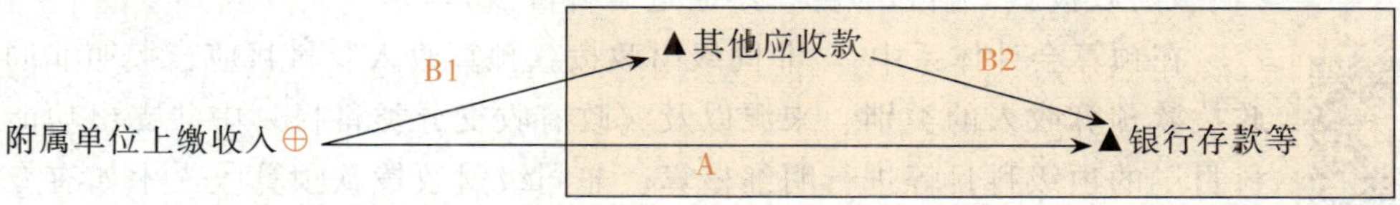

图3-29 附属单位上缴收入资金运动分析图——财务会计视角

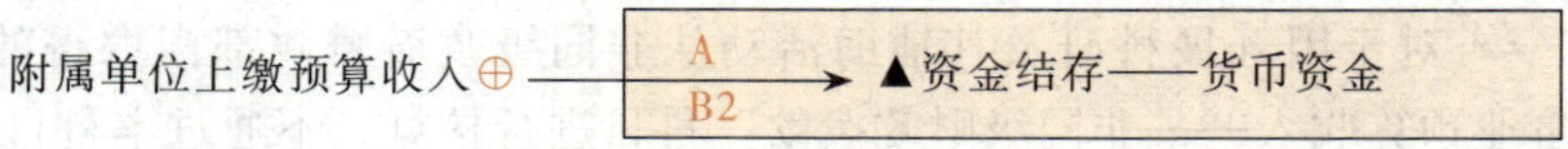

图3-30 附属单位上缴收入资金运动分析图——预算会计视角

【例 3-7】20×8 年 12 月 10 日，甲事业单位收到下属独立核算的乙单位缴款 2 000 000 元，其中属于专项资金缴款 700 000 元，其余为非专项资金缴款；丙单位缴款 1 250 000 元，均为非专项资金。全部款项已存入银行。（财务会计如图 3-31，A 段运动所示；预算会计如图 3-32，A 段运动所示）

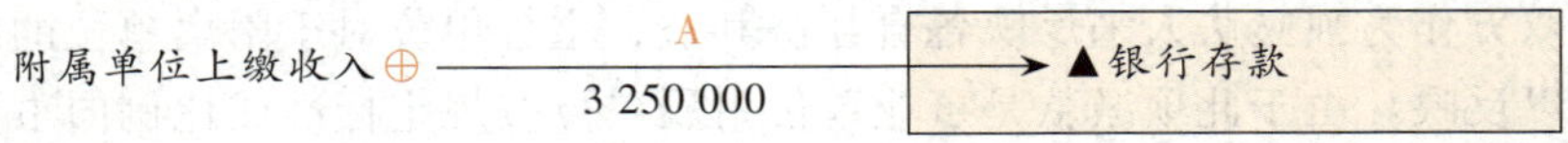

图 3-31 甲单位收到附属单位上缴收入资金运动分析图——财务会计视角

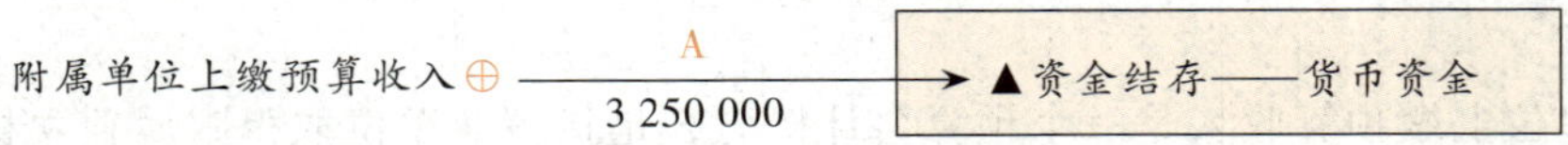

图 3-32 甲单位收到附属单位上缴收入资金运动分析图——预算会计视角

财务会计	预算会计
借：银行存款 3 250 000 贷：附属单位上缴收入——乙单位 2 000 000 ——丙单位 1 250 000	借：资金结存——货币资金 3 250 000 贷：附属单位上缴预算收入——乙单位 2 000 000 ——丙单位 1 250 000

第六节 非同级财政拨款（预算）收入业务资金运动分析与会计处理

一、非同级财政拨款收入与非同级财政拨款预算收入的概念

非同级财政拨款收入是一个财务会计概念，是指从非同级政府财政部门取得的经费拨款。主要包括两大类，一类是从同级财政以外的同级政府部门取得的横向转拨财政款；另一类是从上级或下级政府（包括政府财政和政府部门）取得的各类财政款。

非同级财政拨款预算收入是一个预算会计概念，是指从非同级政府财政部门取得的财政拨款，包括本级横向转拨财政款和非本级财政拨款。

二、非同级财政拨款收入与非同级财政拨款预算收入科目的设置

在财务会计体系中，“非同级财政拨款收入”科目应当按照本级横向转拨财政款和非本级财政款进行明细核算，并按照收入来源进行明细核算。

事业单位因开展科研及其辅助活动从非同级政府部门取得的经费拨款，应当通过“事业收入——非同级财政拨款”科目核算，不通过本科目核算。

在预算会计体系中，“非同级财政拨款预算收入”科目应当按照非同级财政拨款预算收入的类别、来源以及《政府收支分类科目》中“支出功能分类科目”的项级科目等进行明细核算。非同级财政拨款预算收入中如有专项资金收入，还应按照具体项目进行明细核算。

非同级财政拨款收入业务分析

对于因开展科研及其辅助活动从非同级政府财政部门取得的经费拨款，应当通过“事业预算收入——非同级财政拨款”科目进行核算，不通过本科目核算。

三、非同级财政拨款（预算）收入业务具体资金运动分析与会计处理

从财务会计视角来看，应按照应收或实际收到的金额，确认非同级财政拨款收入，所引起的资金运动如图3-33中A段、B1段运动所示。如实际收到该款项，则从预算会计视角来看，应确认非同级财政拨款预算收入，所引起的资金运动如图3-34中A段运动所示；如财务会计只是确认了应收款项，则预算会计不需要进行会计处理。

从财务会计视角来看，若前期确认的是应收款项，则待实际收到时再转为银行存款，所引起的资金运动如图3-33中B2段运动所示。从预算会计视角来看，应按照实际收到的款项确认非同级财政拨款预算收入，所引起的资金运动如图3-34中B2段运动所示。

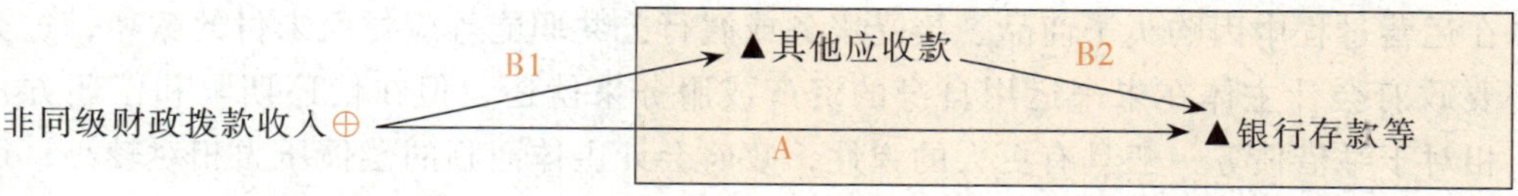

图3-33　非同级财政拨款收入资金运动分析图——财务会计视角

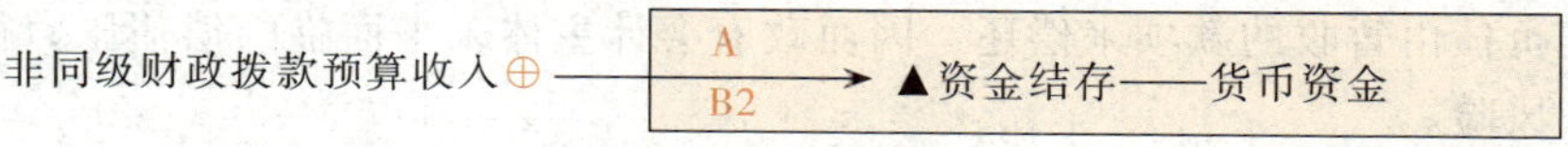

图3-34　非同级财政拨款收入资金运动分析图——预算会计视角

【例3-8】甲行政单位为市财政局所属预算单位，20×8年3月20日收到开户银行转来的“到账通知书”，确认获得省财政部门拨来的专项经费款100 000元（用于完成指定的A项目），非专项经费50 000元，款项当日已经收到。（财务会计如图3-35，A段运动所示；预算会计如图3-36，A段运动所示）

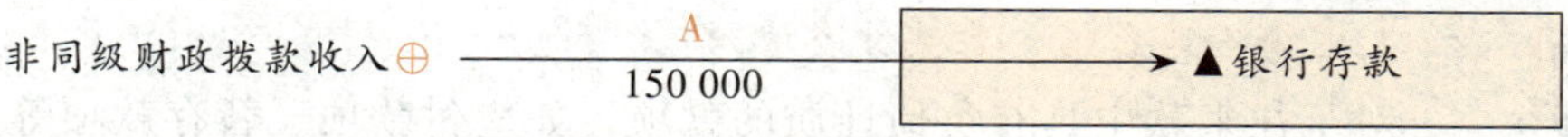

图3-35　甲单位收到非同级财政拨款收入资金运动分析图——财务会计视角

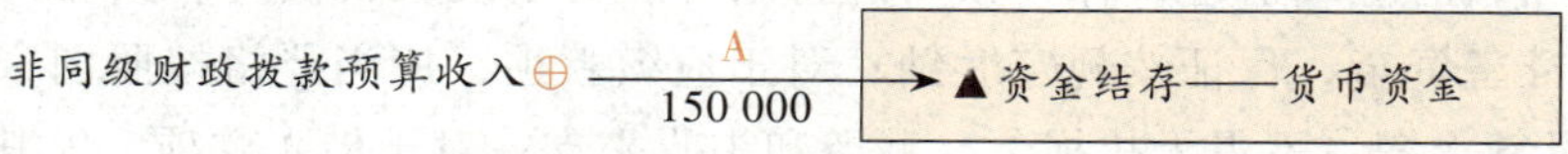

图3-36　甲单位收到非同级财政拨款收入资金运动分析图——预算会计视角

财务会计			预算会计		
借：银行存款	150 000		借：资金结存——货币资金	150 000	
贷：非同级财政拨款收入		150 000	贷：非同级财政拨款预算收入		150 000

第七节　举借债务业务资金运动分析与会计处理

一、负债概述

（一）负债的分类

负债是指政府会计主体过去的经济业务或者事项形成的，预期会导致经济资源流出政

府会计主体的现时义务。

政府会计主体的负债，除了按其流动性划分为流动负债和非流动负债外，还可以按照负债的偿还时间与金额的确定性来划分。

政府会计主体的负债按照偿还时间与金额是否确定划分为，偿还时间与金额基本确定的负债和由或有事项形成的预计负债。其中，偿还时间与金额基本确定的负债按照政府会计主体的业务性质及风险程度进一步划分为融资活动形成的举借债务及其应付利息、运营活动形成的应付款项和暂收性负债。这一划分有助于按照负债的类别揭示不同程度的偿债压力和债务风险，促进相关方面更为科学地开展政府会计主体的债务风险分析和管理。例如，融资活动形成的举借债务是政府会计主体因资金短缺而主动举借的债务，受债务合同或协议的约束，政府会计主体面临的偿债压力较大；运营活动形成的应付款项是政府会计主体在运营过程中因购买了商品、接受服务或履行公共职能等应付而未付的款项，这类负债需要政府会计主体在未来运用自身的资产或服务来偿还，但在偿还期限和偿还方式方面，相对于举借债务一般具有更大的弹性，政府会计主体面临的偿债压力相对较小；运营活动形成的暂收性负债是政府会计主体暂时收到、随后应上缴或者退还、转拨给其他方的款项，这类负债由暂收的款项来偿还，因而政府会计主体未来面临的偿债压力很小，基本不存在债务风险。

（二）负债的管理

负债管理是行政事业单位财务管理的重要内容，行政事业单位应当对不同性质的负债分类管理，及时清理并按照规定办理结算，保证各项负债在规定期限内得以归还。同时，应当建立健全财务风险控制机制，规范和加强借入款项管理，严格执行审批程序，不得违反规定举借债务和提供担保。

负债概述

1.区分不同负债，实施分类管理

对于往来款中具有负债性质的款项，如应付款项、暂存款项等，单位应当及时组织清理，保证按时进行结算；对于应交税费等，要合理调控，积极准备资金，保证按规定缴纳；对于应缴款项，应当严格按照国家相关规定执行，及时、足额上缴，不得无故拖欠、截留和坐收坐支；对于借入款项，尤其是向银行和非银行金融机构的借款，要严格控制和管理，保证偿还。

2.建立健全财务风险控制机制

行政事业单位要建立财务风险控制机制，无论是“外债”还是“内债”，都要有风险评估与防范机制，及时预警，严格控制新增贷款、降低债务规模与风险。财政部门和主管部门应当从严审批贷款建设项目，严格控制建设标准，加强单位财务管理。建立建设项目规划、银行贷款审批制度和单位债务情况动态监控机制等。

3.把握借款的结构，控制借款的资金成本

借款的资金成本是指偿还借款本金之外所支付的利息，它与借款的总量、期限和种类密切相关。事业单位应当根据事业发展规划、项目实施情况、内部资金调度等因素，系统测算所需借款的规模和资金成本，以避免造成资金浪费、经济效益降低和单位负担加重。

4.行政事业单位不得违反规定提供担保

我国财务规则对行政事业单位对外提供担保有严格的规定，如《行政单位财务规则》

明确规定我国行政单位不得以任何形式用占有、使用的国有资产对外投资或者举办经济实体。除法律、行政法规另有规定外，行政单位不得举借债务，不得对外提供担保。

《事业单位财务规则》规定事业单位应当建立健全财务风险控制机制，规范和加强借入款项管理，严格执行审批程序，不得违反规定举借债务和提供担保。《事业单位国有资产管理暂行办法》进一步明确了事业单位利用国有资产对外投资、出租、出借和担保等应当进行必要的可行性论证，并提出申请，经主管部门审核同意后，报同级财政部门审批。

本节所涉及的负债业务，主要是指融资活动所形成的举借债务及其相关的业务处理。其他原因所形成的负债业务在政府会计主体其他各个环节中具体讲述。

二、举借债务概述

举借负债概述

举借债务是指政府会计主体通过融资活动借入的债务，包括政府举借的债务以及其他政府会计主体借入的款项。政府举借的债务包括政府发行的政府债券，向外国政府、国际经济组织等借入的款项，以及向上级政府借入转贷资金形成的借入转贷款。其他政府会计主体借入的款项是指除政府以外的其他政府会计主体从银行或其他金融机构等借入的款项。

举借负债业务的会计处理原则：

(1) 对于举借债务，政府会计主体应当在与债权人签订借款合同或协议并取得举借资金时确认为负债。举借债务初始确认为负债时，应当按照实际发生额计量。对于借入款项，初始确认为负债时应当按照借款本金计量；借款本金与取得的借款资金的差额应当计入当期费用。对于发行的政府债券，初始确认为负债时应当按照债券本金计量；债券本金与发行价款的差额应当计入当期费用。

(2) 政府会计主体应当按照借款本金（或债券本金）和合同或协议约定的利率（或债券票面利率）按期计提举借债务的利息。对于属于流动负债的举借债务以及属于非流动负债的分期付息、一次还本的举借债务，应当将计算确定的应付未付利息确认为流动负债，计入应付利息；对于其他举借债务，应当将计算确定的应付未付利息确认为非流动负债，计入相关非流动负债的账面余额。

计算利息时，通常有单利和复利两种计息方式。单利是指在计算借款利息时，只按借款本金计算利息，其前期产生的尚未偿付的利息不再加入本金重复计算利息的计息制度。复利是指在计算借款利息时，不仅本金需要计算利息，而且前期未付的利息并入本期本金滚动计算利息的计息制度。

(3) 借款费用是指政府会计主体因举借债务而发生的利息及其他相关费用，包括借款利息、辅助费用以及因外币借款而发生的汇兑差额等。其中，辅助费用是指政府会计主体在举借债务过程中发生的手续费、佣金等费用。

政府以外的其他政府会计主体为购建固定资产等工程项目借入专门借款的，对于发生的专门借款费用，应当按照借款费用减去尚未动用的借款资金产生的利息收入后的金额，属于工程项目建设期间发生的，计入工程成本；不属于工程项目建设期间发生的，计入当期费用。工程项目建设期间是指自工程项目开始建造起至交付使用时止的期间。工程项目建设期间发生非正常中断且中断时间连续超过3个月（含3个月）的，政府会计主体应当将非正常中断期间的借款费用计入当期费用。如果中断是使工程项目达到交付使用所必需的程序，则中断期间所发生的借款费用仍应计入工程成本。政府会计主体因举借债务所发生的除上述规定外的借款费用（包括政府举借的债务和其他政府会计主体的非专门借款所发生的借款费用），应当计入当期费用。

政府会计主体应当在偿还举借债务本息时，冲减相关负债的账面余额。需要说明的是，由于行政单位不得对外举借债务，因此，本节涉及的会计处理仅适用于事业单位。

三、短期借款业务资金运动分析与会计处理

（一）短期借款的概念

短期借款是指事业单位经批准向银行或其他金融机构等借入的期限在1年内（含1年）的各种借款。短期借款具有以下三个基本特征：（1）短期借款的债权人不仅包括银行，还包括其他非银行金融机构；（2）借款期限较短，一般为1年以内（含1年）；（3）归还借款时，不仅要归还借款本金，一般还需支付借款利息。

短期借款业务分析

（二）短期借款业务相关的会计科目设置

1.财务会计视角的会计科目设置

事业单位应当设置“短期借款”科目。该科目核算单位短期借款的取得和偿还。该科目应当按照债权人和借款种类进行明细核算。

事业单位应当设置“应付利息”科目。该科目核算事业单位按照合同约定应支付的借款利息，包括短期借款、分期付息到期还本的长期借款等应支付的利息。

事业单位应当设置“其他费用”科目。该科目核算举借资金所发生的需要计入当期损益的借款费用；对于需要资本化的部分，则记入“在建工程”等科目。

2.预算会计视角的会计科目设置

在预算会计体系中，事业单位应设置“债务预算收入”科目。该科目核算事业单位按照规定从银行或其他金融机构等借入的、纳入部门预算管理的、不以财政资金作为偿还来源的债务本金。“债务预算收入”科目应当按照贷款单位、贷款种类、《政府收支分类科目》中“支出功能分类科目”进行明细核算。债务预算收入中如有专项资金收入，还应当按照具体项目进行明细核算。“债务预算收入”科目为事业单位特有会计科目，行政单位无此科目。

在预算会计体系中，事业单位应当设置“债务还本支出”科目。该科目核算事业单位偿还自身承担的、纳入预算管理的、从银行或其他金融机构举借的债务本金的现金流出。“债务还本支出”科目应当按照贷款单位、贷款种类、《政府收支分类科目》中“支出功能分类科目”的项级科目和“部门预算支出经济分类科目”的款级科目等进行明细核算。

在预算会计体系中，事业单位应当设置“其他支出”科目。该科目应当按照其他支出的类别，“财政拨款支出”、“非财政专项资金支出”和“其他资金支出”，《政府收支分类科目》中“支出功能分类科目”的项级科目和“部门预算支出经济分类科目”的款级科目等进行明细核算。其他支出中如有专项资金支出，还应按照具体项目进行明细核算。有一般公共预算财政拨款、政府性基金预算财政拨款等两种或两种以上财政拨款的事业单位，还应当在“财政拨款支出”明细科目下按照财政拨款的种类进行明细核算。单位发生利息

支出金额较大或业务较多的，可单独设置“利息支出”科目。

（三）短期借款业务具体资金运动分析与会计处理

当单位取得短期性借款时，资金从外部流入单位，从财务会计视角来看，所引起的资金运动如图3-37中A段运动所示。从预算会计视角来看，所引起的资金运动如图3-38中A段运动所示。

从财务会计视角来看，单位应该在每期期末计算并提取本期短期借款利息，并将利息费用计入当期损益。按现行的银行结算制度，单位向银行借入的短期借款的利息一般是按季度支付的，从而有可能形成对银行应付未付的债务，所引起的资金运动如图3-37中B1段运动所示。该业务不影响预算会计。

从财务会计视角来看，以后再以银行存款支付该利息，所引起的资金运动如图3-37中B2段运动所示；从预算会计视角来看，所引起的资金运动如图3-38中B2段运动所示。

如果单位本期直接支付本期的借款利息，则从财务会计视角来看，所引起的资金运动如图3-37中C段运动所示；从预算会计视角来看，所引起的资金运动如图3-38中C段运动所示。

如果短期借款利息金额非常小，也可以不预提借款利息，在借款到期时一次性偿还本息。

单位在短期借款到期时应一次性还本付息，其金额就包括借款本金、已经预提的前期借款利息以及本期未预提的借款利息；但如果利息是每期都支付，借款到期时偿还本金和最后一期的借款利息，则从财务会计视角来看，所引起的资金运动如图3-37中D、C、B2段运动所示；从预算会计视角来看，其借款本金的偿还所引起的资金运动如图3-38中D段运动所示，其利息费用的支付所引起的资金运动如图3-38中B2、C段运动所示。

如果在取得借款时，发生了相关的手续费等支出，则从财务会计视角来看，所引起的资金运动如图3-37中C段运动所示；从预算会计视角来看，所引起的资金运动如图3-38中C段运动所示。

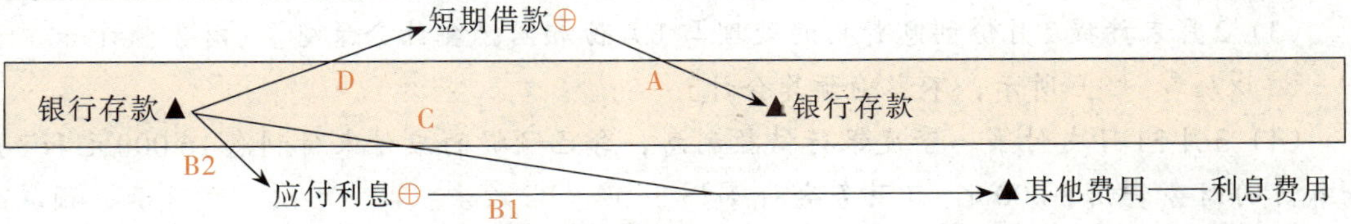

图3-37 短期借款业务资金运动分析图——财务会计视角

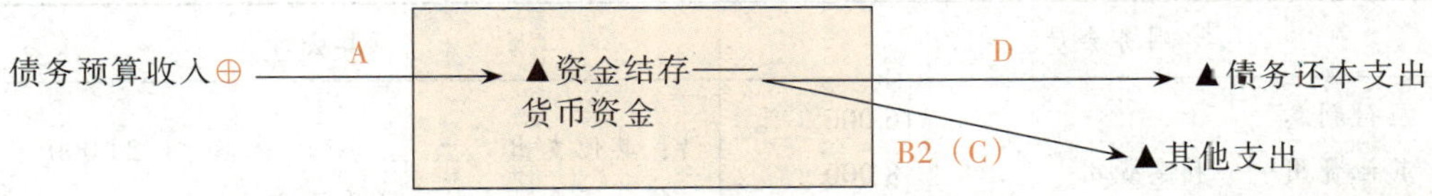

图3-38 短期借款业务资金运动分析图——预算会计视角

【例3-9】甲事业单位于20×8年1月1日向银行借入一笔短期借款1 200 000元用于单位的日常经营，期限为9个月，年利率为8%，单利计息。根据与银行签署的借款协议：利息按月计提，按季于每季末支付；最后一季度借款利息和借款本金在10月1日一并支付。

短期借款业务举例

（1）20×8年1月1日借入短期借款。（财务会计如图3-39，A段运动所示；预算会计如图3-40，A段运动所示）

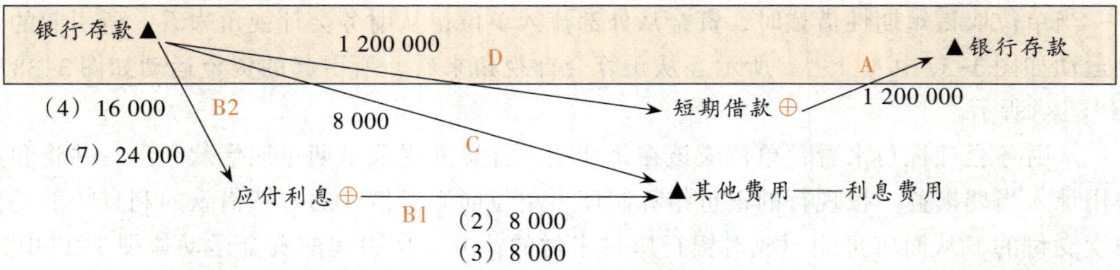

图3-39 甲事业单位短期借款业务资金运动分析图——财务会计视角

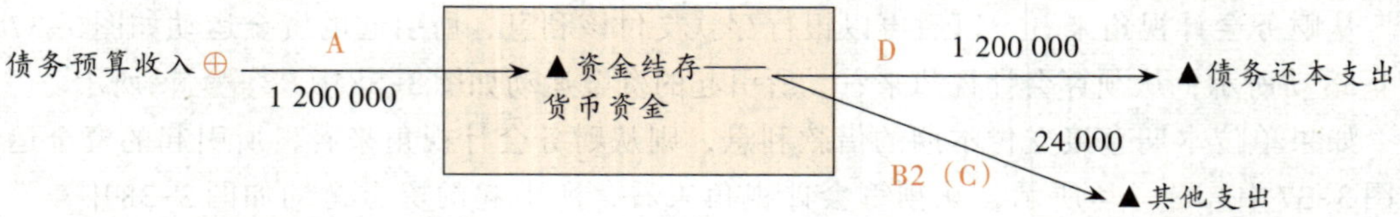

图3-40 甲事业单位短期借款业务资金运动分析图——预算会计视角

财务会计	预算会计
借：银行存款 1 200 000 贷：短期借款 1 200 000	借：资金结存——货币资金 1 200 000 贷：债务预算收入 1 200 000

（2）1月末，计提1月份应计利息。（财务会计如图3-39，B1段中（2）运动所示；不影响预算会计）

本月应计提的利息金额=1 200 000×8%÷12=8 000（元）

财务会计	预算会计
借：其他费用——利息费用 8 000 贷：应付利息 8 000	不涉及现金收支业务，不做账务处理

（3）2月末计提2月份利息费用的处理与1月份相同，会计分录略。（财务会计如图3-39，B1段运动（3）所示；不影响预算会计）

（4）3月31日支付第一季度银行借款利息，含已预提的应付未付利息16 000元和3月份本月的财务费用8 000元。（财务会计如图3-39，B2段中（4）、C段运动所示；预算会计如图3-40，B2段、C段运动所示）

财务会计	预算会计
借：应付利息 16 000 其他费用——利息费用 8 000 贷：银行存款 24 000	借：其他支出 24 000 贷：资金结存——货币资金 24 000

（5）第二季度的6月30日、第三季度的7月31日和8月31日的会计处理同上。本处略。

（6）9月30日计提9月应付未付利息8 000元。（财务会计如图3-39，B1段中（2）或（3）段运动所示；不影响预算会计）

财务会计			预算会计
借：其他费用——利息费用	8 000		不涉及现金收支业务，不做账务处理
贷：应付利息		8 000	

（7）10月1日偿还银行借款本金1 200 000元和最后一季度借款利息24 000元。（财务会计如图3-39，B2段中（7）、D段运动所示；预算会计如图3-40，B2段、D段运动所示）

财务会计			预算会计		
借：短期借款	1 200 000		借：债务还本支出	1 200 000	
应付利息	24 000		其他支出	24 000	
贷：银行存款		1 224 000	贷：资金结存——货币资金		1 224 000

四、长期借款业务资金运动分析与会计处理

长期借款是指事业单位经批准向银行或其他金融机构等借入的期限超过1年（不含1年）的各种借款本息。

从财务会计视角来看，长期借款应按实际的发生额计量，主要包括借款的本金和长期借款利息两部分。与购建固定资产和无形资产有关的利息支出，符合资本化条件的应予以资本化；不符合资本化条件的应通过其他费用计入当期损益。

长期借款本息的偿还方式主要有分期付息、到期一次还本和分期偿还借款本息两种方式。在实际工作中，其本息的偿还主要是分期支付利息、到期一次性还本。在此主要分析这种常见的情况。

从财务会计视角来看，事业单位应当设置“长期借款”科目。该科目核算单位向银行等借入的期限在1年以上（不含1年）的各种借款及发生的相关利息。“长期借款”科目应当设置“本金”和“应计利息”明细科目，并按照贷款单位和贷款种类进行明细核算。对于建设项目借款，还应按照具体项目进行明细核算。从预算会计视角来看，其科目设置与短期借款一致。

单位取得长期借款，从财务会计视角来看，所引起的资金运动如图3-41中A段运动所示；从预算会计视角来看，所引起的资金运动如图3-42中A段运动所示。如果在借款的过程中发生手续费等支出，则银行存款与“长期借款——本金”之间会存在差额，该差额可直接计入当期损益，从财务会计视角来看，所引起的资金运动如图3-41中B段运动所示；从预算会计视角来看，所引起的资金运动如图3-42中B段运动所示。

从财务会计视角来看，在每一个资产负债表日，单位应当计算应支付的利息，一方面确认应付利息，另一方面确认借款费用。对于借款费用，单位应考虑是资本化还是费用化的问题。对于应支付的利息，如果是到期一次性支付，则应将其记入“长期借款——应计利息”科目；如果是分期支付的，则应记入流动负债“应付利息”科目。利息费用确认所引起的资金运动如图3-41中C1、C2段运动所示。利息费用的确认不影响预算会计。

长期借款业务分析.

单位支付利息，从财务会计视角来看，所引起的资金运动如图3-41中D

段运动所示；从预算会计视角来看，所引起的资金运动如图3-42中D段运动所示。

单位偿还长期借款本金，从财务会计视角来看，所引起的资金运动如图3-41中E段运动所示；从预算会计视角来看，所引起的资金运动如图3-42中E段运动所示。一般来说，最后一期利息与本金是一同支付的。在这种情况下，从财务会计视角来看，其资金运动还需要考虑图3-41中的D段运动；从预算会计视角来看，还需要考虑图3-42中D段运动。如果应付利息是到期一次性支付，则到期除支付本金外，还包括所有的应付未付的累积利息（记在“长期借款——应计利息”科目上）。

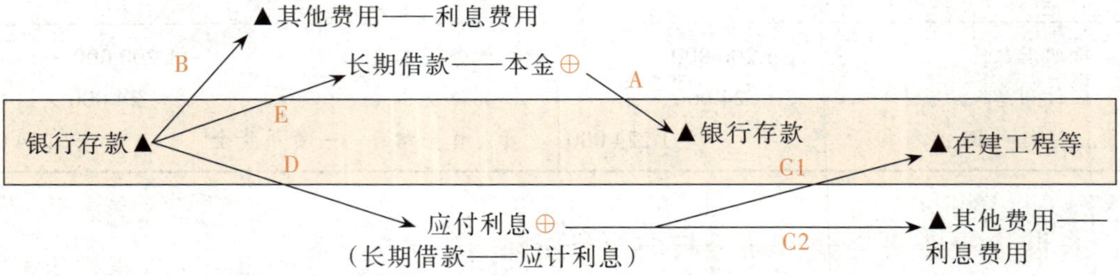

图3-41　长期借款业务资金运动分析图——财务会计视角

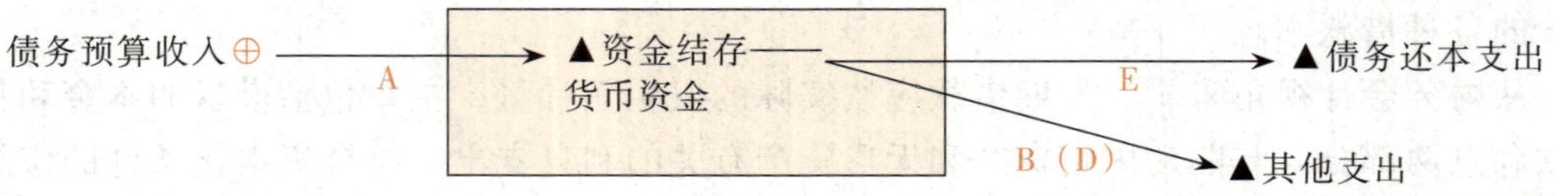

图3-42　长期借款业务资金运动分析图——预算会计视角

【例3-10】20×6年9月1日，甲事业单位自筹资金正式动工修建一栋职工食堂，工期预计为1年。甲事业单位为建造职工食堂于当年9月1日向乙银行专门借入款项2 000 000元，期限为2年，单利计息，到期一次还本付息，年利率为6%。当年11月1日为建造该职工食堂，又向丙银行专门借入款项600 000元，期限为3年，单利计息，到期一次还本付息，年利率为8%。职工食堂于20×7年10月底完工，并交付使用。20×8年9月1日，甲事业单位向乙银行借入的贷款到期，全额偿付贷款的本金和利息，本息合计2 240 000元。20×9年11月1日，甲事业单位向丙银行借入的贷款到期，全额偿付贷款的本金和利息，本息合计744 000元。假设甲事业单位按月计提利息。

长期借款业务举例

（1）20×6年9月1日向乙银行借入长期借款。（财务会计如图3-43，A段运动（1）所示；预算会计如图3-44，A段运动（1）所示）

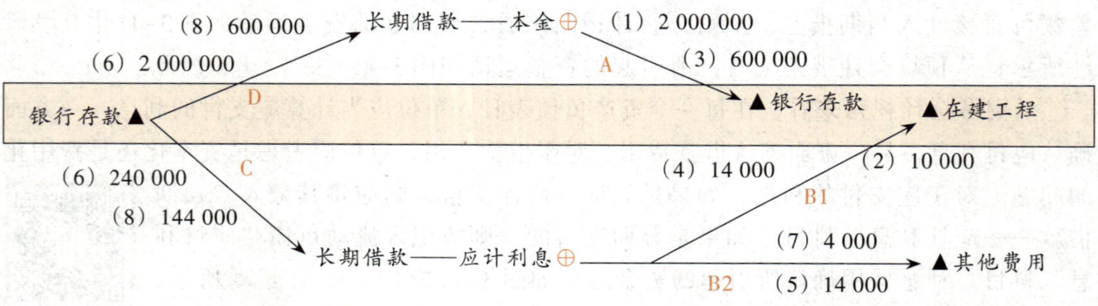

图3-43　甲单位长期借款业务资金运动分析图——财务会计视角

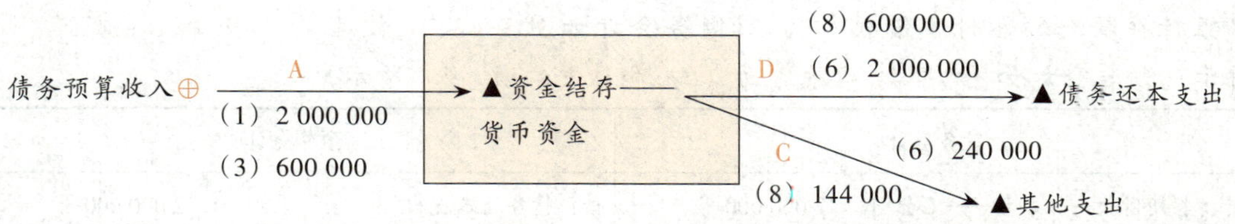

图3-44　甲单位长期借款业务资金运动分析图——预算会计视角

财务会计	预算会计
借：银行存款　2 000 000 　贷：长期借款——本金——乙银行　2 000 000	借：资金结存——货币资金　2 000 000 　贷：债务预算收入　2 000 000

（2）20×6年9月30日、10月31日分别计提利息10 000元（2 000 000×6%÷12），记入“在建工程”。（财务会计如图3-43，B1段运动（2）所示；不影响预算会计）

财务会计	预算会计
借：在建工程　10 000 　贷：长期借款——应计利息——乙银行　10 000	不涉及现金收支业务，不做账务处理

（3）20×6年11月1日向丙银行借入长期借款。（财务会计如图3-43，A段运动（3）所示；预算会计如图3-44，A段运动（3）所示）

财务会计	预算会计
借：银行存款　600 000 　贷：长期借款——本金——丙银行　600 000	借：资金结存——货币资金　600 000 　贷：债务预算收入　600 000

（4）20×6年11月至20×7年10月，每月月末分别计提利息14 000元（2 000 000×6%÷12+600 000×8%÷12），计入在建工程。（财务会计如图3-43，B1段运动（4）所示；不影响预算会计）

财务会计	预算会计
借：在建工程　14 000 　贷：长期借款——应计利息——乙银行　10 000 　　　　　　　　　　　　——丙银行　4 000	不涉及现金收支业务，不做账务处理

（5）自20×7年11月起，每月月末分别计提利息14 000元，由于职工食堂已经交付使用，甲事业单位停止借款费用资本化，将每月预提的利息费用计入其他费用。（财务会计如图3-43，B2段运动（5）所示；不影响预算会计）

财务会计	预算会计
借：其他费用——利息费用　14 000 　贷：长期借款——应计利息——乙银行　10 000 　　　　　　　　　　　　——丙银行　4 000	不涉及现金收支业务，不做账务处理

（6）20×8年9月1日，甲事业单位向乙银行借入的贷款到期，本息合计2 240 000元，

以银行存款全额偿付了借款本息。（财务会计如图 3-43，C 段运动（6）和 D 段运动（6）所示；预算会计如图 3-44，C 段运动（6）和 D 段运动（6）所示）

财务会计	预算会计
借：长期借款——本金——乙银行　2 000 000 　　　　　——应计利息——乙银行 240 000 　贷：银行存款　2 240 000	借：债务还本支出　2 000 000 　　其他支出　240 000 　贷：资金结存——货币资金　2 240 000

（7）从 20×8 年 9 月至 20×9 年 10 月每月月末继续计提丙银行借款利息 4 000 元。（财务会计如图 3-43，B2 段运动（7）所示；不影响预算会计）

财务会计	预算会计
借：其他费用——利息费用　4 000 　贷：长期借款——应计利息——丙银行　4 000	不涉及现金收支业务，不做账务处理

（8）20×9 年 11 月 1 日，甲事业单位向丙银行借入的贷款到期，本息合计 744 000 元，以银行存款全额偿付了借款本息。（财务会计如图 3-43，C 段运动（8）和 D 段运动（8）所示；预算会计如图 3-44，C 段运动（8）和 D 段运动（8）所示）

财务会计	预算会计
借：长期借款——本金——丙银行　600 000 　　　　　——应计利息——丙银行　144 000 　贷：银行存款　744 000	借：债务还本支出　600 000 　　其他支出　144 000 　贷：资金结存——货币资金　744 000

此外，使用政府债券资金的单位，应该注意如下事项：

（1）单位实际从同级财政取得政府债券资金的，应当作为“财政拨款（预算）收入”进行处理。按照预算管理要求需对政府债券资金单独反映的，应当在“财政拨款（预算）收入”科目下进行明细核算，如取得地方政府债券资金的，则应当根据地方政府债券类别按照“地方政府一般债券资金收入”“地方政府专项债券资金收入”等进行明细核算。

使用政府债券资金业务分析

（2）同级财政以地方政府债券置换单位原有负债的，从财务会计视角来看，单位应当冲减“长期借款”“应付利息”等科目，同时调增“累计盈余”科目。预算会计不做处理。

（3）单位需要向同级财政上缴专项债务对应项目专项收入的，取得专项收入时，应当使用“应缴财政款”科目处理；实际上缴时，冲减“应缴财政款”科目。预算会计不做处理。

（4）单位应当对使用地方政府债券资金所形成的资产、上缴的专项债务对应项目专项收入进行辅助核算或设置备查簿登记。

思考题

1. 按形成的渠道不同，收入是如何分类的？

2. 按是否来源于所服务的特定对象，预算收入是如何分类的？

3. 什么是国库集中支付制度？

4. 简要分析财政直接支付与财政授权支付的异同。

5. 简要分析财政拨款收入的概念与特点。

6. 简要分析上级补助收入、附属单位上缴收入与非同级财政拨款收入的概念。

7. 按偿还时间与金额的确定性来划分，政府会计主体负债是如何分类的？

本章习题自测

第四章　单位存货采购、加工与使用资金运动分析与会计处理

育德育人

政府采购法，有效防范“权力寻租”

2002年6月29日，第九届全国人民代表大会常务委员会第二十八次会议审议通过了《中华人民共和国政府采购法》。这是我国第一部规范政府采购行为的法律。自2003年1月1日起，《中华人民共和国政府采购法》正式实施。2014年8月31日第十二届全国人民代表大会常务委员会第十次会议通过对《中华人民共和国政府采购法》的修改建议。2018年，习近平总书记主持召开中央全面深化改革委员会第五次会议，审议通过《深化政府采购制度改革方案》。该会议要求，深化政府采购制度改革要坚持问题导向，加快形成采购主体职责清晰、交易规则科学高效、监管机制健全、政策功能完备、法律制度完善、技术支撑先进的现代政府采购制度，为新时代的政府采购制度改革指明了方向。

政府采购是指各级政府为了开展日常政务活动或为公众提供服务，在财政的监督下，以法定的方式、方法和程序，通过公开招标、公平竞争，由财政部门以直接向供应商付款的方式，从国内、外市场上为政府部门或所属团体购买货物、工程和劳务的行为。其实质是市场竞争机制与财政支出管理的有机结合，其主要特点就是对政府采购行为进行法制化的管理。

政府采购法的实施，能提高行政透明度，使政府行为置于财政、纪检监察、审计、舆论等多方的监督之下，不仅可以有效地防止“权力寻租”，还能提高政府的办事效率，从而促进廉政、勤政。

本章思维导图

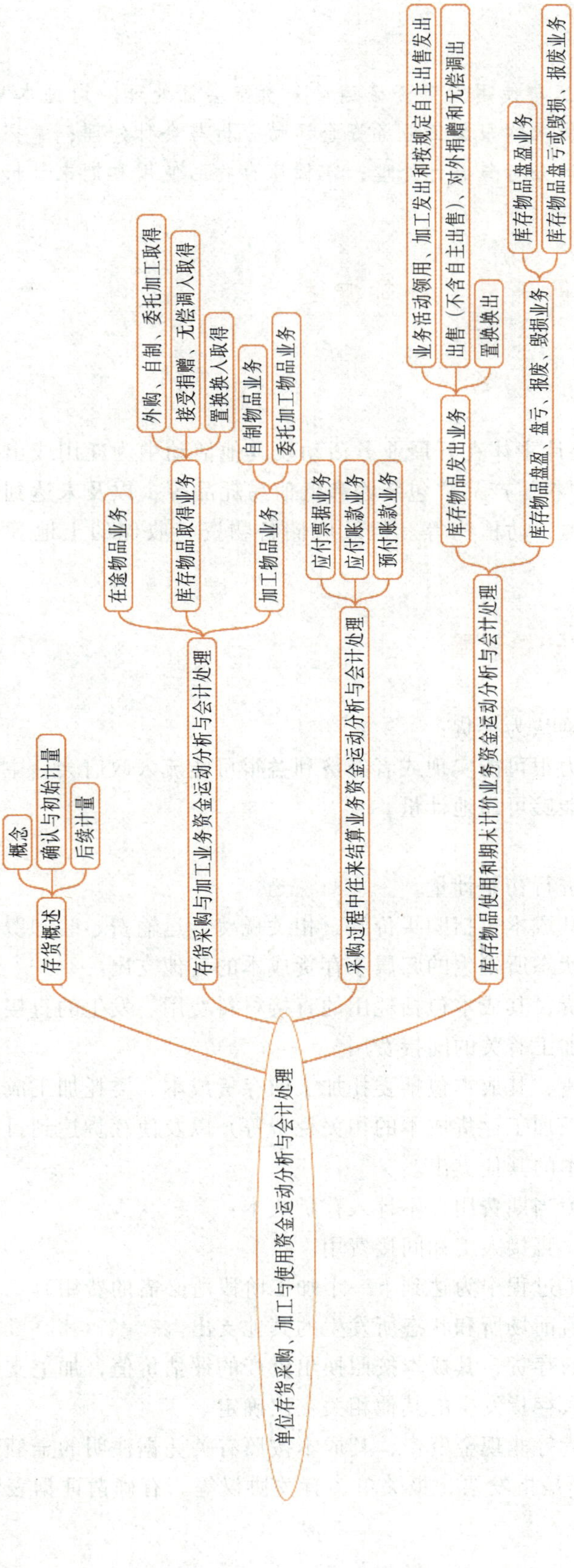
单位存货采购、加工与使用资金运动分析与会计处理
存货概述
概念
确认与初始计量
后续计量
存货采购与加工业务资金运动分析与会计处理
在途物品业务
库存物品取得业务
外购、自制、委托加工取得
接受捐赠、无偿调入取得
置换换入取得
加工物品业务
自制物品业务
委托加工物品业务
采购过程中往来结算业务资金运动分析与会计处理
应付票据业务
应付账款业务
预付账款业务
库存物品使用和期末计价业务资金运动分析与会计处理
库存物品发出业务
业务活动领用、加工发出和按规定自主出售发出
出售（不含自主出售）、对外捐赠和无偿调出
置换换出
库存物品盘盈、盘亏、报废、毁损业务
库存物品盘盈业务
库存物品盘亏或毁损、报废业务

学习目标

本章主要讲授存货采购、加工与使用业务资金运动分析与会计处理。通过本章学习，掌握存货的确认与计量；掌握存货采购与加工业务资金运动分析与会计处理；掌握存货采购与加工过程中结算业务资金运动分析与会计处理；掌握库存物品使用和期末计价业务资金运动分析与会计处理。

第一节　存货概述

一、存货的概念

存货的概念、确认与初始计量

存货是指政府会计主体在开展业务活动及其他活动中为耗用或出售而储存的资产，如材料物料、产品、包装物和低值易耗品等，以及未达到固定资产标准的用具、装具、动植物等。但政府储备物资、收储的土地等不属于存货。

二、存货的确认和初始计量

（一）存货的确认

同时满足下列条件的，应当确认为存货：

（1）与该存货相关的服务潜力很可能实现或者经济利益很可能流入政府会计主体；

（2）该存货的成本或者价值能够可靠地计量。

（二）存货的初始计量

存货在取得时应当按照成本进行初始计量。

政府会计主体购入的存货，其成本包括购买价款、相关税费、运输费、装卸费、保险费以及使得存货达到目前场所和状态所发生的归属于存货成本的其他支出。

政府会计主体自行加工的存货，其成本包括耗用的直接材料费用、发生的直接人工费用和按照一定方法分配的与存货加工有关的间接费用。

政府会计主体委托加工的存货，其成本包括委托加工前存货成本、委托加工成本（如委托加工费以及按规定应计入委托加工存货成本的相关税费等）以及使存货达到目前场所和状态所发生的归属于该存货成本的其他支出。

下列各项应当在发生时确认为当期费用，不计入存货成本：

（1）非正常消耗的直接材料、直接人工和间接费用。

（2）仓储费用（不包括在加工过程中为达到下一个加工阶段所必需的费用）。

（3）不能归属于使存货达到目前场所和状态所发生的其他支出。

政府会计主体通过置换取得的存货，其成本按照换出资产的评估价值，加上支付的补价或减去收到的补价，加上为换入存货发生的其他相关支出确定。

政府会计主体接受捐赠的存货等非现金资产，其成本按照有关凭据注明的金额加上相关税费、运输费等确定。“凭据”是指发票、报关单、有关协议等。有确凿证据表明凭据上注明的金额高于受赠资产同类或类似资产的市场价格30%或达不到其70%的，应当以同类或类似资产的市场价格确定成本。所谓“同类或类似资产的市场价格”，一般是指取得资产当日捐赠方自产物资的出厂价、所销售物资的销售价、非自产或销售物资在知名大型电商平台同类或类似商品价格等。如果存在政府指导价或政府定价的，应符合其规定。

政府会计主体接受捐赠的存货等非现金资产，没有相关凭据可供取得，但按规定经过资产评估的，其成本按照评估价值加上相关税费、运输费等确定；没有相关凭据可供取得、也未经资产评估的，其成本比照同类或类似资产的市场价格加上相关税费、运输费等确定；没有相关凭据且未经资产评估、同类或类似资产的市场价格也无法可靠取得的，按照名义金额入账，相关税费、运输费等计入当期费用。

政府会计主体无偿调入的存货，其成本按照调出方账面价值加上相关税费、运输费等确定。政府会计主体盘盈的存货，按规定经过资产评估的，其成本按照评估价值确定；未经资产评估的，其成本按照重置成本确定。

三、存货的后续计量

政府会计主体应当根据实际情况采用先进先出法、加权平均法或者个别计价法确定发出存货的实际成本。对于性质和用途相似的存货，应当采用相同的成本计价方法确定发出存货的成本。对不能替代使用的存货、为特定项目专门购入或加工的存货，通常采用个别计价法确定发出存货的成本。计价方法一经确定，不得随意变更。

对于已发出的存货，应当将其成本结转为当期费用或者计入相关资产成本。

按规定报经批准对外捐赠、无偿调出的存货，应当将其账面余额予以转销；对外捐赠、无偿调出的过程中发生的归属于捐出方、调出方的相关费用应当计入当期费用。

存货的后续计量

政府会计主体应当采用一次转销法或者五五摊销法对低值易耗品、包装物进行摊销，将其成本计入当期费用或者相关资产成本。

对于发生的存货毁损，应当将存货账面余额转销计入当期费用，并将毁损存货处置收入扣除相关处置税费后的差额按规定做应缴财政款处理（差额为净收益时）或计入当期费用（差额为净损失时）。

存货盘亏造成的损失，按规定报经批准后应当计入当期费用。

第二节　存货采购和加工业务资金运动分析与会计处理

存货根据存放地点和状态，应设置“在途物品”“库存物品”“加工物品”等科目进行核算，并按照物品种类等进行明细核算。

一、在途物品业务资金运动分析与会计处理

“在途物品”科目核算单位采购材料等物资时货款已付或已开出商业汇票但尚未验收入库的在途物品的采购成本。该科目按照供应单位和物品种类进行明细核算。

单位以财政直接支付方式取得在途物品时，从财务会计视角来看，所引起的资金运动如图4-1中A段、B段运动所示；从预算会计视角来看，所引起的资金运动如图4-2中A段、B段运动所示。

单位以财政授权支付方式取得在途物品时，从财务会计视角来看，所引起的资金运动如图4-1中C段运动所示；从预算会计视角来看，所引起的资金运动如图4-2中C段运动所示。

单位以支付货币资金取得在途物品时，从财务会计视角来看，所引起的资金运动如图4-1中D段运动所示；从预算会计视角来看，所引起的资金运动如图4-2中D段运动所示。

单位以赊购方式取得在途物品时，从财务会计视角来看，所引起的资金运动如图4-1中E段运动所示。该业务不影响预算会计。

在途物品业务资金运动分析

在途物品验收入库，从财务会计视角来看，所引起的资金运动如图4-1中F段运动所示；该业务不影响预算会计。如果在途物品在验收入库的过程中发生了其他耗费（如有使入库物品达到目前场所和状态的其他支出），这些支出应计入库存物品成本，从财务会计视角来看，所引起的资金运动如图4-1中G段运动所示；如果这些耗费以货币资金等进行了支付，则从预算会计视角来看，所引起的资金运动如图4-2所示。

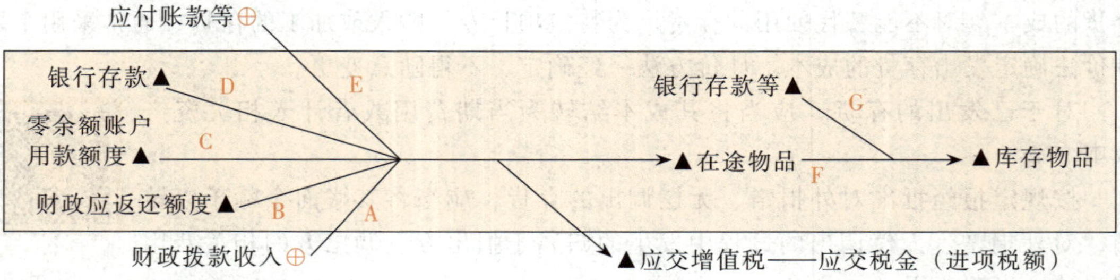

图4-1 在途物品业务资金运动分析图——财务会计视角

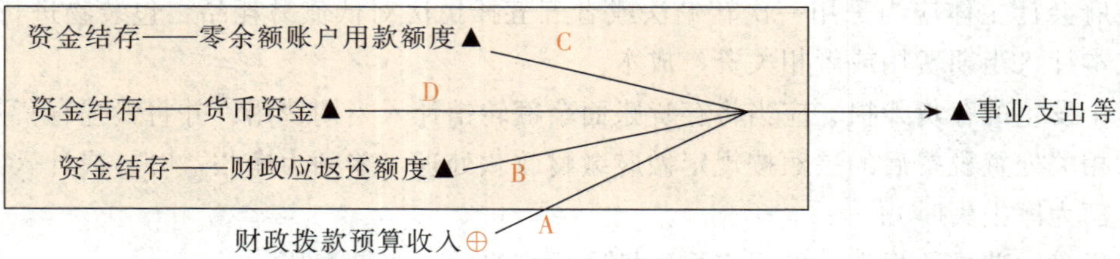

图4-2 在途物品业务资金运动分析图——预算会计视角

购买过程中增值税不能抵扣的（如行政单位），应价税合并，计入在途物品的成本之中。

在途物品业务举例

【例4-1】乙行政单位发生下列业务：

（1）20×8年8月1日购入办公用品一批，货款80 000元，取得的增值税专用发票上注明的税款为10 400元。以零余额账户用款额度支付货款。该办公用品尚未验收入库。（财务会计如图4-3，A段运动所示；预算会计如图4-4，A段运动所示）

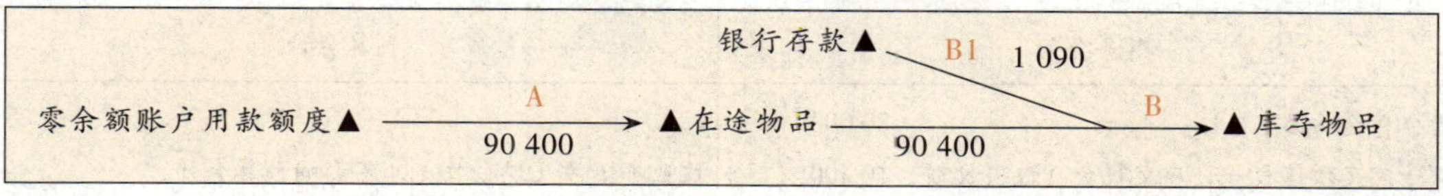

图4-3　乙行政单位购买库存物品资金运动分析图——财务会计视角

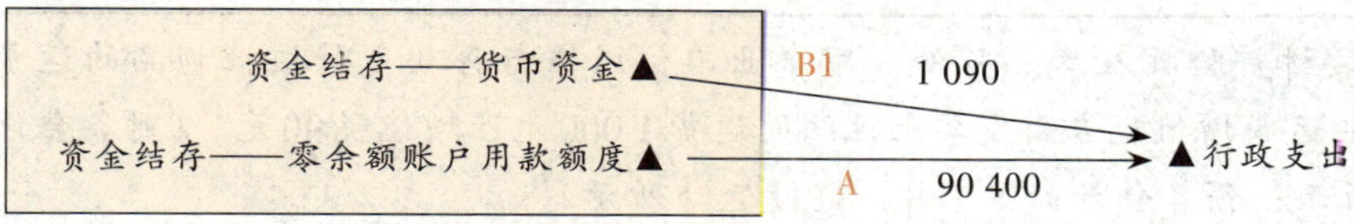

图4-4　乙行政单位购买库存物品资金运动分析图——预算会计视角

财务会计			预算会计	
借：在途物品	90 400		借：行政支出	90 400
贷：零余额账户用款额度		90 400	贷：资金结存——零余额账户用款额度	90 400

（2）该办公用品验收入库。另外，乙行政单位以银行存款支付该批物品的运费及其增值税，共计1 090元。（财务会计如图4-3，B段运动所示；预算会计如图4-4，B1段运动所示）

财务会计			预算会计	
借：库存物品	91 490		借：行政支出	1 090
贷：在途物品		90 400	贷：资金结存——货币资金	1 090
银行存款		1 090		

【例4-2】甲事业单位属于增值税一般纳税人，该单位发生下列业务：

（1）20×8年7月1日购入材料一批，货款80 000元，取得的增值税专用发票上注明的税款为10 400元。货款及增值税尚未支付。该材料尚未验收入库。（财务会计如图4-5，A段运动所示；不影响预算会计）

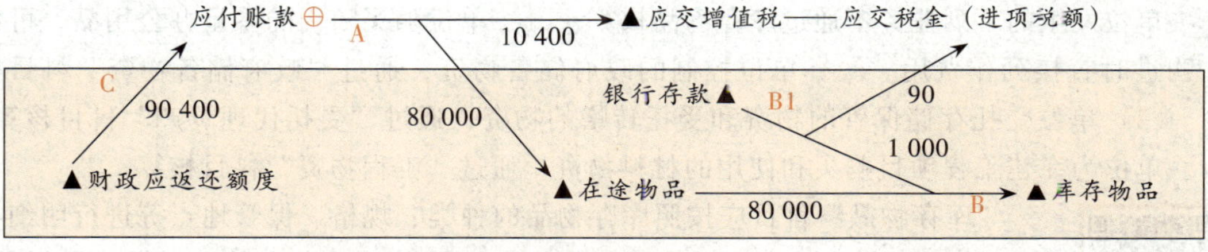

图4-5　甲事业单位购买库存物品资金运动分析图——财务会计视角

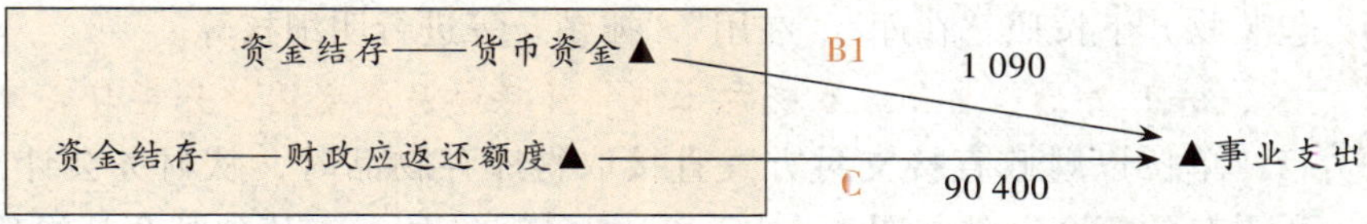

图4-6　甲事业单位购买库存物品资金运动分析图——预算会计视角

财务会计	预算会计
借：在途物品　　80 000 　应交增值税——应交税金（进项税额）10 400 　贷：应付账款　　90 400	该业务不涉及现金收支，不影响预算会计

（2）该材料验收入库。另外，甲事业单位以银行存款支付该批物品的运费及其增值税，取得的运费增值税专用发票上注明的运费1 000元，增值税90元。（财务会计如图4-5，B段运动所示；预算会计如图4-6，B1段运动所示）

财务会计	预算会计
借：库存物品　　81 000 　应交增值税——应交税金（进项税额）　90 　贷：在途物品　　80 000 　　银行存款　　1 090	借：事业支出　　1 090 　贷：资金结存——货币资金　　1 090

（3）甲事业单位以财政应返还额度支付所购物品价款及其增值税90 400元。（财务会计如图4-5，C段运动所示；预算会计如图4-6，C段运动所示）

财务会计	预算会计
借：应付账款　　90 400 　贷：财政应返还额度　　90 400	借：事业支出　　90 400 　贷：资金结存——财政应返还额度　　90 400

二、库存物品取得业务资金运动分析与会计处理

库存物品是指单位在开展业务活动及其他活动中为耗用或出售而储存的各种材料、产品、包装物、低值易耗品以及达不到固定资产标准的用具、装具、动植物等。已完成的测绘、地质勘查、设计成果等的成本，也通过库存物品核算。

单位发生的下列业务不通过库存物品核算：（1）单位随买随用的零星办公用品，可以在购进时直接列作费用。（2）单位控制的政府储备物资，通过“政府储备物资”科目核算。（3）单位受托存储保管的物资和受托转赠的物资，通过“受托代理资产”科目核算。（4）单位为在建工程项目购买和使用的材料物资，通过“工程物资”科目核算。

外购、自制、委托加工取得库存物品业务分析

“库存物品”科目应按照库存物品的种类、规格、保管地点等进行明细核算。单位储存的低值易耗品、包装物较多的，可以在本科目（低值易耗品、包装物）下按照“在库”“在用”“摊销”等进行明细核算。

（一）外购、自制、委托加工取得库存物品资金运动分析与会计处理

单位以财政直接支付方式直接取得库存物品时，从财务会计视角来看，所引起的资金运动如图4-7中A段、B段运动所示；从预算会计视角来看，所引起的资金运动如图4-8中A段、B段运动所示。

单位以财政授权支付方式取得库存物品时，从财务会计视角来看，所引起的资金运动如图4-7中C段运动所示；从预算会计视角来看，所引起的资金运动如图4-8中C段运动

所示。

单位以支付货币资金取得库存物品时，从财务会计视角来看，所引起的资金运动如图4-7中D段运动所示；从预算会计视角来看，所引起的资金运动如图4-8中D段运动所示。

单位以赊购方式取得库存物品时，从财务会计视角来看，所引起的资金运动如图4-7中E段运动所示。该业务不影响预算会计。

在途物品验收入库取得库存物品的，从财务会计视角来看，所引起的资金运动如图4-7中F段运动所示；该业务不影响预算会计。如果在途物品在验收入库的过程中发生了其他耗费（如有使入库物品达到目前场所和状态的其他支出），这些支出应计入库存物品成本，从财务会计视角来看，所引起的资金运动如图4-7中F段运动所示；如果这些耗费以货币资金等进行了支付，则从预算会计视角来看，所引起的资金运动如图4-8所示。

购买过程中增值税不能抵扣的（如行政单位），应价税合并，计入库存物品成本之中。自制的库存物品加工完成验收入库，或者委托外单位加工收回库存物品时，从财务会计视角来看，所引起的资金运动如图4-7中G段运动所示。该业务不影响预算会计。

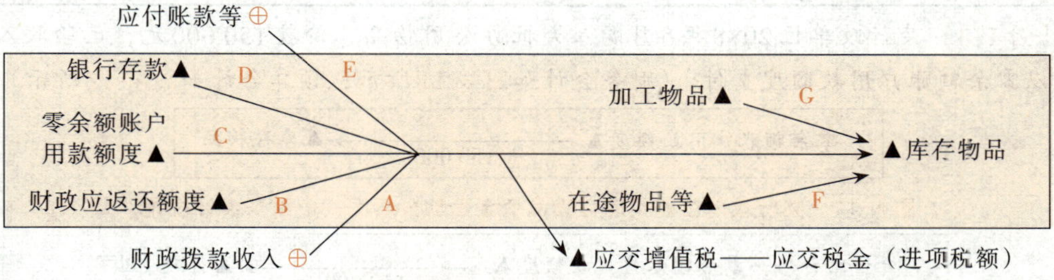

图4-7 库存物品取得资金运动分析图——财务会计视角

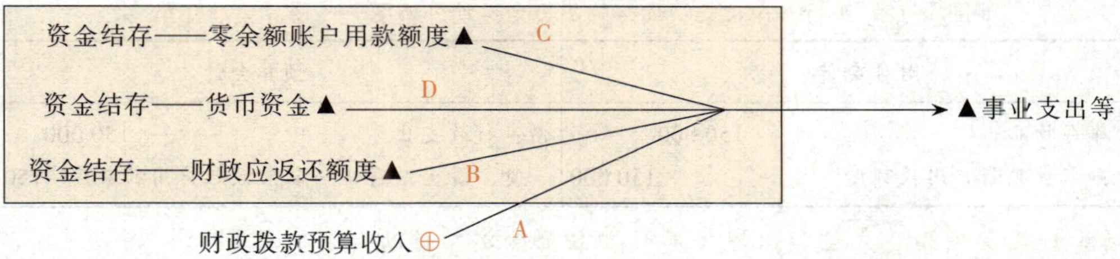

图4-8 库存物品取得资金运动分析图——预算会计视角

【例4-3】20×8年8月7日，某事业单位（为增值税一般纳税人）购入物资一批，取得的增值税专用发票上注明的物资价款为300 000元，增值税税额为39 000元，已经税务局认证。款项尚未支付，当日收到物资，经验收合格后入库。8月10日，该单位以银行存款支付了价款339 000元。

外购、自制、委托加工取得库存物品业务举例

（1）8月7日购入物资。（财务会计如图4-9，A段运动所示；该业务不涉及预算会计）

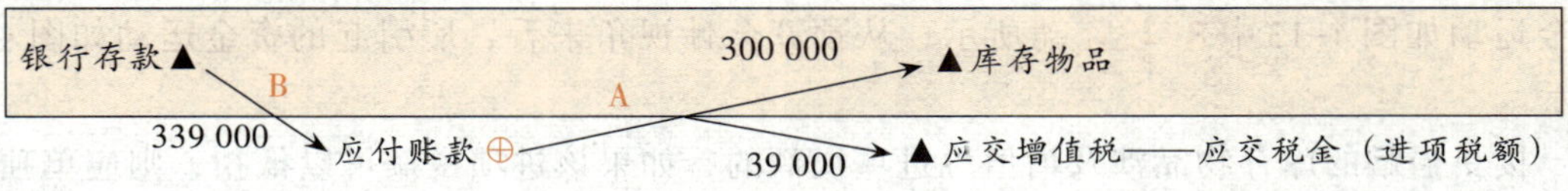

图4-9 某事业单位购买库存物品资金运动分析图——财务会计视角

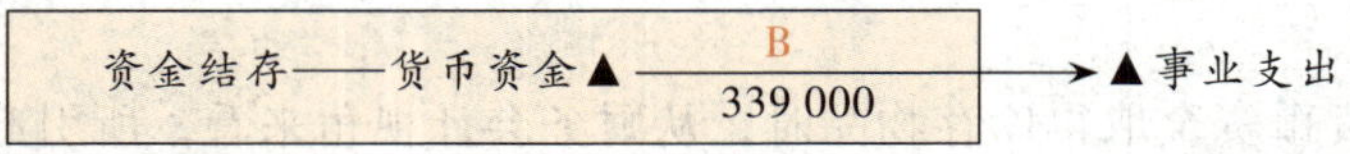

图4-10　某事业单位购买库存物品资金运动分析图——预算会计视角

财务会计	预算会计
借：库存物品　300 000 　应交增值税——应交税金（进项税额）　39 000 　贷：应付账款　339 000	不涉及纳入预算管理的现金收支业务，不做账务处理

（2）8月10日支付价款。（财务会计如图4-9，B段运动所示；预算会计如图4-10，B段运动所示）

财务会计	预算会计
借：应付账款　339 000 　贷：银行存款　339 000	借：事业支出　339 000 　贷：资金结存——货币资金　339 000

【例4-4】某行政单位20×8年5月购入大批办公用物品，价款150 000元，已验收入库，货款以零余额账户用款额度支付。（财务会计如图4-11所示；预算会计如图4-12所示）

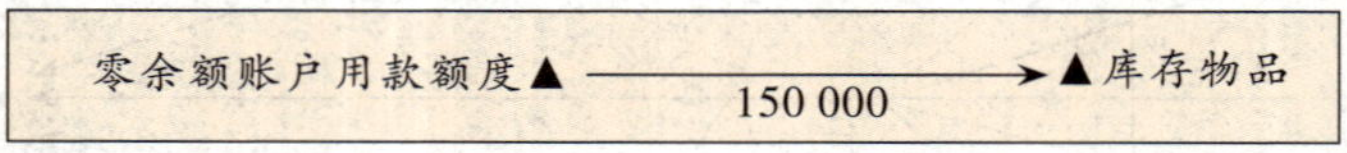

图4-11　某行政单位购买库存物品资金运动分析图——财务会计视角

图4-12　某行政单位购买库存物品资金运动分析图——预算会计视角

财务会计	预算会计
借：库存物品　150 000 　贷：零余额账户用款额度　150 000	借：行政支出　150 000 　贷：资金结存——零余额账户用款额度　150 000

（二）接受捐赠、无偿调入取得库存物品资金运动分析与会计处理

接受捐赠的库存物品验收入库，从财务会计视角来看，按照确定的成本（包含发生的运输费等相关费用），确认库存物品，所引起的资金运动如图4-13中A段运动所示；如以货币资金等支付了运输费等相关费用，则从预算会计视角来看，所引起的资金运动如图4-8所示。

接受捐赠的库存物品按照名义金额入账的，从财务会计视角来看，按照名义金额确认库存物品，所引起的资金运动如图4-13中B1段运动所示；该业务不影响预算会计。同时，按照发生的运输费等相关费用，从财务会计视角来看，确认“其他费用”，所引起的资金运动如图4-13中B2段运动所示；从预算会计视角来看，所引起的资金运动如图4-8所示。

接受捐赠的库存物品涉及增值税进项税额的，如果该进项税额可以抵扣，则应单独确认“应交增值税——应交税金（进项税额）”；不能抵扣的，应计入库存物品的成本之中。

按照行政事业单位资产管理相关规定，经批准政府单位之间可以无偿调拨资产。单位应当设置“无偿调拨净资产”科目，核算无偿调入或调出非现金资产所引起的净资产变动金额。

无偿调入的库存物品验收入库，从财务会计视角来看，按照确定的成本（包含发生的运输费等相关费用），确认库存物品，所引起的资金运动如图4-13中C段运动所示；如以货币资金等支付了运输费等相关费用，则从预算会计视角来看，所引起的资金运动如图4-8所示。

无偿调入的库存物品按照名义金额入账的，从财务会计视角来看，按照名义金额确认库存物品，所引起的资金运动如图4-13中D1段运动所示；该业务不影响预算会计。同时，按照发生的运输费等相关费用，从财务会计视角来看，记入“其他费用”科目，所引起的资金运动如图4-13中D2段运动所示；从预算会计视角来看，所引起的资金运动如图4-8所示。

接受捐赠、无偿调入库存物品业务分析

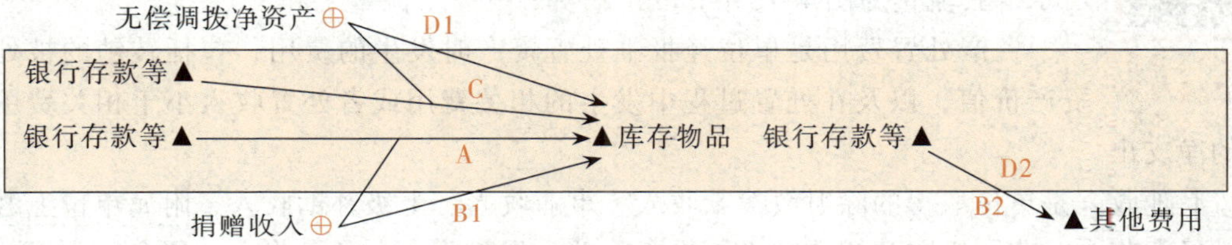

图4-13　库存物品取得资金运动分析图——财务会计视角

【例4-5】甲事业单位20×8年8月接受乙企业捐赠耗材一批，根据乙企业提供的单据，该批耗材价值为20 000元，甲事业单位以银行存款支付耗材运输费用1 000元。甲单位财务会计处理如图4-14所示，预算会计处理如图4-15所示。

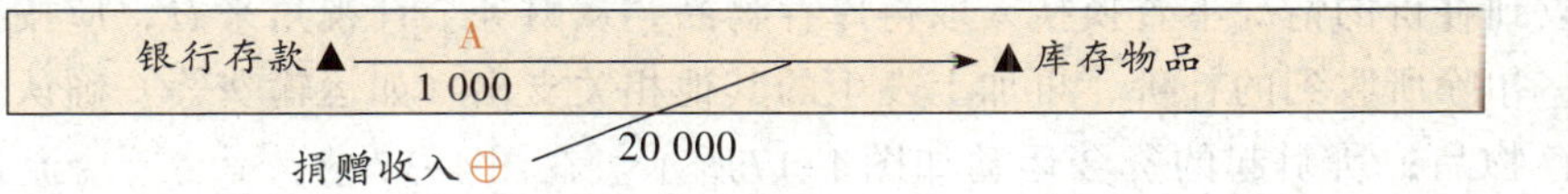

图4-14　接受捐赠取得库存物品资金运动分析图——财务会计视角

图4-15　接受捐赠取得库存物品资金运动分析图——预算会计视角

财务会计		预算会计	
借：库存物品	21 000	借：其他支出	1 000
贷：银行存款	1 000	贷：资金结存——货币资金	1 000
捐赠收入	20 000		

（三）置换换入取得库存物品资金运动分析与会计处理

1.不涉及补价或支付补价的置换换入库存物品

在不涉及补价或者支付补价的情况下置换换入取得库存物品，从财务会计视角来看，应按换出资产评估价值、支付的补价（如果有的话）和其他相关支出（如运输费等）之和确认和计量所换入的库存物品；所引起的资金运动如图4-16所示。在图4-15中，A段运动流量代表所换出资产的账面净值；B段运动流量反映所换出资产的评估价值；C段运动流量反映换出资产评估价值与账面净值之差（当评估价值大于净值时，其流量为正，其差额应确认为其他收入；当评估价值小于净值时，其流量为负，其差额反映为资产处置费用）；D段运动反映单位为换入资产所支付的其他相关支出，如运输费等；如果单位支付补价的话，E段运动反映单位支付补价。

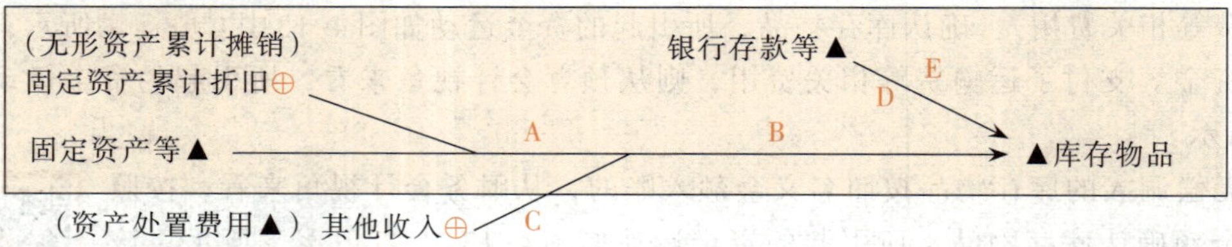

图4-16　置换换入库存物品资金运动分析图（无补价或支付补价）——财务会计视角

如果其他相关费用（如运输费），单位以货币资金等进行了支付，而且以货币资金等支付了补价的，从预算会计视角来看，所引起的资金运动如图4-8所示，其流量为图4-16中D段运动和E段运动流量之和。

置换换入库存物品业务分析（未收补价）

资产处置费用是单位经批准处置资产时发生的费用，包括转销的被处置资产价值，以及在处置过程中发生的相关费用或者处置收入小于相关费用形成的净支出。

其他收入是单位取得的除财政拨款收入、事业收入、上级补助收入、附属单位上缴收入、经营收入、非同级财政拨款收入、投资收益、捐赠收入、利息收入、租金收入以外的各项收入，包括现金盘盈收入、按照规定纳入单位预算管理的科技成果转化收入、行政单位收回已核销的其他应收款、无法偿付的应付及预收款项、置换换出资产评估增值等。

2.收到补价的置换换入库存物品

在收到补价的情况下置换换入取得库存物品，从财务会计视角来看，应按换出资产评估价值，扣除所收到的补价，再加上发生的其他相关支出（如运输费等）确认与计量所换入的库存物品；所引起的资金运动如图4-17所示。在图4-17中，A段运动流量反映换出资产的净值；B段运动流量反映换出资产的评估价值；C段运动流量反映评估价值与净值的差额（当评估价值大于净值时，其流量为正，其差额应确认为其他收入；当评估价值小于净值时，其流量为负，其差额反映为资产处置费用）；D段运动反映单位收到补价；E段运动流量反映换出资产评估价值扣除补价后的余额确认为库存物品的价值；F段运动反映单位为换入资产所支付的其他相关支出，如运输费等。

如在本次置换换入中货币资金属于净流入（即收到的货币资金补价大于所发生的货币性其他相关支出），该净流入量应上缴国家财政，则从财务会计视角来看，该金额应确认为应缴财政款，并同步调整其他收入或资产处置费用，所引起的资金运动如图4-17中G段运动所示。需要注意的是，在对“其他收入”科目进行调整时，以其他收入调减至零为限；当超过该限额时，应调增资产处置费用。该业务不影响预算会计。

如在本次置换换入中货币资金属于净流出（即收到的货币资金补价小于所发生的货币性其他相关支出），则从财务会计视角来看，不涉及应缴财政款，即不涉及G段运动。从预算会计视角来看，其净流出所引起的资金运动如图4-8所示，其流量应为图4-17中F段流量减去D段流量的余额。

置换换入库存物品业务分析（收到补价）

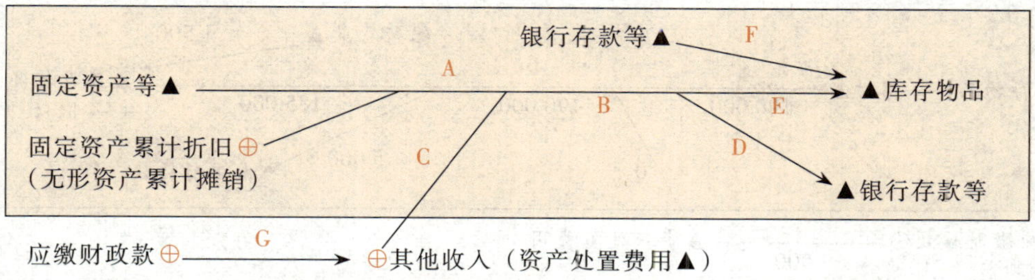

图 4-17 置换换入库存物品资金运动分析图（收到补价）——财务会计视角

“应缴财政款”科目核算单位取得或应收的按照规定应当上缴财政的款项，包括应缴国库的款项和应缴财政专户的款项。应缴国库款是指事业单位按规定取得的应上缴国家预算的各种款项。应缴财政专户款是事业单位按规定代收的应上缴财政专户的预算外资金。

【例 4-6】甲事业单位20×8年8月以钢材一批，向乙科研院置换铝材一批，并以银行存款向乙科研院支付补价5 000元。置换过程中，甲事业单位支付运输费用1 000元，乙科研院支付运输费用1 500元，两单位均以银行存款支付。假定甲事业单位和乙科研院均采用个别计价法确定发出存货的成本，甲事业单位该批钢材成本180 000元，评估价值为185 000元，乙科研院该批铝材成本190 000元，评估价值为190 000元。不考虑其他税费。

置换换入库存物品业务举例 1

（1）甲事业单位账务处理如下：

换入铝材的成本=换出钢材的评估价值185 000元+支付的运输费1 000元+补价5 000元=191 000元。（财务会计如图4-18所示；预算会计如图4-19所示）

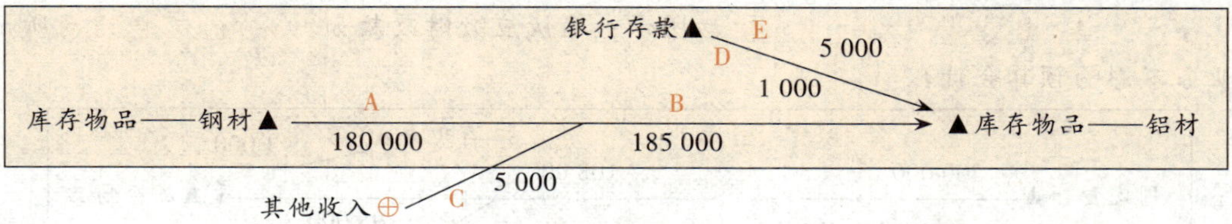

图 4-18 甲事业单位置换换入库存物品资金运动分析图——财务会计视角

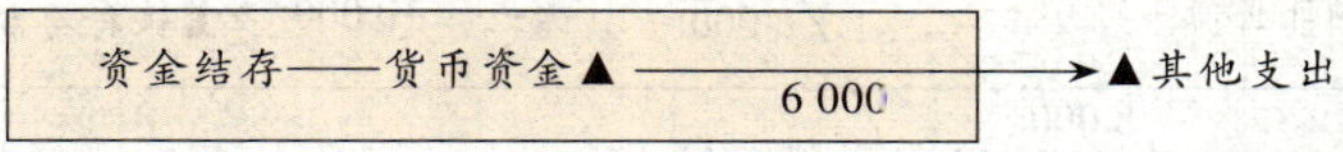

图 4-19 甲事业单位置换换入库存物品资金运动分析图——预算会计视角

财务会计			预算会计		
借：库存物品——铝材	191 000				
贷：库存物品——钢材		180 000	借：其他支出	6 000	
银行存款		6 000	贷：资金结存——货币资金		6 000
其他收入		5 000			

（2）乙科研院账务处理如下（置换中，货币资金属于净流入）：

换入钢材的成本=换出铝材的评估价值190 000元+支付的运输费1 500元-补价5 000元=186 500元。（财务会计处理，确认换入资产如图4-20，A、B、C、D、E、F段运动所示；确认应缴财政款如图4-20，G段运动所示；该业务不影响预算会计）

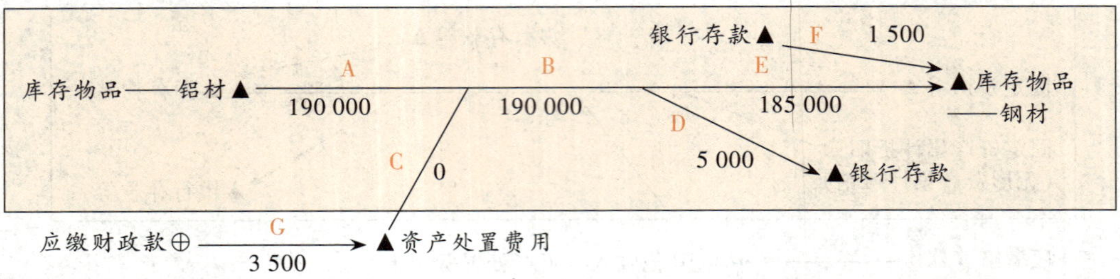

图4-20　乙科研院置换换入库存物品资金运动分析图——财务会计视角

财务会计			预算会计
借：库存物品——钢材	186 500		
银行存款	5 000		
贷：库存物品——铝材		190 000	不涉及纳入预算管理的现金收支业务，不做账务处理
银行存款		1 500	
借：资产处置费用	3 500		
贷：应缴财政款		3 500	

【例4-7】20×8年6月30日，某行政单位经批准以其一辆公务轿车置换另一单位的办公用品一批（不符合固定资产确认标准），办公用品已验收入库。该轿车原值200 000元，已计提折旧100 000元，评估价值为108 000元。置换过程中该单位收到对方支付的补价10 000元已存入银行，另外以现金支付运输费1 000元。不考虑其他因素。

置换换入库存物品业务举例2

换入库存物品的成本=换出轿车的评估价值108 000元+支付的运输费1 000元-补价10 000元=99 000元。（财务会计处理，确认换入资产如图4-21，A、B、C、D、E、F段运动所示；确认应缴财政款如图4-21，G段运动所示；该业务不影响预算会计）

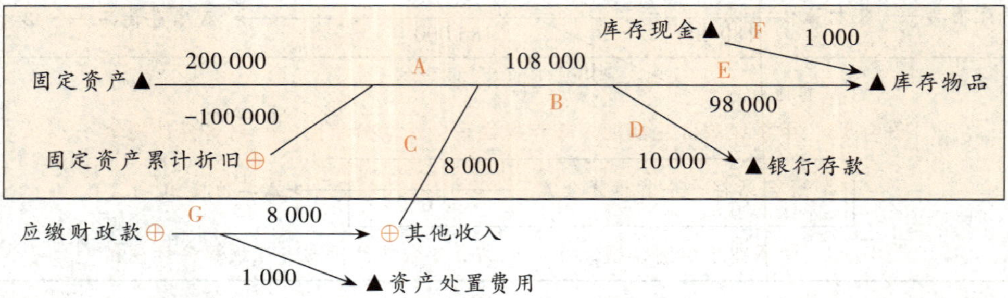

图4-21　某行政单位置换换入库存物品资金运动分析图——财务会计视角

财务会计			预算会计
借：库存物品	99 000		
固定资产累计折旧	100 000		
银行存款	10 000		
贷：固定资产		200 000	不涉及纳入预算管理的现金收支业务，不做账务处理
库存现金		1 000	
其他收入		8 000	
借：其他收入	8 000		
资产处置费用	1 000		
贷：应缴财政款		9 000	

三、加工物品业务资金运动分析与会计处理

“加工物品”科目核算单位自制或委托外单位加工的各种物品的实际成本，未完成的测绘、地质勘查、设计成果的实际成本，也通过本科目核算。

“加工物品”科目应设置“自制物品”“委托加工物品”两个明细科目，并按照物品类别、品种、项目等设置明细账，进行明细核算。其中，“自制物品”明细科目下应设置“直接材料”“直接人工”“其他直接费用”等明细科目分别归集自制物品发生的直接材料、专门从事物品制造的直接人工，以及其他直接费用；设置“间接费用”明细科目归集自制物品发生的间接费用，期末按照一定的分配标准和方法，分配计入有关物品的成本。

“加工物品”科目期末借方余额，反映单位自制或委托外单位加工但尚未完工的各种物品的实际成本。

（一）自制物品业务资金运动分析与会计处理

为自制物品领用材料、发生直接人工费用、发生其他直接费用等，按照领用材料成本、实际发生的直接人工费或其他直接费用等，从财务会计视角来看，确认与计量加工物品成本，所引起的资金运动如图4-22中A、B、C段运动所示。单位发生其他直接费用如果直接以货币资金进行了支付，则从预算会计视角来看，所引起的资金运动如图4-23中C段运动所示。

为自制物品发生的间接费用，从财务会计视角来看，所引起的资金运动如图4-22中D段运动所示。单位发生间接费用如果直接以货币资金进行了支付，则从预算会计视角来看，所引起的资金运动如图4-23中D段运动所示。间接费用一般按照生产人员工资、生产人员工时、机器工时、耗用材料的数量或成本、直接费用或产品产量等进行分配。单位可根据具体情况自行选择间接费用的分配方法，分配方法一经确定，不得随意变更。

物品制造完成并验收入库时，从财务会计视角来看，按照所发生的实际成本（包括耗用的直接费用和分配的间接费用），确认与计量库存物品，所引起的资金运动如图4-22中E、F段运动所示。该业务不影响预算会计。

自制物品业务分析

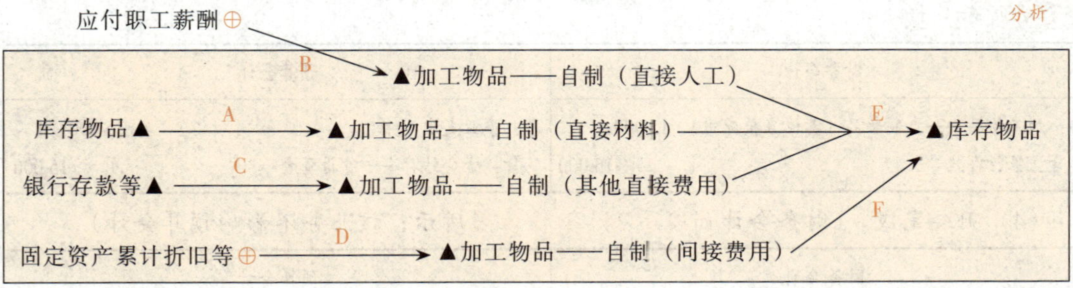

图4-22　自制加工物品业务资金运动分析图——财务会计视角

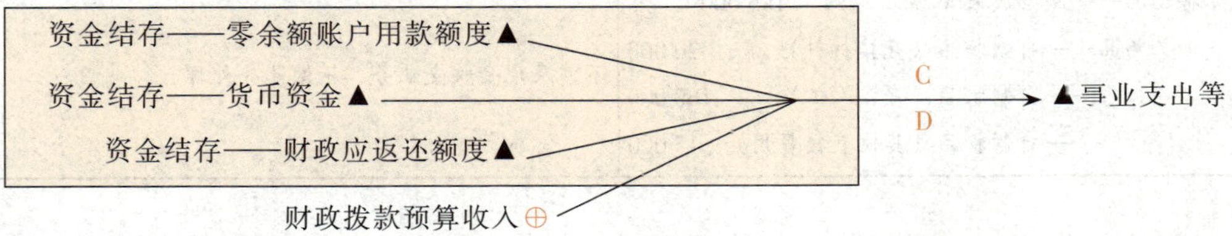

图4-23　自制加工物品业务资金运动分析图——预算会计视角

自制物品业务举例

【例 4-8】20×8年8月，甲测绘院为完成A测绘项目，领用办公用品20 000元，应付专门从事该项测绘工作人员当月工资共计160 000元，测绘过程中以银行存款支付信息检索费15 000元。8月底测绘完成。

（1）领用办公用品。（财务会计如图 4-24，A段运动所示；该业务不影响预算会计）

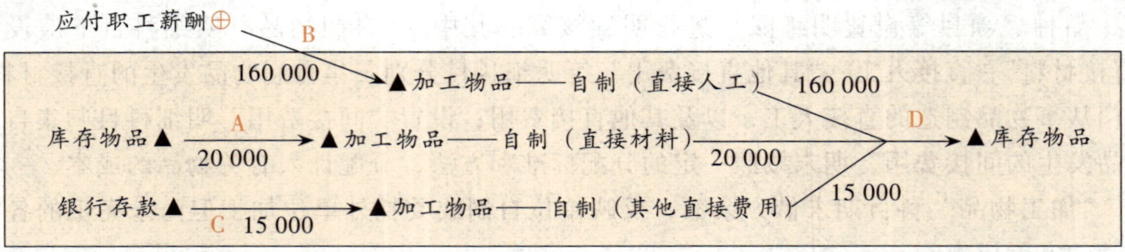

图 4-24 甲测绘院自制加工物品业务资金运动分析图——财务会计视角

图 4-25 甲测绘院自制加工物品业务资金运动分析图——预算会计视角

财务会计	预算会计
借：加工物品——自制物品（直接材料） 20 000 贷：库存物品 20 000	不涉及现金收支业务，不做账务处理

（2）确认应付测绘人员工资。（财务会计如图 4-24，B段运动所示；该业务不影响预算会计）

财务会计	预算会计
借：加工物品——自制物品（直接人工）160 000 贷：应付职工薪酬 160 000	不涉及现金收支业务，不做账务处理

（3）发生信息检索费。（财务会计如图 4-24，C段运动所示；预算会计如图 4-25，C段运动所示）

财务会计	预算会计
借：加工物品——自制物品（其他直接费用） 15 000 贷：银行存款 15 000	借：事业支出 15 000 贷：资金结存——货币资金 15 000

（4）测绘完成。（财务会计如图 4-24，D段运动所示；该业务不影响预算会计）

财务会计	预算会计
借：库存物品——测绘成果A 195 000 贷：加工物品——自制物品（直接材料） 20 000 ——自制物品（直接人工） 160 000 ——自制物品（其他直接费用） 15 000	不涉及现金收支业务，不做账务处理

（二）委托加工物品业务资金运动分析与会计处理

发给外单位加工的材料等，按照其成本，确认并记入“加工物品——委托加工物品”科目；从财务会计视角来看，所引起的资金运动如图4-26中A段运动所示；该业务不影响预算会计。支付加工费、运输费等费用，按照实际支付的金额，确认并记入“加工物品——委托加工物品”科目；从财务会计视角来看，所引起的资金运动如图4-26中B段运动所示；从预算会计视角来看，如果以货币资金支付了加工费、运输费等费用，所引起的资金运动如图4-27中B段运动所示。委托加工完成的材料等验收入库，按照发出材料的成本和加工、运输成本等，确认并记入“库存物品”科目；从财务会计视角来看，所引起的资金运动如图4-26中C段运动所示；该业务不影响预算会计。

委托加工物品业务分析

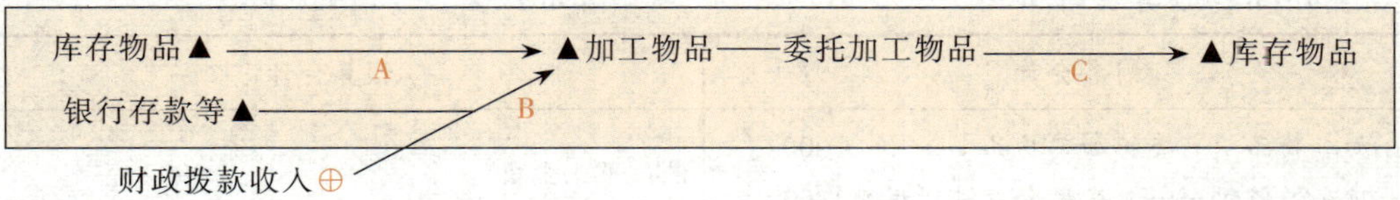

图4-26　委托加工物品业务资金运动分析图——财务会计视角

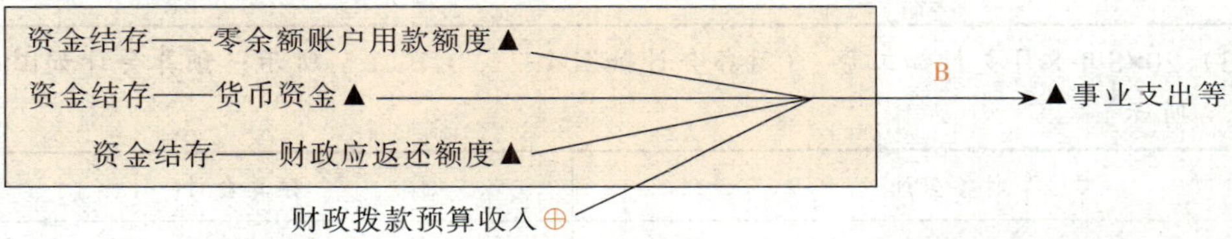

图4-27　委托加工物品业务资金运动分析图——预算会计视角

【例4-9】甲研究所属于一般纳税人。甲研究所20×8年7月将一批木材发往乙企业进行防腐加工，该批木材成本80 000元。同时，甲研究所以银行存款支付了运输费1 000元及其增值税90元。20×8年8月乙企业完成加工，甲研究所验收合格后以财政授权支付方式支付了加工费20 000元及其增值税2 600元，并办理了木材入库。同时，甲研究所以银行存款支付了运输费1 200元及其增值税进项税额108元。甲研究所的增值税进项税额可以抵扣。

（1）20×8年7月，发出木材。（财务会计如图4-28，A段运动所示；不影响预算会计）

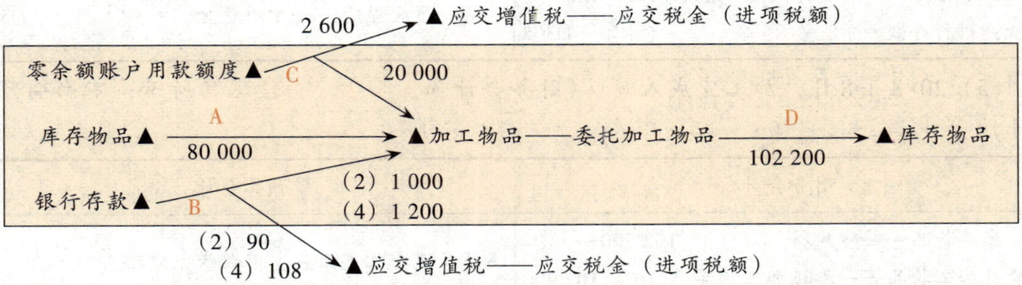

图4-28　甲研究所委托加工物品业务资金运动分析图——财务会计视角

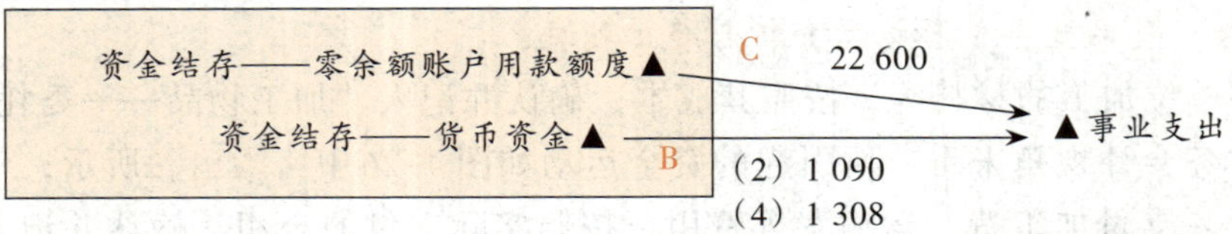

图4-29　甲研究所委托加工物品资金运动分析图——预算会计视角

财务会计	预算会计
借：加工物品——委托加工物品　80 000 　贷：库存物品——木材　80 000	不涉及现金收支业务，不做账务处理

（2）20×8年7月，支付发出木材的运输费及其增值税。（财务会计如图4-28，B段运动（2）所示；预算会计如图4-29，B段运动（2）所示）

财务会计	预算会计
借：加工物品——委托加工物品　1 000 　应交增值税——应交税金（进项税额）90 　贷：银行存款　1 090	借：事业支出　1 090 　贷：资金结存——货币资金　1 090

（3）20×8年8月支付加工费。（财务会计如图4-28，C段运动所示；预算会计如图4-29，C段运动所示）

财务会计	预算会计
借：加工物品——委托加工物品　20 000 　应交增值税——应交税金（进项税额）2 600 　贷：零余额账户用款额度　22 600	借：事业支出　22 600 　贷：资金结存——零余额账户用款额度 22 600

（4）20×8年8月，支付运回加工物品的运输费及其增值税。（财务会计如图4-28，B段运动（4）所示；预算会计如图4-29，B段运动（4）所示）

财务会计	预算会计
借：加工物品——委托加工物品　1 200 　应交增值税——应交税金（进项税额）108 　贷：银行存款　1 308	借：事业支出　1 308 　贷：资金结存——货币资金　1 308

（5）20×8年8月，加工完成入库。（财务会计如图4-28，D段运动所示；不影响预算会计）

财务会计	预算会计
借：库存物品——防腐材　102 200 　贷：加工物品——委托加工物品　102 200	不涉及现金收支业务，不做账务处理

第三节　采购过程中往来结算业务资金运动分析与会计处理

一、应付票据业务资金运动分析与会计处理

（一）应付票据概述

应付票据是事业单位因购买材料、物资，接受服务等而开出、承兑的商业汇票，包括银行承兑汇票和商业承兑汇票。我国商业汇票的付款期限最长不超过6个月，应付票据应确认为流动负债。“应付票据”科目仅为事业单位使用，行政单位不涉及此类业务。

事业单位应当设置“应付票据”科目。事业单位应当按照债权人的不同设置明细科目进行核算，并按照应付票据种类进行明细核算。

事业单位应当设置“应付票据备查簿”，详细登记每一应付票据的种类、号数、出票日期、到期日、票面金额、交易合同号、收款人姓名或单位名称，以及付款日期和金额等。应付票据到期结清票款后，应当在备查簿内逐笔注销。

（二）应付票据业务具体资金运动与会计处理

事业单位因赊购商品、承担债务而开出应付票据，从财务会计视角来看，所引起的资金运动如图4-30中A段运动所示；该业务不影响预算会计。

如该票据属于银行承兑汇票，单位因开出银行承兑汇票而支付的银行承兑汇票手续费，从财务会计视角来看，应当计入当期的业务活动费用或经营费用，取得增值税专用发票的，其增值税进项税额应单列，所引起的资金运动如图4-30中B段运动所示；从预算会计视角来看，所引起的资金运动如图4-31中B段运动所示。

以商业汇票抵付应付款，从财务会计视角来看，所引起的资金运动如图4-30中C段运动所示；该业务不影响预算会计。

应付票据到期，单位以银行存款等支付，从财务会计视角来看，所引起的资金运动如图4-30中D1段运动所示；从预算会计视角来看，所引起的资金运动如图4-31中D1段运动所示。

单位以新的商业汇票抵付已到期的票据，从财务会计视角来看，所引起的资金运动如图4-30中D2段运动所示。该业务不影响预算会计。

商业承兑票据到期，如单位无力偿还，或者是对于商业承兑汇票单位无力偿还而由担保人偿还，单位需要将应付票据转换为应付账款，从财务会计视角来看，引起的资金运动如图4-30中D3段运动所示。该业务不影响预算会计。

如果是银行承兑汇票，在单位无力偿还而由担保银行代为偿还时，单位需要将应付票据转为对银行的短期借款，从财务会计视角来看，所引起的资金运动如图4-30中D4段运动所示。该业务不影响预算会计。

需要注意的是，在财务会计视角涉及货币资金时，如果单位是以财政直接支付方式支付的，则对应的科目应该是“财政拨款收入”或“财政应返还额度”；如果是以授权支付方式支付的，则对应的科目应该是“零余额账户用款额度”；如果是以银行存款、库存现金直接支付的，则对应的科目应为“银

应付票据业务分析

行存款”“库存现金”。

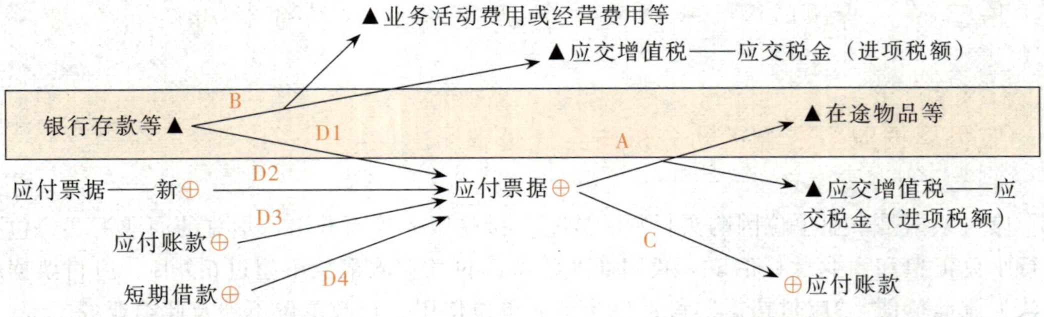

图 4-30　单位应付票据业务资金运动分析图——财务会计视角

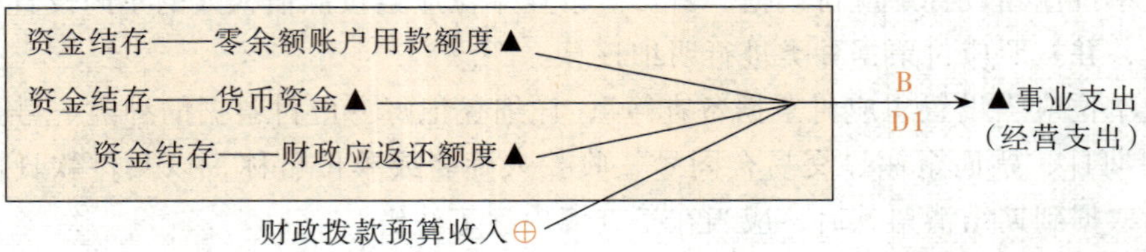

图 4-31　单位应付票据业务资金运动分析图——预算会计视角

应付票据业务举例

【例 4-10】（1）甲单位是增值税一般纳税人。20×8 年 3 月 10 日购入 A 物品一批，取得增值税专用发票上注明的物品价款为 100 000 元，增值税为 13 000 元，发票等结算凭证已到，货款尚未支付，甲单位开出一张金额为 113 000 元的无息银行承兑汇票，该物品尚未验收入库。（财务会计如图 4-32，A 段运动所示；该业务不影响预算会计）

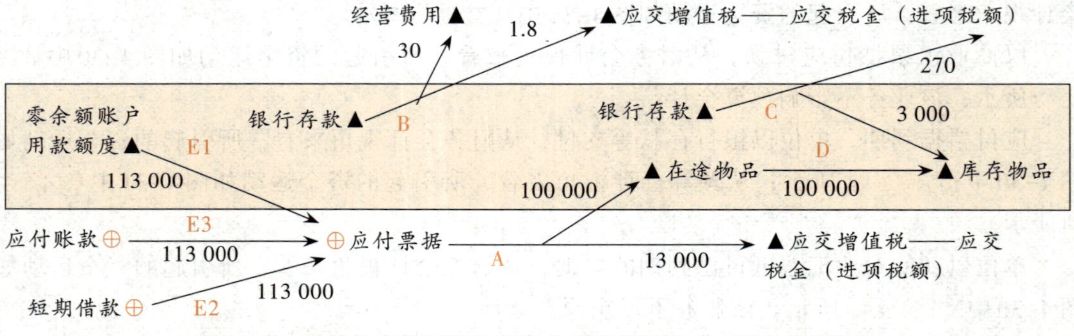

图 4-32　甲单位应付票据业务资金运动分析图——财务会计视角

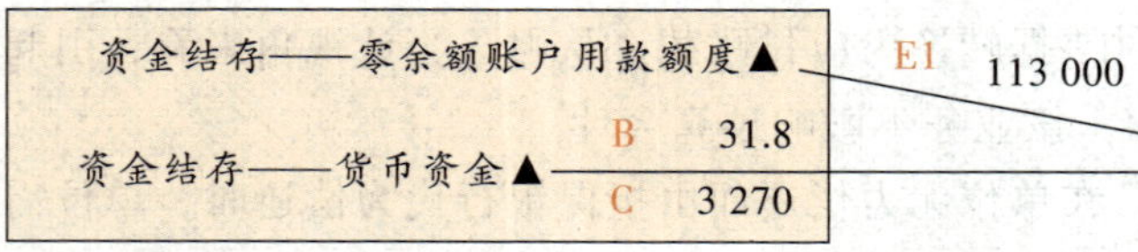

图 4-33　甲单位应付票据业务资金运动分析图——预算会计视角

财务会计	预算会计
借：在途物品　100 000 　应交增值税——应交税金（进项税额）　13 000 　贷：应付票据　113 000	不涉及现金收支业务，不做账务处理

（2）甲单位以银行存款支付开具银行承兑汇票的手续费31.8元，其中增值税1.8元，取得增值税专用发票。（财务会计如图4-32，B段运动所示；预算会计如图4-33，B段运动所示）

财务会计	预算会计
借：经营费用　30 　应交增值税——应交税金（进项税额）　1.8 　贷：银行存款　31.8	借：经营支出　31.8 　贷：资金结存——货币资金　31.8

（3）甲单位取得运输费增值税专用发票，运费3 000元，增值税270元，以现金支票支付。该物品已验收入库。（财务会计如图4-32，C、D段运动所示；预算会计如图4-33，C段运动所示）

财务会计	预算会计
借：库存物品　103 000 　应交增值税——应交税金（进项税额）　270 　贷：银行存款　3 270 　　在途物品　100 000	借：经营支出　3 270 　贷：资金结存——货币资金　3 270

（4）该商业票据到期，甲单位以财政授权支付方式支付款项。（财务会计如图4-32，E1段运动所示；预算会计如图4-33，E1段运动所示）

财务会计	预算会计
借：应付票据　113 000 　贷：零余额账户用款额度　113 000	借：经营支出　113 000 　贷：资金结存——零余额账户用款额度　113 000

（5）如果该商业票据到期，甲单位无力偿还，则由银行代为偿还，由此形成向银行的借款。（财务会计如图4-32，E2段运动所示；不影响预算会计）

财务会计	预算会计
借：应付票据　113 000 　贷：短期借款　113 000	不涉及现金收支业务，不做账务处理

如该商业票据属于商业承兑汇票，甲单位无力偿还。（财务会计如图4-32，E3段运动所示；不影响预算会计）

财务会计	预算会计
借：应付票据　113 000 　贷：应付账款——销售方或担保方　113 000	不涉及现金收支业务，不做账务处理

二、应付账款业务资金运动分析与会计处理

（一）应付账款概述

应付账款是指政府会计主体因取得资产、接受劳务、开展工程建设等而应付的偿还期限在1年以内（含1年）的款项。

单位应当设置“应付账款”科目。该科目应按照债权人的不同进行明细核算。对于建设项目，应设置“应付器材款”“应付工程款”等明细科目，并按照具体项目进行明细核算。

（二）应付账款业务具体资金运动与会计处理

单位购入库存物品、固定资产等，但货款尚未支付，从财务会计视角来看，所引起的资金运动如图4-34中A段运动所示。该业务不影响预算会计。

应付账款业务分析

单位以银行存款偿还应付账款时，如果享受了现金折扣的，从财务会计视角来看，则应冲减单位业务活动费用或者经营费用，偿还该债务及享受现金折扣所引起的资金运动如图4-34中B段运动所示，其中B1段流量反映所享受的现金折扣金额，如果没有现金折扣，则B1段流量为0。从预算会计视角来看，所引起的资金运动如图4-35中B2段运动所示。

如果单位用商业票据抵偿应付账款，则从财务会计视角来看，所引起的资金运动如图4-34中C段运动所示。该业务不影响预算会计。

如果由于债权单位撤销或其他原因而导致应付账款无法清偿时，则从财务会计视角来看，应将其转为其他收入，所引起的资金运动如图4-34中D段运动所示。该业务不影响预算会计。

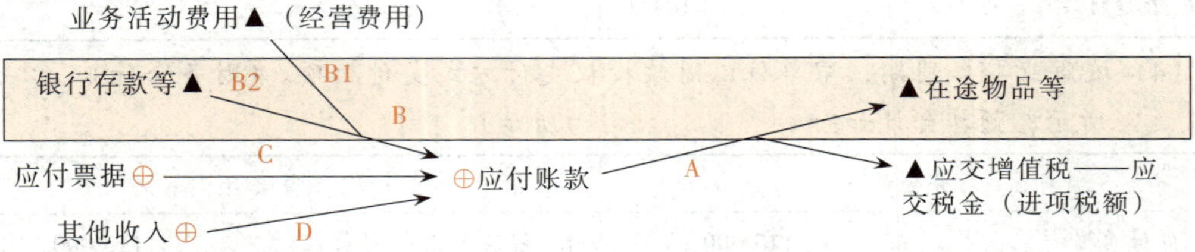

图4-34 单位应付账款业务资金运动分析图——财务会计视角

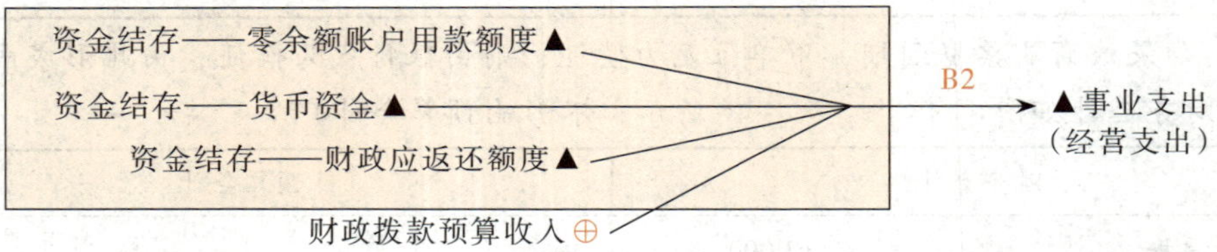

图4-35 单位应付账款业务资金运动分析图——预算会计视角

应付账款业务举例

【例4-11】甲研究所（事业单位）为增值税一般纳税人。20×8年3月10日，从乙公司购入一批物品并已验收入库。增值税专用发票上注明的价款为2 000 000元，增值税税额为260 000元。按照购货协议的规定，甲研究所如在10天内付清款项，将获得1%的现金折扣（假定以应付账款总额计算现金折扣）。20×8年3月19日，甲研究所按照规定扣除现金折扣后的金额，用零余额账户用款额度付清了所欠乙公司的货款。

（1）3月10日确认应付账款。（财务会计如图4-36，A段运动所示；不影响预算会计）

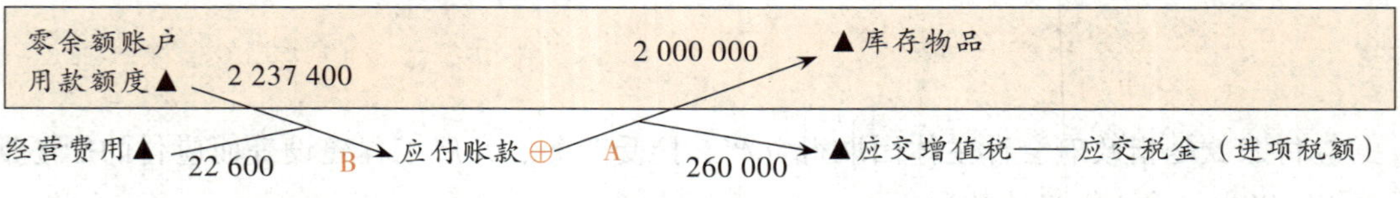

图4-36 甲研究所应付账款业务资金运动分析图——财务会计视角

图4-37　甲研究所应付账款业务资金运动分析图——预算会计视角

财务会计	预算会计
借：库存物品　2 000 000 应交增值税——应交税金（进项税额）　260 000 贷：应付账款　2 260 000	不涉及现金收支业务，不做账务处理

（2）3月19日偿还应付账款。（财务会计如图4-36，B段运动所示；预算会计如图4-37，B段运动所示）

现金折扣金额=2 260 000×1%=22 600（元）

应偿还金额=2 260 000−22 600=2 237 400（元）

财务会计	预算会计
借：应付账款　2 260 000 贷：零余额账户用款额度　2 237 400 经营费用　22 600	借：经营支出　2 237 400 贷：资金结存——零余额账户用款额度　2 237 400

【例4-12】20×8年12月，乙事业单位进行账务清查时发现一笔应付实验用材料款16 000元尚未支付，经查该供货公司已经注销，此笔款项已无法支付，财务部门根据单位同意核销的审批结果核销该笔款项。（财务会计如图4-38所示；该业务不影响预算会计）

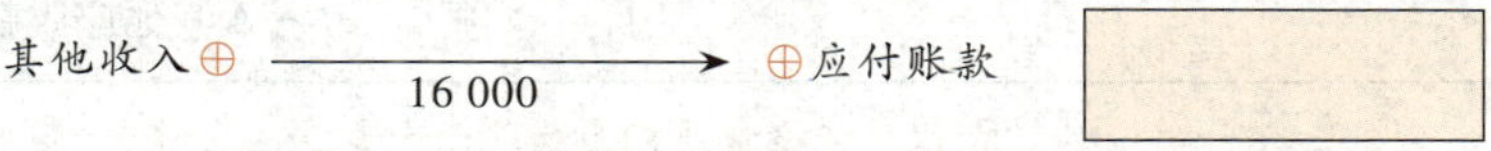

图4-38　乙事业单位应付账款业务资金运动分析图——财务会计视角

财务会计	预算会计
借：应付账款　16 000 贷：其他收入　16 000	不涉及现金收支业务，不做账务处理

三、预付账款业务资金运动分析与会计处理

（一）预付账款概述

“预付账款”科目核算单位按照购货、服务合同或协议规定预付给供应单位（或个人）的款项，以及按照合同规定向承包工程的施工企业预付的备料款和工程款。

该科目应当按照供应单位（或个人）及具体项目进行明细核算；对于基本建设项目发生的预付账款，还应当在该项目所属基建项目明细科目下设置“预付备料款”“预付工程款”“其他预付款”等明细科目，进行明细核算。

（二）预付账款业务具体资金运动分析与会计处理

根据购货、服务合同或协议规定预付款项时，从财务会计视角来看，按照预付金额确认与计量预付账款，所引起的资金运动如图4-39中A段运动所示，其起点科目可能是银行存款、库存现金，也可能是零余额账户用款额度（财政授权支付模式），也可能是财政拨款收入或者财政应返还额度（财政直接支付模式）。从预算会计视角来看，所引起的资金运动如图4-40中A段运动所示。

收到所购资产或服务，或根据工程进度结算工程价款及备料款时，从财务会计视角来看，按照购入资产或服务的成本或结算金额，确认、计量并记入“库存物品”“固定资产”“业务活动费用”“在建工程”科目等，按照预付账款的账面余额，冲减该科目，同时补付其差额，所引起的资金运动如图4-39中B段运动所示。从预算会计视角来看，所引起的资金运动如图4-40中B1段运动所示。

发生预付款项退回时，从财务会计视角来看，应冲减预付账款，所引起的资金运动如图4-39中C段运动所示；如是本期的预付款退回，则C段运动的终点可能是银行存款、库存现金、零余额账户用款额度、财政应返还额度、财政拨款收入；如果是以前期间的预付款退回，则C段运动的终点不包括财政拨款收入科目。从预算会计视角来看，本期的预付款退回，所引起的资金运动如图4-40中C1段运动所示；如果是以前期间的预付款退回，则所引起的资金运动如图4-40中C2段运动所示。

单位应当于年末对预付账款进行全面检查，如因供应单位破产、撤销等原因可能无法收到所购货物、服务的，或有其他确凿证据表明预付账款不再符合预付账款性质的，则从财务会计视角来看，应当将其转入其他应收款，所引起的资金运动如图4-39中D段运动所示。该业务不影响预算会计。

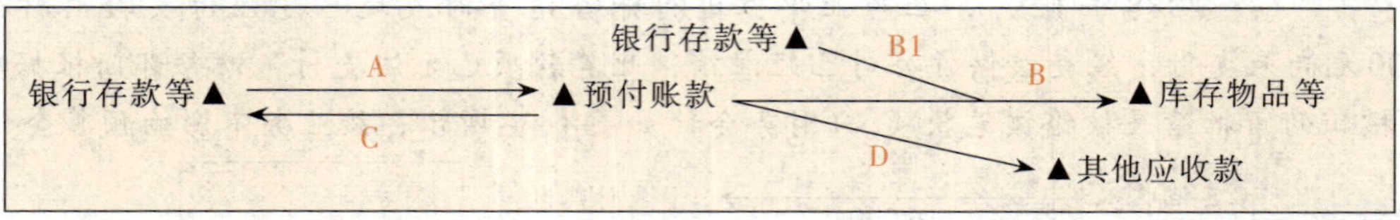

图4-39 单位预付账款业务资金运动分析图——财务会计视角

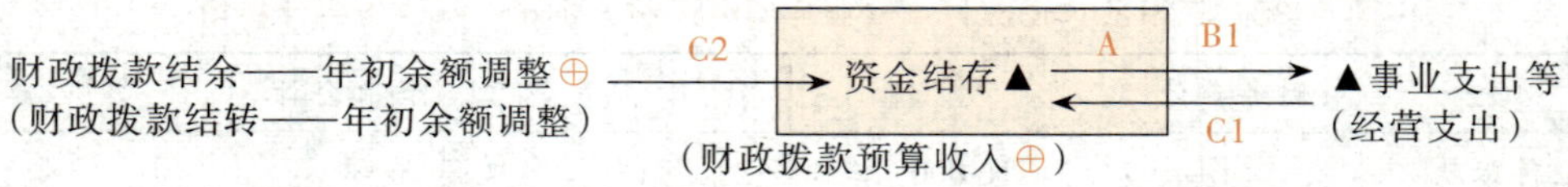

图4-40 单位预付账款业务资金运动分析图——预算会计视角

预付账款业务分析

“财政拨款结转（结余）——年初余额调整”明细科目核算因发生会计差错更正、以前年度支出收回等原因，需要调整财政拨款结转（结余）的金额。

【例4-13】（1）甲科研院20×8年3月与乙公司签订合同，购入试剂一批，总价款50 000元，合同约定，签订合同一周内甲科研院预付货款20%，到货验收后支付尾款。货款以零余额账户用款额度支付。（财务会计如图4-41，A段运动所示；预算会计如图4-42，A段运动所示）

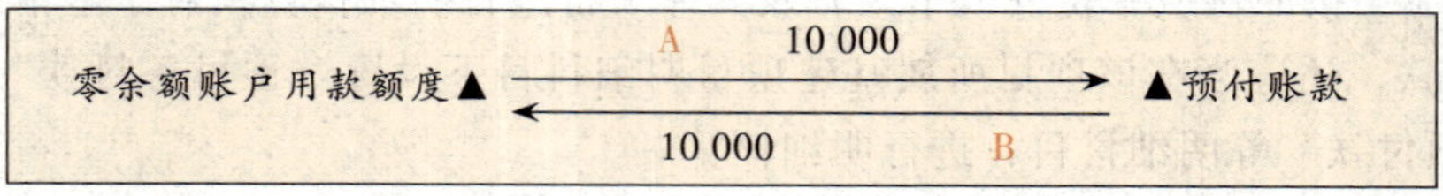

图4-41 甲科研院预付账款业务资金运动分析图——财务会计视角

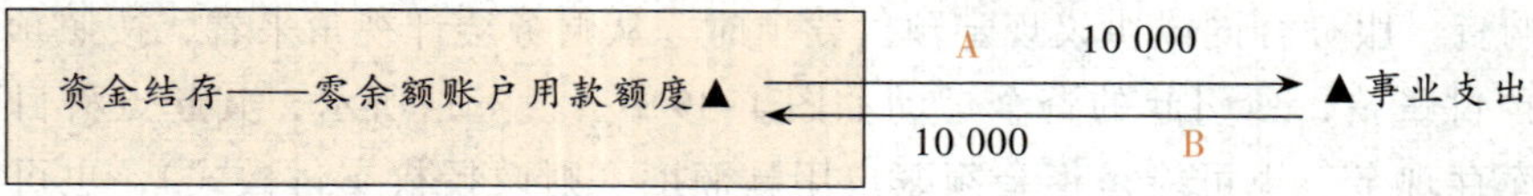

图4-42 甲科研院预付账款业务资金运动分析图——预算会计视角

财务会计	预算会计
借：预付账款 10 000 贷：零余额账户用款额度 10 000	借：事业支出 10 000 贷：资金结存——零余额账户用款额度 10 000

（2）甲科研院4月收到乙公司的试剂，经检查，该批试剂不能满足实验需求，与乙公司协商后及时办理了退货，乙公司退回了甲科研院的预付款，甲科研院出纳开具了“财政授权支付更正（退回）通知书”办理了退款入账手续。（财务会计如图4-41，B段运动所示；预算会计如图4-42，B段运动所示）

财务会计	预算会计
借：零余额账户用款额度 10 000 贷：预付账款 10 000	借：资金结存——零余额账户用款额度 10 000 贷：事业支出 10 000

第四节　库存物品使用和期末计价业务资金运动分析与会计处理

一、库存物品发出业务资金运动分析与会计处理

（一）业务活动领用、加工发出和按规定自主出售发出库存物品

单位开展加工业务发出库存物品，从财务会计视角来看，所引起的资金运动如图4-43中A段运动所示。该业务不影响预算会计。

单位开展业务活动领用库存物品，从财务会计视角来看，所引起的资金运动如图4-43中B段运动所示。采用一次转销法摊销低值易耗品、包装物的，在首次领用时将其账面余额一次性摊销计入有关成本费用；采用五五摊销法的，首次领用时将其账面余额的50%摊销计入有关成本费用，使用完时将剩余的账面余额转销计入有关成本费用。该业务不影响预算会计。

单位按照规定自主出售发出库存物品，从财务会计视角来看，按照出售发出物品的实际成本，确认为经营费用等，所引起的资金运动如图4-43中C1段运动所示；该业务不影响预算会计。同时，从财务会计视角来看，按照实际收到或应收的金额，确认并记入“银行存款”“应收账款”等科目，出售收入按规定纳入单位预算管理，不需上缴财政的，所引起的资金运动如图4-43中C21段运动所示。从预算会计视角来看，所引起的资金运动如图4-44中C21段运动所示。出售收入按规定应上缴财政的，从财务会计视角来看，所引起的资金运动如图4-43中C22段运动所示，该业务不影响预算会计。

库存物品发出、自主出售业务分析

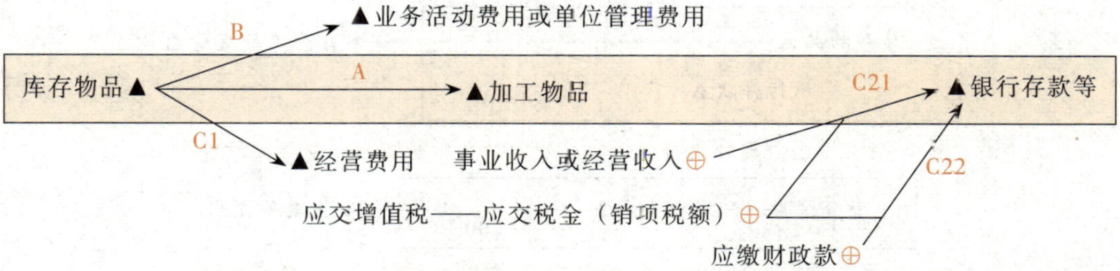

图4-43　库存物品使用资金运动分析图1——财务会计视角

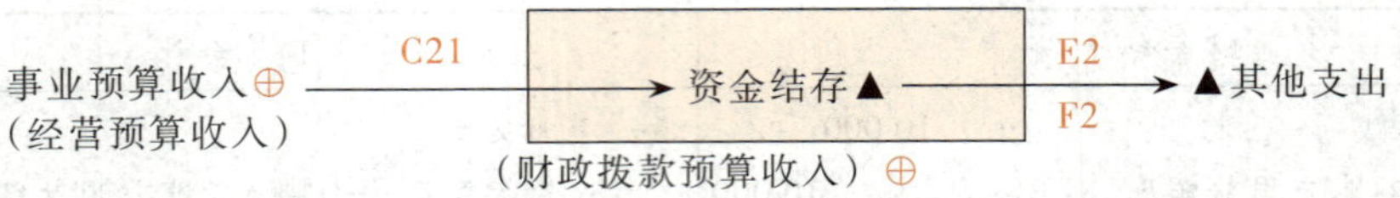

图 4-44　库存物品使用资金运动分析图——预算会计视角

（二）出售（不含自主出售）、对外捐赠和无偿调出库存物品

经批准对外出售的库存物品（不含可自主出售的库存物品）发出时，从财务会计视角来看，按照库存物品的账面余额，确认并记入“资产处置费用”科目；所引起的资金运动如图 4-45 中 D1 段运动所示；该业务不影响预算会计。同时，从财务会计视角来看，按照收到的价款，扣除处置过程中以货币资金等支付的相关费用，确认为应缴财政款，所引起的资金运动如图 4-45 中 D2 段运动所示，其中 D21 段运动反映处置过程中发生的相关费用；该业务不影响预算会计。

经批准对外捐赠的库存物品发出时，从财务会计视角来看，按照库存物品的账面余额和对外捐赠过程中发生的归属于捐出方的相关费用合计数，确认并记入“资产处置费用”科目，所引起的资金运动如图 4-45 中 E1、E2 段运动所示。从预算会计视角来看，所引起的资金运动如图 4-44 中 E2 段运动所示。

非自主出售、对外捐赠和无偿调出业务分析

经批准无偿调出的库存物品发出时，从财务会计视角来看，按照库存物品的账面余额，确认、计量并记入“无偿调拨净资产”科目，所引起的资金运动如图 4-45 中 F1 段运动所示；该业务不影响预算会计。同时，从财务会计视角来看，按照无偿调出过程中发生的归属于调出方的相关费用，确认并记入“资产处置费用”科目，所引起的资金运动如图 4-45 中 F2 段运动所示；从预算会计视角来看，所引起的资金运动如图 4-44 中 F2 段运动所示。

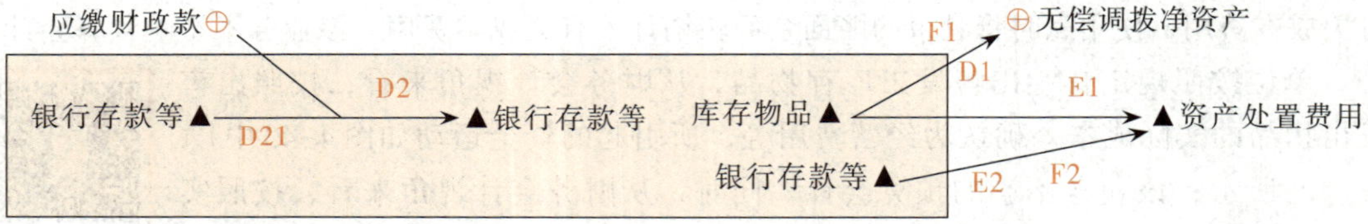

图 4-45　库存物品使用资金运动分析图 2——财务会计视角

【例 4-14】甲医院在 20×8 年 6 月 6 日全国爱眼日，经批准向某希望小学捐赠护眼宣传图册一批，该批图册购入价为 30 000 元，甲医院支付图册邮寄费 200 元，以银行存款支付。假设甲医院采用个别计价法确定发出存货成本。（财务会计如图 4-46，A、B 段运动所示；预算会计如图 4-47，B 段运动所示）

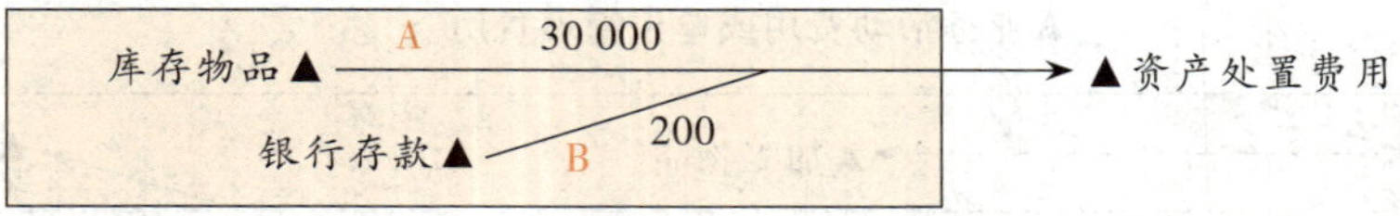

图 4-46　甲医院对外捐赠库存物品资金运动分析图——财务会计视角

图 4-47　甲医院对外捐赠库存物品资金运动分析图——预算会计视角

财务会计	预算会计
借：资产处置费用 30 200 贷：库存物品 30 000 银行存款 200	借：其他支出 200 贷：资金结存——货币资金 200

【例4-15】乙高校20×8年6月经批准向所属中学无偿调拨未达到固定资产标准的植物标本200个，该批标本购入成本为70 000元，乙高校支付标本运输费500元，以银行存款支付。（财务会计如图4-48，A、B段运动所示；预算会计如图4-49，B段运动所示）

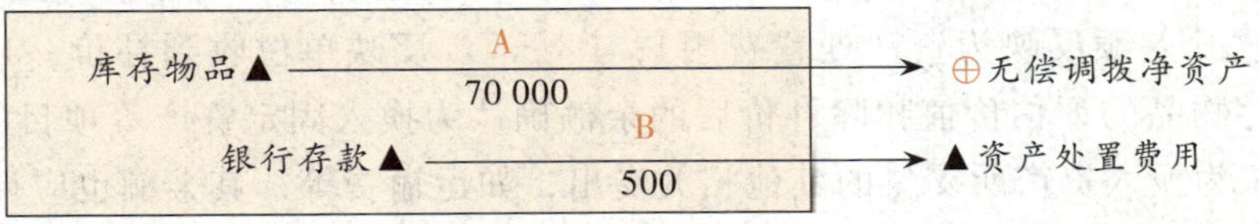

图4-48 乙高校无偿调出库存物品资金运动分析图——财务会计视角

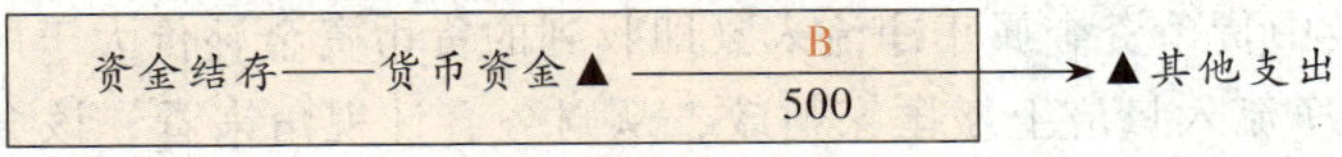

图4-49 乙高校无偿调出库存物品资金运动分析图——预算会计视角

财务会计	预算会计
借：无偿调拨净资产 70 000 贷：库存物品 70 000 借：资产处置费用 500 贷：银行存款 500	借：其他支出 500 贷：资金结存——货币资金 500

（三）置换换出库存物品资金运动分析与会计处理

1.不涉及补价或支付补价的置换换出库存物品资金运动分析与会计处理

在不涉及补价或者支付补价的情况下置换换出库存物品，从财务会计视角来看，应按换出库存物品的评估价值和其他相关支出（如运输费等）之和确认和计量所换入的固定资产等项目，所引起的资金运动如图4-50所示。在图4-50中，A段运动流量代表所换出库存物品的账面余额；B段运动流量反映所换出库存物品的评估价值；C段运动流量反映换出库存物品评估价值与账面余额之差（当评估价值大于净值时，其流量为正，其差额应确认为其他收入；当评估价值小于净值时，其流量为负，其差额反映为资产处置费用）；D段运动反映单位为换入资产所支付的其他相关支出，如运输费等；如果单位支付补价的话，E段运动反映单位支付的补价。

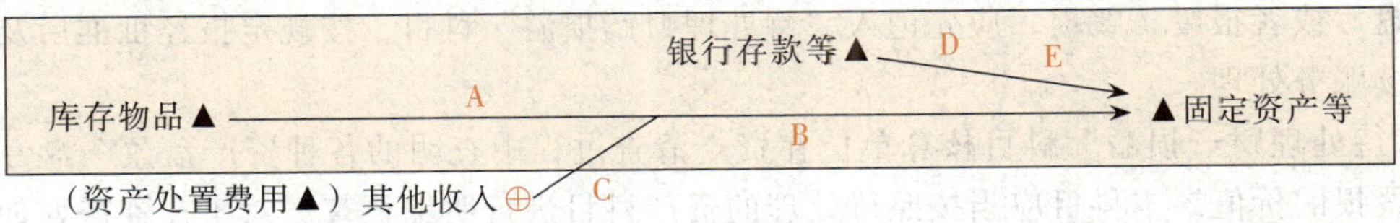

图4-50 置换换出库存物品资金运动分析图（无补价或支付补价）——财务会计视角

如果其他相关费用（如运输费），单位以货币资金等进行了支付，而且以货币资金支付了补价的，从预算会计视角来看，所引起的资金运动如图4-44中E2段或F2段运动所示，其流量为图4-50中D段流量和E段流量之和。

置换换出库存物品业务分析

2.收到补价的置换换出库存物品资金运动分析与会计处理

在收到补价的情况下置换换出库存物品，从财务会计视角来看，应按换出库存物品的评估价值，扣除所收到的补价，再加上发生的其他相关支出（如运输费等）确认与计量所换入的固定资产等项目，所引起的资金运动如图4-51所示。在图4-51中，A段运动流量反映换出库存物品的账面余额；B段运动流量反映换出库存物品的评估价值；C段运动流量反映评估价值与其净值的差额（当评估价值大于净值时，其流量为正，其差额应确认为其他收入；当评估价值小于净值时，其流量为负，其差额反映为资产处置费用）；D段运动反映单位收到补价；E段运动流量反映换出库存物品的评估价值扣除补价后的余额确认为换入固定资产等项目的价值；F段运动反映单位为换入资产所支付的其他相关支出，如运输费等，其金额也应计入换入资产的成本。

如在本次置换中货币资金属于净流入（即收到的货币资金补价大于所发生的货币性其他相关支出），该净流入量应上缴国家财政，从财务会计视角来看，该金额应确认为应缴财政款，并同步调整其他收入或资产处置费用，所引起的资金运动如图4-51中G段运动所示。需要注意的是，在对其他收入项目进行调整时，以“其他收入”调减至零为限；当超过该限额时，应调增资产处置费用。该业务不影响预算会计。

如在本次置换换入中货币资金属于净流出（即收到的货币资金补价小于所发生的货币性其他相关支出），从财务会计视角来看，不涉及应缴财政款，即不涉及G段运动；从预算会计视角来看，其净流出所引起的资金运动如图4-44中E2或F2段运动所示，其流量应该为图4-51中F段流量减去D段流量的余额，但其资金流动的终点应该是经营支出等。

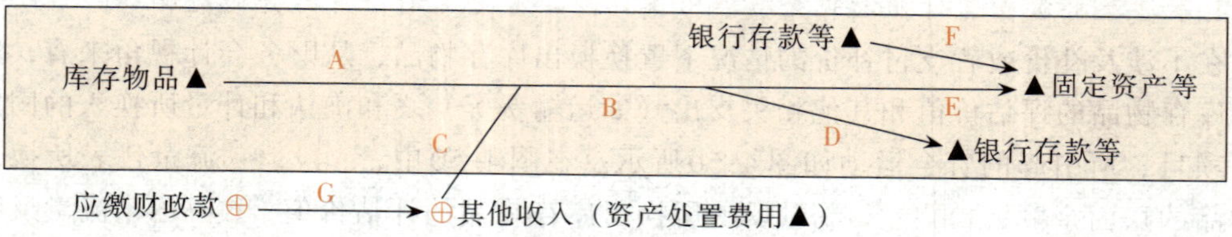

图4-51　置换换出库存物品资金运动分析图（收到补价）——财务会计视角

二、库存物品盘盈盘亏、报废毁损业务资金运动分析与会计处理

单位应当定期对库存物品进行清查盘点，每年至少盘点一次。对于发生的库存物品盘盈、盘亏或者报废、毁损，应先记入“待处理财产损溢”科目，按规定报经批准后及时进行后续账务处理。

“待处理财产损溢”科目核算单位在资产清查过程中查明的各种资产盘盈、盘亏和报废、毁损的价值。本科目应当按照待处理的资产科目进行明细核算；对于在资产处理过程中取得收入或发生相关费用的，应当设置“待处理财产价值”“处理净收入”明细科目，进行明细核算。

（一）库存物品盘盈业务资金运动分析与会计处理

库存物品盘盈业务分析

盘盈的库存物品，按照确定的入账成本，确认并记入“待处理财产损溢”科目。该盘盈的库存物品入账成本按以下原则确定：能取得相关凭据证明的，按照有关凭据注明的金额确定；没有相关凭据、但按照规定经过资产评估的，按照评估价值确定；没有相关凭据、也未经过评估的，按照重置成本确定；无法采用上述方法的，按照名义金额入账。从财务会计视角来看，所引起的资金运动如图4-52中A段运动所示。该业务不影响预算会计。

按照规定报经批准后处理时，从财务会计视角来看，应将该盘盈的资产，冲减“单位管理费用”（事业单位）或“业务活动费用”（行政单位），所引起的资金运动如图4-52中B段运动所示。该业务不影响预算会计。

图4-52　库存物品盘盈业务资金运动分析图——财务会计视角

【例4-16】（1）20×8年12月25日，甲行政部门在财产清查中盘盈库存物品500件，市场价格为每件30元，共计15 000元，属于收发计量方面的错误。（财务会计如图4-53，A段运动所示；该业务不影响预算会计）

图4-53　甲行政部门库存物品盘盈业务资金运动分析图——财务会计视角

财务会计			预算会计
借：库存物品	15 000		不涉及现金收支业务，不做账务处理
贷：待处理财产损溢		15 000	

（2）20×8年12月28日，甲行政部门经批准，将该盘盈冲减业务活动费用。（财务会计如图4-53，B段运动所示；该业务不影响预算会计）

财务会计			预算会计
借：待处理财产损溢	15 000		不涉及现金收支业务，不做账务处理
贷：业务活动费用		15 000	

（二）库存物品盘亏或者毁损、报废资金运动分析与会计处理

盘亏或毁损、报废的库存物品，从财务会计视角来看，按照待处理库存物品的账面余额，确认并记入“待处理财产损溢——待处理财产价值”科目；属于增值税一般纳税人的单位，若因非正常原因导致的库存物品盘亏或毁损，还应将该库存物品的增值税进项税额转出，所引起的资金运动如图4-54中A1段、A2段运动所示。该业务不影响预算会计。

按照规定报经批准处理时，从财务会计视角来看，将该待处理财产价值转入资产处置费用之中，所引起的资金运动如图4-54中B段运动所示。该业务不影响预算会计。

在处理报废、毁损的库存物品过程中，取得的残值或残值变价收入、保险理赔和过失人赔偿等，从财务会计视角来看，应确认并记入“待处理财产损溢——处理净收入”科目，所引起的资金运动如图4-54中C1段运动所示。报废过程中发生的相关费用，从财务会计视角来看，应冲减“待处理财产损溢——处理净收入”，所引起的资金运动如图4-54中C2段运动所示。在处理收支结清时，从财务会计视角来看，如果处置结果属于净收益，则应将其确认为应缴财政款，所引起的资金运动如图4-54中D1段运动所示；该业务不影响预算会计。在处理收支结清时，从财务会计视角来看，如果处理结果属于净损失，应将其确认为资产处置费用，所引起的资金运动如图4-54中D2段运动所示；从预算会计视角来看，如出现处置净现金流出，应进行预算会计处理，所引起的资金运动如图4-55中D2段运动所示。

库存物品盘亏业务分析

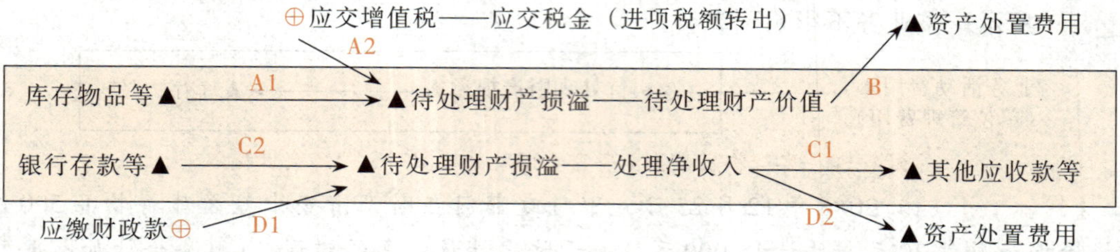

图4-54 库存物品盘亏、报废或毁损业务资金运动分析图——财务会计视角

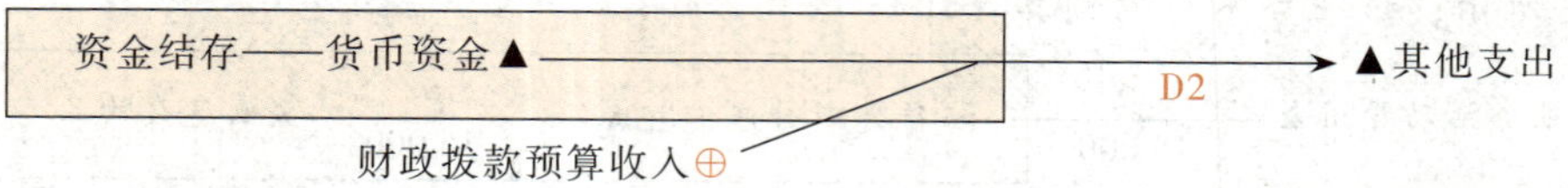

图4-55 库存物品盘亏、报废或毁损业务资金运动分析图——预算会计视角

【例4-17】（1）20×8年1月25日，甲事业单位因管理不善造成原材料毁损10 000元，其增值税税率为13%。（财务会计如图4-56，A1、A2段运动所示；该业务不影响预算会计）

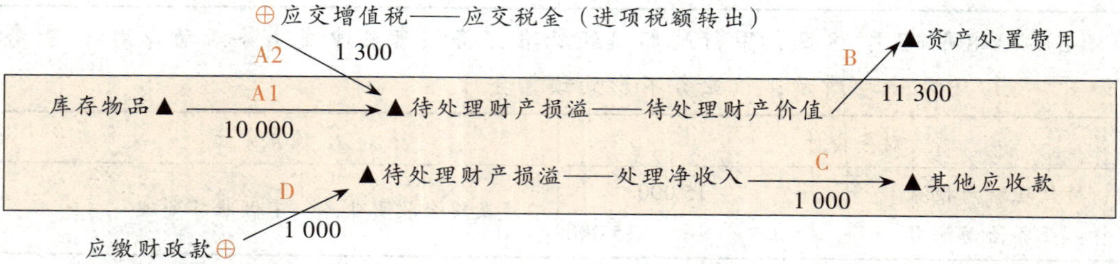

图4-56 甲单位库存物品毁损业务资金运动分析图——财务会计视角

财务会计	预算会计
借：待处理财产损溢——待处理财产价值 11 300 贷：库存物品 10 000 应交增值税——应交税金（进项税额转出） 1 300	不涉及现金收支业务，不做账务处理

（2）经批准，该损失应全部确认为资产处置费用。（财务会计如图4-56，B段运动所示；该业务不影响预算会计）

财务会计	预算会计
借：资产处置费用　11 300 　贷：待处理财产损溢——待处理财产价值 11 300	不涉及现金收支业务，不做账务处理

（3）经批准，该损失应由管理员李文赔偿1 000元。（财务会计如图4-56、C段运动所示；该业务不影响预算会计）

财务会计	预算会计
借：其他应收款　1 000 　贷：待处理财产损溢——处理净收入　1 000	不涉及现金收支业务，不做账务处理

（4）结转处理净收益，确认应缴财政款。（财务会计如图4-56，D段运动所示；该业务不影响预算会计）

财务会计	预算会计
借：待处理财产损溢——处理净收入　1 000 　贷：应缴财政款　1 000	不涉及现金收支业务，不做账务处理

思考题

本章习题自测

1. 简述存货的概念与内涵。
2. 接受捐赠的存货，单位应如何进行计量？
3. 如何区分在途物品、库存物品与加工物品？
4. 与企业会计核算相比，行政事业单位在途物品与库存物品的核算有什么不同？
5. 行政事业单位置换换入库存物品，应该如何进行相应的会计核算？
6. 行政事业单位库存物品盘盈盘亏应如何进行处理？

第五章　单位投资业务资金运动分析与会计处理

育德育人

深圳发布政府规章明确三类保障性住房类型，加快完善住房保障体系

为全面贯彻党的二十大精神，深入贯彻落实党中央、国务院关于加快建立多主体供给、多渠道保障、租购并举的住房制度的决策部署，坚持“房子是用来住的，不是用来炒的”定位，按照《国务院办公厅关于加快发展保障性租赁住房的意见》（国办发〔2021〕22号）关于加快完善以公共租赁住房、保障性租赁住房、共有产权住房为主体的住房保障体系的要求，2023年7月3日，深圳市发布了四个政府规章：《深圳市公共租赁住房管理办法》《深圳市保障性租赁住房管理办法》《深圳市共有产权住房管理办法》《深圳市保障性住房规划建设管理办法》（以下简称四个政府规章）。

这四个政府规章分别对公共租赁住房、保障性租赁住房、共有产权住房三类住房的保障对象、申请条件、供应分配方式、租售价格标准、用地保障、建设筹集主体和渠道、建设标准、监督管理等进行了规范。

保障对象方面，公共租赁住房主要面向符合条件的住房困难深圳户籍居民，以及为社会提供基本公共服务的一线职工供应；保障性租赁住房主要面向符合条件的新市民、青年人、各类人才等群体供应；共有产权住房主要面向符合条件的深圳户籍居民供应，结合实际情况逐步将非深圳户籍常住居民纳入供应范围。同时，根据不同的住房类型和保障对象，执行差异化的租售价格标准。

住房品质方面，全力提高保障性住房的品质，让各类群体住得更加安心、暖心、舒心。户型设计考虑居住需求多样性，努力实现“美而精、精而实”。建造技术全面采用装配式建筑，推广智能建造、装配式装修、绿色建材和集成化模块化建筑部品，打造“绿色、健康、智能”的新一代成品住宅。新建保障性住房项目应当按照规定配置文化娱乐、体育、社康中心、养老、托幼等设施，并完善周边基本公共服务、便民商业服务、市政基础等设施，坚持交通、教育、医疗等有关配套设施与新建项目同步规划、同步建设、同步交付使用，推进基本公共服务均等化。

市住房建设局相关负责人表示，出台四个政府规章，是深入贯彻落实党中央、国务院关于住房工作各项决策部署、全面对接国家住房保障体系的具体举措，对于努力解决新市民、青年人等各类群体的住房困难，逐步实现住有宜居，具有重要意义。

资料来源　深圳特区报.深圳发布四个政府规章 加快完善住房保障体系 明确三类保障性住房类型[EB/OL].(2023-07-04). http://www.sz.gov.cn/cn/xxgk/zfxxgj/zwdt/content/post_10692721.html.

本章思维导图

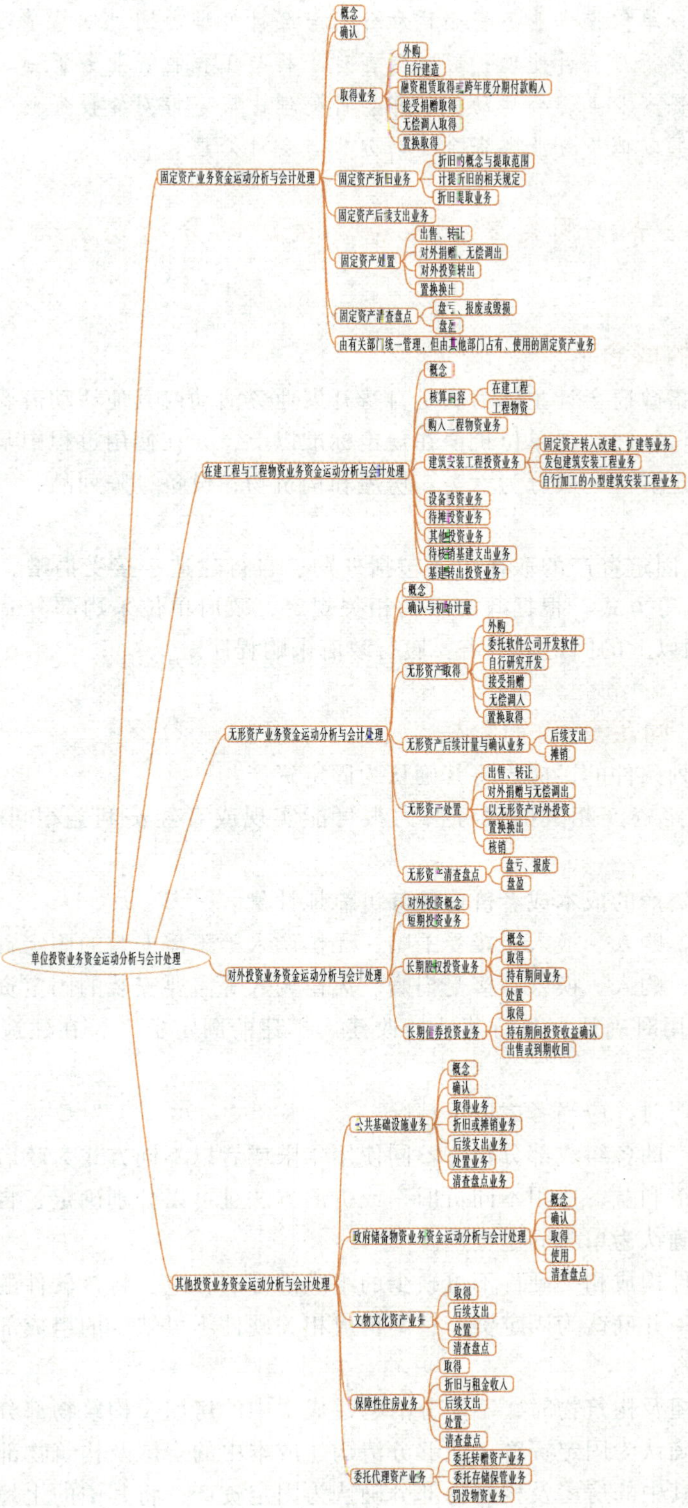
单位投资业务资金运动分析与会计处理
固定资产业务资金运动分析与会计处理
概念
确认
取得业务
外购
自行建造
融资租赁取得或跨年度分期付款购入
接受捐赠取得
无偿调入取得
置换取得
固定资产折旧业务
折旧的概念与提取范围
计提折旧的相关规定
折旧提取业务
固定资产后续支出业务
固定资产处置
出售、转让
对外捐赠、无偿调出
对外投资转出
置换换出
固定资产清查盘点
盘亏、报废或毁损
盘盈
由有关部门统一管理，但由其他部门占有、使用的固定资产业务
在建工程与工程物资业务资金运动分析与会计处理
概念
核算内容
在建工程
工程物资
购入工程物资业务
建筑安装工程投资业务
固定资产转入改建、扩建等业务
发包建筑安装工程业务
自行加工的小型建筑安装工程业务
设备投资业务
待摊投资业务
其他投资业务
待核销基建支出业务
基建转出投资业务
无形资产业务资金运动分析与会计处理
概念
确认与初始计量
无形资产取得
外购
委托软件公司开发软件
自行研究开发
接受捐赠
无偿调入
置换取得
无形资产后续计量与确认业务
后续支出
摊销
无形资产处置
出售、转让
对外捐赠与无偿调出
以无形资产对外投资
置换换出
核销
无形资产清查盘点
盘亏、报废
盘盈
对外投资业务资金运动分析与会计处理
对外投资概念
短期投资业务
长期股权投资业务
概念
取得
持有期间业务
处置
长期债券投资业务
取得
持有期间投资收益确认
出售或到期收回
其他投资业务资金运动分析与会计处理
公共基础设施业务
概念
确认
取得业务
折旧或摊销业务
后续支出业务
处置业务
清查盘点业务
政府储备物资业务资金运动分析与会计处理
概念
确认
取得
使用
清查盘点
文物文化资产业务
取得
后续支出
处置
清查盘点
保障性住房业务
取得
折旧与租金收入
后续支出
处置
清查盘点
委托代理资产业务
委托转赠资产业务
委托存储保管业务
罚没物资业务

学习目标

本章主要讲授单位投资业务资金运动分析与会计处理。通过本章学习，应掌握固定资产业务资金运动分析与会计处理；应掌握在建工程与工程物资业务资金运动分析与会计处理；应掌握无形资产业务资金运动分析与会计处理；应掌握对外投资业务资金运动分析与会计处理；应掌握其他投资业务资金运动分析与会计处理。

第一节　固定资产业务资金运动分析与会计处理

一、固定资产的概念

固定资产是指政府会计主体为满足自身开展业务活动或其他活动需要而控制的，使用年限超过1年（不含1年），单位价值在规定标准以上，并在使用过程中基本保持原有物质形态的资产。固定资产一般分为六类：房屋和构筑物，设备，陈列品，图书和档案，家具和用具，动植物。

固定资产的取得主要包括外购、自行建造、接受捐赠、置换换入、无偿调入等方式。根据政府采购相关规定，政府单位采购部分品目的固定资产或限额以上的固定资产需要履行政府采购程序。

固定资产的概念与确认

二、固定资产的确认

同时满足下列条件的，应当将其确认为固定资产：

（1）与该固定资产相关的服务潜力很可能实现或者经济利益很可能流入政府会计主体；

（2）该固定资产的成本或者价值能够可靠地计量。

通常情况下，购入、换入、接受捐赠、无偿调入等不需安装的固定资产，在固定资产验收合格时确认；购入、换入、接受捐赠、无偿调入等需要安装的固定资产，在固定资产安装完成交付使用时确认；自行建造、改建、扩建的固定资产，在建造完成交付使用时确认。

确认固定资产时，应当考虑以下情况：

（1）固定资产的各组成部分具有不同使用年限或者以不同方式为政府会计主体实现服务潜力或提供经济利益，适用不同折旧率或折旧方法且可以分别确定各自原价的，应当将各组成部分分别确认为单项固定资产。

（2）应用软件构成相关硬件不可缺少的组成部分的，应当将该软件的价值包括在所属的硬件价值中，一并确认为固定资产；不构成相关硬件不可缺少的组成部分的，应当将该软件确认为无形资产。

（3）购建房屋及构筑物时，不能分清购建成本中的房屋及构筑物部分与土地使用权部分的，应当全部确认为固定资产；能够分清购建成本中的房屋及构筑物部分与土地使用权部分的，应当将其中的房屋及构筑物部分确认为固定资产，将其中的土地使用权部分确认为无形资产。

三、固定资产取得资金运动分析与会计处理

固定资产在取得时应当按照成本进行初始计量。

单位应设置“固定资产”科目，用以核算固定资产的原值。核算时，应当考虑以下情况：(1) 购入需要安装的固定资产，应当先通过“在建工程”科目核算，安装完毕交付使用时再转入本科目核算。(2) 以借入、经营租赁租入方式取得的固定资产，不通过本科目核算，应当设置备查簿进行登记。(3) 采用融资租入方式取得的固定资产，通过本科目核算，并在本科目下设置“融资租入固定资产”明细科目。(4) 经批准在境外购买具有所有权的土地，作为固定资产，通过本科目核算；单位应当在本科目下设置“境外土地”明细科目，进行相应明细核算。

单位应设置“固定资产累计折旧”科目用以核算单位计提的固定资产累计折旧。公共基础设施和保障性住房计提的累计折旧，应当分别通过“公共基础设施累计折旧（摊销）”科目和“保障性住房累计折旧”科目核算，不通过本科目核算。

“固定资产”科目按照固定资产类别和项目进行明细核算。“固定资产累计折旧”科目应当按照所对应固定资产的明细分类进行明细核算。

“固定资产”科目期末借方余额，反映单位固定资产的原值。“固定资产累计折旧”科目期末贷方余额，反映单位计提的固定资产折旧累计数。“固定资产”科目期末借方余额减“固定资产累计折旧”科目期末贷方余额，即为固定资产的期末净值。

固定资产的取得方式包括购入、自行建造、融资租赁租入、接受捐赠、无偿调入、置换换入等。

（一）外购取得固定资产资金运动分析与会计处理

政府会计主体外购的固定资产，其成本包括购买价款、相关税费以及固定资产交付使用前所发生的可归属于该项资产的运输费、装卸费、安装费和专业人员服务费等。以一笔款项购入多项没有单独标价的固定资产，应当按照各项固定资产同类或类似资产市场价格的比例对总成本进行分配，分别确定各项固定资产的成本。

购入不需安装的固定资产验收合格时，按照确定的固定资产成本，确认为固定资产项目。从财务会计视角来看，所引起的资金运动如图5-1中A段运动所示；其中B1段运动的流量反映所扣除的质量保证金的金额，如果没有质保金的话，B1段运动的流量就为零。质量保证金扣留期在1年以内（含1年）的，一般通过“其他应付款”核算；扣留期超过1年的，一般通过“长期应付款”核算。其起点的“银行存款等”具体可能包括“财政拨款收入”或者“财政应返还额度”（财政直接支付）、“零余额账户用款额度”（财政授权支付）、“应付账款”、“应付票据”、“银行存款”等科目。从预算会计视角来看，所引起的资金运动如图5-2中B2段运动所示。

购入需要安装的固定资产，在安装完毕交付使用前通过“在建工程”科目核算；从财务会计视角来看，所引起的资金运动如图5-1中C段运动所示；从预算会计视角来看，如果已以货币资金支付的，所引起的资金运动如图5-2中B2段运动所示。以后发生安装支出，从财务会计视角来看，所引起的资金运动如图5-1中D段运动所示；从预算会计视角

来看，如果以货币资金支付了相关安装费用的，所引起的资金运动如图5-2中D段运动所示。以后安装完毕交付使用时再转为固定资产；从财务会计视角来看，所引起的资金运动如图5-1中E段运动所示；该业务不影响预算会计。

外购取得固定资产业务分析

以后，单位支付所扣押的质量保证金时，从财务会计视角来看，所引起的资金运动如图5-1中F段运动所示；从预算会计视角来看，所引起的资金运动如图5-2中F段运动所示。

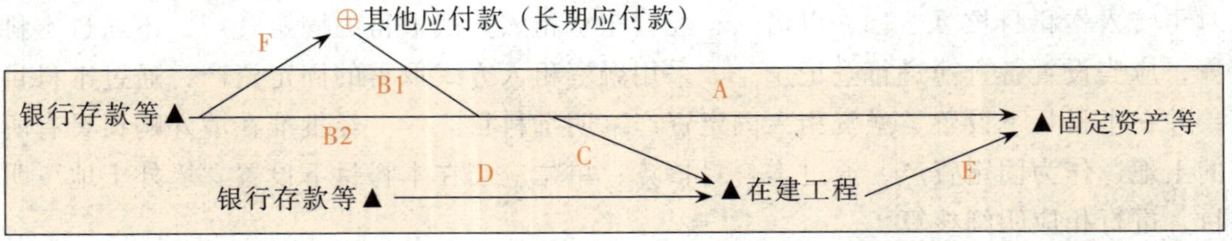

图5-1　固定资产外购取得资金运动分析图——财务会计视角

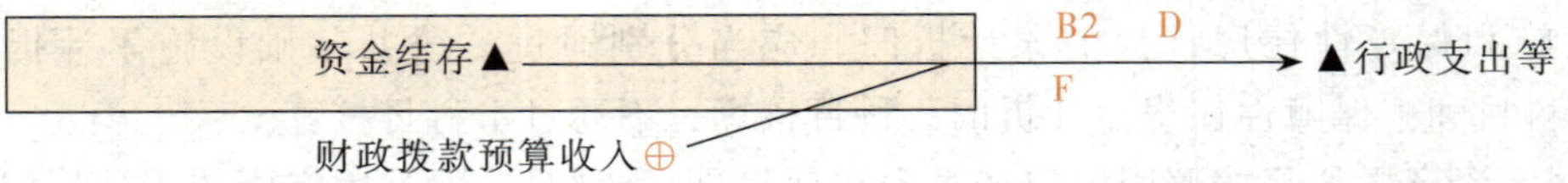

图5-2　固定资产外购取得资金运动分析图——预算会计视角

【例5-1】20×8年2月1日，甲事业单位与供应商乙公司签订合同，购入不需安装A设备一台，取得增值税专用发票，设备单价20 000元（不含增值税，增值税税率13%）；取得运输费增值税专用发票，运输费2 000元（不含增值税，增值税税率9%）。

同时，购入需安装的B设备一台，取得增值税专用发票，设备单价100 000元（不含增值税，增值税税率为13%）。取得运输费增值税专用发票，运费6 000元（不含增值税，增值税税率为9%）；支付安装调试费5 000元。合同约定，B设备质保金10 000元，质保期到20×8年12月1日。20×8年3月1日，设备安装完毕。甲事业单位设备款均以财政授权方式支付。A和B均为专用设备，所涉及的增值税都可以抵扣。

外购取得固定资产业务举例

（1）20×8年2月1日A设备验收合格并支付价款及运输费。（财务会计如图5-3，A段运动所示；预算会计如图5-4，A段运动所示）

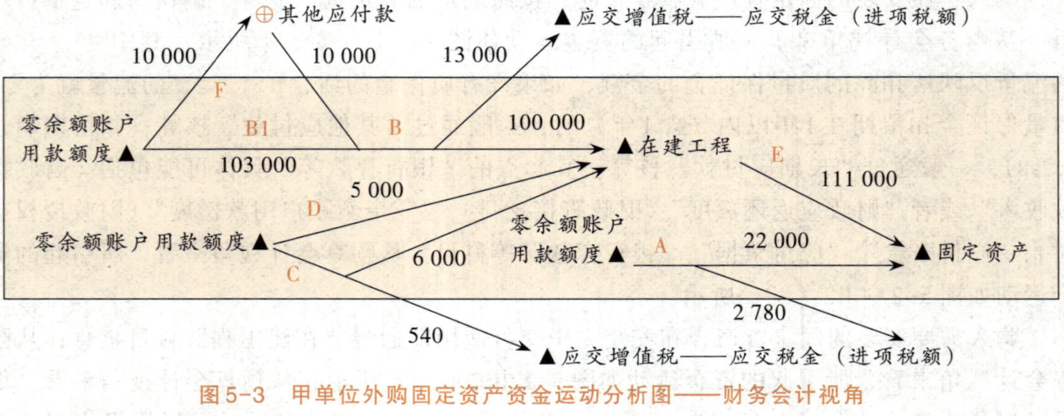

图5-3　甲单位外购固定资产资金运动分析图——财务会计视角

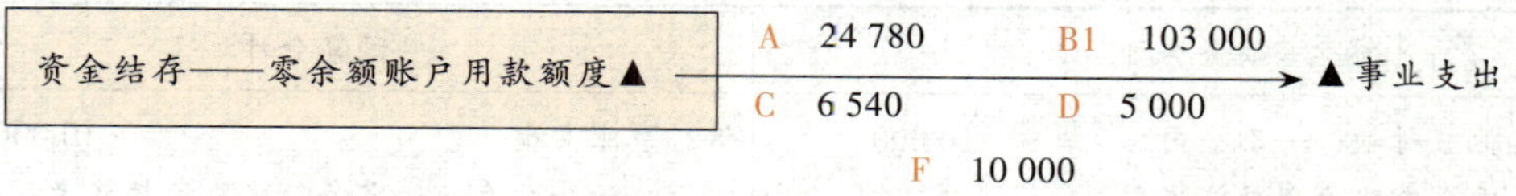

图5-4　甲单位外购固定资产资金运动分析图——预算会计视角

财务会计	预算会计
借：固定资产——A设备　22 000 　应交增值税——应交税金（进项税额）　2 780 　贷：零余额账户用款额度　24 780	借：事业支出　24 780 　贷：资金结存——零余额账户用款额度　24 780

（2）支付B设备价款。（财务会计如图5-3，B段运动所示；预算会计如图5-4，B1段运动所示）

财务会计	预算会计
借：在建工程　100 000 　应交增值税——应交税金（进项税额）　13 000 　贷：零余额账户用款额度　103 000 　　其他应付款——乙公司　10 000	借：事业支出　103 000 　贷：资金结存——零余额账户用款额度　103 000

（3）支付B设备运输费。（财务会计如图5-3，C段运动所示；预算会计如图5-4，C段运动所示）

财务会计	预算会计
借：在建工程　6 000 　应交增值税——应交税金（进项税额）　540 　贷：零余额账户用款额度　6 540	借：事业支出　6 540 　贷：资金结存——零余额账户用款额度　6 540

（4）支付B设备安装费。（财务会计如图5-3，D段运动所示；预算会计如图5-4，D段运动所示）

财务会计	预算会计
借：在建工程　5 000 　贷：零余额账户用款额度　5 000	借：事业支出　5 000 　贷：资金结存——零余额账户用款额度　5 000

（5）20×8年3月1日，B设备安装完工交付使用。（财务会计如图5-3，E段运动所示；该业务不影响预算会计）

财务会计	预算会计
借：固定资产——B设备　111 000 　贷：在建工程　111 000	不涉及现金收支业务，不做账务处理

（6）20×8年12月1日，设备运转正常，支付质保金。（财务会计如图5-3，F段运动所示；预算会计如图5-4，F段运动所示）

财务会计	预算会计
借：其他应付款——乙公司 10 000 贷：零余额账户用款额度 10 000	借：事业支出 10 000 贷：资金结存——零余额账户用款额度 10 000

（二）自行建造取得固定资产资金运动分析与会计处理

政府会计主体自行建造的固定资产，其成本包括该项资产至交付使用前所发生的全部必要支出。在原有固定资产基础上进行改建、扩建、修缮后的固定资产，其成本按照原固定资产账面价值加上改建、扩建、修缮发生的支出，再扣除固定资产被替换部分的账面价值后的金额确定。为建造固定资产借入的专门借款的利息，属于建设期间发生的，计入在建工程成本；不属于建设期间发生的，计入当期费用。

已交付使用但尚未办理竣工决算手续的固定资产，应当按照估计价值入账，待办理竣工决算后再按实际成本调整原来的暂估价值。估计价值，是指在办理竣工财务决算前，单位在建的建设项目工程的实际成本，包括项目建设资金安排的各项支出，以及应付未付的工程价款、职工薪酬等。估计价值应当根据“在建工程”科目相关明细科目的账面余额确定。

对于建设周期长、建设内容多的大型项目，单项工程已交付使用但尚未办理竣工财务决算手续的，单位应当先按照估计价值将单项工程转为固定资产（含公共基础设施，下同）。对于一项在建工程涉及多项固定资产的，在建工程按照估计价值转为固定资产时，单位应当分别确定各项固定资产的估计价值。

在建工程按照估计价值转为固定资产之后、办理竣工财务决算之前，发生调整已确认的应付工程价款等影响估计价值的事项，单位应当先通过“在建工程”科目进行会计处理，再由在建工程转入固定资产。

在建工程按照估计价值转为固定资产时，单位应当将该项目的工程竣工结算书、各项费用归集表或交付使用资产明细表等材料作为原始凭证。单位应当在报表附注中披露按照估计价值入账的固定资产金额。

单位办理竣工财务决算后，按实际成本调整资产暂估价值时，应当将实际成本与暂估价值的差额计入净资产，一方面调整“固定资产”科目金额，另一方面调整“以前年度盈余调整”科目。

单位应当对暂估入账的固定资产（含公共基础设施）计提折旧（根据政府会计准则制度规定无需计提折旧的除外），实际成本确定后不需调整原已计提的折旧额。单位按实际成本调整暂估价值后，应当以相关资产的账面价值（实际成本减去已提折旧后的金额）作为应计提折旧额，在规定的折旧年限扣除已计提折旧年限的剩余年限内计提折旧。

自行建造取得固定资产业务

建造过程中，从财务会计视角来看，按照应支付的工程价款，先确认并记入“在建工程”科目，所引起的资金运动如图5-5中A段运动所示；如果所支付或应付的价款中包括了可以抵扣的增值税进项税额，则应当确认并记入“应交增值税——应交税金（进项税额）”科目，所引起的资金运动如图5-5中A1段运动所示。从预算会计视角来看，如果所发生的工程款项已以货币资金等进行了支付，所引起的资金运动如图5-6中A段运动所示。

工程完工交付使用时，按照在建工程成本，确认固定资产。从财务会计视角来看，所引起的资金运动如图5-5中B段运动所示。该业务不影响预算会计。

有关自行建造固定资产的业务处理详见本章“第二节　在建工程与工程物资业务资金运动分析与会计处理”。

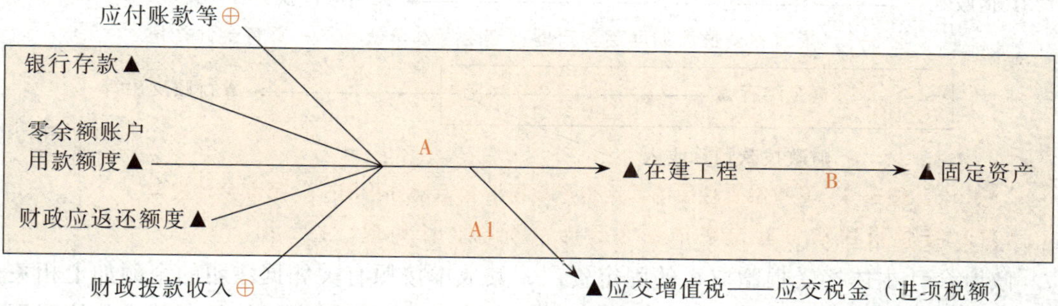

图5-5　自行建造固定资产资金运动分析图——财务会计视角

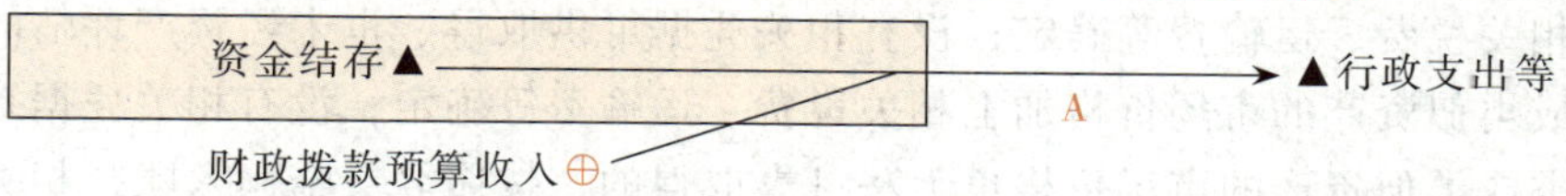

图5-6　自行建造固定资产资金运动分析图——预算会计视角

（三）融资租赁取得或跨年度分期付款购入固定资产资金运动分析与会计处理

1.长期应付款概述

长期应付款是指行政事业单位发生的偿还期限超过1年（不含1年）的应付款项，如以融资租赁方式取得固定资产应付的租赁费等。

行政事业单位应当设置“长期应付款”科目。该科目核算单位发生的期限在1年以上的应付款项，并在该科目下按照长期应付款的种类以及债权人进行明细核算。

2.融资租赁取得或跨年度分期付款购入固定资产资金运动分析与会计处理

融资租赁取得的固定资产，其成本按照租赁协议或者合同确定的租赁价款、相关税费以及固定资产交付使用前所发生的可归属于该资产的运输费、途中保险费、安装调试费等确定。

按照租赁协议或者合同确定的租赁付款额确认长期应付款，从财务会计视角来看，所引起的资金运动如图5-7中A1段运动所示；该业务不影响预算会计。同时将实际支付的税费、途中保险费、运输费等计入固定资产成本，从财务会计视角来看，所引起的资金运动如图5-7中A2段运动所示；如果该支出实际已以货币资金支付，则从预算会计视角来看，所引起的资金运动如图5-8中A2段运动所示。以后每期实际支付租赁款时，从财务会计视角来看，所引起的资金运动如图5-7中B段运动所示；从预算会计视角来看，所引起的资金运动如图5-8中B段运动所示。如果长期应付款无须偿还或债权人豁免长期应付款，则从财务会计视角来看，应将其转为其他收入，所引起的资金运动如图5-7中C段运动所示；该业务不影响预算会计。

融资租入固定资产业务分析

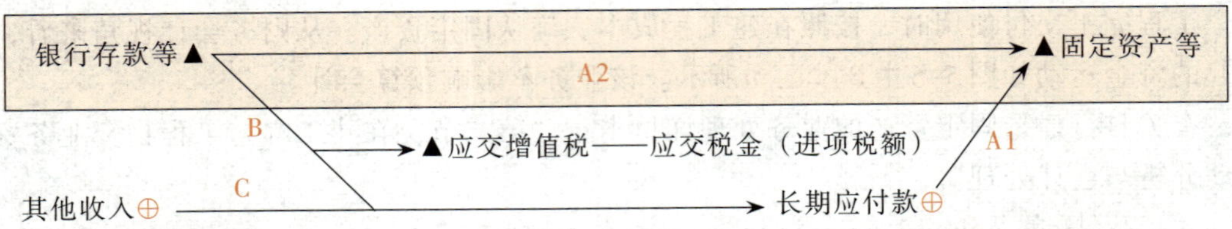

图5-7　具有融资性质的固定资产取得资金运动分析图——财务会计视角

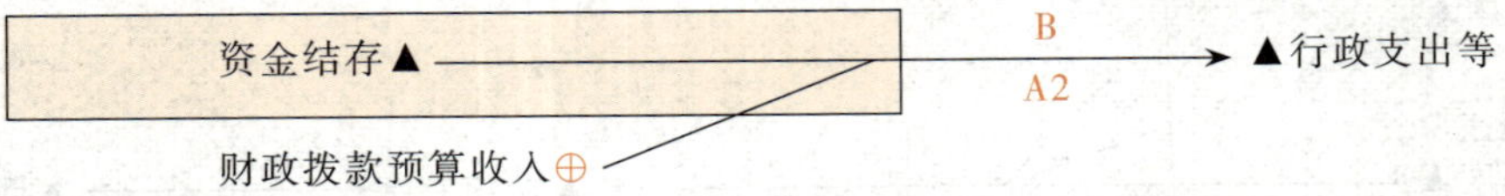

图5-8　具有融资性质的固定资产取得资金运动分析图——预算会计视角

（四）接受捐赠取得固定资产资金运动分析与会计处理

政府会计主体接受捐赠取得的固定资产，其成本按照有关凭据注明的金额加上相关税费、运输费等确定；没有相关凭据可供取得，但按规定经过资产评估的，其成本按照评估价值加上相关税费、运输费等确定；没有相关凭据可供取得、也未经资产评估的，其成本比照同类或类似资产的市场价格加上相关税费、运输费等确定；没有相关凭据且未经资产评估、同类或类似资产的市场价格也无法可靠取得的，按照名义金额入账，相关税费、运输费等计入当期费用。

接受捐赠的固定资产成本能够确定的，从财务会计视角来看，按照确定的成本（包含发生的运输费等相关费用），确认固定资产或在建工程，所引起的资金运动如图5-9中A段运动所示；如以货币资金等支付了运输费等相关费用，则从预算会计视角来看，所引起的资金运动如图5-10中A1段运动所示。

接受捐赠的固定资产成本不能确定的，从财务会计视角来看，按照名义金额计量该固定资产，所引起的资金运动如图5-9中B1段运动所示；该业务不影响预算会计。同时，按照发生的运输费等相关费用，从财务会计视角来看，确认并记入“其他费用”科目，所引起的资金运动如图5-9中B2段运动所示；从预算会计视角来看，所引起的资金运动如图5-10中B2段运动所示。

接受捐赠取得固定资产业务分析

接受捐赠的固定资产涉及增值税进项税额的，该进项税额可以抵扣的，应单独确认并记入“应交增值税——应交税金（进项税额）”科目；不能抵扣的，应计入固定资产成本。

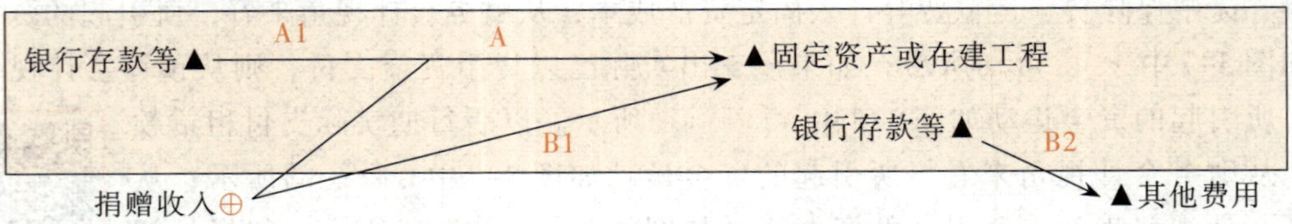

图5-9　接受捐赠取得固定资产资金运动分析图——财务会计视角

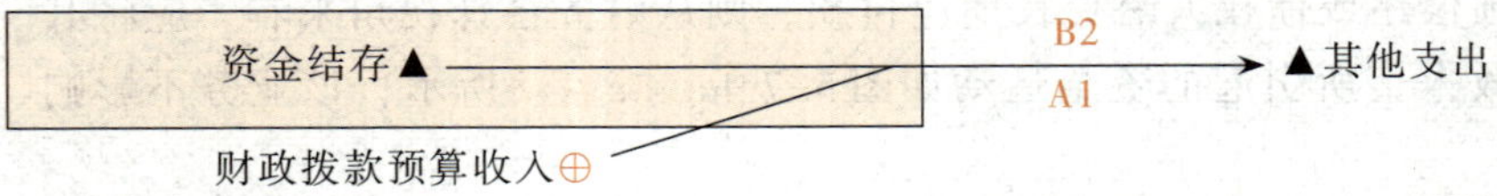

图5-10　接受捐赠取得固定资产资金运动分析图——预算会计视角

【例5-2】甲事业单位20×8年接受乙企业捐赠全新设备一台（不需要安装），根据乙企业提供的增值税专用发票，设备单价为100 000元，增值税进项税额为13 000元。甲单位发生运输费，取得增值税专用发票，运输费为4 000元，进项税额为360元，以银行存款支付。同时，甲单位接受丙企业捐赠矿石一块（作为陈列品处理），发生运输费，取得增值税专用发票，其运费为8 000元，增值税进项税额为720元，甲单位以财政直接支付方式支付；该矿石无发票、未经资产评估，且无法取得同类或类似资产的市场价格，甲单位决定以名义金额1元入账。

（1）接受捐赠的设备入账。（财务会计如图5-11，A段运动所示；预算会计如图5-12，A1段运动所示）

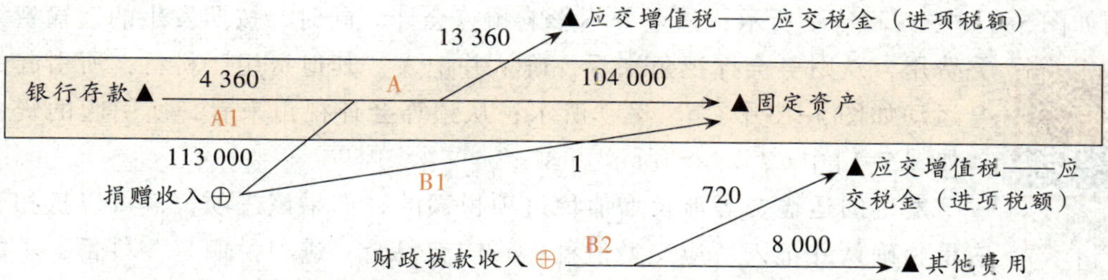

图5-11 甲单位接受捐赠取得固定资产资金运动分析图——财务会计视角

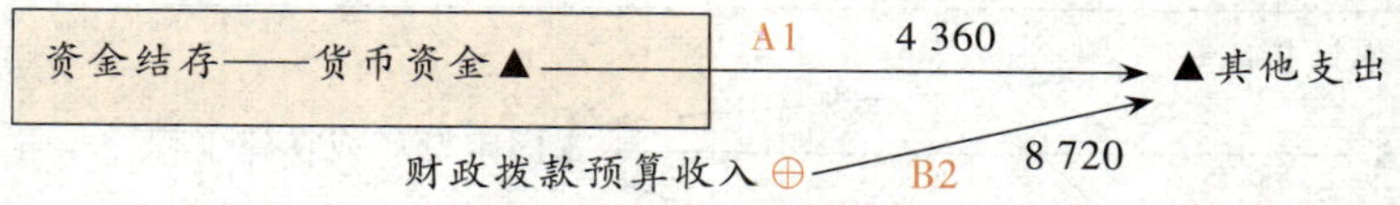

图5-12 甲单位接受捐赠取得固定资产资金运动分析图——预算会计视角

财务会计			预算会计		
借：固定资产——设备	104 000				
应交增值税——应交税金（进项税额）	13 360		借：其他支出	4 360	
贷：银行存款		4 360	贷：资金结存——货币资金		4 360
捐赠收入		113 000			

（2）接受捐赠的矿石入账。（财务会计如图5-11，B1、B2段运动所示；预算会计如图5-12，B2段运动所示）

财务会计			预算会计		
借：固定资产——文物和陈列品		1			
贷：捐赠收入		1			
借：其他费用	8 000		借：其他支出	8 720	
应交增值税——应交税金（进项税额）	720		贷：财政拨款预算收入		8 720
贷：财政拨款收入		8 720			

（五）无偿调入取得固定资产资金运动分析与会计处理

政府会计主体无偿调入取得的固定资产，其成本按照调出方账面价值加上相关税费、运输费等确定。

无偿调入的固定资产在调出单位账面价值不为零或者不是按名义金额计量的，从财务会计视角来看，按照其账面价值加上发生的运输费等相关费用，确认固定资产或在建工程成本，所引起的资金运动如图5-13中A段运动所示；如以货币资金等支付了运输费等相关费用，则从预算会计视角来看，所引起的资金运动如图5-14中A1段运动所示。

无偿调入的固定资产在调出单位账面价值按名义金额计量的，应按照名义金额确认计量该固定资产，从财务会计视角来看，所引起的资金运动如图5-13中B1段运动所示；该业务不影响预算会计。同时，按照发生的运输费等相关费用，从财务会计视角来看，确认并记入“其他费用”科目，所引起的资金运动如图5-13中B2段运动所示；从预算会计视角来看，所引起的资金运动如图5-14中B2段运动所示。

无偿调入的固定资产在调出单位账面价值为零的，从财务会计视角来看，应按照该固定资产在调出方的账面余额同步确认和计量固定资产和固定资产累计折旧，所引起的资金运动如图5-13中C1段运动所示；该业务不影响预算会计。同时，按照发生的运输费等相关费用，从财务会计视角来看，确认并记入“其他费用”科目，所引起的资金运动如图5-13中C2段运动所示；从预算会计视角来看，所引起的资金运动如图5-14中C2段运动所示。

无偿调入取得固定资产业务分析

发生的运输费等涉及增值税进项税额的，如果该进项税额可以抵扣，则应单独确认并记入“应交增值税——应交税金（进项税额）”科目；不能抵扣的，应计入固定资产成本或其他费用。

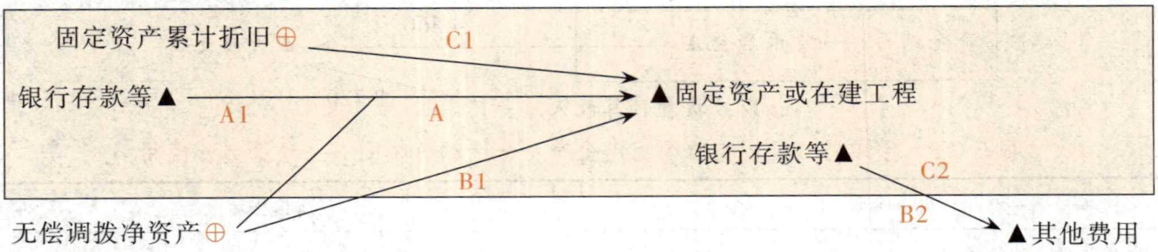

图5-13 无偿调拨取得固定资产资金运动分析图——财务会计视角

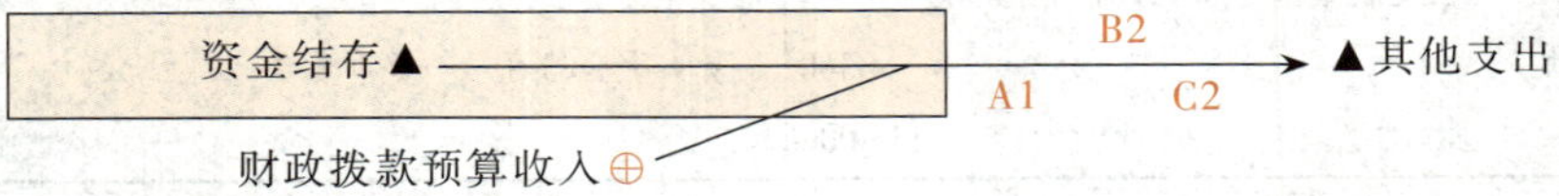

图5-14 无偿调拨取得固定资产资金运动分析图——预算会计视角

【例5-3】甲事业单位接收上级主管单位无偿调入不需要安装科研设备一台，该设备原值250 000元，已计提折旧120 000元。甲单位发生运输费，取得增值税专用发票，运输费3 000元，增值税270元（可以抵扣），运输费及增值税全部以财政授权支付方式支付。

科研设备入账价值：

调出方账面价值（250 000-120 000）+相关税费及运输费（3 000）=133 000（元）

财务会计处理如图5-15所示，预算会计处理如图5-16所示。

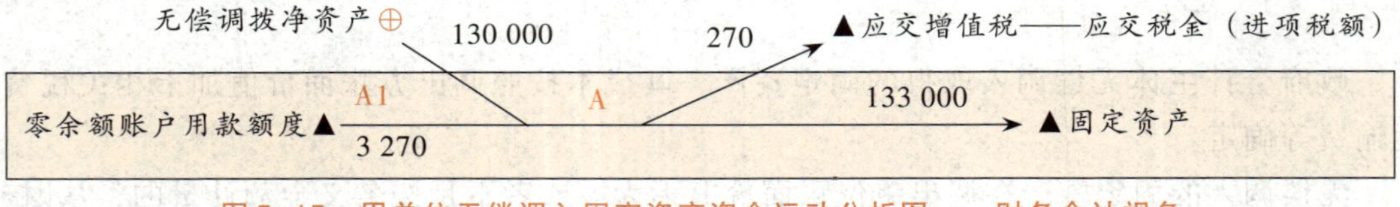

图5-15 甲单位无偿调入固定资产资金运动分析图——财务会计视角

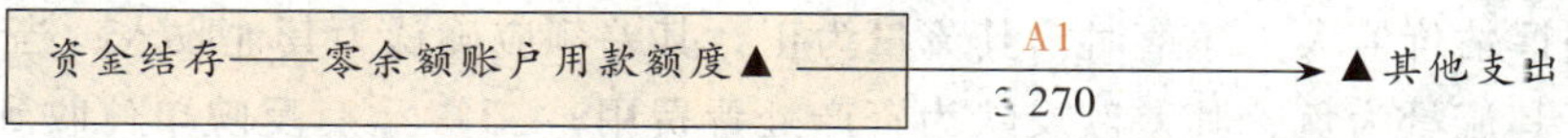

图5-16　甲单位无偿调入固定资产资金运动分析图——预算会计视角

财务会计		预算会计	
借：固定资产——设备	133 000		
应交增值税——应交税金（进项税额）	270	借：其他支出	3 270
贷：零余额账户用款额度	3 270	贷：资金结存——零余额账户用款额度	3 270
无偿调拨净资产	130 000		

（六）置换取得固定资产资金运动分析与会计处理

置换换入的固定资产成本按照换出资产的评估价值加上支付的补价或减去收到的补价，加上换入固定资产发生的其他相关支出确定。

1.不涉及补价或支付补价置换换入固定资产

在不涉及补价或者支付补价的情况下置换换入取得固定资产，应按换出资产的评估价值和其他相关支出（如运输费等）之和确认和计量所换入的固定资产。从财务会计视角来看，所引起的资金运动如图5-17所示。在图5-17中，A段运动流量代表所换出资产的账面净值；B段运动流量反映所换出资产的评估价值；C段运动流量反映换出资产评估价值与账面净值之差（当评估价值大于净值时，其流量为正，其差额应确认为其他收入；当评估价值小于净值时，其流量为负，其差额反映为资产处置费用）；D段运动反映单位为换入固定资产所支付的其他相关支出，如运输费等；E段运动反映单位支付的补价。

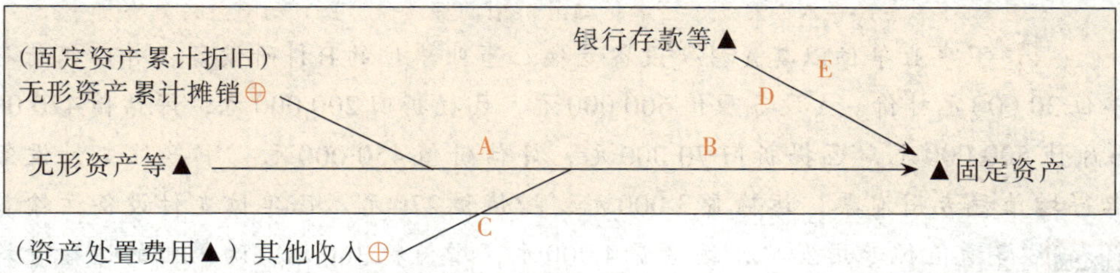

图5-17　置换换入固定资产资金运动分析图（无补价或支付补价）——财务会计视角

如果其他相关费用（如运输费），单位以货币资金等进行了支付，而且还以货币资金支付了补价的，则从预算会计视角来看，所引起的资金运动如图5-18所示，其流量为图5-17中D段流量和E段流量之和。

置换换入固定资产业务（未收补价）

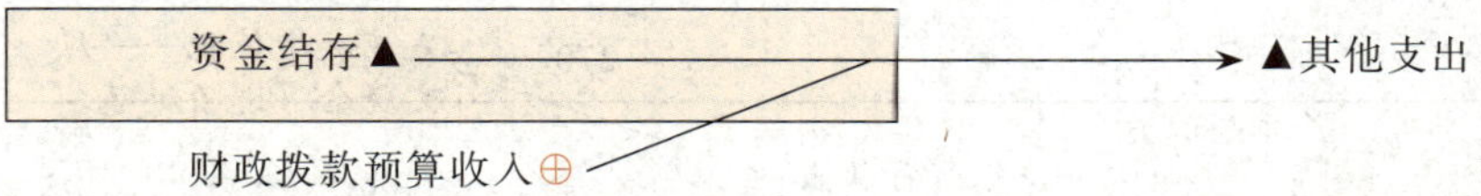

图5-18　置换换入固定资产资金运动分析图（无补价或支付补价）——预算会计视角

2.收到补价置换换入固定资产

在收到补价的情况下置换换入取得固定资产，应按换出资产评估价值，扣除所收到的补价，再加上发生的其他相关支出（如运输费等）确认与计量所换入的固定资产。从财务会计视角来看，所引起的资金运动如图5-19所示。在图5-19中，A段运动流量反映换出资产的净值；B段运动流量反映换出资产的评估价值；C段运动流量反映评估价值与净值的差额（当评估价值大于净值时，其流量为正，其差额应确认为其他收入；当评估价值小于净值时，其流量为负，其差额反映为资产处置费用）；D段运动反映单位收到的补价；E段运动流量反映换出资产评估价值扣除补价后的余额确认为固定资产的价值；F段运动反映单位为换入资产所支付的其他相关支出，如运输费等。

在本次置换中，如货币资金属于净流入（即收到的货币资金补价大于所发生的货币性其他相关支出），该净流入量应上缴国家财政，则从财务会计视角来看，该金额应确认为应缴财政款，并同步调整其他收入或资产处置费用，所引起的资金运动如图5-19中G段运动所示。需要注意的是，在对“其他收入”科目进行调整时，以“其他收入”调减至零为限；当超过该限额时，应调增资产处置费用。该业务不影响预算会计。

置换换入固定资产业务（收到补价）

在本次换入中，如货币资金属于净流出（即收到的货币资金补价小于所发生的货币性其他相关支出），则从财务会计视角来看，不涉及应缴财政款，即不涉及G段运动；从预算会计视角来看，其净流出所引起的资金运动如图5-18所示，其流量为图5-19中F段流量与D段流量之差。

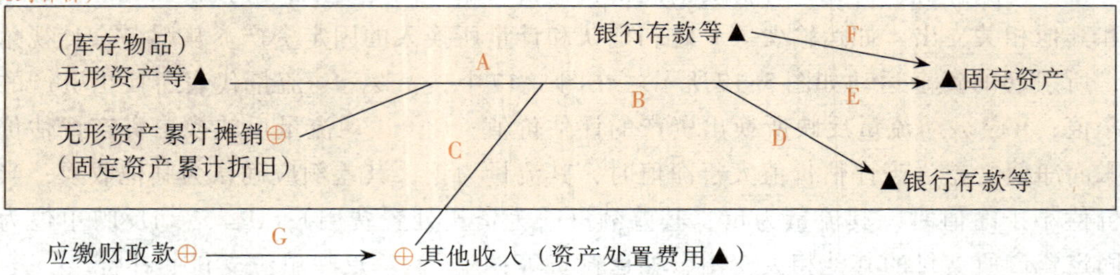

图5-19　置换换入固定资产资金运动分析图（收到补价）——财务会计视角

【例5-4】甲事业单位以其A科研设备置换乙事业单位的B科研设备，并以银行存款支付乙单位30 000元补价。A设备原值600 000元，已提折旧200 000元，评估值420 000元；B设备原值500 000元，已提折旧70 000元，评估价值450 000元。甲单位支付设备运输费，取得增值税专用发票，运输费3 000元，增值税270元。乙单位支付设备运输费，取得增值税专用发票，运输费4 000元，增值税360元。两单位的运输费均以银行存款支付，且增值税都可以抵扣。

置换换入固定资产业务举例

甲事业单位资金运动分析与会计处理：（置换中，货币资金属于净流出）

（1）将换出固定资产价值转销。（财务会计如图5-20，A、B、C段运动所示；不影响预算会计）

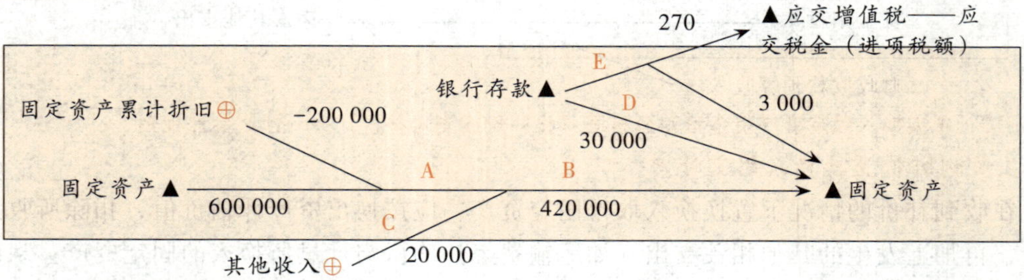

图5-20　甲单位置换换入固定资产资金运动分析图——财务会计视角

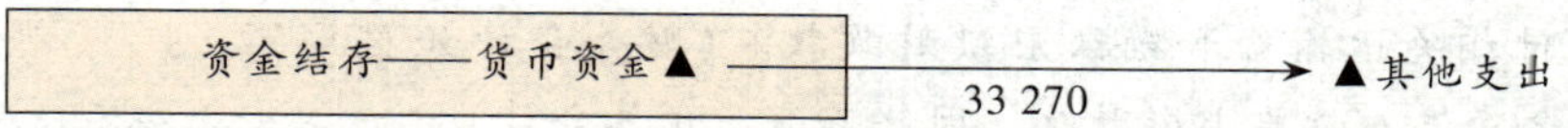

图 5-21　甲单位置换换入固定资产资金运动分析图——预算会计视角

财务会计	预算会计
转销固定资产价值： 借：固定资产——B设备　　420 000 　　固定资产累计折旧　　200 000 　贷：固定资产——A设备　　600 000 　　　其他收入　　20 000	不影响预算会计

（2）支付补价和相关运输费。（财务会计如图 5-20，D、E段运动所示；预算会计如图 5-21 所示）

财务会计	预算会计
支付补价： 借：固定资产　　30 000 　贷：银行存款　　30 000 支付运输费： 借：固定资产　　3 000 　　应交增值税——应交税金（进项税额）　270 　贷：银行存款　　3 270	借：其他支出　　33 270 　贷：资金结存——货币资金　　33 270

乙事业单位资金运动分析与会计处理：（置换中，货币资金属于净流入）

（1）将换出固定资产价值转销。（财务会计如图 5-22，A、B、C、D、E段运动所示，不影响预算会计）

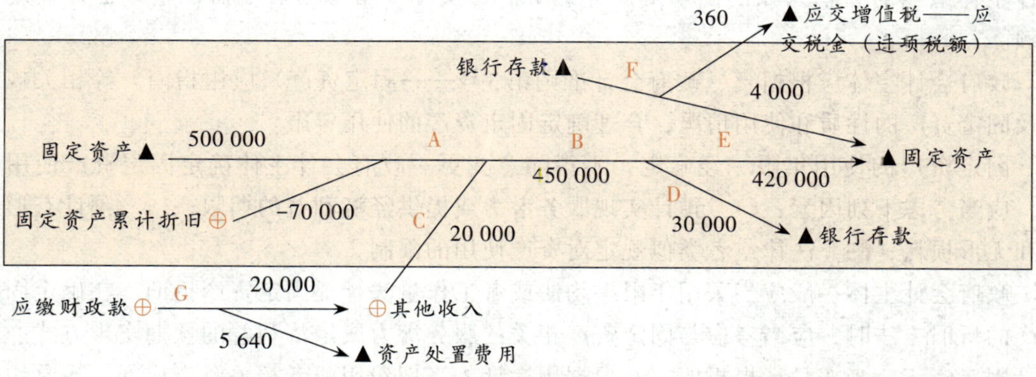

图 5-22　乙单位置换换入固定资产资金运动分析图——财务会计视角

财务会计	预算会计
转销固定资产价值： 借：固定资产——A设备　　420 000 　　固定资产累计折旧　　70 000 　　银行存款　　30 000 　贷：固定资产——B设备　　500 000 　　　其他收入　　20 000	不影响预算会计

（2）支付相关运输费和确认应缴财政款。（财务会计如图 5-22，F、G 段运动所示；由于货币资金净流入量要上缴财政，因此不涉及预算会计）

财务会计	预算会计
支付运输费： 借：固定资产　4 000 　应交增值税——应交税金（进项税额）　360 　贷：银行存款　4 360 将现金净流入确认为应缴财政款： 借：其他收入　20 000 　资产处置费用　5 640 　贷：应缴财政款　25 640	由于货币资金净流入量不纳入预算管理，因此不影响预算会计

四、固定资产折旧资金运动分析与会计处理

（一）折旧的概念与提取范围

折旧是指在固定资产的预计使用年限内，按照确定的方法对应计折旧额进行系统分摊。

政府会计主体应当对固定资产计提折旧，但下述固定资产除外：（1）文物和陈列品；（2）特种动植物；（3）图书和档案；（4）单独计价入账的土地；（5）以名义金额计量的固定资产。

（二）固定资产计提折旧的相关规定

固定资产应计提的折旧总额为其成本，计提固定资产折旧时不考虑预计净残值。政府会计主体应当对暂估入账的固定资产计提折旧，实际成本确定后不需调整原已计提的折旧额。

政府会计主体应根据《〈政府会计准则第 3 号——固定资产〉应用指南》等相关规定以及固定资产的性质和使用情况，合理确定固定资产的使用年限。

固定资产的使用年限一经确定，不得随意变更。政府会计主体确定固定资产使用年限，应当考虑下列因素：（1）预计实现服务潜力或提供经济利益的期限；（2）预计有形损耗和无形损耗；（3）法律或者类似规定对资产使用的限制。

政府会计主体一般应当采用年限平均法或者工作量法计提固定资产折旧。在确定固定资产的折旧方法时，应当考虑与固定资产相关的服务潜力或经济利益的预期实现方式。

固定资产应当按月计提折旧，并根据用途计入当期费用或者相关资产成本。当月增加的固定资产当月计提折旧，当月减少的固定资产当月不再计提折旧。固定资产提足折旧后，无论能否继续使用，均不再计提折旧；提前报废的固定资产，也不再补提折旧。已提足折旧的固定资产，可以继续使用的，应当继续使用，并规范实物管理。

固定资产因改建、扩建或修缮等原因而延长其使用年限的，应当按照重新确定的固定资产的成本以及重新确定的折旧年限计算折旧额。

（三）折旧提取资金运动分析与会计处理

从财务会计视角来看，按照权责发生制原则，单位固定资产发生的折旧费用需要由各

受益对象来承担。服务于库存物品加工的，其折旧费应记入“加工物品”等科目；服务于工程项目的，其折旧费应记入“在建工程”等科目；服务于单位经营业务的，其折旧费记入“经营费用”科目；服务于单位业务活动等的，其折旧费应记入“业务活动费用”科目；服务于单位行政和后勤部门的，其折旧费应记入“单位管理费用”等科目。固定资产计提折旧，所引起的资金运动如图5-23所示。该业务不影响预算会计。

固定资产折旧业务

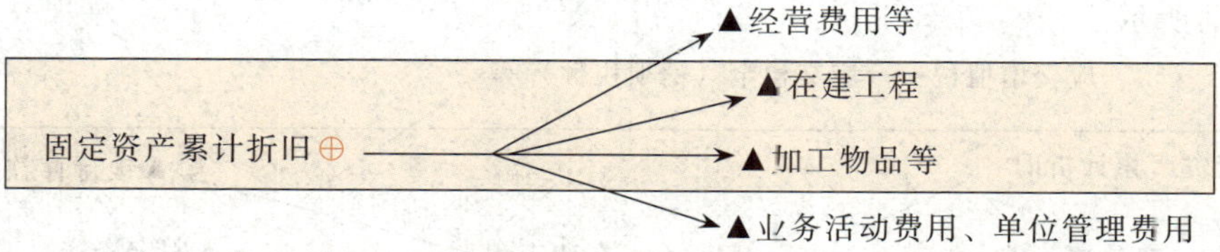

图5-23 固定资产计提折旧资金运动分析图——财务会计视角

五、固定资产后续支出资金运动分析与会计处理

固定资产使用过程中发生的后续支出，应判断其是否符合固定资产确认条件，即改建、扩建等后续支出能够增加固定资产使用效能或延长其使用年限的，应通过“在建工程”计入固定资产成本。不符合固定资产确认条件的后续支出，应计入当期费用或者相关资产成本。列入部门预算支出经济分类科目中资本性支出的后续支出，应当予以资本化。

在原有固定资产（含公共基础设施）基础上进行改建、扩建、大型维修改造等建造活动后的固定资产，其成本按照原固定资产账面价值加上改建、扩建、大型维修改造等建造活动发生的支出，再扣除固定资产被替换部分的账面价值后的金额确定。

被替换部分的账面价值难以确定的，单位可以采用合理的分配方法计算确定，或组织专家参照资产评估方法进行估价。单位确定被替换部分的账面价值不切实可行或不符合成本效益原则的，可以不予扣除，但应当在报表附注中予以披露。

单位对于租入等不由本单位入账核算但实际使用的固定资产，发生的符合资产确认条件的后续支出，应当通过“长期待摊费用”科目进行会计处理。

符合固定资产确认条件的改扩建，在开始建设时，从财务会计视角来看，首先应将固定资产账面价值转入在建工程，所引起的资金运动如图5-24中A段运动所示；该业务不影响预算会计。

从财务会计视角来看，建设期间的支出记入“在建工程”科目；如果涉及增值税，可以抵扣的，则应单独确认为增值税进项税额，所引起的资金运动如图5-24中B段运动所示。如果建设期间，有残值收入的，则从财务会计视角来看，应确认银行存款等项目，所引起的资金运动如图5-24中C段运动所示，涉及增值税的，应确认为增值税销项税额；从预算会计视角来看，所引起的资金运动如图5-25中B段、C段运动所示，其中，C段流量为负数。

将发生的固定资产后续支出计入固定资产成本的，应当同时从固定资产账面价值中扣除被替换部分的账面价值，将其记入“待处理财产损溢”科目（后续再转入“资产处置费用”科目）。从财务会计视角来看，所引起的资金运动如图5-24中D段运动所示；该业务不影响预算会计。

改扩建完工交付使用时，再由“在建工程”转入“固定资产”。从财务会计视角来看，所引起的资金运动如图5-24中E段运动所示；该业务不影响预算会计。

固定资产后续支出业务分析

不符合固定资产确认条件的（为保证固定资产正常使用发生的日常维修费等支出），从财务会计视角来看，应在发生时直接计入当期费用，所引起的资金运动如图5-24中F段运动所示；从预算会计视角来看，所引起的资金运动如图5-25中F段运动所示。

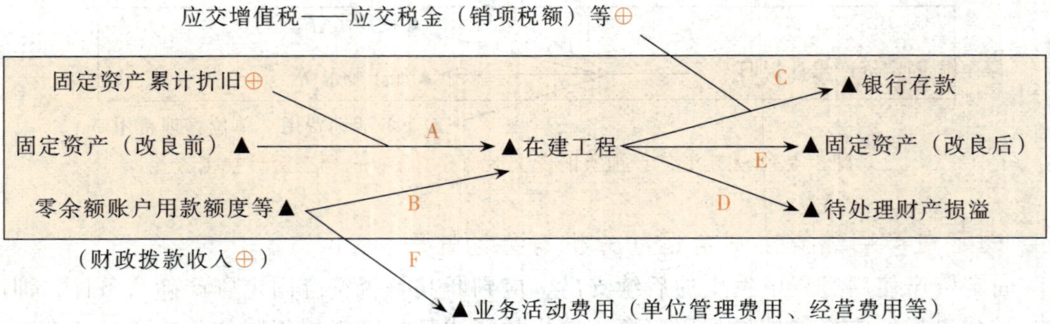

图5-24　固定资产后续支出资金运动分析图——财务会计视角

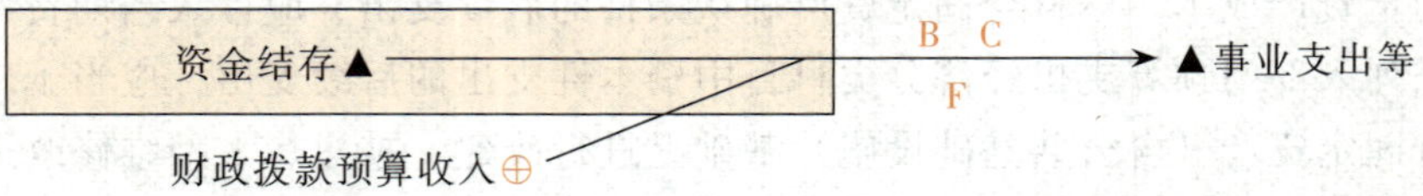

图5-25　固定资产后续支出资金运动分析图——预算会计视角

【例5-5】甲研究院20×8年5月对其实验大楼进行改扩建，该实验大楼于20×1年5月交付使用，原值10 000 000元，折旧年限50年，改扩建工程共支出3 400 000元（不含可抵扣的增值税进项税额260 000元），20×8年10月扩建完成，验收合格后交付使用。改扩建后，该实验大楼使用年限预计会延长7年。甲研究院于20×8年5月发生实验大楼电梯日常维修，取得增值税普通发票，发票及增值税合计31 800元。甲研究院使用财政授权支付额度支付上述所有费用。

固定资产后续支出业务举例

（1）20×8年5月，该实验大楼开始改扩建，将其账面价值转入在建工程。（财务会计如图5-26，A段运动所示；该业务不影响预算会计）

实验大楼累计计提折旧额=10 000 000÷50×7=1 400 000（元）

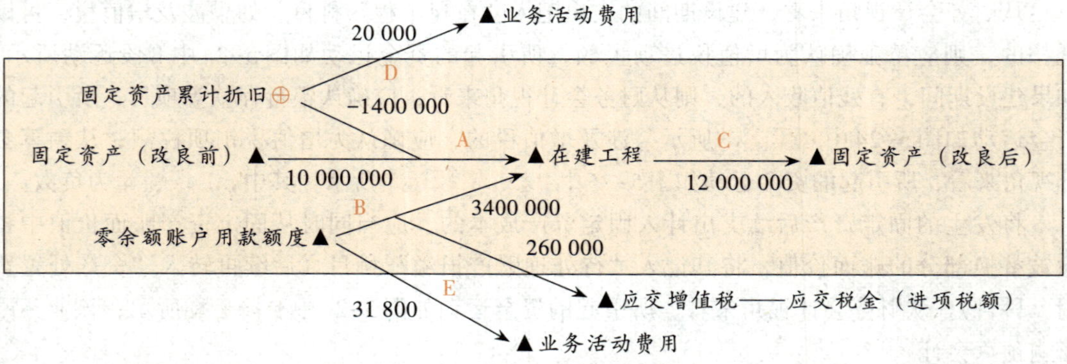

图5-26　甲研究院实验大楼改扩建资金运动分析图——财务会计视角

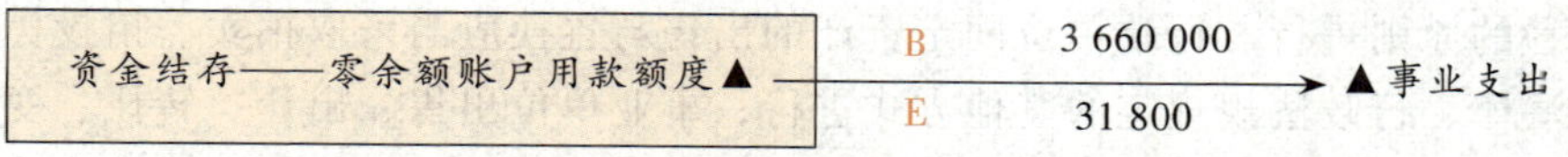

图5-27　甲研究院实验大楼改扩建资金运动分析图——预算会计视角

财务会计	预算会计
借：在建工程　8 600 000 　固定资产累计折旧　1 400 000 　贷：固定资产　10 000 000	不涉及现金收支业务，不做账务处理

（2）发生改扩建工程支出3 400 000元及其相关的增值税260 000元。（财务会计如图5-26，B段运动所示；预算会计如图5-27，B段运动所示）

财务会计	预算会计
借：在建工程　3 400 000 　应交增值税——应交税金（进项税额）　260 000 　贷：零余额账户用款额度　3 660 000	借：事业支出　3 650 000 　贷：资金结存——零余额账户用款额度　3 660 000

（3）20×8年10月，改扩建完成交付使用。（财务会计如图5-26，C段运动所示；该业务不影响预算会计）

财务会计	预算会计
借：固定资产　12 000 000 　贷：在建工程　12 000 000	不涉及现金收支业务，不做账务处理

（4）20×8年10月至12月，实验大楼每月计提折旧。（财务会计如图5-26，D段运动所示；该业务不影响预算会计）

每月计提折旧额=12 000 000÷（50−7+7）÷12=20 000（元／月）

财务会计	预算会计
借：业务活动费用　20 000 　贷：固定资产累计折旧　20 000	不涉及现金收支业务，不做账务处理

（5）实验大楼电梯维修支出。（财务会计如图5-26，E段运动所示；预算会计如图5-27，E段运动所示）

因该项支出为保障电梯正常运行的日常维修费，因此计入当期费用。

财务会计	预算会计
借：业务活动费用　31 800 　贷：零余额账户用款额度　31 800	借：事业支出　31 800 　贷：资金结存——零余额账户用款额度　31 800

六、固定资产的处置

政府会计主体的固定资产处置包括出售、出让、转让、对外捐赠、无偿调出、置换换出、报废、毁损等，固定资产处置应按规定履行报批程序。国有资产处置应当按照公开、公正、公平的原则进行。行政单位固定资产的出售与置换应当采取拍卖、招投标、协议转让及国家法律、行政法规规定的其他方式进行；事业单位出售、出让、转让、变卖资产数量较多或者价值较高的，应当通过拍卖等市场竞价方式公开处置。处置收入扣除相关处置税费后的差额，按规定做应缴财政款处理。

行政单位固定资产处置应当由资产管理部门会同财务部门、技术部门审核鉴定，提出意见，按审批权限报送审批。事业单位占有、使用的房屋建筑物、土地和车辆的处置，货币性资产损失的核销，以及单位价值或者批量价值在规定限额以上的资产的处置，经主管部门审核后报同级财政部门审批；规定限额以下的资产的处置报主管部门审批，主管部门将审批结果定期报同级财政部门备案；法律、行政法规另有规定的，依照其规定。财政部门或者主管部门对事业单位固定资产处置事项的批复是财政部门重新安排事业单位有关资产配置预算项目的参考依据，也是事业单位调整相关会计账目的凭证。

（一）固定资产出售、转让资金运动分析与会计处理

政府会计主体按规定报经批准出售、转让固定资产的，应当将固定资产账面价值转销并计入当期费用，并将处置收入扣除相关处置税费后的差额按规定做应缴财政款处理（差额为净收益时）或计入当期费用（差额为净损失时）。

报经批准出售、转让固定资产的，从财务会计视角来看，按照其账面价值转入“资产处置费用”，所引起的资金运动如图5-28中A段运动所示；从预算会计视角来看，该业务不影响预算会计。

在处置过程中，如果处置现金流入小于相关处置税费等现金流出的，则从财务会计视角来看，其差额应确认为资产处置费用，所引起的资金运动如图5-28中B段运动所示；从预算会计视角来看，所引起的资金运动如图5-29中B段运动所示。

在处置过程中，如果处置现金流入大于相关处置税费等现金流出的，则从财务会计视角来看，其差额应确认为应缴财政款，所引起的资金运动如图5-28中C段运动所示；该业务不影响预算会计。

固定资产出售、转入业务分析

但如按规定将固定资产处置净现金流入纳入单位预算管理，则从财务会计视角来看，所引起的资金运动如图5-28中D段运动所示；从预算会计视角来看，应该将净现金流入计入当期预算收入，所引起的资金运动如图5-29中D段运动所示。

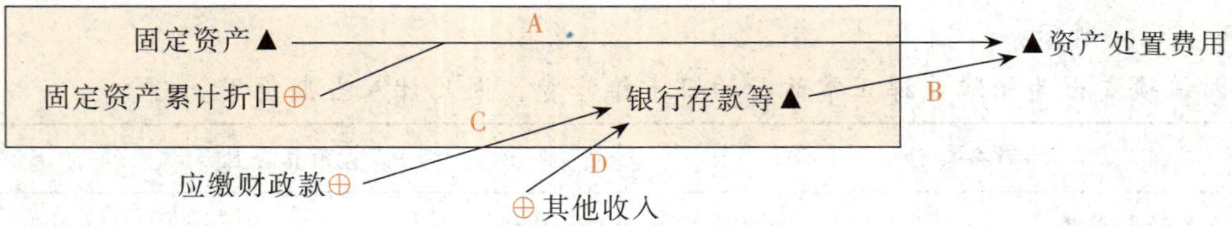

图5-28　固定资产处置资金运动分析图——财务会计视角

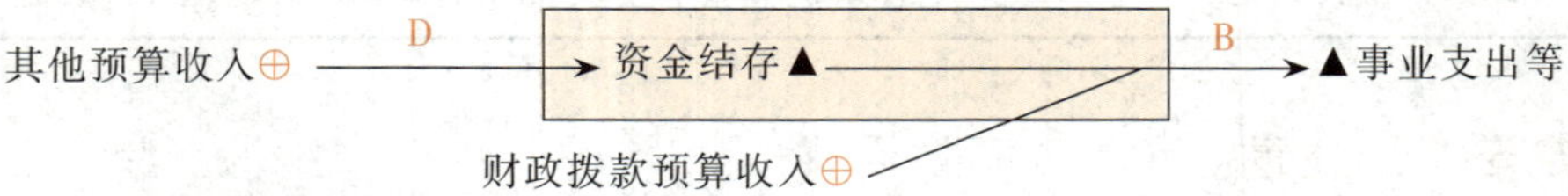

图5-29　固定资产处置资金运动分析图——预算会计视角

（二）固定资产对外捐赠、无偿调出资金运动分析与会计处理

政府会计主体按规定报经批准对外捐赠、无偿调出固定资产的，应当将固定资产的账面价值予以转销，对外捐赠、无偿调出的过程中发生的归属于捐出方、调出方的相关费用应当计入当期费用。

报经批准对外捐赠固定资产，从财务会计视角来看，按照被处置固定资产账面余额和按照捐赠过程中发生的归属于捐出方的相关费用确认资产处置费用，所引起的资金运动如图5-30中A1、A2段运动所示（其中A2段运动反映处置过程中发生的应由捐赠方承担的费用）。处置过程中发生的以货币资金等支付的相关费用，其预算会计处理如图5-31中A2段运动所示。

固定资产捐出、无偿调出业务分析

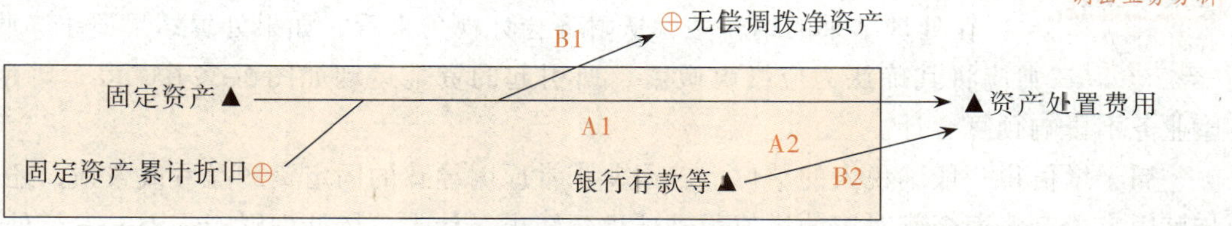

图5-30　固定资产对外捐赠、无偿调出资金运动分析图——财务会计视角

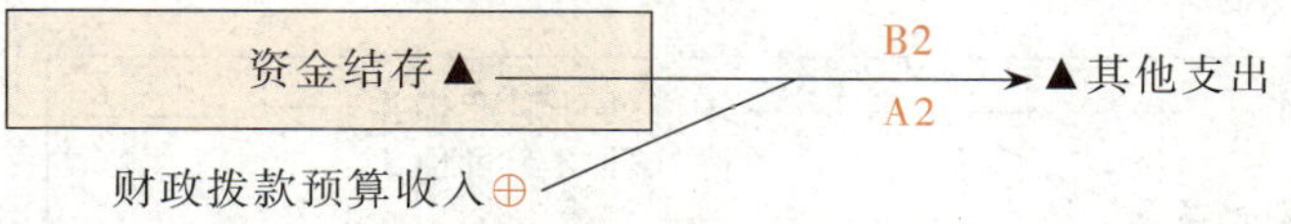

图5-31　固定资产对外捐赠、无偿调出资金运动分析图——预算会计视角

报经批准无偿调出固定资产，从财务会计视角来看，所引起的资金运动如图5-30中B1段运动所示。按照无偿调出过程中发生的归属于调出方的相关费用，从财务会计视角来看，所引起的资金运动如图5-30中B2段运动所示；从预算会计视角来看，所引起的资金运动如图5-31中B2段运动所示。

（三）固定资产对外投资资金运动分析与会计处理

参见本章第四节有关长期股权投资的处理。本处略。

（四）固定资产置换换出资金运动分析与会计处理

参见本章本节置换换入固定资产的处理。本处略。

七、固定资产的清查盘点

政府会计主体应定期对固定资产进行清查盘点，每年至少应盘点一次。对于发生的固定资产盘盈、盘亏或毁损、报废应当先记入“待处理财产损溢”科目；然后按照规定报经批准后进行会计处理。年末结账前一般应处理完毕，“待处理财产损溢”科目年末余额一般为零。

（一）固定资产盘亏、报废或毁损资金运动分析与会计处理

固定资产发生盘亏、报废或毁损的，从财务会计视角来看，应将其账面价值转入“待处理财产损溢——待处理财产价值”科目，所引起的资金运动如图5-32中A段运动所示；该业务不影响预算会计。以后报经批准处理时，从财务会计视角来看，应将其计入当期费用，所引起的资金运动如图5-32中B段运动所示；该业务不影响预算会计。

处理报废、毁损固定资产过程中，取得的残值或变价收入、保险理赔和过失人赔偿，从财务会计视角来看，应确认并记入“待处理财产损溢——处理净收入”科目，所引起的资金运动如图5-32中C段运动所示。处理报废、毁损固定资产过程中，发生的相关费用，从财务会计视角来看应冲减“待处理财产损溢——处理净收入”科目，所引起的资金运动如图5-32中D段运动所示。

在处理结果的结转中，从财务会计视角来看，如处置结果属于净损失，则应将其确认为资产处置费用，所引起的资金运动如图5-32中E段运动所示；从预算会计视角来看，如处置结果导致净现金流出，则应进行预算会计处理，所引起的资金运动如图5-33中E段运动所示。

固定资产盘亏业务分析

在处理结果的结转中，从财务会计视角来看，如果处置结果属于净收益，则应将其确认为应缴财政款，所引起的资金运动如图5-32中F段运动所示；该业务不影响预算会计。

属于增值税一般纳税人的单位，若因非正常原因导致的固定资产盘亏或毁损，还应将与该固定资产账面余额对应的增值税进项税额转出，计入“待处理财产损溢——待处理财产价值”之中。

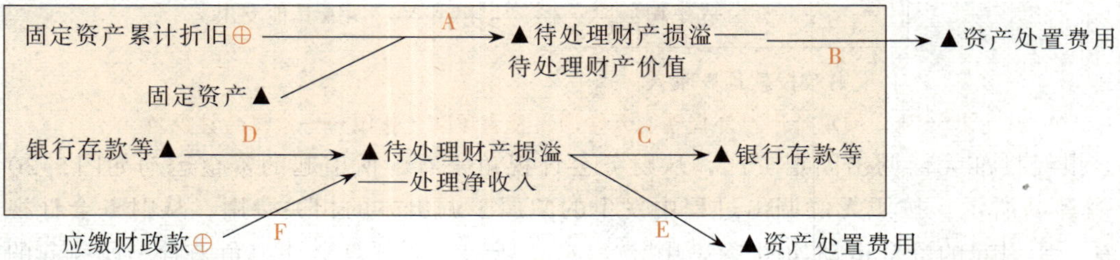

图5-32 固定资产盘亏、报废、毁损资金运动分析图——财务会计视角

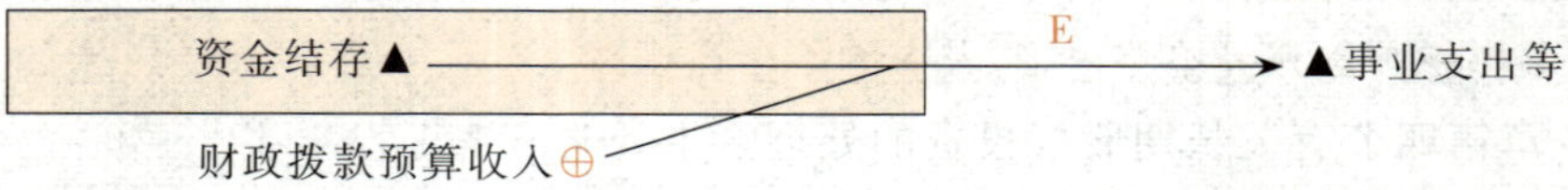

图5-33 固定资产盘亏、报废、毁损资金运动分析图——预算会计视角

【例5-6】20×8年12月末，某事业单位（为增值税小规模纳税人）对固定资产进行盘点，盘亏小型设备一台，账面原值为120 000元，已提折旧100 000元，报经批准后应由单位职工张三赔偿2 000元，款项已以现金的形式收到，其他损失由单位承担。按收支两条线原则处理。

（1）将固定资产的账面价值予以转销。（财务会计如图5-34，A段运动所示；不影响预算会计）

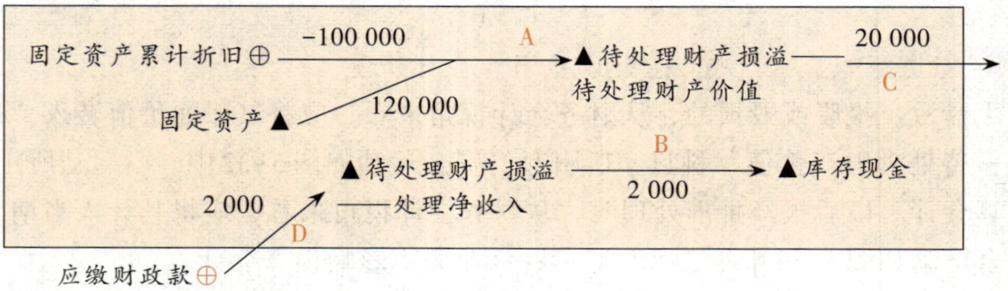

图5-34 固定资产盘亏资金运动分析图——财务会计视角

财务会计	预算会计
借：待处理财产损溢——待处理财产价值 20 000 　固定资产累计折旧 100 000 　贷：固定资产 120 000	不涉及现金收支业务，不做账务处理

（2）收到张三赔偿款。（财务会计如图 5-34，B段运动所示；不影响预算会计）

财务会计	预算会计
借：库存现金 2 000 　贷：待处理财产损溢——处理净收入 2 000	不涉及现金收支业务，不做账务处理

（3）固定资产报经批准予以核销。（财务会计如图 5-34，C段运动所示；不影响预算会计）

财务会计	预算会计
借：资产处置费用 20 000 　贷：待处理财产损溢——待处理财产价值 20 000	不涉及现金收支业务，不做账务处理

（4）将处理净收益确认为应缴财政款。（财务会计如图 5-34，D段运动所示；不影响预算会计）

财务会计	预算会计
借：待处理财产损溢——处理净收入 2 000 　贷：应缴财政款 2 000	不涉及现金收支业务，不做账务处理

（二）固定资产盘盈资金运动分析与会计处理

盘盈的固定资产，其成本按照有关凭据注明的金额确定；没有相关凭据、但按照规定经过资产评估的，其成本按照评估价值确定；没有相关凭据、也未经过评估的，其成本按照重置成本确定。如无法采用上述方法确定盘盈固定资产成本的，则按照名义金额入账。

固定资产盘盈，从财务会计视角来看，所引起的资金运动如图 5-35 中 A 段运动所示。按照规定报经批准后处理时，从财务会计视角来看，如果盘盈的固定资产是本年度取得的，则应冲减本年的当期费用，所引起的资金运动如图 5-35 中 B 段运动所示；如果盘盈的固定资产是以前年度取得的，则应调整“以前年度盈余调整”，所引起的资金运动如图 5-35 中 C 段运动所示。固定资产盘盈业务不影响预算会计。

固定资产盘盈业务

图 5-35　固定资产盘盈资金运动分析图——财务会计视角

八、由有关部门统一管理，但由其他部门占有、使用的固定资产的会计处理

按规定由本级政府机关事务管理等部门统一管理（如仅持有资产的产权证等），但具体由其他部门占有、使用的固定资产，应当由占有、使用该资产的部门作为会计确认主体，对该资产进行会计核算。

多个部门共同占有、使用同一项固定资产，且该项固定资产由本级政府机关事务管理等部门统一管理并负责后续维护、改造的，由本级政府机关事务管理等部门作为会计确认主体，对该项固定资产进行会计核算。

同一部门内部所属单位共同占有、使用同一项固定资产，或者所属事业单位占有、使用部门本级拥有产权的固定资产的，按照本部门规定对固定资产进行会计核算。

第二节 在建工程与工程物资业务资金运动分析与会计处理

一、在建工程和工程物资概述

在建工程项目是指资产的新建、改建、扩建，或技术改造、设备更新和大修理工程等尚未竣工投入使用的建设工程。工程物资是指为工程项目准备的各种建设物资。

单位通过设立“在建工程”科目和“工程物资”科目对基本建设项目进行会计核算。

基本建设项目应当由负责编报基本建设项目决算的单位（即建设单位）作为会计核算主体，基本建设项目管理涉及多个相关主体难以明确识别其会计核算主体的，项目主管单位应当按照《基本建设财务规则》相关规定确定其建设单位。

二、在建工程和工程物资科目的核算内容

（一）“在建工程”科目核算内容及其明细科目设置

“在建工程”科目核算单位在建的建设项目工程的实际成本。单位在建的信息系统项目工程、公共基础设施项目工程、保障性住房项目工程的实际成本，也通过本科目核算。

“在建工程”科目应当设置“建筑安装工程投资”“设备投资”“待摊投资”“其他投资”“待核销基建支出”“基建转出投资”等明细科目，并按照其具体项目进行进一步的明细核算。

各明细科目核算内容包括：

（1）“建筑安装工程投资”明细科目。该科目核算单位发生的构成建设项目实际支出的建筑工程和安装工程的实际成本，不包括被安装设备本身的价值以及按照合同规定支付给施工单位的预付备料款和预付工程款。“建筑安装工程投资”明细科目应当设置“建筑工程”和“安装工程”两个子明细科目进行进一步明细核算。

在建工程和工程物资概念与科目设置

（2）“设备投资”明细科目。该科目核算单位发生的构成建设项目实际支出的各种设备的实际成本。

（3）“待摊投资”明细科目。该科目核算单位发生的构成建设项目实际支出的、按照

规定应当分摊计入有关工程成本和设备成本的各项间接费用和税费支出。其子明细项目包括以下方面：

①勘察费、设计费、研究试验费、可行性研究费及项目其他前期费用。

②土地征用及拆迁补偿费、土地复垦及补偿费、森林植被恢复费及其他为取得土地使用权、租用权而发生的费用。

③城镇土地使用税、耕地占用税、契税、车船税、印花税及按照规定缴纳的其他税费。

④项目建设管理费、代建管理费、临时设施费、监理费、招投标费、社会中介审计（审查）费及其他管理性质的费用。

⑤项目建设期间发生的各类专门借款利息支出或融资费用。

⑥工程检测费、设备检验费、负荷联合试车费及其他检验检测类费用。

⑦固定资产损失，器材处理亏损，设备盘亏及毁损，单项工程或单位工程报废、毁损净损失，以及其他损失。

⑧系统集成等信息工程的费用支出。

⑨其他待摊性质支出。

“待摊投资”明细科目应当按照上述费用项目进行明细核算，其中有些费用（如项目建设管理费等），还应当按照更为详细的费用项目进行明细核算。

(4)“其他投资”明细科目。该科目核算单位发生的构成建设项目实际支出的房屋购置支出，基本畜禽、林木等购置、饲养、培育支出，办公生活用家具、器具购置支出，软件研发和不能计入设备投资的软件购置等支出。单位为进行可行性研究而购置的固定资产，以及取得土地使用权支付的土地出让金，也通过本明细科目核算。本明细科目应当设置“房屋购置”“基本畜禽支出”“林木支出”“办公生活用家具、器具购置”“可行性研究固定资产购置”“无形资产”等明细项目。

(5)“待核销基建支出”明细科目。该科目核算建设项目发生的江河清障、航道清淤、飞播造林、补助群众造林、水土保持、城市绿化、取消项目的可行性研究费以及项目整体报废等不能形成资产部分的基建投资支出。本明细科目应按照待核销基建支出的类别进行明细核算。

(6)“基建转出投资”明细科目。该科目核算为建设项目配套而建成的、产权不归属本单位的专用设施的实际成本。本明细科目应按照转出投资的类别进行明细核算。

(二)“工程物资”科目核算内容及其明细科目设置

“工程物资”科目核算单位为在建工程准备的各种物资的成本，包括工程用材料、设备等。本科目应按照“库存材料”“库存设备”等工程物资类别进行明细核算。

三、购入工程物资业务资金运动分析与会计处理

购入为工程准备的物资，从财务会计视角来看，应按照确定的物资成本，确认为工程物资，所引起的资金运动如图5-36中A段运动所示，如果涉及的增值税进项税额可以抵扣，则应单独通过“应交增值税——应交税金（进项税额）”处理；如果不能抵扣，则应该价税合并，作为所购工程物资成本。从预算会计视角来看，在实际以货币资金支付时，

所引起的资金运动如图5-37中A段运动所示。

如果为购买工程物资发生了相关的运输费等支出，则从财务会计视角来看，应确认并计入所购工程物资成本，所引起的资金运动如图5-36中B段运动所示。从预算会计视角来看，如果该支出已以货币资金支付，则所引起的资金运动如图5-37中B段运动所示。

购买工程物资

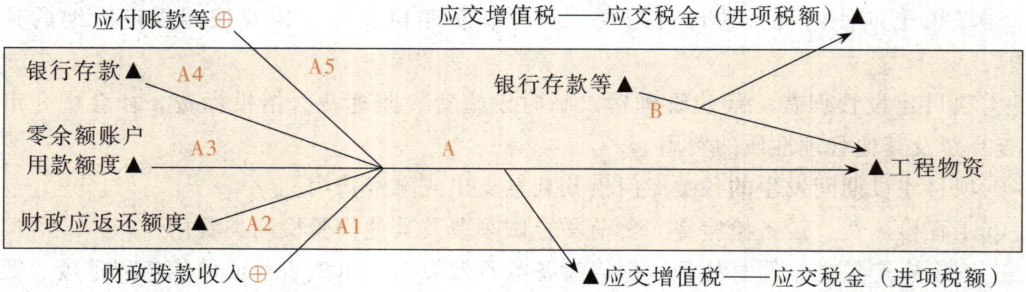

图5-36　购买工程物资资金运动分析图——财务会计视角

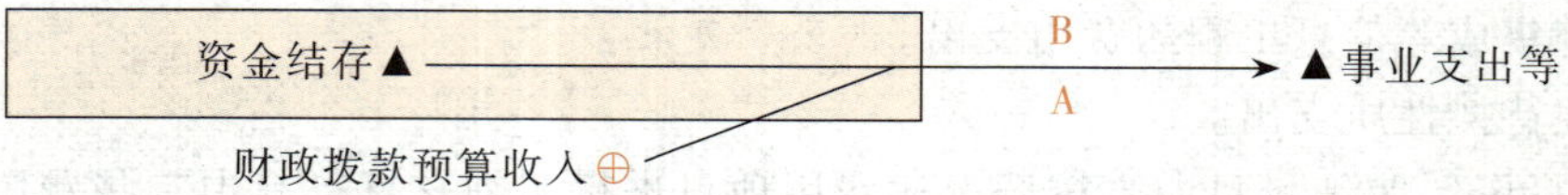

图5-37　购买工程物资资金运动分析图——预算会计视角

【例5-7】20×8年8月甲事业单位采购工程物资，取得的增值税专用发票上注明的金额为买价1 000 000元，增值税130 000元，该单位以零余额账户用款额度予以支付。同时以银行存款支付该批工程物资的运输费，取得的增值税专用发票上注明的运输费4 000元，增值税360元，其增值税进项税额可以抵扣。（财务会计如图5-38所示；预算会计如图5-39所示）

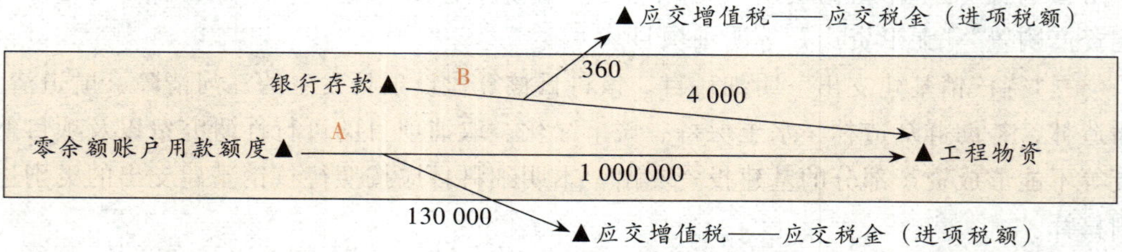

图5-38　甲事业单位购买工程物资资金运动分析图——财务会计视角

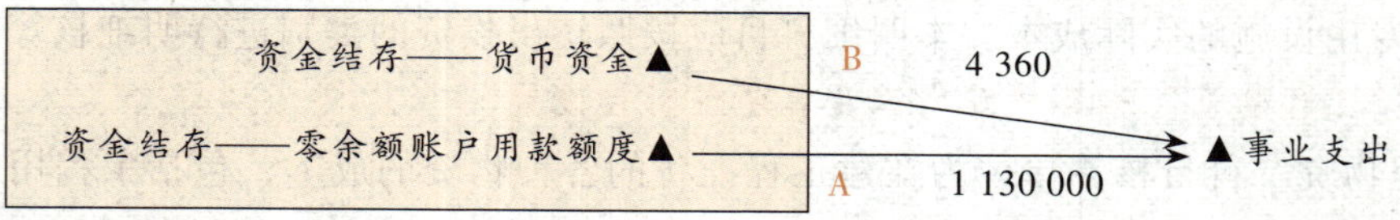

图5-39　甲事业单位购买工程物资资金运动分析图——预算会计视角

财务会计	预算会计
借：工程物资　1 004 000 　应交增值税——应交税金（进项税额）　130 360 贷：零余额账户用款额度　1 130 000 　银行存款　4 360	借：事业支出　1 134 360 贷：资金结存——货币资金　4 360 　资金结存——零余额账户用款额度　1 130 000

四、建筑安装工程投资业务资金运动分析与会计处理

（一）固定资产转入改建、扩建等

固定资产转入改建、扩建等，所引起的资金运动及其会计处理，参见第一节图5-24、图5-25及相关内容。本处略。

（二）发包建筑安装工程

单位对于发包建筑安装工程，根据合同规定向承包工程的施工企业预付备料款或工程款的，从财务会计视角来看，所引起的资金运动如图5-40中A段运动所示；从预算会计视角来看，所引起的资金运动如图5-37所示。

根据建筑安装工程价款结算账单与施工企业结算工程价款时，冲销预付款项，差额再进行会计处理，从财务会计视角来看，所引起的资金运动如图5-40中B1、B2段运动所示；涉及增值税的，如果可以抵扣，则应作为进项税额处理，如不能抵扣，则应价税合并计入在建工程成本。从预算会计视角来看，如果其差额已以货币资金支付，则所引起的资金运动如图5-37所示。

工程竣工，办妥竣工验收交接手续交付使用时，按照建筑安装工程成本（含应分摊的待摊投资），确认固定资产成本。从财务会计视角来看，所引起的资金运动如图5-40中C段运动所示；该业务不影响预算会计。

建筑安装工程投资业务分析

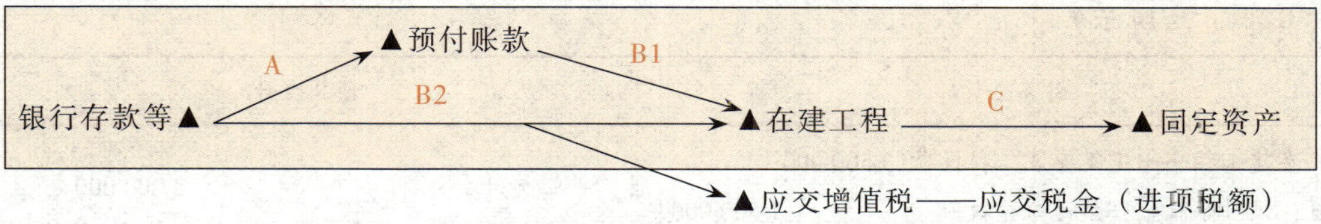

图5-40 发包建筑安装工程业务资金运动分析图——财务会计视角

【例5-8】甲研究院准备新建一栋研究用大楼，其资金来源为当年的财政拨款。该工程项目所涉及的增值税进项税额不能抵扣，应价税合并计入工程成本。20×8年2月18日，通过招标并与乙施工企业签订合同，合同总额10 000 000元，双方约定，合同签订后一周内预付15%的工程款，2月22日甲研究院以零余额账户用款额度预付乙企业工程款1 500 000元。5月1日，根据工程款结算账单等，甲研究院应支付工程进度款3 500 000元，冲销原预付款后，甲研究院以零余额账户用款额度支付剩余的2 000 000元。7月1日，根据工程款结算账单等，甲研究院应该支付工程进度款4 000 000元，甲研究院以零余额账户用款额度支付。10月8日，工程完工，经结算审计，工程总价款为10 500 000元，乙企业开具了全款发票，甲研究院扣留500 000元质保金（保质期2年）后，以财政直接支付方式支付了工程剩余款项2 500 000元，并于同日办理了财产移交手续。

（1）2月22日预付工程款。（财务会计如图5-41，A段运动所示；预算会计如图5-42，A段运动所示）

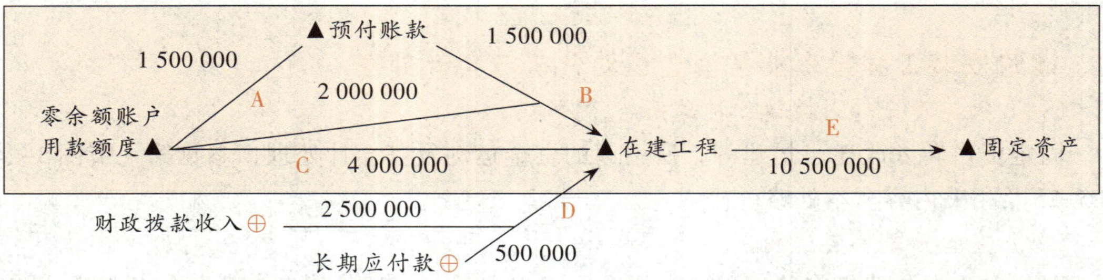

图5-41 甲研究院发包工程业务资金运动分析图——财务会计视角

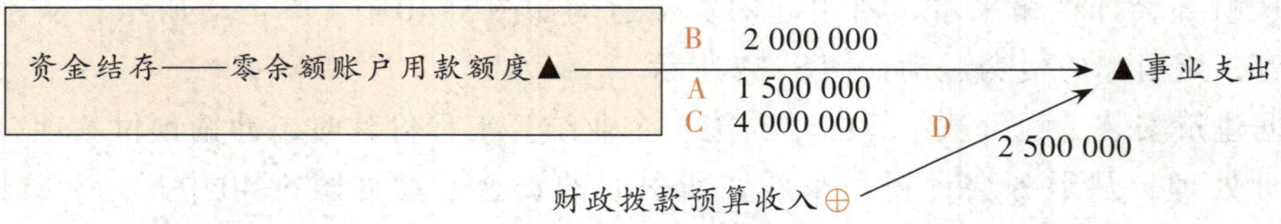

图5-42 甲研究院发包工程业务资金运动分析图——预算会计视角

财务会计	预算会计
借：预付账款——预付工程款 1 500 000 贷：零余额账户用款额度 1 500 000	借：事业支出 1 500 000 贷：资金结存——零余额账户用款额度 1 500 000

（2）5月1日支付工程进度款。（财务会计如图5-41，B段运动所示；预算会计如图5-42，B段运动所示）

财务会计	预算会计
借：在建工程——建筑安装工程投资 3 500 000 贷：预付账款——预付工程款 1 500 000 零余额账户用款额度 2 000 000	借：事业支出 2 000 000 贷：资金结存——零余额账户用款额度 2 000 000

（3）7月1日支付工程进度款。（财务会计如图5-41，C段运动所示；预算会计如图5-42，C段运动所示）

财务会计	预算会计
借：在建工程——建筑安装工程投资 4 000 000 贷：零余额账户用款额度 4 000 000	借：事业支出 4 000 000 贷：资金结存——零余额账户用款额度 4 000 000

（4）10月8日支付工程尾款。（财务会计如图5-41，D段运动所示；预算会计如图5-42，D段运动所示）

财务会计	预算会计
借：在建工程——建筑安装工程投资 3 000 000 贷：财政拨款收入 2 500 000 长期应付款 500 000	借：事业支出 2 500 000 贷：财政拨款预算收入 2 500 000

如果质保期在1年以内（含1年），则暂扣的保质金应作为其他应付款处理。

（5）10月8日办理移交手续。（财务会计如图5-41，E段运动所示；不影响预算会计）

财务会计	预算会计
借：固定资产　10 500 000 　贷：在建工程——建筑安装工程投资　10 500 000	不影响预算会计

（三）自行施工的小型建筑安装工程

自行施工的小型建筑安装工程，所引起的资金运动及其会计处理，参见第一节图5-24、图5-25及相关内容。本处略。

工程完工后将领出的剩余物资退库时，从财务会计视角来看，所引起的资金运动如图5-43中A段运动所示。工程完工后将剩余的工程物资转作本单位存货等的，从财务会计视角来看，按物资成本确认为库存物品，所引起的资金运动如图5-43中B段运动所示。该业务不影响预算会计。

图5-43　未用完工程物资处理资金运动分析图——财务会计视角

五、设备投资业务资金运动分析与会计处理

购入设备时，按照购入成本，从财务会计视角来看，应确认并记入“在建工程——设备投资”科目，所引起的资金运动如图5-44中A段运动所示；如涉及的增值税进项税额可以抵扣，则应单独确认并记入“应交增值税——应交税金（进项税额）”科目；如果不能抵扣，则应价税合并计入设备投资成本。用预付款方式购入设备的，参照“在建工程——建筑安装工程投资”科目有关预付款的处理。从预算会计视角来看，如果设备投资以货币资金予以支付，则所引起的资金运动如图5-37所示。

如所购设备需要安装的，则从财务会计视角来看，发生安装费引起的资金运动如图5-44中B段运动所示；涉及可以抵扣的增值税进项税额的，应作为进项税额单列。从预算会计视角来看，如安装支出已以货币资金支付，则所引起的资金运动如图5-37所示。

安装完毕、交付使用时，从财务会计视角来看，按照设备、安装工程的实际成本确认并记入“固定资产”科目，所引起的资金运动如图5-44中C段运动所示。设备不需要安装的，或者达不到固定资产标准的工具、器具交付使用时，按照相关设备、工具、器具的实际成本，分别确认并记入“固定资产”“库存物品”科目，从财务会计视角来看，所引起的资金运动如图5-44中D段运动所示；该业务不影响预算会计。

设备投资业务分析

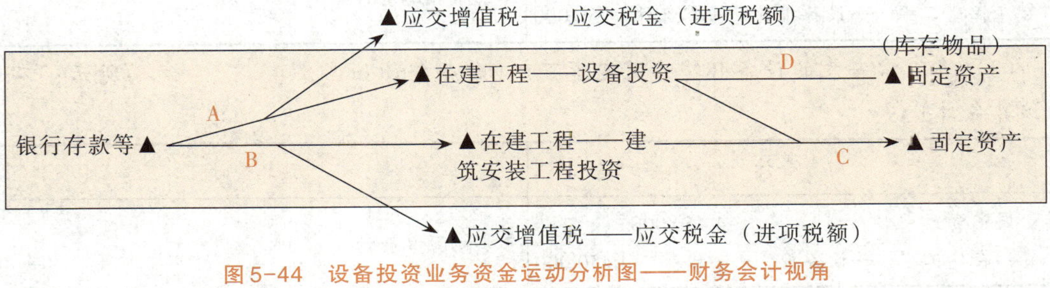

图5-44　设备投资业务资金运动分析图——财务会计视角

【例 5-9】20×8年，乙研究院国家重点实验室建设项目经费16 000 000元以财政授权支付的方式到账，其经费预算支出主要是为实验室购置设备。购买过程中涉及的增值税进项税额不能抵扣，价税合并计入投资成本。20×8年3月，乙研究院购入需安装A设备一台，支付货款11 000 000元；购入不需安装B设备一台，支付货款4 450 000元；购入实验室设备零部件一批，支付货款50 000元（该零部件不能确认为固定资产）。20×8年5月需要安装的设备安装完毕，发生安装费500 000元，该设备已交付使用。上述费用均以零余额账户用款额度支付。

（1）20×8年3月，购置设备及零部件等。（财务会计如图5-45，A段运动所示；预算会计如图5-46，A段运动所示）

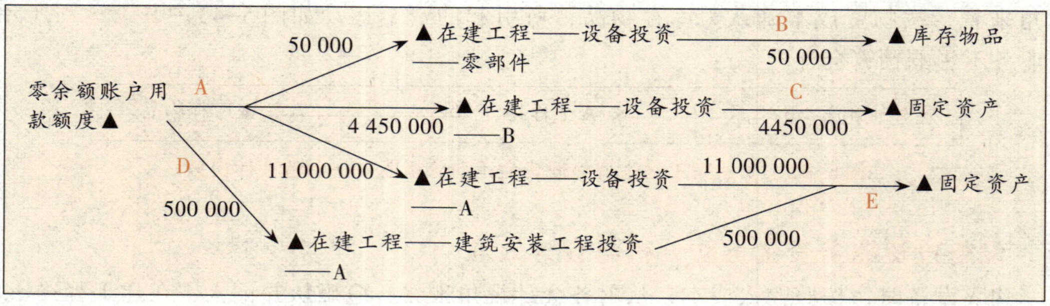

图5-45　乙研究院设备投资资金运动分析图——财务会计视角

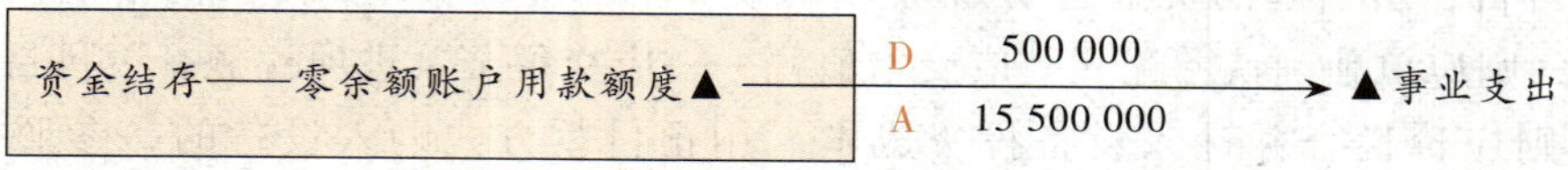

图5-46　乙研究院设备投资资金运动分析图——预算会计视角

财务会计	预算会计
借：在建工程——设备投资——A　11 000 000 ——B　4 450 000 ——零部件　50 000 贷：零余额账户用款额度　15 500 000	借：事业支出　15 500 000 贷：资金结存——零余额账户用款额度　15 500 000

（2）将零部件转为库存物品。（财务会计如图5-45，B段运动所示；不影响预算会计）

财务会计	预算会计
借：库存物品　50 000 贷：在建工程——设备投资——零部件　50 000	不影响预算会计

（3）将不需安装的设备B转为固定资产。（财务会计如图5-45，C段运动所示；不影响预算会计）

财务会计	预算会计
借：固定资产　4 450 000 贷：在建工程——设备投资——B　4 450 000	不影响预算会计

(4) 需要安装的设备安装发生安装费。(财务会计如图5-45，D段运动所示；预算会计如图5-46，D段运动所示)

财务会计	预算会计
借：在建工程——建筑安装工程投资——A 500 000 　贷：零余额账户用款额度　500 000	借：事业支出　500 000 　贷：资金结存——零余额账户用款额度 500 000

(5) 设备安装完毕，交付使用。(财务会计如图5-45，E段运动所示；不影响预算会计)

财务会计	预算会计
借：固定资产　11 500 000 　贷：在建工程——设备投资——A　11 000 000 　　——建筑安装工程投资——A　500 000	不影响预算会计

六、待摊投资业务资金运动分析与会计处理

工程建设发生的构成建设项目实际支出的、按照规定应当分摊计入有关工程成本和设备成本的各项间接费用和税费支出，应先通过“在建工程——待摊投资”科目归集；然后，在工程项目办妥竣工验收手续或设备安装完毕并交付使用时，再按照合理的分配方法，分摊计入各工程项目、各需安装设备的成本之中。

(1) 建设单位发生的构成待摊投资的各类费用，按照实际发生金额，从财务会计视角来看，确认并记入“在建工程——待摊投资”科目，所引起的资金运动如图5-47中A1、A2、A3段运动所示。如果发生的待摊投资已以货币资金支付，则从预算会计视角来看，所引起的资金运动如图5-48中A1段运动所示。

单位为购建固定资产等工程项目借入专门借款的，属于工程项目建设期间发生的利息，应当计入工程成本；工程项目建设期间尚未动用的借款资金产生的利息收入，应当冲减工程成本；不属于工程项目建设期间发生的利息，应当计入当期费用。

(2) 对于建设过程中试生产、设备调试等活动中发生的各项支出，从财务会计视角来看，所引起的资金运动如图5-47中B1段运动所示；如果该支出已以货币资金支付，则从预算会计视角来看，所引起的资金运动如图5-48中B1段运动所示。

对于建设过程中试生产、设备调试等产生的收入，从财务会计视角来看，按照规定允许冲减建设工程成本的部分，应冲减“在建工程——待摊投资”科目，按照其差额确认“应缴财政款”(未纳入单位预算管理的)或“其他收入”科目(纳入单位预算管理的)，所引起的资金运动如图5-47中B2段运动所示，其中B21段运动的流量反映差额部分。从预算会计视角来看，如获取了货币资金的，且该资金纳入本单位预算管理的，则所引起的资金运动如图5-48中B2段运动所示；不纳入单位预算管理的，不需要进行预算会计处理。

基本建设过程中发生的各项索赔、违约金等收入，首先用于弥补工程损失，结余部分按照国家会计制度的有关规定处理。从财务会计视角来看，所引起的资金运动如图5-47中C段运动所示。从预算会计视角来看，如获取了货币资金的，且该资金纳入本单位预算

管理的，所引起的资金运动如图5-48中C段运动所示；不纳入单位预算管理的，不需要进行预算会计处理。

（3）由于自然灾害、管理不善等原因造成的单项工程或单位工程报废或毁损，扣除残料价值和过失人或保险公司等赔款后的净损失，报经批准后计入继续施工的工程成本的，从财务会计视角来看，所引起的资金运动如图5-47中D段运动所示。从预算会计视角来看，如获取了货币资金的，且该资金纳入本单位预算管理的，所引起的资金运动如图5-48中D1段运动所示；不纳入单位预算管理的，不需要进行预算会计处理。

待摊投资业务分析

（4）工程交付使用时，按照合理的分配方法分配待摊投资，从财务会计视角来看，所引起的资金运动如图5-47中E段运动所示。该业务不影响预算会计。

待摊投资可按照下列方法计算分配：

①按照实际分配率分配。适用于建设工期较短、整个项目的所有单项工程一次性竣工的建设项目。

实际分配率=待摊投资明细科目余额÷（建筑工程明细科目余额+安装工程明细科目余额+设备投资明细科目余额）×100%

②按照概算分配率分配。适用于建设工期长、单项工程分期分批建成投入使用的建设项目。

概算分配率=（概算中各待摊投资项目的合计数-其中可直接分配部分）÷（概算中建筑工程、安装工程和设备投资合计）×100%

③某项固定资产应分配的待摊投资。

某项固定资产应分配的待摊投资=该项固定资产的建筑工程成本或该项固定资产（设备）的采购成本和安装成本合计×分配率

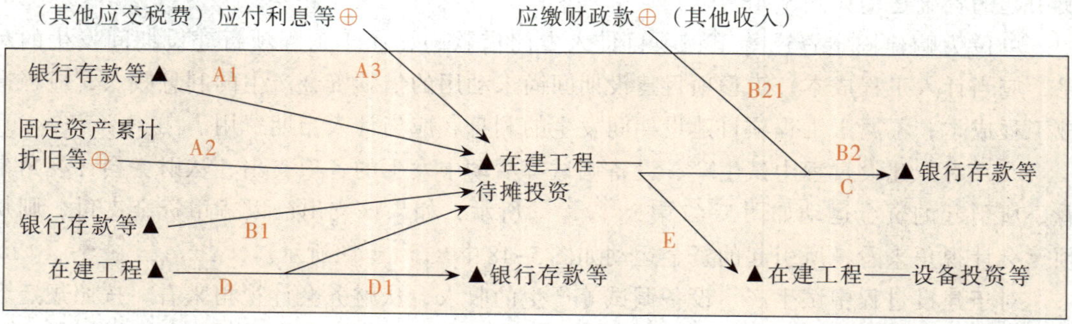

图5-47 在建工程——待摊投资业务资金运动分析图——财务会计视角

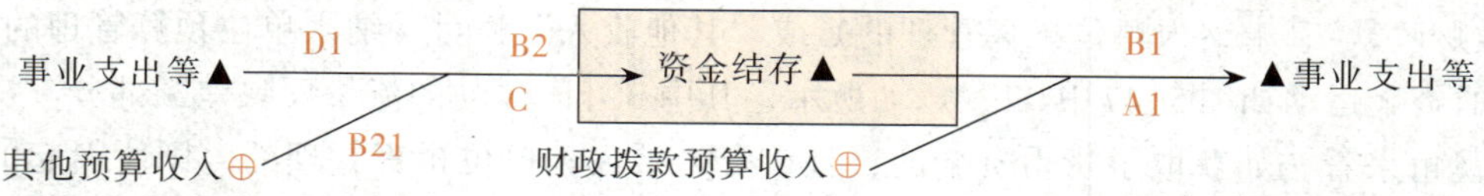

图5-48 在建工程——待摊投资业务资金运动分析图——预算会计视角

【例5-10】甲科研所20×8年经批准开展科研基地建设项目，建设内容包括实验室、中试生产线、院区道路3个单项工程。项目建设资金为15 000 000元，全部于20×8年到位。建设过程涉及的增值税进项税额全部不能抵扣。建设过程中发生如下经济事项：

（1）20×8年1月，甲科研所支付该项目建设方案编制费52 500元，工程及设备招标费50 000元，监理费100 000元。

（2）20×8年2月，与实验室建设施工单位乙公司签订实验室及院区道路建设施工合同，并预付合同款2 000 000元，其中实验室工程预付款1 500 000元，院区道路工程预付款500 000元。

（3）20×8年3月，甲科研所根据工程款结算账单及监理出具的工程进度凭据，应支付工程进度款6 000 000元，冲销原预付款2 000 000元，剩余款项4 000 000元已支付（其中实验室进度款3 000 000元，院区道路进度款1 000 000元）。

（4）20×8年4月，甲科研所支付供应商丙公司中试生产线设备30%的预付货款1 800 000元。

（5）20×8年7月，实验室和道路建设工程完工，甲研究所支付乙公司工程尾款2 000 000元，其中实验室1 500 000元，院区道路500 000元。

（6）20×8年8月，生产线安装完毕，支付丙公司设备尾款4 200 000元，并支付设备安装费500 000元。

（7）20×8年9月，甲科研所支付项目结算审计费100 000元，竣工财务决算审计费60 000元。

（8）甲科研所生产线安装完成后，9月进行了中试生产，以银行存款支付相关费用50 000元，并取得试验产品变价收入150 000元（已收到并存入银行），根据相关规定，其试验产品变价净收入应上缴财政，并已将该款项上缴财政（以银行存款支付）。

（9）将待摊投资按各个单个工程成本在各个项目之间进行分配。

（10）甲科研所建设项目全经验收后交付使用。

上述费用除特殊说明外，甲科研所均以零余额账户用款额度支付。

待摊投资业务举例

甲科研所工程项目业务处理如下：

（1）1月支付建设方案编制费、招标费、监理费。（财务会计如图5-49，A段（1）运动所示；预算会计如图5-50，A段（1）运动所示。

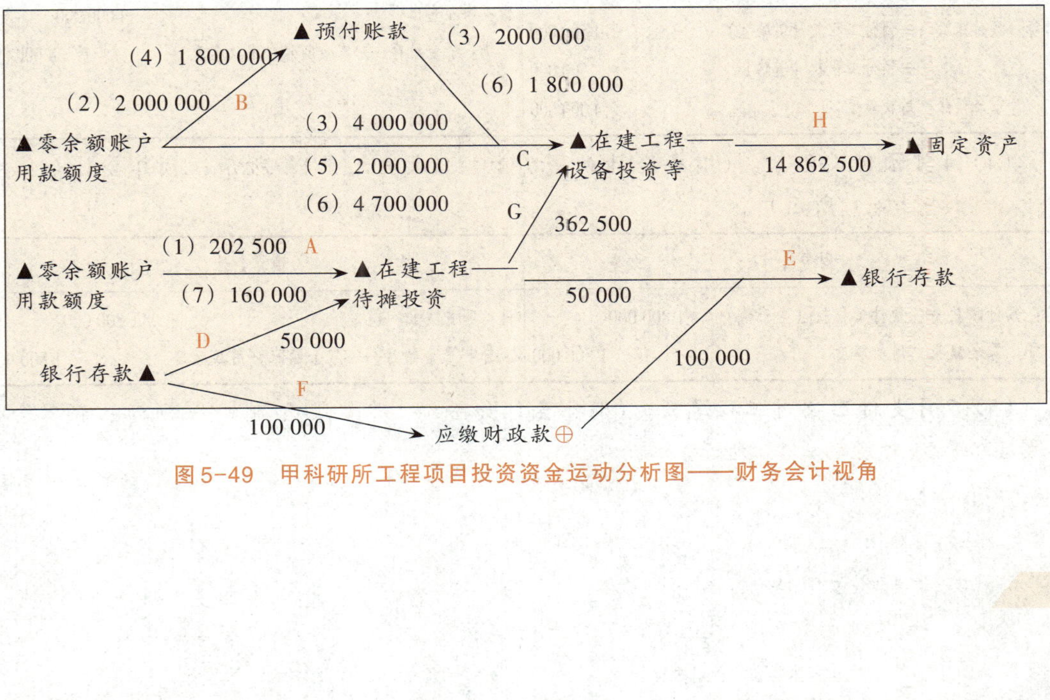

图5-49　甲科研所工程项目投资资金运动分析图——财务会计视角

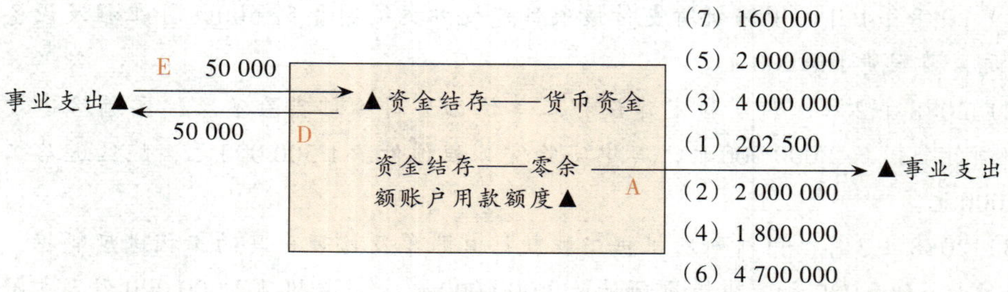

图5-50　甲科研所工程项目投资资金运动分析图——预算会计视角

财务会计	预算会计
借：在建工程——待摊投资——设计费　52 500 ——招投标费　50 000 ——监理费　100 000 贷：零余额账户用款额度　202 500	借：事业支出　202 500 贷：资金结存——零余额账户用款额度　202 500

（2）2月预付乙公司合同款。（财务会计如图5-49，B段运动（2）所示；预算会计如图5-50，A段运动（2）所示）

财务会计	预算会计
借：预付账款——预付工程款（实验室）　1 500 000 ——预付工程款（道路）　500 000 贷：零余额账户用款额度　2 000 000	借：事业支出　2 000 000 贷：资金结存——零余额账户用款额度　2 000 000

（3）3月支付工程进度款。（财务会计如图5-49，C段运动（3）所示；预算会计如图5-50，A段运动（3）所示）

财务会计	预算会计
借：在建工程——建筑安装工程投资（实验室）　4 500 000 ——建筑安装工程投资（道路）　1 500 000 贷：预付账款——预付工程款（实验室）　1 500 000 ——预付工程款（道路）　500 000 零余额账户用款额度　4 000 000	借：事业支出　4 000 000 贷：资金结存——零余额账户用款额度　4 000 000

（4）4月预付设备款。（财务会计如图5-49，B段运动（4）所示；预算会计如图5-50，A段运动（4）所示）

财务会计	预算会计
借：预付账款——预付工程款（生产线）　1 800 000 贷：零余额账户用款额度　1 800 000	借：事业支出　1 800 000 贷：资金结存——零余额账户用款额度　1 800 000

（5）7月支付乙公司工程尾款。（财务会计如图5-49，C段运动（5）所示；预算会计如图5-50，A段运动（5）所示）

财务会计	预算会计
借：在建工程——建筑安装工程投资（实验室） 1 500 000 ——建筑安装工程投资（道路） 500 000 贷：零余额账户用款额度 2 000 000	借：事业支出 2 000 000 贷：资金结存——零余额账户用款额度 2 000 000

（6）8月支付丙公司设备尾款及设备安装费。（财务会计如图5-49，C段运动（6）所示；预算会计如图5-50，A段运动（6）所示）

财务会计	预算会计
借：在建工程——设备投资（生产线） 6 000 000 ——建筑安装工程投资（生产线） 500 000 贷：预付账款——预付工程款（生产线） 1 800 000 零余额账户用款额度 4 700 000	借：事业支出 4 700 000 贷：资金结存——零余额账户用款额度 4 700 000

（7）9月支付结算审计费及竣工财务决算审计费。（财务会计如图5-49，A段运动（7）所示；预算会计如图5-50，A段运动（7）所示）

财务会计	预算会计
借：在建工程——待摊投资——社会中介审计（审查）费 160 000 贷：零余额账户用款额度 160 000	借：事业支出 160 000 贷：资金结存——零余额账户用款额度 160 000

（8）甲科研所进行了中试生产。

①支付相关费用。（财务会计如图5-49，D段运动所示；预算会计如图5-50，D段运动所示）

财务会计	预算会计
借：在建工程——待摊投资 50 000 贷：银行存款 50 000	借：事业支出 50 000 贷：资金结存——货币资金 50 000

②取得试验产品变价收入。（财务会计如图5-49，E段运动所示；预算会计如图5-50，E段运动所示）

财务会计	预算会计
借：银行存款 150 000 贷：在建工程——待摊投资 50 000 应缴财政款 100 000	借：资金结存——货币资金 50 000 贷：事业支出 50 000

③上缴试验产品变价净收入。（财务会计如图5-49，F段运动所示；不影响预算会计）

财务会计	预算会计
借：应缴财政款 100 000 贷：银行存款 100 000	不影响预算会计

（9）将待摊投资按各个单个工程成本在各个项目之间进行分配。（财务会计如图5-

49，G段运动所示；不影响预算会计）

待摊投资总额=362 500元

分配率=362 500÷14 500 000=0.025

实验室应承担的金额=6 000 000×0.025=150 000（元）

道路应承担的金额=2 000 000×0.025=50 000（元）

生产线应承担的金额=6 500 000×0.025=162 500（元）

财务会计	预算会计
借：在建工程——建筑安装工程投资（实验室） 150 000 ——建筑安装工程投资（道路） 50 000 ——设备投资 162 500 贷：在建工程——待摊投资 362 500	不影响预算会计

（10）甲科研所建设项目经验收后交付使用。（财务会计如图5-49，H段运动所示；不影响预算会计）

财务会计	预算会计
借：固定资产——实验室 6 150 000 无形资产——道路 2 050 000 固定资产——生产线 6 662 500 贷：在建工程——建筑安装工程投资（实验室） 6 150 000 ——建筑安装工程投资（道路） 2 050 000 ——设备投资 6 662 500	不影响预算会计

其他投资业务分析

七、其他投资业务资金运动分析与会计处理

单位为建设工程发生的房屋购置支出，基本畜禽、林木等的购置、饲养、培育支出，办公生活用家具、器具购置支出，软件研发和不能计入设备投资的软件购置等支出，按照实际发生金额，从财务会计视角来看，应确认并记入“在建工程——其他投资”科目，所引起的资金运动如图5-51中A段运动所示，涉及可抵扣增值税进项税额的，应单独确认为增值税进项税额。从预算会计视角来看，所引起的资金运动如图5-37所示。

工程完成后将形成的房屋、基本畜禽、林木等各种资产以及无形资产交付使用时，从财务会计视角来看，按照其实际成本，将其确认并记入“固定资产”“无形资产”等科目，所引起的资金运动如图5-51中B段运动所示。该业务不影响预算会计。

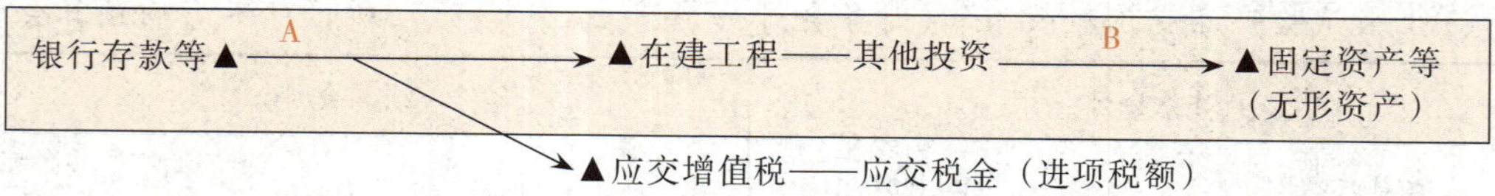

图5-51 在建工程其他投资业务资金运动分析图——财务会计视角

【例5-11】丙事业单位20×8年使用基建项目资金购置办公家具一批，取得的增值税专用发票上注明的买价为200 000元，增值税26 000元，该增值税进项税额可以抵扣。丙单

位以财政直接支付方式支付。假设不考虑基建项目其他支出。

（1）购置。（财务会计如图 5-52，A 段运动所示；预算会计如图 5-53，A 段运动所示）

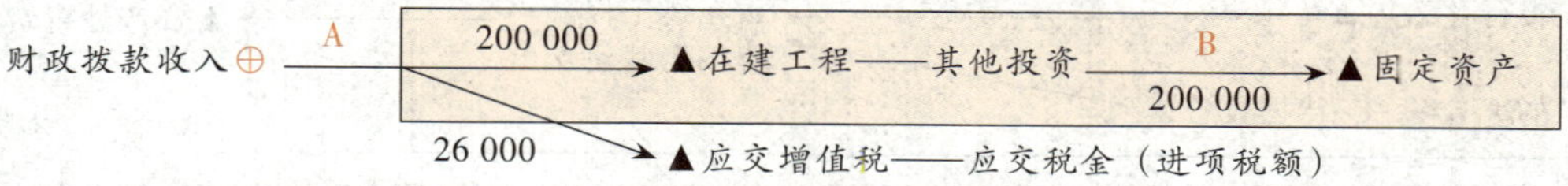

图 5-52　丙单位在建工程其他投资业务资金运动分析图——财务会计视角

图 5-53　丙单位在建工程其他投资业务资金运动分析图——预算会计视角

财务会计	预算会计
借：在建工程——其他投资　200 000 　应交增值税——应交税金（进项税额）　26 000 　贷：财政拨款收入　226 000	借：事业支出　226 000 　贷：财政拨款预算收入　226 000

（2）工程完成竣工验收，交付使用。（财务会计如图 5-52，B 段运动所示；不影响预算会计）

财务会计	预算会计
借：固定资产　200 000 　贷：在建工程——其他投资　200 000	不影响预算会计

八、待核销基建支出业务资金运动分析与会计处理

单位建设项目发生的江河清障、航道清淤、飞播造林、补助群众造林、水土保持、城市绿化等不能形成资产的各类待核销基建支出，按照实际发生金额，从财务会计视角来看，应确认并记入“在建工程——待核销基建支出”科目，所引起的资金运动如图 5-54 中 A 段运动所示。从预算会计视角来看，所引起的资金运动如图 5-55 中 A 段运动所示。

取消的建设项目发生的可行性研究费，按照实际发生金额，从财务会计视角来看，应将其从“在建工程——待摊投资”科目转入“在建工程——待核销基建支出”科目，所引起的资金运动如图 5-54 中 B 段运动所示。该业务不影响预算会计。

由于自然灾害等原因发生的建设项目整体报废所形成的净损失（扣除报废工程回收的残料变价收入、保险公司赔款等），从财务会计视角来看，报经批准后转入“待核销基建支出”，按照项目整体报废所形成的净损失，确认并记入“在建工程——待核销基建支出”科目，所引起的资金运动如图 5-54 中 C 段运动所示。从预算会计视角来看，如果残料变价收入、保险公司赔款收到货币资金的，则所引起的资金运动如图 5-55 中 C1 段运动所示。

待核销基建支出业务分析

对发生的待核销基建支出进行冲销，从财务会计视角来看，应转入“资产处置费用”科目，所引起的资金运动如图 5-54 中 D 段运动所示。该业务不影响预算会计。

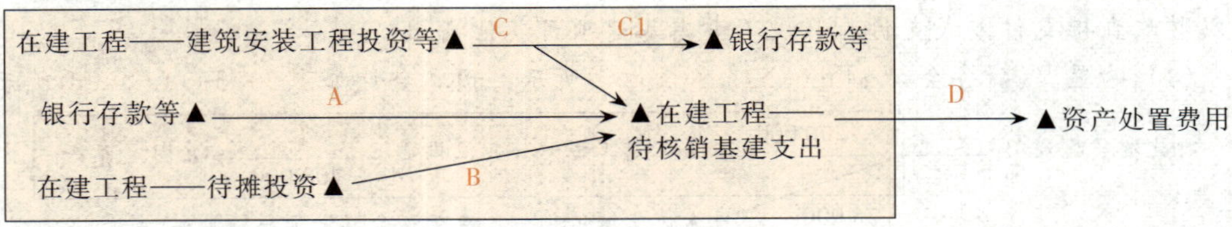

图 5-54 待核销基建支出业务资金运动分析图——财务会计视角

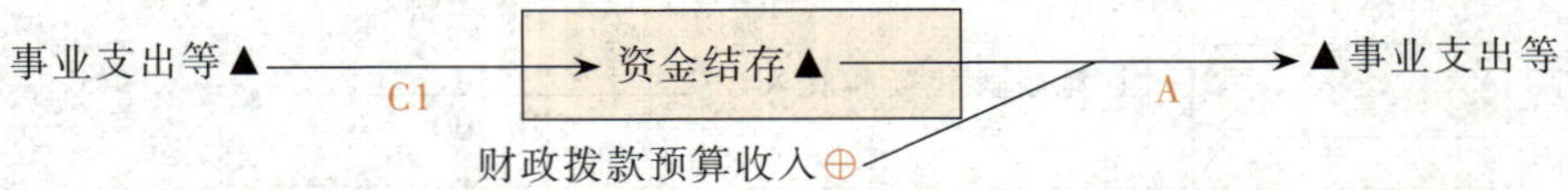

图 5-55 待核销基建支出业务资金运动分析图——预算会计视角

【例 5-12】丁林业事业单位20×8年收到飞播造林项目财政拨款经费400 000元（以财政授权支付方式支付），于当年5月份完成全部的建设任务，经费也已全部支出。年底，经批准核销该笔飞播造林支出。

（1）发生飞播造林支出。（财务会计如图 5-56，A段运动所示；预算会计如图 5-57，A段运动所示）

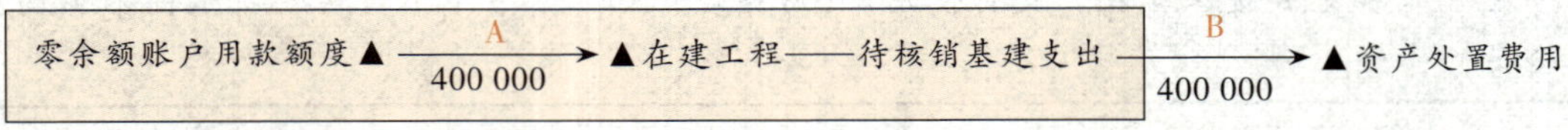

图 5-56 丁单位待核销基建支出业务资金运动分析图——财务会计视角

图 5-57 丁单位待核销基建支出业务资金运动分析图——预算会计视角

财务会计	预算会计
借：在建工程——待核销基建支出 400 000 贷：零余额账户用款额度 400 000	借：事业支出 400 000 贷：资金结存——零余额账户用款额度 400 000

（2）核销造林支出。（财务会计如图 5-56，B段运动所示；不影响预算会计）

财务会计	预算会计
借：资产处置费用 400 000 贷：在建工程——待核销基建支出 400 000	不影响预算会计

九、基建转出投资业务资金运动分析与会计处理

单位为建设项目配套而建成的、产权不归属本单位的专用设施，在项目竣工验收交付使用时，从财务会计视角来看，按照转出的专用设施的成本，确认并记入“在建工程——基建转出投资”科目，所引起的资金运动如图5-58中A段运动所示。同时，从财务会计视角来看，还应冲销转出的在建工程，冲减“无偿调拨净资产”科目，所引起的资金运动如图5-58中B段运动所示。该业务不影响预算会计。

图 5-58　基建转出投资业务资金运动分析图——财务会计视角

【例 5-13】乙科研院科研基地位置较为偏僻，无市政道路，为方便科研基地的科研工作，20×8 年该科研院以自有资金出资修建了单位门前道路，建设总投资 800 000 元，建成后该道路的产权属于当地市政部门。在履行审批程序之后，科研院办理了道路相关的移交手续。

基建转出投资业务

（1）修建道路发生支出。（财务会计如图 5-59，A 段运动所示；预算会计如图 5-60，A 段运动所示）

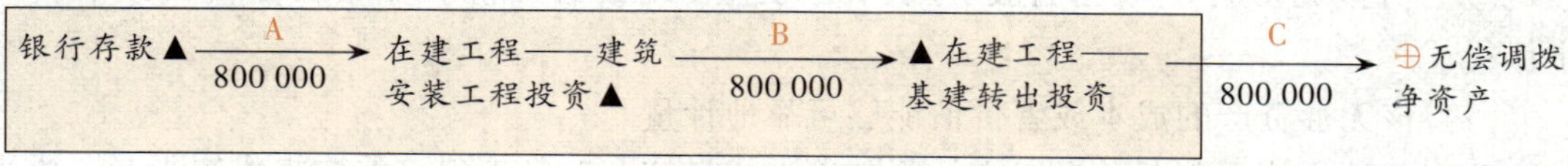

图 5-59　乙科研院基建转出投资业务资金运动分析图——财务会计视角

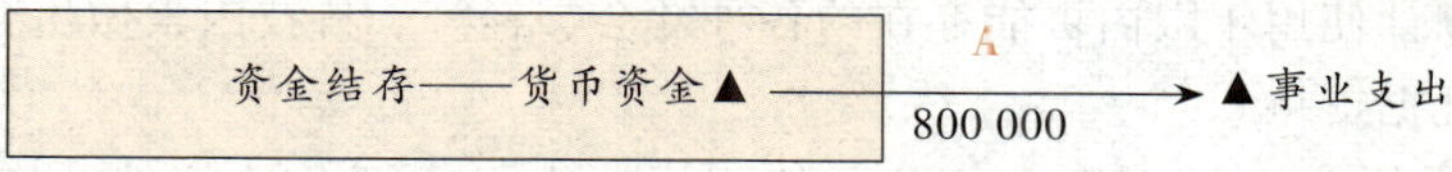

图 5-60　乙科研院基建转出投资业务资金运动分析图——预算会计视角

财务会计	预算会计
借：在建工程——建筑安装工程投资　800 000 　贷：银行存款　800 000	借：事业支出　800 000 　贷：资金结存——货币资金　800 000

注：本例对建设支出简化处理，假设一次性支付工程款。

（2）道路移交至市政部门。（财务会计如图 5-59，B 段运动所示；不影响预算会计）

财务会计	预算会计
借：在建工程——基建转出投资　800 000 　贷：在建工程——建筑安装工程投资　800 000	不涉及现金收支业务，不做账务处理

（3）冲销转出的道路。（财务会计如图 5-59，C 段运动所示；不影响预算会计）

财务会计	预算会计
借：无偿调拨净资产　800 000 　贷：在建工程——基建转出投资　800 000	不涉及现金收支业务，不做账务处理

第三节　无形资产业务资金运动分析与会计处理

一、无形资产的概念

无形资产是指政府会计主体控制的没有实物形态的可辨认非货币性资产，如专利权、商标权、著作权、土地使用权、非专利技术等。

资产满足下列条件之一的，符合无形资产定义中的可辨认性标准：

(1) 能够从政府会计主体中分离或者划分出来，并能单独或者与相关合同、资产或负债一起，用于出售、转移、授予许可、租赁或者交换。

(2) 源自合同性权利或其他法定权利，无论这些权利是否可以从政府会计主体或其他权利和义务中转移或者分离。

无形资产概念、确认与初始计量

二、无形资产的确认和初始计量

(一) 无形资产的确认

无形资产同时满足下列条件的，应当予以确认：

(1) 与该无形资产相关的服务潜力很可能实现或者经济利益很可能流入政府会计主体；

(2) 该无形资产的成本或者价值能够可靠地计量。

政府会计主体在判断无形资产的服务潜力或经济利益是否很可能实现或流入时，应当对无形资产在预计使用年限内可能存在的各种社会、经济、科技因素做出合理估计，并且应当有确凿的证据支持。

政府会计主体购入的不构成相关硬件不可缺少组成部分的软件，应当确认为无形资产。

政府会计主体自行研究开发项目的支出，应当区分研究阶段支出与开发阶段支出。研究是指为获取并理解新的科学或技术知识而进行的独创性的有计划调查。开发是指在进行生产或使用前，将研究成果或其他知识应用于某项计划或设计，以生产出新的或具有实质性改进的材料、装置、产品等。

政府会计主体自行研究开发项目研究阶段的支出，应当于发生时计入当期费用。

政府会计主体自行研究开发项目开发阶段的支出，先按合理方法进行归集，如果最终形成无形资产的，应当确认为无形资产；如果最终未形成无形资产的，应当计入当期费用。

政府会计主体自行研究开发项目尚未进入开发阶段，或者确实无法区分研究阶段支出和开发阶段支出，但按法律程序已申请取得无形资产的，应当将依法取得时发生的注册费、聘请律师费等费用确认为无形资产。

政府会计主体自创商誉及内部产生的品牌、报刊名等，不应确认为无形资产。

与无形资产有关的后续支出，符合上述无形资产确认条件的，应当计入无形资产成本；不符合无形资产确认条件的，应当在发生时计入当期费用或者相关资产成本。

(二) 无形资产的初始计量

无形资产在取得时应当按照成本进行初始计量。

政府会计主体外购的无形资产，其成本包括购买价款、相关税费以及可归属于该项资产达到预定用途前所发生的其他支出。政府会计主体委托软件公司开发的软件，视同外购无形资产确定其成本。

政府会计主体自行开发的无形资产，其成本包括自该项目进入开发阶段后至达到预定用途前所发生的支出总额。

政府会计主体通过置换取得的无形资产，其成本按照换出资产的评估价值加上支付的补价或减去收到的补价，加上换入无形资产发生的其他相关支出确定。

政府会计主体接受捐赠的无形资产，其成本按照有关凭据注明的金额加上相关税费确定；没有相关凭据可供取得、但按规定经过资产评估的，其成本按照评估价值加上相关税费确定；没有相关凭据可供取得、也未经资产评估的，其成本比照同类或类似资产的市场价格加上相关税费确定；没有相关凭据且未经资产评估、同类或类似资产的市场价格也无法可靠取得的，按照名义金额入账，相关税费计入当期费用。

确定接受捐赠无形资产的初始入账成本时，应当考虑该项资产尚可为政府会计主体带来服务潜力或经济利益的能力。

政府会计主体无偿调入的无形资产，其成本按照调出方账面价值加上相关税费确定。但是，无偿调入的无形资产在调出方的账面价值为零（即按规定已摊销完毕）或者账面余额为名义金额的，应将调入过程中所承担的相关税费计入当期费用，不计入调入无形资产的初始入账成本。

三、无形资产取得资金运动分析与会计处理

单位应该设立“无形资产”科目，用以核算单位无形资产的原值。对于非大批量购入、单价小于1 000元的无形资产，可以于购买的当期将其成本直接计入当期费用。

“无形资产”科目应当按照无形资产的类别、项目等进行明细核算。

无形资产在取得时，应当按照成本进行初始计量。

（一）外购无形资产

单位外购取得的无形资产，从财务会计视角来看，应按照确定的成本，确认并记入“无形资产”科目，所引起的资金运动如图5-61所示。涉及可抵扣增值税的，应单独确认为进项税额；涉及不能抵扣增值税的，应价税合并计入无形资产成本之中。从预算会计视角来看，如果外购以货币资金支付的，则所引起的资金运动如图5-62所示。

外购无形资产业务分析

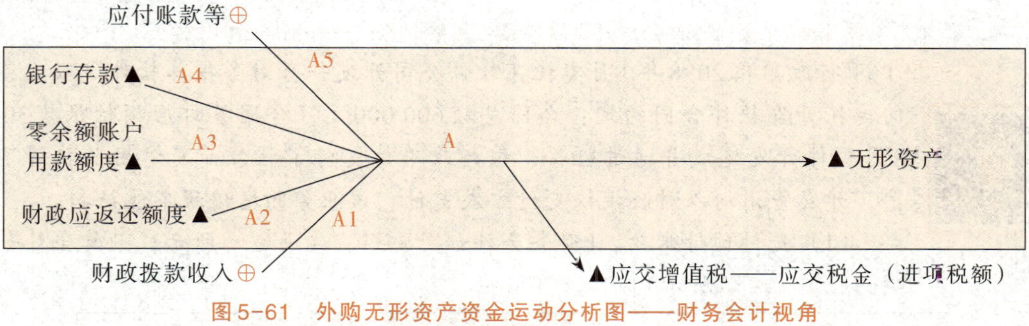

图5-61　外购无形资产资金运动分析图——财务会计视角

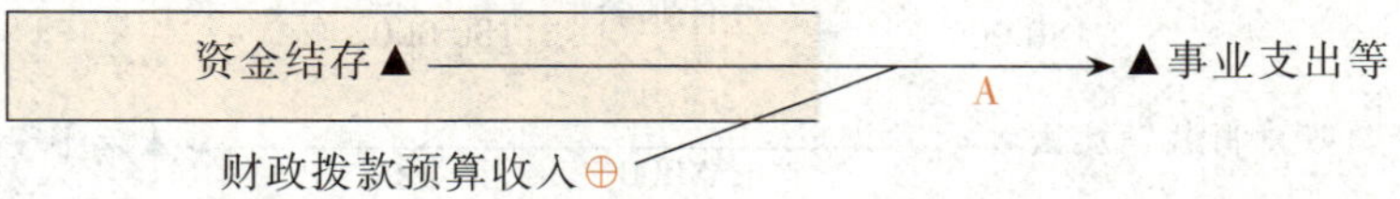

图5-62　外购无形资产资金运动分析图——预算会计视角

【例5-14】甲事业单位20×8年8月购入专利一项，取得的增值税专用发票上注明的价

款为300 000元，增值税为18 000元，甲单位以银行存款支付相关价款及其增值税。该增值税进项税额可以抵扣。（财务会计如图5-63所示；预算会计如图5-64所示）

图5-63　甲事业单位外购无形资产资金运动分析图——财务会计视角

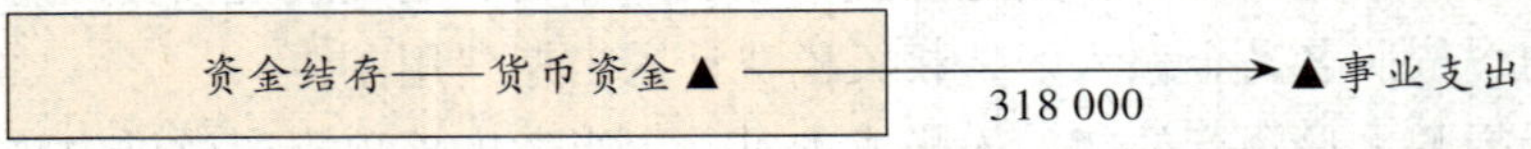

图5-64　甲事业单位外购无形资产资金运动分析图——预算会计视角

财务会计			预算会计		
借：无形资产	300 000		借：事业支出	318 000	
应交增值税——应交税金（进项税额）	18 000		贷：资金结存——货币资金		318 000
贷：银行存款		318 000			

（二）委托软件公司开发软件

委托软件公司开发软件视同外购无形资产进行处理。委托软件公司开发软件时，合同中约定预付开发费用的，从财务会计视角来看，应按照预付金额确认并记入“预付账款”科目，所引起的资金运动如图5-65中A段运动所示；从预算会计视角来看，所引起的资金运动如图5-62所示。软件开发完成交付使用，并支付剩余或全部软件开发费用时，从财务会计视角来看，按照软件开发费用总额确认并记入“无形资产”科目，所引起的资金运动如图5-65中B段运动所示；从预算会计视角来看，实际支付的货币资金所引起的资金运动如图5-62所示。

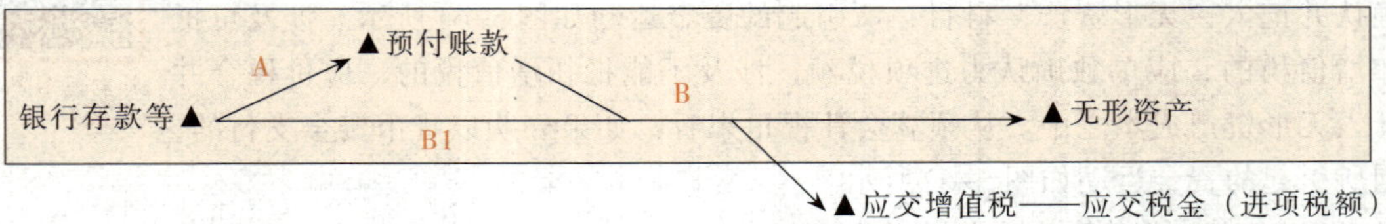

图5-65　委托软件公司开发软件资金运动分析图——财务会计视角

【例5-15】甲行政单位20×8年1月委托某软件公司开发一套财务核算软件。双方签订的委托开发软件合同约定：合同总额600 000元，合同签订后预付账款30%，8月软件开发完成并通过验收，该行政单位支付了剩余开发费用并取得了发票，开发费用均以财政授权支付方式支付。该业务的增值税不能抵扣。

委托外单位开发软件业务

（1）支付预付账款。（财务会计如图5-66，A段运动所示；预算会计如图5-67，A段运动所示）

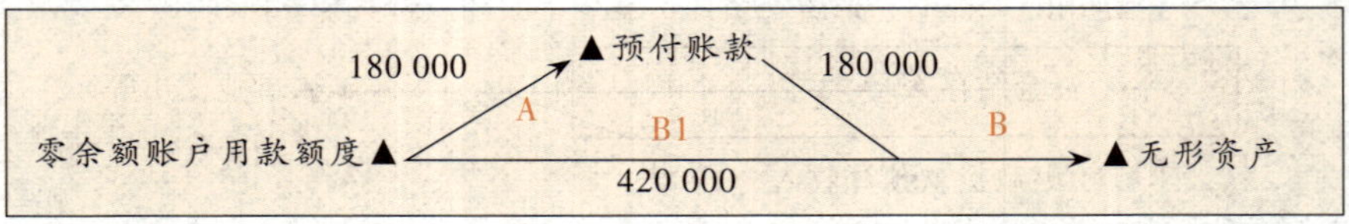

图5-66　甲行政单位委托开发软件资金运动分析图——财务会计视角

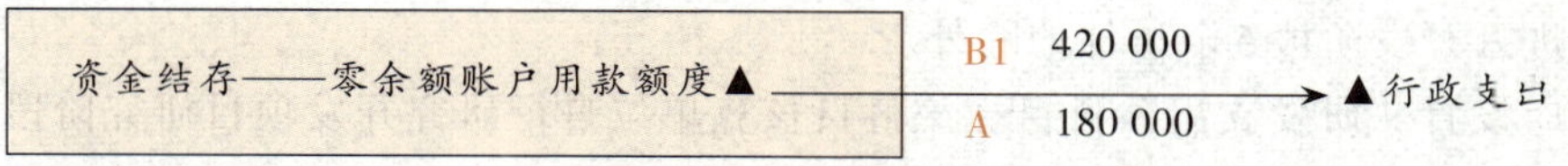

图 5-67　甲行政单位委托开发软件资金运动分析图——预算会计视角

财务会计			预算会计		
借：预付账款	180 000		借：行政支出	180 000	
贷：零余额账户用款额度		180 000	贷：资金结存——零余额账户用款额度		180 000

（2）软件通过验收后支付剩余开发费用。（财务会计如图 5-66，B 段运动所示；预算会计如图 5-67，B1 段运动所示）

财务会计			预算会计		
借：无形资产	600 000		借：行政支出	420 000	
贷：预付账款		180 000	贷：资金结存——零余额账户用款额度		420 000
零余额账户用款额度		420 000			

（三）自行研究开发取得无形资产

单位自行研究开发项目，应当同时满足以下条件：

（1）该项目以科技成果创造和运用为目的，预期形成至少一项科技成果。科技成果是指通过科学研究与技术开发所产生的具有实用价值的成果。

（2）该项目的研发活动起点可以明确。如利用财政资金等单位外部资金设立的科研项目，可以将立项之日作为起点；利用单位自有资金设立的科研项目，可以将单位决策机构批准同意立项之日，或科研人员将研发计划书提交单位科研管理部门审核通过之日作为起点。

单位自行研究开发项目的支出，包括为从事研究开发及其辅助活动（以下简称研发活动）人员计提的薪酬，研发活动领用的库存物品，为研发活动使用的固定资产和无形资产计提的折旧和摊销，为研发活动支付的其他各类费用等。其中，计提的薪酬包括基本工资、国家统一规定的津贴补贴、规范津贴补贴（绩效工资）、改革性补贴、社会保险费、住房公积金等；为研发活动支付的其他各类费用包括业务费、劳务费、水电气暖费用等。

单位自行研究开发项目的支出，应当区分研究阶段支出与开发阶段支出。研究阶段的支出，应当计入当期费用。开发阶段的支出，先按合理方法进行归集，最终形成无形资产的，应当确认为无形资产成本；最终未形成无形资产的，应当计入当期费用。

当单位自行研究开发项目预期形成的无形资产同时满足以下条件时，可以认定该自行研究开发项目进入开发阶段：（1）单位预期完成该无形资产以使其能够使用或出售在技术上具有可行性。（2）单位具有完成该无形资产并使用或出售的意图。（3）单位预期该无形资产能够为单位带来经济利益或服务潜能。该无形资产自身或运用该无形资产生产的产品存在市场，或者该无形资产在内部使用具有有用性。（4）单位具有足够的技术、财务资源和其他资源支持，以完成该无形资产的开发，并有能力使用或出售该无形资产。（5）归属于该无形资产开发阶段的支出能够可靠地计量。通常情况下，单位可以将样品样机试制成功、可行性研究报告通过评审等作为自行研究开发项目进入开发阶段的标志，但该时点不满足上述进入开发阶段5个条件的除外。

单位应设置“研发支出”科目。该科目核算单位自行研究开发项目研究阶段和开发阶段发生的各项支出。建设项目中的软件研发支出，应当通过“在建工程”科目核算，不通过本科目核算。“研发支出”科目应当按照自行研究开发项目，分别通过“研究支出”“开发支出”进行明细核算。“研发支出”科目期末借方余额，反映单位预计能达到预定用途的在开发阶段发生的累计支出数。

1.研究阶段支出

自行研究开发项目研究阶段的支出，从财务会计视角来看，应当先通过“研发支出”科目归集，按照为从事研究及其辅助活动人员计提的薪酬、研究活动领用的库存物品、发生的与研究活动相关的管理费、间接费和其他各项费用，确认并记入“研发支出——研究支出”科目，所引起的资金运动如图5-68中A段运动所示。从预算会计视角来看，如研究支出以货币资金支付的，则所引起的资金运动如图5-62所示。

期（月）末，从财务会计视角来看，应当将“研发支出”科目归集的研究阶段的支出金额转入当期费用，所引起的资金运动如图5-68中B段运动所示。该业务不影响预算会计。

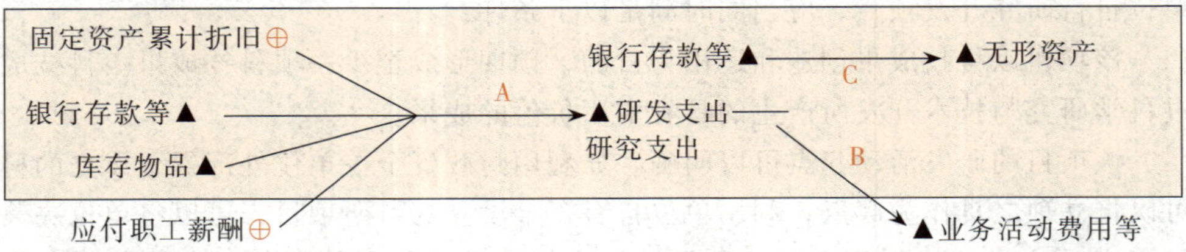

图5-68　自行研究开发中研究支出资金运动分析图——财务会计视角

【例5-16】甲研究所20×8年为研发一种新型药剂，研究阶段共发生下列支出：领用实验材料一批，该材料成本为230 000元；委托其他单位开展基因测序，以财政授权支付方式支付400 000元；从事此项工作人员薪酬为250 000元；研究设备折旧费为100 000元。

自行开发研究阶段支出业务

（1）归集研究支出。（财务会计如图5-69，A段运动所示；预算会计如图5-70，A段运动所示）

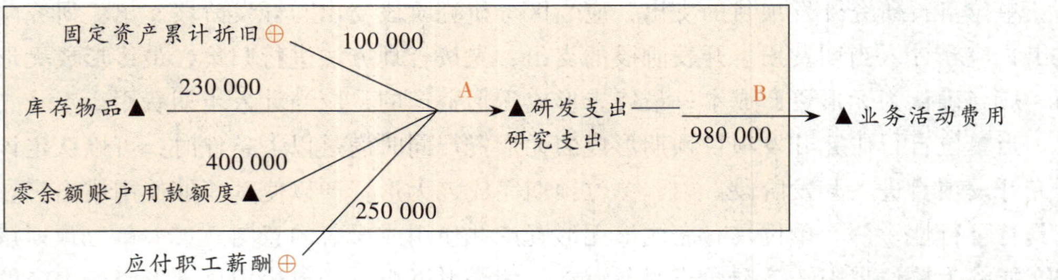

图5-69　甲研究所自行研究支出业务资金运动分析图——财务会计视角

图5-70　甲研究所自行研究支出业务资金运动分析图——预算会计视角

财务会计	预算会计
借：研发支出——研究支出　980 000 　贷：应付职工薪酬　250 000 　　库存物品　230 000 　　零余额账户用款额度　400 000 　　固定资产累计折旧　100 000	借：事业支出　400 000 　贷：资金结存——零余额账户用款额度　400 000

注：实际账务处理中，应在业务实际发生时进行会计核算，本例中简化合并处理。

（2）期（月）末转入当期费用。（财务会计如图 5-69，B 段运动所示；不影响预算会计）

财务会计	预算会计
借：业务活动费用　980 000 　贷：研发支出——研究支出　980 000	不涉及现金收支业务，不做账务处理

2. 开发阶段支出

自行研究开发项目开发阶段的支出，从财务会计视角来看，应先通过“研发支出——开发支出”科目进行归集，按照为从事开发及其辅助活动人员计提的薪酬，开发活动领用的库存物品，发生的与开发活动相关的管理费、间接费和其他各项费用，确认并记入“研发支出——开发支出”科目，所引起的资金运动如图 5-71 中 A 段运动所示。从预算会计视角来看，如开发支出以货币资金支付，则所引起的资金运动如图 5-62 所示。

自行研究开发项目完成，达到预定用途形成无形资产的，从财务会计视角来看，按照“研发支出——开发支出”科目归集的开发阶段支出金额，转入“无形资产”科目，所引起的资金运动如图 5-71 中 B 段运动所示；该业务不影响预算会计。

单位应于每年年度终了评估研究开发项目是否能达到预定用途，如预计不能达到预定用途（如无法最终完成开发项目并形成无形资产的），从财务会计视角来看，应当将已发生的开发支出金额全部转入当期费用，所引起的资金运动如图 5-71 中 C 段运动所示；该业务不影响预算会计。

自行开发支出及其他

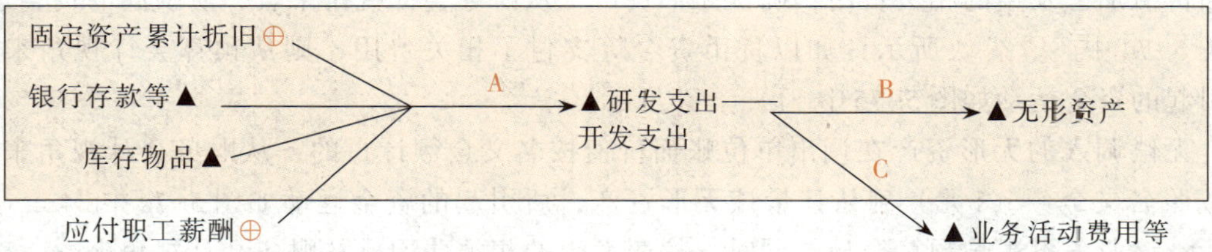

图 5-71　自行开发支出资金运动分析图——财务会计视角

自行研究开发项目尚未进入开发阶段，或者确实无法区分研究阶段支出和开发阶段支出，但按照法律程序已申请取得无形资产的，从财务会计视角来看，按照依法取得时发生的注册费、聘请律师费等费用，确认并记入“无形资产”科目，所引起的资金运动如图 5-68 中 C 段运动所示；从预算会计视角来看，所引起的资金运动如图 5-62 所示。按照依法取得前所发生的研究开发支出，从财务会计视角来看，先通过“研发支出——研究支出”科目汇集。然后在期末转入当期损益，所引起的资金运动如图5-68中A段、B段运动所示；其中A段运动中已以货币资金支付的，从预算会计视角来看，所引起的资金运动如图5-62所示；其中B段运动不影响预算会计。

（四）接受捐赠取得无形资产

接受捐赠取得的无形资产成本能够确定的，按照确定的成本（包含发生的相关费用），从财务会计视角来看，确认无形资产，所引起的资金运动如图5-72中A段运动所示；如以货币资金支付了相关费用，则从预算会计视角来看，所引起的资金运动如图5-73中A1段运动所示。

接受捐赠的无形资产成本不能确定的，从财务会计视角来看，按照名义金额（1元）计量，所引起的资金运动如图5-72中B1段运动所示；该业务不影响预算会计。同时，按照发生的相关费用，从财务会计视角来看，确认并记入“其他费用”科目，所引起的资金运动如图5-72中B2段运动所示；从预算会计视角来看，所引起的资金运动如图5-73中B2段运动所示。

接受捐赠取得无形资产业务

接受捐赠的无形资产涉及增值税进项税额的，如该进项税额可抵扣的，则应单独确认并记入“应交增值税——应交税金（进项税额）”科目；不能抵扣的，应计入无形资产成本。

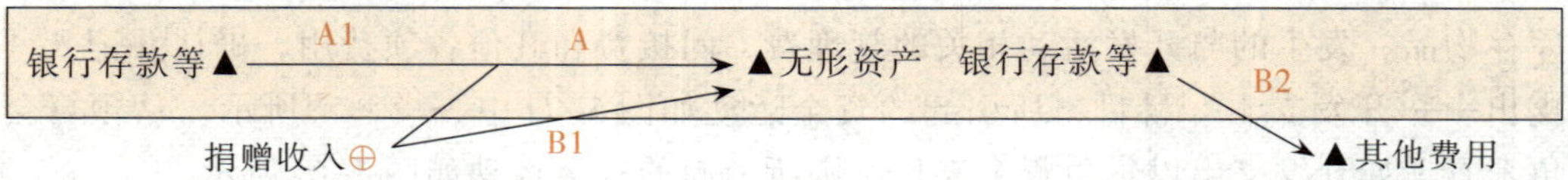

图5-72　接受捐赠取得无形资产资金运动分析图——财务会计视角

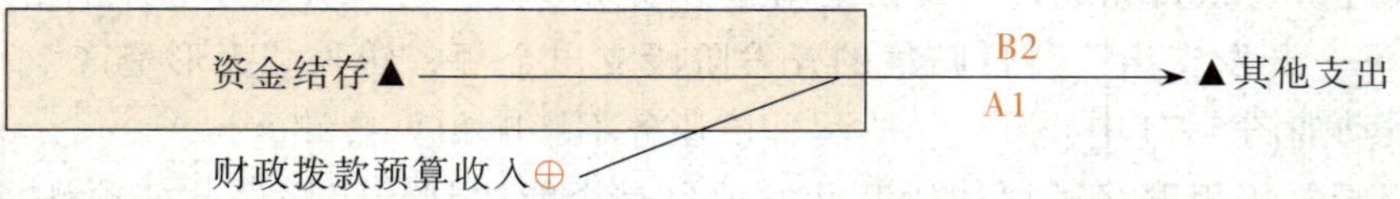

图5-73　接受捐赠取得无形资产资金运动分析图——预算会计视角

（五）无偿调入取得无形资产

无偿调入的无形资产在调出单位账面价值不为零或者不是按名义金额计量的，按照其账面价值加上发生的相关费用，确认无形资产，从财务会计视角来看，所引起的资金运动如图5-74中A段运动所示；如以货币资金等支付了相关费用，则从预算会计视角来看，所引起的资金运动如图5-75中A1段运动所示。

无偿调入的无形资产在调出单位账面价值按名义金额计量的，从财务会计视角来看，应按照名义金额（1元）确认计量该无形资产，所引起的资金运动如图5-74中B1段运动所示；该业务不影响预算会计。同时，按照发生的相关费用，从财务会计视角来看，确认并记入“其他费用”科目，所引起的资金运动如图5-74中B2段运动所示；从预算会计视角来看，所引起的资金运动如图5-75中B2段运动所示。

无偿调入取得无形资产业务分析

无偿调入的无形资产在调出单位账面价值为零的，从财务会计视角来看，应按照该无形资产在调出方的账面余额同步确认和计量无形资产和无形资产累计摊销，所引起的资金运动如图5-74中C1段运动所示；该业务不影响预算会计。同时，按照发生的相关费用，从财务会计视角来看，确认并记入“其他费用”科目，所引起的资金运动如图5-74中C2段运动所示；从预算会计视角来看，相关费用已以货币资金等支付的，所引起的资金运动如图5-75中C2段运动所示。

无偿调入的无形资产涉及增值税进项税额的，如该进项税额可抵扣，则应单独确认并记入“应交增值税——应交税金（进项税额）”科目；不能抵扣的，应计入无形资产成本。

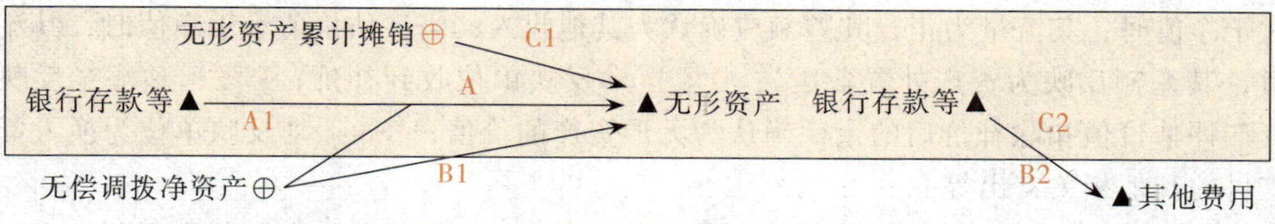

图5-74 无偿调拨取得无形资产资金运动分析图——财务会计视角

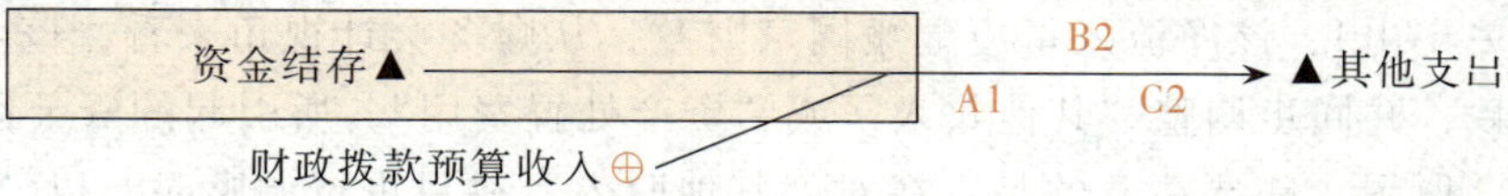

图5-75 无偿调拨取得无形资产资金运动分析图——预算会计视角

（六）置换取得无形资产

置换换入的无形资产成本按照换出资产的评估值加上支付的补价或减去收到的补价，加上换入无形资产发生的其他相关支出确定。

置换换入无形资产业务分析

1. 不涉及补价或支付补价的置换换入无形资产

在不涉及补价或者支付补价的情况下置换换入取得无形资产，应按换出资产评估价值和其他相关支出之和计量所换入的无形资产。从财务会计视角来看，所引起的资金运动如图5-76所示。在图5-76中，A段运动流量代表所换出资产的账面净值；B段流量反映所换出资产的评估价值；C段流量反映换出资产评估价值与账面净值之差（当评估价值大于净值时，其流量为正，其差额应确认为其他收入；当评估价值小于净值时，其流量为负，其差额反映为资产处置费用）；D段运动反映单位为换入无形资产所支付的其他相关支出；如果单位支付补价的话，则E段运动反映单位支付的补价。

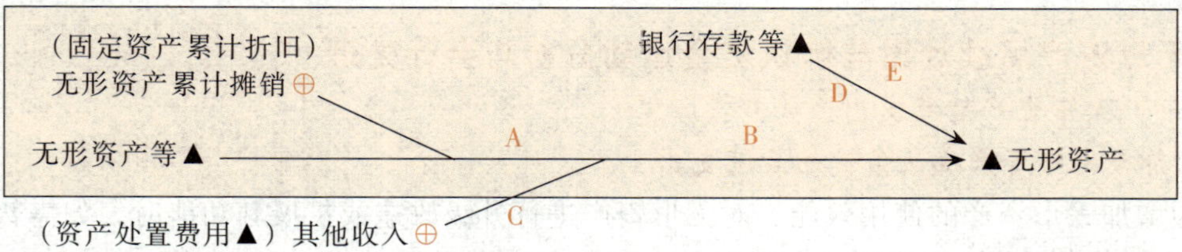

图5-76 置换换入无形资产资金运动分析图（无补价或支付补价）——财务会计视角

如果其他相关费用，单位以货币资金进行了支付，或者以货币资金支付了补价的，从预算会计视角来看，所引起的资金运动如图5-77所示，其流量为图5-76中D段流量和E段流量之和。

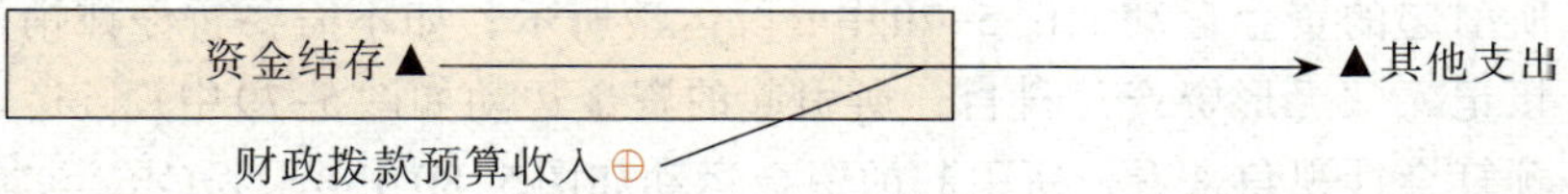

图5-77 置换换入无形资产资金运动分析图（无补价或支付补价）——预算会计视角

2.收到补价的置换换入无形资产

在收到补价的情况下置换换入取得无形资产，应按换出资产评估价值，扣除所收到的补价，再加上发生的其他相关支出确认与计量所换入的无形资产。从财务会计视角来看，所引起的资金运动如图5-78所示。在图5-78中，A段运动流量反映换出资产的净值；B段运动流量反映换出资产的评估价值；C段流量反映评估价值与其净值的差额（当评估价值大于净值时，其流量为正，其差额应确认为其他收入；当评估价值小于净值时，其流量为负，其差额反映为资产处置费用）；D段运动反映单位收到补价；E段运动流量反映换出资产评估价值扣除补价后的余额确认为无形资产的价值；F段运动反映单位为换入资产所支付的其他相关支出等。

在本次置换换入中，如货币资金属于净流入（即收到的货币资金补价大于所发生的货币性其他相关支出），该净流入量应上缴国家财政，从财务会计视角来看，该金额应确认为应缴财政款，并同步调整“其他收入”或“资产处置费用”，所引起的资金运动如图5-78中G段运动所示。需要注意的是，在对“其他收入”科目进行调整时，以“其他收入”调减至零为限；当超过该限额时，应调增“资产处置费用”。该业务不影响预算会计。

在本次置换换入中，如货币资金属于净流出（即收到的货币资金补价小于所发生的货币性其他相关支出），从财务会计视角来看，不涉及应缴财政款，即不涉及G段运动；从预算会计视角来看，货币资金净流出所引起的资金运动如图5-77所示，其流量为图5-78中F段流量与D段流量之差。

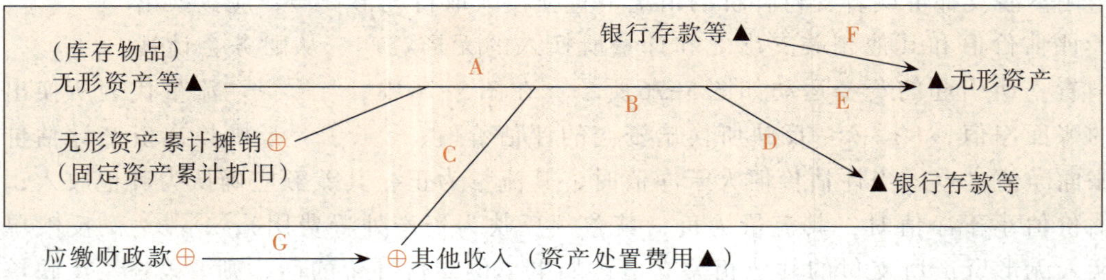

图5-78 置换换入无形资产资金运动分析图（收到补价）——财务会计视角

四、无形资产后续计量与确认资金运动分析与会计处理

（一）无形资产后续支出

1.符合无形资产确认条件的后续支出

为增加无形资产的使用效能，对无形资产进行升级改造或扩展其功能时，如需暂停对无形资产进行摊销的，从财务会计视角来看，应将无形资产的账面价值转入“在建工程”科目，所引起的资金运动如图5-79中A段运动所示；该业务不影响预算会计。

无形资产后续支出业务

无形资产后续支出符合无形资产确认条件的，按照支出的金额，从财务会计视角来看，如无形资产需要暂停摊销的，将其转入“在建工程”科目，所引起的资金运动如图5-79中B段运动所示；如不需要暂停摊销的，将其直接记入“无形资产”科目，所引起的资金运动如图5-79中C段运动所示。从预算会计视角来看，所引起的资金运动如图5-80中B段、C段运动所示。

暂停摊销的无形资产升级改造或扩展功能等完成交付使用时，从财务会计视角来看，应按照在建工程成本转入“无形资产”科目，所引起的资金运动如图5-79中D段运动所示。该业务不影响预算会计。

2.不符合无形资产确认条件的后续支出

为保证无形资产正常使用发生的日常维护等支出，从财务会计视角来看，直接计入当期损益，所引起的资金运动如图5-79中E段运动所示。从预算会计视角来看，所引起的资金运动如图5-80中E段运动所示。

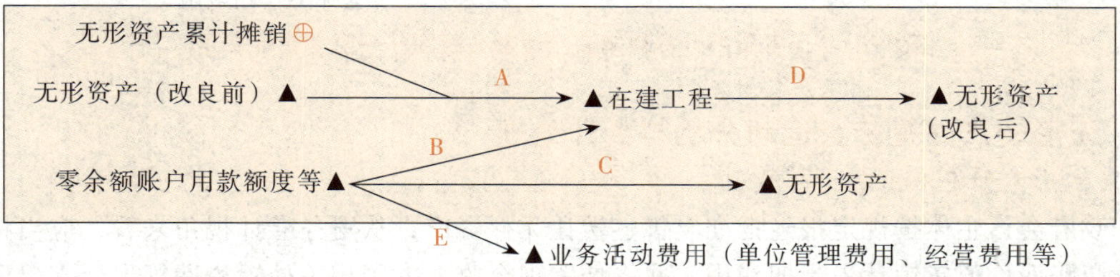

图5-79　无形资产后续支出资金运动分析图——财务会计视角

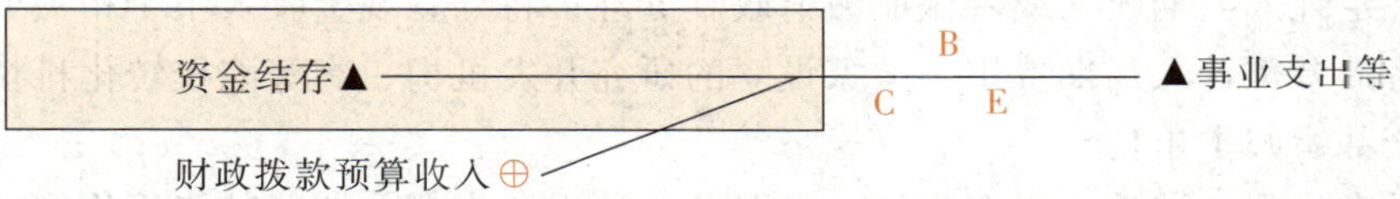

图5-80　无形资产后续支出资金运动分析图——预算会计视角

（二）无形资产的摊销

摊销是指无形资产在其使用年限内按照确定的方法对应摊销金额进行系统分摊。

政府会计主体应当于取得或形成无形资产时合理确定其使用年限。无形资产使用年限有限的，应当估计该使用年限并对使用年限有限的无形资产进行摊销，但已摊销完毕仍继续使用的无形资产和以名义金额计量的无形资产除外。无法预见无形资产为政府会计主体提供服务潜力或者带来经济利益期限的，应当视为使用年限不确定的无形资产，使用年限不确定的无形资产不应摊销。

对于使用年限有限的无形资产，政府会计主体应当按照以下原则确定无形资产的摊销年限：(1) 法律规定了有效年限的，按照法律规定的有效年限作为摊销年限；(2) 法律没有规定有效年限的，按照相关合同或单位申请书中的受益年限作为摊销年限；(3) 法律没有规定有效年限、相关合同或单位申请书也没有规定受益年限的，应当根据无形资产为政府会计主体带来服务潜力或经济利益的实际情况，预计其使用年限；(4) 非大批量购入、单价小于1 000元的无形资产，可以在购买的当期将其成本一次性全部转销。

政府会计主体应当按月对使用年限有限的无形资产进行摊销，并根据用途计入当期费用或者相关资产成本。

政府会计主体应当采用年限平均法或者工作量法对无形资产进行摊销，其摊销金额应为其成本，不考虑其预计残值。

因发生后续支出而增加无形资产成本的，对于使用年限有限的无形资产，应当按照重新确定的无形资产成本以及重新确定的摊销年限计算摊销额。

单位按月对无形资产进行摊销时，从财务会计视角来看，所引起的资金运动如图5-

81所示。从财务会计视角来看，按照权责发生制原则，单位无形资产发生的摊销费用需要由各受益对象来承担。服务于库存物品加工的，其摊销费应记入“加工物品”等科目；服务于单位经营业务获取收入的，其摊销费应计入经营费用；服务于单位业务活动等的，其摊销费应计入业务活动费用。该业务不影响预算会计。

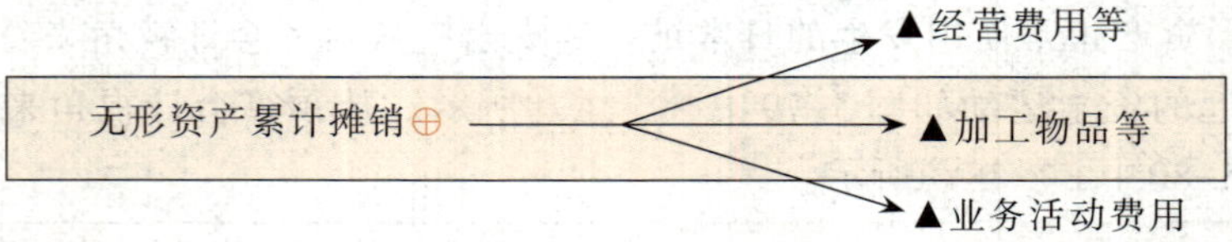

图5-81　无形资产计提摊销资金运动分析图——财务会计视角

五、无形资产处置资金运动分析与会计处理

（一）无形资产出售、转让

政府会计主体按规定报经批准出售、转让无形资产，从财务会计视角来看，应当将无形资产账面价值转销计入当期费用，并将处置现金收入大于相关处置税费等现金支出后的差额，按规定计入当期收入或者做应缴财政款处理；将处置现金收入小于相关处置税费等现金支出后的差额计入当期费用。国家设立的研究开发机构、高等院校转化科技成果所获得的收入全部留归本单位。

报经批准出售、转让无形资产的，从财务会计视角来看，按照其账面价值转入“资产处置费用”，所引起的资金运动如图5-82中A段运动所示。从预算会计视角来看，该业务不影响预算会计。

在处置过程中，如果处置现金收入小于相关处置税费等现金支出的，则从财务会计视角来看，其差额应确认为资产处置费用，所引起的资金运动如图5-82中B段运动所示。从预算会计视角来看，所引起的资金运动如图5-83中B段运动所示。

在处置过程中，如果处置现金收入大于相关处置税费等现金支出的，则从财务会计视角来看，其差额应确认为应缴财政款处理，所引起的资金运动如图5-82中C段运动所示。从预算会计视角来看，该业务不影响预算会计。

无形资产出售、转让业务分析

但如按规定将无形资产处置净现金流入纳入单位预算管理的，则从财务会计视角来看，所引起的资金运动如图5-82中D段运动所示；从预算会计视角来看，应该将净现金流入计入当期预算收入，所引起的资金运动如图5-83中D段运动所示。

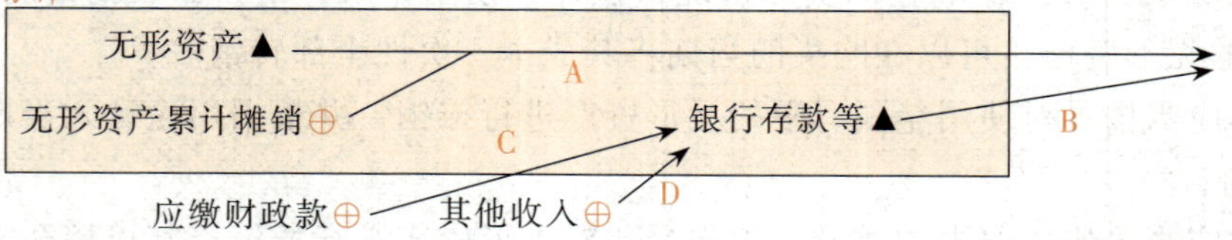

图5-82　无形资产处置资金运动分析图——财务会计视角

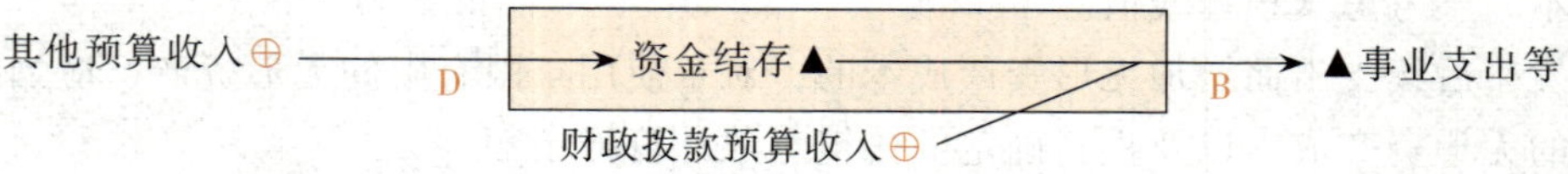

图5-83　无形资产处置资金运动分析图——预算会计视角

（二）无形资产对外捐赠、无偿调出

政府会计主体按规定报经批准对外捐赠、无偿调出无形资产的，应当将无形资产的账面价值予以转销，对外捐赠、无偿调出中发生的归属于捐出方、调出方的相关费用应当计入当期费用。

报经批准对外捐赠无形资产，从财务会计视角来看，按照被处置无形资产账面余额和按照捐赠过程中发生的归属于捐出方的相关费用确认资产处置费用，所引起的资金运动如图5-84中A1、A2段运动所示（其中A2段运动反映处置过程中发生的应由捐出方承担的费用）。处置过程中发生的以货币资金等支付的相关费用，其预算会计处理如图5-83中B段运动所示。

对外捐赠、无偿调出等无形资产业务分析

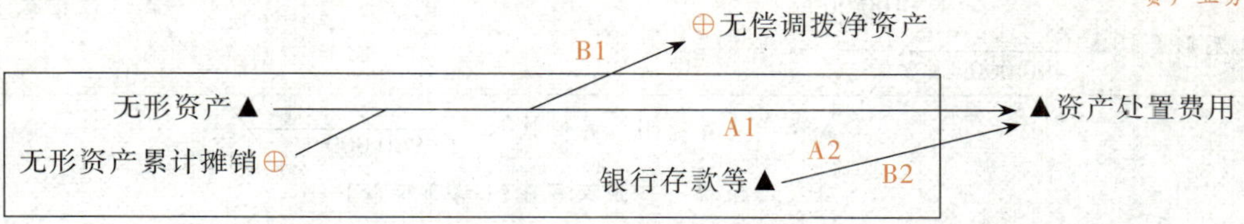

图5-84　无形资产对外捐赠、无偿调出资金运动分析图——财务会计视角

报经批准无偿调出无形资产，从财务会计视角来看，所引起的资金运动如图5-84中B1段运动所示。按照无偿调出过程中发生的归属于调出方的相关费用，从财务会计视角来看，所引起的资金运动如图5-84中B2段运动所示；从预算会计视角来看，调出过程中发生的以货币资金等支付的相关费用，所引起的资金运动如图5-83中B段运动所示。

（三）无形资产对外投资

政府会计主体按规定报经批准以无形资产对外投资的，从财务会计视角来看，应当将该无形资产的账面价值予以转销，并将无形资产在对外投资时的评估价值与其账面价值的差额计入当期收入或费用。国家设立的研究开发机构、高等院校将其持有的科技成果作价投资给国有全资企业的，可以不进行资产评估；作价投资给非国有全资企业的，由单位自主决定是否进行资产评估。

无形资产对外投资所引起的资金运动如图5-85所示，其中A段流量为无形资产的账面价值，B段流量反映对外投资无形资产的评估价值，C段流量反映评估价值与账面价值的差额（当评估价值低于账面价值时，其流量为负数，反映的是资产处置费用）。该业务不涉及预算会计。

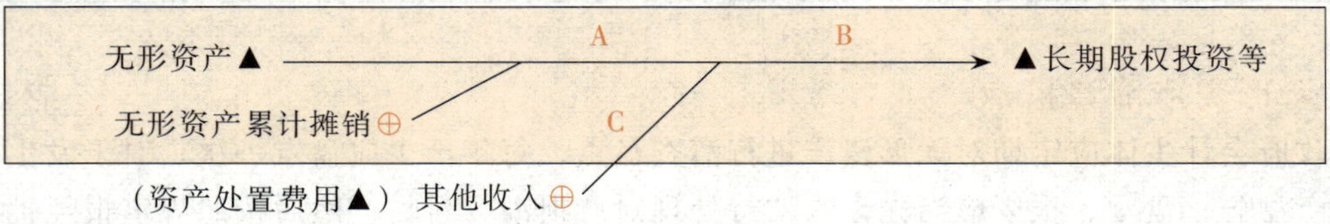

图5-85　以无形资产对外投资资金运动分析图——财务会计视角

（四）无形资产置换换出

参见置换换入无形资产的处理。本处略。

（五）无形资产核销

无形资产预期不能为单位带来服务潜力或经济利益的，按照规定报经批准核销时，从

财务会计视角来看，所引起的资金运动如图5-82中A段运动所示。该业务不影响预算会计。

【例5-17】甲研究所是增值税一般纳税人。20×8年8月经批准，甲研究所向乙公司转让专利一项，该专利账面原值为400 000元，累计已计提摊销100 000元，收到的增值税专用发票上注明的转让价款为900 000元，增值税为54 000元，款项已收存银行。根据相关规定，该笔转让收入不需上缴财政，即纳入本单位预算管理。不考虑转让过程中的其他税费。

（1）转出无形资产账面价值。（财务会计如图5-86，A段运动所示；不影响预算会计）

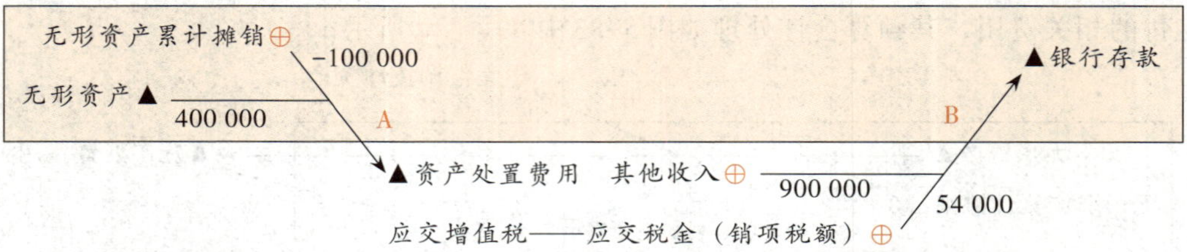

图5-86 甲研究所无形资产出售资金运动分析图——财务会计视角

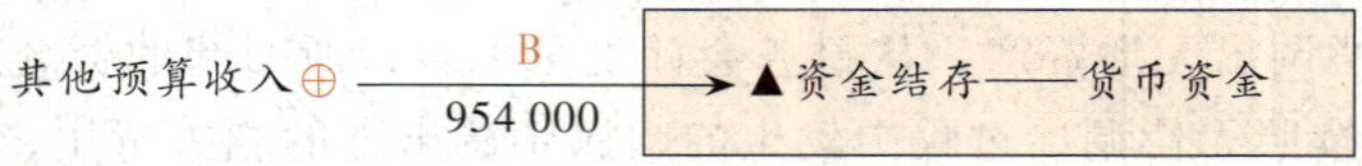

图5-87 甲研究所无形资产处置资金运动分析图——预算会计视角

财务会计			预算会计
借：资产处置费用	300 000		不涉及现金收支业务，不做账务处理
无形资产累计摊销	100 000		
贷：无形资产		400 000	

（2）收到转让收入。（财务会计如图5-86，B段运动所示；预算会计如图5-87，B段运动所示）

财务会计			预算会计		
借：银行存款	954 000		借：资金结存——货币资金	954 000	
贷：其他收入		900 000	贷：其他预算收入		954 000
应交增值税——应交税金（销项税额）		54 000			

六、无形资产清查盘点

政府会计主体应定期对无形资产进行清查盘点，每年至少应盘点一次。对于发生的无形资产盘盈、盘亏、报废应当先记入“待处理财产损溢”科目；然后按照规定报经批准后进行会计处理。年末结账前一般应处理完毕，“待处理财产损溢”科目年末余额一般为零。

（一）无形资产盘亏、报废资金运动分析与会计处理

无形资产发生盘亏、报废的，从财务会计视角来看，应将其账面价值转入“待处理财产损溢——待处理财产价值”科目，所引起的资金运动如图5-88中A段运动所示；该业务不影响预算会计。以后报经批准处理时，从财务会计视角来看，应将其转入当期费用，

所引起的资金运动如图5-88中B段运动所示。该业务不影响预算会计。

处理报废无形资产过程中，取得的保险理赔和过失人赔偿（一般不存在处理费用，因此，其处理结果应该产生净收益或零），从财务会计视角来看，应确认并记入“待处理财产损溢——处理净收入”科目，所引起的资金运动如图5-88中C段运动所示。从财务会计视角来看，如处理过程中产生净收益，应将其确认为应缴财政款，所引起的资金运动如图5-88中D段运动所示。该业务不影响预算会计。当然，从财务会计视角来看，如果产生净损失，应将其确认为资产处置费用；从预算会计视角来看，如净损失中发生了净现金流出的，应进行预算会计处理。

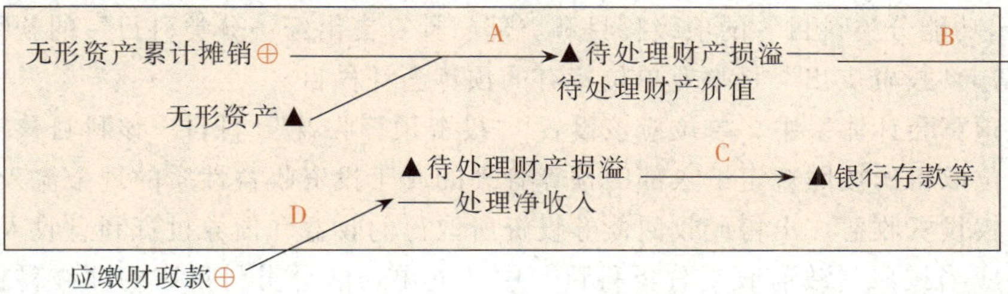

图5-88 无形资产盘亏、报废资金运动分析图——财务会计视角

（二）无形资产盘盈资金运动分析与会计处理

无形资产盘盈的，从财务会计视角来看，所引起的资金运动如图5-89中A段运动所示。按照规定报经批准后处理时，从财务会计视角来看，如果盘盈的无形资产是本年度取得的，应冲减本年的当期费用，所引起的资金运动如图5-89中B段运动所示；如果盘盈的无形资产是以前年度取得的，应调整“以前年度盈余调整”，所引起的资金运动如图5-89中C段运动所示。无形资产盘盈业务不影响预算会计。

无形资产清查盘点业务

图5-89 无形资产盘盈资金运动分析图——财务会计视角

第四节 对外投资业务资金运动分析与会计处理

一、对外投资概述

对外投资是指政府会计主体按规定以货币资金、实物资产、无形资产等方式形成的债权或股权投资。其中股权投资是指政府会计主体持有的各类股权投资资产，包括国际金融组织股权投资、投资基金股权投资、企业股权投资等。

按照政府会计主体对投资的持有时间划分，对外投资分为短期投资和长期投资。短期投资是指政府会计主体取得的持有时间不超过1年（含1年）的投资。长期投资是指政府会计主体取得的除短期投资以外的债权和股权性质的投资，包括长期债权投资和长期股权投资。

根据现行资产管理规定，行政单位不得对外投资，事业单位对外投资应按照规定履行相关审批程序，且不得利用财政资金对外投资。

根据投资的期限、内容，从财务会计视角来看，单位应设置“短期投资”“长期股权投资”“长期债券投资”等科目进行核算，并按照被投资单位、投资构成（成本、损益调整、其他权益变动、应计利息等）等设置明细科目进行核算。“短期投资”“长期股权投资”“长期债券投资”等科目均为事业单位特有的科目。

在预算会计体系中，单位应当设置“投资支出”科目。该科目核算事业单位以货币资金对外投资发生的现金流出。“投资支出”科目应当按照投资类型、投资对象、《政府收支分类科目》中“支出功能分类科目”的项级科目和“部门预算支出经济分类科目”的款级科目等进行明细核算。“投资支出”是事业单位特有的预算会计科目。

对外投资概述

在预算会计体系中，单位应该设置“投资预算收益”科目。该科目核算事业单位取得的按照规定纳入部门预算管理的属于投资收益性质的现金流入，包括股权投资收益、出售或收回债券投资所取得的收益和债券投资利息收入。本科目应当按照《政府收支分类科目》中“支出功能分类科目”的项级科目等进行明细核算。

需要注意的是，以下两种情况，单位不得作为投资处理：

（1）根据国务院和地方人民政府授权、代表本级人民政府对国家出资企业履行出资人职责的单位，与其履行出资人职责的国家出资企业之间不存在股权投资关系，其履行出资人职责的行为不作为单位的投资进行会计处理。通过单位账户对国家出资企业投入货币资金，纳入本单位预算管理的，应当按照“其他费用（支出）”相关规定处理；不纳入本单位预算管理的，应当按照“其他应付款”相关规定处理。

（2）单位按规定出资成立非营利法人单位，如事业单位、社会团体、基金会等，不作为投资处理。出资时，单位应当按照出资金额，通过“其他费用（支出）”处理。单位应当对出资成立的非营利法人单位设置备查簿进行登记。

二、短期投资业务资金运动分析与会计处理

事业单位应设置“短期投资”科目。该科目用以核算事业单位按照规定取得的、持有时间不超过1年（含1年）的投资。“短期投资”科目应当按照投资的种类进行明细核算。

短期投资在取得时，从财务会计视角来看，应当按照实际成本（包括购买价款和相关税费，下同）作为初始投资成本，其资金运动如图5-90中A段运动所示。从预算会计视角来看，其资金运动如图5-91中A段运动所示。

短期投资业务分析

实际支付价款中包含的已到付息期但尚未领取的利息或已宣告但尚未支付的现金股利，从财务会计视角来看，应当于收到时冲减短期投资成本，其资金运动如图5-90中B段运动所示。从预算会计视角来看，其资金运动如图5-91中B段运动所示。

短期投资持有期间的利息或股利，从财务会计视角来看，应当于实际收到时确认为投资收益，其资金运动如图5-90中C段运动所示。从预算会计视角来看，其资金运动如图5-91中C段运动所示。

期末，短期投资应当按照账面余额计量。因此，不需要进行会计处理。

政府会计主体按规定出售或到期收回短期投资，从财务会计视角来看，应当将收到的价款扣除短期投资账面余额和相关税费后的差额计入投资收益，其资金运动如图5-90中D段运动所示。从预算会计视角来看，其资金运动如图5-91中D段运动所示，如出售或收回的短期投资是本年度的，应冲减“投资支出”科目；如是以前年度的，应调整“其他结余”科目。

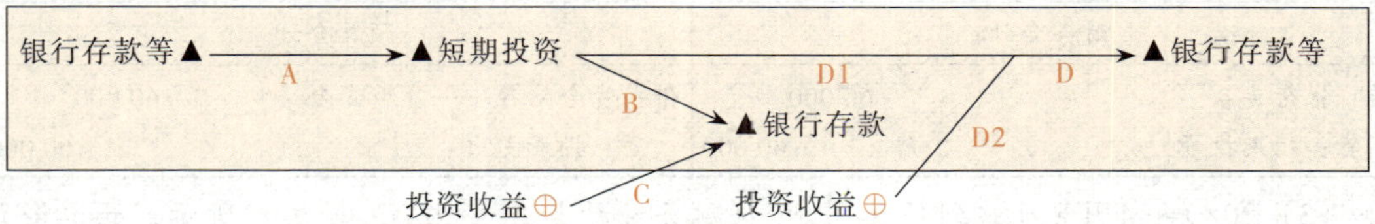

图5-90　事业单位短期投资业务资金运动分析图——财务会计视角

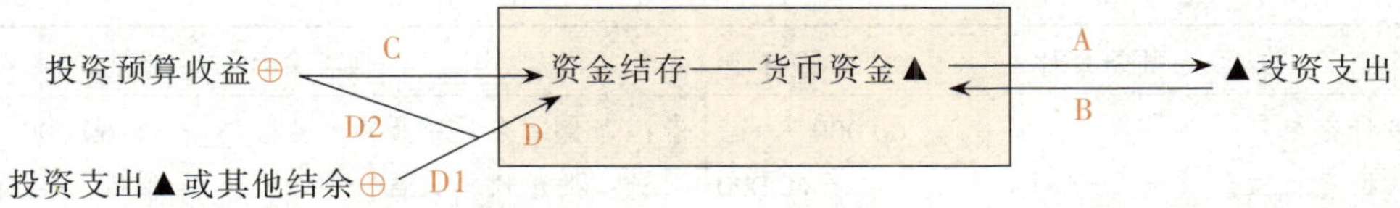

图5-91　事业单位短期投资业务资金运动分析图——预算会计视角

“其他结余”科目核算单位本年度除财政拨款收支、非同级财政专项资金收支和经营收支以外各项收支相抵后的余额。

【例5-18】甲事业单位20×8年4月3日经批准以银行存款购买20×6年4月1日发行的4年期债券，作为短期投资处理。该债券面值1 000 000元，票面利率6%，每年支付一次利息（具体支付时间为每年4月8日）。甲单位以银行存款支付购买价款1 160 000元，其中含已到期但尚未领取的利息60 000元。4月8日，收到债券利息60 000元，款已存入银行。20×9年4月8日，甲单位收到债券利息60 000元，款已存入银行。20×9年6月30日，甲单位将该债券出售，取得价款1 190 000元。

短期投资业务举例

（1）20×8年4月3日购入。（财务会计如图5-92，A段运动所示；预算会计如图5-93，A段运动所示）

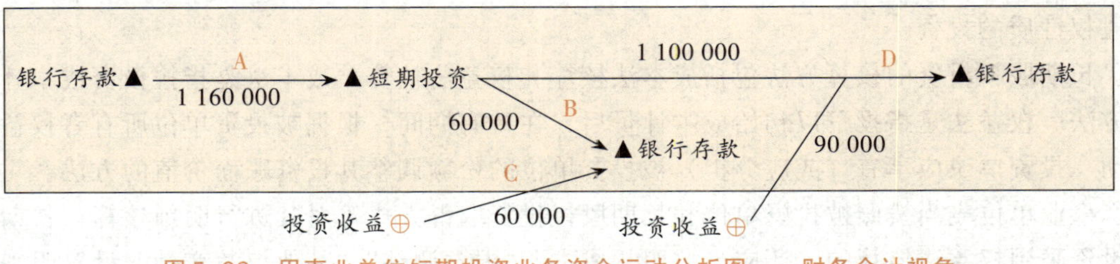

图5-92　甲事业单位短期投资业务资金运动分析图——财务会计视角

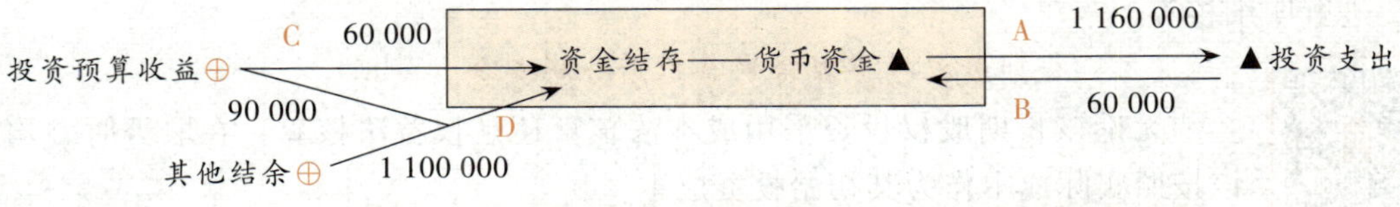

图5-93　甲事业单位短期投资业务资金运动分析图——预算会计视角

财务会计		预算会计	
借：短期投资	1 160 000	借：投资支出	1 160 000
贷：银行存款	1 160 000	贷：资金结存——货币资金	1 160 000

（2）20×8 年 4 月 8 日收到债券利息。（财务会计如图 5-92，B 段运动所示；预算会计如图 5-93，B 段运动所示）

财务会计		预算会计	
借：银行存款	60 000	借：资金结存——货币资金	60 000
贷：短期投资	60 000	贷：投资支出	60 000

（3）20×9 年 4 月 8 日收到债券利息。（财务会计如图 5-92，C 段运动所示；预算会计如图 5-93，C 段运动所示）

财务会计		预算会计	
借：银行存款	60 000	借：资金结存——货币资金	60 000
贷：投资收益	60 000	贷：投资预算收益	60 000

（4）20×9 年 6 月 30 日出售债券。（财务会计如图 5-92，D 段运动所示；预算会计如图 5-93，D 段运动所示）

财务会计		预算会计	
借：银行存款	1 190 000	借：资金结存——货币资金	1 190 000
贷：短期投资	1 100 000	贷：其他结余	1 100 000
投资收益	90 000	投资预算收益	90 000

三、长期股权投资业务资金运动分析与会计处理

（一）长期股权投资概述

“长期股权投资”科目核算事业单位按照规定取得的、持有时间超过 1 年（不含 1 年）的股权性质的投资。

长期股权投资的核算方法包括成本法核算和权益法核算。成本法是指按投资成本计价的方法。权益法是指投资以初始成本计量后，在持有期间，根据被投资单位所有者权益的变动，投资单位应享有（或应分担）被投资单位的份额调整其投资账面价值的方法。

事业单位应当按照被投资单位和长期股权投资取得方式等对其进行明细核算。长期股权投资采用权益法核算的，还应当按照“成本”“损益调整”“其他权益变动”设置明细科目，进行明细核算。

以现金方式取得长期股权投资业务

（二）长期股权投资取得资金运动分析与会计处理

无论该长期股权投资采用成本法核算还是权益法核算，在取得时，均应该按照实际成本作为其初始投资成本。

1. 以货币资金取得长期股权投资

以支付现金取得的长期股权投资，从财务会计视角来看，应按照实际支

付的全部价款（包括购买价款和相关税费）作为实际成本。实际支付价款中包含的已宣告但尚未发放的现金股利，应当单独确认为应收股利，不计入长期股权投资初始投资成本，所引起的资金运动如图5-94中A段运动所示（如果采用权益法核算，“长期股权投资”应注明明细科目“成本”，下同）。从预算会计视角来看，所引起的资金运动如图5-95中A段运动所示。

以后收到已宣告但尚未发放的现金股利时，从财务会计视角来看，所引起的资金运动如图5-94中B段运动所示；从预算会计视角来看，所引起的资金运动如图5-95中B段运动所示。

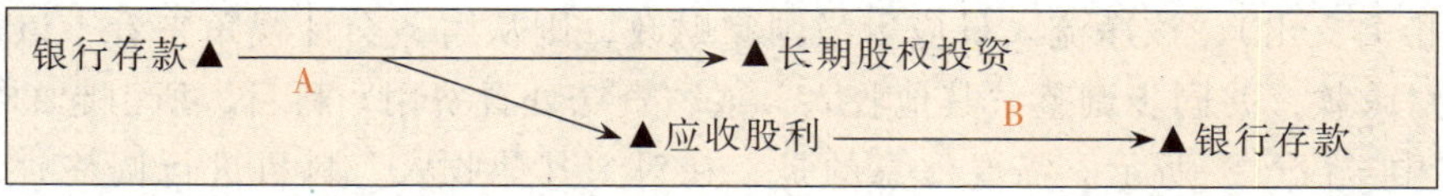

图5-94　以现金取得长期股权投资资金运动分析图——财务会计视角

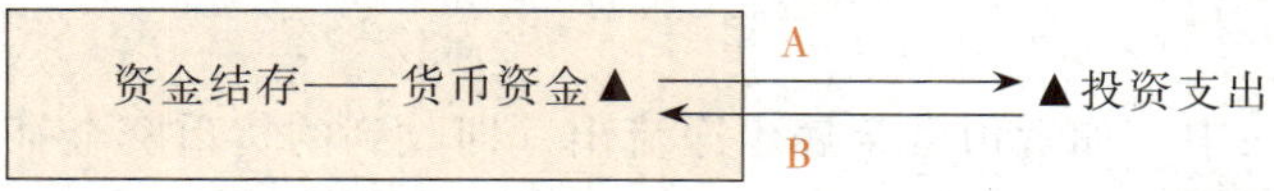

图5-95　以现金取得长期股权投资资金运动分析图——预算会计视角

2.以现金以外的其他资产置换取得长期股权投资

置换换入的长期股权投资成本按照换出资产的评估价值加上支付的补价或减去收到的补价，加上换入长期股权投资发生的其他相关支出确定。

（1）不涉及补价或支付补价的置换换入长期股权投资

在不涉及补价或者支付补价的情况下置换换入取得长期股权投资，应按换出资产评估价值和其他相关支出之和确认和计量所换入的长期股权投资。从财务会计视角来看，所引起的资金运动如图5-96所示。在图5-96中，A段运动流量代表所换出资产的账面净值；B段运动流量反映所换出资产的评估价值；C段运动流量反映换出资产评估价值与账面净值之差（当评估价值大于净值时，其流量为正，其差额应确认为其他收入；当评估价值小于净值时，其流量为负，其差额反映为资产处置费用）；D段运动流量反映单位为换入资产所支付的其他相关支出；如果单位支付补价的话，E段运动流量反映单位支付的补价。

以非现金资产置换取得长期股权投资

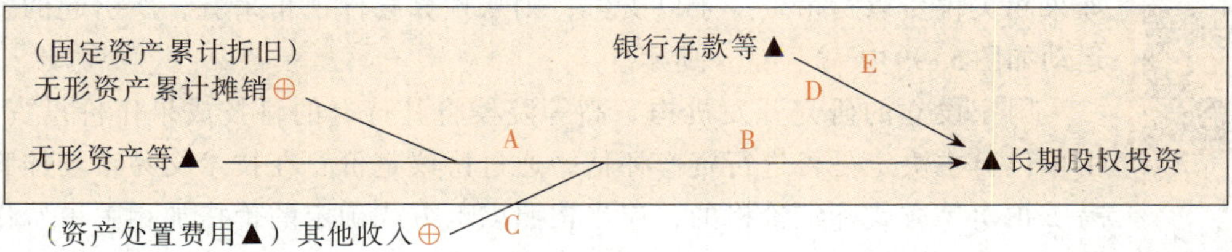

图5-96　置换换入股权投资资金运动分析图（无补价或支付补价）——财务会计视角

如果其他相关费用，单位以货币资金等进行了支付，而且还以货币资金支付了补价，则从预算会计视角来看，所引起的资金运动如图5-95中A段运动所示，其流量为图5-96中D段流量和E段流量之和。

（2）收到补价的置换换入长期股权投资

在收到补价的情况下置换换入取得长期股权投资，应按换出资产评估价值，扣除所收到的补价，再加上发生的其他相关支出确认与计量所换入的长期股权投资。从财务会计视角来看，所引起的资金运动如图5-97所示。在图5-97中，A段运动流量反映换出资产的净值；B段运动流量反映换出资产的评估价值；C段运动流量反映评估价值与其净值的差额（当评估价值大于净值时，其流量为正，其差额应确认为其他收入；当评估价值小于净值时，其流量为负，其差额反映为资产处置费用）；D段运动流量反映单位收到的补价；E段运动流量反映换出资产评估价值扣除补价后的余额确认为长期股权投资的价值；F段运动流量反映单位为换入资产所支付的其他相关支出等。

在本次置换换入中，如货币资金属于净流入（即收到的货币资金补价大于所发生的货币性其他相关支出），该净流入量应上缴国家财政，则从财务会计视角来看，该金额应确认为应缴财政款，并同步调整“其他收入”或“资产处置费用”科目，所引起的资金运动如图5-97中G段运动所示。需要注意的是，在对“其他收入”科目进行调整时，以“其他收入”调减至零为限；当超过该限额时，应调增“资产处置费用”。该业务不影响预算会计。

在本次置换换入中，如货币资金属于净流出（即收到的货币资金补价小于所发生的货币性其他相关支出），则从财务会计视角来看，不涉及应缴财政款，没有G段运动；从预算会计视角来看，货币资金净流出所引起的资金运动如图5-95中A段运动所示，其流量为图5-97中F段流量与D段流量之差。

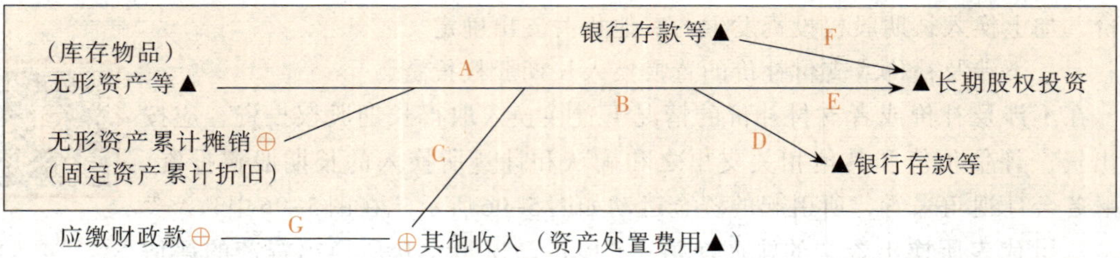

图5-97　置换换入股权投资资金运动分析图（收到补价）——财务会计视角

3.以未入账的无形资产投资取得长期股权投资

以未入账的无形资产投资取得的长期股权投资，按照评估价值加相关税费作为长期股权投资的投资成本。从财务会计视角来看，所引起的资金运动如图5-98中A段运动所示。如果相关税费以货币资金予以支付，则从预算会计视角来看，所引起的资金运动如图5-99中A1段运动所示。

以未入账无形资产置换取得长期股权投资

国家设立的研究开发机构、高等院校将其持有的科技成果作价投资的，由单位自主决定是否进行资产评估，通过协议定价、在技术交易市场挂牌交易、拍卖等方式确定价格的，应当按照以上方式确定的价格加相关税费作为投资成本。

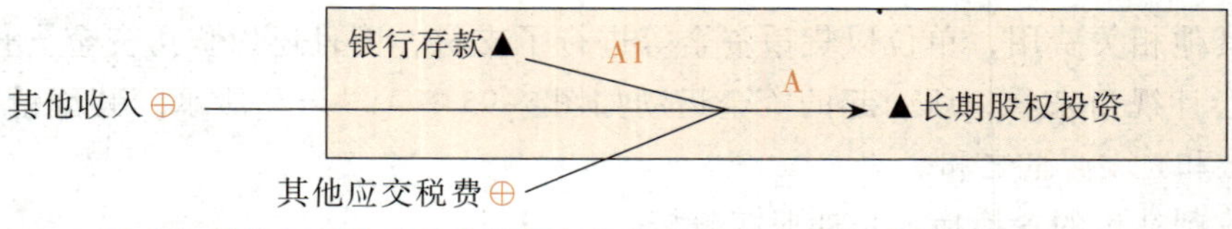

图5-98　以未入账的无形资产投资取得长期股权投资资金运动分析图——财务会计视角

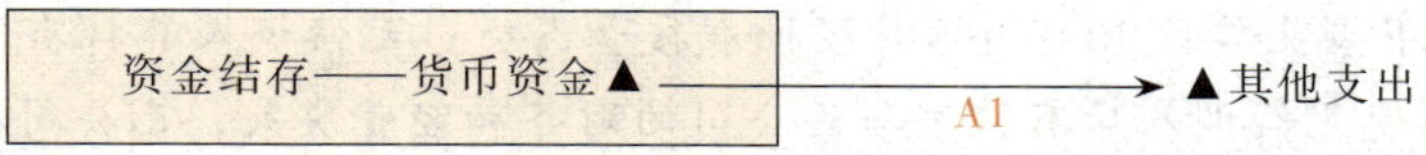

图 5-99　以未入账的无形资产投资取得长期股权投资资金运动分析图——预算会计视角

“其他应交税费”科目核算单位按照税法等规定计算应交纳的除增值税以外的各种税费，包括城市维护建设税、教育费附加、地方教育附加、车船税、房产税、城镇土地使用税和企业所得税等。

【例 5-19】甲事业单位20×8年8月以未入账的非专利技术投资入股乙公司，该非专利技术评估价值为1 000 000元，取得乙公司20%的股权，并有权参与乙公司的财务和经营决策。同时，甲事业单位以银行存款支付相关税费30 000元。（财务会计如图 5-100，A段运动所示；预算会计如图 5-101，A段运动所示）

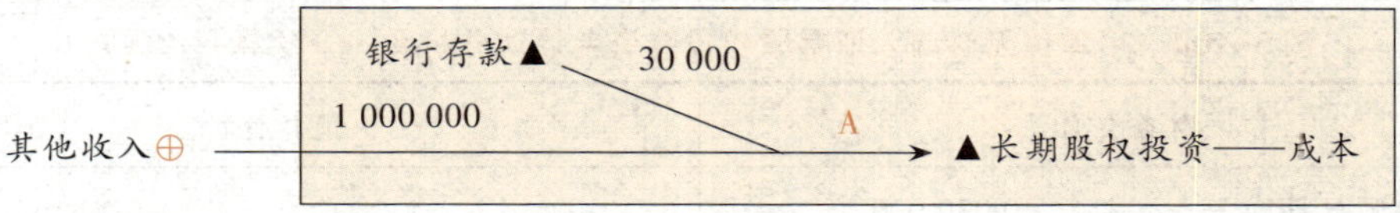

图 5-100　甲单位以未入账无形资产投资取得股权投资资金运动分析图——财务会计视角

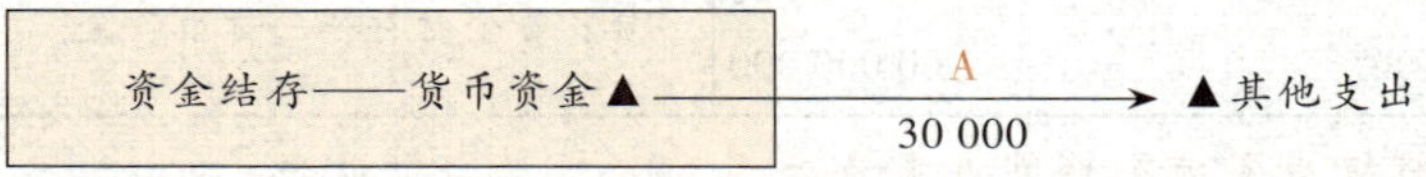

图 5-101　甲单位以未入账无形资产投资取得股权投资资金运动分析图——预算会计视角

财务会计	预算会计
借：长期股权投资——成本　1 030 000 　贷：银行存款　30 000 　　其他收入　1 000 000	借：其他支出　30 000 　贷：资金结存——货币资金　30 000

4.接受捐赠、无偿调入取得长期股权投资

接受捐赠取得的长期股权投资，其成本按照有关凭据注明的金额加上相关税费确定；没有相关凭据可供取得、但按规定经过资产评估的，其成本按照评估价值加上相关税费确定；没有相关凭据可供取得、也未经资产评估的，其成本比照同类或类似资产的市场价格加上相关税费确定。长期股权投资不得采用名义金额（1元）计量。

接受捐赠取得的长期股权投资，从财务会计视角来看，按照确定的成本（包含发生的相关税费），确认长期股权投资，所引起的资金运动如图 5-102 中A段运动所示；如以货币资金等支付了相关税费的，则从预算会计视角来看，所引起的资金运动如图 5-99 所示。

无偿调入取得的长期股权投资，其成本按照调出方账面价值加上相关税费确定。从财务会计视角来看，按照确定的成本（包含发生的相关税费），确认长期股权投资，所引起的资金运动如图 5-102 中B段运动所示；如以货币资金等支付了相关税费，则从预算会计视角来看，所引起的资金运动如图 5-99 所示。

接受捐赠、无偿调入取得长期股权投资

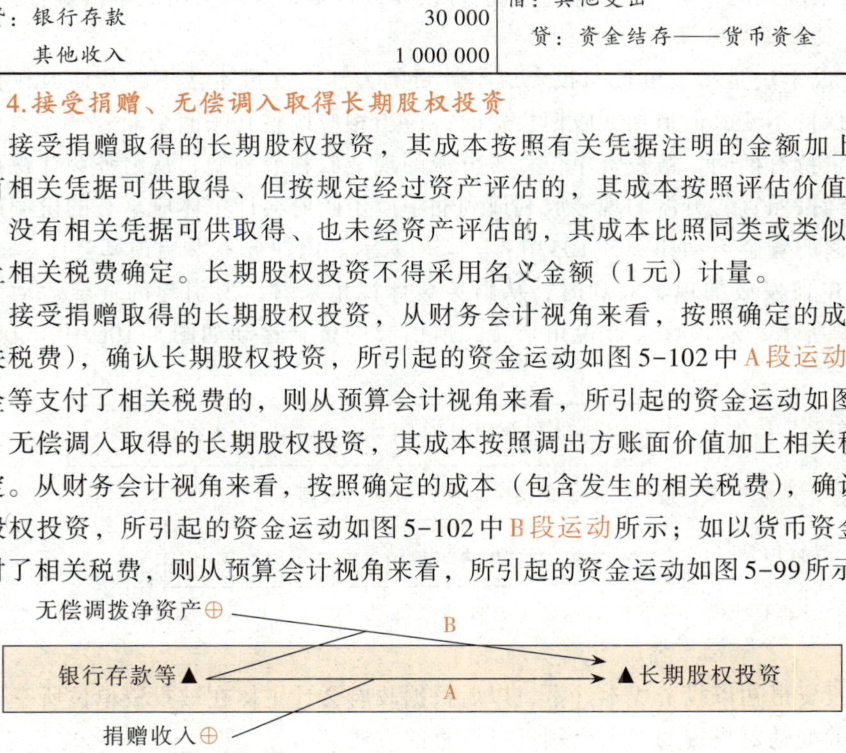

图 5-102　接受捐赠、无偿调入取得股权投资资金运动分析图——财务会计视角

【例5-20】甲事业单位20×8年8月经批准接受乙公司无偿调入其持有的丙公司30%的股权，甲单位接受无偿调入后有权参与丙公司的财务和经营决策，乙公司持有该股权投资的账面价值为60 000 000元。甲单位以银行存款支付相关税费30 000元。（财务会计如图5-103所示；预算会计如图5-104所示）

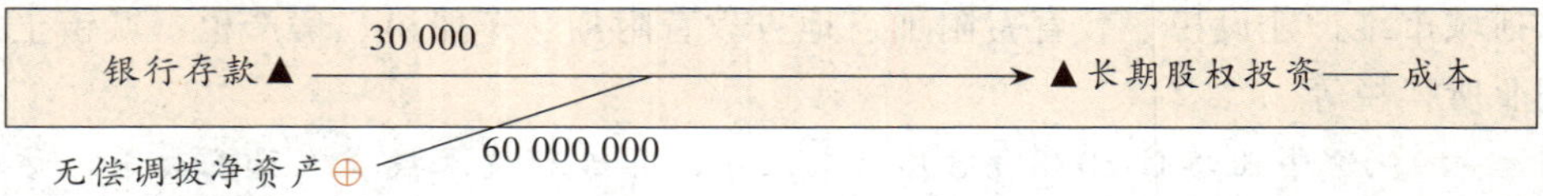

图5-103　甲单位无偿调入取得股权投资资金运动分析图——财务会计视角

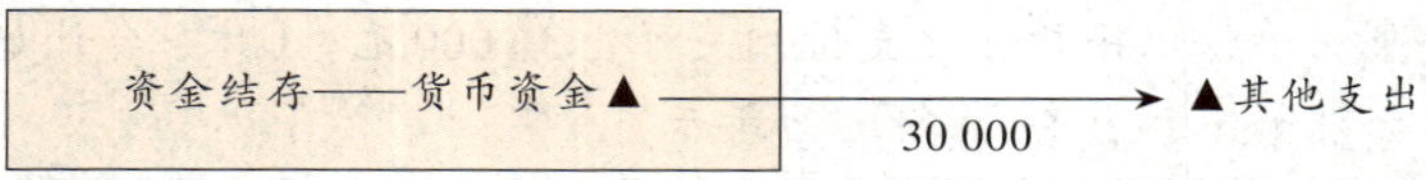

图5-104　甲单位无偿调入取得股权投资资金运动分析图——预算会计视角

财务会计	预算会计
借：长期股权投资——成本　60 030 000 　贷：银行存款　30 000 　　　无偿调拨净资产　60 000 000	借：其他支出　30 000 　贷：资金结存——货币资金　30 000

（三）长期股权投资持有期间业务资金运动分析与会计处理

长期股权投资成本法核算分析

长期股权投资在持有期间的核算方法包括成本法和权益法。政府会计主体有权决定被投资单位的财务和经营政策或有权参与被投资单位的财务和经营政策决策的，应当采用权益法进行核算；否则，应当采用成本法进行核算。

1.成本法核算

成本法是指投资按照投资成本计量的方法。在成本法下，长期股权投资的账面余额通常保持不变，但追加或收回投资时，应当相应调整其账面余额。

长期股权投资持有期间，被投资单位宣告分派的现金股利或利润，从财务会计视角来看，事业单位应当按照宣告分派的现金股利或利润中属于政府会计主体应享有的份额确认投资收益，所引起的资金运动如图5-105中A段运动所示。该业务不影响预算会计。

收到被投资单位发放的现金股利时，从财务会计视角来看，所引起的资金运动如图5-105中B段运动所示；从预算会计视角来看，所引起的资金运动如图5-106中B段运动所示。

图5-105　长期股权投资持有期间业务资金运动分析图（成本法）——财务会计视角

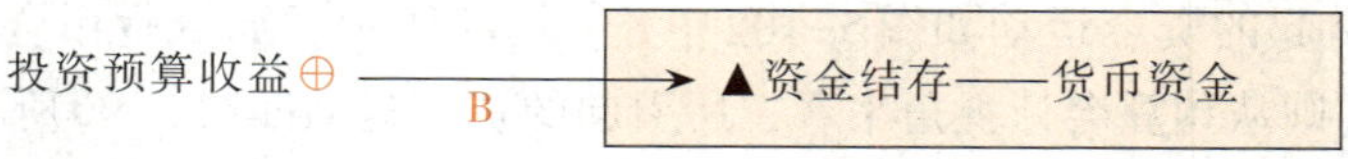

图5-106　长期股权投资持有期间业务资金运动分析图（成本法）——预算会计视角

2.权益法核算

权益法是指投资最初以投资成本计量，以后根据政府会计主体在被投资单位所享有的所有者权益份额的变动对投资的账面余额进行调整的方法。

在权益法核算下，应按照如下原则进行会计处理：

长期股权投资权益法核算分析

（1）政府会计主体取得长期股权投资后，对被投资单位所有者权益的变动，应当按照下列规定进行处理：

①从财务会计视角来看，按照应享有或应分担的被投资单位实现的净收益或净亏损的份额，确认投资损益，同时调整长期股权投资的账面余额，所引起的资金运动如图5-107中A段运动所示。该业务不影响预算会计。

②从财务会计视角来看，按照被投资单位宣告分派的现金股利或利润计算应享有的份额，确认应收股利，同时减少长期股权投资的账面余额，所引起的资金运动如图5-107中B段运动所示。该业务不影响预算会计。

收到被投资单位发放的现金股利时，从财务会计视角来看，所引起的资金运动如图5-107中C段运动所示。从预算会计视角来看，所引起的资金运动如图5-106所示。

③从财务会计视角来看，按照被投资单位除净损益和利润分配以外的所有者权益变动的份额，确认净资产，同时调整长期股权投资的账面余额，所引起的资金运动如图5-107中D段运动所示。该业务不影响预算会计。

（2）事业单位确认被投资单位发生的净亏损，从财务会计视角来看，应当以长期股权投资的账面余额减记至零为限，事业单位负有承担额外损失义务的除外，所引起的资金运动如图5-107中A段运动所示，只是其流量为负数。该业务不影响预算会计。

被投资单位发生净亏损，但以后年度又实现净利润的，从财务会计视角来看，事业单位应当在其收益分享额弥补未确认的亏损分担额后，恢复确认股权投资。该业务不影响预算会计。

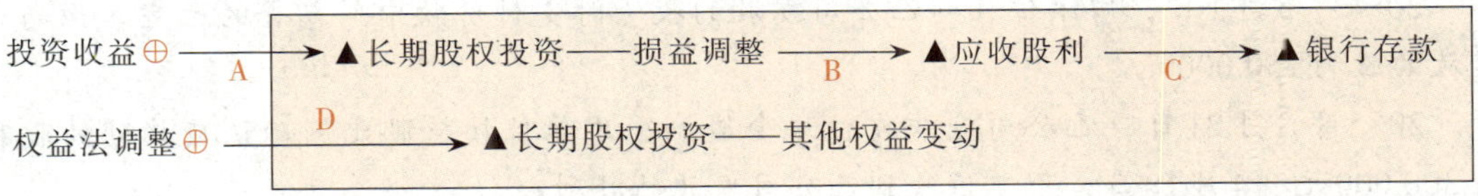

图5-107　长期股权投资持有期间业务资金运动分析图（权益法）——财务会计视角

“权益法调整”科目核算事业单位持有的长期股权投资采用权益法核算时，按照被投资单位除净损益和利润分配以外的所有者权益变动份额，调整长期股权投资账面余额而计入净资产的金额。该科目类似于企业的“其他权益变动”和“资本公积”科目。处置该项投资时，按照原计入净资产的相应部分金额，应转入“投资收益”科目。

3.成本法和权益法的转换

（1）权益法转换为成本法

事业单位因处置部分长期股权投资等原因无权再决定被投资单位的财务和经营政策或者无权参与被投资单位的财务和经营政策决策的，从财务会计视角来看，应当对处置后的剩余股权投资改按成本法核算，并以该剩余股权投资在权益法下的账面余额作为按照成本法核算的初始投资成本，所引起的资金运动如图5-108中A段运动所示。该业务不影响预算会计。

成本法和权益法的转换

其后，被投资单位宣告分派现金股利或利润时，从财务会计视角来看，属于已计入投资账面余额的部分，应作为成本法下长期股权投资成本的收回，冲减长期股权投资的账面余额，所引起的资金运动如图5-108中B段运动所示。该业务不影响预算会计。

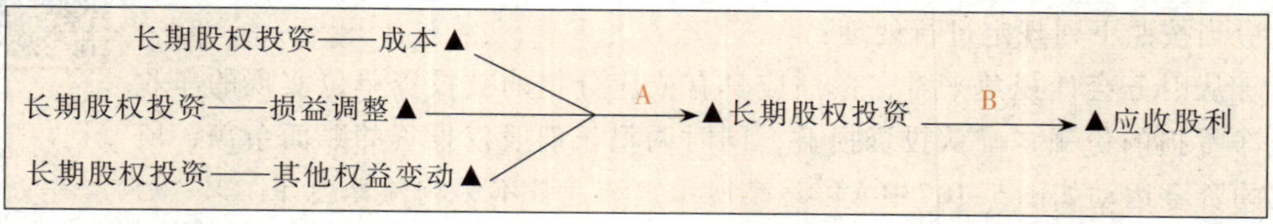

图5-108 长期股权投资权益法转成本法业务资金运动分析图——财务会计视角

（2）成本法转换为权益法

政府会计主体因追加投资等原因对长期股权投资的核算从成本法改为权益法的，从财务会计视角来看，应当自有权决定被投资单位的财务和经营政策或者参与被投资单位的财务和经营政策决策时，按成本法下长期股权投资的账面余额加上追加投资的成本作为按照权益法核算的初始投资成本，所引起的资金运动如图5-109所示。从预算会计视角来看，如果追加投资是以货币资金支付，则所引起的资金运动如图5-95中A段运动所示。

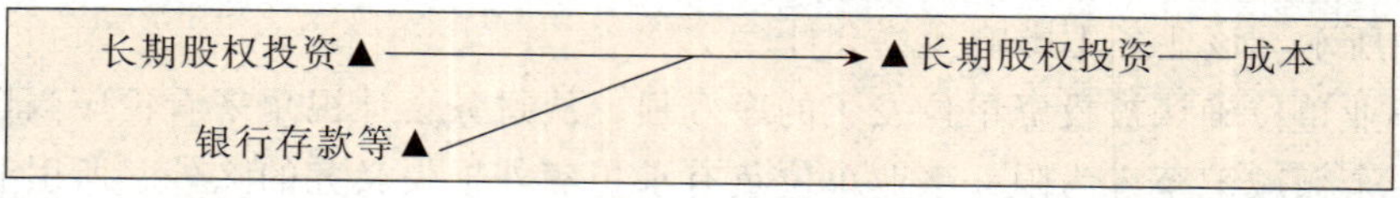

图5-109 长期股权投资成本法转权益法业务资金运动分析图——财务会计视角

【例5-21】甲事业单位20×4年3月1日经批准，使用自有资金6 150 000元购入乙公司15%的股权，其中含已宣告但尚未发放的股利150 000元。甲单位以银行存款支付该投资价款。投资后，甲单位无权参与乙公司的财务和经营决策。

20×4年5月1日，甲单位收到乙公司发放的投资时支付价款中所包含的已宣告但尚未发放的股利150 000元。

20×5年3月21日，乙公司宣告发放现金股利，甲单位按持股比例确认应收到的股利为300 000元，4月18日，甲单位收到乙公司发放的股利。

20×6年1月1日甲单位追加对乙公司投资5 000 000元，新增持股比例10%，累计持股25%，从而有权参与乙公司的财务和经营决策，因此对乙公司的长期股权投资核算从成本法改为权益法。

20×6年3月15日，乙公司宣告发放现金股利，甲单位按持股比例应收股利为250 000元，4月10日，甲单位收到乙公司发放的股利。

20×6年12月31日，乙公司全年实现净利润10 000 000元。同时，乙公司还有其他综合收益增加2 000 000元。

20×7年3月18日，乙公司宣告发放现金股利，甲单位按持股比例应收股利为500 000元，4月17日，甲单位收到乙公司发放的股利。

长期股权投资业务举例

甲事业单位的资金运动分析与会计处理如下：

（1）20×4年3月1日，甲单位取得乙公司15%股权，因无权参与乙公司的财务和经营决策，所以采用成本法核算长期股权投资。（财务会计如图5-110，A段运动所示；预算会计如图5-111，A段运动（1）所示）

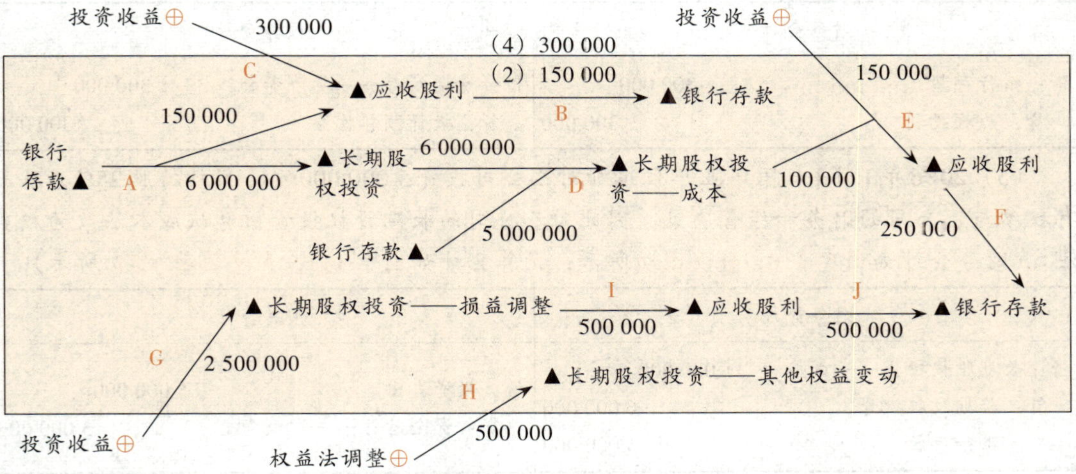

图5-110　甲单位长期股权投资业务资金运动分析图——财务会计视角

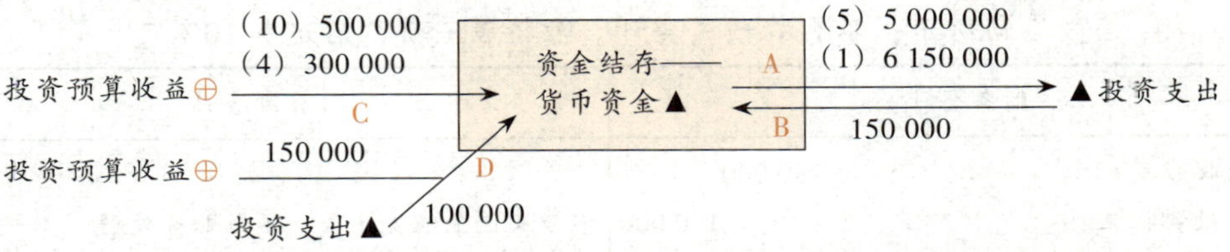

图5-111　甲单位长期股权投资业务资金运动分析图——预算会计视角

财务会计	预算会计
借：长期股权投资　6 000 000 　应收股利　150 000 　贷：银行存款　6 150 000	借：投资支出　6 150 000 　贷：资金结存——货币资金　6 150 000

（2）20×4年5月1日，甲单位收到包含在买价中的应收股利150 000元。（财务会计如图5-110，B段运动（2）所示；预算会计如图5-111，B段运动所示）

财务会计	预算会计
借：银行存款　150 000 　贷：应收股利　150 000	借：资金结存——货币资金　150 000 　贷：投资支出　150 000

（3）20×5年3月21日，乙公司宣告发放现金股利。（财务会计如图5-110，C段运动所示；不影响预算会计）

财务会计	预算会计
借：应收股利　300 000 　贷：投资收益　300 000	不涉及现金收支业务，不做账务处理

（4）20×5年4月18日，甲单位收到乙公司发放的现金股利300 000元。（财务会计如图5-110，B段运动（4）所示；预算会计如图5-111，C段运动（4）所示）

财务会计	预算会计
借：银行存款　300 000 　贷：应收股利　300 000	借：资金结存——货币资金　300 000 　贷：投资预算收益　300 000

（5）20×6年1月1日甲事业单位追加对乙公司投资5 000 000元，累计持股25%，从而有权参与乙公司的财务和经营决策，因此对乙公司的长期股权投资核算从成本法改为权益法。（财务会计如图5-110，D段运动所示；预算会计如图5-111，A段运动（5）所示）

财务会计	预算会计
借：长期股权投资——成本　11 000 000 　贷：长期股权投资　6 000 000 　　银行存款　5 000 000	借：投资支出　5 000 000 　贷：资金结存——货币资金　5 000 000

（6）20×6年3月15日，乙公司宣告发放现金股利，甲应确认250 000元。（财务会计如图5-110，E段运动所示；不影响预算会计。原持股15%，后追加10%）

财务会计	预算会计
借：应收股利　250 000 　贷：投资收益　150 000 　　长期股权投资——成本　100 000	不涉及现金收支业务，不做账务处理

（7）20×6年4月10日，甲公司收到乙公司发放的现金股利250 000元。（财务会计如图5-110，F段运动所示；预算会计如图5-111，D段运动所示）

财务会计	预算会计
借：银行存款　250 000 　贷：应收股利　250 000	借：资金结存——货币资金　250 000 　贷：投资预算收益　150 000 　　投资支出　100 000

（8）20×6年12月31日，乙公司全年实现净利润10 000 000元。同时，乙公司还有其他综合收益增加2 000 000元。甲单位按25%分享。（财务会计如图5-110，G段、H段运动所示；不影响预算会计）

财务会计	预算会计
借：长期股权投资——损益调整　2 500 000 　贷：投资收益　2 500 000 借：长期股权投资——其他权益变动　500 000 　贷：权益法调整　500 000	不涉及现金收支业务，不做账务处理

（9）20×7年3月18日，乙公司宣告发放现金股利。（财务会计如图5-110，I段运动所示；不影响预算会计

财务会计	预算会计
借：应收股利 500 000 贷：长期股权投资——损益调整 500 000	不涉及现金收支业务，不做账务处理

（10）20×7年4月17日，甲单位收到乙公司发放的现金股利500 000元。（财务会计如图5-110，J段运动所示；预算会计如图5-111，C段运动（10）所示）

财务会计	预算会计
借：银行存款 500 000 贷：应收股利 500 000	借：资金结存——货币资金 500 000 贷：投资预算收益 500 000

（四）处置长期股权投资资金运动分析与会计处理

事业单位按规定报经批准处置长期股权投资，应当冲减长期股权投资的账面余额，并按相关预算管理规定进行相应的会计处理。采用权益法核算的长期股权投资，因被投资单位除净损益和利润分配以外的所有者权益变动而将应享有的份额计入净资产的，处置该项投资时，还应当将原计入净资产的相应部分转入当期投资损益。

处置以现金方式取得的长期股权投资

1.处置以货币资金取得的长期股权投资

从财务会计视角来看，其处置成本包括三部分：长期股权投资账面余额、应收未收的应收股利和处置过程中发生的相关支出。处置价款扣除处置成本后的余额确认为投资收益。采用权益法核算的，还应该将“权益法调整”金额按股权处置比例分摊转入投资收益。

从预算会计视角来看，对处置净现金流入（售价扣除交易费用后的余额）要进行预算会计处理。现金净流入中与长期股权投资投资成本对应的金额要确认为投资支出的收回，剩下的金额才能确认并记入“投资预算收益”。

处置以货币资金取得的长期股权投资，从财务会计视角来看，所引起的资金运动如图5-112所示。其中，A段流量反映长期股权投资成本，B段流量反映长期股权投资的账面余额，C段流量反映所包含的已宣告但尚未支付的现金股利，D段流量反映发生的相关税费等支出，E段流量反映售价，F段流量反映所确认的投资收益。如果采用权益法核算的，还应该将原确认为权益法调整的金额转入“投资收益”科目，所引起的资金运动如图5-112中G段运动所示。

从预算会计视角来看，所引起的资金运动如图5-113所示。其中A段流量反映长期股权投资成本的收回；如果是当年的投资收回，则应冲减“投资支出”科目；如果是以前年度的投资收回，则应调整“其他结余”科目。出售长期股权投资所取得的银行存款扣除相关税费支出，再扣除A段流量，就是应确认并记入“投资预算收益”的金额。如果E段流量减去D段流量的之差小于A段与C段流量之和，即出售净现金流入不足以弥补投资成本和应收股利之和，有应收股利的，应优先考虑应收股利的对价，应按应收股利的金额确认投资预算收益；出售净现金流入量扣除应收股利后的余额，则确认为投资支出或其他结余。如果售价扣除交易费用后的余额不足以弥补应收股利，那该投资就不应该出售，而是继续保留在账上或者注销。

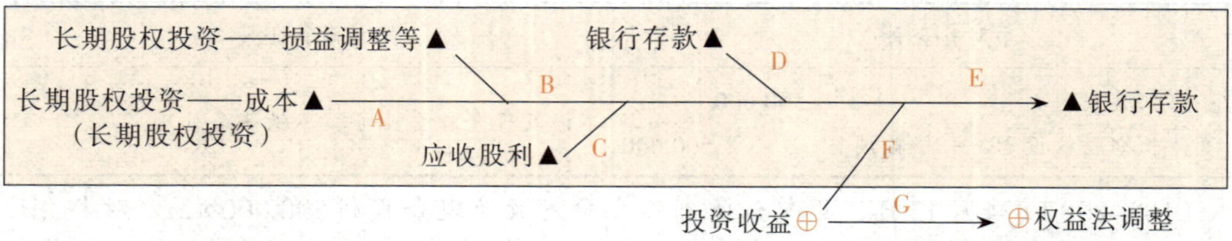

图 5-112　处置以现金方式取得的长期股权投资资金运动分析图——财务会计视角

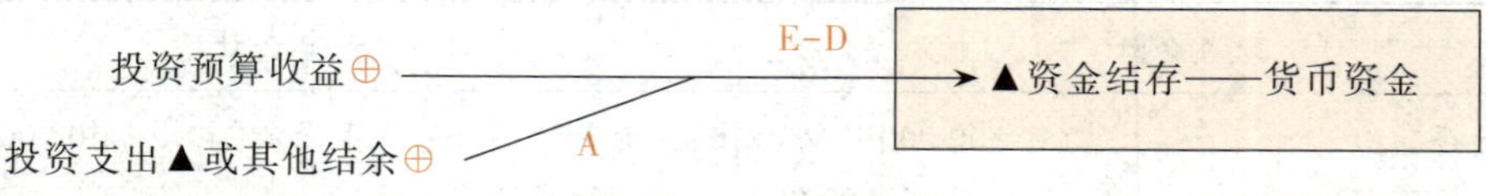

图 5-113　处置以现金方式取得的长期股权投资资金运动分析图——预算会计视角

处置以现金取得的长期股权投资举例

【例 5-22】承【例 5-21】，甲事业单位 20×8 年 3 月 15 日，经批准向丁公司出售了其所持乙公司的全部股权，收到处置款 19 000 000 元，其中含尚未领取的乙公司 20×7 年度现金股利 600 000 元。股权处置过程中，甲单位以银行存款支付相关税费 10 000 元。截至处置时刻，“长期股权投资——成本”10 900 000 元，“长期股权投资——损益调整”5 000 000 元，“长期股权投资——其他权益变动”800 000 元。

（1）处置长期股权投资。（财务会计如图 5-114，A、B、C、D、E 段运动所示；预算会计如图 5-115 所示）

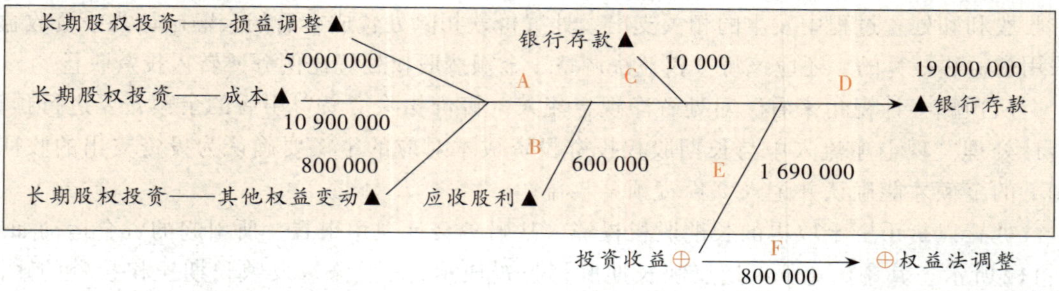

图 5-114　甲单位处置长期股权投资资金运动分析图——财务会计视角

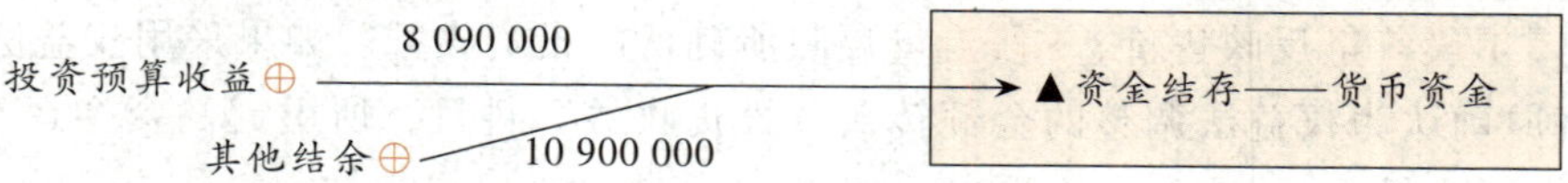

图 5-115　甲单位处置长期股权投资资金运动分析图——预算会计视角

财务会计			预算会计		
借：银行存款	19 000 000				
贷：长期股权投资——成本		10 900 000			
——损益调整		5 000 000	借：资金结存——货币资金	18 990 000	
——其他权益变动		800 000	贷：其他结余		10 900 000
应收股利		600 000	投资预算收益		8 090 000
银行存款		10 000			
投资收益		1 690 000			

（2）将原确认为权益法调整的金额转入“投资收益”科目。（财务会计如图5-114，F段运动所示；不影响预算会计）

财务会计	预算会计
借：权益法调整 800 000 贷：投资收益 800 000	不影响预算会计

2.处置以非货币资金取得的长期股权投资

（1）处置以科技成果转化形成的长期股权投资

从财务会计视角来看，其处置成本包括三部分：长期股权投资账面余额、应收未收的应收股利和处置过程中发生的相关支出。处置价款扣除处置成本后的余额确认为投资收益。采用权益法核算的，还应该将“权益法调整”金额按股权处置比例分摊转入投资收益。其所引起的资金运动如图5-112所示。

处置以科技成果转化形成的长期股权投资

从预算会计视角来看，事业单位处置以科技成果转化形成的长期股权投资，按规定所取得的收入全部留归本单位。因此，处置净现金流入（售价扣除交易费用后的余额）要全部进行预算会计处理，其中，与科技成果作价金额对应的部分（即“长期股权投资”项目投资成本），应确认为“其他预算收入”，其所引起的资金运动如图5-116中A段运动所示；剩余部分应确认为“投资预算收益”，其所引起的资金运动如图5-116中B段运动所示。如果出售净现金流入不足以弥补投资成本和应收股利之和，有应收股利的，则按应收股利的金额确认投资预算收益；出售净现金流入量扣除应收股利后的余额，则确认为其他预算收入。

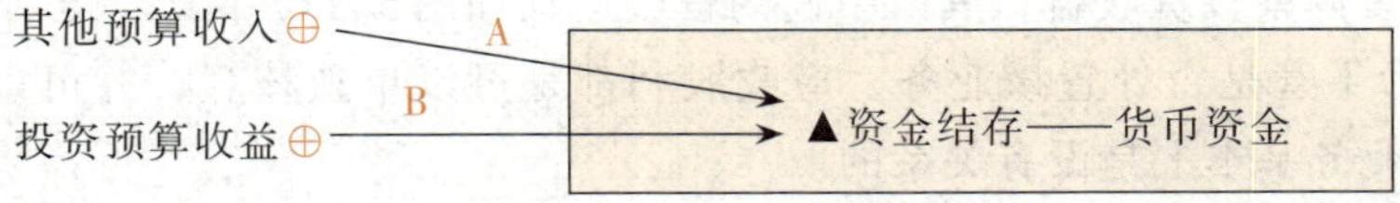

图5-116 处置以科技成果转化取得的长期股权投资资金运动分析图——预算会计视角

（2）权益法下处置以非现金资产取得长期股权投资（以科技成果转化形成的除外）

①按规定将取得的投资收益纳入单位预算管理（不含投资成本）

权益法下，按规定将取得的投资收益(处置价款扣除长期股权投资账面余额和相关税费后的差额）纳入本单位预算管理的，应当将收回的投资成本作为应缴财政款处理。

从财务会计视角来看，应将需要上缴财政的长期股权投资的投资成本结转至“资产处置费用”科目。从财务会计视角来看，其处置成本包括三部分：长期股权投资账面余额（其中已结转至“资产处置费用”的长期股权投资的投资成本项目的部分由“应缴财政款”科目替代）、应收未收的应收股利和处置过程中发生的相关支出。处置价款扣除处置成本后的余额确认为投资收益。采用权益法核算的，还应该将“权益法调整”金额按股权处置比例分摊转入“投资收益”科目。

从财务会计视角来看，所引起的资金运动如图5-117所示。在图5-117中，A段运动反映将长期股权投资的“成本”科目予以冲销；B段运动流量反映发生的相关税费等支出；C段运动流量反映已宣告但尚未领取的现金股利或利润；D段运动反映将“长期股权

处置以非现金资产取得的长期股权投资业务1

投资”科目的“损益调整”“其他权益变动”明细科目予以冲销；E段运动反映将“长期股权投资”科目的“成本”明细科目所对应的金额确认为应缴财政款；F段运动流量反映总的售价；G段运动反映将其差额（按照实际取得的价款与被处置长期股权投资账面余额、应收股利账面余额和相关税费支出合计数的差额）确认为投资收益；H段运动反映将权益法下确认的“权益法调整”予以冲销，转入“投资收益”科目。

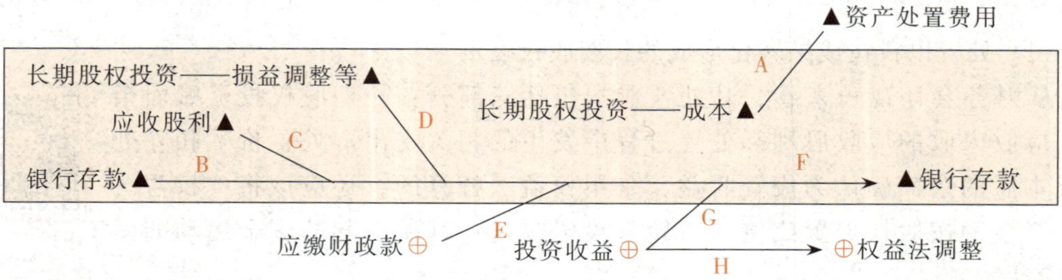

图5-117　处置以非现金方式取得的长期股权投资资金运动分析图（权益法）——财务会计视角

从预算会计视角来看，处置净现金流入量（售价扣除相关交易费用与应上缴财政的长期股权投资“成本”科目之后的余额）应确认并记入“投资预算收益”科目，所引起的资金运动如图5-118所示，其流量为图5-117中F段流量扣除B段流量和E段流量之后的余额。

如果售价扣除相关交易费用后的余额，不足以弥补投资成本和应收股利之和，那么在预算会计视角来看，有应收股利的，按应收股利的金额确认投资预算收益；在财务会计视角，应缴财政款不应该大于处置净现金流入扣除应收股利对价后的金额，因此应调低应缴财政款，并同步调整投资收益，其所引起的资金运动如图5-117中H段运动所示（其流量为负数）。因为不管是否处置该业务，应收股利都是可以单独核算，并可以单独收回的；其与本笔处置业务基本上是没有关系的。

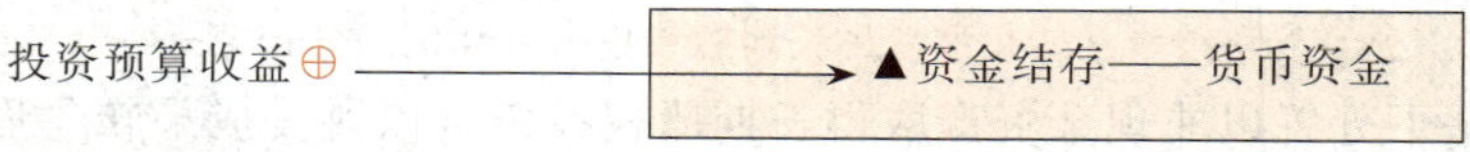

图5-118　处置以非现金方式取得的长期股权投资资金运动分析图（权益法）——预算会计视角

②按规定将处置净收入全部上缴财政

处置以非现金资产取得长期股权投资业务2

权益法下，按规定将处置净收入(处置价款扣除相关税费、应收股利后的差额）全额上缴财政的，从财务会计视角来看，首先应将长期股权投资账面余额全部结转至“资产处置费用”科目；然后再将处理净收入确认为应缴财政款。从财务会计视角来看，所引起的资金运动如图5-119所示。在图5-119中，A段运动反映将长期股权投资账面余额予以冲销；B段运动流量反映发生的相关税费等支出；C段运动流量反映尚未领取的现金股利或利润；D段运动流量反映总的售价；E段运动反映将其差额（实际取得的价款与应收股利和相关税费支出合计数的差额）确认为应缴财政款；F段运动反映将权益法下确认的“权益法调整”予以冲销，转入“投资收益”科目。

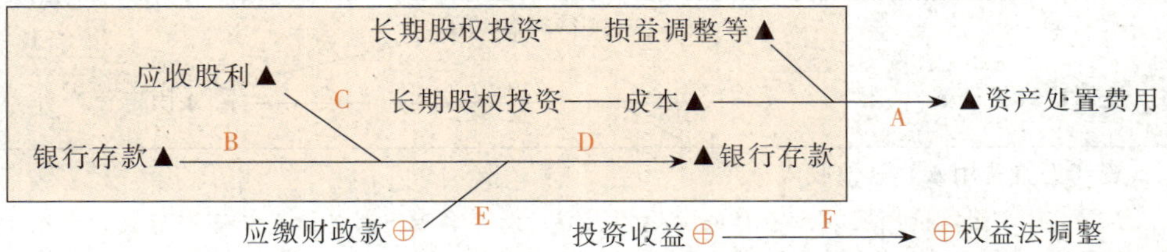

图5-119 处置以非现金方式取得的长期股权投资资金运动分析图（权益法）——财务会计视角

从预算会计视角来看，如果售价中包括了应收股利的对价，则应将其作为投资预算收益处理，所引起的资金运动如图5-118所示。

（3）其他情况下，处置长期股权投资

其他情况主要包括接受捐赠，无偿调入等方式取得。其基本处理原则是，从财务会计视角来看，长期股权投资投资成本的收回要作为应缴财政款处理，出售获得的净收益作为投资收益处理；从预算会计视角来看，出售获得的净现金流入（售价减去长期股权投资投资成本、减去应收股利、减去相关交易费用）加上应收股利收回的金额之和，要作为投资预算收益处理。

在财务会计视角，其所引起的资金运动如图5-117所示。其预算会计处理同5-118所示。如果处置所取得的净收入全额上缴财政，在财务会计视角，其所引起的资金运动如图5-119所示。在此情况下，预算会计只涉及与应收股利收回相关的业务，其所引起的资金运动如图5-120所示。

处置以非现金资产取得长期股权投资业务3

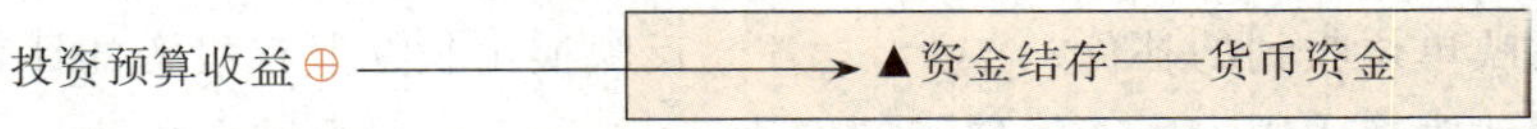

图5-120 处置长期股权投资资金运动分析图（其他情况）——预算会计视角

3.核销长期股权投资

因被投资单位破产清算等原因，有确凿证据表明长期股权投资发生损失，按照规定报经批准后予以核销时，从财务会计视角来看，将长期股权投资的账面余额予以核销，所引起的资金运动如图5-119中A段运动所示。该业务不影响预算会计。

4.置换换出长期股权投资

（1）不涉及补价或支付补价的置换换出长期股权投资

在不涉及补价或者支付补价的情况下置换换出长期股权投资，应按换出长期股权投资的评估价值和其他相关税费之和确认和计量所换入的相关资产。从财务会计视角来看，所引起的资金运动如图5-121所示。在图5-121中，A段运动流量代表所换出长期股权投资的账面余额；B段运动流量反映所换出长期股权投资的评估价值；C段运动流量反映换出长期股权投资评估价值与账面余额之差（当评估价值大于净值时，其流量为正，其差额应确认为其他收入；当评估价值小于净值时，其流量为负，其差额反映为资产处置费用）；D段运动流量反映单位为换入资产所支付的其他相关税费；如果单位支付补价的话，则E段运动流量反映单位支付的补价。

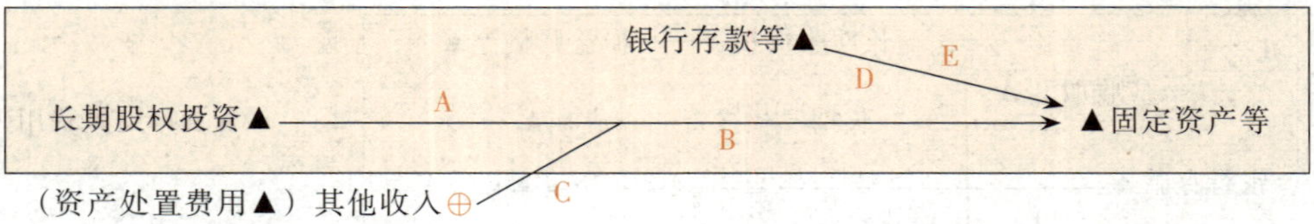

图5-121　置换换出股权投资资金运动分析图（无补价或支付补价）——财务会计视角

置换换出长期股权投资业务

如果其他相关费用，单位以货币资金进行了支付，或者以货币资金支付了补价的，从预算会计视角来看，所引起的资金运动如图5-122所示，其流量为图5-121中D段流量和E段流量之和。

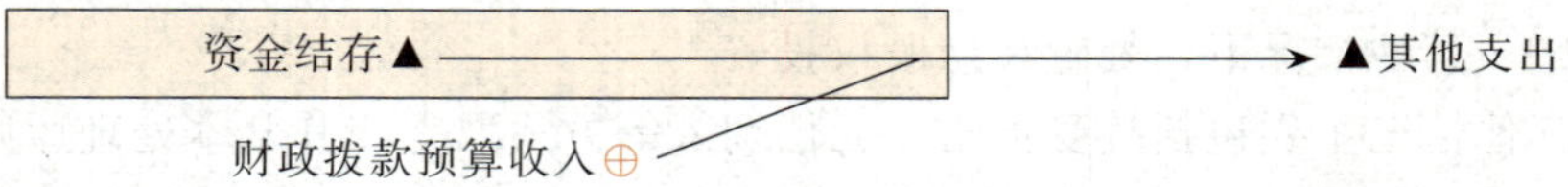

图5-122　置换换出股权投资资金运动分析图（无补价或支付补价）——预算会计视角

（2）收到补价的置换换出长期股权投资

在收到补价的情况下置换换出长期股权投资，应按换出长期股权投资的评估价值，扣除所收到的补价，再加上发生的其他相关税费确认与计量所换入的固定资产等项目。从财务会计视角来看，所引起的资金运动如图5-123所示。在图5-123中，A段运动流量反映换出长期股权投资的账面余额；B段运动流量反映换出长期股权投资的评估价值；C段运动流量反映评估价值与其净值的差额（当评估价值大于净值时，其流量为正，其差额应确认为其他收入；当评估价值小于净值时，其流量为负，其差额反映为资产处置费用）；D段运动流量反映单位收到的补价；E段运动流量反映换出长期股权投资的评估价值扣除补价后的余额确认为换入固定资产等项目的价值；F段运动流量反映单位为换入资产所支付的其他相关税费，其金额也应计入换入资产的成本。

在本次置换换入中，如货币资金属于净流入（即收到的货币资金补价大于所发生的货币性其他相关支出），该净流入量应上缴国家财政，则从财务会计视角来看，该金额应确认为应缴财政款，并同步调整“其他收入”或“资产处置费用”科目，所引起的资金运动如图5-123中G段运动所示。需要注意的是，在对“其他收入”科目进行调整时，以“其他收入”调减至零为限；当超过该限额时，应调增资产处置费用。该业务不影响预算会计。

在本次置换换入中，如货币资金属于净流出（即收到的货币资金补价小于所发生的货币性其他相关支出），则从财务会计视角来看，不涉及应缴财政款，没有图5-123中G段运动。从预算会计视角来看，其净流出量应确认为其他支出等，所引起的资金运动如图5-122所示。

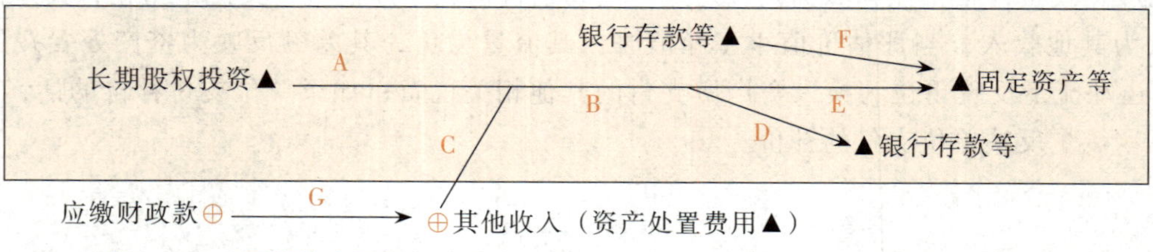

图5-123　置换换出股权投资资金运动分析图（收到补价）——财务会计视角

四、长期债券投资业务资金运动分析与会计处理

"长期债券投资"科目核算事业单位按照规定取得的、持有时间超过1年（不含1年）的债券投资。该科目应当设置"成本"和"应计利息"明细科目并按照债券投资的种类进行明细核算。事业单位进行除债券以外的其他债权投资，参照长期债券投资进行会计处理。

（一）取得长期债券投资

取得长期债券投资时，从财务会计视角来看，应当按照实际成本作为初始投资成本。实际支付价款中包含的已到付息期但尚未领取的债券利息，应当单独确认为应收利息，不计入长期债券投资初始投资成本，所引起的资金运动如图5-124中A段运动所示。从预算会计视角来看，所引起的资金运动如图5-125中A段运动所示。

收到买价中所包含的已到付息期但尚未领取的债券利息时，从财务会计视角来看，所引起的资金运动如图5-124中B段运动所示。从预算会计视角来看，所引起的资金运动如图5-125中B段运动所示。

（二）持有期间投资收益的确认

持有长期债券投资期间，应当按期以票面金额与票面利率计算确认利息收入。对于分期付息、到期一次还本的长期债券投资，应当将计算确定的应收未收利息确认为应收利息，同步确认投资收益；对于到期一次还本付息的长期债券投资，应当将计算确定的应收未收利息计入投资收益，并增加长期债券投资的账面余额。从财务会计视角来看，所引起的资金运动如图5-124中C1段运动所示。该业务不影响预算会计。

长期债券投资业务分析

如果是分期付息的，收到利息时，从财务会计视角来看，所引起的资金运动如图5-124中C2段运动所示。从预算会计视角来看，所引起的资金运动如图5-125中C2段运动所示。

（三）出售或到期收回长期债券投资

事业单位按规定出售或到期收回长期债券投资，从财务会计视角来看，应当将实际收到的价款扣除长期债券投资账面余额和相关税费后的差额计入投资收益，所引起的资金运动如图5-124中D段运动所示；其中D1段运动反映投资成本的结转，D2段运动反映应收未收利息的结转；D3段运动反映收到的款项减债券投资账面余额、减应收利息后的差额。

从预算会计视角来看，所引起的资金运动如图5-125中D段运动所示。其中D1段运动反映长期债券投资"成本"科目的结转；如果是出售或收回本期的债券投资，则资金运动起点科目应为"投资支出"科目；如果是出售或收回前期的债券投资，则资金运动起点科目应为"其他结余"科目；收到的款项扣除长期债券投资"成本"金额之后的余额，作为计量投资预算收益的金额，即图5-124中D2和D3段运动金额之和。

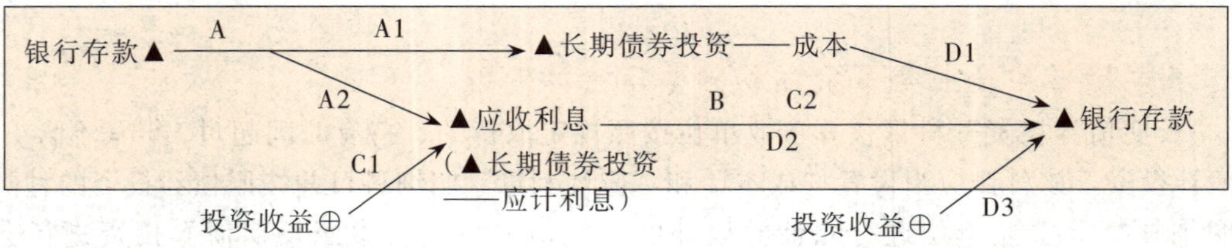

图 5-124　长期债券投资业务资金运动分析图——财务会计视角

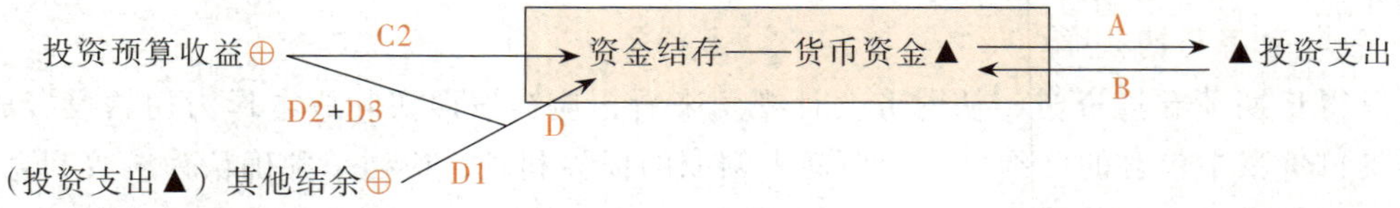

图 5-125　长期债券投资业务资金运动分析图——预算会计视角

【例 5-23】甲事业单位按照规定报经批准后，20×8 年 1 月 1 日以银行存款 6 500 000 元购买 5 年期乙公司债券，并计划长期持有，该债券于 20×7 年 1 月 1 日发行，票面金额 6 000 000 元，票面利率 5%，按年支付利息（实际支付时间为每年 1 月 5 日），到期一次还本。甲单位支付的价款中包含该债券已到付息期但尚未领取的利息 300 000 元。1 月 5 日，收到该笔利息。20×9 年 3 月 20 日，甲单位将该债券以 6 600 000 元的价格予以出售，款已收存银行。

长期债券投资业务举例

（1）20×8 年 1 月 1 日，购入债券。（财务会计如图 5-126，A 段运动所示；预算会计如图 5-127，A 段运动所示）

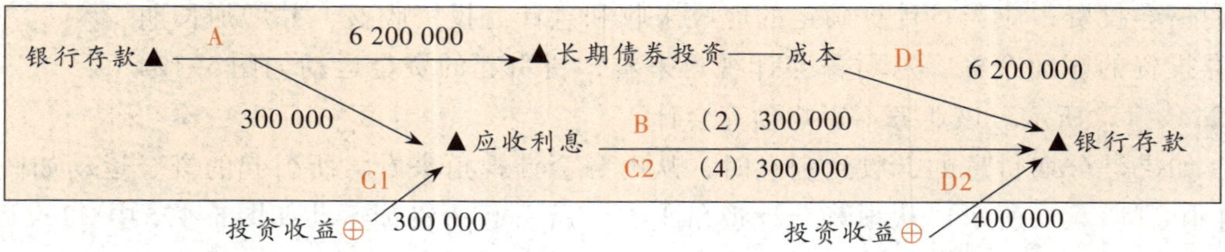

图 5-126　甲单位长期债券投资业务资金运动分析图——财务会计视角

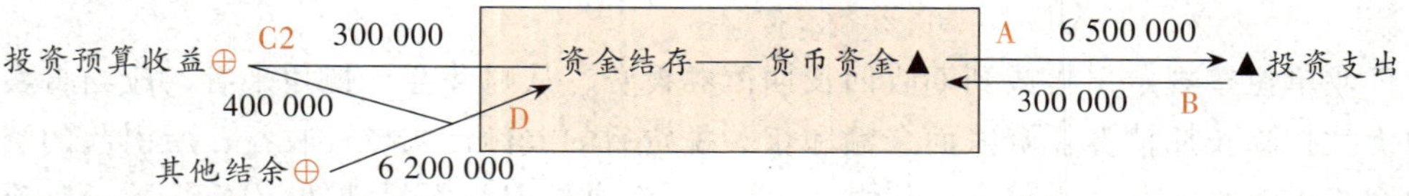

图 5-127　甲单位长期债券投资业务资金运动分析图——预算会计视角

财务会计			预算会计		
借：长期债券投资——成本	6 200 000		借：投资支出	6 500 000	
应收利息	300 000		贷：资金结存——货币资金		6 500 000
贷：银行存款		6 500 000			

（2）20×8 年 1 月 5 日，收到价款中包含的已到付息期但尚未领取的利息。（财务会计如图 5-126，B 段运动（2）所示；预算会计如图 5-127，B 段运动所示）

财务会计	预算会计
借：银行存款　　300 000 　贷：应收利息　　300 000	借：资金结存——货币资金　　300 000 　贷：投资支出　　300 000

（3）20×8年12月31日，确认利息收入。（财务会计如图5-126，C1段运动所示；不影响预算会计）

财务会计	预算会计
借：应收利息　　300 000 　贷：投资收益　　300 000	不涉及现金收支业务，不做账务处理

（4）20×9年1月5日，实际收到利息收入。（财务会计如图5-126，C2段运动所示；预算会计如图5-127，C2段运动所示）

财务会计	预算会计
借：银行存款　　300 000 　贷：应收利息　　300 000	借：资金结存——货币资金　　300 000 　贷：投资预算收益　　300 000

（5）20×9年3月20日，将债券出售。（财务会计如图5-126，D1、D2段运动所示；预算会计如图5-127，D段运动所示）

财务会计	预算会计
借：银行存款　　6 600 000 　贷：长期债券投资——成本　　6 200 000 　　投资收益　　400 000	借：资金结存——货币资金　　6 600 000 　贷：其他结余　　6 200 000 　　投资预算收益　　400 000

第五节　其他投资业务资金运动分析与会计处理

一、公共基础设施业务资金运动分析与会计处理

（一）公共基础设施的概念

公共基础设施是指政府会计主体为满足社会公共需求而控制的，同时具有以下特征的有形资产：（1）是一个有形资产系统或网络的组成部分；（2）具有特定用途；（3）一般不可移动。

公共基础设施主要包括市政基础设施（如城市道路、桥梁、隧道、公交场站、路灯、广场、公园绿地、室外公共健身器材，以及环卫、排水、供水、供电、供气、供热、污水处理、垃圾处理系统等）、交通基础设施（如公路、航道、港口等）、水利基础设施（如大坝、堤防、水闸、泵站、渠道等）和其他公共基础设施。

公共基础设施概念与确认

下列项目不能确认为公共基础设施：（1）独立于公共基础设施、不构成公共基础设施

使用不可缺少组成部分的管理维护用房屋建筑物、设备、车辆等，应确认为固定资产。(2) 属于文物文化资产的公共基础设施，应确认为文物资源。(3) 采用政府和社会资本合作模式（public-private partnership，即PPP模式）形成的公共基础设施适用《政府会计准则第10号——政府和社会资本合作项目合同》。

（二）公共基础设施的确认

1.公共基础设施的确认条件

公共基础设施同时满足下列条件的，应当予以确认：(1) 与该公共基础设施相关的服务潜力很可能实现或者经济利益很可能流入政府会计主体；(2) 该公共基础设施的成本或者价值能够可靠地计量。

2.确认公共基础设施的会计主体

公共基础设施应当由按规定对其负有管理维护职责的政府会计主体予以确认。多个政府会计主体共同管理维护的公共基础设施，应当由对该资产负有主要管理维护职责或者承担后续主要支出责任的政府会计主体予以确认。分为多个组成部分由不同政府会计主体分别管理维护的公共基础设施，应当由各个政府会计主体分别对其负责管理维护的公共基础设施的相应部分予以确认。负有管理维护公共基础设施职责的政府会计主体通过政府购买服务方式委托企业或其他会计主体代为管理维护公共基础设施的，该公共基础设施应当由委托方予以确认。

3.公共基础设施的确认时点

通常情况下，对于自建或外购的公共基础设施，政府会计主体应当在该项公共基础设施验收合格并交付使用时确认；对于无偿调入、接受捐赠的公共基础设施，政府会计主体应当在开始承担该项公共基础设施管理维护职责时确认。

4.公共基础设施的分类确认

政府会计主体应当根据公共基础设施提供公共产品或服务的性质或功能特征对其进行分类确认。公共基础设施的各组成部分具有不同使用年限或以不同方式提供公共产品或服务，适用不同折旧率或折旧方法且可以分别确定各自原价的，应当分别将各组成部分确认为该类公共基础设施的一个单项公共基础设施。

政府会计主体在购建公共基础设施时，能够分清购建成本中的构筑物部分与土地使用权部分的，应当将其中的构筑物部分和土地使用权部分分别确认为公共基础设施；不能分清购建成本中的构筑物部分与土地使用权部分的，应当整体确认为公共基础设施。

（三）公共基础设施取得资金运动分析与会计处理

在取得时，公共基础设施应当按照成本进行初始计量。对于成本无法可靠取得的公共基础设施，单位应当设置备查簿进行登记，待成本能够可靠确定后按照规定及时入账。

“公共基础设施”科目核算单位控制的公共基础设施的原值。“公共基础设施累计折旧（摊销）”科目核算单位计提的公共基础设施累计折旧或累计摊销。

“公共基础设施”科目应当按照公共基础设施的类别、项目等进行明细核算。单位应当根据行业主管部门对公共基础设施的分类规定，制定适合本单位管理的公共基础设施目录、分类方法，作为进行公共基础设施核算的依据。

“公共基础设施累计折旧（摊销）”科目应当按照所对应公共基础设施的明细分类进

行明细核算。

1.外购公共基础设施

公共基础设施取得业务

政府会计主体外购的公共基础设施，其成本包括购买价款、相关税费以及公共基础设施交付使用前所发生的可归属于该项资产的运输费、装卸费、安装费和专业人员服务费等。

对于包括不同组成部分的公共基础设施，只有总成本、没有单项组成部分成本的，政府会计主体可以按照各单项组成部分同类或类似资产的成本或市场价格比例对总成本进行分配，分别确定公共基础设施中各单项组成部分的成本。

外购公共基础设施，从财务会计视角来看，所引起的资金运动如图5-128中A段运动所示。从预算会计视角来看，所引起的资金运动如图5-129中A段运动所示。

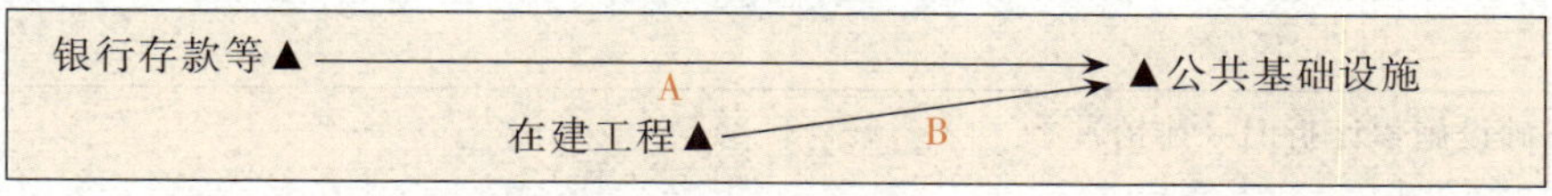

图5-128 公共基础设施取得资金运动分析图——财务会计视角

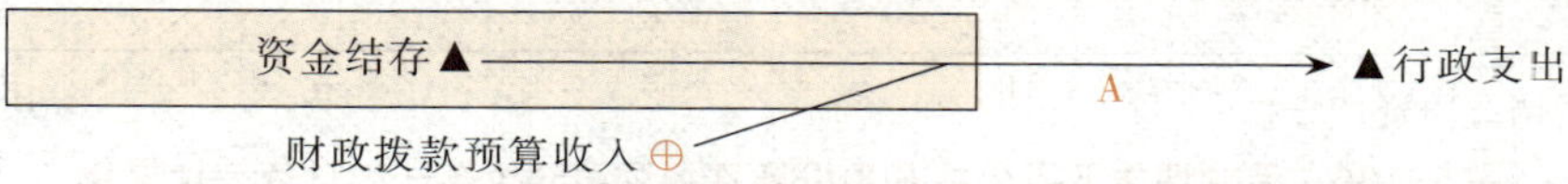

图5-129 公共基础设施取得资金运动分析图——预算会计视角

2.自行建造公共基础设施

政府会计主体自行建造的公共基础设施，其成本包括完成批准的建设内容所发生的全部必要支出，包括建筑安装工程投资支出、设备投资支出、待摊投资支出和其他投资支出。

为建造公共基础设施借入的专门借款的利息，属于建设期间发生的，计入该公共基础设施在建工程成本；不属于建设期间发生的，计入当期费用。

已交付使用但尚未办理竣工决算手续的公共基础设施，应当按照估计价值入账，待办理竣工决算后再按照实际成本调整原来的暂估价值（其具体处理参见固定资产的相关处理）。

公共基础设施的建造过程参见在建工程相关内容，本处略。交付使用时，所引起的资金运动如图5-128中B段运动所示。该业务不影响预算会计。

3.无偿调入公共基础设施

政府会计主体接受其他会计主体无偿调入的公共基础设施，其成本按照该项公共基础设施在调出方的账面价值加上归属于调入方的相关费用确定。但是，无偿调入的公共基础设施在调出方的账面价值为零（即已按制度规定提足折旧或摊销完毕）或者账面余额为名义金额的，应将调入过程中其承担的相关税费计入当期费用，不计入调入公共基础设施的初始入账成本。

无偿调入的公共基础设施在调出单位账面价值不为零或者不是按名义金额计量的，从财务会计视角来看，按照其账面价值加上发生的运输费等相关费用，确认公共基础设施或在建工程成本，所引起的资金运动如图5-130中A段运动所示。如以货币资金等支付了相关费用，则从预算会计视角来看，所引起的资金运动如图5-131中A1段运动所示。

无偿调入的公共基础设施在调出单位账面价值按名义金额计量的，从财务会计视角来看，应按照名义金额确认计量该公共基础设施，所引起的资金运动如图5-130中B1段运动所示，该业务不影响预算会计。同时，按照发生的运输费等相关费用，从财务会计视角来看，确认并记入“其他费用”科目，所引起的资金运动如图5-130中B2段运动所示；从预算会计视角来看，所引起的资金运动如图5-131中B2段运动所示。

无偿调入的公共基础设施在调出单位账面价值为零的，从财务会计视角来看，应按照该公共基础设施在调出方的账面余额同步确认和计量公共基础设施和公共基础设施累计折旧（摊销），所引起的资金运动如图5-130中C1段运动所示；该业务不影响预算会计。同时，按照发生的相关费用，从财务会计视角来看，确认并记入“其他费用”科目，所引起的资金运动如图5-130中C2段运动所示；从预算会计视角来看，所引起的资金运动如图5-131中C2段运动所示。

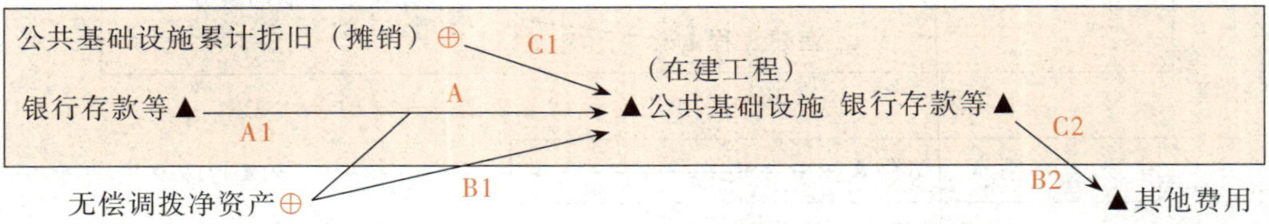

图5-130　无偿调拨取得公共基础设施资金运动分析图——财务会计视角

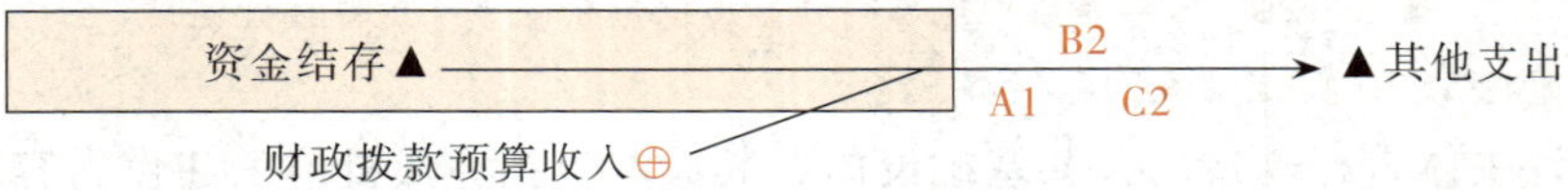

图5-131　无偿调拨取得公共基础设施资金运动分析图——预算会计视角

4.接受捐赠公共基础设施

政府会计主体接受捐赠的公共基础设施，其成本按照有关凭据注明的金额加上相关费用确定；没有相关凭据可供取得、但按规定经过资产评估的，其成本按照评估价值加上相关费用确定；没有相关凭据可供取得、也未经资产评估的，其成本比照同类或类似资产的市场价格加上相关费用确定。

接受捐赠的公共基础设施成本能够确定的，从财务会计视角来看，按照确定的成本（包含发生的相关费用），确认并记入“公共基础设施”或“在建工程”科目，所引起的资金运动如图5-132中A段运动所示。如以货币资金等支付了相关费用，则从预算会计视角来看，所引起的资金运动如图5-133中A1段运动所示。

接受捐赠的公共基础设施按照名义金额计量的，从财务会计视角来看，所引起的资金运动如图5-132中B1段运动所示；该业务不影响预算会计。同时，按照发生的相关费用，从财务会计视角来看，确认并记入“其他费用”科目，所引起的资金运动如图5-132中B2段运动所示；从预算会计视角来看，所引起的资金运动如图5-133中B2段运动所示。

接受捐赠的公共基础设施涉及增值税进项税额的，应计入其成本之中。

图5-132　接受捐赠取得公共基础设施资金运动分析图——财务会计视角

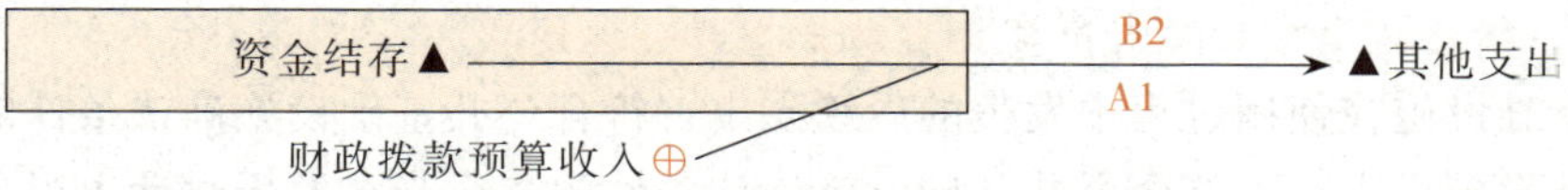

图5-133 接受捐赠取得公共基础设施资金运动分析图——预算会计视角

(四)公共基础设施折旧(摊销)

1.公共基础设施计提折旧(摊销)的范围

政府会计主体应当对公共基础设施计提折旧,但政府会计主体持续进行良好的维护使得其性能得到永久维持的公共基础设施除外。对于确认为公共基础设施的单独计价入账的土地使用权,政府会计主体应当按照无形资产摊销的相关规定进行摊销。本处主要讲授公共基础设施折旧计提问题。

2.公共基础设施计提折旧的基础

公共基础设施应计提的折旧总额为其成本,计提公共基础设施折旧时不考虑预计净残值。政府会计主体应当对暂估入账的公共基础设施计提折旧,实际成本确定后不需调整原已计提的折旧额。

公共基础设施折旧或摊销业务

3.公共基础设施计提折旧年限的确定

政府会计主体应当根据公共基础设施的性质和使用情况,合理确定公共基础设施的折旧年限。政府会计主体确定公共基础设施折旧年限,应当考虑下列因素:(1)设计使用年限或设计基准期;(2)预计实现服务潜力或提供经济利益的期限;(3)预计有形损耗和无形损耗;(4)法律或者类似规定对资产使用的限制。

公共基础设施的折旧年限一经确定,不得随意变更,但因改建、扩建等原因而延长公共基础设施使用年限的除外。因改建、扩建等原因而延长公共基础设施使用年限的,应当按照重新确定的公共基础设施的成本和重新确定的折旧年限计算折旧额,不须调整原已计提的折旧额。

对于政府会计主体接受无偿调入、捐赠的公共基础设施,应当考虑该项资产的新旧程度,按照其尚可使用的年限计提折旧。

4.公共基础设施计提折旧方法

政府会计主体一般应当采用年限平均法或者工作量法计提公共基础设施折旧。在确定公共基础设施的折旧方法时,应当考虑与公共基础设施相关的服务潜力或经济利益的预期实现方式。公共基础设施折旧方法一经确定,不得随意变更。

公共基础设施应当按月计提折旧,并计入当期费用。当月增加的公共基础设施,当月开始计提折旧;当月减少的公共基础设施,当月不再计提折旧。处于改建、扩建等建造活动期间的公共基础设施,应当转入“在建工程”科目,暂停计提折旧。公共基础设施提足折旧后,无论能否继续使用,均不再计提折旧;已提足折旧的公共基础设施,可以继续使用的,应当继续使用,并规范实物管理。提前报废的公共基础设施,不再补提折旧。

按月计提公共基础设施折旧时,或者按月对确认为公共基础设施的单独计价入账的土地使用权进行摊销时,从财务会计视角来看,所引起的资金运动如图5-134所示。

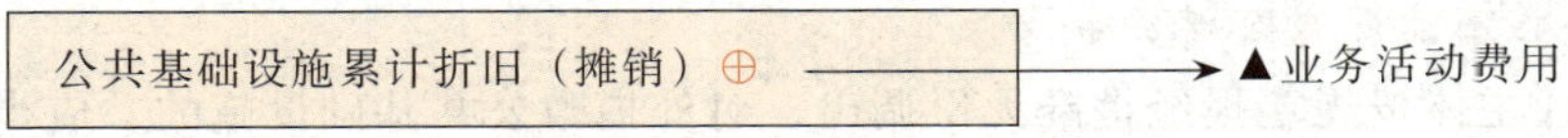

图5-134 公共基础设施计提折旧(摊销)资金运动分析图——财务会计视角

（五）公共基础设施后续支出资金运动分析与会计处理

公共基础设施在使用过程中发生的后续支出，符合公共基础设施确认条件的，应当计入公共基础设施成本；不符合公共基础设施确认条件的，应当在发生时计入当期费用。

通常情况下，为增加公共基础设施使用效能或延长其使用年限而发生的改建、扩建等后续支出，应当计入公共基础设施成本（扣除公共基础设施被替换部分的账面价值）；为维护公共基础设施的正常使用而发生的日常维修、养护等后续支出，应当计入当期费用。

符合公共基础设施确认条件的改扩建，在开始建设时，从财务会计视角来看，首先应将其账面价值转入“在建工程”科目，所引起的资金运动如图5-135中A段运动所示。该业务不影响预算会计。

从财务会计视角来看，改扩建期间的支出记入“在建工程”科目，所引起的资金运动如图5-135中B段运动所示。如果建设期间，有残值收入的，则从财务会计视角来看应确认并记入“银行存款”等科目，所引起的资金运动如图5-135中C段运动所示。从预算会计视角来看，所引起的资金运动如图5-136中B段运动所示，其流量为建设期间以货币资金支付的支出金额扣除处置残料所取得的货币资金的差额。改扩建过程中涉及增值税的，都应该价税合并。

从公共基础设施账面价值中扣除被替换部分的账面价值，从财务会计视角来看，将其作为待处理财产损溢（后续再转为资产处置费用），所引起的资金运动如图5-135中D段运动所示。该业务不影响预算会计。

改扩建完工交付使用时，从财务会计视角来看，由“在建工程”科目转入“公共基础设施”科目，所引起的资金运动如图5-135中E段运动所示。该业务不影响预算会计。

公共基础设施后续支出业务

为保证公共基础设施正常使用发生的日常维修费等支出，从财务会计视角来看，应在发生时直接计入当期费用，所引起的资金运动如图5-135中F段运动所示。从预算会计视角来看，所引起的资金运动如图5-136中F段运动所示。

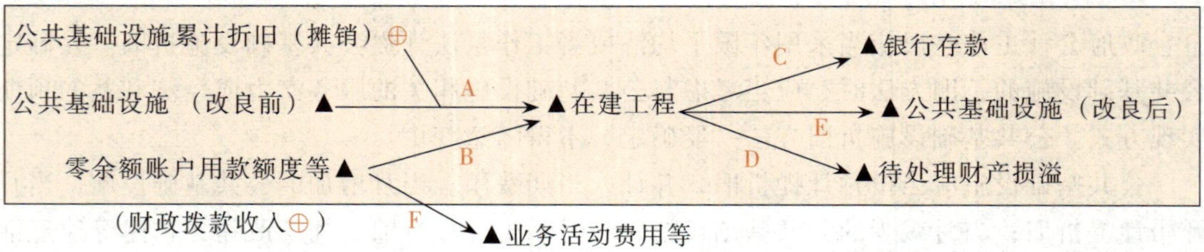

图5-135　公共基础设施后续支出资金运动分析图——财务会计视角

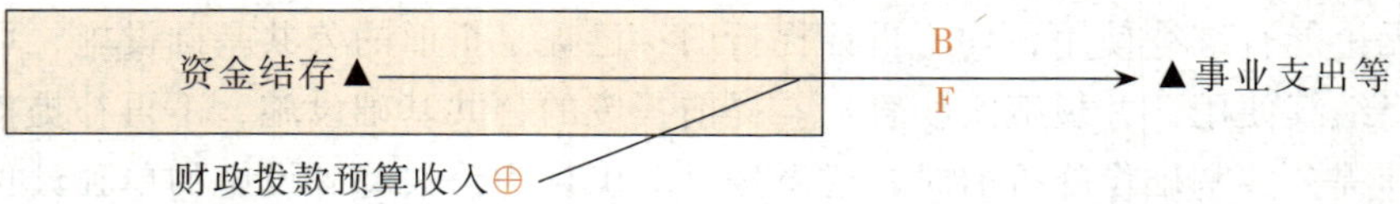

图5-136　公共基础设施后续支出资金运动分析图——预算会计视角

（六）公共基础设施处置资金运动分析与会计处理

政府会计主体按规定报经批准无偿调出、对外捐赠公共基础设施的，应当将公共基础设施的账面价值予以转销，无偿调出、对外捐赠过程中发生的归属于调出方、捐出方的相关费用应当计入当期费用。

报经批准对外捐赠公共基础设施，从财务会计视角来看，按照被处置公共基础设施账面余额和按照捐赠过程中发生的归属于捐出方的相关费用确认资产处置费用，所引起的资金运动如图5-137中A1、A2段运动所示（其中A2段运动流量反映处置过程中发生的应由捐出方承担的费用）。处置过程中发生的以货币资金等支付的相关费用，其预算会计处理如图5-136所示。

报经批准无偿调出公共基础设施，从财务会计视角来看，所引起的资金运动如图5-137中B1段运动所示。按照无偿调出过程中发生的归属于调出方的相关费用，从财务会计视角来看，所引起的资金运动如图5-137中B2段运动所示；从预算会计视角来看，所引起的资金运动如图5-136所示。

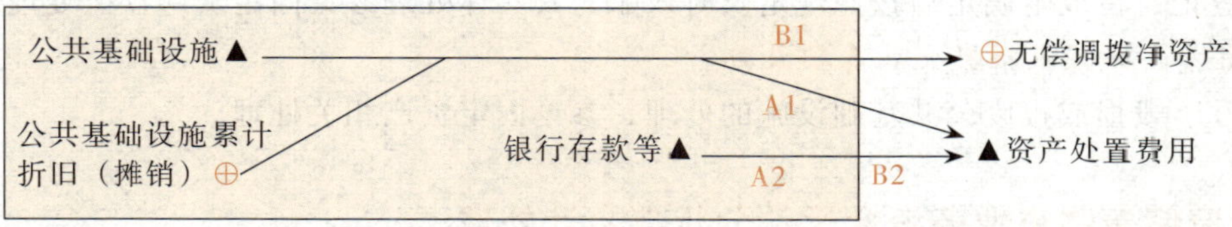

图5-137　公共基础设施对外捐赠、无偿调出资金运动分析图——财务会计视角

公共基础设施报废或遭受重大毁损的，从财务会计视角来看，政府会计主体应当在报经批准后将公共基础设施账面价值予以转销，并将处置的过程中取得的残值变价收入扣除相关费用后的差额按规定做应缴财政款处理（差额为净收益时）或计入当期费用（差额为净损失时），所引起的资金运动如图5-138所示。从预算会计视角来看，所引起的资金运动如图5-139所示。

在图5-138中，A段运动流量反映转销报废公共基础设施的账面价值，该业务不影响预算会计；B段运动反映由"待处理财产损溢"转入当期费用，该业务不影响预算会计；C段运动反映在处置过程中，如果处置收入扣除相关处置税费后的差额为净损失的，则从财务会计视角来看，应确认并记入"资产处置费用"科目，从预算会计视角来看，所引起的资金运动如图5-139中C段运动所示；D段运动反映在处置过程中，如果处置收入扣除相关处置税费后的差额为净收益的，则从财务会计视角来看，应做应缴财政款处理，该业务不影响预算会计；E段运动反映如按规定将公共基础设施处置净收益纳入单位预算管理的，则从财务会计视角来看所引起的资金运动，从预算会计视角来看所引起的资金运动如图5-139中E段运动所示。

公共基础设施处置业务

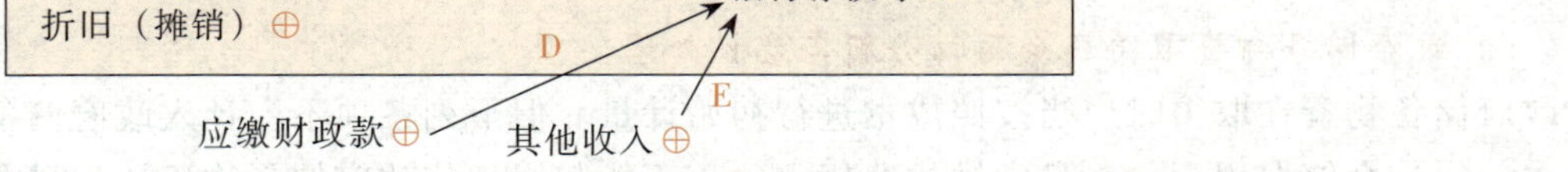

图5-138　公共基础设施报废资金运动分析图——财务会计视角

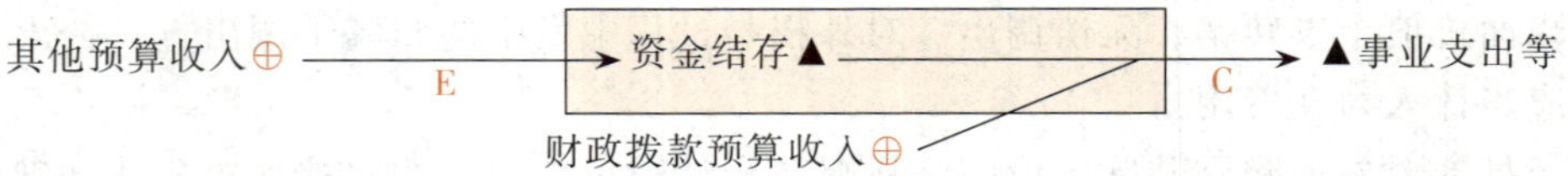

图5-139　公共基础设施报废资金运动分析图——预算会计视角

（七）公共基础设施清查盘点资金运动分析与会计处理

公共基础设施清查盘点业务

对于发生的公共基础设施盘盈、盘亏、毁损或报废，应当先记入“待处理财产损溢”科目，按照规定报经批准后及时进行后续账务处理。

1.盘盈公共基础设施

其成本按照有关凭据注明的金额确定；没有相关凭据、但按照规定经过资产评估的，其成本按照评估价值确定；没有相关凭据、也未经过评估的，其成本按照重置成本确定。盘盈的公共基础设施成本无法可靠取得的，单位应当设置备查簿进行登记，待成本确定后按照规定及时入账。其具体处理参见固定资产盘盈处理。

2.盘亏、毁损或报废公共基础设施

盘亏、毁损或报废公共基础设施的处理，参见固定资产相关处理。

二、政府储备物资业务资金运动分析与会计处理

（一）政府储备物资的概念

政府储备物资是指政府会计主体为满足实施国家安全与发展战略、进行抗灾救灾、应对公共突发事件等特定公共需求而控制的，同时具有下列特征的有形资产：（1）在应对可能发生的特定事件或情形时动用；（2）其购入、存储保管、更新（轮换）、动用等由政府及相关部门发布的专门管理制度规范。政府储备物资包括战略及能源物资、抢险抗灾救灾物资、农产品、医药物资和其他重要商品物资，通常情况下由政府会计主体委托承储单位存储。

（二）政府储备物资的确认

政府储备物资概念与确认

政府储备物资同时满足下列条件的，应当予以确认：（1）与该政府储备物资相关的服务潜力很可能实现或者经济利益很可能流入政府会计主体；（2）该政府储备物资的成本或者价值能够可靠地计量。

通常情况下，符合确认条件的政府储备物资，应当由按规定对其负有行政管理职责的政府会计主体予以确认。行政管理职责主要指提出或拟订收储计划、更新（轮换）计划、动用方案等。

相关行政管理职责由不同政府会计主体行使的政府储备物资，由负责提出收储计划的政府会计主体予以确认。对政府储备物资不负有行政管理职责但接受委托具体负责执行其存储保管等工作的政府会计主体，应当将受托代储的政府储备物资作为受托代理资产核算。

（三）政府储备物资取得资金运动分析与会计处理

政府储备物资在取得时应当按照成本进行初始计量。但下列各项不应计入政府储备物资成本：（1）仓储费用；（2）日常维护费用；（3）不能归属于使政府储备物资达到目前场所和状态所发生的其他支出。

“政府储备物资”科目核算单位控制的政府储备物资的成本。对政府储备物资不负有行政管理职责但接受委托具体负责执行其存储、保管等工作的单位，其受托代储的政府储备物资应当通过“受托代理资产”科目核算，不通过本科目核算。

政府储备物资取得业务

“政府储备物资”科目应当按照政府储备物资的种类、品种、存放地点等进行明细核算。单位根据需要，可在本科目下设置“在库”“发出”等明细科目进行明细核算。

1. 购入政府储备物资

政府会计主体购入的政府储备物资，其成本包括购买价款和政府会计主体承担的相关税费、运输费、装卸费、保险费、检测费以及使政府储备物资达到目前场所和状态所发生的归属于政府储备物资成本的其他支出。

2. 委托加工政府储备物资

政府会计主体委托加工的政府储备物资，其成本包括委托加工前物料成本、委托加工的成本（如委托加工费以及按规定应计入委托加工政府储备物资成本的相关税费等）以及政府会计主体承担的使政府储备物资达到目前场所和状态所发生的归属于政府储备物资成本的其他支出。从财务会计视角来看，所引起的资金运动如图 5-140 所示。其中 A 段运动反映将库存物品转为委托加工；B 段运动反映支付委托加工成本；C 段运动反映委托加工完毕转入政府储备物资；D 段运动反映发生的其他支出转入政府储备物资成本。从预算会计视角来看，其资金运动如图 5-139 中 C 段运动所示。

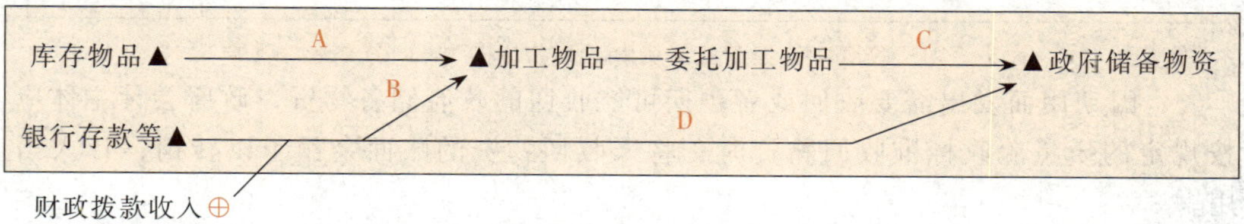

图 5-140　委托加工方式取得的政府储备物资资金运动分析图——财务会计视角

3. 接受捐赠、无偿调入政府储备物资

政府会计主体接受捐赠的政府储备物资，其成本按照有关凭据注明的金额加上政府会计主体承担的相关税费确定；没有相关凭据可供取得、但按规定经过资产评估的，其成本按照评估价值加上政府会计主体承担的相关税费等确定；没有相关凭据可供取得、也未经资产评估的，其成本比照同类或类似资产的市场价格加上政府会计主体承担的相关税费、运输费等确定。从财务会计视角来看，所引起的资金运动如图 5-141 中 A 段运动所示。从预算会计视角来看，所引起的资金运动如图 5-139 中 C 段运动所示。

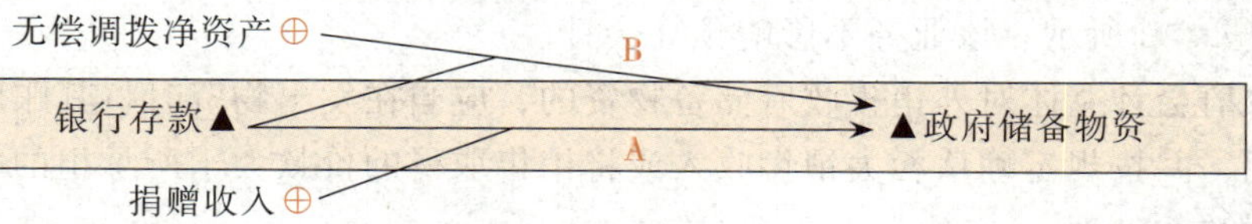

图 5-141　接受捐赠、无偿调入取得政府储备物资资金运动分析图——财务会计视角

政府会计主体无偿调入的政府储备物资，其成本按照调出方账面价值加上归属于调入方的相关税费确定。从财务会计视角来看，所引起的资金运动如图 5-141 中 B 段运动所

示。从预算会计视角来看，所引起的资金运动如图5-139中C段运动所示。

4.应当确认但尚未入账的存量政府储备物资处理

对于应当确认但尚未入账的存量政府储备物资，政府会计主体应当按照下列原则确定其初始入账成本：（1）可以取得相关原始凭据的，其成本按照有关原始凭据注明的金额确定；（2）没有相关凭据可供取得、但按规定经过资产评估的，其成本按照评估价值确定；（3）没有相关凭据可供取得、也未经资产评估的，其成本按照重置成本确定。

（四）政府储备物资使用资金运动分析与会计处理

政府会计主体应当根据实际情况采用先进先出法、加权平均法或者个别计价法确定政府储备物资发出的成本。计价方法一经确定，不得随意变更。对于性质和用途相似的政府储备物资，政府会计主体应当采用相同的成本计价方法确定发出物资的成本。对于不能替代使用的政府储备物资、为特定项目专门购入或加工的政府储备物资，政府会计主体通常应采用个别计价法确定发出物资的成本。

政府储备物资使用业务

（1）因动用而发出无需收回的政府储备物资，从财务会计视角来看，政府会计主体应当在发出物资时将其账面余额予以转销，计入当期费用，所引起的资金运动如图5-142中A段运动所示。该业务不影响预算会计。

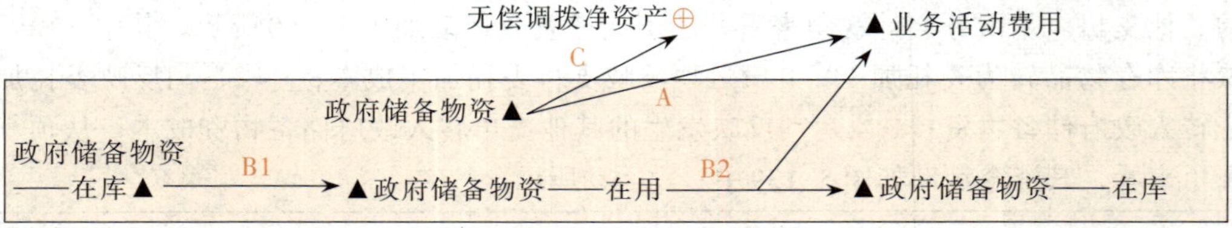

图5-142　政府储备物资使用资金运动分析图1——财务会计视角

（2）因动用而发出需要收回或者预期可能收回的政府储备物资，政府会计主体应当在按规定的质量验收标准收回物资时，将未收回物资的账面余额予以转销，计入当期费用。

因动用而发出需要收回或者预期可能收回的政府储备物资，从财务会计视角来看，在发出物资时，按照发出物资的账面余额，由“在库”明细科目转入“在用”明细科目，所引起的资金运动如图5-142中B1段运动所示。按照规定的质量验收标准收回物资时，从财务会计视角来看，按照收回物资原账面余额，记入“政府储备物资——在库”科目，反映在库的政府储备物资的增加；按照未收回物资的原账面余额，确认并记入“业务活动费用”，所引起的资金运动如图5-142中B2段运动所示。该业务不影响预算会计。

（3）因行政管理主体变动等原因而将政府储备物资调拨给其他主体的，从财务会计视角来看，政府会计主体应当在发出物资时将其账面余额予以转销，所引起的资金运动如图5-142中C段运动所示。该业务不影响预算会计。

（4）政府会计主体对外销售政府储备物资的，应当在发出物资时将其账面余额转销计入当期费用，并按规定确认相关销售收入或将销售取得的价款大于所承担的相关税费的差额做应缴财政款处理。

对外销售政府储备物资并将销售收入纳入单位预算统一管理的，从财务会计视角来看，所引起的资金运动如图5-143中A1段、A2段运动所示。从预算会计视角来看，所引起的资金运动如图5-139中E段运动所示（但资金运动的起点应改为“事业预算收入”科目）。

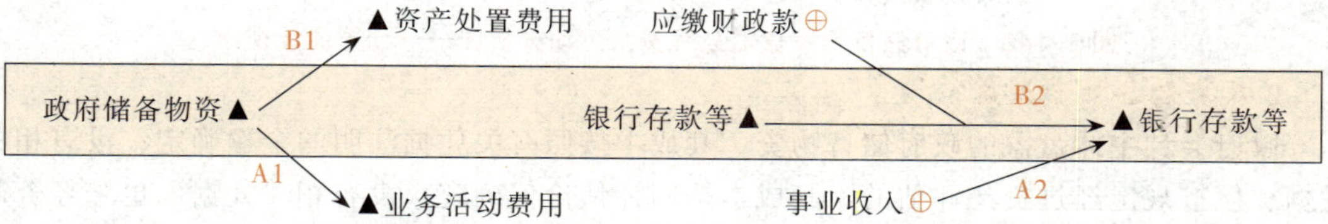

图5-143　政府储备物资使用资金运动分析图2——财务会计视角

对外销售政府储备物资并按照规定将销售净收入上缴财政的，从财务会计视角来看，所引起的资金运动如图5-143中B1段、B2段运动所示。该业务不影响预算会计。

（5）政府会计主体采取销售-采购方式对政府储备物资进行更新（轮换）的，应当将物资轮出视为物资销售，将物资轮入视为物资采购。

（五）定期盘点政府储备物资

单位应当定期对政府储备物资进行清查盘点，每年至少盘点一次。对于发生的政府储备物资盘盈、盘亏或者报废、毁损，应当先记入“待处理财产损溢”科目，按照规定报经批准后及时进行账务处理。

1.政府储备物资盘亏、报废、毁损

政府储备物资盘亏的，从财务会计视角来看，政府会计主体应当按规定报经批准后将盘亏的政府储备物资的账面余额予以转销，确定追究相关赔偿责任的，确认应收款项；属于正常耗费或不可抗力因素造成的，计入当期费用。

政府储备物资报废、毁损的，从财务会计视角来看，政府会计主体应当按规定报经批准后将报废、毁损的政府储备物资的账面余额予以转销，确认应收款项（确定追究相关赔偿责任的）或计入当期费用（因储存年限到期报废或非人为因素致使报废、毁损的）；同时，将报废、毁损过程中取得的残值变价收入扣除政府会计主体承担的相关费用后的差额按规定做应缴财政款处理（差额为净收益时）或计入当期费用（差额为净损失时）。

从财务会计视角来看，所引起的资金运动如图5-144所示。在图5-144中，A段运动反映将盘亏、报废或毁损的政府储备物资的账面价值予以转销；B段运动反映将其转为单位的当期费用；C段运动反映应确认的相关责任人赔款等；D段运动反映发生的相关费用；E段运动反映将发生的净损失转入当期费用；F段运动反映将发生的净收益确认为应缴财政款。

政府储备物资清查盘点业务

从预算会计视角来看，如果处理的净损失以货币资金支付的，应进行预算会计处理，所引起的资金运动如图5-145中E段运动所示。

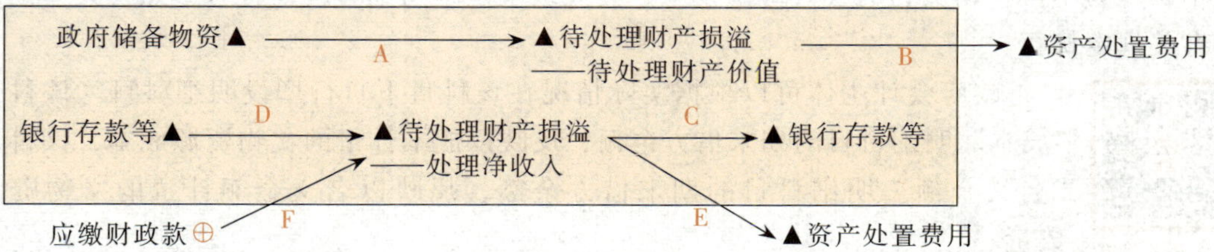

图5-144　政府储备物资盘亏、报废、毁损资金运动分析图——财务会计视角

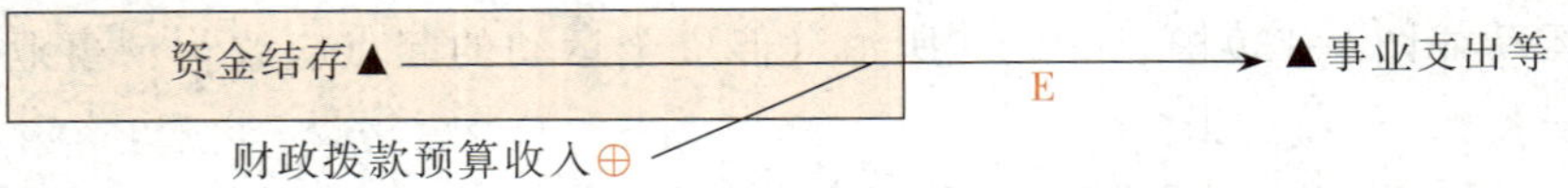

图5-145　政府储备物资盘盈盘亏资金运动分析图——预算会计视角

2.政府储备物资盘盈

政府会计主体盘盈的政府储备物资，其成本按照有关凭据注明的金额确定；没有相关凭据、但按规定经过资产评估的，其成本按照评估价值确定；没有相关凭据、也未经资产评估的，其成本按照重置成本确定。

政府储备物资盘盈，从财务会计视角来看，所引起的资金运动如图5-146中A段运动所示。按照规定报经批准后处理时，从财务会计视角来看，如果盘盈的政府储备物资是本年度取得的，则应冲减当期费用，所引起的资金运动如图5-146中B段运动所示；如果盘盈的政府储备物资是以前年度取得的，则应调整“以前年度盈余调整”，所引起的资金运动如图5-146中C段运动所示。政府储备物资盘盈业务不影响预算会计。

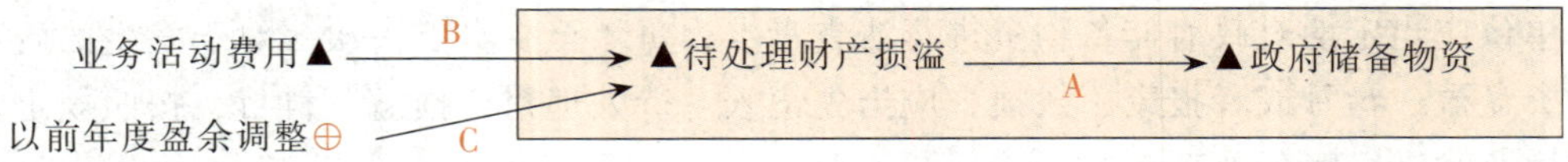

图5-146　政府储备物资盘盈资金运动分析图——财务会计视角

三、文物资源业务资金运动分析与会计处理

（一）文物资源概述

文物资源是指按照《中华人民共和国文物保护法》等有关法律、行政法规规定，被认定为文物的有形资产，以及考古发掘品、尚未被认定为文物的古籍和按照文物征集尚未入藏的征集物。

下列项目适用其他相关政府会计准则的规定：（1）博物馆、纪念馆、公共图书馆等用于提供公共文化服务，且未被认定为文物的建筑物、场地、设备等，适用《政府会计准则第3号——固定资产》等其他政府会计准则。（2）公共图书馆的普通馆藏文献等，适用《政府会计准则第3号——固定资产》等其他政府会计准则。

政府会计主体应设置“文物资源”科目。该科目核算由政府会计主体承担管理收藏职责的文物资源。该科目应当按照文物资源的类型、计量属性等进行明细核算。政府会计主体应当根据文物资源的类型设置“可移动文物”“不可移动文物”“其他藏品”一级明细科目。根据文物资源的计量属性设置“成本”“名义金额”二级明细科目。对于可移动文物和其他藏品，根据文物资源的入藏状态，设置“待入藏”“馆藏”“借出”三级明细科目。对于认定为不可移动文物的公共基础设施，其三级及以下明细科目设置可参照公共基础设施有关规定执行。

文物资源概述

政府会计主体可以根据实际情况在该科目下自行增设明细科目。该科目“成本”明细科目的期末借方余额，反映以成本计量的文物资源成本，该科目“名义金额”明细科目的期末借方余额，反映以名义金额计量的文物资源数量。

（二）文物资源的确认与计量

1.文物资源的确认

符合文物资源定义的资产，应当由对其承担管理收藏职责的政府会计主体予以确认。

通常情况下，对于以购买、调拨、接受捐赠、依法接收、指定保管等方式取得的文物资源，政府会计主体应当在取得时对其予以确认。

对于考古发掘取得的发掘品，政府会计主体应当在其数量、形态稳定时予以确认，通常不晚于提交考古发掘报告之日；对于考古发现的古遗址、古墓葬等，政府会计主体应当将文物行政部门发布文物认定公告之日作为确认时点。

因文物认定等原因将现有其他相关资产重分类为文物资源的，政府会计主体应当在相关文物认定手续办理完毕时将其确认为文物资源。

政府会计主体应当至少在每年年末对借入但尚未归还的文物资源进行核查，根据核查结果将其作为受托代理资产予以确认。

2.文物资源的初始计量

政府会计主体应当按照成本对文物资源进行初始计量；对于成本无法可靠取得的文物资源，应当按照名义金额计量。

对于依法征集购买取得的文物资源，政府会计主体应当按照购买价款确定其成本。以一笔款项征集购买多项没有单独标价的文物资源，政府会计主体应当按照系统、合理的方法对购买价款进行分配，分别确定各项文物资源的成本。

政府会计主体通过调拨、依法接收、指定保管等方式取得的文物资源，其成本应当按照该文物资源在调出方的账面价值予以确定。调出方未将该文物资源入账或账面价值为零的(即已按制度规定提足折旧的，下同)，政府会计主体应当按照成本无法可靠取得的文物资源进行会计处理。

政府会计主体控制的其他相关资产重分类为文物资源的，其成本应当按照该资产原账面价值予以确定。资产原账面价值为零的，政府会计主体应当按照成本无法可靠取得的文物资源进行会计处理。

因盘点、普查等方式盘盈的文物资源，有相关凭据的，其成本按照凭据注明的金额予以确定；没有相关凭据的，政府会计主体应当按照成本无法可靠取得的文物资源进行会计处理。

政府会计主体通过考古发掘、接受捐赠等方式取得文物资源的，应当按照成本无法可靠取得的文物资源进行会计处理。政府会计主体在接受捐赠过程中，按照规定向捐赠人支付物质奖励的，该支出在发生时计入当期费用。

政府会计主体为取得文物资源发生的相关支出，包括文物资源入藏前发生的保险费、运输费、装卸费以及专业人员服务费等，应当在发生时计入当期费用。

3.文物资源的后续计量

文物资源不计提折旧。

政府会计主体对于文物资源本体的修复修缮等相关保护支出，应当在发生时计入当期费用。

政府会计主体对于文物资源安防、消防及防雷等保护性设施建设支出，以及对于文物资源本体以外的预防性保护、数字化保护等支出，符合相关资产确认条件的，应当计入固定资产等其他相关资产成本。

政府会计主体按照规定报经批准调出文物资源的，应当将该文物资源的账面价值予以转销，将调出中发生的归属于调出方的相关支出计入当期费用。

文物资源报经文物行政部门批准被依法拆除或者因不可抗力等因素发生毁损、丢失的，政府会计主体应当在按照规定程序核查处理后确认文物资源灭失时，将该文物资源账面价值予以转销。

文物资源撤销退出后仍作为其他资产进行管理的，政府会计主体应当按照该文物资源的账面价值将其重分类为其他资产。

（三）文物资源业务资金运动分析与会计处理

1.文物资源初始确认资金运动分析与会计处理

（1）征集购买的文物资源

政府会计主体通过征集购买方式取得的文物资源，应当按照购买价款确认该文物资源。从财务会计视角来看，所引起的资金运动如图5-147中A段运动所示；从预算会计视角来看，所引起的资金运动如图5-145所示。

文物资源在取得后直接入藏的，政府会计主体应当在财务会计中将其记入“文物资源”科目下的“馆藏”明细科目；文物资源取得后暂未入藏的，政府会计主体应当将其记入“文物资源”科目下的“待入藏”明细科目，待办理完成入藏手续后由“文物资源”科目下的“待入藏”明细科目转入“馆藏”明细科目，所引起的资金运动如图5-147中F段运动所示。该业务不影响预算会计。

政府会计主体通过其他方式取得文物资源且尚未入藏的，参照上述规定进行账务处理。

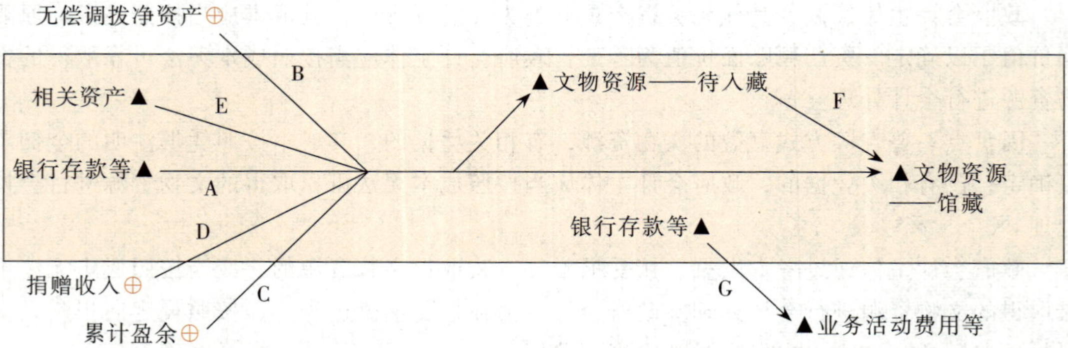

图5-147　初始确认文物资源资金运动分析图——财务会计视角

（2）调入、依法接收、指定保管的文物资源

政府会计主体通过调入、依法接收、指定保管等方式取得的文物资源，应当按照确定的成本或名义金额确认该文物资源。从财务会计视角来看，所引起的资金运动如图5-147中B段运动所示。

（3）考古发掘、接受捐赠的文物资源

政府会计主体对于考古发掘、接受捐赠等方式取得的文物资源，应当按照名义金额入账。从财务会计视角来看，考古发掘取得文物资源所引起的资金运动如图 5-147 中 C 段运动所示；接受捐赠取得的文物资源所引起的资金运动如图 5-147 中 D 段运动所示。

（4）其他资产重分类为文物资源

其他资产重分类为文物资源的，政府会计主体应当在财务会计中按照该资产的账面价值予以确认，所引起的资金运动如图 5-147 中 E 段运动所示；资产原账面价值为零的，在转销原资产相关科目余额的同时，按照名义金额确认该文物资源。从财务会计视角来看，所引起的资金运动如图 5-147 中 C 段运动所示。

文物资源初始确认业务

（5）盘盈的文物资源

文物资源发生盘盈的，政府会计主体应当按照确定的成本或名义金额确认。从财务会计视角来看，所引起的资金运动如图 5-148 中 A 段运动所示。

按照规定报经批准处理后，对属于本年度取得的文物资源，政府会计主体应当按照当年新取得文物资源的情形，调增“累计盈余”“捐赠收入”“无偿调拨净资产”等科目，从财务会计视角来看，所引起的资金运动如图 5-148 中 B 段运动所示。对属于以前年度取得的文物资源，政府会计主体应当按照前期差错进行账务处理，所引起的资金运动如图 5-148 中 C 段运动所示。

盘盈文物资源业务不影响预算会计。

图 5-148 初始确认文物资源（盘盈）资金运动分析图——财务会计视角

（6）为取得文物资源发生的相关支出

为取得文物资源发生的相关支出，包括文物资源入藏前发生的保险费、运输费、装卸费、专业人员服务费，以及按规定向捐赠人支付的物质奖励等，政府会计主体应当在财务会计中按照实际发生的费用，确认为业务活动费用等。从财务会计视角来看，所引起的资金运动如图 5-147 中 G 段运动所示；从预算会计视角来看，所引起的资金运动如图 5-145 所示。

2. 文物资源保护、利用资金运动分析与会计处理

（1）文物资源本体修复修缮支出

对于文物资源本体的修复修缮等相关保护支出，如支付的货币资金、耗费的库存物品等，政府会计主体应当在财务会计中按照实际发生的费用，确认为业务活动费用。从财务会计视角来看，所引起的资金运动如图 5-149 中 A 段运动所示；从预算会计视角来看，所引起的资金运动如图 5-145 所示。

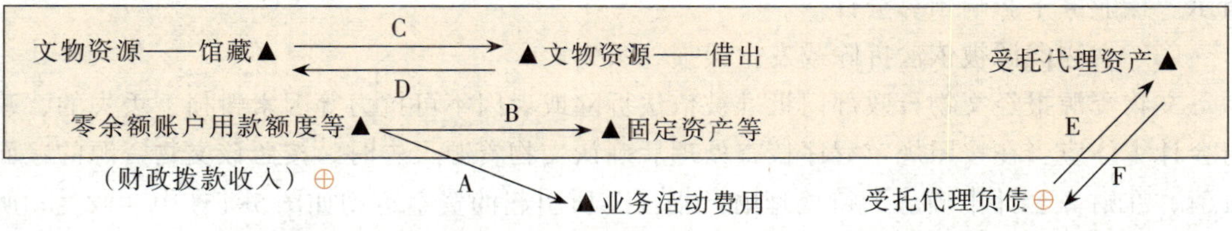

图 5-149 文物资源保护与利用资金运动分析图——财务会计视角

（2）文物资源本体以外的相关支出

政府会计主体对于文物资源安防、消防及防雷等保护性设施建设支出，以及对于文物资源本体以外的预防性保护、数字化保护等支出，符合相关资产确认条件的，应当计入固定资产等其他相关资产成本。从财务会计视角来看，所引起的资金运动如图5-149中B段运动所示；从预算会计视角来看，所引起的资金运动如图5-145所示。不符合资本化条件的文物资源本体以外的相关支出，直接计入当期费用。

（3）文物资源借出和借入

①政府会计主体将已入藏的文物资源借给外单位的，应当至少在每年年末核查尚未收回的文物资源，按照账面价值，在财务会计中将“馆藏”明细科目确认为“借出”明细科目；在借出的文物资源收回时做相反会计处理。从财务会计视角来看，所引起的资金运动如图5-149中C段运动、D段运动所示。该业务不影响预算会计。

②政府会计主体从外单位借入文物资源的，应当至少在每年年末核查尚未归还的文物资源，按照该文物资源在借出方的账面价值，在财务会计中确认为受托代理资产，并同步确认受托代理负债；在归还借入的文物资源时做相反会计处理。从财务会计视角来看，所引起的资金运动如图5-149中E段运动、F段运动所示。该业务不影响预算会计。

文物资源利用、保护与退出业务

3.文物资源调出、撤销退出资金运动分析与会计处理

（1）文物资源调出

报经批准无偿调出文物资源的，政府会计主体应当在财务会计中按照调出的文物资源的账面价值，冲减无偿调拨净资产，所引起的资金运动如图5-150中A段运动所示。该业务不影响预算会计。

按照无偿调出过程中发生的归属于调出方的相关支出，在财务会计中确认为资产处置费用，在预算会计中确认为其他支出。从财务会计视角来看，所引起的资金运动如图5-150中B段运动所示；预算会计处理略。

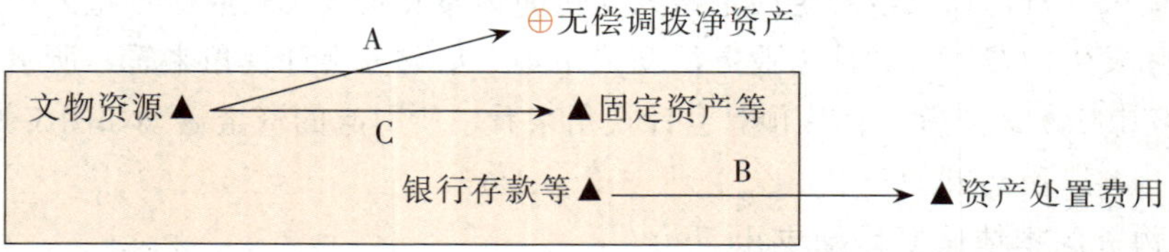

图5-150　文物资源调出、撤销退出资金运动分析图——财务会计视角

（2）文物资源重分类为其他资产

文物资源撤销退出后仍作为其他资产进行管理的，政府会计主体应当按照该文物资源的账面价值，在财务会计中确认为固定资产等，所引起的资金运动如图5-150中C段运动所示。该业务不影响预算会计。

（3）文物资源被依法拆除或发生毁损、丢失

文物资源报经文物行政部门批准被依法拆除或者因不可抗力等因素毁损、丢失的，政府会计主体应当在按照规定程序核查处理后确认文物资源灭失时，按照该文物资源的账面价值，在财务会计中确认为待处理财产损溢，所引起的资金运动如图5-151中A段运动所示，该业务不影响预算会计。文物资源报经批准予以核销时，政府会计主体应当在财务会

计中将其确认为资产处置费用，所引起的资金运动如图5-151中B段运动所示，该业务不影响预算会计。

在处置过程中，政府会计主体可能会取得残值收入或获得相关赔偿，从财务会计视角来看，所引起的资金运动如图5-151中C段运动所示。单位可能会发生相关处置支出，从财务会计视角来看，所引起的资金运动如图5-151中D段运动所示。

政府会计主体在按照规定程序核查处理过程中依法取得净收入的，应当按照收到的金额在财务会计中确认为其他收入，在预算会计中确认为其他预算收入。从财务会计视角来看，所引起的资金运动如图5-151中E段运动所示，其预算会计处理略。政府会计主体发生净支出的，按照实际支出净额在财务会计中确认为资产处置费用，在预算会计中确认为其他支出。从财务会计视角来看，所引起的资金运动如图5-151中F段运动所示，其预算会计处理略。

实际工作中也可以简化处理，将图5-151中C段运动、D段运动合并，如为处理净收入，确认为其他收入；如为处理净支出，确认为资产处置费用。

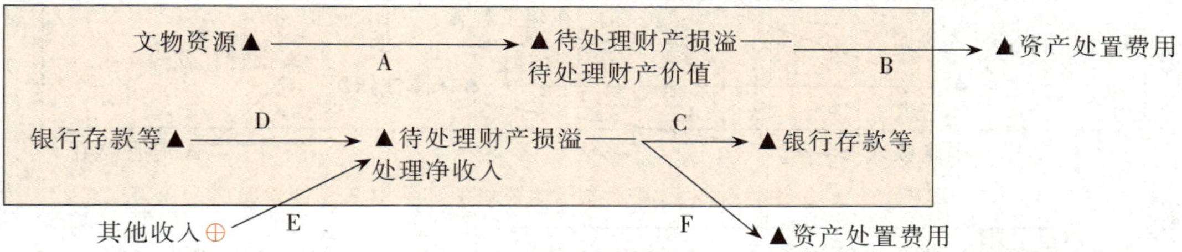

图5-151　文物资源撤销退出资金运动分析图——财务会计视角

四、保障性住房业务资金运动分析与会计处理

保障性住房主要指地方政府住房保障主管部门持有全部或部分产权份额、纳入城镇住房保障规划和年度计划、向符合条件的保障对象提供的住房。

“保障性住房”科目核算单位为满足社会公共需求而控制的保障性住房的原值。“保障性住房累计折旧”科目核算单位计提的保障性住房的累计折旧。

“保障性住房”科目应当按照保障性住房的类别、项目等进行明细核算。

“保障性住房累计折旧”科目应当按照所对应保障性住房的类别进行明细核算。

（一）取得保障性住房资金运动分析与会计处理

保障性住房在取得时，应当按其成本入账。

（1）外购的保障性住房，从财务会计视角来看，其成本包括购买价款、相关税费以及可归属于该项资产达到预定用途前所发生的其他支出，所引起的资金运动如图5-152中A段运动所示。从预算会计视角来看，所引起的资金运动如图5-153所示。

（2）自行建造的保障性住房交付使用时，从财务会计视角来看，所引起的资金运动如图5-152中B段运动所示；该业务不影响预算会计。已交付使用但尚未办理竣工决算手续的保障性住房，按照估计价值入账，待办理竣工决算后再按照实际成本调整原来的暂估价值。

（3）接受其他单位无偿调入的保障性住房，从财务会计视角来看，其成本按照该项资产在调出方的账面价值加上归属于调入方的相关费用确定，所引起的资金运动如图5-152中C段运动所示。从预算会计视角来看，如相关支出以货币资金支付的，则所引起的资金运动如图5-153所示。

（4）接受捐赠取得保障性住房时，从财务会计视角来看，其成本按照该项资产确认的成本加上归属于调入方的相关费用确定，所引起的资金运动如图5-152中D段运动所示。从预算会计视角来看，如相关支出以货币资金支付的，则所引起的资金运动如图5-153所示。

保障性住房取得业务分析

接受捐赠的保障性住房成本不能确定的，从财务会计视角来看，按照名义金额计量，所引起的资金运动如图5-152中D1段运动所示；该业务不影响预算会计。同时，按照发生的运输费等相关费用，从财务会计视角来看，确认并记入“其他费用”科目，所引起的资金运动如图5-152中E段运动所示；从预算会计视角来看，所引起的资金运动如图5-153所示。

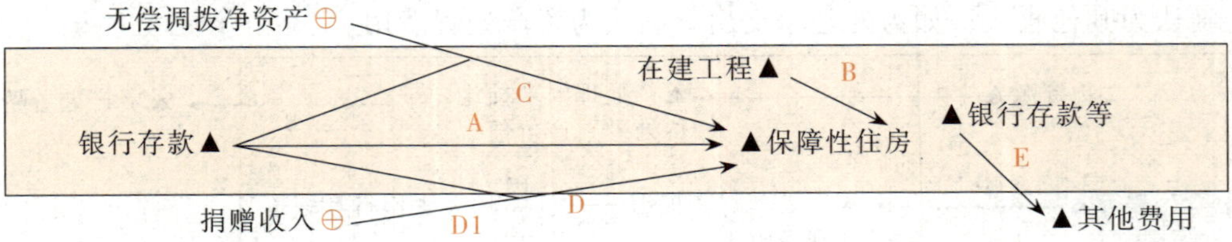

图5-152　保障性住房取得资金运动分析图——财务会计视角

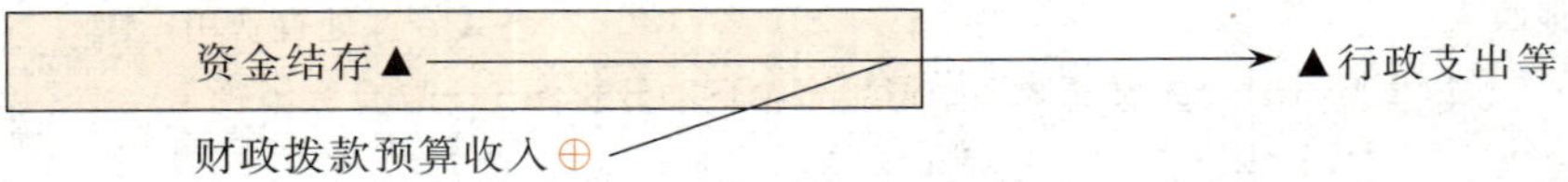

图5-153　保障性住房取得资金运动分析图——预算会计视角

（5）融资租赁取得的保障性住房，其成本按照租赁协议或者合同确定的租赁价款、相关税费以及保障性住房交付使用前所发生的可归属于该项资产的其他费用确定。

从财务会计视角来看，按照租赁协议或者合同确定的租赁付款额确认长期应付款，所引起的资金运动如图5-154中A1段运动所示；该业务不影响预算会计。同时将实际支付的税费等计入保障性住房成本，从财务会计视角来看，所引起的资金运动如图5-154中A2段运动所示；如果该支付实际以货币资金进行，则从预算会计视角来看，所引起的资金运动如图5-153所示。以后每期实际支付租赁款时，从财务会计视角来看，所引起的资金运动如图5-154中B段运动所示；从预算会计视角来看，所引起的资金运动如图5-153所示。

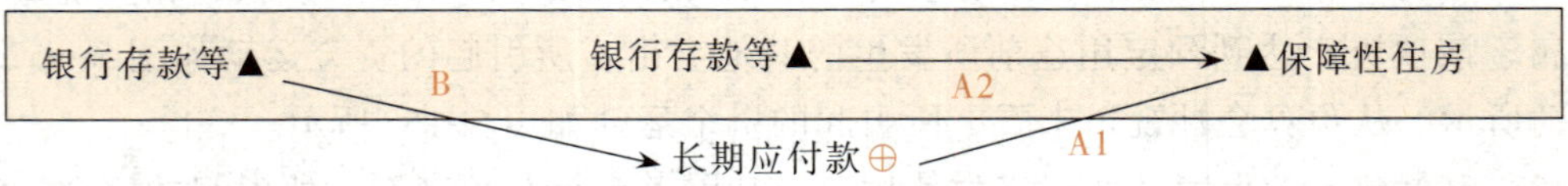

图5-154　具有融资性质的保障性住房取得资金运动分析图——财务会计视角

（二）保障性住房计提折旧与出租收入

从财务会计视角来看，单位应当参照固定资产相关规定，按月对其拥有或控制的保障性住房计提折旧，所引起的资金运动如图5-155中A段运动所示；该业务不影响预算会计。

按照规定出租保障性住房并将出租收入上缴同级财政，从财务会计视角来看，所引起的资金运动如图5-155中B段运动所示；该业务不影响预算会计。

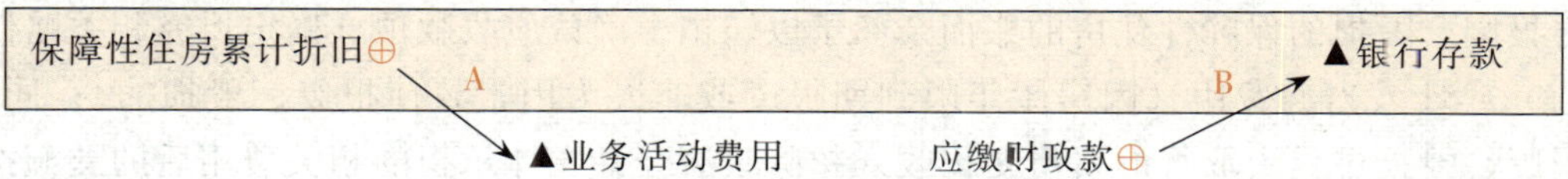

图5-155　保障性住房折旧与租金收取资金运动分析图——财务会计视角

（三）保障性住房后续支出

从财务会计视角来看，保障性住房改建、扩建所引起的资金运动如图5-156所示。在图5-156中，A段运动反映将保障性住房账面价值转入“在建工程”科目，该业务不影响预算会计；B段运动反映发生的改扩建支出，从预算会计视角来看，所引起的资金运动如图5-153所示；C段运动反映改扩建完工，重新确认保障性住房，该业务不影响预算会计；D段运动反映为保证保障性住房正常使用发生的日常维修等支出，从预算会计视角来看，所引起的资金运动如图5-153所示。

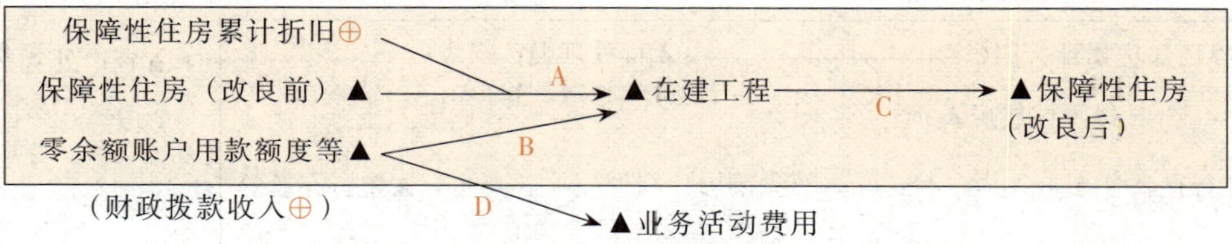

图5-156　保障性住房后续支出资金运动分析图——财务会计视角

（四）处置保障性住房

保障性住房处置应按照规定报经批准，并分别以下情况处理：

（1）报经批准无偿调出保障性住房，从财务会计视角来看，所引起的资金运动如图5-157中A1段、A2段运动所示，其中A2段运动反映发生的相关费用。相关费用以货币资金支付的，其预算会计处理如图5-153所示。

（2）报经批准出售保障性住房，从财务会计视角来看，所引起的资金运动如图5-157中B1段、B2段运动所示；其中B1段运动反映所出售保障性住房的账面价值，B2段运动反映出售获得的净收益（处置收入扣除处置费用后的余额）确认为应缴财政款。该业务不影响预算会计。

保障性住房折旧、后续支出与处置业务

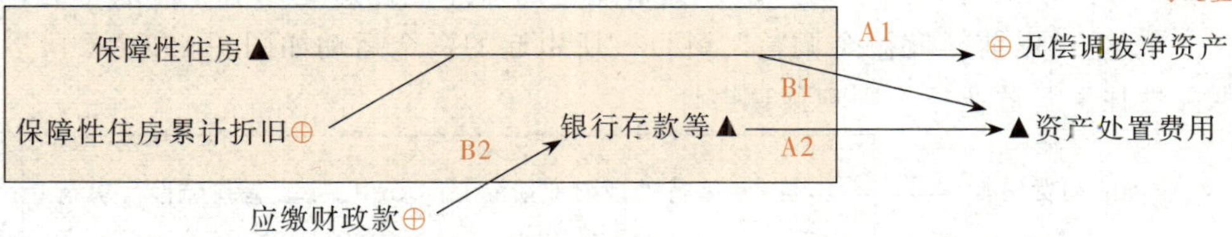

图5-157　保障性住房处置资金运动分析图——财务会计视角

（五）清查盘点保障性住房

单位应当定期对保障性住房进行清查盘点，并进行相应的会计处理。

1.保障性住房盘亏、报废或毁损资金运动分析与会计处理

保障性住房盘亏的，从财务会计视角来看，政府会计主体应当按规定报经批准后将盘亏的保障性住房的账面余额予以转销；确定追究相关赔偿责任的，确认应收款项；属于正

常耗费或不可抗力因素造成的，计入当期费用。

保障性住房报废、毁损的，从财务会计视角来看，政府会计主体应当按规定报经批准后将报废、毁损的保障性住房的账面余额予以转销，确认应收款项（确定追究相关赔偿责任的）或计入当期费用（因房屋年限到期报废或非人为因素致使报废、毁损的）；同时，将报废、毁损过程中取得的残值变价收入扣除政府会计主体承担的相关费用后的差额按规定做应缴财政款处理（差额为净收益时）或计入当期费用（差额为净损失时）。

从财务会计视角来看，所引起的资金运动如图5-158所示。在图5-158中，A段运动反映将盘亏、报废或毁损的保障性住房的账面价值予以转销；B段运动反映将其转为单位的当期费用；C段运动反映应确认的相关责任人赔款等；D段运动反映发生的相关费用；E段运动反映将发生的净损失转入当期费用；F段运动反映将发生的净收益确认为应缴财政款。

从预算会计视角来看，如果处理的净损失以货币资金支付，则应进行预算会计处理，所引起的资金运动如图5-153所示。

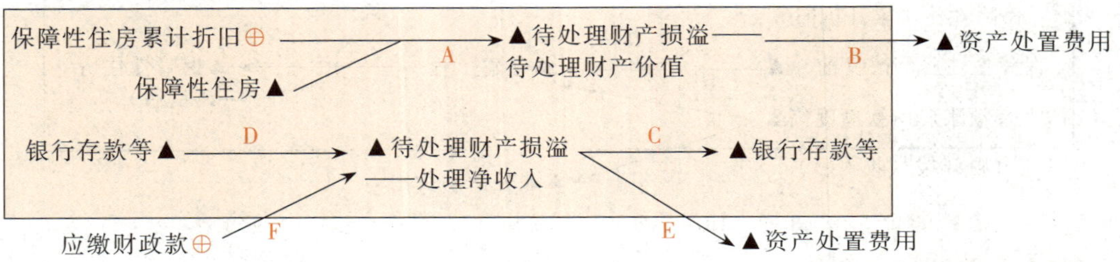

图5-158 保障性住房盘亏、报废、毁损资金运动分析图——财务会计视角

2.保障性住房盘盈资金运动分析与会计处理

政府会计主体盘盈的保障性住房，其成本按照有关凭据注明的金额确定；没有相关凭据、但按规定经过资产评估的，其成本按照评估价值确定；没有相关凭据、也未经资产评估的，其成本按照重置成本确定。

保障性住房清查盘点业务

保障性住房盘盈，从财务会计视角来看，所引起的资金运动如图5-159中A段运动所示。按照规定报经批准后处理时，从财务会计视角来看，如果盘盈的保障性住房是本年度取得的，应冲减当期费用，所引起的资金运动如图5-159中B段运动所示；如果盘盈的保障性住房是以前年度取得的，应调整“以前年度盈余调整”科目，所引起的资金运动如图5-159中C段运动所示。保障性住房盘盈业务不影响预算会计。

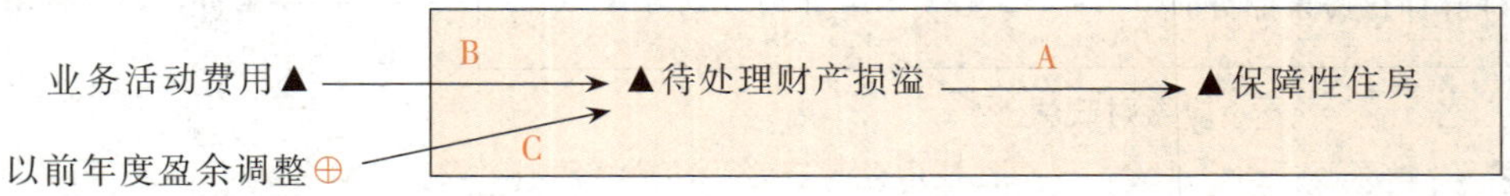

图5-159 保障性住房盘盈资金运动分析图——财务会计视角

五、受托代理资产业务资金运动分析与会计处理

“受托代理资产”科目核算单位接受委托方委托管理的各项资产，包括受托指定转赠的物资、受托存储保管的物资等的成本。单位管理的罚没物资也应当通过本科目核算。单

位收到的受托代理资产为现金和银行存款的，不通过本科目核算，应当通过“库存现金”“银行存款”科目进行核算。基于受托代理资产的特点，单位在确认受托代理资产时，一般应同时确认受托代理负债。

“受托代理资产”科目应当按照资产的种类和委托人进行明细核算；属于转赠资产的，还应当按照受赠人进行明细核算。

（一）受托转赠物资业务资金运动分析与会计处理

接受委托人委托需要转赠给受赠人的物资，其成本按照有关凭据注明的金额确定。从财务会计视角来看，所引起的资金运动如图5-160中A段运动所示。该业务不影响预算会计。

受托协议约定由受托方承担相关税费、运输费等的，从财务会计视角来看，还应当按照实际支付的相关税费、运输费等金额，确认并记入“其他费用”科目，所引起的资金运动如图5-160中B段运动所示。从预算会计视角来看，所引起的资金运动如图5-153所示。

将受托转赠物资交付受赠人时，从财务会计视角来看，按照转赠物资的成本，冲销受托代理资产，所引起的资金运动如图5-160中C段运动所示。该业务不影响预算会计。

受托代理资产业务分析

转赠物资的委托人取消了对捐赠物资的转赠要求，且不再收回捐赠物资的，从财务会计视角来看，应当将转赠物资转为单位的存货、固定资产等，所引起的资金运动如图5-160中D段、E段运动所示。该业务不影响预算会计。

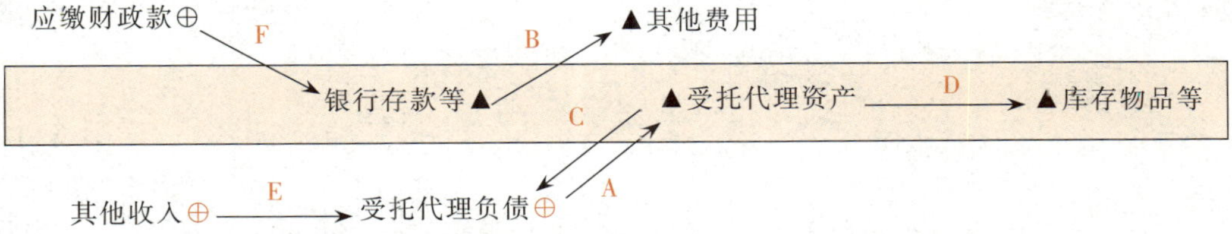

图5-160 受托代理资产业务资金运动分析图——财务会计视角

（二）受托存储保管物资业务资金运动分析与会计处理

接受委托人委托存储保管的物资，其成本按照有关凭据注明的金额确定。从财务会计视角来看，所引起的资金运动如图5-160中A段运动所示。该业务不影响预算会计。

发生由受托单位承担的与受托存储保管的物资相关的运输费、保管费等费用，从财务会计视角来看，按实际发生的费用金额，确认并记入“其他费用”科目，所引起的资金运动如图5-160中B段运动所示。从预算会计视角来看，所引起的资金运动如图5-153所示。

根据委托人要求交付或发出受托存储保管的物资时，按照发出物资的成本，从财务会计视角来看，冲销“受托代理资产”，所引起的资金运动如图5-160中C段运动所示。该业务不影响预算会计。

（三）罚没物资业务资金运动分析与会计处理

取得罚没物资时，其成本按照有关凭据注明的金额确定。从财务会计视角来看，所引起的资金运动如图5-160中A段运动所示；该业务不影响预算会计。罚没物资成本无法可靠确定的，单位应当设置备查簿进行登记。

按照规定处置或移交罚没物资时，从财务会计视角来看，按照罚没物资的成本，冲销“受托代理资产”科目，所引起的资金运动如图5-160中C段运动所示；该业务不影响预算会计。处置时取得款项的，按照实际取得的款项金额，确认并记入“应缴财政款”等科目，所引起的资金运动如图5-160中F段运动所示；该业务不影响预算会计。

本章习题自测

思考题

1. 单位固定资产主要包括哪些？
2. 单位固定资产有哪些不需要计提折旧？单位固定资产折旧计提与企业折旧计提有什么差异？
3. 单位“在建工程”科目有哪些明细科目？各明细科目主要核算哪些内容？
4. 单位自行研发的无形资产如何进行会计核算？
5. 单位无形资产摊销年限如何确定？
6. 单位对外投资如何进行分类？
7. 单位长期股权投资成本法核算和权益法核算怎么区分？各自的核算有什么特点？
8. 与企业核算相比，单位长期债券投资业务会计核算有什么不同？
9. 单位公共基础设施如何界定？公共基础设施主要包括哪些？
10. 单位政府储备物资如何界定？其特征主要有哪些？
11. 什么是受托代理资产？在会计核算上有什么特点？

第六章　单位内部收入与费用业务资金运动分析与会计处理

育德育人

从“预算报告”看“民生情怀”

“2023年财政收支矛盾依然突出，但我们不会在民生支出上退步，我们将尽力而为、量力而行，继续加大民生投入力度，尽全力为群众谋好事、办实事。”2023年3月1日举行的“权威部门话开局”系列主题新闻发布会上，财政部部长刘昆就明确指出。

而从此次两会上公布的“国家账本”来看，有增加有减少。增加的是民生领域的投入，减少的是机关支出的核准。数据增减之间，政策变动背后，反映着政府资金投向，传递着政策动向，回应着百姓期盼。

在2023年的两会上，政府明确的导向是：政府过“紧日子”，让百姓过“好日子”，让政府“勒紧裤腰带”的同时，将大笔的资金投入到民生一线。正如一位人大代表所言的那样，政府筹集的每一分钱都来自社会公众，花出去的每一分钱也关系千家万户。事实上，我们已经从财政预算里感受到了“国家账本”里写满着民生温度。

从就业层面来看，财政预算将更加倾向于支持就业。2023年中央财政就业补助资金增加了50亿元，支持各地落实就业创业扶持政策，并完善减负稳岗扩就业政策举措；从教育层面来看，在过去五年财政性教育经费累计投入21万亿元的基础上，2023年，将坚持加大教育经费的投入力度和优化支出结构并举，中央财政将继续支持办好人民满意的教育；从医疗层面来看，2023年基本公共卫生服务经费人均财政补助标准、城乡居民基本医疗保险人均财政补助标准分别提高了5元、30元，主要目的是加强县级公立医院能力建设；从养老层面来看，2023年，中央财政将深入实施企业职工基本养老保险全国统筹，适当提高退休人员基本养老金水平，推进多层次、多支柱养老保险体系建设；从住房层面来看，2023年，将支持完善以公租房、保障性租赁住房和共有产权住房为主体的住房保障体系，有效扩大保障性租赁住房供给。

老百姓的衣食住行，老百姓的日常生活，老百姓的焦点关注，老百姓的所有期盼，在“国家账本”里都有所体现，其预算的资金都有所提升，而且是明确提出“把钱花在民生上”。“把钱花在民生上”，就是“把钱花在刀刃上”。政府过“紧日子”才能不让百姓过“苦日子”，才能让百姓过上“好日子”。一边是资金预算的“政府勒紧裤腰带”，一边是资金预算的“把钱花在民生上”，政府预算的减少和民生预算的增加，一增一减之间，让民生温度得以体现。关注老百姓的衣食住行，让“国家账本”释放着浓浓的民生温度，也测量出了以民为本的温度。

资料来源　红网.芙蓉国评论丨从“预算报告”看“民生情怀”[EB/OL].(2023-03-07).https://baijiahao.baidu.com/s?id=1759701237767512717&wfr=spider&for=pc.

本章思维导图

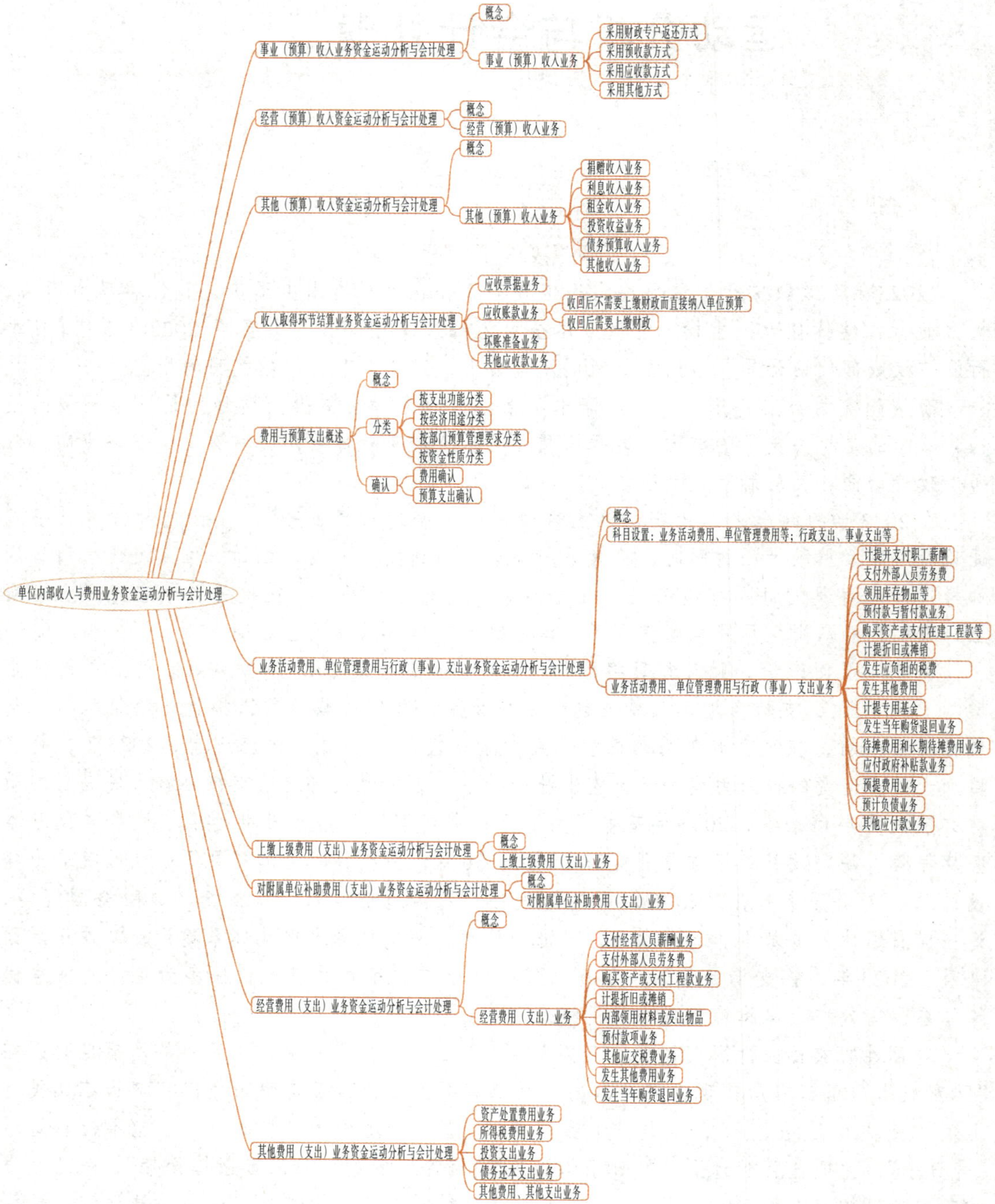

学习目标

本章主要讲授单位内部收入与费用业务资金运动分析与会计处理。单位内部收入是指直接从单位所服务的特定对象取得的预算收入，类似于企业的收入，主要包括事业预算收入、经营预算收入、投资预算收益、其他预算收入。通过本章学习，应掌握事业（预算）收入业务资金运动分析与会计处理；应掌握经营（预算）收入业务资金运动分析与会计处理；应掌握其他（预算）收入业务资金运动分析与会计处理；应掌握收入取得过程中结算业务资金运动分析与会计处理；应熟悉费用和费用支出的基本内涵、分类与相关会计科目；应掌握费用和费用支出业务（包括业务活动费用、单位管理费用与行政支出、事业支出；上缴上级费用与上缴上级支出；对附属单位补助费用与对附属单位补助支出；经营费用与经营支出；其他费用与其他支出）资金运动分析与会计处理。

第一节 事业收入与事业预算收入业务资金运动分析与会计处理

一、事业收入与事业预算收入概述

“事业”一般是指“没有生产收入”“所需经费由国库开支”的社会工作，如学校的教育工作、医院的医疗活动、演艺团体的艺术活动、科研机构的科研工作等。这些工作或活动，由政府财政开支，为了社会公益目的，提供的是非物质生产和劳务服务。这些工作或活动形成的收入为事业收入。从会计角度看，事业收入是指事业单位开展专业业务活动及其辅助活动所取得的收入，其中专业业务活动又称主营业务，是事业单位根据本单位专业特点所从事或开展的主要业务活动，如文化事业单位的演出活动、教育事业单位的教学活动、科学事业单位的科研活动、卫生事业单位的医疗保健活动等；辅助活动是指与专业业务活动相关、直接为专业业务活动服务的其他有关活动。

事业预算收入是事业单位在预算年度内依法取得的并纳入预算管理的现金流入。

事业收入概述

在财务会计体系中，事业单位通过“事业收入”科目核算事业单位开展专业业务活动及其辅助活动实现的收入，不包括从同级政府部门取得的各类财政拨款。“事业收入”科目应当按照事业收入的类别、来源等进行明细核算。期末结转后，“事业收入”科目应无余额。对于因开展科研及其辅助活动从非同级政府部门取得的经费拨款，应当在“事业收入”科目下单设“非同级财政拨款”明细科目进行核算。

在预算会计体系中，事业单位通过“事业预算收入”科目核算事业单位开展专业业务活动及其辅助活动取得的现金流入。事业单位因开展科研及其辅助活动从非同级政府财政部门取得的经费拨款，也通过“事业预算收入”科目核算。

“事业预算收入”科目应当按照事业预算收入类别、项目、来源、《政府收支分类科目》中“支出功能分类科目”项级科目等进行明细核算。对于因开展科研及其辅助活动从非同级政府财政部门取得的经费拨款，应当在“事业预算收入”科目下单设“非同级财政拨款”明细科目进行明细核算；事业预算收入中如有专项资金收入，还应按照具体项目进行明细核算。

“事业收入”“事业预算收入”科目仅供事业单位使用，行政单位无此会计科目。

二、事业收入与事业预算收入业务具体资金运动分析与会计处理

（一）采用财政专户返还方式管理的事业收入

1.应缴财政款概述

应缴财政款是指政府会计主体暂时收取、按规定应当上缴国库或财政专户的款项而形成的负债。

应缴财政款主要包括以下内容：

（1）政府性基金收入。它是指政府及其所属部门根据法律、行政法规和国务院、财政部有关文件规定，为支持某项公共事业发展，向公民、法人和其他组织无偿征收的具有专项用途的财政资金。例如，行政单位按照有关文件规定征收的政府住房基金、地方教育附加、车辆通行费等。

（2）行政事业性收费。它是指国家机关、事业单位、代行政府职能的社会团体及其他组织根据法律、行政法规、地方性法规等有关规定，依照国务院规定程序批准，在向公民、法人提供特定服务的过程中，按照成本补偿和非营利原则向特定服务对象收取的费用。例如，注册费、登记费、检测费等。

（3）罚没收入。它是指国家司法、公安、行政、海关或其他经济管理部门对违反法律、法令或行政法规的行为按规定实施罚金、罚款或没收赃款、赃物变价款而上缴国家预算的收入。

采用财政专户返还方式取得事业收入

（4）其他应缴财政款。它主要包括国有资产处置和出租收入等。

2.应缴财政款的管理要求

应缴财政款的管理要求主要有以下三点：

（1）依法收取。在取得应缴财政款时，必须严格按照国家规定的收费项目、收费范围、收费标准和收费票据进行合法收费；绝不能凭借行政权力自行确立收费项目和收费标准。

（2）按规定上缴。各单位在取得应缴款项后，不得挪用，更不得以任何借口截留应缴款，所有应缴财政款都必须按规定及时足额上缴财政。

（3）实行收支两条线管理。在收到应缴款项时，不得自行安排支出。收到的各种应缴款项，必须严格按照程序规定上缴财政，由财政按规定统一安排拨付。

行政事业单位应当设置“应缴财政款”科目。该科目核算应缴入国库或应上缴财政专户的款项。该科目应当按照应缴财政款项的类别进行明细核算。该科目借方登记已缴入国库或已上缴财政的款项金额，贷方登记应缴入国库或应上缴财政的款项金额，期末贷方余额，反映单位应当上缴财政但尚未缴纳的款项。年终清缴后，“应缴财政款”科目一般无余额。

3.采用财政专户返还方式管理事业收入的具体处理

采用财政专户返还方式管理的事业收入，须按照“收支两条线”的方式进行管理，事业单位取得的各项事业性收费不能立即安排支出，须上缴同级财政部门设立的财政资金专

户；支出由同级财政部门按资金收支计划从财政专户中拨付。事业单位经过审批取得从财政专户核拨的款项时，才可以确认事业收入。

单位实现应上缴财政专户的事业收入时，从财务会计视角来看，按照实际收到或应收的金额确认，所引起的资金运动如图6-1中A段运动所示；该业务不影响预算会计。向财政专户上缴款项时，从财务会计视角来看，所引起的资金运动如图6-1中B段运动所示；该业务不影响预算会计。收到从财政专户返还的事业收入时，从财务会计角度来看，按照实际收到的返还金额予以确认，所引起的资金运动如图6-1中C段运动所示；从预算会计角度来看，所引起的资金运动如图6-2中C段运动所示。

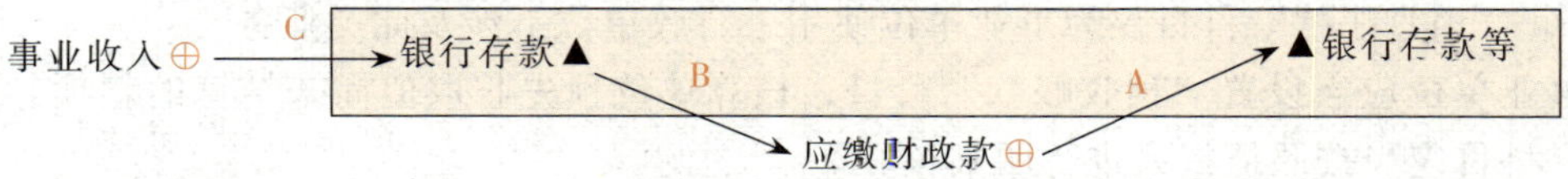

图6-1　财政专户返还方式管理的事业收入业务资金运动分析图——财务会计视角

图6-2　财政专户返还方式管理的事业收入业务资金运动分析图——预算会计视角

【例6-1】甲事业单位事业收入采用财政专户返还的方式管理。20×8年10月25日，该单位收到应上缴财政专户的事业收入6 000 000元。10月29日，该单位将上述款项上缴财政专户。11月5日，该单位收到从财政专户返还的事业收入6 000 000元。

（1）20×8年10月25日，收到应上缴财政专户的事业收入。（财务会计如图6-3，A段运动所示；不影响预算会计）

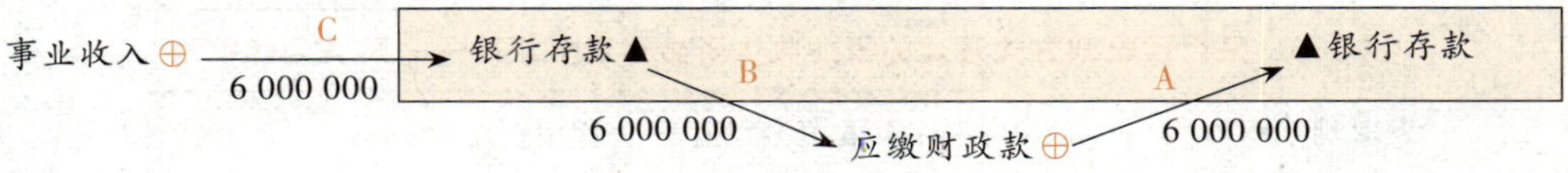

图6-3　甲事业单位事业收入业务资金运动分析图——财务会计视角

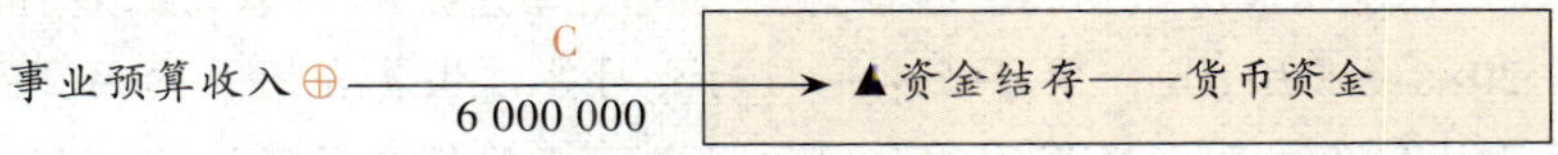

图6-4　甲事业单位事业收入业务资金运动分析图——预算会计视角

财务会计			预算会计
借：银行存款	6 000 000		不影响预算会计
贷：应缴财政款		6 000 000	

（2）20×8年10月29日向财政专户上缴款项。（财务会计如图6-3，B段运动所示；不影响预算会计）

财务会计			预算会计
借：应缴财政款	6 000 000		不影响预算会计
贷：银行存款		6 000 000	

（3）20×8年11月5日收到从财政专户返还的事业收入。（财务会计如图6-3，C段运动所示；预算会计如图6-4，C段运动所示）

财务会计	预算会计
借：银行存款　　6 000 000 　贷：事业收入　　6 000 000	借：资金结存——货币资金　　6 000 000 　贷：事业预算收入　　6 000 000

（二）采用预收款方式确认事业（预算）收入

1.预收账款概述

预收账款是指政府会计主体按照货物、服务合同或协议或者相关规定，向接受货物或服务的主体预先收款而形成的负债。由于预收账款的期限较短，因此将其列入流动负债项目核算。“预收账款”科目仅为事业单位使用，行政单位不涉及此类业务。

事业单位应当设置“预收账款”科目，核算单位预先收取但尚未结算的款项。“预收账款”科目应当按照债权人进行明细核算。

采用预收款方式确认事业收入

2.采用预收款方式确认事业（预算）收入的具体处理

单位实际收到预收款项时，从财务会计视角来看，按照收到的款项金额予以确认，所引起的资金运动如图6-5中A段运动所示；从预算会计角度来看，所引起的资金运动如图6-6中A段运动所示。以后按合同完成进度确认事业收入时，从财务会计角度来看，按照基于合同完成进度计算的金额确认与计量事业收入，所引起的资金运动如图6-5中B段运动所示；该笔业务不影响预算会计（如果涉及补付货款的，应进行预算会计处理）。

图6-5　采用预收款方式管理的事业收入资金运动分析图——财务会计视角

图6-6　采用预收款方式管理的事业收入资金运动分析图——预算会计视角

【例6-2】20×8年8月1日，甲事业单位与丙公司签订供货合同，向丙公司出售一批产品，货款金额共计50 000元。根据购货合同的规定，在购货合同签订后一周内，丙公司应当向甲单位预付货款的60%，剩余货款在交货后付清。8月7日，甲单位收到丙公司的预付货款30 000元并存入银行。9月20日甲单位将货物发给丙公司，并以银行存款的形式收到了补付的货款。假定不考虑相关税费等因素。

（1）8月7日，收到预付货款。（财务会计如图6-7，A段运动所示；预算会计如图6-8，A段运动所示）

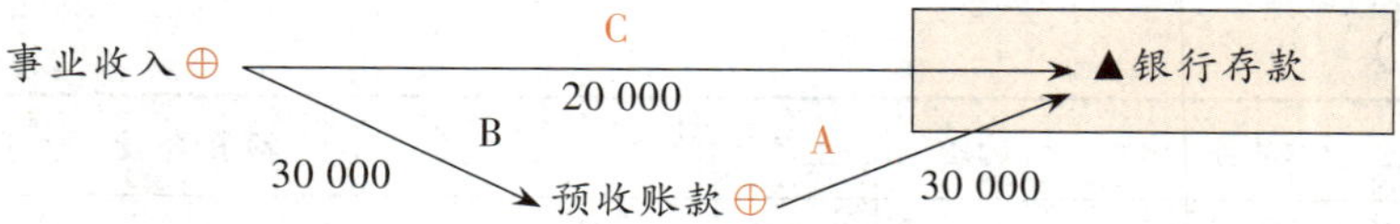

图6-7　甲事业单位事业收入业务资金运动分析图——财务会计视角

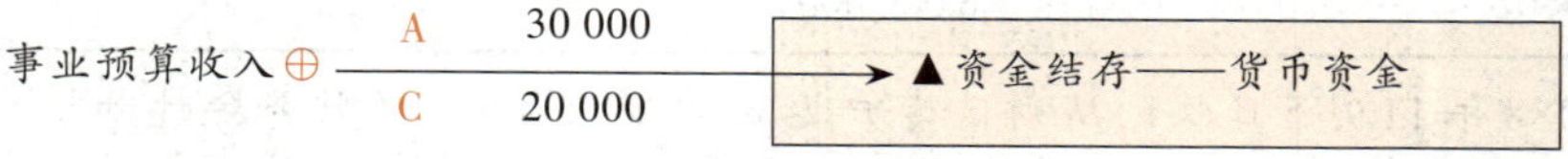

图6-8　甲事业单位事业收入业务资金运动分析图——预算会计视角

财务会计	预算会计
借：银行存款　　　　30 000 　贷：预收账款——丙公司　　　　30 000	借：资金结存——货币资金　　　　30 000 　贷：事业预算收入　　　　30 000

（2）9月20日，按合同发出货物并收到补付货款。（财务会计如图6-7，B、C段运动所示；预算会计如图6-8，C段运动所示）

财务会计	预算会计
借：银行存款　　　　20 000 　　预收账款——丙公司　　　　30 000 　贷：事业收入　　　　50 000	借：资金结存——货币资金　　　　20 000 　贷：事业预算收入　　　　20 000

（三）采用应收款方式确认事业收入

从财务会计视角来看，按照权责发生制原则，根据合同完成进度计算本期应收的款项，所引起的资金运动如图6-9中A段运动所示；该业务不影响预算会计。实际收到款项时，从财务会计角度来看，所引起的资金运动如图6-9中B段运动所示；从预算会计角度来看，所引起的资金运动如图6-10中B段运动所示。

图6-9　采用应收款方式管理的事业收入资金运动分析图——财务会计视角

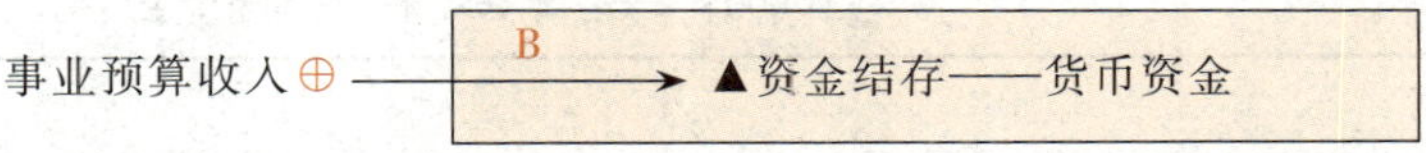

图6-10　采用应收款方式管理的事业收入资金运动分析图——预算会计视角

（四）采用其他方式确认事业收入

按照实际收到的金额，在财务会计中确认事业收入，所引起的资金运动如图6-11中A段运动所示；同时在预算会计中确认预算收入，所引起的资金运动如图6-12中A段运动所示。

采用应收款和其他方式确认事业收入

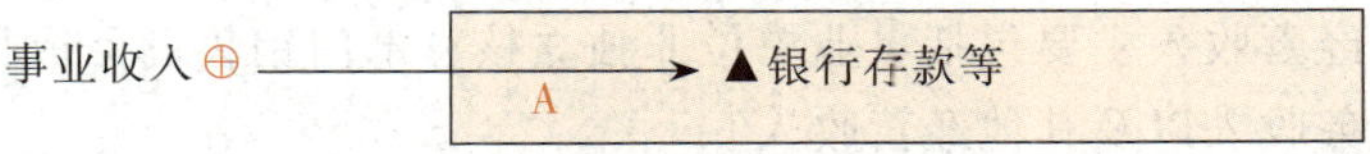

图6-11　采用其他方式管理的事业收入资金运动分析图——财务会计视角

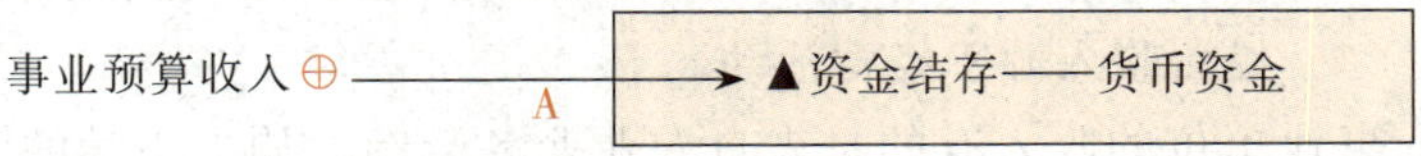

图6-12　采用其他方式管理的事业收入资金运动分析图——预算会计视角

事业单位的活动中涉及增值税业务的，财务会计中事业收入按照实际收到的金额扣除增值税销项税之后的金额入账，预算会计中事业预算收入按照实际收到的金额入账（含代收的增值税销项税额）。

【例6-3】20×8年3月，乙科研事业单位（为增值税一般纳税人）对外开展技术咨询服务，开具的增值税专用发票上注明的劳务收入为350 000元，增值税税额为21 000元，款项已存入银行。

（1）收到劳务收入。（财务会计如图6-13，A段运动所示；预算会计如图6-14，A段

运动所示）

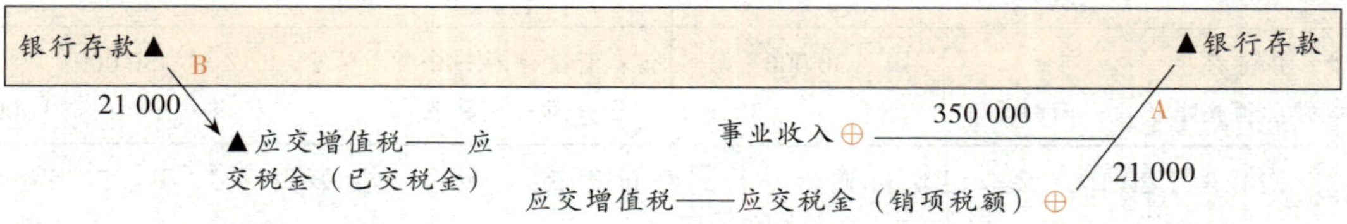

图 6-13　乙单位事业收入业务资金运动分析图——财务会计视角

图 6-14　乙单位事业收入业务资金运动分析图——预算会计视角

财务会计	预算会计
借：银行存款　371 000 　贷：事业收入　350 000 　　应交增值税——应交税金（销项税额）　21 000	借：资金结存——货币资金　371 000 　贷：事业预算收入　371 000

（2）实际缴纳增值税 21 000 元。（财务会计如图 6-13，B 段运动所示；预算会计如图 6-14，B 段运动所示）

财务会计	预算会计
借：应交增值税——应交税金（已交税金）　21 000 　贷：银行存款　21 000	借：事业支出　21 000 　贷：资金结存——货币资金　21 000

第二节　经营收入与经营预算收入资金运动分析与会计处理

一、经营收入与经营预算收入概述

经营收入是指事业单位在专业业务活动及其辅助活动之外开展非独立核算经营活动取得的收入。事业单位的经营收入主要包括事业单位非独立核算部门销售商品取得的销售收入和提供服务取得的服务收入以及其他经营收入。

经营收入业务分析

从经营收入的概念中可知，经营收入必须同时具备下述特征：

（1）经营收入源于经营活动

事业单位的收入有的是来自专业业务活动，如中小学的学费收入以及相关财政补助收入，有的是来自专业业务活动的辅助活动。经营收入是来自专业业务活动及其辅助活动以外取得的收入。比如事业单位对社会开展服务活动取得的收入，如事业单位的剧院取得的演出收入是事业收入，剧院附设的商品部取得的销售收入则是经营收入。经营收入是在非独立核算的经营活动中取得的收入，如剧院所属的作为独立法人的乐队的商业演出收入应当单独核算，如果乐队将一部分纯收入上缴剧院，剧院就应当将其作为附属单位上缴收入处理。

（2）经营收入的来源是非独立核算的收入

独立核算是指一个单位对其经济活动过程及其结果独立地、完整地进行会计核算。独立核算单位的特点是：在管理上有独立的组织形式，有一定数量的资金，在当地银行开户；独立进行经营活动，能同其他单位订立经济合同；独立计算盈亏，单独设置会计机构并配备会计人员。

非独立核算是与独立核算相对应的一种核算形式。其特点是单位从上级单位领取一定数额的物资、款项从事业务活动，一切收入全部上缴，所有支出均由上级报销，不独立计算盈亏，逐日或定期将发生的经济业务资料报送上级单位，并由上级单位进行集中会计核算。比如，学校的车队、食堂等后勤单位，财务上不实行独立核算，对社会服务取得的收入及支出，报给学校集中进行会计核算，这部分收入和支出，应当分别作为经营收入和经营支出处理。需要说明的是，校办企业将纯收入的一部分上缴学校，学校收到后应当作为附属单位上缴收入处理，不能作为经营收入处理。

经营收入采用权责发生制基础确认，事业单位应当在提供服务或发出存货，同时收讫价款或者取得索取价款的凭证时，按照实际收到或应收的金额予以确认。在财务会计体系中，事业单位应设置“经营收入”科目核算事业单位在专业业务活动及其辅助活动之外开展非独立核算经营活动取得的收入。“经营收入”科目应当按照经营活动类别、项目和收入来源等进行明细核算。

经营预算收入采用收付实现制基础确认，事业单位在收讫价款时，按照实际收到的金额予以确认。在预算会计体系中，事业单位应设置“经营预算收入”科目核算事业单位在专业业务活动及其辅助活动之外开展非独立核算经营活动取得的现金流入。“经营预算收入”科目应当按照经营活动类别、项目、《政府收支分类科目》中“支出功能分类科目”的项级科目等进行明细核算。

“经营收入”与“经营预算收入”科目仅限事业单位使用，行政单位不涉及此类业务。

二、经营收入与经营预算收入业务资金运动分析与会计处理

从财务会计视角来看，实现经营收入时，按照确定的金额确认经营收入，所引起的资金运动如图6-15中A段运动所示。如果该收入确认已收到货币资金，其预算会计处理如图6-16中A段运动所示。单位为取得经营收入所发生的费用，从财务会计视角来看，应确认为经营费用，所引起的资金运动如图6-15中B段运动所示；该业务不影响预算会计。

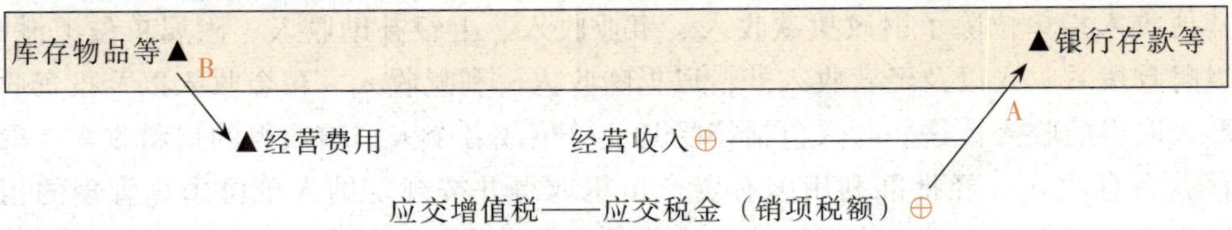

图6-15　经营收入业务资金运动分析图——财务会计视角

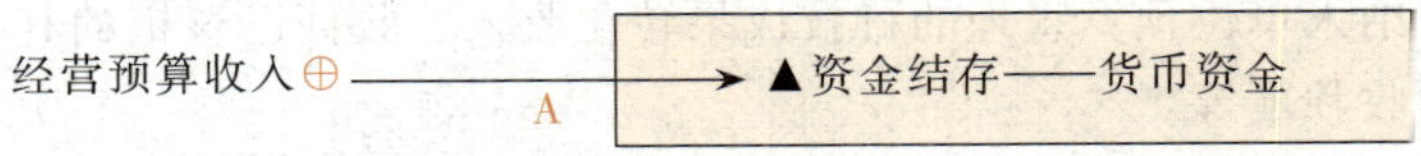

图6-16　经营预算收入资金运动分析图——预算会计视角

【例6-4】某市教育局所属某中学，20×8年发生的经营收入业务如下：

（1）取得所属非独立核算校办工厂出售商品收入50 000元（该业务免征增值税），存入银行。其成本为30 000元。（财务会计如图6-17，A段运动（1）、B段运动所示；预算会计如图6-18，A段运动（1）所示）

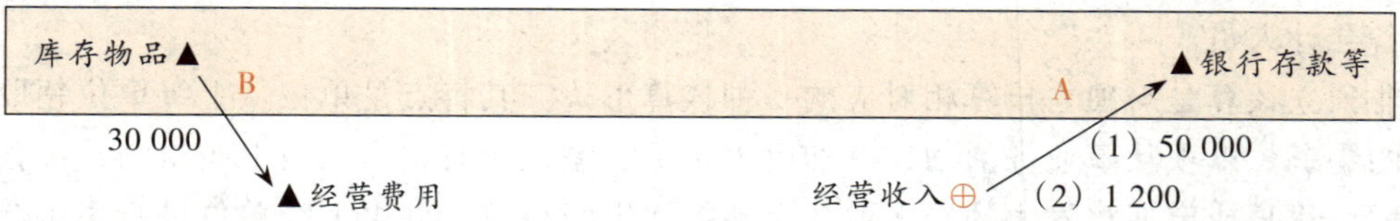

图6-17 某中学经营收入业务资金运动分析图——财务会计视角

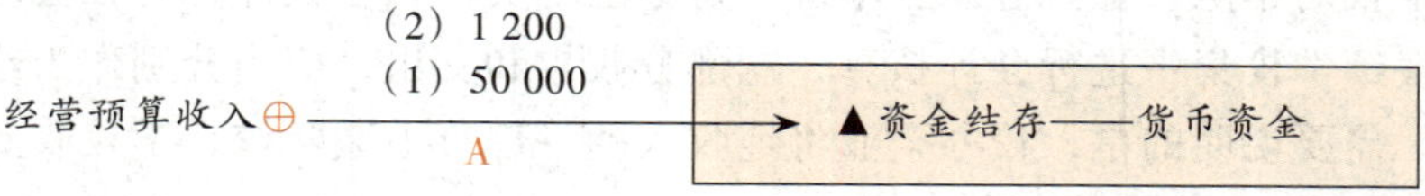

图6-18 某中学经营预算收入资金运动分析图——预算会计视角

财务会计	预算会计
借：银行存款 50 000 　贷：经营收入——商品销售收入 50 000	借：资金结存——货币资金 50 000 　贷：经营预算收入——商品销售收入 50 000
借：经营费用 30 000 　贷：库存物品 30 000	不进行预算会计处理

（2）取得对外提供馆藏资料复印收入现金1 200元。（财务会计如图6-17，A段运动（2）所示；预算会计如图6-18，A段运动（2）所示）

财务会计	预算会计
借：库存现金 1 200 　贷：经营收入——提供劳务收入 1 200	借：资金结存——货币资金 1 200 　贷：经营预算收入——提供劳务收入 1 200

第三节 其他收入与其他预算收入资金运动分析与会计处理

一、其他收入与其他预算收入的概念

其他收入指单位除了财政拨款收入、事业收入、上级补助收入、附属单位上缴收入、非同级财政拨款收入以及经营收入外，以捐赠收入、利息收入、租金收入以及投资收益等其他形式取得的收入。这些收入包括接受其他单位或者个人捐赠取得的捐赠收入、取得的银行存款利息收入、经批准利用国有资产出租取得并按规定纳入单位预算管理的租金收入、按规定以货币资金或实物资产等方式形成的债券或股权投资取得的收益以及现金盘盈收入、按照规定纳入单位预算管理的科技成果转化收入、收回已核销的其他应收款、无法偿还的应付及预收款项等。

其他预算收入是除财政拨款预算收入、事业预算收入、上级补助预算收入、附属单位上缴预算收入、经营预算收入、非同级财政拨款预算收入之外的纳入部门预算管理的现金流入，包括捐赠预算收入、利息预算收入、租金预算收入、投资预算收益、债务预算收入以及现金盘盈收入等。

单位从税务机关取得的代扣代缴、代收代缴、委托代征税款手续费按规定计入本单位收入的，应当按照“其他收入”科目相关规定进行财务会计处理，同时按照“其他预算收入”科目相关规定进行预算会计处理。

二、其他收入与其他预算收入业务资金运动分析与会计处理

（一）捐赠收入业务资金运动分析与会计处理

捐赠是无偿给予资产的行为，其基本特征是无偿，即出于某种原因，不支付金钱或付出其他相应代价而取得某项财产。可见，捐赠收入既不同于财政拨款收入，也不同于事业收入。

单位取得捐赠的货币资金按规定应当上缴财政的，从财务会计视角来看，应当通过“应缴财政款”科目进行处理；预算会计不做处理。单位接受捐赠人委托转赠的资产，从财务会计视角来看，应当按照受托代理业务相关规定进行处理；预算会计不做处理。

在财务会计体系中，单位通过“捐赠收入”科目核算单位接受其他单位或者个人捐赠取得的收入。本科目应当按照捐赠资产的用途和捐赠单位等进行明细核算。

在预算会计体系中，单位通过“其他预算收入（捐赠预算收入）”科目核算单位接受其他单位或者个人捐赠取得的现金流入。该科目应当按照其他收入类别、《政府收支分类科目》中“支出功能分类科目”的项级科目等进行明细核算。其他预算收入中如有专项资金收入，还应按照具体项目进行明细核算。单位发生的捐赠预算收入金额较大或业务较多的，可单独设置“捐赠预算收入”科目进行核算。

接受捐赠的是货币资金且纳入单位预算管理的，从财务会计视角来看，按照实际收到的金额确认银行存款等，所引起的资金运动如图6-19中A段运动所示。从预算会计视角来看，所引起的资金运动如图6-20中A段运动所示。

接受捐赠的固定资产等非现金资产成本能够确定的，按照确定的成本（包含发生的运输费等相关费用），确认固定资产等非现金资产成本，从财务会计视角来看，所引起的资金运动如图6-19中B段运动所示；如以货币资金等支付了运输费等相关费用，则从预算会计视角来看，所引起的资金运动如图6-20中B1段运动所示。

接受捐赠的固定资产等非现金资产成本不能确定的，按照名义金额计量该资产，从财务会计视角来看，所引起的资金运动如图6-19中C1段运动所示；该业务不影响预算会计。同时，按照发生的运输费等相关费用，从财务会计视角来看，确认并记入“其他费用”科目，所引起的资金运动如图6-19中C2段运动所示；从预算会计视角来看，如果相关费用以货币资金等支付的，所引起的资金运动如图6-20中C2段运动所示。

捐赠收入业务分析

接受捐赠的固定资产涉及增值税进项税额的，如果该进项税额可以抵扣的，应单独确认并记入“应交增值税——应交税金（进项税额）”科目；不能抵扣的，应计入固定资产等非现金资产成本之中。

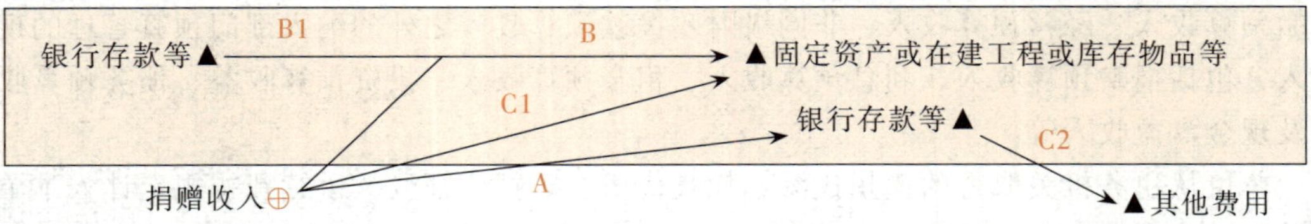

图6-19　接受捐赠取得资产资金运动分析图——财务会计视角

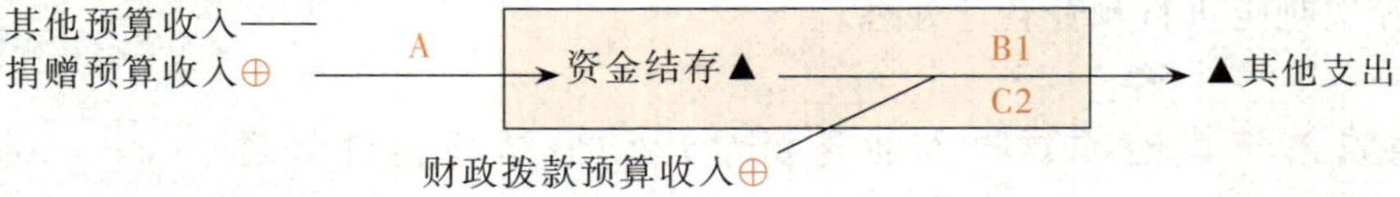

图6-20　接受捐赠取得资产资金运动分析图——预算会计视角

单位作为主管部门或上级单位向其附属单位分配受赠的货币资金，应当按照“对附属单位补助费用（支出）”相关规定处理；单位按规定向其附属单位以外的其他单位分配受赠的货币资金，应当按照“其他费用（支出）”相关规定处理。

单位向政府会计主体分配受赠的非现金资产，应当按照“无偿调拨净资产”相关规定处理；单位向非政府会计主体分配受赠的非现金资产，应当按照“资产处置费用”相关规定处理。

单位处置受赠非现金资产取得的净现金流入（取得价款扣减支付的相关税费后的金额），按规定上缴财政的，应当通过“应缴财政款”进行核算；按规定纳入本单位预算管理的，应当通过“其他（预算）收入”进行核算。

（二）利息收入业务资金运动分析与会计处理

在财务会计体系中，单位通过“利息收入”科目核算单位取得的银行存款利息收入。在预算会计体系中，单位通过“其他预算收入（利息预算收入）”科目核算单位取得的银行存款利息的现金流入；单位发生的利息预算收入金额较大或业务较多的，可单独设置“利息预算收入”科目。

取得银行存款利息时，从财务会计视角来看，按照实际收到的金额，确认银行存款，所引起的资金运动如图6-21所示；从预算会计视角来看，所引起的资金运动如图6-22所示。

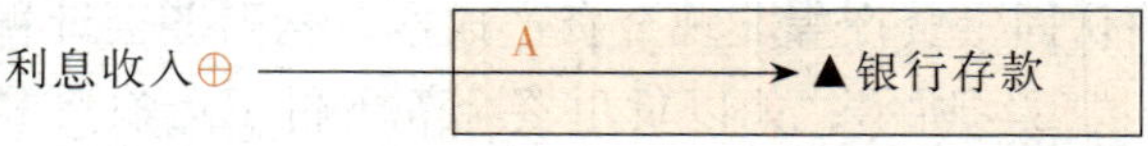

图6-21　利息收入取得资金运动分析图——财务会计视角

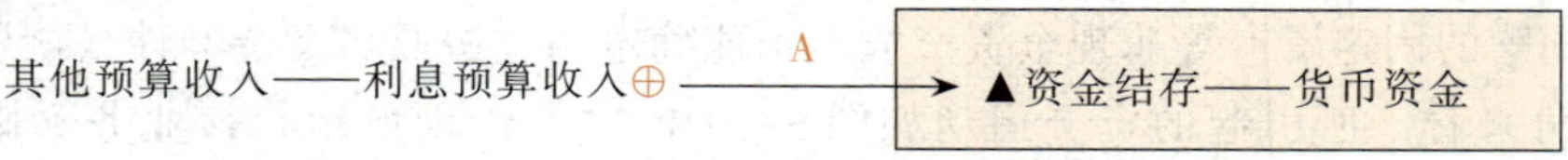

图6-22　利息收入取得资金运动分析图——预算会计视角

（三）租金收入业务资金运动分析与会计处理

为了弥补事业发展经费不足，在保证完成事业任务的前提下，事业单位可以利用所占有的房屋、车辆、设备等国有资产进行出租、出借等经营活动。租金收入是指出租资产取得的收入，包括出租流动资产和非流动资产取得的收入。

在财务会计体系中，通过“租金收入”科目核算单位经批准利用国有资产出租取得并按照规定纳入本单位预算管理的租金收入。本科目应当按照出租国有资产类别和收入来源等进行明细核算。需要注意的是，按照现行管理规定，行政单位对外出租的收入需直接上缴财政，实务中应确认为应缴财政款，而不确认为单位的收入。因此，“租金收入”科目主要适用于事业单位。

预算会计体系中，通过“其他预算收入（租金预算收入）”科目核算单位经批准利用国有资产出租取得并按照规定纳入本单位预算管理的现金流入。单位发生的租金预算收入金额较大或业务较多的，可单独设置“租金预算收入”科目。

采用预收租金方式的，预收租金时，从财务会计视角来看，按照收到的金额，确认“预收账款”，所引起的资金运动如图6-23中A1段运动所示；从预算会计视角来看，所引起的资金运动如图6-24中A1段运动所示。分期确认租金收入时，从财务会计视角来看，按照各期租金金额，确认并记入“租金收入”科目，所引起的资金运动如图6-23中A2段运动所示；该业务不影响预算会计。

采用后付租金方式的，每期确认租金收入时，从财务会计视角来看，按照各期租金金额，确认并记入“租金收入”科目，所引起的资金运动如图6-23中B1段运动所示；该业务不影响预算会计。收到租金时，按照实际收到的金额，从财务会计视角来看，所引起的资金运动如图6-23中B2段运动所示；从预算会计视角来看，所引起的资金运动如图6-24中B2段运动所示。

采用按期收取租金方式的，每期收取租金时，从财务会计视角来看，其资金运动如图6-23中C段运动所示；从预算会计视角来看，其资金运动如图6-24中C段运动所示。

利息收入与租金收入业务分析

在财务会计体系下，为取得租金收入的国有资产，应当在租赁期内各个期间按照直线法将其价值通过折旧或摊销的形式予以确认，所引起的资金运动如图6-23中D段运动所示；该业务不影响预算会计。

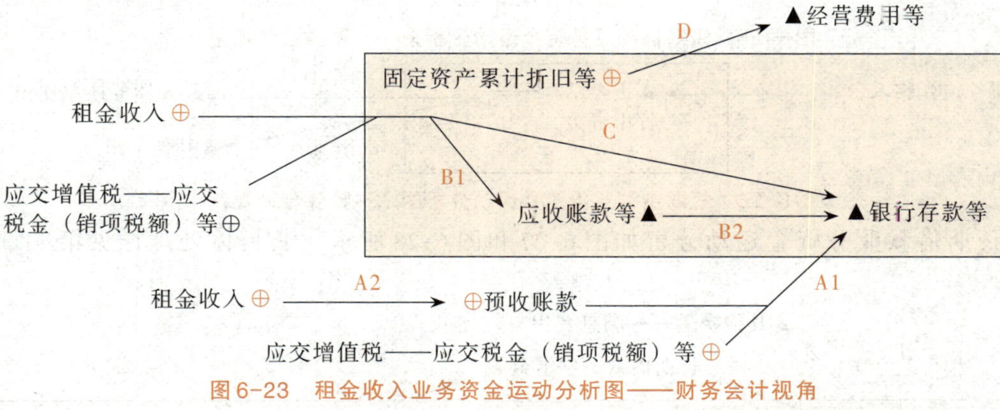

图6-23　租金收入业务资金运动分析图——财务会计视角

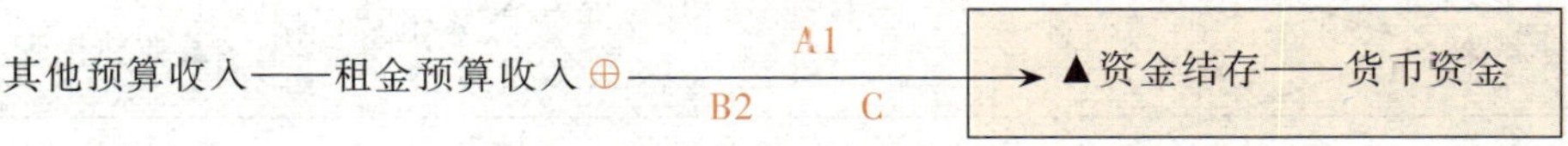

图6-24　租金收入业务资金运动分析图——预算会计视角

（四）投资收益业务资金运动分析与会计处理

投资收益的取得来自两个方面：（1）持有对外投资期间所取得的利息或利润；（2）出售或到期收回对外投资获得的投资收益。

在财务会计体系中，通过“投资收益”科目核算事业单位股权投资和债券投资所实现的收益或发生的损失。“投资收益”科目应当按照投资的种类等进行明细核算。

在预算会计体系中，通过“投资预算收益”科目核算事业单位取得的按照规定纳入部门预算管理的属于投资收益性质的现金流入，包括股权投资收益、出售或收回债券投资所取得的收益和债券投资利息收入。投资收益和投资预算收益的业务处理详见第五章第四节。

（五）债务预算收入业务资金运动分析与会计处理

在财务会计体系中，单位通过“短期借款”“长期借款”科目核算单位经批准向银行或其他金融机构等借入的各种借款。

在预算会计体系中，单位通过“债务预算收入”科目核算事业单位按照规定从银行或其他金融机构等借入的、纳入部门预算管理的、不以财政资金作为偿还来源的债务本金。“债务预算收入”科目应当按照贷款单位、贷款种类、《政府收支分类科目》中“支出功能分类科目”进行明细核算。债务预算收入中如有专项资金收入，还应当按照具体项目进行明细核算。“债务预算收入”科目为事业单位所特有的会计科目，行政单位无此科目。

债务预算收入业务分析

短期借款业务资金运动分析如图6-25和图6-26所示。其具体处理详见第三章第七节。

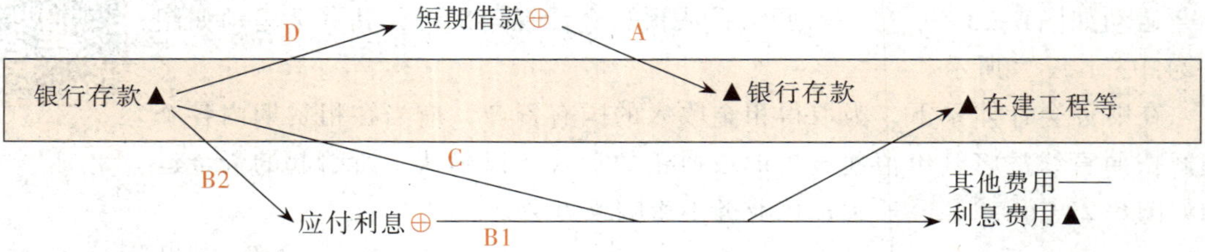

图6-25　短期借款业务资金运动分析图——财务会计视角

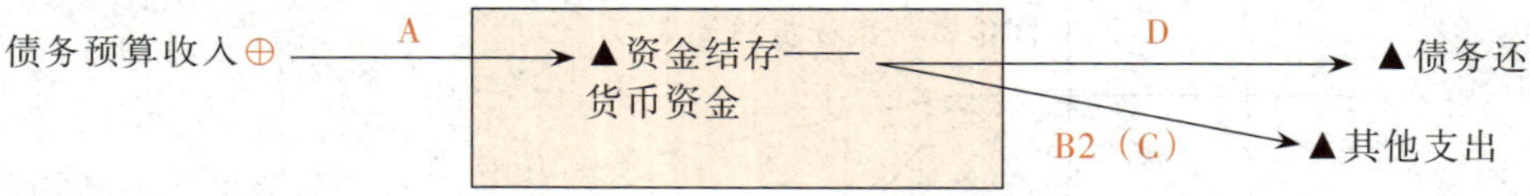

图6-26　短期借款业务资金运动分析图——预算会计视角

长期借款业务资金运动分析如图6-27和图6-28所示。其具体处理详见第三章第七节。

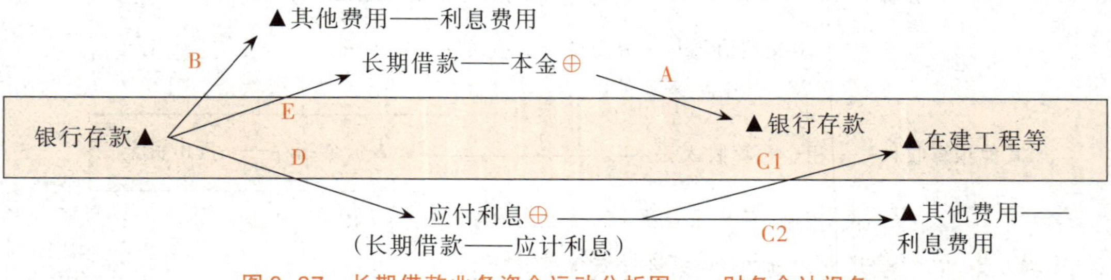

图6-27　长期借款业务资金运动分析图——财务会计视角

图6-28　长期借款业务资金运动分析图——预算会计视角

（六）其他收入业务资金运动分析与会计处理

“其他收入”科目核算单位取得的除财政拨款收入、事业收入、上级补助收入、附属单位上缴收入、经营收入、非同级财政拨款收入、投资收益、捐赠收入、利息收入、租金收入以外的各项收入，包括现金盘盈收入、按照规定纳入单位预算管理的科技成果转化收入、行政单位收回已核销的其他应收款、无法偿付的应付及预收款项、置换换出资产评估增值等。本科目应当按照其他收入的类别、来源等进行明细核算。

其他收入业务分析

1.库存现金盘盈业务资金运动分析

库存现金盘盈业务所引起的资金运动如图6-29、图6-30所示。

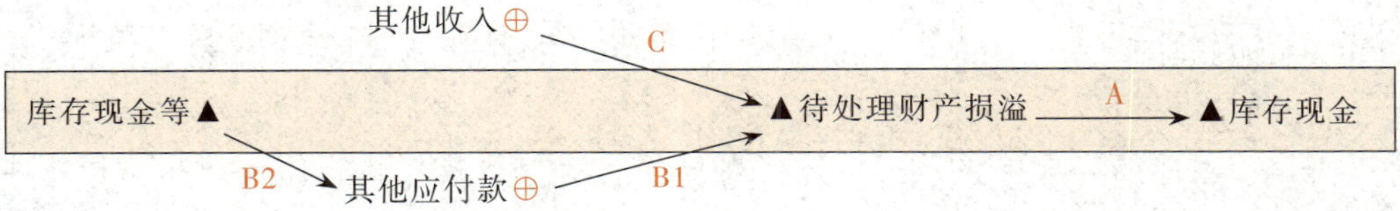

图6-29　库存现金盘盈业务资金运动分析图——财务会计视角

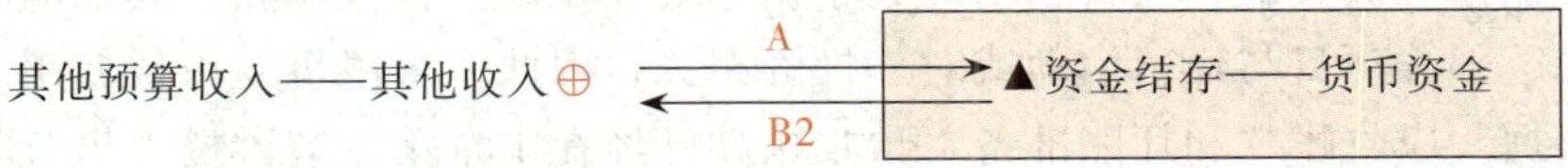

图6-30　库存现金盘盈业务资金运动分析图——预算会计视角

2.按照规定纳入单位预算管理的科技成果转化收入业务资金运动分析

按照规定，纳入单位预算管理的科技成果转化收入业务资金运动分析如图6-31、图6-32所示。其中A段运动反映将其账面价值结转，B段运动反映将转化净货币资金流入量确认为其他收入和其他预算收入。

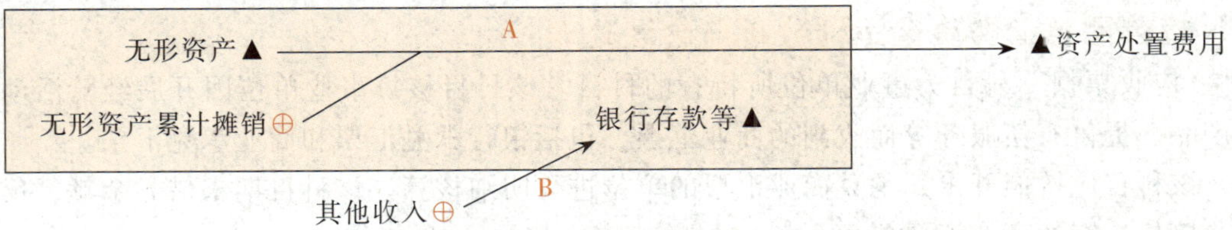

图6-31　科技成果转化资金运动分析图——财务会计视角

图6-32　科技成果转化资金运动分析图——预算会计视角

3.收回已核销的其他应收款、无法偿付的应付及预收款项业务资金运动分析

收回已核销的其他应收款、无法偿付的应付及预收款项业务资金运动分析如图6-33、图6-34所示。

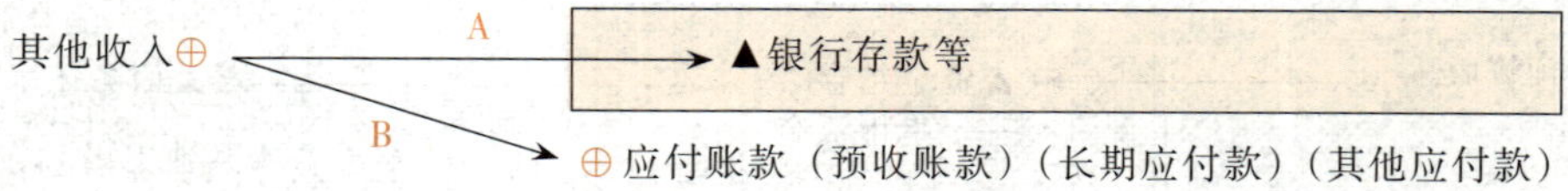

图6-33　其他收入业务资金运动分析图——财务会计视角

图6-34　其他收入业务资金运动分析图——预算会计视角

4.置换换出资产评估增值业务资金运动分析

置换换出资产评估增值业务资金运动分析如图6-35中C段运动所示。该置换评估增值不需要确认其他预算收入。

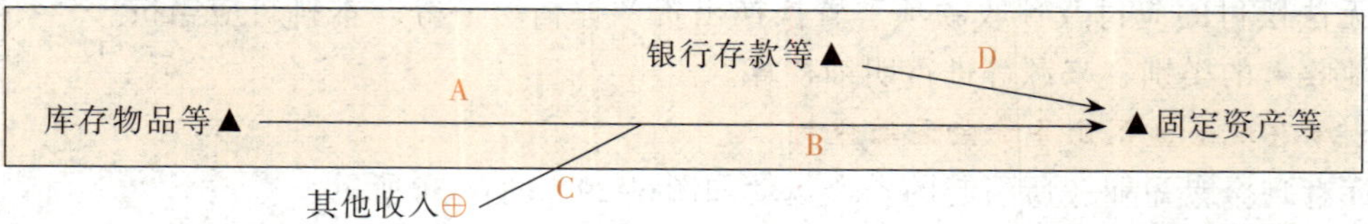

图6-35　置换换出资产评估增值业务资金运动分析图——财务会计视角

第四节　收入取得环节结算业务资金运动分析与会计处理

行政事业单位应收款类项目包括应收票据、应收账款、预收账款、其他应收款和坏账准备。其中，部分项目与经营活动或对外投资相关，因此，仅限事业单位使用，这些项目包括应收票据、应收账款和坏账准备。预收账款已经在本章第一节讲授，本节略。

应收款是与权责发生制紧密相关的项目，对于应收款，一般在发生时不涉及现金流入，在实际收到时才涉及现金流入，因此，在应收款发生时，预算会计一般不做账务处理，在实际收到款项时根据具体情况（如该现金收支业务是否纳入部门预算管理）判断是否同时进行预算会计账务处理。

一、应收票据业务资金运动分析与会计处理

“应收票据”科目为事业单位所特有的科目。该科目核算事业单位因开展经营活动销售产品、提供有偿服务等而收到的商业汇票，包括银行承兑汇票和商业承兑汇票。

该科目应按照开出、承兑商业汇票的单位进行明细核算。该科目期末借方余额，反映事业单位持有的商业汇票票面金额。

同时，事业单位应设置“应收票据备查簿”，逐笔登记每一应收票据的种类、号数、出票日期、到期日、票面金额、交易合同号和付款人、承兑人、背书人姓名或单位名称、背书转让日、贴现日期、贴现率和贴现净额、收款日期、收回金额和退票情况等。应收票据到期结清票款或退票后，应当在备查簿内逐笔注销。

单位销售商品或提供劳务，取得商业票据，从财务会计视角来看，所引起的资金运动如图6-36中A段运动所示；该业务不影响预算会计。应收票据到期收回票款，从财务会计视角来看，所引起的资金运动如图6-36中B1段运动所示；从预算会计视角来看，所引

起的资金运动如图6-37中B1段运动所示。如应收票据到期未收到票款，则从财务会计视角来看，单位需要将其确认为应收账款，所引起的资金运动如图6-36中B2段运动所示；该业务不影响预算会计。如在应收票据尚未到期之前，单位将其背书转让以抵偿所购库存物品等的价款，则从财务会计视角来看，所引起的资金运动如图6-36中B3段运动所示；如果背书转让不涉及货币资金，则该业务不影响预算会计。如在应收票据尚未到期之前，单位将其贴现给银行（不再承担连带责任），则从财务会计视角来看，应将应收票据的票面金额扣除所得到的银行存款后的差额，确认为经营费用等，所引起的资金运动如图6-36中B4段运动所示；从预算会计视角来看，所引起的资金运动如图6-37中B41段运动所示。

应收票据业务分析

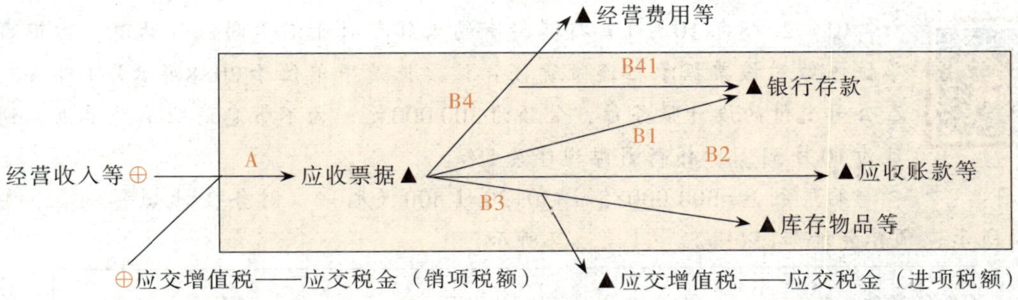

图6-36　应收票据业务资金运动分析图——财务会计视角

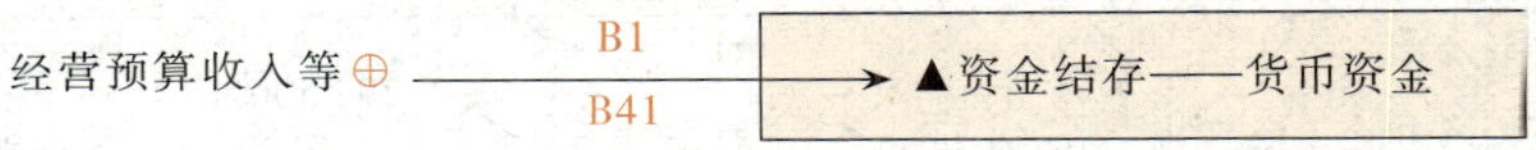

图6-37　应收票据业务资金运动分析图——预算会计视角

在需要承担连带责任的情况下对应收票据进行贴现，单位承担了该票据的最终风险。因此，单位不应该冲销应收票据的账面价值，而应该将其理解为抵押贷款进行处理。因此，将该票据贴现时，单位相当于获得了一笔以应收票据作为抵押的短期借款，在扣除贴息后单位获得了相应的货币资金，从财务会计视角来看，其资金运动如图6-38中A段运动所示；从预算会计视角来看，所引起的资金运动如图6-39中A1段运动所示。当票据到期，银行收到出票人或承兑人所支付的票款时，单位所承担的连带责任自动消除，从财务会计视角来看，单位应以应收票据冲销短期借款，其资金运动如图6-38中B段运动所示；该业务不影响预算会计。

如票据到期，出票人或承兑人无力支付，银行就会将票据退回申请贴现单位，同时从本贴现单位的银行存款账户中将票据款划回。从财务会计视角来看，贴现单位应将所收票据转作应收账款，其资金运动如图6-38中C1、C2段运动所示；从预算会计视角来看，所引起的资金运动如图6-39中C1段运动所示。如果申请贴现单位的银行存款账户余额也不足，则银行将作为逾期贷款处理，单位只需要将应收票据转为应收账款即可，其资金运动如图6-38中D段运动所示；该业务不影响预算会计。

应收票据贴现（负连带责任）业务分析

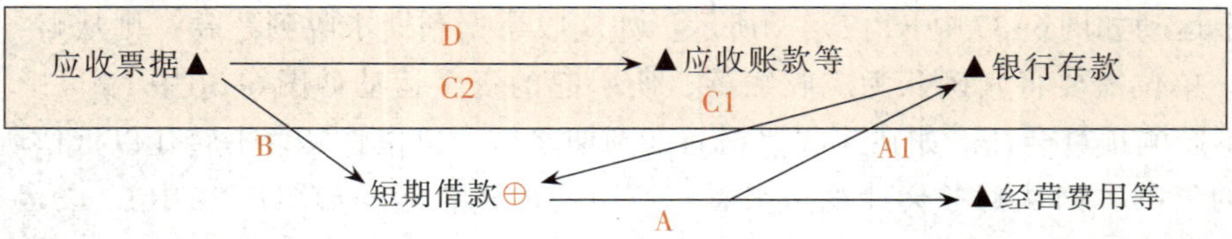

图6-38　应收票据贴现业务（负连带责任）资金运动分析图——财务会计视角

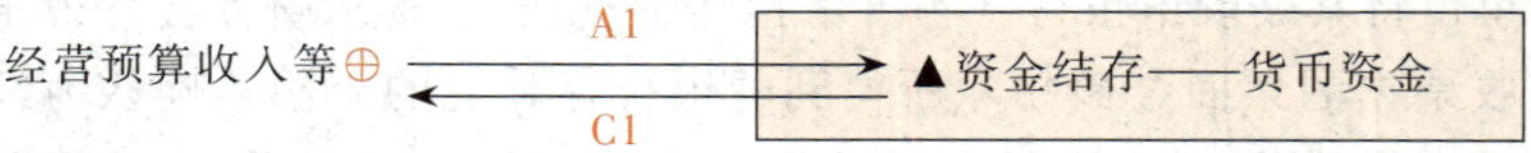

图6-39　应收票据贴现业务（负连带责任）资金运动分析图——预算会计视角

【例6-5】甲事业单位发生了下列业务：

应收票据业务举例

（1）20×8年10月1日将其持有的未到期商业汇票向银行贴现，但甲事业单位依然对该票据承担连带责任。该票据是甲单位于20×8年8月1日收到的乙公司支付的设计服务费，金额为300 000元，为不带息商业承兑票据。到期日为10月31日。银行月贴现率为5‰。

贴现利息=300 000×5‰×30÷30=1 500（元）。（财务会计如图6-40，A段运动所示；预算会计如图6-41，A1段运动所示）

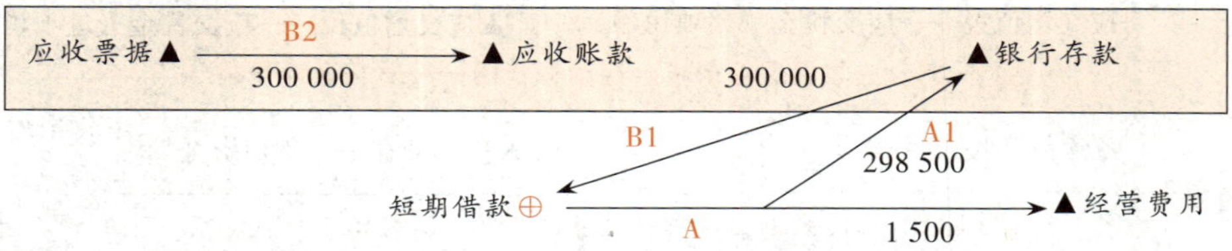

图6-40　甲单位应收票据贴现业务资金运动分析图——财务会计视角

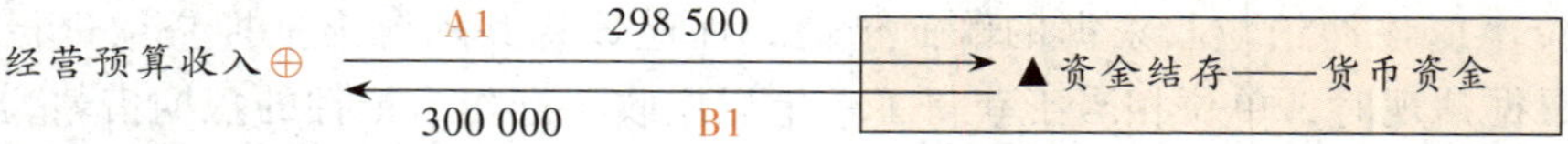

图6-41　甲单位应收票据贴现业务资金运动分析图——预算会计视角

财务会计	预算会计
借：银行存款　　298 500 　　经营费用　　1 500 　贷：短期借款　　300 000	借：资金结存——货币资金　　298 500 　贷：经营预算收入　　298 500

（2）10月31日票据到期，乙公司无力支付票款，银行向甲单位追索票款300 000元，并已从其银行账户中扣除。（财务会计如图6-40，B1、B2段运动所示；预算会计如图6-41，B1段运动所示）

财务会计	预算会计
借：短期借款　　300 000 　贷：银行存款　　300 000 借：应收账款　　300 000 　贷：应收票据　　300 000	借：经营预算收入　　300 000 　贷：资金结存——货币资金　　300 000

二、应收账款业务资金运动分析与会计处理

“应收账款”科目为事业单位特有科目。该科目核算事业单位销售产品、提供服务等应收取的款项，以及单位因出租资产、出售物资等应收取的款项。

根据事业单位现有财务管理规定，部分收入不需上缴财政，如提供服务、资产出租收入等，需纳入单位预算统一管理；部分收入则应上缴财政，如国有资产处置收入。在实际账务处理中，要根据单位及收入事项的具体情况进行判断，并采取相应的账务核算方法。

“应收账款”科目应按照债务单位或个人进行明细核算。单位应当设置“应收账款备查簿”，逐笔登记应收账款的债务单位或个人、发生日期、金额、收回、核销等情况。

（一）应收账款收回后不需上缴财政而纳入本单位预算管理业务处理

单位发生应收账款时，从财务会计视角来看，按照应收未收金额，确认应收账款，所引起的资金运动如图6-42中A段运动所示；该业务不影响预算会计。收回应收账款时，从财务会计视角来看，按照实际收到的金额，确认并记入“银行存款”等科目，所引起的资金运动如图6-42中B段运动所示；从预算会计视角来看，所引起的资金运动如图6-43中B段运动所示。

事业单位应当于每年年末，对收回后不需上缴财政的应收账款和其他应收款进行全面检查，分析其可收回性，如发生不能收回的迹象，则应当计提坏账准备，从财务会计视角来看，所引起的资金运动如图6-42中C段运动所示；该业务不影响预算会计。对于账龄超过规定年限，确认无法收回的应收账款，按照规定报经批准后予以核销，所引起的资金运动如图6-42中D段运动所示；该业务不影响预算会计。已核销的应收账款在以后期间又收回的，按照实际收回金额，从财务会计视角来看，重新确认应收账款，与此同时，再将应收账款转为银行存款，所引起的资金运动如图6-42中E1段、E2段运动所示；从预算会计视角来看，所引起的资金运动如图6-43中E2段运动所示。由于已冲销的应收账款一般是以前年度发生的，因此E2段运动的起点是非财政拨款结余。

应收账款业务（不上缴财政）

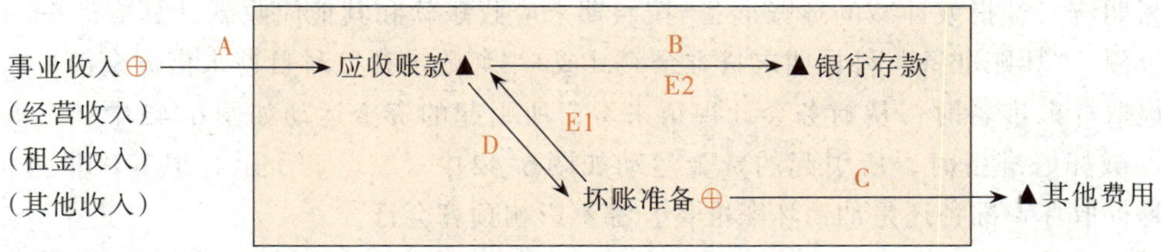

图6-42　应收账款业务资金运动分析图（不需上缴财政）——财务会计视角

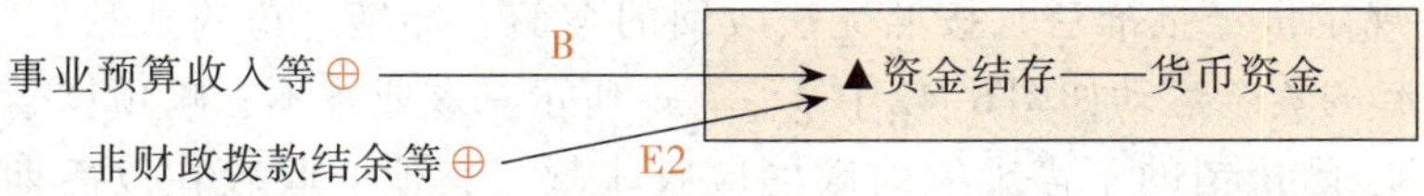

图6-43　应收账款业务资金运动分析图（不需上缴财政）——预算会计视角

（二）应收账款收回后需要上缴财政业务处理

出售物资的应收未收款，从财务会计视角来看，按照应收未收金额，确认应收账款，所引起的资金运动如图6-44中A段运动所示。收回应收账款时，从财务会计视角来看，

所引起的资金运动如图6-44中B段运动所示。上缴财政时，从财务会计视角来看，所引起的资金运动如图6-44中C段运动所示。

单位应当于每年年末，对应收账款进行全面检查。收回后需上缴财政的应收账款，不计提坏账准备，如账龄超过规定年限，确认无法收回的，应按照规定报经批准后予以核销，按照核销金额，冲销“应缴财政款”，从财务会计视角来看，所引起的资金运动如图6-44中D段运动所示。已核销的应收账款在以后期间又收回的，按照实际收回金额，从财务会计视角来看，所引起的资金运动如图6-44中E1段运动所示；以后上缴财政时，所引起的资金运动如图6-44中E2段运动所示。

应收账款业务（上缴财政）

应收账款收回后需要上缴财政的，其业务处理不涉及预算会计。

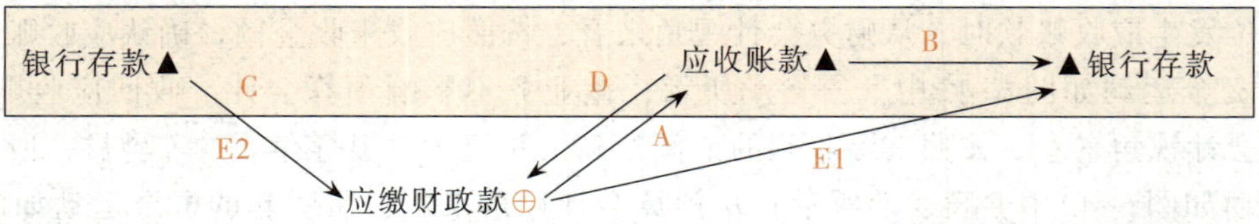

图6-44　应收账款业务资金运动分析图（需上缴财政）——财务会计视角

三、坏账准备业务资金运动分析与会计处理

“坏账准备”科目为事业单位特有科目。该科目核算事业单位对收回后不需上缴财政的应收账款和其他应收款提取的坏账准备。

事业单位应当于年末对收回后不需上缴财政的应收账款和其他应收款进行全面检查，分析其可收回性，对预计可能产生的坏账损失计提坏账准备。

坏账准备计提方法包括应收款项余额百分比法、账龄分析法、个别认定法等。计提方法一经确定，不得随意变更。如需变更，则应按照规定报经批准，并在财务报表附注中予以说明。

“坏账准备”科目分别按照应收账款和其他应收款进行明细核算。

当期应当补提或冲减的坏账准备=按照期末应收账款和其他应收款计算应计提的坏账准备金额-“坏账准备”科目期末贷方余额（或+“坏账准备”科目期末借方余额）

提取坏账准备时，从财务会计视角来看，所引起的资金运动如图6-42中C段运动所示；冲减坏账准备时，所引起的资金运动如图6-42中C段运动所示，但其流量为负数。无论是提取坏账准备还是冲销坏账准备，都不影响预算会计。

对于账龄超过规定年限并确认无法收回的应收账款、其他应收款，从财务会计视角来看，应按有关规定报经批准后，按照无法收回的金额，冲销“应收账款”“其他应收款”等科目，所引起的资金运动如图6-42中D段运动所示。该业务不影响预算会计。

已核销的不需上缴财政的应收账款、其他应收款在以后期间又收回的，按照实际收回金额，从财务会计视角来看，先重新确认并记入“应收账款”“其他应收款”科目，然后再转入“银行存款”科目，所引起的资金运动如图6-42中E1段、E2段运动所示。从预算会计视角来看，所引起的资金运动如图6-43中E2段运动所示。

坏账准备业务

【例 6-6】甲事业单位发生下列业务：

（1）20×8 年年末对应收账款全面检查时发现，一笔 20×5 年的应收丙公司款 120 000 元，债务人已因经营不善倒闭，该笔应收款确认无法收回（不考虑债务人破产清算时取得的部分），对该笔应收款已全额计提坏账准备，经批准，甲单位于 20×8 年年底对该笔应收款进行核销。（财务会计如图 6-45，A 段运动所示；不影响预算会计）

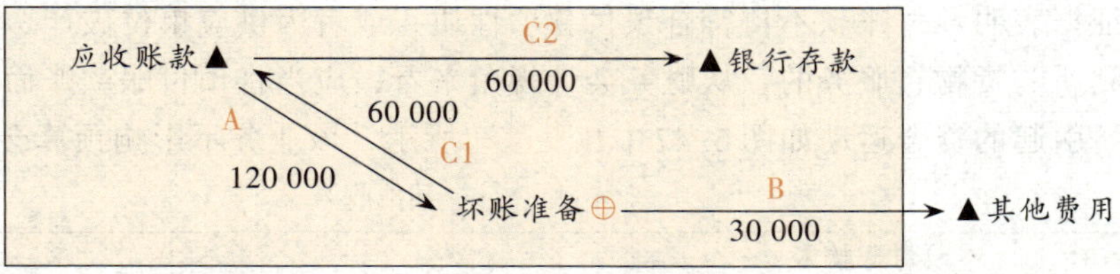

图 6-45　应收账款业务资金运动分析图（不需上缴财政）——财务会计视角

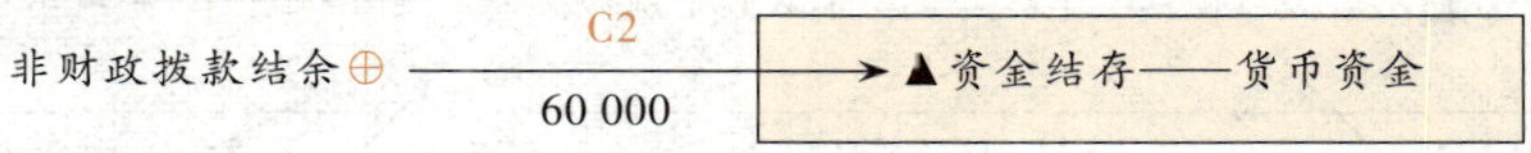

图 6-46　应收账款业务资金运动分析图（不需上缴财政）——预算会计视角

财务会计			预算会计
借：坏账准备	120 000		不涉及现金收支业务，不做账务处理
贷：应收账款		120 000	

（2）20×8 年年末对应收账款全面检查时发现，20×7 年发生的应收乙单位账款 100 000 元，仍未收回，根据甲事业单位相关规定计算，20×8 年年底应补提坏账准备 30 000 元。（财务会计如图 6-45，B 段运动所示；不影响预算会计）

财务会计			预算会计
借：其他费用	30 000		不涉及现金收支业务，不做账务处理
贷：坏账准备		30 000	

（3）20×9 年 3 月收回 20×7 年已核销的应收账款 60 000 元，款项已收存银行。（财务会计如图 6-45，C1 段、C2 段运动所示；预算会计如图 6-46，C2 段运动所示）

财务会计			预算会计		
借：应收账款	60 000				
贷：坏账准备		60 000	借：资金结存——货币资金	60 000	
借：银行存款	60 000		贷：非财政拨款结余		60 000
贷：应收账款		60 000			

四、其他应收款业务资金运动分析与会计处理

“其他应收款”科目核算单位除财政应返还额度、应收票据、应收账款、预付账款、应收股利、应收利息以外的其他各项应收及暂付款，如职工预借的差旅费、已经偿还银行尚未报销的本单位公务卡欠款、拨付给内部有关部门的备用金、应向职工收取的各种垫付款项、支付的可以收回的订金或押金、应收的上级补助和附属单位上缴款项等。

“其他应收款”科目应按照其他应收款的类别及债务单位（或个人）进行明细核算。

（一）其他应收款取得业务处理

发生其他各种应收及暂付款时，或者单位实行备用金制度，财务部门核定并发放备用金时，或者偿还尚未报销的本单位公务卡欠款时，从财务会计视角来看，所引起的资金运动如图6-47中A段运动所示。该业务不影响预算会计。

有确凿证据表明预付账款不再符合预付款项性质，或者因供应单位破产、撤销等原因可能无法收到所购货物、服务的，从财务会计视角来看，应当将预付账款账面余额转入其他应收款，所引起的资金运动如图6-47中B段运动所示，该业务不影响预算会计。

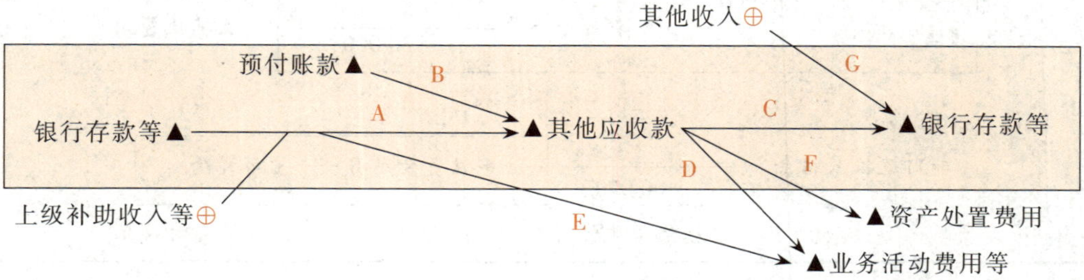

图6-47　其他应收款业务资金运动分析图——财务会计视角

（二）其他应收款收回或冲销业务处理

收回其他各种应收及暂付款时，从财务会计视角来看，所引起的资金运动如图6-47中C段运动所示。如果收回的是上级补助款项和附属单位上缴款项等应收款的，从预算会计视角来看，所引起的资金运动如图6-48中C段运动所示。如果收回的是以前支付的暂付款，则不需要进行预算会计处理。

暂付款项报销时（包括公务卡持卡人报销单位已偿还的公务卡款项），从财务会计视角来看，所引起的资金运动如图6-47中D段运动所示。从预算会计视角来看，根据实报金额进行预算会计处理，所引起的资金运动如图6-48中D段运动所示。

其他应收款业务分析

实行备用金制度，根据报销金额用现金补足备用金定额时，从财务会计视角来看，所引起的资金运动如图6-47中E段运动所示；报销数或补拨数都不再通过“其他应收款”科目核算。从预算会计视角来看，根据补足备用金的金额进行预算会计处理，所引起的资金运动如图6-48中E段运动所示。

图6-48　其他应收款业务资金运动分析图——预算会计视角

事业单位检查中如发现其他应收款有不能收回的迹象，从财务会计视角来看，应当计提坏账准备，对于账龄超过规定年限、确认无法收回的其他应收款，按照规定报经批准后予以核销，所引起的资金运动如图6-42中C段、D段运动所示（但图6-42中D段运动的起点应该改为“其他应收款”）；该业务不影响预算会计。核销的其他应收款应在备查簿中保留登记。已核销的其他应收款在以后期间又收回的，所引起的资金运动，从财务会计视角来看，如图6-42中E1段、E2段运动所示（但图6-42中E2段运动的起点应该改为“其他应收款”）；从预算会计视角来看，如图6-43中E2段运动所示（但图6-43中E2段运动的起点应该改为“其他预算收入”）。

行政单位对于超过规定年限、确认无法收回的其他应收款，从财务会计视角来看，应按照有关规定报经批准后予以核销，确认并记入“资产处置费用”科目，所引起的资金运动如图6-47中F段运动所示；该业务不影响预算会计。核销的其他应收款应在备查簿中保留登记。已核销的其他应收款在以后期间又收回的，从财务会计视角来看，按照收回金额，确认“其他收入”，所引起的资金运动如图6-47中G段运动所示；从预算会计视角来看，所引起的资金运动如图6-48中G段运动所示。

【例6-7】甲事业单位王月20×8年8月7日出差回单位报销差旅费，出差前借支10 000元，报销8 000元，以现金的形式交回余款2 000元。（财务会计如图6-49所示；预算会计如图6-50所示）

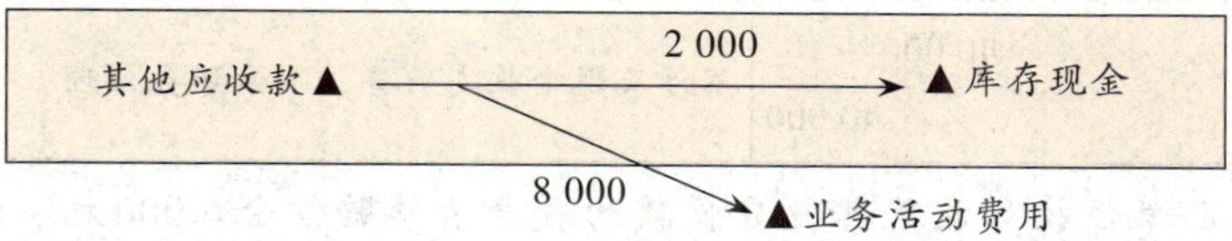

图6-49　甲单位其他应收款业务资金运动分析图——财务会计视角

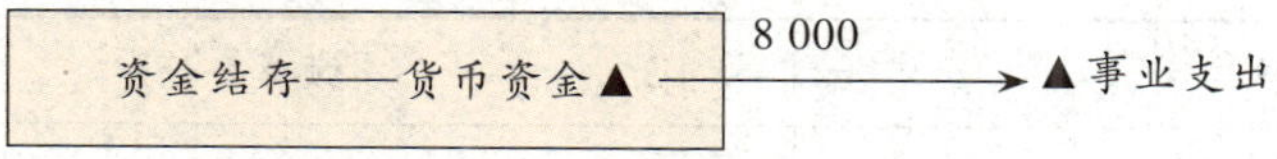

图6-50　甲单位其他应收款业务资金运动分析图——预算会计视角

其他应收款
业务举例

财务会计		预算会计	
借：业务活动费用	8 000	借：事业支出	8 000
库存现金	2 000	贷：资金结存——货币资金	8 000
贷：其他应收款	10 000		

【例6-8】乙行政单位发生下列业务：

（1）20×6年以零余额账户用款额度向丙公司预付购办公桌椅款40 000元。（财务会计如图6-51，A段运动所示；预算会计如图6-52，A段运动所示）

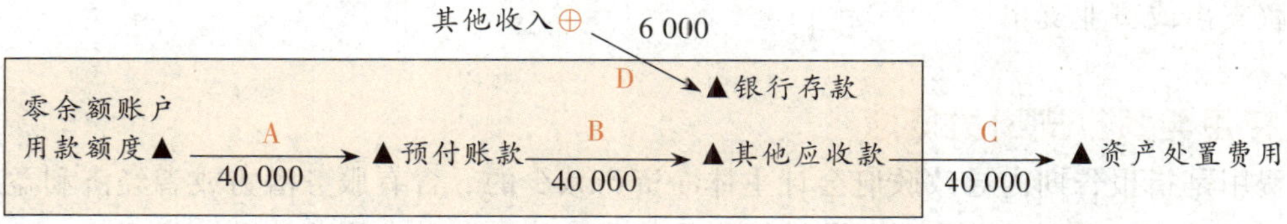

图6-51　乙单位其他应收款业务资金运动分析图——财务会计视角

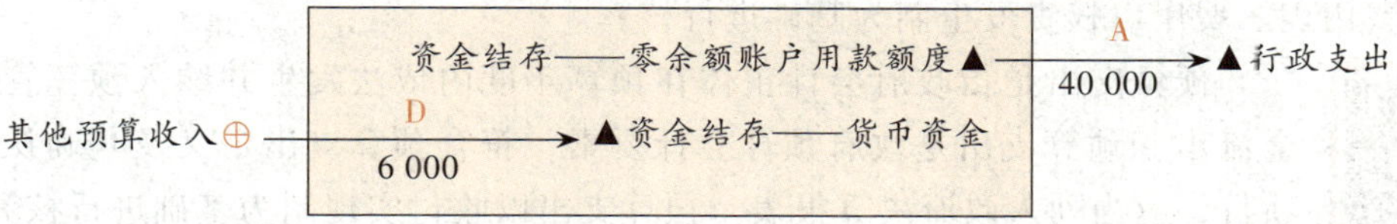

图6-52　乙单位其他应收款业务资金运动分析图——预算会计视角

财务会计		预算会计	
借：预付账款	40 000	借：行政支出	40 000
贷：零余额账户用款额度	40 000	贷：资金结存——零余额账户用款额度	40 000

（2）该批办公桌椅一直未到货，20×7年年底，乙单位将该笔预付款转入其他应收款。（财务会计如图6-51，B段运动所示；不影响预算会计）

财务会计	预算会计
借：其他应收款　　40 000 　贷：预付账款　　40 000	不涉及现金收支业务，不做账务处理

（3）20×8年，丙公司破产，该笔款项预计已无法收回，且预计无法取得破产清偿收入，乙单位按规定报经批准后对该笔款项予以核销。（财务会计如图6-51，C段运动所示；不影响预算会计）

财务会计	预算会计
借：资产处置费用　　40 000 　贷：其他应收款　　40 000	不涉及现金收支业务，不做账务处理

（4）20×9年3月，乙单位收到该笔其他应收款的破产清偿赔偿金6 000元。（财务会计如图6-51，D段运动所示；预算会计如图6-52，D段运动所示）

财务会计	预算会计
借：银行存款　　6 000 　贷：其他收入　　6 000	借：资金结存——货币资金　　6 000 　贷：其他预算收入　　6 000

第五节　费用与预算支出概述

政府会计主体在依法履职或开展业务活动中，必然会发生各种耗费和支出，这些耗费和支出，财务会计称为费用，预算会计称为支出。如行政事业单位在依法履职或开展专业业务活动及其辅助活动所发生的各项支出，财务会计确认为业务活动费用，预算会计确认为行政支出或事业支出。

一、费用与预算支出的概念

费用是指报告期内导致政府会计主体净资产减少的、含有服务潜力或者经济利益的经济资源的流出。费用是政府财务会计要素，符合费用定义和费用确认条件的项目，应当列入收入费用表。费用以权责发生制为基础进行核算。

预算支出是指政府会计主体在预算年度内依法发生并纳入预算管理的现金流出。预算支出是政府预算会计要素，符合预算支出定义及其确认条件的项目，应当列入政府决算报表。预算支出以收付实现制为基础进行核算。

费用与预算支出的概念与分类

二、费用与预算支出的分类

政府会计主体费用（支出）是单位为保障机构正常运转和完成工作任务所发生的各项资金耗费和损失。费用（支出）按不同的分类方法，可以分成以下几种类型。

（一）按支出功能分类

支出功能分类科目主要反映政府会计主体活动的不同功能和政策目标，主要分为类、款、项三级。其中类级科目主要包括一般公共服务支出、外交支出、国防支出、公共安全支出、教育支出、科学技术支出、文化旅游体育与传媒支出、社会保障和就业支出、卫生健康支出、节能环保支出、城乡社区支出、农林水支出、交通运输支出、资源勘探工业信息等支出、商业服务业等支出、金融支出、援助其他地区支出、自然资源海洋气象等支出、住房保障支出、粮油物资储备支出、灾害防治及应急管理支出、预备费、其他支出、转移性支出、债务还本支出、债务付息支出、债务发行费用支出等大类。

（二）按经济用途分类

根据财政部《2023年政府收支分类科目》中的“支出经济分类科目”，政府预算支出经济分类科目（适用于行政机关和参公管理的事业单位）分为：机关工资福利支出、机关商品和服务支出、机关资本性支出（一）、机关资本性支出（二）、对事业单位经常性补助、对事业单位资本性补助、对企业补助、对企业资本性支出、对个人和家庭的补助、对社会保障基金补助、债务利息及费用支出、债务还本支出、转移性支出、预备费及预留、其他支出等十五类。部门预算支出经济分类科目（适用于事业单位）分为：工资福利支出、商品和服务支出、对个人和家庭的补助、债务利息及费用支出、资本性支出（基本建设）、资本性支出、对企业补助（基本建设）、对企业补助、对社会保障基金补助、其他支出等十类。

（三）按部门预算管理要求分类

按部门预算管理要求，支出可分为基本支出和项目支出。

基本支出是指行政事业单位为了保障其机构正常运转、完成日常工作任务所发生的人员经费和公用经费。其中，人员经费是指为了开展专业活动需要用于个人方面的开支，如基本工资、津贴补贴及奖金、社会保险费用等。人员经费在政府收支分类科目中体现为“机关工资福利支出”“工资福利支出”“对个人和家庭的补助”三部分。公用经费是指为了完成行政事业活动，用于公共服务方面的开支，包括办公费、印刷费、咨询费、水电费、邮电费、取暖费、物业管理费、差旅费等。公用经费在政府收支分类科目中体现为“机关商品和服务支出”“商品和服务支出”“机关资本性支出（一）”“资本性支出”等科目中属于基本支出的内容。

项目支出是指行政事业单位为了完成特定工作任务和事业发展目标，在基本支出之外所发生的支出，包括基本建设、有关事业发展专项计划、专项业务、大型修缮、大型购置、大型会议等项目支出。项目支出在政府收支分类科目中体现为“商品和服务支出”“机关资本性支出（一）”“机关资本性支出（二）”“资本性支出（基本建设）”“资本性支出”等科目中属于项目支出的内容。

项目支出具有专项性、独立性、完整性的特点。其中，专项性是指项目支出具有特定目标，是为了完成特定的工作任务；独立性是指每个项目支出都有其支出的明确范围，各项目支出之间不能交叉，项目支出与基本支出之间也不能交叉；完整性是指项目支出为完成特定目标或任务所发生的全部支出内容。

（四）按资金性质分类

按资金性质，行政事业单位支出可以分为财政拨款支出、非财政专项资金支出和其他资金支出。

（1）财政拨款支出是指行政事业单位使用财政拨款收入安排的支出。

（2）非财政专项资金支出是指行政事业单位使用非财政拨款收入安排的有指定项目和用途的专项资金支出。该支出应当专款专用，单独核算，并按照规定向相关部门报送专项资金使用情况；项目完成后，应当报送专项资金决算报告，接受相关部门的检查、验收。

（3）其他资金支出，是指行政事业单位使用除了财政拨款支出和非财政专项资金支出以外的资金安排的支出。

一般来说，在会计核算中，行政事业单位先按资金性质将支出分为财政拨款支出、非财政专项资金支出和其他资金支出。同时，按部门预算管理要求将各类资金支出分为基本支出和项目支出，并按照《政府收支分类科目》中“支出功能分类科目”的项级科目进行明细分类，在此基础上，进一步按经济用途对支出进行明细分类核算。

三、费用与预算支出的确认

（一）费用的确认

费用的确认应同时满足以下三个条件：（1）与费用相关的含有服务潜力或者经济利益的经济资源很可能流出政府会计主体；（2）含有服务潜力或者经济利益的经济资源流出会导致政府会计主体资产减少或者负债增加；（3）流出金额能够可靠地计量。

费用的确认应遵循权责发生制原则。即凡属于本期发生的费用，不论款项是否支付，均作为本期的费用处理；反之，凡不属于本期的费用，即使款项在本期已经支付，也不应作为本期的费用处理。

（二）预算支出的确认

费用与预算支出确认与科目设置

预算支出的确认应同时满足以下两个条件：（1）政府会计主体在预算年度内发生的纳入部门预算管理的现金支付业务；（2）支付金额能够可靠计量。

预算支出的确认应遵循收付实现制原则，一般在实际支付时予以确认，以实际支付的金额计量。

四、费用与预算支出的会计科目核算主体及对应关系

行政单位和事业单位都是与财政发生预算拨款关系的单位，二者在资金管理上具有相似性，但由于承担的职能和单位性质不同，二者在业务范围和会计核算上有较大的区别，如事业单位经审批后可以开展经营活动，但行政单位一律不得开展经营活动。再如行政单位主要的耗费和支出基本都归集在业务活动费用和行政支出中，但事业单位除了业务活动费用和事业支出外，为了更准确和清晰地反映单位活动的性质和内容，还要设置“单位管理费用”“经营费用”“经营支出”“债务还本支出”“投资支出”“所得税费用”等特有的科目进行核算。

（一）费用与预算支出的会计科目核算主体

对于行政单位而言，费用主要包括业务活动费用、资产处置费用、其他费用等；支出

主要包括行政支出和其他支出。对于事业单位而言，费用主要包括业务活动费用、单位管理费用、资产处置费用、上缴上级费用、对附属单位补助费用、所得税费用和其他费用；支出主要包括事业支出、经营支出、上缴上级支出、对附属单位补助支出、投资支出、债务还本支出和其他支出。

（二）费用与预算支出会计科目的对应关系

费用与预算支出核算的主要内容是一致的，业务具有同源性，分别在以权责发生制为基础的财务会计体系和以收付实现制为基础的预算会计体系进行反映，具有对应关系，只是由于两者的核算基础不一致，存在费用和支出的确认时间不一致的情况。财务会计费用科目与预算会计支出科目的对应关系见表6-1。

表6-1　　财务会计费用科目与预算会计支出科目的对应关系

财务会计	预算会计	核算内容
业务活动费用	行政支出、事业支出	单位为实现其职能目标，依法履职或开展专业业务活动及其辅助活动所发生的各项费用（现金支出）
单位管理费用	事业支出	事业单位本级行政及后勤管理部门开展管理活动发生的各项费用（现金支出）
经营费用	经营支出	事业单位在专业业务活动及其辅助活动之外开展非独立核算经营活动发生的各项费用（现金支出）
资产处置费用	其他支出	单位经批准处置资产时发生的费用，如接受捐赠（调入）和对外捐赠（调出）非现金资产发生的税费支出
上缴上级费用	上缴上级支出	事业单位按照财政部门和主管部门的规定上缴上级单位款项发生的费用（现金支出）
对附属单位补助费用	对附属单位补助支出	事业单位用财政拨款收入之外的收入对附属单位补助发生的费用（现金支出）
所得税费用	无对应	事业单位按规定缴纳企业所得税所形成的费用
其他费用	其他支出	利息费用（支出）、坏账损失、罚没支出、现金盘亏损失、现金资产捐赠支出以及相关税费、运输费等
短期投资、长期股权投资、长期债券投资等	投资支出	事业单位以货币资金对外投资发生的现金流出
短期借款、长期借款等	债务还本支出	事业单位偿还自身承担的纳入预算管理的从金融机构举借的债务本金的现金流出

五、费用与预算支出的管理

（一）严格遵循国家相关法律法规

行政事业单位在支出管理过程中要严格遵循相关法定程序与管理规范，如明确各项支出范围与审批程序，严格执行预算和财政、财经制度，不得擅自扩大支出范围、提高开支标准，规范费用报销程序与要求等。

（二）严格按照预算使用资金

行政事业单位要严格按照预算规定的支出用途使用资金，即必须按照本级政府财政部门批复的预算项目和数额执行，各项支出要严格在预算控制范围内，经审批后执行，杜绝无预算开支、超预算开支；确需作出调整的，必须履行相应的报批程序。

（三）建立健全支出内部控制制度，加强对支出的控制

行政事业单位应建立健全支出内部控制制度，确定单位经济活动的各项支出标准，明确支出报销流程，按照规定办理支出事项。同时单位应当按照支出业务的类型，明确内部审批、审核、支付、核算和归档等支出关键岗位的职责权限，加强对支出的控制。

（四）健全财务制度和会计核算体系，提高资金使用效益

健全财务制度和会计核算体系，按照标准考核、监督，提高资金使用效益。资金使用效益包括支出行为的真实合理性、资源配置的有效性、支出行为管理的高效性等三个方面。行政事业单位的财力是有限的，在开展各项工作时，要审核支出的必要性以及支出金额的真实性，对有限的资源进行合理规划，避免浪费；同时也要不断完善单位的支出管理流程，避免因控制环节过多导致效率低下或无效运作。

行政事业单位要对各项支出进行准确的会计记录，并编制真实可靠的财务报告；通过对财务数据的分析，发现资金管理中存在的问题，进一步完善财务管理制度，提高资金使用效益。

第六节　业务活动费用、单位管理费用与行政（事业）支出业务资金运动分析与会计处理

一、业务活动费用、单位管理费用与行政支出、事业支出的概念

（一）业务活动费用与单位管理费用的概念

业务活动费用和单位管理费用两个概念都属于政府会计主体财务会计范畴。

业务活动费用是单位为实现其职能目标，依法履职或开展专业业务活动及其辅助活动所发生的各项费用，包括为履职或开展业务活动发生的外部人员劳务费、为业务活动人员计提的薪酬、领用的库存物品、使用的固定资产、无形资产以及为所控制的公共基础设施、保障性住房计提的折旧、摊销等。

单位管理费用是事业单位本级行政及后勤管理部门开展管理活动发生的各项费用，包括单位行政及后勤管理部门发生的人员经费、公用经费、资产折旧（摊销）等费用，以及由单位统一负担的离退休人员经费、工会经费、诉讼费、中介费等。单位管理费用是事业单位特有的会计科目。

行政单位不使用“单位管理费用”科目，为实现其职能目标、依法履职发生的各项费用均记入“业务活动费用”科目。事业单位应当同时使用“业务活动费用”和“单位管理费用”科目，其业务部门开展专业业务活动及其辅助活动发生的各项费用记入“业务活动

费用”科目，其本级行政及后勤管理部门发生的各项费用以及由单位统一负担的费用记入“单位管理费用”科目，事业单位应结合实际情况，确定本单位业务活动费用和单位管理费用划分的具体会计政策。

（二）行政支出与事业支出的概念

行政支出和事业支出两个概念都属于行政事业单位预算会计范畴。

行政支出是行政单位履行其职责实际发生的各项现金流出。行政支出是行政单位支出的主要内容，一般分为基本支出和项目支出。

行政（事业）支出界定与科目设置

事业支出是事业单位开展专业业务活动及其辅助活动实际发生的各项现金流出。事业支出是事业单位支出的主要内容，一般分为基本支出和项目支出。

二、业务活动费用、单位管理费用与行政支出、事业支出会计科目设置

（一）政府会计主体财务会计类会计科目设置

1. 业务活动费用

在财务会计体系中，单位应当设置“业务活动费用”科目。该科目核算单位为实现其职能目标，依法履职或开展专业业务活动及其辅助活动所发生的各项费用。“业务活动费用”科目应当按照项目、服务或者业务类别、支付对象等进行明细核算。

为了满足成本核算需要，“业务活动费用”可按照“工资福利费用”“商品和服务费用”“对个人和家庭的补助费用”“对企业补助费用”“固定资产折旧费”“无形资产摊销费”“公共基础设施折旧（摊销）费”“保障性住房折旧费”“计提专用基金”等成本项目设置明细科目。这些明细科目分别归集能够直接计入业务活动费用或采用一定方法计算分配后计入业务活动费用的各种费用。

2. 单位管理费用

在财务会计体系中，事业单位应当设置“单位管理费用”科目。该科目核算单位本级行政及后勤管理部门开展管理活动发生的各项费用。“单位管理费用”科目应当按照项目、费用类别、支付对象等进行明细核算。

为了满足成本核算需要，“单位管理费用”科目可按照“工资福利费用”“商品和服务费用”“对个人和家庭的补助费用”“固定资产折旧费”“无形资产摊销费”等成本项目设置明细科目。这些明细科目分别归集能够直接计入单位管理活动费用或采用一定方法计算分配后计入单位管理活动费用的各种费用。

（二）政府会计主体预算会计类会计科目设置

1. 行政支出

在预算会计体系中，行政单位应当设置“行政支出”科目。该科目核算行政单位履行其职责实际发生的各项现金流出。“行政支出”科目应当分别按照“财政拨款支出”“非财政专项资金支出”“其他资金支出”分类核算，并在其下设置“基本支出”和“项目支出”进行明细核算；“项目支出”还应按照具体项目进行明细核算，并按照《政府收支分类科目》中“支出功能分类科目”的项级科目进行明细核算；“基本支出”和“项目支出”的明细科目应当按照《政府收支分类科目》中“部门预算支出经济分类科目”款级科目进行明细核算。

有一般公共预算财政拨款、政府性基金预算财政拨款等两种或两种以上财政拨款的行政单位，还应当在“财政拨款支出”明细科目下按照财政拨款的种类进行明细核算。

对于预付款项，可通过在“行政支出”科目下设置“待处理”明细科目进行核算，待确认具体支出项目后再转入“行政支出”科目下相关明细科目。年末结账前，应将“行政支出”科目“待处理”明细科目余额全部转入“行政支出”下相关明细科目。

2.事业支出

在预算会计体系中，事业单位应当设置“事业支出”科目。该科目核算事业单位开展专业业务活动及其辅助活动实际发生的各项现金流出。单位发生教育、科研、医疗、行政管理、后勤保障等活动的，可在“事业支出”科目下设置相应的明细科目进行核算，或单设“教育支出”“科研支出”“医疗支出”“行政管理支出”“后勤保障支出”等一级会计科目进行核算。“事业支出”应当分别按照“财政拨款支出”、“非财政专项资金支出”和“其他资金支出”，“基本支出”和“项目支出”等进行明细核算，并按照《政府收支分类科目》中“支出功能分类科目”的项级科目进行明细核算；“基本支出”和“项目支出”明细科目下应当按照《政府收支分类科目》中“部门预算支出经济分类科目”的款级科目进行明细核算，同时在“项目支出”明细科目下按照具体项目进行明细核算。

有一般公共预算财政拨款、政府性基金预算财政拨款等两种或两种以上财政拨款的事业单位，还应当在“财政拨款支出”明细科目下按照财政拨款的种类进行明细核算。

对于预付款项，可通过在“事业支出”科目下设置“待处理”明细科目进行明细核算，待确认具体支出项目后再转入“事业支出”科目下相关明细科目。年末结账前，应将“事业支出”科目“待处理”明细科目余额全部转入“事业支出”科目下相关明细科目。

三、业务活动费用、单位管理费用与行政（事业）支出业务资金运动分析与会计处理

（一）计提并支付职工薪酬

1.应付职工薪酬概述

应付职工薪酬是指政府会计主体为获得职工（含长期聘用人员）提供的服务而给予各种形式的报酬或因辞退等原因而给予职工补偿所形成的负债。职工薪酬包括工资、津贴补贴、奖金、社会保险费、住房公积金等。除因辞退等原因给予职工的补偿外，政府会计主体应当在职工为其提供服务的会计期间，将应支付的职工薪酬确认为负债，计入当期费用或相关资产成本。政府会计主体应当根据职工提供服务的受益对象，将职工薪酬分不同情况进行处理：

应付职工薪酬业务分析

（1）应由自制物品负担的职工薪酬，计入自制物品成本。

（2）应由工程项目负担的职工薪酬，计入工程成本或当期费用。

（3）应由自行研发项目负担的职工薪酬，在研究阶段发生的，发生时先计入研发支出，期末再转入当期费用；开发阶段发生的，发生时先计入研发支出，最终形成无形资产的计入无形资产成本，未形成无形资产的计入当期费用。

（4）政府会计主体因辞退等原因给予职工的补偿，应当于相关补偿金额报经批准时确

认为负债，并计入当期费用。

单位应当按照相关规定，根据考勤记录、工时记录、工资标准等，编制“职工薪酬计算单”，计算职工薪酬各项目，并应当将“职工薪酬计算单”进行汇总，编制“职工薪酬汇总表”。单位应当设置“应付职工薪酬”明细账，按照职工类别分别设账，按照职工薪酬的组成内容分设专栏，根据“职工薪酬计算单”或“职工薪酬汇总表”进行登记。

“应付职工薪酬”科目应当根据国家有关规定按照“基本工资（含离退休费）”“国家统一规定的津贴补贴”“规范津贴补贴（绩效工资）”“改革性补贴”“社会保险费”“住房公积金”“其他个人收入”等进行明细核算。其中，“社会保险费”“住房公积金”明细科目核算内容包括单位从职工工资中代扣代缴的社会保险费、住房公积金，以及单位为职工计算缴纳的社会保险费、住房公积金。

2.计提和支付职工薪酬业务资金运动分析与会计处理

（1）计算确认当期应付职工薪酬（含单位为职工缴纳的社会保险费、住房公积金）

计提从事专业业务活动及其辅助活动人员的职工薪酬，确认并记入“业务活动费用”“单位管理费用”科目；计提应由在建工程、加工物品、自行研发无形资产负担的职工薪酬，分别确认并记入“在建工程”“加工物品”“研发支出”等科目；计提从事专业业务活动及其辅助活动之外的经营活动人员的职工薪酬，确认并记入“经营费用”科目；因解除与职工的劳动关系给予的补偿，确认并记入“单位管理费用”等科目。所引起的资金运动如图6-53中A段运动所示，该业务不影响预算会计。

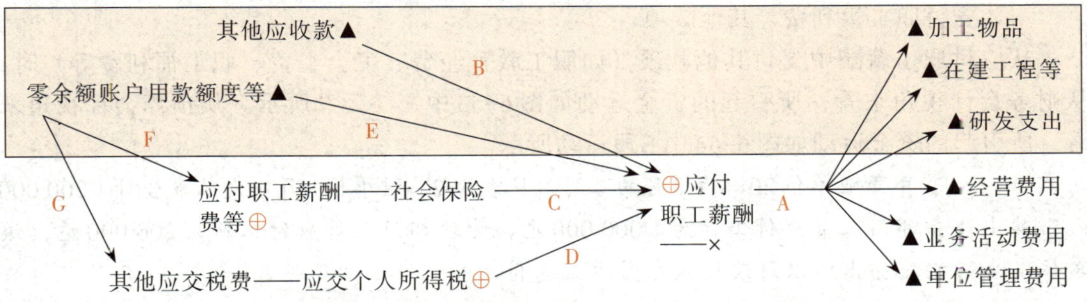

图6-53　职工薪酬业务资金运动分析图——财务会计视角

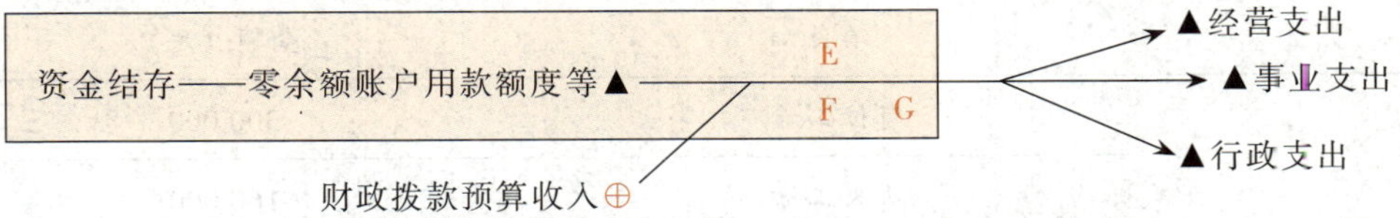

图6-54　职工薪酬业务资金运动分析图——预算会计视角

（2）从应付职工薪酬中代扣款项

从应付职工薪酬中代扣为职工垫付的水电费、房租等费用时，按照实际扣除的金额，冲减“应付职工薪酬（基本工资）”科目，所引起的资金运动如图6-53中B段运动所示，该业务不影响预算会计。

从应付职工薪酬中代扣社会保险费和住房公积金，按照代扣的金额，冲减“应付职工薪酬（基本工资）”科目，确认并记入“应付职工薪酬（社会保险费、住房公积金）”科目。所引起的资金运动如图6-53中C段运动所示，该业务不影响预算会计。

按照税法规定代扣职工个人所得税时，冲减"应付职工薪酬（基本工资）"科目，所引起的资金运动如图6-53中D段运动所示，该业务不影响预算会计。

（3）支付职工薪酬

向职工支付工资、津贴补贴等薪酬时，采用国库直接支付方式支付职工薪酬的，根据财政国库支付执行机构委托代理银行转来的《财政直接支付入账通知书》和代发工资银行盖章转回的工资发放明细表，从财务会计视角来看，冲减"应付职工薪酬"科目，同时确认并记入"财政拨款收入"科目；采用国库授权支付方式支付职工薪酬的，从财务会计视角来看，冲减"零余额账户用款额度"科目；采用银行存款等其他方式支付职工薪酬的，从财务会计视角来看，冲减"银行存款"等科目。所引起的资金运动如图6-53中E段运动所示。从预算会计视角来看，所引起的资金运动如图6-54中E段运动所示。

（4）支付社会保险费和住房公积金

按照国家有关规定缴纳职工社会保险费和住房公积金时，按照支付的金额，从财务会计视角来看，冲减"应付职工薪酬（社会保险费、住房公积金）"科目，同时调整"财政拨款收入""零余额账户用款额度""银行存款"等科目，所引起的资金运动如图6-53中F段运动所示。从预算会计视角来看，所引起的资金运动如图6-54中F段运动所示。

（5）代职工缴纳个人所得税

代职工缴纳个人所得税时，从财务会计视角来看，所引起的资金运动如图6-53中G段运动所示。从预算会计视角来看，所引起的资金运动如图6-54中G段运动所示。

（6）支付职工福利费等其他款项

从应付职工薪酬中支付其他款项（如职工教育经费、工会经费、职工福利费等）时，从财务会计视角来看，所引起的资金运动如图6-53中E段运动所示。从预算会计视角来看，所引起的资金运动如图6-54中E段运动所示。

【例6-9】甲事业单位20×8年8月的工资表见表6-2，该单位8月应发工资合计1 200 000元，其中业务部门人员应付工资为1 000 000元，管理部门人员应付工资为200 000元，该单位发生的相关支出均以财政授权支付方式支付。

表6-2 甲单位20×8年8月份工资汇总表

类型	项目	金额（元）
工资项目	岗位工资	300 000
	薪级工资	160 000
	基础性奖励绩效	240 000
	奖励性绩效工资	400 000
	改革性补贴	100 000
应发合计		1 200 000
应扣发的个人部分	养老保险（个人）	96 000（工资总额的8%）
	医疗保险（个人）	24 000（工资总额的2%）

续表

类型	项目	金额（元）
应扣发的个人部分	职业年金（个人）	48 000（工资总额的4%）
	住房公积金（个人）	144 000（工资总额的12%）
	代扣个人所得税	20 000
	代扣已垫付的款项	30 000
	代扣其他款项（未垫付）	10 000
	个人部分小计	372 000
实发合计		828 000

（1）计提业务部门人员和管理部门人员工资。（财务会计如图6-55，A段运动所示；不影响预算会计）

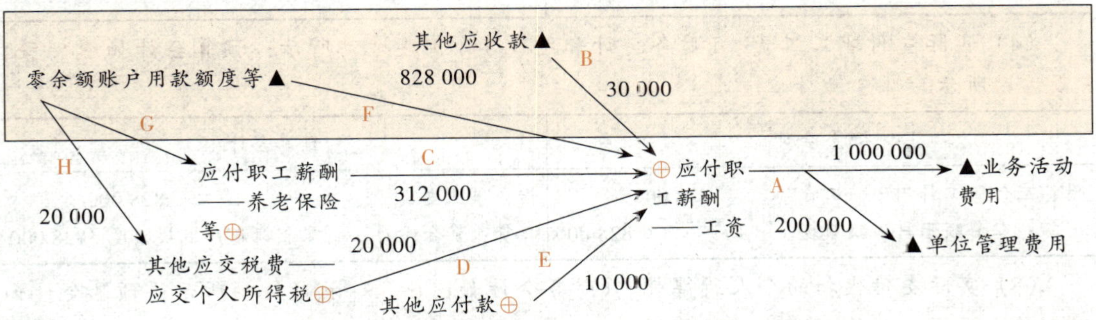

图6-55　甲单位职工薪酬业务资金运动分析图——财务会计视角

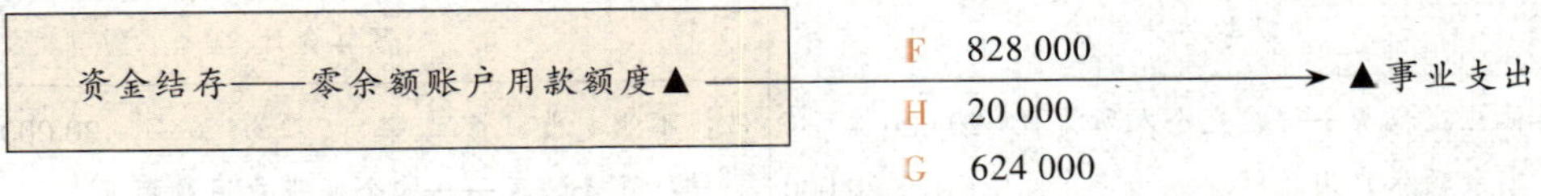

图6-56　甲单位职工薪酬业务资金运动分析图——预算会计视角

财务会计	预算会计
借：业务活动费用　1 000 000 　单位管理费用　200 000 　贷：应付职工薪酬——工资　1 200 000	不涉及现金收支业务，不做账务处理

（2）代扣已垫付款项（财务会计如图6-55，B段运动所示；不影响预算会计）。代扣应交个人所得税（财务会计如图6-55，D段运动所示；不影响预算会计）。代扣其他应付款项（财务会计如图6-55，E段运动所示；不影响预算会计）。

应付职工薪酬业务举例

财务会计	预算会计
借：应付职工薪酬——工资　60 000 　贷：其他应交税费——应交个人所得税　20 000 　　其他应收款　30 000 　　其他应付款　10 000	不涉及现金收支业务，不做账务处理

（3）从职工个人工资中代扣养老保险、职业年金、医疗保险和住房公积金。（财务会计如图 6-55，C段运动所示；不影响预算会计）

财务会计	预算会计
借：应付职工薪酬——工资　312 000 　贷：应付职工薪酬——养老保险　96 000 　　——医疗保险　24 000 　　——职业年金　48 000 　　——住房公积金　144 000	不涉及现金收支业务，不做账务处理

（4）实际支付职工工资。（财务会计如图 6-55，F段运动所示；预算会计如图 6-56，F段运动所示）

财务会计	预算会计
借：应付职工薪酬——工资　828 000 　贷：零余额账户用款额度　828 000	借：事业支出　828 000 　贷：资金结存——零余额账户用款额度　828 000

（5）实际支付代扣的个人所得税。（财务会计如图 6-55，H段运动所示；预算会计如图 6-56，H段运动所示）

财务会计	预算会计
借：其他应交税费——应交个人所得税　20 000 　贷：零余额账户用款额度　20 000	借：事业支出　20 000 　贷：资金结存——零余额账户用款额度　20 000

（6）计提单位应该承担的养老保险、职业年金、医疗保险和住房公积金（假设单位承担的比例与个人承担的比例相同）。（财务会计如图 6-57，A段运动所示；不影响预算会计）

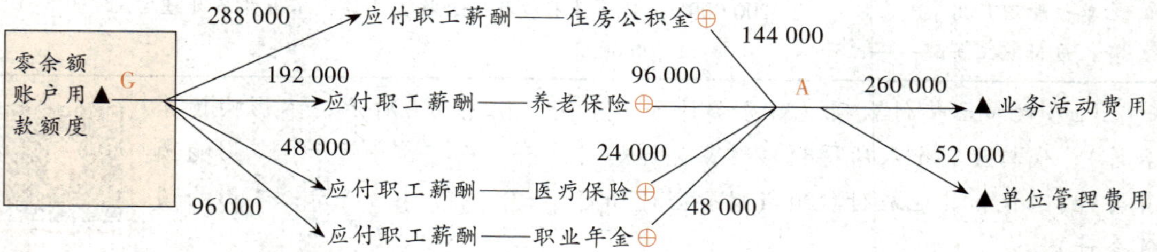

图 6-57　甲单位计提单位承担的养老保险等与缴纳养老保险等业务资金运动分析图——财务会计视角

财务会计	预算会计
借：业务活动费用　260 000 　单位管理费用　52 000 　贷：应付职工薪酬——养老保险　96 000 　　——医疗保险　24 000 　　——职业年金　48 000 　　——住房公积金　144 000	不涉及现金收支业务，不做账务处理

（7）缴纳单位承担和个人承担的社保费和住房公积金。（财务会计如图 6-57，G 段运动所示；预算会计如图 6-56，G 段运动所示）

财务会计	预算会计
借：应付职工薪酬——养老保险　192 000 　——医疗保险　48 000 　——职业年金　96 000 　——住房公积金　288 000 　贷：零余额账户用款额度　624 000	借：事业支出　624 000 　贷：资金结存——零余额账户用款额度　624 000

【例 6-10】接【例 6-9】。20×8 年 8 月份，甲事业单位根据相关规定，分别按照职工工资总额的 2% 和 8% 的计提标准，确认应付工会经费和应付职工教育经费。

（1）确认本月应付工会经费和应付职工教育经费，并分配相关费用。（财务会计如图 6-58，A 段运动所示；不影响预算会计）

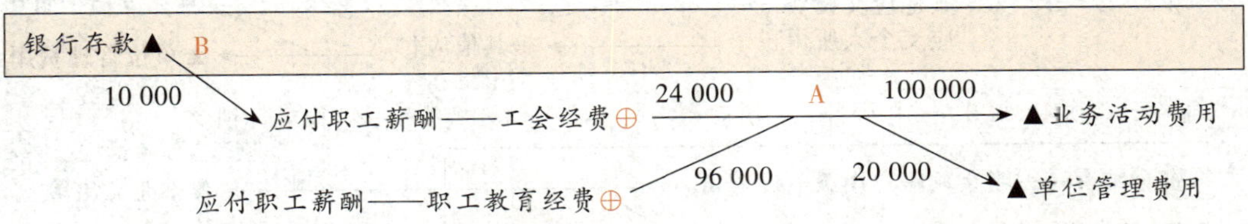

图 6-58　甲单位工会经费和职工教育经费业务资金运动分析图——财务会计视角

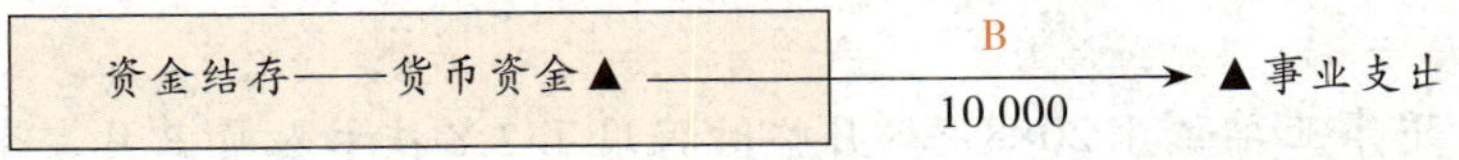

图 6-59　甲单位工会经费和职工教育经费业务资金运动分析图——预算会计视角

财务会计	预算会计
借：业务活动费用　100 000 　单位管理费用　20 000 　贷：应付职工薪酬——工会经费　24 000 　　——职工教育经费　96 000	不涉及现金收支业务，不做账务处理

（2）20×8 年 10 月 25 日，甲事业单位以银行存款支付 10 000 元工会经费。（财务会计如图 6-58，B 段运动所示；预算会计如图 6-59，B 段运动所示）

财务会计	预算会计
借：应付职工薪酬——工会经费　10 000 　贷：银行存款　10 000	借：事业支出　10 000 　贷：资金结存——货币资金　10 000

（二）支付外部人员劳务费的核算

在履职或开展业务活动及其辅助活动或管理活动中，在职在编人员不够时，一般会聘请外部人员参与工作，如项目组临时聘用技术人员参与科研工作等。

计提为履职或开展业务活动及其辅助活动所发生的外部人员劳务费时，或者计提为开展管理活动所发生的外部人员劳务费时，从财务会计视角来看，确认为其他应付款，所引起的资金运动如图6-60中A段运动所示；该业务不影响预算会计。

按照税法规定代扣外部人员个人所得税时，所引起的资金运动如图6-60中B段运动所示，该业务不影响预算会计。实际缴纳代扣的个人所得税时，从财务会计视角来看，所引起的资金运动如图6-60中C段运动所示；从预算会计视角来看，所引起的资金运动如图6-61中C段运动所示。

应付外部人员劳务费业务

实际支付劳务费时，按实际支付的金额，冲减“其他应付款”科目，从财务会计视角来看，所引起的资金运动如图6-60中D段运动所示；从预算会计视角来看，所引起的资金运动如图6-61中D段运动所示。

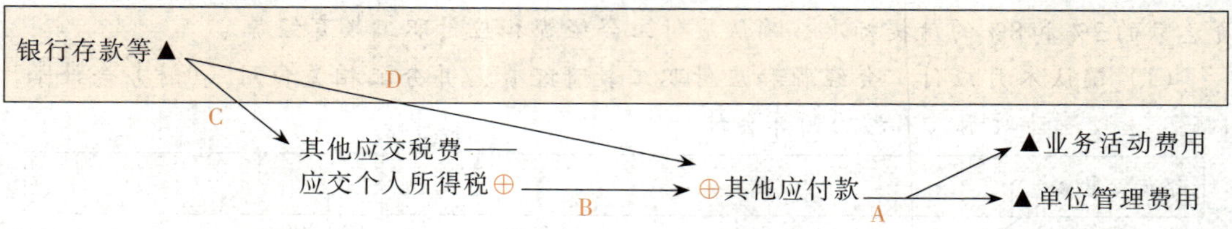

图6-60　支付外部人员劳务费业务资金运动分析图——财务会计视角

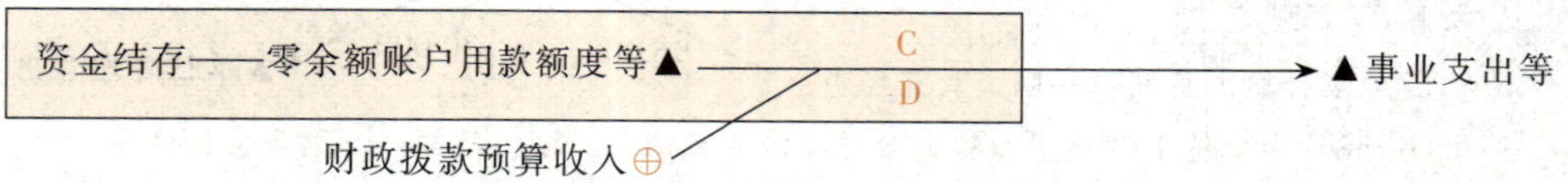

图6-61　支付外部人员劳务费业务资金运动分析图——预算会计视角

【例6-11】甲事业单位于20×8年8月临时聘用了2名技术人员王月、李敏协助完成业务工作，聘期4个月，每人每月工资为12 000元。经费从项目经费中列支，两位外聘人员的工资以财政授权支付方式支付。

（1）每月计提工资。（财务会计如图6-62，A段运动所示；不影响预算会计）

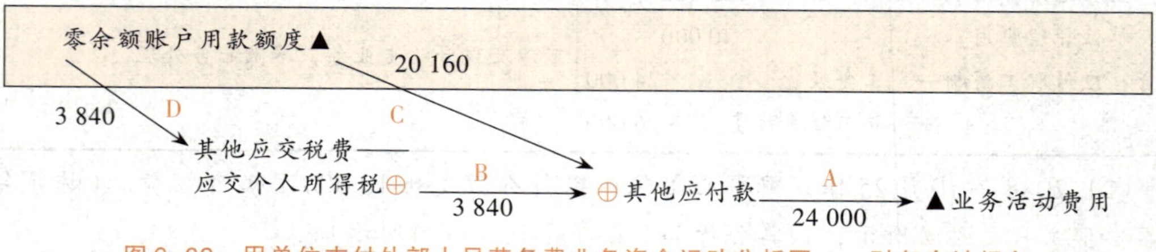

图6-62　甲单位支付外部人员劳务费业务资金运动分析图——财务会计视角

图6-63　甲单位支付外部人员劳务费业务资金运动分析图——预算会计视角

财务会计	预算会计
借：业务活动费用　24 000 　贷：其他应付款　24 000	不涉及现金收支业务，不做账务处理

（2）代扣个人所得税。每个月应交的个人所得税（按提供劳务计算）=24 000×80%×20%=3 840（元）。（财务会计如图6-62，B段运动所示；不影响预算会计）

财务会计	预算会计
借：其他应付款　3 840 　贷：其他应交税费——应交个人所得税　3 840	不涉及现金收支业务，不做账务处理

（3）实际支付给王月、李敏工资。（财务会计如图6-62，C段运动所示；预算会计如图6-63，C段运动所示）

财务会计	预算会计
借：其他应付款　20 160 　贷：零余额账户用款额度　20 160	借：事业支出　20 160 　贷：资金结存——零余额账户用款额度　20 160

（4）实际缴纳个人所得税。（财务会计如图6-62，D段运动所示；预算会计如图6-63，D段运动所示）

财务会计	预算会计
借：其他应交税费——应交个人所得税　3 840 　贷：零余额账户用款额度　3 840	借：事业支出　3 840 　贷：资金结存——零余额账户用款额度　3 840

（三）领用库存物品等

为履职或开展业务活动领用库存物品，以及动用发出相关政府储备物资，按照领用库存物品或发出相关政府储备物资的账面余额，确认并记入“业务活动费用”科目，所引起的资金运动如图6-64中A段运动所示。为开展管理活动内部领用库存物品，按照领用物品的实际成本，确认并记入“单位管理费用”科目，所引起的资金运动如图6-64中B段运动所示。该业务不影响预算会计。

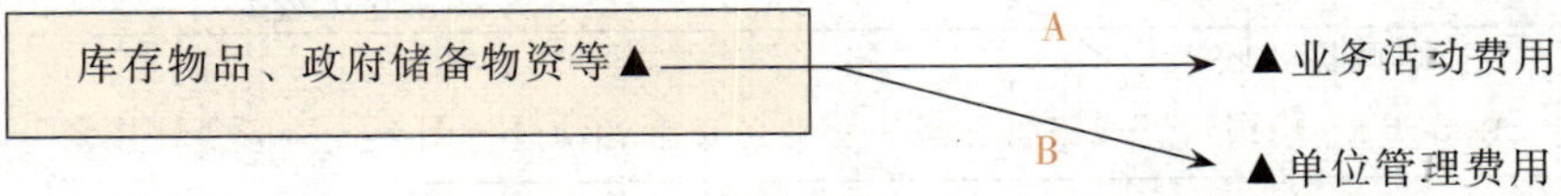

图6-64　领用库存物品业务资金运动分析图——财务会计视角

（四）预付款项和暂付款项业务

1.预付款项业务

发生预付款项时，从财务会计视角来看，按权责发生制的要求，不应确认费用的发生，应确认并记入“预付账款”科目，所引起的资金运动如图6-65中A段运动所示。从预算会计视角来看，所引起的资金运动如图6-66中A段运动所示。

预付与暂付业务分析

按实际发生的费用总额，从财务会计视角来看，冲销“预付账款”科目，按实际补付的金额（即实际发生的费用总额与预付款项的差额），确认并记入“财政拨款收入”“零余额账户用款额度”“银行存款”等科目，所引起的资金运动如图6-65中B段运动所示。从预算会计视角来看，按实际补付的金额，确认并记入“财政拨款预算收入”“资金结存”科目，所引起的资金运动如图6-66中B1段运动所示。

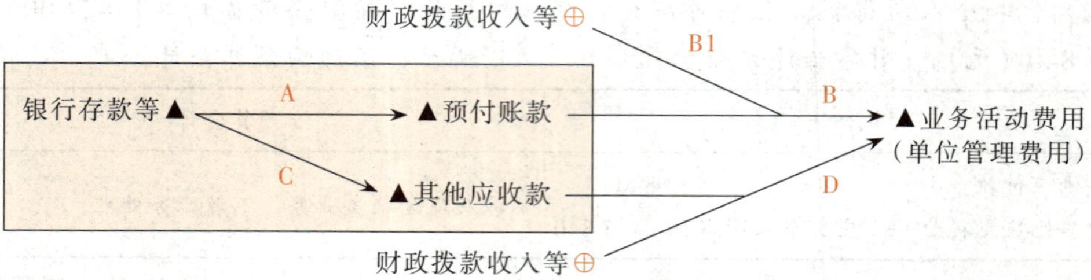

图6-65　预付款和暂付款业务资金运动分析图——财务会计视角

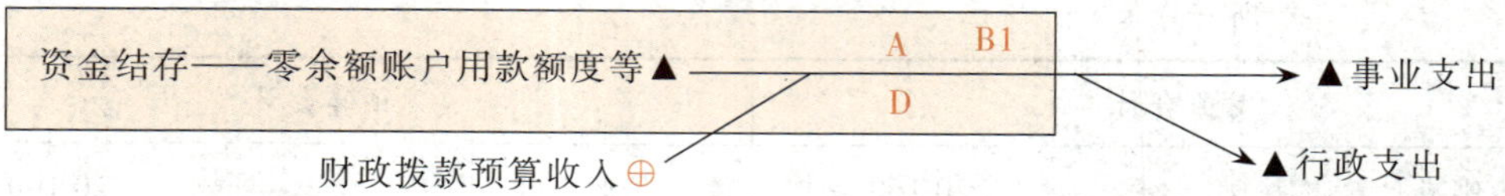

图6-66　预付款和暂付款业务资金运动分析图——预算会计视角

2. 暂付款项业务

发生暂付款项时，从财务会计视角来看，按权责发生制的要求，不应确认费用的发生，应确认并记入“其他应收款”科目，所引起的资金运动如图6-65中C段运动所示。该业务不影响预算会计。

报销时，从财务会计视角来看，按发生的费用总额（暂付款项和实际补付的款项之和），确认并记入“业务活动费用”“单位管理费用”科目；按实际补付的金额，确认并记入“财政拨款收入”“零余额账户用款额度”“银行存款”科目，所引起的资金运动如图6-65中D段运动所示。从预算会计视角来看，所引起的资金运动如图6-66中D段运动所示。

（五）购买资产或支付在建工程款等

购买资产或支付在建工程等业务所引起的资金运动如图6-67、图6-68所示。

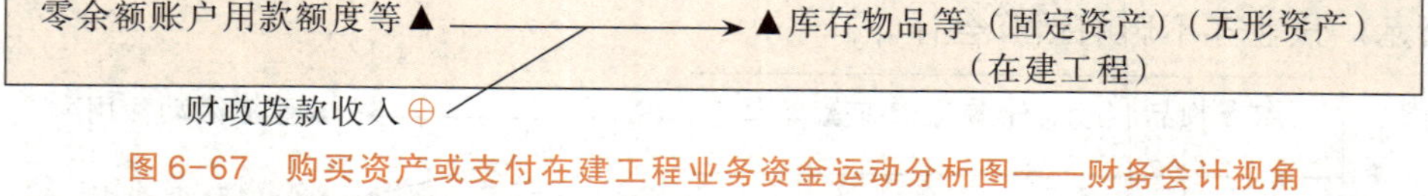

图6-67　购买资产或支付在建工程业务资金运动分析图——财务会计视角

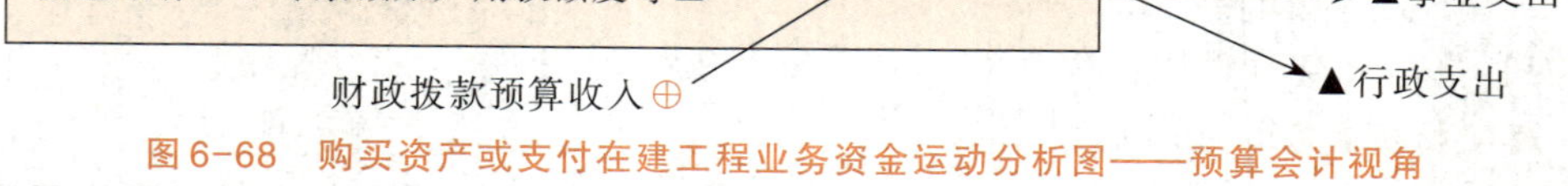

图6-68　购买资产或支付在建工程业务资金运动分析图——预算会计视角

（六）计提折旧、摊销

为履职或开展业务活动所使用的固定资产、无形资产以及为所控制的公共基础设施、保障性住房计提的折旧、摊销，从财务会计视角来看，按照计提金额，确认并记入“业务活动费用”科目。为开展管理活动所用固定资产、无形资产计提的折旧、摊销，从财务会计视角来看，按照计提金额，确认并记入“单位管理费用”科目，所引起的资金运动如图6-69所示。该计提业务不影响预算会计。

图6-69　计提折旧与摊销业务资金运动分析图——财务会计视角

（七）发生应负担的税金及附加

单位取得事业收入、为履职或开展业务活动、管理活动发生的城市维护建设税、教育费附加、地方教育附加、车船税、房产税、城镇土地使用税等，从财务会计视角来看，按照计算确定应交纳的金额，确认并记入“业务活动费用”“单位管理费用”科目，所引起的资金运动如图6-70中A段运动所示；该业务不影响预算会计。

税金及附加业务

以后支付税费时，从财务会计视角来看，所引起的资金运动如图6-70中B段运动所示。从预算会计视角来看，所引起的资金运动如图6-68所示。

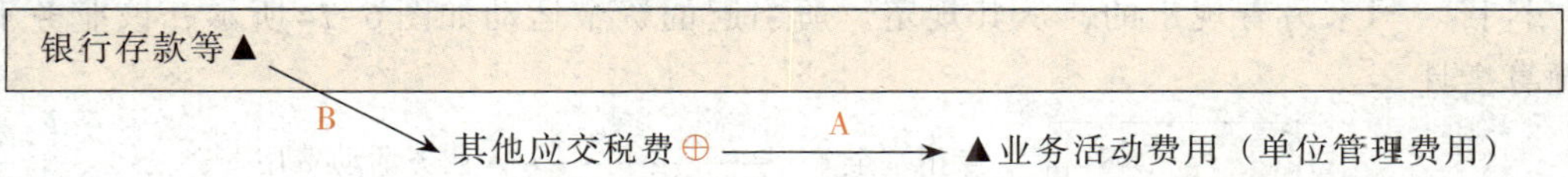

图6-70　应负担的税金及附加业务资金运动分析图——财务会计视角

【例6-12】20×8年8月，甲事业单位发生与房产税相关的业务如下：

（1）计提房产税。房产税税率按出租房屋资金的12%计算。本期收到房租收入109 000元（含增值税，增值税税率为9%）。（财务会计如图6-71，A段运动所示；不影响预算会计）

应交的房产税=109 000÷（1+9%）×12%=12 000（元）

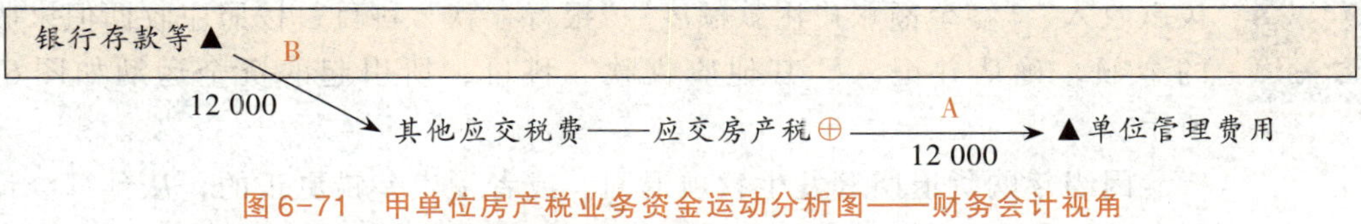

图6-71　甲单位房产税业务资金运动分析图——财务会计视角

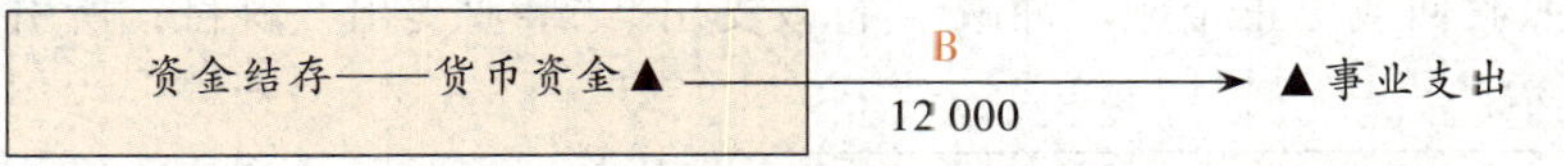

图6-72　甲单位房产税业务资金运动分析图——预算会计视角

财务会计	预算会计
借：单位管理费用　12 000 　贷：其他应交税费——应交房产税　12 000	不涉及现金收支业务，不做账务处理

（2）以银行存款缴纳房产税。（财务会计如图6-71，B段运动所示；预算会计如图6-72，B段运动所示）

财务会计		预算会计	
借：其他应交税费——应交房产税 12 000		借：事业支出 12 000	
贷：银行存款	12 000	贷：资金结存——货币资金	12 000

（八）发生其他各项费用

单位为履职或开展业务活动、管理活动发生其他各项费用时，从财务会计视角来看，按照费用确认金额，分别确认并记入“业务活动费用”“单位管理费用”科目，所引起的资金运动如图6-73所示。从预算会计视角来看，按实际支付的金额，确认并记入“行政支出”“事业支出”科目，所引起的资金运动如图6-68所示。

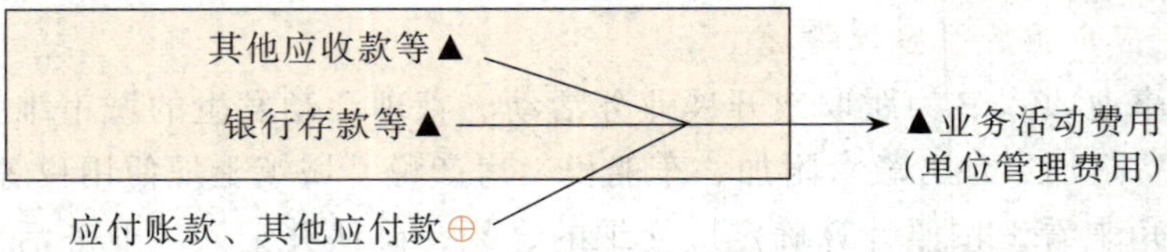

图6-73 发生其他费用等资金运动分析图——财务会计视角

（九）计提专用基金

事业单位按照规定从收入中提取专用基金并计入费用的，从财务会计视角来看，一般按照预算会计下基于预算收入计算提取的金额，确认并记入“业务活动费用”“专用基金”科目。国家另有规定的，从其规定。所引起的资金运动如图6-74所示；该业务不影响预算会计。

图6-74 计提专用基金业务资金运动分析图——财务会计视角

（十）发生当年购货退回等业务

单位发生当年购货退回，或者发生差错更正等业务，对于已计入本年业务活动费用、单位管理费用的，从财务会计视角来看，按照实际收回的金额，调整“财政拨款收入”“零余额账户用款额度”“银行存款”科目，按照应收回但未收回的金额，确认并记入“其他应收款”科目，所引起的资金运动如图6-75所示。

发生当年购货退回等业务

因当年购货退回等发生款项退回，或者发生差错更正的，从预算会计视角来看，按照收回或更正金额，冲减“行政支出”“事业支出”科目，所引起的资金运动如图6-76所示。

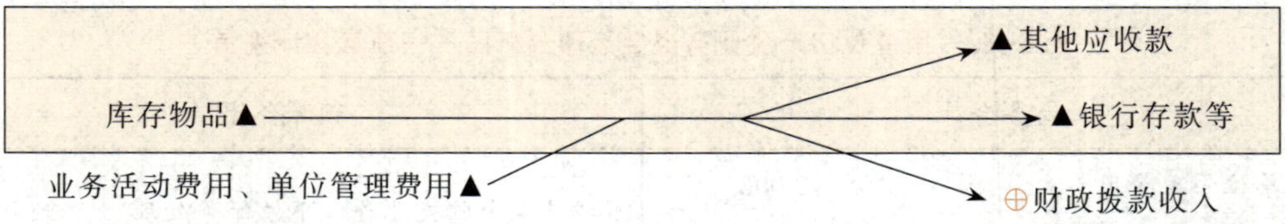

图6-75 发生当年购货退回等业务资金运动分析图——财务会计视角

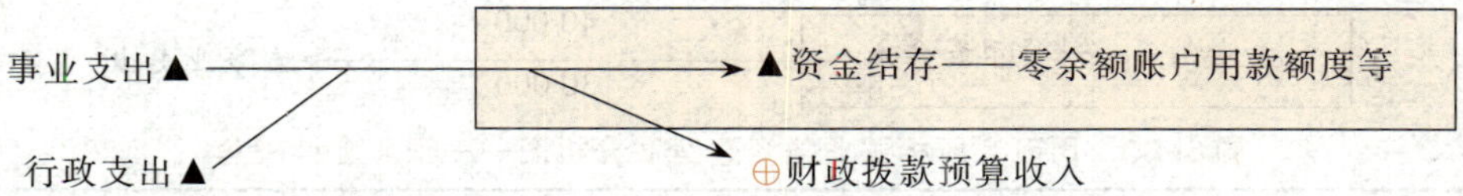

图 6-76　发生当年购货退回等业务资金运动分析图——预算会计视角

（十一）待摊费用与长期待摊费用业务

“待摊费用”科目核算单位已经支付，但应当由本期和以后各期分别负担的、分摊期在1年以内（含1年）的各项费用，如预付租金、预付保险费等。待摊费用应在其受益期内分期平均摊销，计入当期费用。

“长期待摊费用”科目核算单位已经支出，但应由本期和以后各期负担的、分摊期在1年以上（不含1年）的各种费用，如以经营租赁方式租入的固定资产发生的改良支出等。

“待摊费用”科目和“长期待摊费用”科目，应该按照费用项目进行明细核算。

发生待摊费用（长期待摊费用）时，从财务会计视角来看，所引起的资金运动如图6-77中A段运动所示；从预算会计视角来看，所引起的资金运动如图6-78中A段运动所示。

按照受益期间摊销待摊费用（长期待摊费用）时，从财务会计视角来看，所引起的资金运动如图6-77中B段运动所示；该业务不影响预算会计。

待摊费用和长期待摊费用业务分析

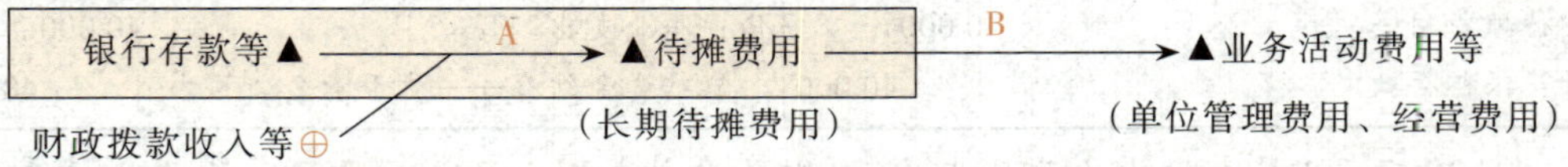

图 6-77　待摊费用和长期待摊费用业务资金运动分析图——财务会计视角

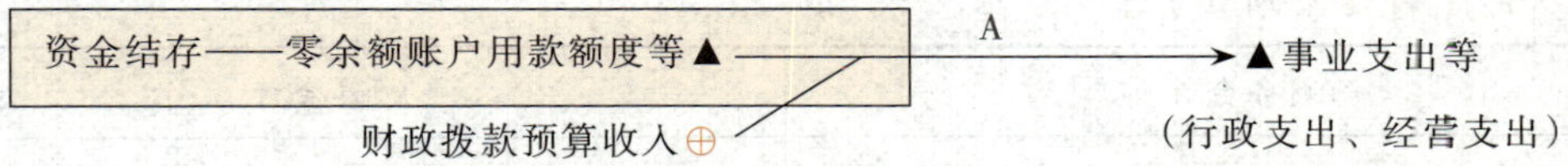

图 6-78　待摊费用和长期待摊费用业务资金运动分析图——预算会计视角

【例 6-13】丙研究所为进行技术研究，20×6年1月1日以经营租赁方式租入研究用设备一台，租期为3年，租期为20×6年1月1日到20×8年12月31日，租金每年40 000元，租赁期满后，该设备将返还出租人。根据租赁合同，丙研究所在租期内的每年1月1日预付租金40 000元，租金以银行存款支付。

为使该设备满足技术研究需要，经出租人同意后，20×7年1月丙研究所对该设备进行了改良，共支出30 000元，以银行存款支付。该支出受益期为2年，每年平均分摊改良费。

（1）20×6年1月1日预付租金。（财务会计如图6-79，A段运动所示；预算会计如图6-80，A段运动所示）

待摊费用和长期待摊费用业务举例

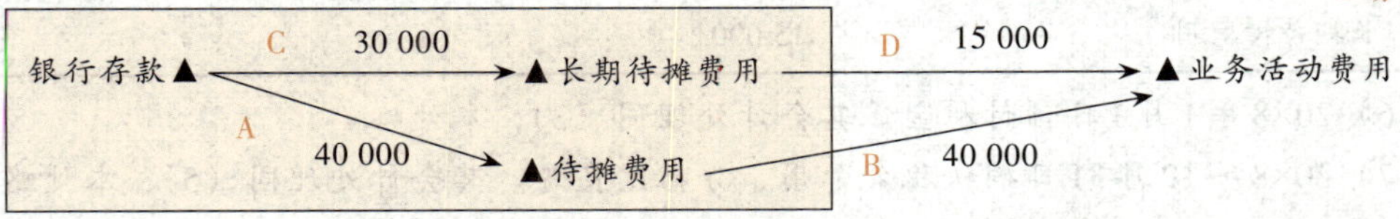

图 6-79　丙研究所相关业务资金运动分析图——财务会计视角

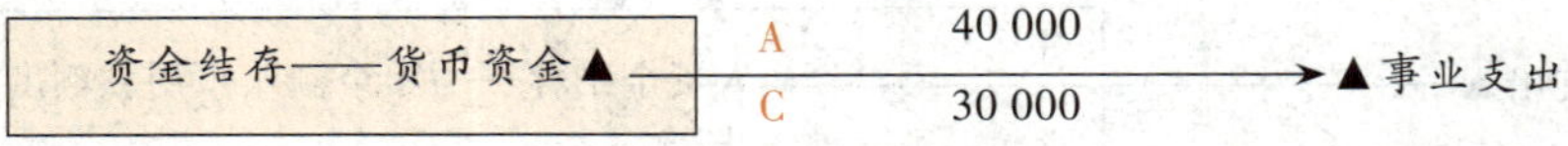

图6-80　丙研究所相关业务资金运动分析图——预算会计视角

财务会计	预算会计
借：待摊费用　40 000 　贷：银行存款　40 000	借：事业支出　40 000 　贷：资金结存——货币资金　40 000

（2）20×6年12月31日确认本年租金费用。（财务会计如图6-79，B段运动所示；不影响预算会计）

财务会计	预算会计
借：业务活动费用　40 000 　贷：待摊费用　40 000	不影响预算会计

（3）20×7年1月1日预付租金。（财务会计如图6-79，A段运动所示；预算会计如图6-80，A段运动所示）

财务会计	预算会计
借：待摊费用　40 000 　贷：银行存款　40 000	借：事业支出　40 000 　贷：资金结存——货币资金　40 000

（4）20×7年1月支付设备改良支出。（财务会计如图6-79，C段运动所示；预算会计如图6-80，C段运动所示）

财务会计	预算会计
借：长期待摊费用　30 000 　贷：银行存款　30 000	借：事业支出　30 000 　贷：资金结存——货币资金　30 000

（5）20×7年12月31日确认租金费用、分摊改良费。（财务会计如图6-79，B段、D段运动所示；不影响预算会计）

财务会计	预算会计
确认租金： 借：业务活动费用　40 000 　贷：待摊费用　40 000 分摊设备改良支出： 借：业务活动费用　15 000 　贷：长期待摊费用　15 000	不影响预算会计

（6）20×8年1月1日预付租金。其会计处理同（3），本处略。

（7）20×8年12月31日确认租金费用、分摊改良费。其会计处理同（5），本处略。

（十二）应付政府补贴款业务

应付政府补贴款是指负责发放政府补贴的行政单位，按照规定应当支付给政府补贴接受者的各种政府补贴款。

负责发放政府补贴的行政单位应当设置“应付政府补贴款”科目。该科目应当按照应支付的政府补贴种类进行明细核算。行政单位还需要按照补贴接受者进行明细核算，或者建立备查簿对补贴接受者予以登记。“应付政府补贴款”科目是行政单位特有的会计科目。

确认应付政府补贴款时，从财务会计视角来看，按照规定计算确定的应付政府补贴款的金额确认，所引起的资金运动如图6-81中A段运动所示。该业务不影响预算会计。

应付政府补贴款业务

支付政府补贴款时，从财务会计视角来看，按照支付的金额，冲减“应付政府补贴款”，所引起的资金运动如图6-81中B段运动所示。从预算会计视角来看，所引起的资金运动如图6-82中B段运动所示。

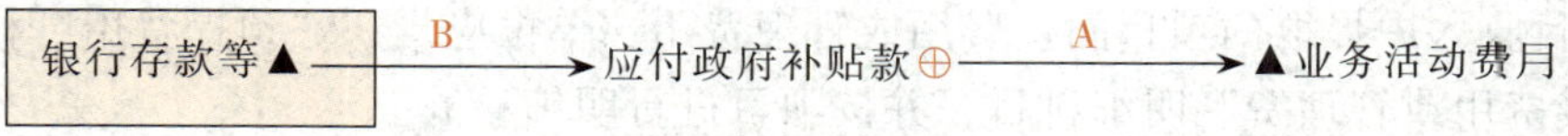

图6-81　应付政府补贴款业务资金运动分析图——财务会计视角

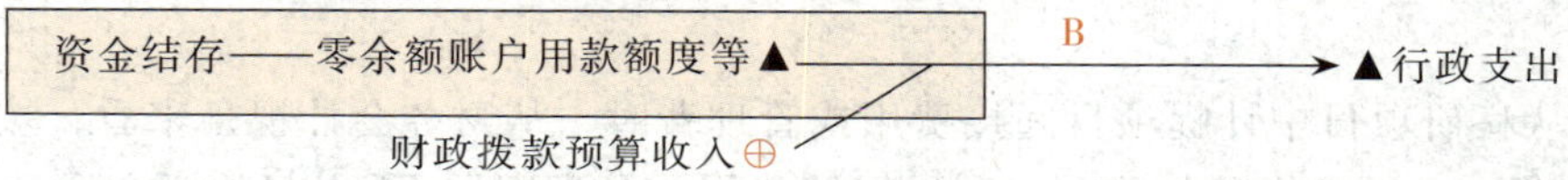

图6-82　应付政府补贴款业务资金运动分析图——预算会计视角

【例6-14】丁行政单位20×8年8月发生政府补贴款相关业务如下：

（1）8月2日，确认应发放各类政府补贴款546 000元，其中，困难家庭补助为340 000元，失独家庭补贴为160 000元，高龄老人补贴为46 000元。（财务会计如图6-83，A段运动所示；不影响预算会计）

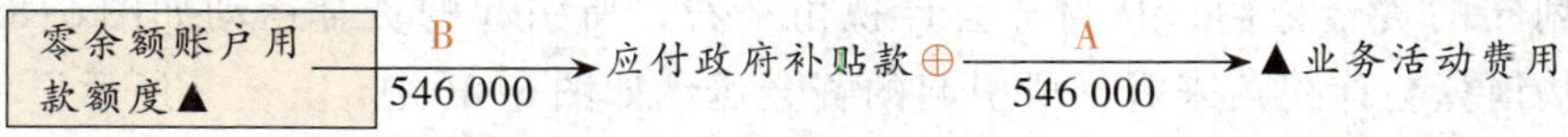

图6-83　丁行政单位应付政府补贴款业务资金运动分析图——财务会计视角

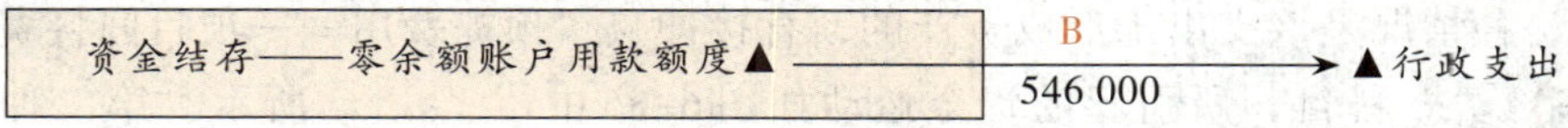

图6-84　丁行政单位应付政府补贴款业务资金运动分析图——预算会计视角

财务会计	预算会计
借：业务活动费用　546 000 贷：应付政府补贴款——困难家庭补助　340 000 ——失独家庭补助　160 000 ——高龄老人补贴　46 000	不涉及现金收支业务，不做账务处理

（2）8月18日，通过零余额账户将应发政府补贴款546 000元转入被补贴家庭的储蓄存款账户。（财务会计如图6-83，B段运动所示；预算会计如图6-84，B段运动所示）

财务会计	预算会计
借：应付政府补贴款——困难家庭补助　340 000 ——失独家庭补助　160 000 ——高龄老人补贴　46 000 贷：零余额账户用款额度　546 000	借：行政支出　546 000 贷：资金结存——零余额账户用款额度　546 000

（十三）预提费用业务

预提费用是指单位按照规定预先提取的、已经发生但尚未支付的费用，如预提租金费用等。单位在日常活动中发生的某些费用不一定立即支付货币资金，但按照权责发生制原则，属于当期的费用应该在发生当期确认，单位按期预提计入费用的金额，同时形成流动负债。

单位应当设置“预提费用”科目。该科目核算单位预先提取的、已经发生但尚未支付的费用。行政事业单位应在该科目下按照预提费用的种类进行明细核算。对于单位按规定从科研项目收入中提取的项目间接费用或管理费用，单位应当在“预提费用”科目下设置“项目间接费用或管理费”明细科目，并按项目进行明细核算。

单位按规定从科研项目中计提项目间接费用或管理费的，应当按照以下规定进行账务处理：

（1）从科研项目中计提项目间接费用或管理费时，从财务会计视角来看，按照计提的金额，确认并记入“预提费用——项目间接费用或管理费”，所引起的资金运动如图6-85中A段运动所示。从预算会计视角来看，如该科研项目资金来源于财政拨款的，不需要进行预算会计处理；如来源于非财政拨款的，需要进行预算会计处理，所引起资金运动如图6-86中A段运动所示。

（2）按规定将计提的项目间接费用或管理费从本单位零余额账户划转到实有资金账户的，按照划转的资金金额，从财务会计视角来看，所引起的资金运动如图6-85中B段运动所示。从预算会计视角来看，所引起的资金运动如图6-86中B段运动所示。

（3）使用计提的项目间接费用或管理费时，从财务会计视角来看，要分两种情况分别处理：第一种情况是该支出未形成资产的，直接冲减“预提费用——项目间接费用或管理费”科目，所引起的资金运动如图6-85中C1段运动所示。第二种情况是该支出形成了资产的，如取得了固定资产、无形资产等，首先应反映资产的取得，所引起的资金运动如图6-85中C21段运动所示；然后再冲减“预提费用——项目间接费用或管理费”科目，调整“累计盈余”科目，所引起的资金运动如图6-85中C22段运动所示。

预提费用业务分析

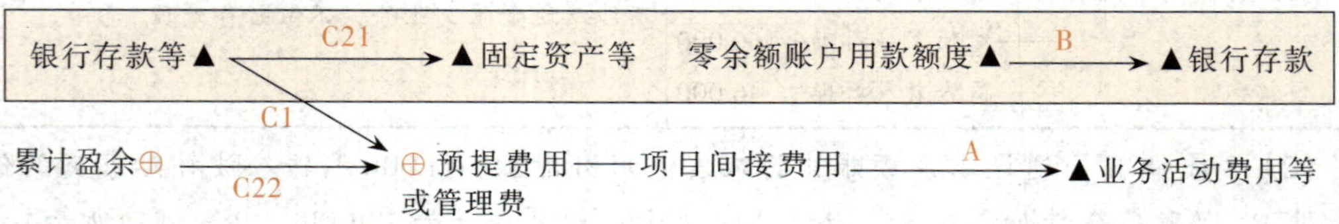

图6-85　预提费用业务资金运动分析图——财务会计视角

从预算会计视角来看，按照实际支付的金额，确认并记入“事业支出”等科目；所引起的资金运动如图6-86中C1段、C21段运动所示。

除按规定从科研项目中提取项目间接费用或管理费用外，其他的预提费用业务，在确认预提费用时，从财务会计视角来看，所引起的资金运动如图6-85中A段运动所示；该业务不影响预算会计。在支付预提费用时，从财务会计视角来看，所引起的资金运动如图6-85中C1段运动所示；从预算会计视角来看，所引起的资金运动如图6-86中C1段运动所示。

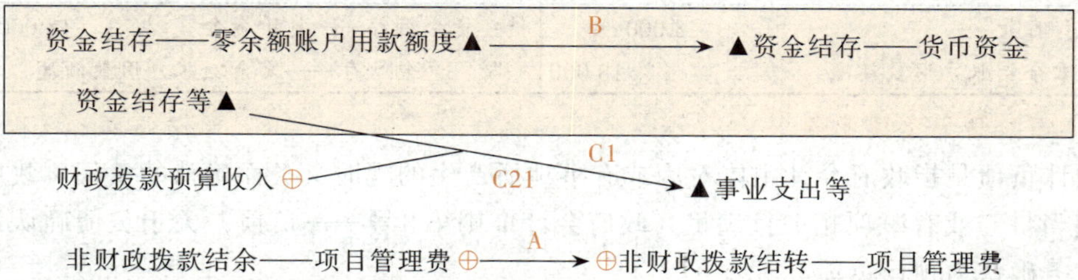

图6-86 预提费用业务资金运动分析图——预算会计视角

【例6-15】甲事业单位20×8年8月7日按规定计提科研项目（项目资金来源于非财政拨款）间接费用30 000元，9月10日使用间接费用购买计算机一台12 000元，以零余额账户用款额度支付。9月20日将剩余18 000元从零余额账户划转到实有资金账户。

预提费用业务举例

（1）8月7日预提项目间接费用。（财务会计如图6-87，A段运动所示；预算会计如图6-88，A段运动所示）

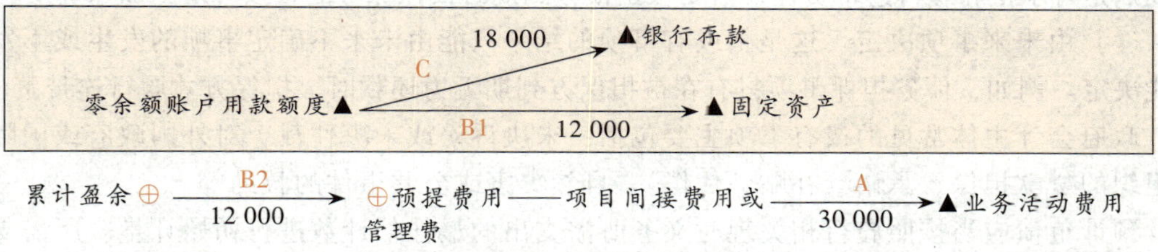

图6-87 甲事业单位预提费用业务资金运动分析图——财务会计视角

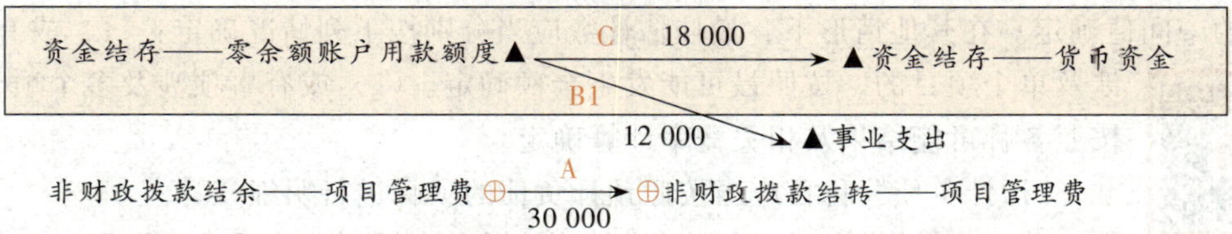

图6-88 甲事业单位预提费用业务资金运动分析图——预算会计视角

财务会计	预算会计
借：业务活动费用 30 000	借：非财政拨款结转——项目管理费 30 000
贷：预提费用——项目间接费用或管理费 30 000	贷：非财政拨款结余——项目管理费 30 000

（2）9月10日购买计算机。（财务会计如图6-87，B1段、B2段运动所示；预算会计如图6-88，B1段运动所示）

财务会计	预算会计
借：固定资产 12 000	
贷：零余额账户用款额度 12 000	借：事业支出 12 000
借：预提费用——项目间接费用或管理费 12 000	贷：资金结存——零余额账户用款额度 12 000
贷：累计盈余 12 000	

（3）9月20日从零余额账户划转资金。（财务会计如图6-87，C段运动所示；预算会计如图6-88，C段运动所示）

财务会计	预算会计
借：银行存款　　18 000 　贷：零余额账户用款额度　　18 000	借：资金结存——货币资金　　18 000 　贷：资金结存——零余额账户用款额度　　18 000

（十四）预计负债业务

预计负债是指政府会计主体对因或有事项所产生的现时义务而确认的负债。政府会计主体应当将与或有事项相关且满足《政府会计准则第8号——负债》关于负债确认条件的现时义务确认为预计负债。

预计负债具有以下特征：

（1）由过去交易或事项形成。这是指或有事项的现存状况是过去交易或事项引起的客观存在。例如，未决诉讼虽然是正在进行中的诉讼，但该诉讼是单位因过去的经济行为导致起诉其他单位或被其他单位起诉。

（2）结果具有不确定性。这是指或有事项的结果是否发生具有不确定性，或者或有事项的结果预计将会发生，但发生的具体时间或金额具有不确定性。例如，债务担保事项的担保方到期是否承担和履行连带责任，需要根据债务到期时被担保方能否按时还款加以确定。

（3）由未来事项决定。这是指或有事项的结果只能由未来不确定事项的发生或不发生才能决定。例如，债务担保事项只有在被担保方到期无力还款时，担保方才履行连带责任。

政府会计主体常见的或有事项主要包括：未决诉讼或未决仲裁、对外国政府或国际经济组织的贷款担保、承诺（补贴、代偿）、自然灾害或公共事件的救助等。

预计负债应当按照履行相关现时义务所需支出的最佳估计数进行初始计量。所需支出存在一个连续范围，且该范围内各种结果发生的可能性相同的，最佳估计数应当按照该范围内的中间值确定。在其他情形下，最佳估计数应当分别按下列情况确定：（1）或有事项涉及单个项目的，按照最可能发生金额确定。（2）或有事项涉及多个项目的，按照各种可能结果及相关概率计算确定。

预计负债业务分析

"预计负债"科目应当按照预计负债的项目进行明细核算。

政府会计主体确认预计负债时，从财务会计视角来看，按照预计的金额，确认并记入"预计负债"科目，所引起的资金运动如图6-89中A段运动所示。该业务不影响预算会计。

实际偿付预计负债时，从财务会计视角来看，按照偿付的金额，冲减"预计负债"科目，所引起的资金运动如图6-89中B段运动所示。从预算会计视角来看，所引起的资金运动如图6-90中B段运动所示。

根据确凿证据需要对已确认的预计负债账面余额进行调整的，从财务会计视角来看，按照调整的金额，调整"预计负债"科目，所引起的资金运动如图6-89中A段运动所示，其流量可能为正，也可能为负。该业务不影响预算会计。

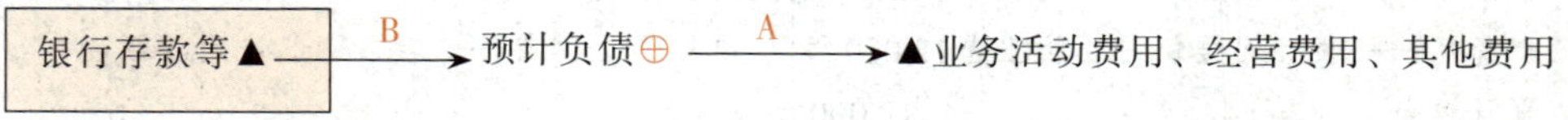

图6-89　预计负债业务资金运动分析图——财务会计视角

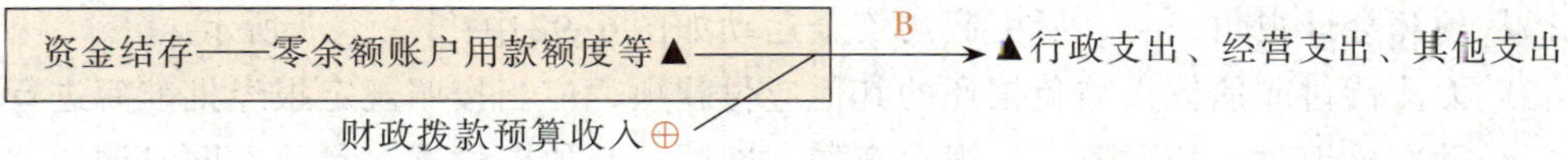

图6-90　预计负债业务资金运动分析图——预算会计视角

（十五）其他应付款业务

其他应付款是指政府会计主体除应交增值税、其他应交税费、应缴财政款、应付职工薪酬、应付票据、应付账款、应付政府补贴款、应付利息、预收账款以外，其他各项偿还期限在1年内（含1年）的应付及暂收款，如收取的押金、存入保证金及已经报销但尚未偿还银行的本单位公务卡欠款等。

政府会计主体应当设置“其他应付款”科目。该科目核算其他应付款的增减变动及余额。政府会计主体应在本科目下按照其他应付款的类别以及债权人等设置明细账，进行明细核算。

同级政府部门预拨的下期预算款、没有纳入预算的暂付款项以及采用实拨资金方式通过本单位转拨给下属单位的财政拨款，也通过“其他应付款”科目核算。

其他应付款业务主要包括：

（1）发生其他应付款及暂收款时，从财务会计视角来看，所引起的资金运动如图6-91中A1段运动所示；该业务一般情况下不影响预算会计。

支付其他应付款及退还暂收款时，从财务会计视角来看，所引起的资金运动如图6-91中A2段运动所示；该业务不影响预算会计。

将暂收款转入纳入预算管理的收入时，从财务会计视角来看，所引起的资金运动如图6-91中A3段、A4段运动所示；从预算会计视角来看，所引起的资金运动如图6-92中A3段、A4段运动所示。

（2）收到同级政府财政部门预拨的下期预算款和没有纳入预算的暂收款项时，从财务会计视角来看，所引起的资金运动如图6-91中B1段运动所示；该业务不影响预算会计。

待到下一预算期或批准纳入预算时，从财务会计视角来看，所引起的资金运动如图6-91中B2段运动所示；从预算会计视角来看，所引起的资金运动如图6-92中B2段运动所示。

（3）采用实拨资金方式通过本单位转拨给下属单位财政拨款时，从财务会计视角来看，所引起的资金运动如图6-91中C1段运动所示；该业务不影响预算会计。

向下属单位转拨财政拨款时，从财务会计视角来看，所引起的资金运动如图6-91中C2段运动所示；该业务不影响预算会计。

（4）本单位公务卡持卡人报销时，从财务会计视角来看，所引起的资金运动如图6-91中D1段运动所示；该业务不影响预算会计。

其他应付款业务分析

偿还公务卡欠款时，从财务会计视角来看，所引起的资金运动如图6-91中D2段运动所示；从预算会计视角来看，所引起的资金运动如图6-92中D2段运动所示。

（5）涉及质保金相关的其他应付款（质保金期间在包含1年的1年以内）业务。确认（收取）质保金时，从财务会计视角来看，所引起的资金运动如图6-91中E1段运动所示（其资金终点应该为“固定资产”等科目）；该业务不影响预算会计。

以后支付质保金时，从财务会计视角来看，所引起的资金运动如图6-91中E2段运动所示；从预算会计视角来看，所引起的资金运动如图6-92中E2段运动所示。

（6）无法偿付或债权人豁免偿还的其他应付款项，应当按照规定报经批准后进行账务处理。经批准核销时，从财务会计视角来看，冲减“其他应付款”科目，同时调增“其他收入”科目，所引起的资金运动如图6-91中F段运动所示；该业务不影响预算会计。行政事业单位核销的其他应付款应在备查簿中予以登记。

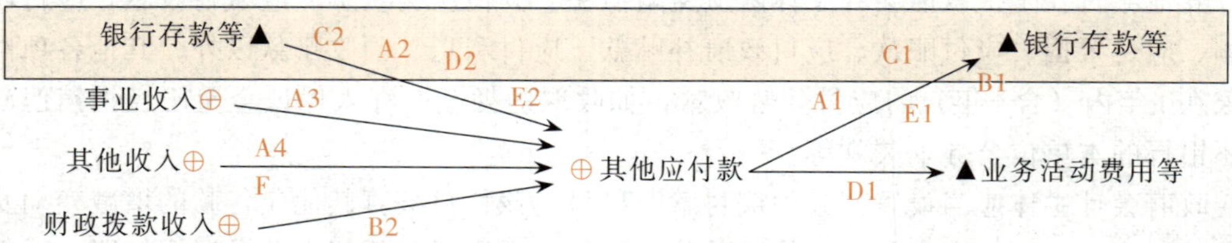

图6-91　其他应付款业务资金运动分析图——财务会计视角

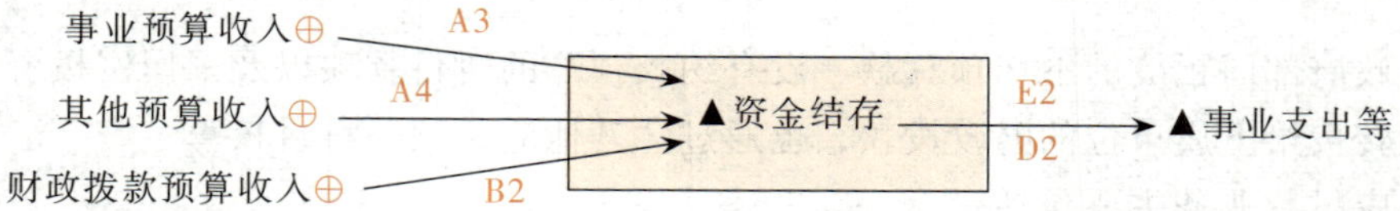

图6-92　其他应付款业务资金运动分析图——预算会计视角

第七节　上缴上级费用（支出）业务资金运动分析与会计处理

一、上缴上级费用与上缴上级支出概述

上缴上级费用、上缴上级支出是事业单位按照财政部门和主管部门的规定上缴上级单位款项发生的费用、现金流出。在财务会计体系中称为上缴上级费用，在预算会计体系中称为上缴上级支出。

在财务会计体系中，单位应当设置“上缴上级费用”科目，用以核算事业单位按照财政部门和主管部门的规定上缴上级单位款项发生的费用。“上缴上级费用”科目应当按照收缴款项单位、缴款项目等进行明细核算。

上缴上级费用业务

在预算会计体系中，事业单位应当设置“上缴上级支出”科目，用以核算事业单位按照财政部门和主管部门的规定上缴上级单位款项发生的现金流出。“上缴上级支出”科目应当按照收缴款项单位、缴款项目、《政府收支分类科目》中“支出功能分类科目”的项级科目和“部门预算支出经济分类科目”的款级科目等进行明细核算。

二、上缴上级费用（支出）业务具体资金运动分析与会计处理

单位发生上缴上级支出的，从财务会计视角来看，按照规定计算出应当上缴上级单位的金额，确认并记入“上缴上级费用”科目，所引起的资金运动如图6-93中A段运动所示；该业务不影响预算会计。

实际支付该金额时，从财务会计视角来看，所引起的资金运动如图6-93中B段运动所示；从预算会计视角来看，所引起的资金运动如图6-94中B段运动所示。

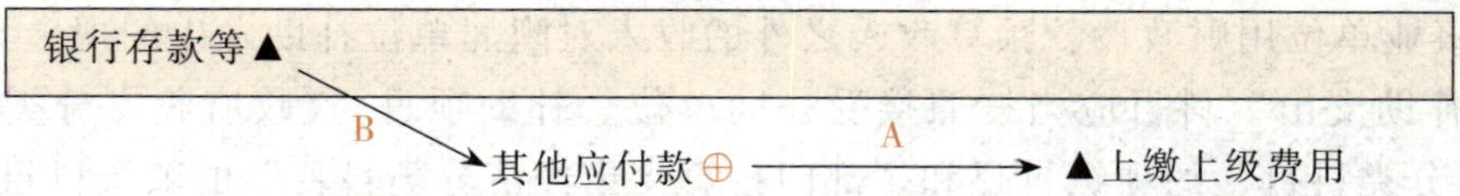

图6-93　上缴上级费用业务资金运动分析图——财务会计视角

图6-94　上缴上级支出业务资金运动分析图——预算会计视角

【例6-16】20×8年年底，甲事业单位按照规定计算出应上缴上级单位150 000元，并已通过银行转账方式上缴。

（1）按照规定计算出应当上缴的金额。（财务会计如图6-95，A段运动所示；不影响预算会计）

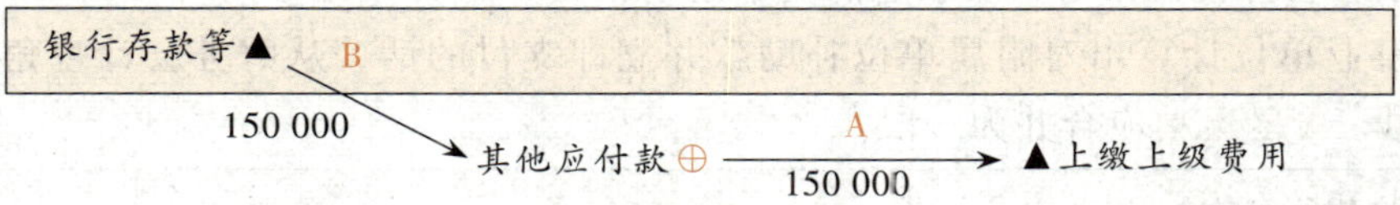

图6-95　上缴上级费用业务资金运动分析图——财务会计视角

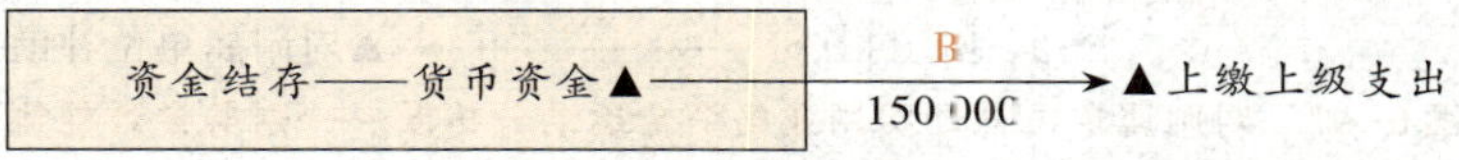

图6-96　上缴上级支出业务资金运动分析图——预算会计视角

财务会计	预算会计
借：上缴上级费用　150 000 　贷：其他应付款　150 000	不涉及现金收支业务，不做账务处理

（2）实际上缴应缴的金额。（财务会计如图6-95，B段运动所示；预算会计如图6-96，B段运动所示）

财务会计	预算会计
借：其他应付款　150 000	借：上缴上级支出　150 000
贷：银行存款　150 000	贷：资金结存——货币资金　150 000

第八节　对附属单位补助费用（支出）业务资金运动分析与会计处理

一、对附属单位补助费用与对附属单位补助支出概述

对附属单位补助费用、对附属单位补助支出是事业单位用财政拨款收入之外的收入对附属单位补助发生的费用、现金流出。在财务会计体系中称为对附属单位补助费用，在预算会计体系中称为对附属单位补助支出。

在财务会计体系中，事业单位应当设置“对附属单位补助费用”科目，用以核算事业单位用财政拨款收入之外的收入对附属单位补助发生的费用。“对附属单位补助费用”科目应当按照接受补助单位、补助项目等进行明细核算。

对附属单位补助费用业务

在预算会计体系中，事业单位应当设置“对附属单位补助支出”科目，用以核算事业单位用财政拨款预算收入之外的收入对附属单位补助发生的现金流出。“对附属单位补助支出”科目应当按照接受补助单位、补助项目、《政府收支分类科目》中“支出功能分类科目”的项级科目和“部门预算支出经济分类科目”的款级科目等进行明细核算。

二、对附属单位补助费用（支出）业务具体资金运动分析与会计处理

单位发生对附属单位补助支出的，从财务会计视角来看，按照规定计算出应当对附属单位补助的金额，确认并记入“对附属单位补助费用”科目，所引起的资金运动如图6-97中A段运动所示；该业务不影响预算会计。

实际支付该款项时，从财务会计视角来看，所引起的资金运动如图6-97中B段运动所示；从预算会计视角来看，所引起的资金运动如图6-98中B段运动所示。

如果事业单位计算出对附属单位补助款并立即支付的话，从财务会计视角来看，图6-97中A段、B段运动应合并为一段。

图6-97　对附属单位补助费用业务资金运动分析图——财务会计视角

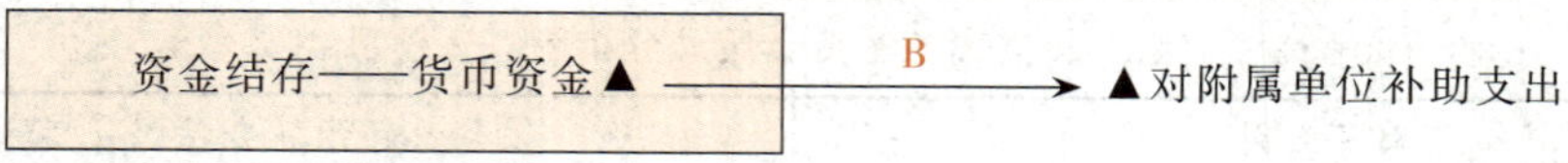

图6-98　对附属单位补助支出业务资金运动分析图——预算会计视角

【例6-17】甲事业单位20×8年10月以银行存款支付对下属事业单位补助300 000元。（财务会计如图6-99所示；预算会计如图6-100所示）

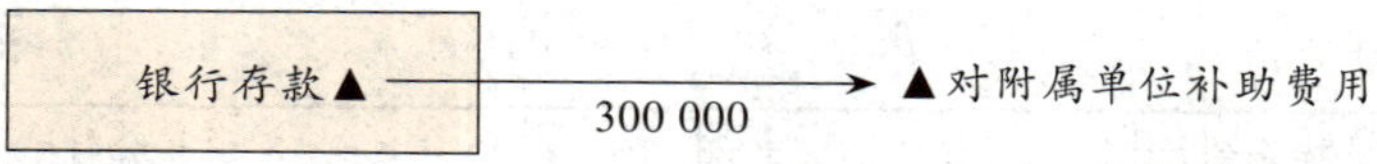

图6-99　甲单位对附属单位补助业务资金运动分析图——财务会计视角

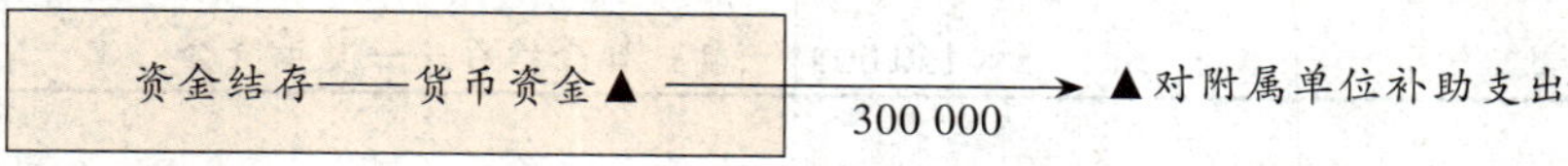

图6-100　甲单位对附属单位补助业务资金运动分析图——预算会计视角

财务会计			预算会计		
借：对附属单位补助费用	300 000		借：对附属单位补助支出	300 000	
贷：银行存款		300 000	贷：资金结存——货币资金		300 000

第九节　经营费用（支出）业务资金运动分析与会计处理

一、经营费用与经营支出概述

经营费用（支出）是指事业单位在专业业务活动及其辅助活动之外开展非独立核算经

营活动发生的各项费用（现金流出）。事业单位非独立核算部门经营活动是指事业单位非独立核算部门开展的销售商品、提供服务等活动。

事业单位开展非独立核算的经营活动，其目的是充分利用事业单位现有的资源，通过向社会提供经营性服务筹集更多的资金，以支持事业的发展。事业单位在经营活动中，应当正确归集和分配实际发生的各项费用。直接为经营活动耗费的材料、工资、费用等，应直接计入经营活动费用；无法直接归集的各项支出，应按规定的比例合理分摊。

经营费用概述

“经营费用”科目与“经营支出”科目是事业单位特有的会计科目。

在财务会计体系中，事业单位应当设置“经营费用”科目。该科目核算事业单位在专业业务活动及其辅助活动之外开展非独立核算经营活动发生的各项费用。“经营费用”科目应当按照经营活动类别、项目、支付对象等进行明细核算。为了满足成本核算需要，该科目下还可按照“工资福利费用”“商品和服务费用”“对个人和家庭的补助费用”“固定资产折旧费”“无形资产摊销费”等成本项目设置明细科目，归集能够直接计入单位经营活动或采用一定方法计算后计入单位经营活动的费用。

在预算会计体系中，事业单位应当设置“经营支出”科目。该科目核算事业单位在专业业务活动及其辅助活动之外开展非独立核算经营活动实际发生的各项现金流出。“经营支出”科目应当按照经营活动类别、项目、《政府收支分类科目》中“支出功能分类科目”的项级科目和“部门预算支出经济分类科目”的款级科目等进行明细核算。对于预付款项，可通过在“经营支出”科目下设置“待处理”明细科目进行明细核算，待确认具体支出项目后再转入“经营支出”科目下相关明细科目。年末结账前，应将“经营支出”科目下的“待处理”明细科目余额全部转入“经营支出”科目下相关明细科目。

二、经营费用（支出）业务具体资金运动分析与会计处理

（一）为经营活动人员支付职工薪酬业务

计提当期应付职工薪酬（含单位为职工计算缴纳的社会保险费、住房公积金），从财务会计视角来看，所引起的资金运动如图6-101中A段运动所示；该业务不影响预算会计。

从应付职工薪酬中代扣为职工垫付的水电费、房租等费用时，从财务会计视角来看，所引起的资金运动如图6-101中B段运动所示；该业务不影响预算会计。

从应付职工薪酬中代扣社会保险费和住房公积金，从财务会计视角来看，所引起的资金运动如图6-101中C段运动所示；该业务不影响预算会计。

按照税法规定代扣职工个人所得税时，从财务会计视角来看，所引起的资金运动如图6-101中D段运动所示，该业务不影响预算会计。

向职工支付工资、津贴补贴等薪酬时，从财务会计视角来看，所引起的资金运动如图6-101中E段运动所示。从预算会计视角来看，所引起的资金运动如图6-102中E段运动所示。

按照国家有关规定缴纳职工社会保险费和住房公积金时，从财务会计视角来看，所引起的资金运动如图6-101中F段运动所示。从预算会计视角来看，所引起的资金运动如图

6-102中F段运动所示。

支付职工薪酬业务

代职工缴纳个人所得税时，从财务会计视角来看，所引起的资金运动如图6-101中G段运动所示。从预算会计视角来看，所引起的资金运动如图6-102中G段运动所示。

从应付职工薪酬中支付其他款项（如职工教育经费、工会经费、职工福利费等）时，从财务会计视角来看，所引起的资金运动如图6-101中E段运动所示。从预算会计视角来看，所引起的资金运动如图6-102中E段运动所示。

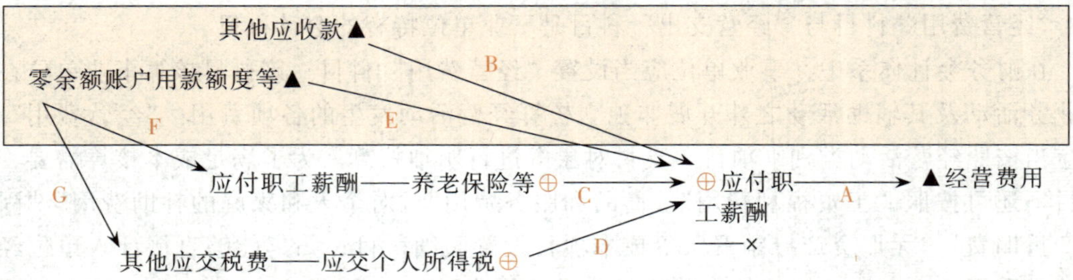

图6-101　职工薪酬业务资金运动分析图——财务会计视角

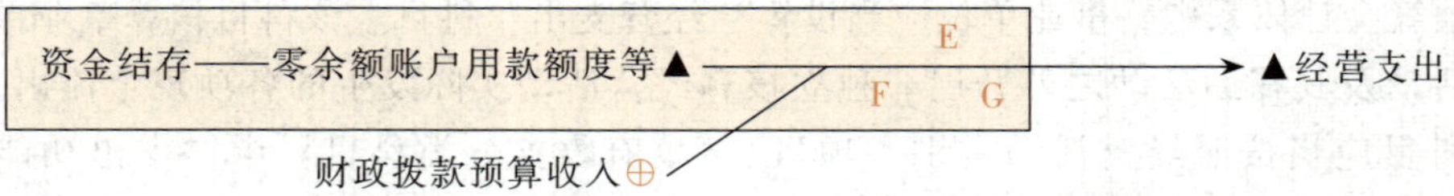

图6-102　职工薪酬业务资金运动分析图——预算会计视角

（二）为经营活动支付外部人员劳务费业务

计提为经营活动发生的外部人员劳务费时，从财务会计视角来看，所引起的资金运动如图6-103中A段运动所示。该业务不影响预算会计。

按照税法规定代扣外部人员个人所得税时，从财务会计视角来看，所引起的资金运动如图6-103中B段运动所示；该业务不影响预算会计。实际缴纳所代扣的个人所得税时，从财务会计视角来看，所引起的资金运动如图6-103中C段运动所示；从预算会计视角来看，所引起的资金运动如图6-104中C段运动所示。

支付外部人员劳务费业务

实际支付劳务费时，从财务会计视角来看，所引起的资金运动如图6-103中D段运动所示；从预算会计视角来看，所引起的资金运动如图6-104中D段运动所示。

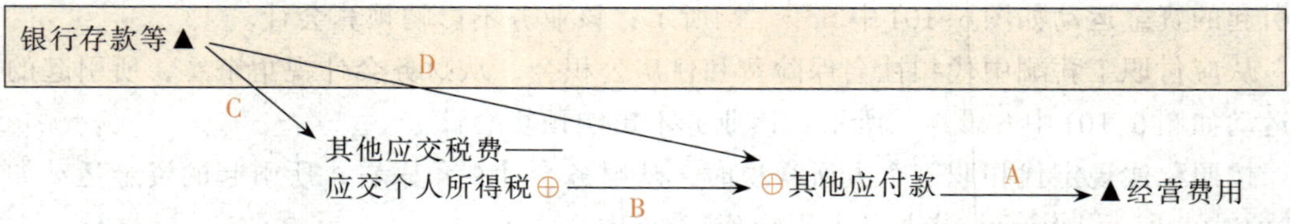

图6-103　支付外部人员劳务费业务资金运动分析图——财务会计视角

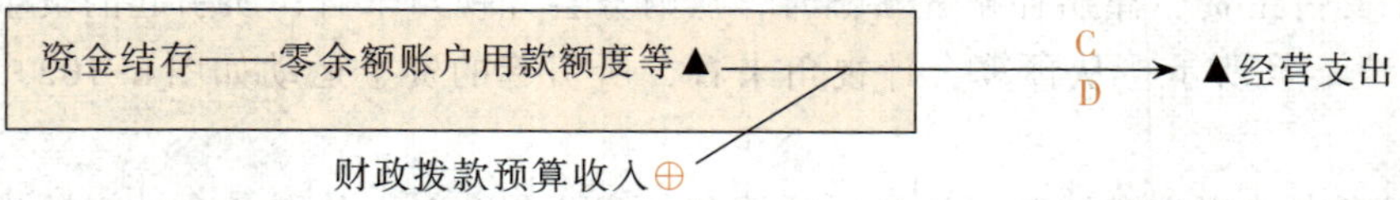

图6-104　支付外部人员劳务费业务资金运动分析图——预算会计视角

（三）为开展经营活动购买资产或支付在建工程款业务

为开展经营活动购买资产或支付在建工程款，按照实际支付或应付的价款，在财务会计体系中，所引起的资金运动如图6-105中A段运动所示。如在购买过程中以货币资金等予以支付的，从预算会计视角来看，所引起的资金运动如图6-106中A段运动所示。

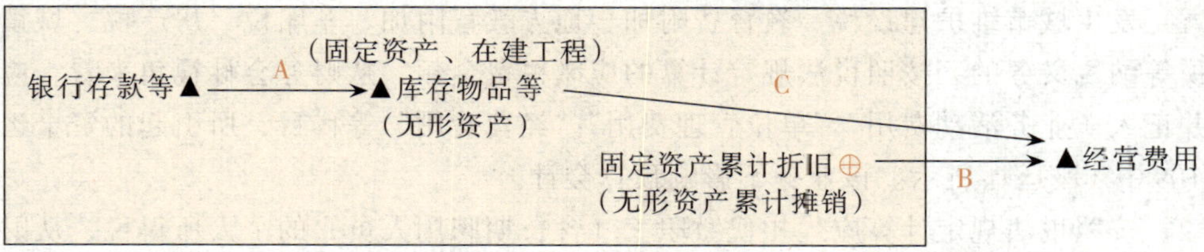

图6-105　购买资产或支付在建工程款业务资金运动分析图——财务会计视角

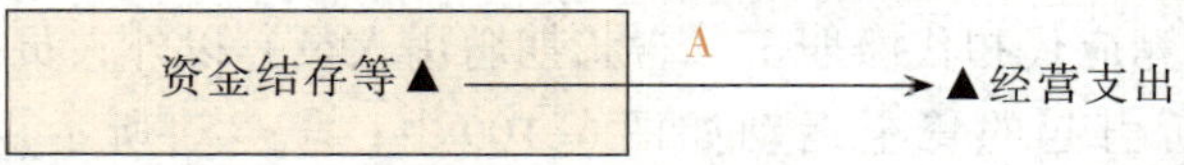

图6-106　购买资产或支付在建工程款业务资金运动分析图——预算会计视角

（四）经营活动固定资产折旧或无形资产摊销业务

为开展经营活动所用的固定资产、无形资产计提折旧、摊销，从财务会计视角来看，所引起的资金运动如图6-105中B段运动所示。该业务不影响预算会计。

（五）开展经营活动内部领用材料或出售发出物品等业务

为开展经营活动内部领用材料或出售发出物品等，按照物品实际成本，从财务会计视角来看，所引起的资金运动如图6-105中C段运动所示。该业务不影响预算会计。

（六）开展经营活动发生的预付款项业务

发生预付款项时，从财务会计视角来看，所引起的资金运动如图6-107中A段运动所示。从预算会计视角来看，所引起的资金运动如图6-108中A段运动所示。

按实际发生的费用总额，从财务会计视角来看，冲销“预付账款”科目，按实际补付的金额（即实际发生的费用总额与预付款项的差额），确认并记入“银行存款”等科目，所引起的资金运动如图6-107中B段、C段运动所示。从预算会计视角来看，所引起的资金运动如图6-108中C段运动所示。

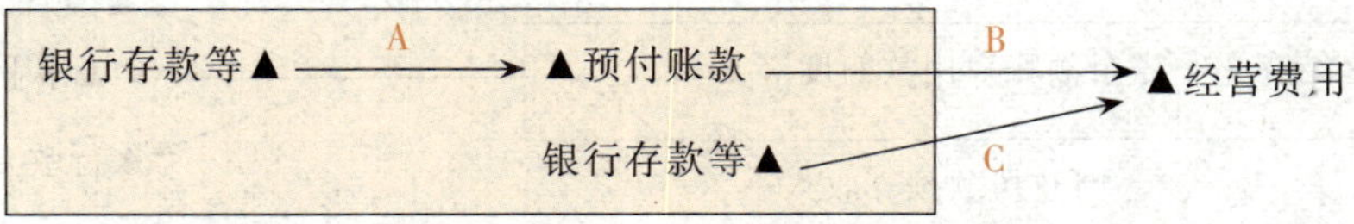

图6-107　预付款业务资金运动分析图——财务会计视角

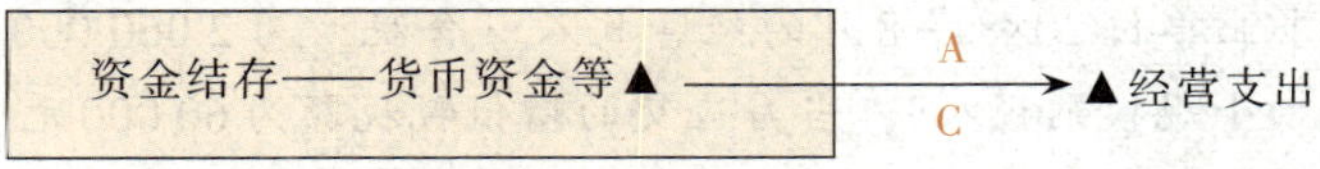

图6-108　预付款业务资金运动分析图——预算会计视角

（七）其他应交税费业务

1.其他应交税费概述

其他应交税费是指单位按照税法等规定计算应交纳的除增值税以外的各种税费，包括城市维护建设税、教育费附加、地方教育附加、车船税、房产税、城镇土地使用税和企业所得税及个人所得税等。单位应交纳的印花税不

其他应交税费业务分析

需要预提应交税费，而是直接通过“业务活动费用”“单位管理费用”“经营费用”等科目核算。

“其他应交税费”科目应设置相应的明细科目进行核算。

2.其他应交税费业务具体资金运动分析与会计处理

（1）发生城市维护建设税、教育费附加、地方教育附加、车船税、房产税、城镇土地使用税等纳税义务的，按照税法规定计算的应缴税费金额，从财务会计视角来看，应分别确认并记入“业务活动费用”“单位管理费用”“经营费用”等科目，所引起的资金运动如图6-109中A段运动所示。该业务不影响预算会计。

（2）按照税法规定计算应代扣代缴职工（含长期聘用人员）的个人所得税，从财务会计视角来看，所引起的资金运动如图6-109中B段运动所示。该业务不影响预算会计。

按照税法规定计算应代扣代缴职工（含长期聘用人员）以外人员的个人所得税，从财务会计视角来看，所引起的资金运动如图6-109中C段运动所示。该业务不影响预算会计。

（3）发生企业所得税纳税义务的，按照税法规定计算的应交所得税额，确认并记入“所得税费用”科目，同步确认“其他应交税费”（单位应交所得税）。从财务会计视角来看，所引起的资金运动如图6-109中A段运动所示。该业务不影响预算会计。

（4）单位实际交纳上述各种税费时（不含单位应交所得税，该业务在本章第十节讲授），从财务会计视角来看，应冲减“其他应交税费”（应交城市维护建设税、应交教育费附加、应交地方教育附加、应交车船税、应交房产税、应交城镇土地使用税、应交个人所得税等）科目，从财务会计视角来看，所引起的资金运动如图6-109中D段运动所示。从预算会计视角来看，所引起的资金运动如图6-110中D段运动所示。

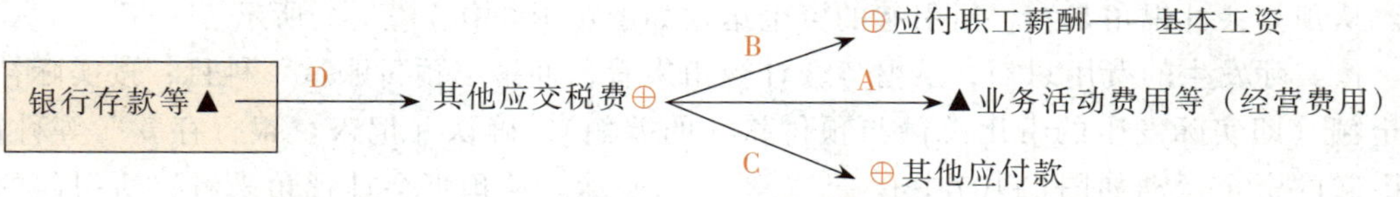

图6-109　其他应交税费业务资金运动分析图——财务会计视角

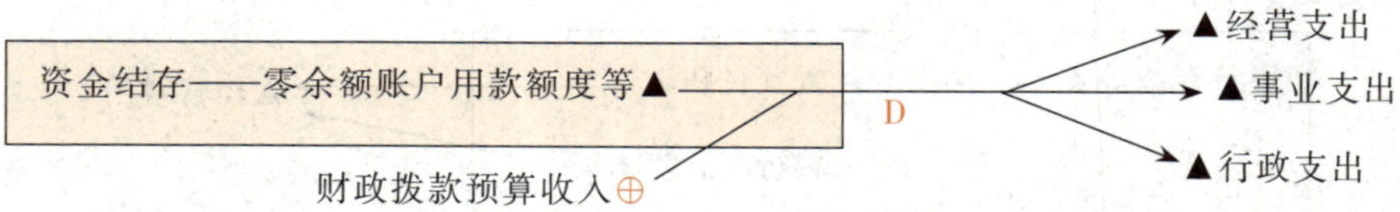

图6-110　其他应交税费业务资金运动分析图——预算会计视角

【例6-18】甲事业单位20×8年8月的经营收入（含税）为2 060 000元，该单位按3%的税率缴纳增值税（小规模纳税人），当月应交的增值税税额为60 000元。城市维护建设税税率为7%，教育费附加征收率为3%，地方教育附加征收率为2%。用银行存款缴纳相关税费。

其他应交税费业务举例

（1）计提税金及附加。（财务会计如图6-111，A段运动所示；不影响预算会计）

应交城市维护建设税=60 000×7%=4 200（元）

应交教育费附加=60 000×3%=1 800（元）

应交地方教育附加=60 000×2%=1 200（元）

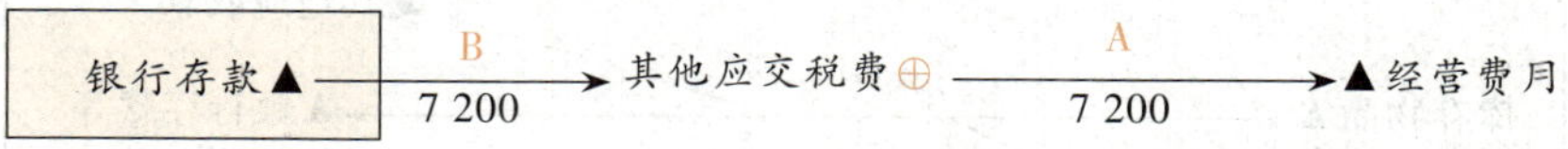

图6-111　甲事业单位其他应交税费业务资金运动分析图——财务会计视角

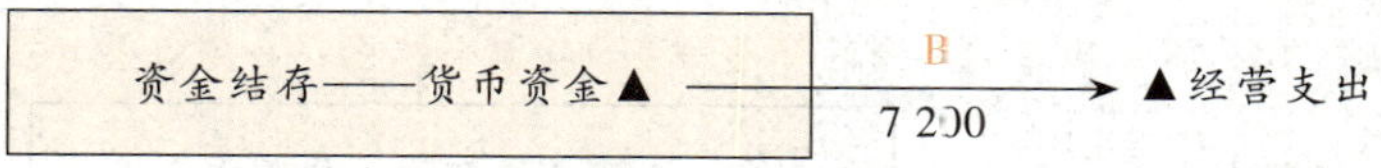

图6-112　甲事业单位其他应交税费业务资金运动分析图——预算会计视角

财务会计	预算会计
借：经营费用　7 200 　贷：其他应交税费——城市维护建设税　4 200 　　——教育费附加　1 800 　　——地方教育附加　1 200	不涉及现金收支业务，不做账务处理

（2）实际缴纳税费。（财务会计如图6-111，B段运动所示；预算会计如图6-112，B段运动所示）

财务会计	预算会计
借：其他应交税费——城市维护建设税　4 200 　——教育费附加　1 800 　——地方教育附加　1 200 　贷：银行存款　7 200	借：经营支出　7 200 　贷：资金结存——货币资金　7 200

（八）开展经营活动发生的其他各项费用

单位为开展经营活动发生其他各项费用时，从财务会计视角来看，按照费用发生金额，确认并记入“经营费用”科目，所引起的资金运动如图6-113所示。从预算会计视角来看，按实际支付的金额，确认并记入“经营支出”科目，所引起的资金运动如图6-110所示。

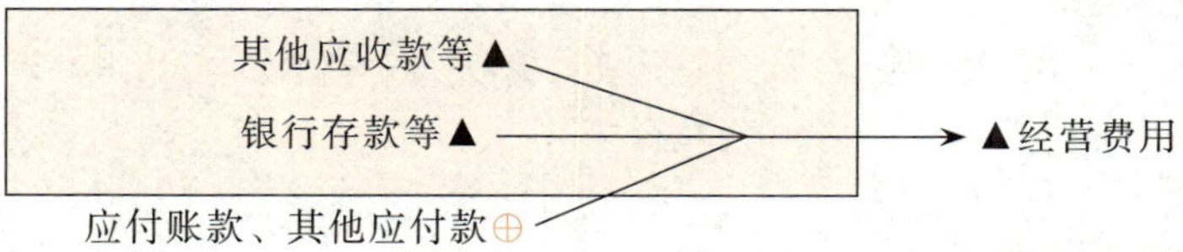

图6-113　发生其他费用等业务资金运动分析图——财务会计视角

（九）发生当年购货退回等业务

单位发生当年购货退回，或者发生差错更正等业务的，从财务会计视角来看，按照实际收回的金额，确认并记入“银行存款”科目，按照应收但未收回的金额，确认并记入“其他应收款”科目；对于尚未领用的存货，冲减“库存物品”科目，对于已计入本年经营费用的，冲减“经营费用”科目。所引起的资金运动如图6-114所示。

发生当年购货退回等业务

因当年购货退回等发生款项退回，或者发生差错更正的，从预算会计视角来看，按照收回或更正金额，冲减“经营支出”科目，所引起的资金运动如图6-115所示。

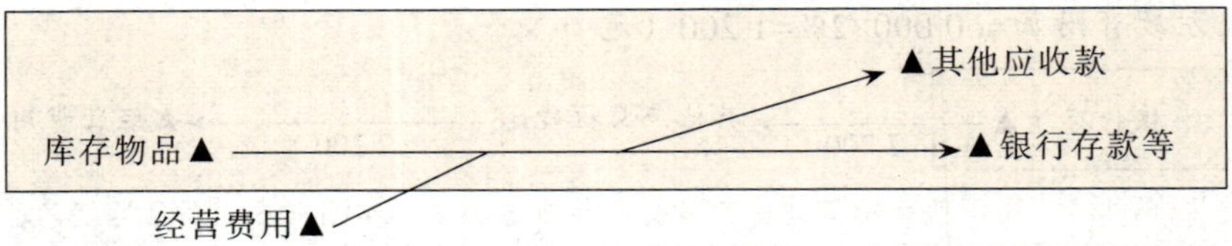

图 6-114　发生当年购货退回等业务资金运动分析图——财务会计视角

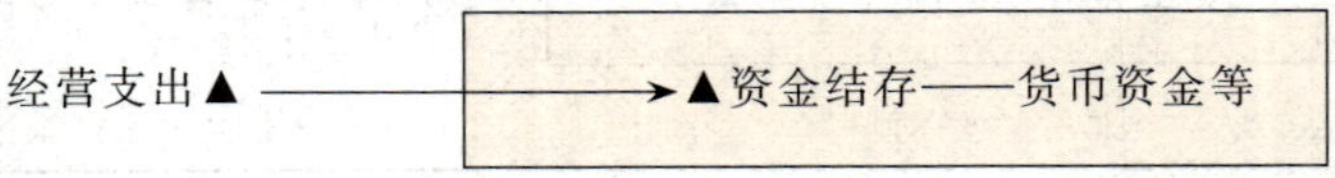

图 6-115　发生当年购货退回等业务资金运动分析图——预算会计视角

【例 6-19】20×8 年 10 月 10 日，乙事业单位经营部领用一批化学试剂，发现存在质量问题。该批化学试剂是本年 8 月从甲公司购买了一批化学试剂，金额为 34 000 元，款项已以银行存款支付，试剂已经验收入库（已全部作为经营费用处理）。10 月 28 日，经与甲公司协商后将该批化学试剂全部退回，甲公司已将货款退回至乙事业单位基本账户。（财务会计如图 6-116 所示；预算会计如图 6-117 所示）

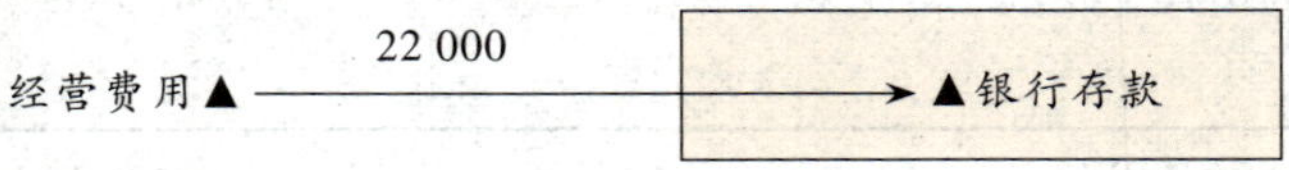

图 6-116　乙事业单位购货退回业务资金运动分析图——财务会计视角

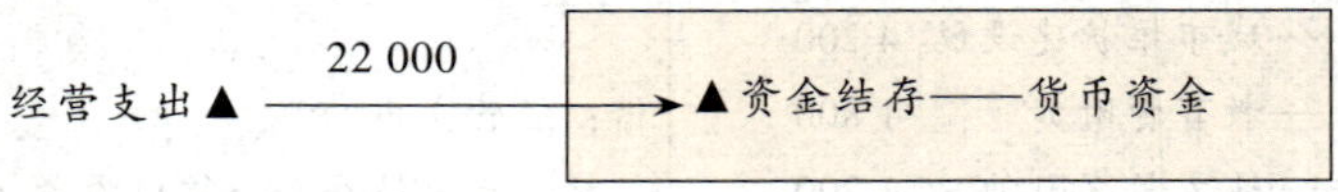

图 6-117　乙事业单位购货退回业务资金运动分析图——预算会计视角

财务会计	预算会计
借：银行存款　　22 000 　贷：经营费用　　22 000	借：资金结存——货币资金　　22 000 　贷：经营支出　　22 000

第十节　其他费用（支出）业务资金运动分析与会计处理

一、资产处置费用业务

资产处置费用是单位经批准处置资产时发生的费用，包括转销的被处置资产价值，以及在处置过程中发生的相关费用或者处置收入小于相关费用形成的净支出。

资产处置的形式按照规定包括无偿调拨、出售、出让、转让、置换、对外捐赠、报废、毁损以及货币性资产损失核销等。资产处置分为行政单位国有资产处置和事业单位国有资产处置。资产处置应当严格履行审批手续，未经批准不得处置。资产处置应当由资产管理部门会同财务部门、技术部门审核鉴定，提出意见，按审批权限报送审批。资产处置应当按照公开、公正、公平的原则进行。

在财务会计体系中，应当设置“资产处置费用”科目核算单位经批准处置资产时发生的费用，包括转销的被处置资产价值，以及在处置过程中发生的相关费用或者处置收入小于相关费用形成的净支出。

单位在资产清查中查明的资产盘亏、毁损以及资产报废等，应当先通过“待处理财产损溢”科目进行核算，再将处理资产价值和处理净支出记入“资产处置费用”科目。“资产处置费用”科目应当按照处置资产的类别、资产处置的形式等进行明细核算。

资产处置费用业务具体的资金运动分析与会计处理已在其他章节讲授。本处略。

二、所得税费用业务

所得税费用是有企业所得税缴纳义务的事业单位按规定缴纳企业所得税所形成的费用。事业单位的收入，除国务院或财政部、国家税务总局规定不征或免征企业所得税的项目外，均应计入应纳税收入总额，依法计征企业所得税。

不征企业所得税的收入项目主要包括：财政拨款（是指各级人民政府对纳入预算管理的事业单位、社会团体等组织拨付的财政资金）；依法收取并纳入财政管理的行政事业性收费、政府性基金；财政性资金（纳入预算管理的事业单位、社会团体等组织按照核定的经费和经费报领关系收到的由财政部门或上级单位拨入的财政补助收入）等。

所得税费用业务

经营结余是事业单位主要的应纳税所得额。

在财务会计体系中，应当设置“所得税费用”科目，核算有企业所得税缴纳义务的事业单位按照规定缴纳企业所得税所形成的费用。

发生企业所得税纳税义务的，按照税法规定计算的应交所得税金额，确认并记入“所得税费用”科目，所引起的资金运动如图6-118中A段运动所示。该业务不影响预算会计。

实际缴纳时，从财务会计视角来看，所引起的资金运动如图6-118中B段运动所示。从预算会计视角来看，所引起的资金运动如图6-119中B段运动所示。

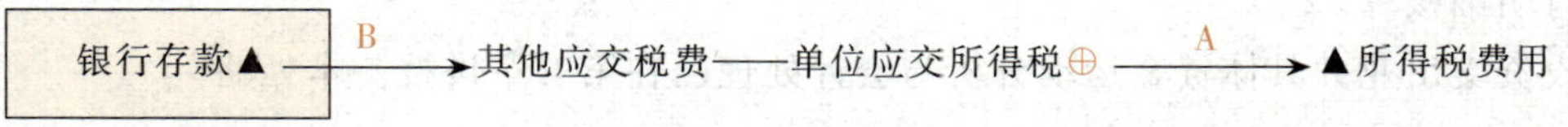

图6-118 所得税费用业务资金运动分析图——财务会计视角

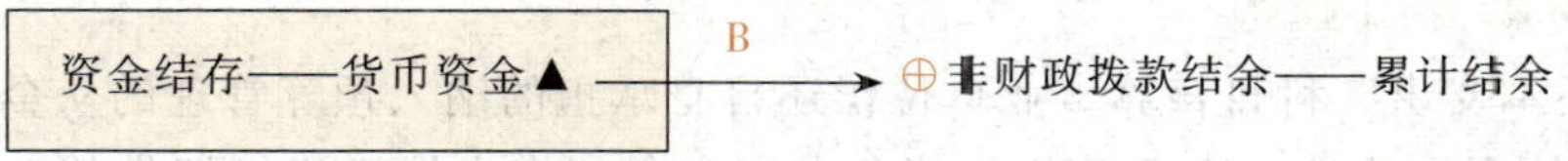

图6-119 所得税费用业务资金运动分析图——预算会计视角

【例6-20】甲事业单位20×8年应纳税所得额为1 000 000元，所得税税率为25%。

（1）计提应交的企业所得税。（财务会计如图6-120，A段运动所示；不影响预算会计）

应交所得税=1 000 000×25%=250 000（元）

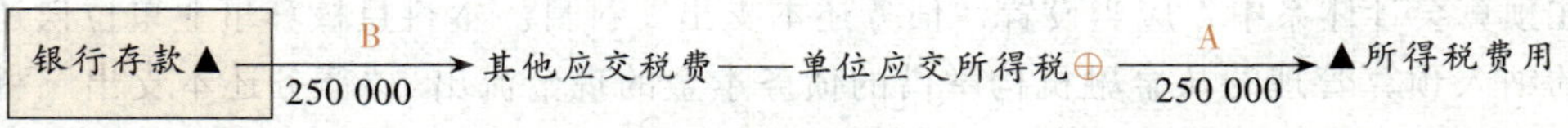

图6-120 甲事业单位所得税费用业务资金运动分析图——财务会计视角

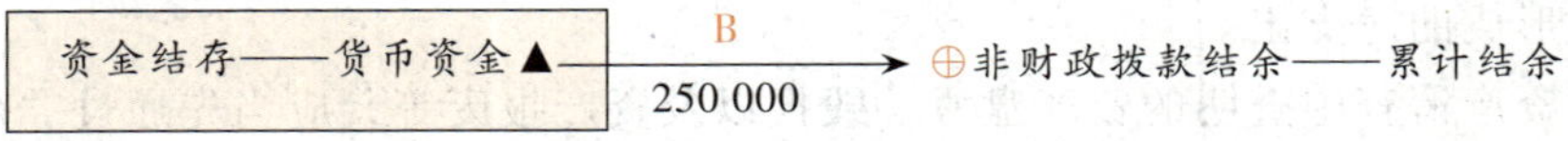

图6-121　甲事业单位所得税费用业务资金运动分析图——预算会计视角

财务会计	预算会计
借：所得税费用　250 000 　贷：其他应交税费——单位应交所得税　250 000	不涉及现金收支业务，不做账务处理

（2）实际缴纳所得税。（财务会计如图6-120，B段运动所示；预算会计如图6-121，B段运动所示）

财务会计	预算会计
借：其他应交税费——单位应交所得税　250 000 　贷：银行存款　250 000	借：非财政拨款结余——累计结余　250 000 　贷：资金结存——货币资金　250 000

三、投资支出业务

“投资支出”科目是事业单位特有的科目。本科目核算事业单位以货币资金对外投资发生的现金流出。事业单位对外投资按投资权益属性分为债权性投资（如债券投资等）和权益性投资（如股票投资等）；按投资期限分为长期投资（1年以上）和短期投资（1年以内，含1年）。

在财务会计体系中，对外投资通过“短期投资”“长期股权投资”“长期债券投资”等资产类科目来反映。

在预算会计体系中，应当设置“投资支出”科目。本科目核算事业单位以货币资金对外投资发生的现金流出。“投资支出”科目应当按照投资类型、投资对象、《政府收支分类科目》中“支出功能分类科目”的项级科目和“部门预算支出经济分类科目”的款级科目等进行明细核算。

投资支出业务具体资金运动分析与会计处理已在第五章讲授。本处略。

四、债务还本支出业务

“债务还本支出”科目核算事业单位偿还自身承担的纳入预算管理的从金融机构举借的债务本金的现金流出。事业单位的债务在资产负债表中体现为短期借款、长期借款的余额。

事业单位的债务主要反映本单位必须返还给债权人的资金。举债的事业单位要建立健全债务管理制度，大额举债必须领导班子集体决定，并定期核对、分析、清理债务。

在财务会计体系中，事业单位举借债务通过“短期借款”“长期借款”等科目来核算。

在预算会计体系中，应当设置“债务还本支出”科目。本科目核算事业单位偿还自身承担的纳入预算管理的从金融机构举借的债务本金的现金流出。“债务还本支出”科目应当按照贷款单位、贷款种类、《政府收支分类科目》中“支出功能分类科目”的项级科目和“部门预算支出经济分类科目”的款级科目等进行明细核算。

债务还本支出业务具体资金运动分析与会计处理已在第三章讲授。本处略。

五、其他费用与其他支出业务

其他费用是单位发生的除业务活动费用、单位管理费用、经营费用、资产处置费用、上缴上级费用、对附属单位补助费用、所得税费用以外的各项费用，主要包括利息费用、坏账损失、罚没支出、现金资产捐赠支出以及相关税费、运输费等。

其他支出是单位除行政支出、事业支出、经营支出、上缴上级支出、对附属单位补助支出、投资支出、债务还本支出以外的各项现金流出，主要包括利息支出、对外捐赠现金支出、现金盘亏损失、接受捐赠（调入）和对外捐赠（调出）非现金资产发生的税费支出、资产置换过程中发生的相关税费支出、罚没支出等。

在财务会计体系中，“其他费用”科目应当按照其他费用的类别等进行明细核算。其他费用的核算内容主要包括：利息费用、坏账准备、罚没支出、现金资产捐赠、现金盘亏损失、其他相关税费、运输费等。

在预算会计体系中，“其他支出”科目应当按照其他支出的类别（“财政拨款支出”、“非财政专项资金支出”和“其他资金支出”）、《政府收支分类科目》中“支出功能分类科目”的项级科目和“部门预算支出经济分类科目”的款级科目等进行明细核算。其他支出中如有专项资金支出，还应按照具体项目进行明细核算。有一般公共预算财政拨款、政府性基金预算财政拨款等两种或两种以上财政拨款的事业单位，还应当在“财政拨款支出”明细科目下按照财政拨款的种类进行明细核算。单位发生利息支出、捐赠支出等其他支出金额较大或业务较多的，可单独设置“利息支出”“捐赠支出”等科目。

其他支出业务

其他费用和其他支出业务具体资金运动分析与会计处理已在其他章节讲授。本处略。

思考题

本章习题自测

1. 如何界定事业收入与事业预算收入？
2. 应缴财政款主要包括哪些？其管理上有什么要求？
3. 如何界定经营收入与经营预算收入？各自有什么特征？
4. 其他收入主要包括哪些内容？
5. 对哪些政府会计主体的哪些应收款项应考虑计提坏账准备？其具体的计提方法有哪些？
6. 其他应收款主要包括哪些内容？
7. 如何界定费用与预算支出？费用与预算支出如何进行分类？
8. 业务活动费用和单位管理费用如何区分？其具体核算内容主要包括哪些？
9. 预计负债如何界定？其基本特征有哪些？
10. 其他费用主要包括哪些内容？

第七章　单位净资产与预算结余业务资金运动分析与会计处理

育德育人

玉门市财政局清理盘活结转结余　“唤醒”财政“沉睡”资金

为进一步规范和加强财政结转结余资金管理，优化财政资源配置，提高财政资金使用效益，以稳增长、促改革、调结构、惠民生为目标，在使用好财政增量资金的同时，着力盘活财政存量资金。根据预算法及其实施条例，以及上级部门工作安排，市财政局扎实开展2023年度财政结转结余资金清理盘活工作。

一是加大清理力度，盘活沉淀资金。严格按照省财政厅文件要求，对全市各预算单位2022年及以前年度本级财政安排的一般公共预算、政府性基金预算和国有资本经营预算等各类财政拨款资金，上级转移支付资金，部门间“二次”分配的财政性资金，以及财政专户结余资金进行全面清理盘活，确保不留死角。

二是科学编制预算，强化资金统筹。将上年度未执行完毕的项目资金，优先列入当年预算，并按程序先使用结转结余资金再执行当年预算。加强本年度部门预算执行监控，切实提高预算执行率，避免形成新的结转结余资金，从源头防止产生沉淀资金。建立执行进度与下年预算安排挂钩机制，对结转结余资金较多的单位，适当压缩下年度预算规模。同时，对上年度结转结余资金建立定期清理、限期使用、超期收回机制，防止资金二次沉淀。

三是统筹安排使用，资金发挥效益。截至目前，清理盘活共收回财政结转结余资金886.59万元，市财政局将综合研判，深入分析，提出合理使用计划，报请市委市政府同意后统筹安排，合理调整使用方向，将资金投入重点领域和重大项目建设，切实提高财政资金使用效益。

资料来源 焦莉.玉门市财政局清理盘活结转结余“唤醒”财政“沉睡”资金[EB/OL].(2023-05-04). https://czj.jiuquan.gov.cn/czj/c105180/202305/882a6fd7b993447bac5c6ff04a4d8768.shtml.

本章思维导图

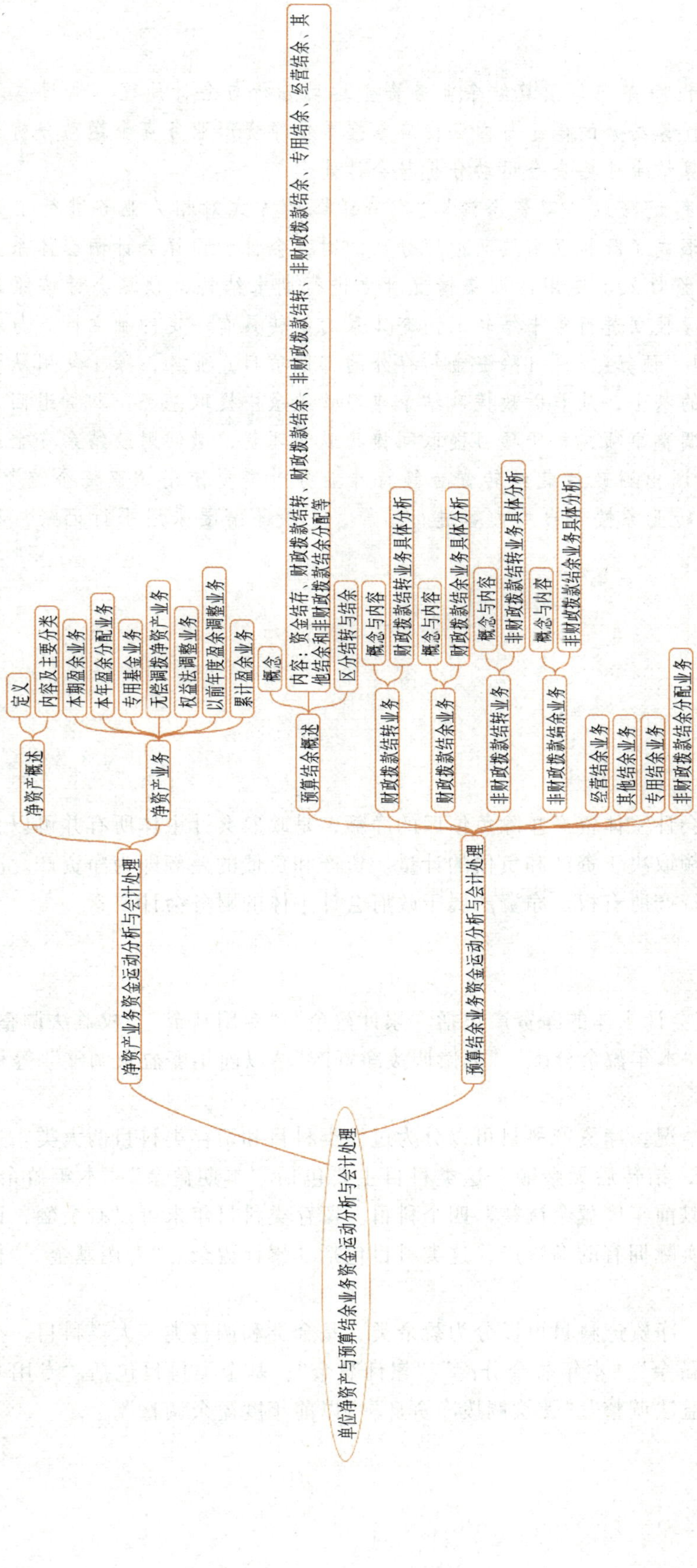
单位净资产与预算结余业务资金运动分析与会计处理
净资产业务资金运动分析与会计处理
净资产概述
定义
内容及主要分类
净资产业务
本期盈余业务
本年盈余分配业务
专用基金业务
无偿调拨净资产业务
权益法调整业务
以前年度盈余调整业务
累计盈余业务
预算结余业务资金运动分析与会计处理
预算结余概述
概念
内容：资金结存、财政拨款结转、财政拨款结余、非财政拨款结转、非财政拨款结余、专用结余、经营结余、其他结余和非财政拨款结余分配等
区分结转与结余
财政拨款结转业务
概念与内容
财政拨款结转业务具体分析
财政拨款结余业务
概念与内容
财政拨款结余业务具体分析
非财政拨款结转业务
概念与内容
非财政拨款结转业务具体分析
非财政拨款结余业务
概念与内容
非财政拨款结余业务具体分析
经营结余业务
其他结余业务
专用结余业务
非财政拨款结余分配业务

学习目标

本章主要讲授单位净资产与预算结余业务资金运动分析与会计处理。通过本章的学习，应掌握净资产和预算结余的概念与内涵；应掌握单位净资产业务资金运动分析与会计处理；应掌握单位预算结余业务资金运动分析与会计处理。

前面各章通过平行记账以“双资金流”“双分录”的方式对相关业务进行了详细讲解。通过平行记账，形成了既相互衔接又适度分离的财务会计和预算会计两套体系。期末或年末，财务会计按照收入、费用的归集情况独立进行期末结转，预算会计按照预算收入、预算支出归集情况独立进行年末结转，两套体系的结转具有一定的独立性。与此相适应，“净资产”业务和“预算结余”（除资金结存外的其他项目）业务，除了使用从预算收入中提取并计入费用的基金，从非财政拨款结余或经营结余中提取基金，购货退回、会计差错更正等以前年度调整事项，科研项目提取间接费或管理费，缴回财政结余资金或非财政结转资金，调入、调出财政拨款结转资金等特殊业务时需要使用“双资金流”“双分录”外，其他年末结转业务按各自的内容进行结转，一般不需要采用平行记账，不需要“双资金流”“双分录”。

第一节　净资产业务资金运动分析与会计处理

一、净资产概述

（一）净资产的定义

净资产是指政府会计主体资产扣除负债后的净额，是政府会计主体所有并可以自由支配的资产。净资产金额取决于资产和负债的计量。资产和负债的差额即为净资产。净资产反映政府会计主体的资产所有权。净资产属于政府会计主体的财务会计要素。

净资产概述

（二）净资产内容及主要分类

1.净资产的内容

政府会计主体的净资产包括“累计盈余”“专用基金”“权益法调整”“本期盈余”“本年盈余分配”“无偿调拨净资产”“以前年度盈余调整”等科目。

2.净资产的分类

（1）根据其使用情况，净资产科目可以分为过渡类科目和留存类科目两大类。过渡类科目年末要进行结转，结转后无余额，这类科目主要包括“本期盈余”“本年盈余分配”“无偿调拨净资产”“以前年度盈余调整”四个科目。留存类科目年末可以有余额，该余额反映了政府会计主体实际拥有的净资产，这类科目包括“累计盈余”“专用基金”“权益法调整”三个科目。

（2）根据其来源，净资产科目可以分为盈余类、基金类和调整类三大类科目。盈余类科目主要包括“本期盈余”“本年盈余分配”“累计盈余”；基金类科目包括“专用基金”；调整类科目包括“权益法调整”“无偿调拨净资产”“以前年度盈余调整”。

二、净资产业务具体资金运动分析与会计处理

在财务会计体系中，净资产业务主要涉及单位的盈余结转与分配。具体而言，净资产业务主要包括四部分：首先，对本期发生的各项收入和费用进行结转，归集本期盈余；其次，按照相关规定对本年盈余进行分配；再次，将未分配完的本年盈余余额结转至累计盈余；最后，对涉及的其他净资产业务进行结转，包括无偿调拨净资产、以前年度盈余调整、专用基金的使用等。

在日常核算中，政府会计主体应当在财务会计中设置“本期盈余”“本年盈余分配”“专用基金”“累计盈余”“无偿调拨净资产”“权益法调整”“以前年度盈余调整”等科目。

（一）本期盈余业务

“本期盈余”科目核算单位本期各项收入、费用相抵后的余额。本期盈余=本期各项收入-本期各项费用。

期末，从财务会计视角来看，单位应当将各类收入科目的本期发生额全部转入“本期盈余”科目，所引起的资金运动如图7-1中A段运动所示；同时，将各类费用科目本期发生额全部转入“本期盈余”科目，所引起的资金运动如图7-1中B段运动所示。结转后，所有的收入科目和费用科目余额都为零。

（二）本年盈余分配业务

单位应设置“本年盈余分配”科目，该科目用以反映单位本年度盈余分配的情况和结果。

本期盈余和本年盈余分配业务分析

年末，从财务会计视角来看，单位应当将“本期盈余”余额转入“本年盈余分配”科目，所引起的资金运动如图7-1中C段运动所示。结转后，“本期盈余”科目余额为零。

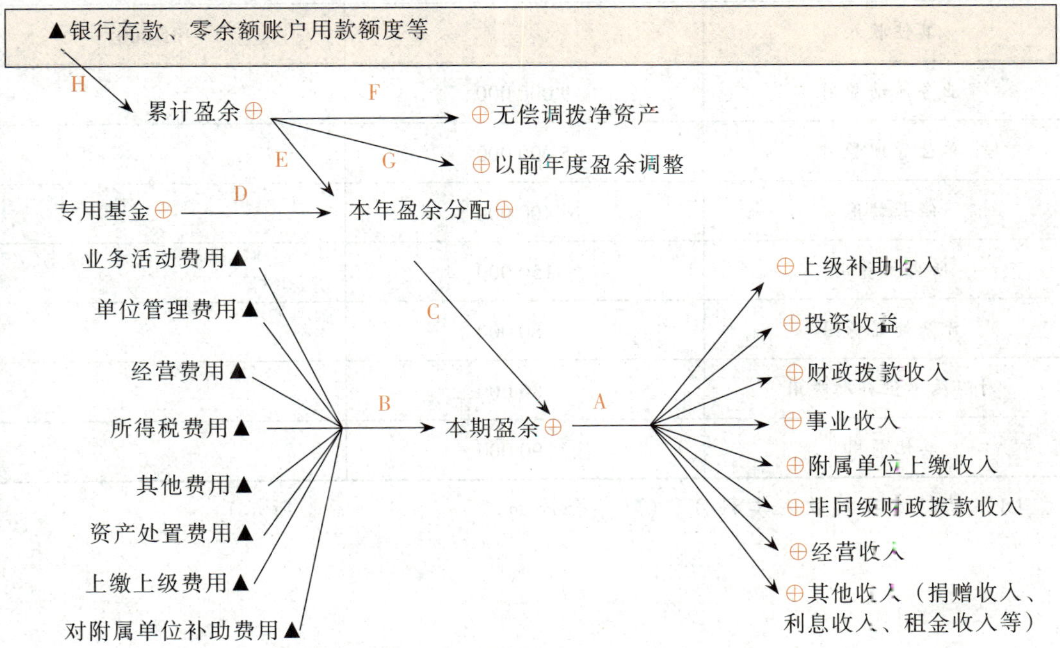

图7-1　净资产业务资金运动分析图——财务会计视角

根据有关规定，单位可以从本年度非财政拨款结余或经营结余中提取专用基金的，从财务会计视角来看，所引起的资金运动如图7-1中D段运动所示。

本期盈余和本年盈余分配业务举例

最后，从财务会计视角来看，单位应将未分配完的“本年盈余分配”科目余额转入“累计盈余”科目，所引起的资金运动如图7-1中E段运动所示。结转后，“本年盈余分配”科目余额为零。

【例7-1】甲事业单位20×8年收入、费用科目发生额汇总见表7-1，对本期盈余结转进行相关的会计处理。

表7-1　甲事业单位20×8年收入、费用科目发生额汇总表　单位：元

科目名称	借方发生额	贷方发生额
财政拨款收入		5 000 000
事业收入		8 000 000
上级补助收入		1 000 000
附属单位上缴收入		500 000
经营收入		1 000 000
非同级财政拨款收入		800 000
投资收益		1 200 000
捐赠收入		120 000
利息收入		45 000
其他收入		35 000
业务活动费用	9 000 000	
单位管理费用	5 000 000	
经营费用	400 000	
所得税费用	150 000	
资产处置费用	80 000	
对附属单位补助费用	80 000	
其他费用	90 000	

（1）结转本年度收入类科目。（财务会计如图7-2，A段运动所示）

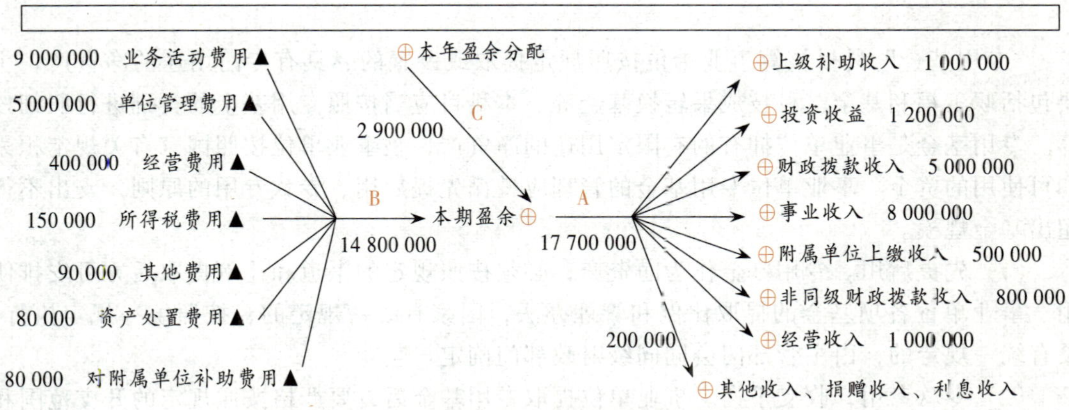

图7-2　甲单位净资产业务资金运动分析图——财务会计视角

财务会计	预算会计
借：财政拨款收入　5 000 000 　事业收入　8 000 000 　上级补助收入　1 000 000 　附属单位上缴收入　500 000 　经营收入　1 000 000 　非同级财政拨款收入　800 000 　投资收益　1 200 000 　其他收入　35 000 　捐赠收入　120 000 　利息收入　45 000 　贷：本期盈余　17 700 000	其具体处理见本章第二节

（2）结转本年度费用类科目。（财务会计如图7-2，B段运动所示）

财务会计	预算会计
借：本期盈余　14 800 000 　贷：业务活动费用　9 000 000 　　单位管理费用　5 000 000 　　经营费用　400 000 　　资产处置费用　80 000 　　对附属单位补助费用　80 000 　　所得税费用　150 000 　　其他费用　90 000	预算会计处理见本章第二节

（3）将“本期盈余”余额结转到“本年盈余分配”科目。（财务会计如图7-2，C段运动所示）

财务会计	预算会计
借：本期盈余　2 900 000 　贷：本年盈余分配　2 900 000	预算会计处理见本章第二节

（三）专用基金业务

“专用基金”科目核算事业单位按照规定提取或设置的、具有专门用途的净资产，主要包括职工福利基金、科技成果转换基金等。本科目应当按照专用基金的类别进行明细核算。专用基金是事业单位拥有的有限定用途的净资产，是事业单位按照国家有关规定积累和可使用的资金。事业单位专用基金的管理应遵循先提后用、专款专用的原则，支出不得超出基金规模。

（1）先提后用。专用基金作为净资产，必须按照规定的渠道和比例提取后方可安排使用。事业单位各项基金的提取比例和管理办法，国家有统一规定的，按照统一规定执行；没有统一规定的，由主管部门会同同级财政部门确定。

（2）专款专用，收支平衡。事业单位提取专用基金后，要严格按照规定的开支范围和标准支出，一般不得互相挪用，支出不得超出基金规模。

1. 专用基金取得业务

（1）事业单位根据有关规定从收入中提取专用基金并计入费用的，从财务会计视角来看，所引起的资金运动如图 7-3 中 A 段运动所示；该业务不影响预算会计。

（2）单位依据有关规定设置的其他专用基金（如留本基金），按照实际收到的基金金额确认，从财务会计视角来看，所引起的资金运动如图 7-3 中 B 段运动所示；该业务不影响预算会计。

（3）年末，事业单位根据有关规定从本年度非财政拨款结余或经营结余中提取专用基金的，按照计算的提取金额确认，从财务会计视角来看，所引起的资金运动如图 7-3 中 C 段运动所示。从预算会计视角来看，所引起的资金运动如图 7-4 中 C 段运动所示。

2. 专用基金使用业务

（1）事业单位按照规定使用提取的专用基金时，如果直接以货币资金支付（未形成资产的），从财务会计视角来看，所引起的资金运动如图 7-3 中 D1 段运动所示；并在有关费用科目的明细核算或辅助核算中注明“使用专用基金”。从预算会计视角来看，所引起的资金运动如图 7-4 中 D1 段运动所示；并在“事业支出”等预算支出科目的明细核算或辅助核算中注明“使用专用结余”。

（2）单位使用提取的专用基金购置固定资产、无形资产的，按照固定资产、无形资产成本金额确认，从财务会计视角来看，所引起的资金运动如图 7-3 中 D21 段运动所示。同时，按照专用基金使用金额，冲减“专用基金”科目，从财务会计视角来看，所引起的资金运动如图 7-3 中 D22 段运动所示。从预算会计视角来看，所引起的资金运动如图 7-4 中 D21 段运动所示；并在“事业支出”等预算支出科目的明细核算或辅助核算中注明“使用专用结余”。

专用基金业务分析

（3）从财务会计视角来看，事业单位应当在期末将有关费用中使用专用基金的本期发生额转入“专用基金”科目，所引起的资金运动如图 7-3 中 E 段运动所示。从预算会计视角来看，在年末将有关预算支出中使用专用结余的本年发生额转入“专用结余”科目，所引起的资金运动如图 7-4 中 E 段运动所示。

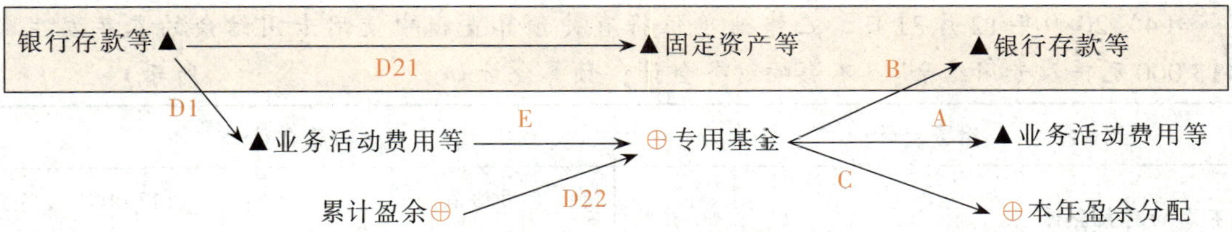

图7-3　专用基金提取与使用资金运动分析图——财务会计视角

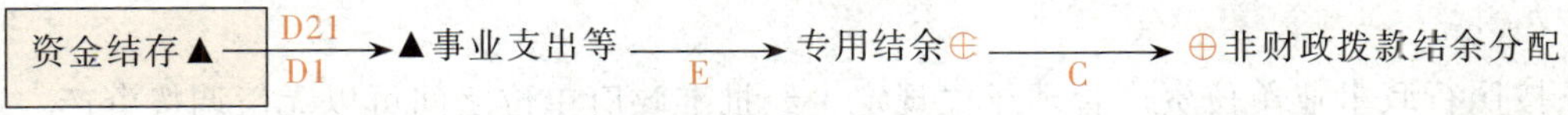

图7-4　专用结余提取与使用资金运动分析图——预算会计视角

专用基金业务举例

【例7-2】乙事业单位发生下列业务，请进行相应的会计处理。

（1）20×8年12月31日非财政拨款结余为600 000元，按照25%的比例提取150 000元职工福利基金。（财务会计如图7-5，A段运动所示；预算会计如图7-6，A段运动所示）

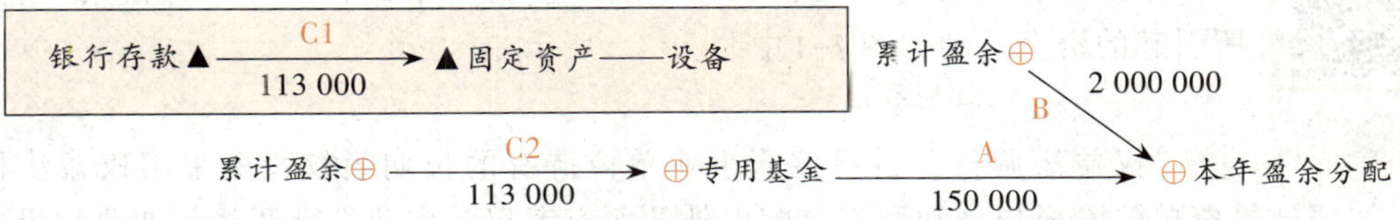

图7-5　乙单位专用基金提取与使用资金运动分析图——财务会计视角

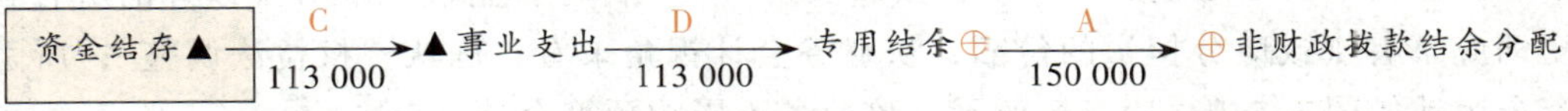

图7-6　乙单位专用结余提取与使用资金运动分析图——预算会计视角

财务会计	预算会计
借：本年盈余分配　150 000	借：非财政拨款结余分配　150 000
贷：专用基金——职工福利基金　150 000	贷：专用结余　150 000

（2）20×8年12月31日，提取专用基金后，“本年盈余分配”余额为2 000 000元，将其进行结转。（财务会计如图7-5，B段资金运动所示；预算会计见本章第二节）

财务会计	预算会计
借：本年盈余分配　2 000 000 　贷：累计盈余　2 000 000	具体处理见本章第二节

（3）20×9年3月21日，乙事业单位用职工福利基金购置健身设备1套，用于职工锻炼身体，增值税发票注明价款100 000元，增值税13 000元（该增值税不能抵扣），款项已以银行存款转账支付。（财务会计如图7-5，C1、C2段运动所示；预算会计如图7-6，C段运动所示）

财务会计	预算会计
借：固定资产——设备　113 000 　贷：银行存款　113 000 借：专用基金——职工福利基金　113 000 　贷：累计盈余　113 000	借：事业支出——使用专用结余　113 000 　贷：资金结存——货币资金　113 000

（4）20×9年12月31日，乙事业单位将有关预算支出中使用专用结余的本年发生额113 000元转入专用结余。（不影响财务会计；预算会计如图7-6，D段运动所示）

财务会计	预算会计
不影响财务会计	借：专用结余　113 000 贷：事业支出——使用专用结余　113 000

（四）无偿调拨净资产业务

按照行政事业单位资产管理相关规定，经批准政府单位之间可以无偿调拨资产。通常情况下，无偿调拨非现金资产不涉及现金业务，因此不需要进行预算会计核算（除非以货币资金支付相关费用等）。从本质上讲，无偿调拨资产业务属于政府间净资产的变化，调入调出方不确认相应的收入和费用。单位应当设置“无偿调拨净资产”科目，核算无偿调入或调出非现金资产所引起的净资产变动金额。

无偿调拨净资产和权益法调整业务

年末，单位应将“无偿调拨净资产”科目余额转入“累计盈余”科目，所引起的资金运动如图7-1中F段运动所示。

（五）权益法调整业务

“权益法调整”科目核算事业单位持有的长期股权投资采用权益法核算时，按照被投资单位除净损益和利润分配以外的所有者权益变动份额调整长期股权投资账面余额而计入净资产的金额。年末，按照被投资单位除净损益和利润分配以外的所有者权益变动应享有（或应分担）的份额，从财务会计视角来看，确认“权益法调整”，所引起的资金运动如图7-7中A段运动所示；该业务不影响预算会计。

处置长期股权投资时，从财务会计视角来看，按照处置份额将原计入净资产的金额转为投资收益，所引起的资金运动如图7-7中B段运动所示。该业务不影响预算会计。

图7-7　权益法调整相关业务资金运动分析图——财务会计视角

（六）以前年度盈余调整业务

“以前年度盈余调整”是指对以前年度多计或少计的盈亏数额所进行的调整。“以前年度盈余调整”科目核算单位本年度发生的调整以前年度盈余的事项，包括本年度发现的重大前期差错更正涉及调整以前年度盈余的事项。

调整以前年度收入时，从财务会计视角来看，所引起的资金运动如图7-8中A段运动所示（调减时，其流量为负数）。预算会计处理详见本章第二节。

调整以前年度费用时，从财务会计视角来看，所引起的资金运动如图7-8中B段运动所示（调减时，其流量为负数）。预算会计处理详见本章第二节。

盘盈的各种非流动资产（以前年度取得的），报经批准后处理时，从财务会计视角来看，所引起的资金运动如图7-8中C段运动所示。该业务一般不影响预算会计。

以前年度盈余调整业务

经上述调整后，应将“以前年度盈余调整”科目的余额转入“累计盈余”科目。从财务会计视角来看，所引起的资金运动如图7-8中D段运动所示。

预算会计处理详见本章第二节。

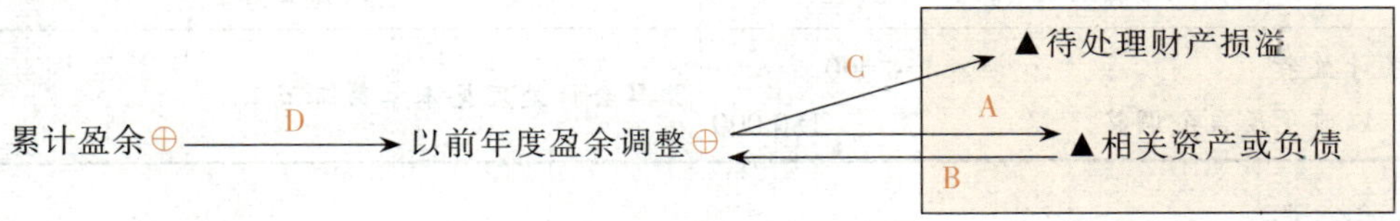

图7-8　以前年度盈余调整业务资金运动分析图——财务会计视角

（七）累计盈余业务

累计盈余反映单位历年实现的盈余扣除盈余分配后滚存的金额，以及因无偿调入调出资产产生的净资产变动额。按照规定上缴、缴回、单位间调剂结转结余资金产生的净资产变动额，以及对以前年度盈余的调整金额，也通过本科目核算。

年末，将“本年盈余分配”科目的余额转入“累计盈余”科目，所引起的资金运动如图7-1中E段运动所示。将“无偿调拨净资产”科目的余额转入“累计盈余”科目，所引起的资金运动如图7-1中F段运动所示。按照规定上缴、缴回、单位间调剂结转结余资金产生的净资产变动额需要调整“累计盈余”科目，所引起的资金运动如图7-1中H段运动所示。将以前年度盈余调整后的金额转入“累计盈余”科目，所引起的资金运动如图7-1中G段运动所示。

累计盈余业务

“累计盈余”科目期末余额，反映单位未分配盈余（或未弥补亏损）的累计数以及截至上年末无偿调拨净资产变动的累计数。

【例7-3】丙事业单位20×8年12月31日有关科目余额见表7-2。

表7-2　丙事业单位20×8年12月31日有关科目余额　单位：元

会计科目	借方余额	贷方余额
本年盈余分配		720 000
无偿调拨净资产		300 000
以前年度盈余调整	150 000	

（1）将“本年盈余分配”“无偿调拨净资产”转入“累计盈余”科目。（财务会计如图7-9，A段、B段运动所示）

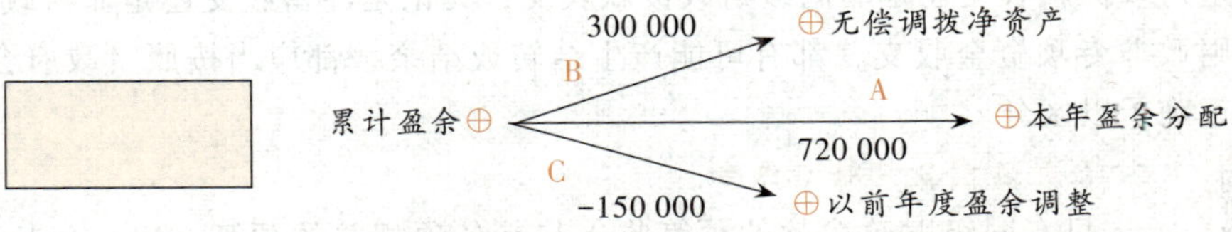

图7-9　丙单位累计盈余业务资金运动分析图——财务会计视角

财务会计	预算会计
借：本年盈余分配　720 000 　　无偿调拨净资产　300 000 　贷：累计盈余　1 020 000	预算会计处理见本章第二节

（2）将“以前年度盈余调整”转入“累计盈余”科目。（财务会计如图7-9，C段运动所示）

财务会计	预算会计
借：累计盈余 150 000 贷：以前年度盈余调整 150 000	预算会计处理见本章第二节

第二节 预算结余业务资金运动分析与会计处理

一、预算结余概述

（一）预算结余的概念

预算结余是指政府会计主体预算年度内预算收入扣除预算支出后的资金余额，以及历年滚存的资金余额。

预算结余包括结余资金和结转资金。结余资金是指年度预算执行终了，预算收入实际完成数扣除预算支出和结转资金后剩余的资金。结转资金是指预算安排项目的支出，年终尚未执行完毕或者因故未执行，且下年需要按原用途继续使用的资金。

（二）预算结余的内容及主要会计科目

预算结余按其形成方式分为“资金结存”“财政拨款结转”“财政拨款结余”“非财政拨款结转”“非财政拨款结余”“专用结余”“经营结余”“其他结余”“非财政拨款结余分配”等9个会计科目。

预算结余大致可以分为两类，资金结存类科目1个和预算结余类科目8个。“资金结存”科目用以反映各结存类科目对应的资金形态，该科目明细科目包括“零余额账户用款额度”“货币资金”“财政应返还额度”；该科目在第三章已详细讲授，本处略。

预算结余类科目包括“财政拨款结转”“财政拨款结余”“非财政拨款结转”“非财政拨款结余”“专用结余”“经营结余”“其他结余”“非财政拨款结余分配”8个科目。

（三）正确区分各项结转与结余

单位的各项结转结余资金是在一定会计期间内各项预算收入和预算支出相抵后的余额，无论是财政拨款收支还是非同级财政拨款收支，无论是经营收支还是非财政专项资金收支、非财政非专项资金收支，都有可能产生结转或结余，都应当按照《政府会计制度》的规定，正确予以区分。

预算结余概述

1.财政拨款结转与结余

只有同级财政拨款的预算收入与其各项相关的预算支出（包括基本支出和项目支出）相抵后的差额才会产生财政拨款结转与结余，用公式表示为：

财政拨款结转=财政拨款预算收入–财政拨款预算支出

年末完成上述结转后，只有符合财政拨款结余性质的科目余额才能从“财政拨款结转”科目转入“财政拨款结余”科目。

基本支出当年未支用的部分原则上结转下年继续使用，主要用于增人增编等人员经费和日常公用经费支出。但在人员经费和日常公用经费之间，两者不得挪用，也不得用于提高人员经费开支标准。因此，基本支出一般没有结余资金。

2.非财政拨款结转（非财政专项资金收支结转）

非财政拨款结转是指单位除财政拨款收支、经营收支以外各非同级财政拨款专项资金的各项收入与各项支出相抵后的余额，用公式表示为：

非财政拨款结转=非财政专项资金收入-非财政专项资金支出

非同级财政拨款分为两部分：一部分是具有专项用途的，另一部分是没有专项用途的。按照《政府会计制度》的规定，应当将非同级财政拨款本年发生额中的专项资金收支转入"非财政拨款结转"科目，将非专项资金收支转入"其他结余"科目。

3.经营结余

经营结余是指事业单位本年度经营活动收支相抵后的余额（或金额）、在弥补以前年度经营亏损后所形成的余额。年末，经营结余盈余（贷方余额）应当结转入"非财政拨款结余分配"科目；如为亏损，则不予结转。

4.其他结余（非财政非专项资金收支结余）

其他结余是指单位在一定期间内除财政拨款收支、非同级财政专项资金收支和经营收支外的各项收支相抵后的余额，用公式表示为：

其他结余=非财政非专项资金收入-非财政非专项资金支出

年末，将有关科目本期发生额中的非财政非专项资金收支结转记入"其他结余"科目。最后，"其他结余"科目的余额应当全部结转记入"非财政拨款结余分配"科目。

二、财政拨款结转业务资金运动分析与会计处理

（一）财政拨款结转概述

"财政拨款结转"是指单位当年预算已执行但尚未完成，或因故未执行而下一年度需要按照原用途继续使用的财政拨款滚存资金。本科目核算单位取得的同级财政拨款结转资金的调整、结转和滚存情况。

"财政拨款结转"科目应当设置下列明细科目：

（1）与会计差错更正、以前年度支出收回业务相关的明细科目。

"年初余额调整"明细科目核算单位因发生会计差错更正、以前年度支出收回等原因，需要调整财政拨款结转的金额。年末结账后，"年初余额调整"明细科目应无余额。

财政拨款结转业务概述

（2）与财政拨款结转调拨业务相关的明细科目。

①"归集调入"明细科目核算按照规定从其他单位调入财政拨款结转资金时，实际调增的额度数额或调入的资金数额。年末结账后，该明细科目应无余额。

②"归集调出"明细科目核算按照规定向其他单位调出财政拨款结转资金时，实际调减的额度数额或调出的资金数额。年末结账后，该明细科目应无余额。

③"归集上缴"明细科目核算按照规定上缴财政拨款结转资金时，实际核销的额度数额或上缴的资金数额。年末结账后，该明细科目应无余额。

④"单位内部调剂"明细科目核算经财政部门批准对财政拨款结余资金改变用途，调整用于本单位其他未完成项目等的调整金额。年末结账后，该明细科目应无余额。

（3）与财政拨款结转科目年末（或期末）结转业务相关的明细科目。

①“本年收支结转”明细科目核算单位本年度财政拨款收支相抵后的余额。年末结账后，该明细科目应无余额。

②“累计结转”明细科目核算单位滚存的财政拨款结转资金。本明细科目年末贷方余额，反映单位财政拨款滚存的结转资金数额。“累计结转”科目还应当设置“基本支出结转”“项目支出结转”两个明细科目，并在“基本支出结转”明细科目下按照“人员经费”“日常公用经费”进行明细核算；在“项目支出结转”明细科目下按照具体项目进行明细核算；同时，本科目还应按照《政府收支分类科目》中“支出功能分类科目”的相关科目进行明细核算。有一般公共预算财政拨款、政府性基金预算财政拨款等两种或两种以上财政拨款的，还应当在本科目下按照财政拨款的种类进行明细核算。

年末结转后，“财政拨款结转”科目除“累计结转”明细科目外，其他明细科目应无余额。

“财政拨款结转”科目年末贷方余额，实际上就是其明细科目“累计结转”的余额，该余额反映单位滚存的财政拨款结转资金数额。

（二）财政拨款结转业务具体资金运动分析与会计处理

1.与会计差错更正、以前年度支出收回相关的业务处理

因发生会计差错更正以及因购货退回、预付款项收回等而需要调整以前年度财政拨款预算收支，属于以前年度财政拨款结转资金的，从预算会计视角来看，所引起的资金运动如图7-10中A段运动所示。从财务会计视角来看，如果涉及以前年度盈余调整的，所引起的资金运动如图7-11中A段运动所示。

财政拨款结转业务分析

2.与财政拨款结转资金调拨相关的业务处理

（1）按照规定从其他单位调入财政拨款结转资金的，按照实际调增的额度数额或调入的资金数额确认。从预算会计视角来看，所引起的资金运动如图7-10中B段运动所示。从财务会计视角来看，所引起的资金运动如图7-11中B段运动所示。

（2）按照规定向其他单位调出财政拨款结转资金的，按照实际调减的额度或调出的资金数额确认。从预算会计视角来看，所引起的资金运动如图7-10中C段运动所示。从财务会计视角来看，所引起的资金运动如图7-11中C段运动所示。

（3）按照规定上缴财政拨款结转资金或注销财政拨款结转资金额度的，按照实际上缴资金数额或注销的资金额度数额确认。从预算会计视角来看，所引起的资金运动如图7-10中C段运动所示。从财务会计视角来看，所引起的资金运动如图7-11中C段运动所示。

（4）单位内部调剂财政拨款结余资金，经财政部门批准对财政拨款结余资金改变用途，调整用于本单位基本支出或其他未完成项目支出的，按照批准调剂的金额确认。从预算会计视角来看，所引起的资金运动如图7-10中D段运动所示。该业务不影响财务会计。

3.与“财政拨款结转”科目年末（或期末）结转相关的业务处理

（1）结转财政拨款预算收入、支出。将财政拨款预算收入、财政拨款预算支出本年发生额转入财政拨款结转（本年收支结转），从预算会计视角来看，所引起的资金运动如图7-10中E段、F段运动所示。其财务会计处理见本章第一节。

（2）年末冲销有关明细科目余额，将“财政拨款结转”科目（本年收支结转、年初余

额调整、归集调入、归集调出、归集上缴、单位内部调剂）余额转入“财政拨款结转（累计结转）”科目。从预算会计视角来看，所引起的资金运动如图7-10中G段运动所示。该业务不影响财务会计。

结转后，“财政拨款结转”科目除“累计结转”明细科目外，其他明细科目应无余额。

（3）年末完成上述结转后，应当对财政拨款结转各明细科目执行情况进行分析，按照有关规定将符合财政拨款结余性质的项目余额转入财政拨款结余。从预算会计视角来看，所引起的资金运动如图7-10中H段运动所示。该业务不影响财务会计。

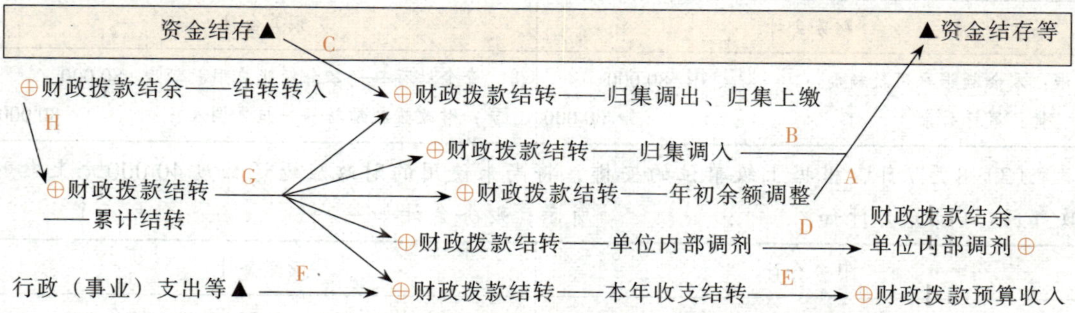

图7-10　财政拨款结转资金运动分析图——预算会计视角

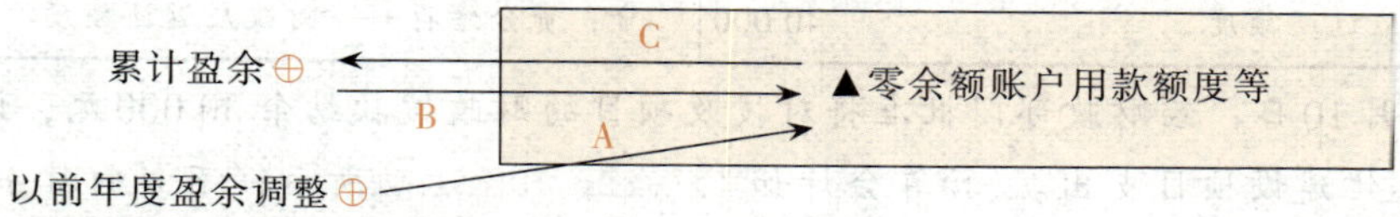

图7-11　财政拨款结转资金运动分析图——财务会计视角

【例7-4】甲事业单位20×8年发生下列业务：

财政拨款结转
业务举例1

（1）5月10日，通过财政授权支付方式支付上一年度因计算错误而少付的实验试剂费15 000元。截至目前，该实验项目尚未结束。（预算会计如图7-12，A段运动所示；财务会计如图7-13，A段运动所示）

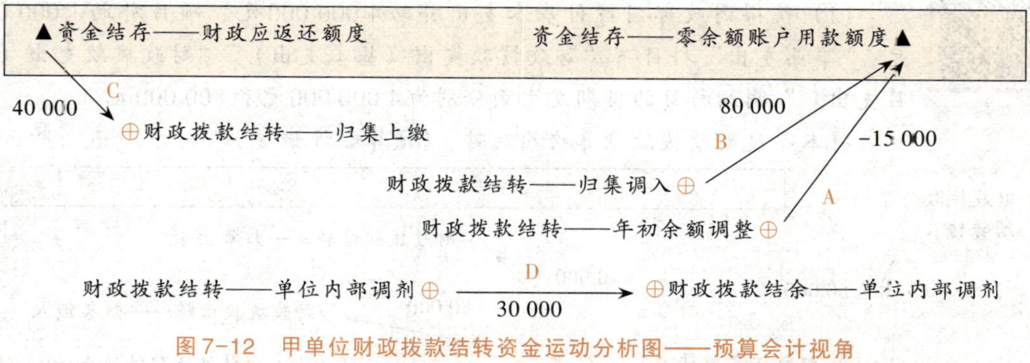

图7-12　甲单位财政拨款结转资金运动分析图——预算会计视角

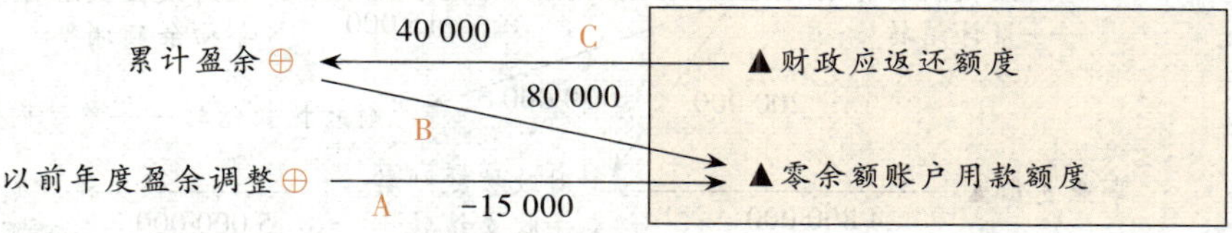

图7-13　甲单位财政拨款结转资金运动分析图——财务会计视角

财务会计	预算会计
借：以前年度盈余调整　15 000 　贷：零余额账户用款额度　15 000	借：财政拨款结转——年初余额调整　15 000 　贷：资金结存——零余额账户用款额度　15 000

（2）6月5日，以财政授权支付方式从其他单位调入财政拨款结余资金80 000元，用于补助本单位的项目支出。（预算会计如图7-12，B段运动所示；财务会计如图7-13，B段运动所示）

财务会计	预算会计
借：零余额账户用款额度　80 000 　贷：累计盈余　80 000	借：资金结存——零余额账户用款额度　80 000 　贷：财政拨款结转——归集调入　80 000

（3）8月7日，根据上级单位的安排，将尚未使用的财政应返还额度40 000元上缴财政部门。（预算会计如图7-12，C段运动所示；财务会计如图7-13，C段运动所示）

财务会计	预算会计
借：累计盈余　40 000 　贷：财政应返还额度　40 000	借：财政拨款结转——归集上缴　40 000 　贷：资金结存——财政应返还额度　40 000

（4）9月10日，经财政部门批准将对技改项目的财政拨款结余30 000元，调整用于本单位的信息化建设项目支出。（预算会计如图7-12，D段运动所示；不影响财务会计）

财务会计	预算会计
不影响财务会计	借：财政拨款结余——单位内部调剂　30 000 　贷：财政拨款结转——单位内部调剂　30 000

财政拨款结转业务举例2

【例7-5】20×8年12月31日，甲事业单位发生如下业务：

（1）获得财政部门拨付基本支出补助4 000 000元、项目补助1 000 000元，“事业支出”科目下“财政拨款支出（基本支出）”“财政拨款支出（项目支出）”明细科目的当期发生额分别为4 000 000元和800 000元。

将本年度财政拨款预算收入结转。（预算会计如图7-14，A段运动所示）

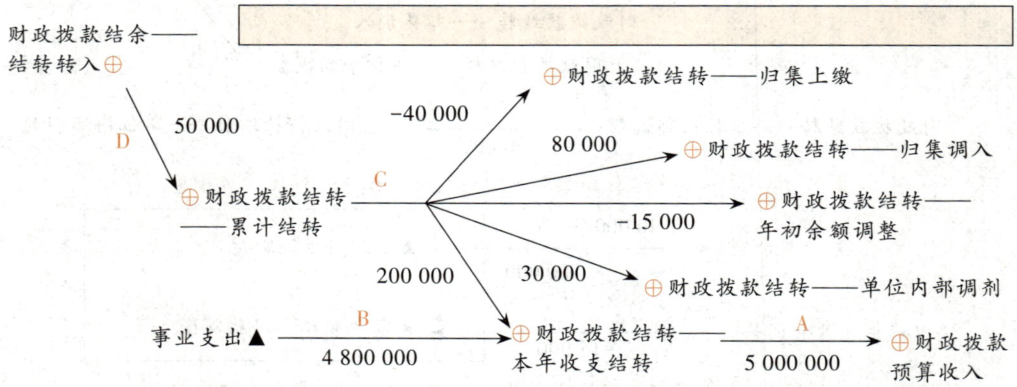

图7-14　甲单位财政拨款结转资金运动分析图——预算会计视角

财务会计	预算会计
其处理见本章第一节	借：财政拨款预算收入——基本支出 4 000 000 ——项目支出 1 000 000 贷：财政拨款结转——本年收支结转 5 000 000

将本年度财政拨款预算支出结转。（预算会计处理如图 7-14，B段运动所示）

财务会计	预算会计
其处理见本章第一节	借：财政拨款结转——本年收支结转 4 800 000 贷：事业支出——基本支出 4 000 000 ——项目支出 800 000

（2）接【例 7-4】，将本年收支结转余额及其他明细科目余额全部转入“累计结转”明细科目。（预算会计处理如图 7-14，C段运动所示；不影响财务会计）

财务会计	预算会计
不影响财务会计	借：财政拨款结转——归集调入 80 000 ——单位内部调剂 30 000 ——本年收支结转 200 000 贷：财政拨款结转——年初余额调整 15 000 ——归集上缴 40 000 ——累计结转 255 000

（3）对财政拨款各明细科目进行分析，按照有关规定将某项目结余资金 50 000 元转入财政拨款结余。（预算会计处理如图 7-14，D段运动所示；不影响财务会计）

财务会计	预算会计
不影响财务会计	借：财政拨款结转——累计结转 50 000 贷：财政拨款结余——结转转入 50 000

三、财政拨款结余业务资金运动分析与会计处理

（一）财政拨款结余概述

财政拨款结余是指当年预算工作目标已完成或由于受政策变化、计划调整等因素影响而终止，当年剩余的财政拨款资金。“财政拨款结余”科目核算单位取得的同级财政拨款项目支出结余资金的调整、结转和滚存情况。

“财政拨款结余”科目应当设置下列明细科目：

（1）与会计差错更正、以前年度支出收回相关的明细科目：

“年初余额调整”明细科目核算因发生会计差错更正、以前年度支出收回等原因，需要调整财政拨款结余的金额。年末结账后，本明细科目应无余额。

财政拨款结余业务概述

（2）与财政拨款结余资金调整业务相关的明细科目：

①“归集上缴”明细科目核算按照规定上缴财政拨款结余资金时，实际核销的额度数

额或上缴的资金数额。年末结账后，该明细科目应无余额。

②“单位内部调剂”明细科目核算经财政部门批准对财政拨款结余资金改变用途，调整用于本单位其他未完成项目等的调整金额。年末结账后，该明细科目应无余额。

（3）与“财政拨款结余”科目年末结转业务相关的明细科目：

①“结转转入”明细科目核算单位按照规定转入财政拨款结余的财政拨款结转资金。年末结账后，该明细科目应无余额。

②“累计结余”明细科目核算单位滚存的财政拨款结余资金。该明细科目年末贷方余额，反映单位财政拨款滚存的结余资金数额。

“财政拨款结余”科目还应当按照具体项目、《政府收支分类科目》中“支出功能分类科目”的相关科目等进行明细核算。有一般公共预算财政拨款、政府性基金预算财政拨款等两种或两种以上财政拨款的，还应当在本科目下按照财政拨款的种类进行明细核算。

年末结转后，本科目除“累计结余”明细科目外，其他明细科目应无余额。

“财政拨款结余”科目年末贷方余额，实际上就是其明细科目“累计结余”的余额，该余额反映单位滚存的财政拨款结余资金数额。

（二）财政拨款结余业务具体资金运动分析与会计处理

1.与会计差错更正、以前年度支出收回相关业务的处理

因发生会计差错更正以及因购货退回、预付款项收回等而需要调整以前年度财政拨款预算收支，属于以前年度财政拨款结余资金的，从预算会计视角来看，所引起的资金运动如图7-15中A段运动所示。从财务会计视角来看，涉及净资产变化的，所引起的资金运动如图7-16中A段运动所示。

财政拨款结余业务分析

2.与财政拨款结余资金调整业务相关的处理

（1）经财政部门批准对财政拨款结余资金改变用途，调整用于本单位基本支出或其他未完成项目支出的，按照批准调剂的金额确认。从预算会计视角来看，所引起的资金运动如图7-15中B段运动所示。该业务不影响财务会计。

（2）按照规定上缴财政拨款结余资金或注销财政拨款结余资金额度的，按照实际上缴资金数额或注销的资金额度确认。从预算会计视角来看，所引起的资金运动如图7-15中C段运动所示。从财务会计视角来看，所引起的资金运动如图7-16中C段运动所示。

3.与“财政拨款结余”科目年末结转业务相关的处理

（1）年末，对“财政拨款结转”各明细科目执行情况进行分析，按照有关规定将符合财政拨款结余性质的项目余额转入财政拨款结余。从预算会计视角来看，所引起的资金运动如图7-15中D段运动所示。该业务不影响财务会计。

（2）年末，将“财政拨款结余”各明细科目余额结转至“累计结余”明细科目。所引起的资金运动如图7-15中E段运动所示。该业务不影响财务会计。

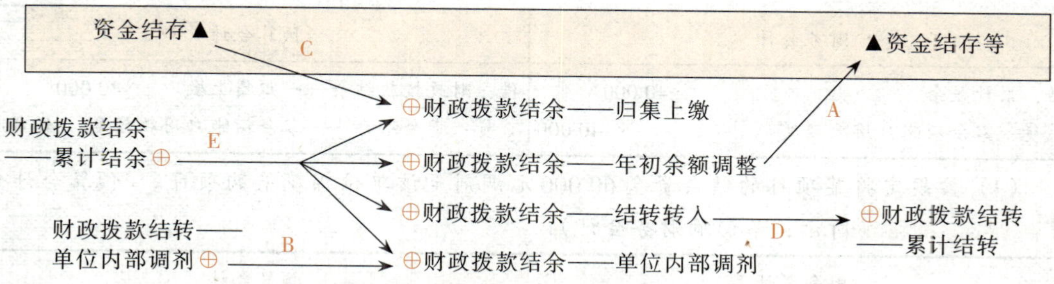

图7-15　财政拨款结余资金运动分析图——预算会计视角

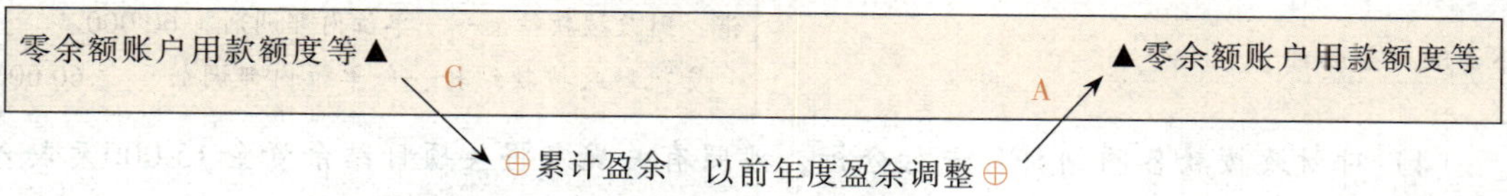

图7-16　财政拨款结余资金运动分析图——财务会计视角

【例7-6】20×8年，乙事业单位发生下列业务：

财政拨款结余
业务举例

（1）该单位财政拨款的棉花储备项目上年度已经结转，经批准后，已将项目剩余资金转入结余资金之中。5月15日项目审计时发现，误将应当计入基本支出的业务活动费20 000元计入了该项目，需要调整上年度的财政拨款结余和财政拨款结转。（预算会计如图7-17，A段运动所示；不影响财务会计）

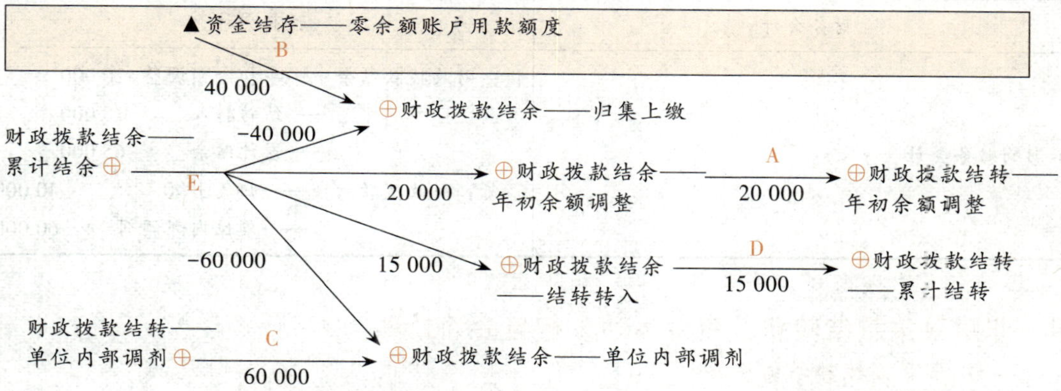

图7-17　乙单位财政拨款结余资金运动分析图——预算会计视角

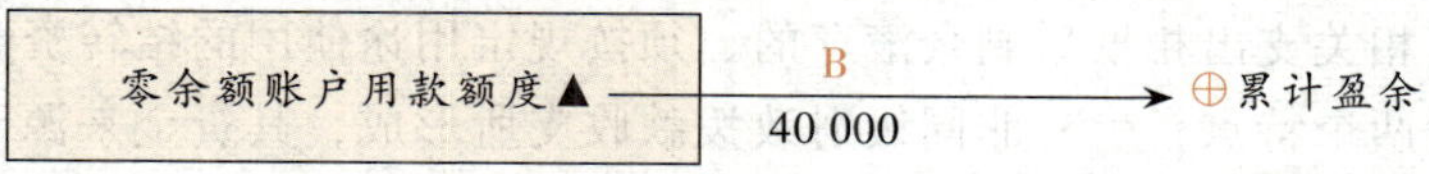

图7-18　乙单位财政拨款结余资金运动分析图——财务会计视角

财务会计	预算会计
不影响财务会计	借：财政拨款结转——年初余额调整　20 000 　贷：财政拨款结余——年初余额调整　20 000

（2）按规定归集上缴上级单位某项目的结余资金40 000元，以财政授权支付方式支付。（预算会计如图7-17，B段运动所示；财务会计如图7-18，B段运动所示）

财务会计	预算会计
借：累计盈余 40 000 贷：零余额账户用款额度 40 000	借：财政拨款结余——归集上缴 40 000 贷：资金结存——零余额账户用款额度 40 000

（3）按规定将某项目的结余资金60 000元调剂至该单位棉花采购项目。（预算会计如图7-17，C段运动所示；不影响财务会计）

财务会计	预算会计
不影响财务会计	借：财政拨款结余——单位内部调剂 60 000 贷：财政拨款结转——单位内部调剂 60 000

（4）对财政拨款各明细科目进行分析，按照有关规定将某项目结余资金15 000元转入财政拨款结余。（预算会计如图7-17，D段运动所示；不影响财务会计）

财务会计	预算会计
不影响财务会计	借：财政拨款结转——累计结转 15 000 贷：财政拨款结余——结转转入 15 000

（5）将"财政拨款结余"科目的各明细科目结转至"累计结余"科目。（预算会计如图7-17，E段运动所示；不影响财务会计）

财务会计	预算会计
不影响财务会计	借：财政拨款结余——年初余额调整 20 000 ——结转转入 15 000 ——累计结余 65 000 贷：财政拨款结余——归集上缴 40 000 ——单位内部调剂 60 000

四、非财政拨款结转业务资金运动分析与会计处理

（一）非财政拨款结转概述

非财政拨款结转资金是指单位除财政拨款收支、经营收支以外的各非同级财政拨款专项资金收入与其相关支出相抵后剩余滚存的、须按规定用途使用的结转资金。非同级财政拨款结转主要有两个特点：（1）非同级财政拨款收支所形成，其资金来源于非同级财政部门、主管部门或上级单位等；（2）专项资金收支所形成。单位应当按照非同级财政部门、主管部门或上级单位等拨款单位的要求管理专项资金。年末已完成项目，应该向原拨款单位报送项目资金使用情况，接受检查与验收，剩余的资金或缴回原拨款单位，或经批准留归本单位用于其他非项目用途。年末未完成项目的结转资金，结转下一年度继续用于该项目的支出，原则上不得用于其他方面。单位应当在预算会计中设置"非财政拨款结转"科目，核算单位除财政拨款收支、经营收支以外各非同级财政拨款专项资金的调整、结转和滚存情况。

非财政拨款结转业务概述

"非财政拨款结转"科目应当设置下列明细科目：

(1)“年初余额调整”明细科目核算因发生会计差错更正、以前年度支出收回等变动，需要调整非财政拨款结转的资金。年末结账后，该明细科目应无余额。

(2)“缴回资金”明细科目核算按照规定缴回非财政拨款结转资金时，实际缴回的资金数额。年末结账后，该明细科目应无余额。

(3)“项目间接费用或管理费”明细科目核算单位取得的科研项目预算收入中，按照规定计提项目间接费用或管理费用的数额。年末结账后，该明细科目应无余额。

(4)“本年收支结转”明细科目核算单位本年度非同级财政拨款专项收支相抵后的金额。年末结账后，该明细科目应无余额。

(5)“累计结转”明细科目核算单位滚存的非同级财政拨款专项结转资金。本明细科目年末贷方余额，反映单位非同级财政拨款滚存的专项结转资金数额。

“非财政拨款结转”科目还应当按照具体项目、《政府收支分类科目》中“支出功能分类科目”的相关科目等进行明细核算。

(二)非财政拨款结转业务具体资金运动分析与会计处理

1.日常期间发生的业务

非财政拨款结转业务分析

(1)因会计差错更正、以前年度支出收回等变动而需要调整以前年度非同级财政拨款货币资金，属于非财政拨款结转资金的，按照收到或支出的金额确认。从预算会计视角来看，所引起的资金运动如图7-19中A段运动所示。从财务会计视角来看，所引起的资金运动如图7-20中A段运动所示。

(2)按照规定从科研项目预算收入中提取项目管理费或间接费时，从预算会计视角来看，所引起的资金运动如图7-19中B段运动所示。从财务会计视角来看，所引起的资金运动如图7-20中B段运动所示。

(3)按照规定缴回非财政拨款结转资金的，按照实际缴回资金数额确认。从预算会计视角来看，所引起的资金运动如图7-19中C段运动所示。从财务会计视角来看，所引起的资金运动如图7-20中C段运动所示。

2.年末结转发生的业务

(1)结转非财政拨款专项收入。年末，将事业预算收入、上级补助预算收入、附属单位上缴预算收入、非同级财政拨款预算收入、债务预算收入、其他预算收入等本年发生额中的专项资金收入转入“非财政拨款结转（本年收支结转）”科目。从预算会计视角来看，所引起的资金运动如图7-19中D段运动所示。从财务会计视角来看，其处理见本章第一节。

(2)结转非财政拨款专项支出。年末，将行政支出、事业支出、其他支出本年发生额中的非财政拨款专项资金支出转入“非财政拨款结转（本年收支结转）”科目。从预算会计视角来看，所引起的资金运动如图7-19中E段运动所示。从财务会计视角来看，其处理见本章第一节。

(3)年末，冲销有关明细科目余额。从预算会计视角来看，所引起的资金运动如图7-19中F段运动所示。结转后，“非财政拨款结转”科目除“累计结转”明细科目外，其他明细科目应无余额。该业务不影响财务会计。

(4)年末，完成上述结转后，应当对非财政拨款专项结转资金各项目情况进行分析，将留归本单位使用的非财政拨款专项（项目已完成）剩余资金转入非财政拨款结余。从预算会计视角来看，所引起的资金运动如图7-19中G段运动所示。该业务不影响财务会计。

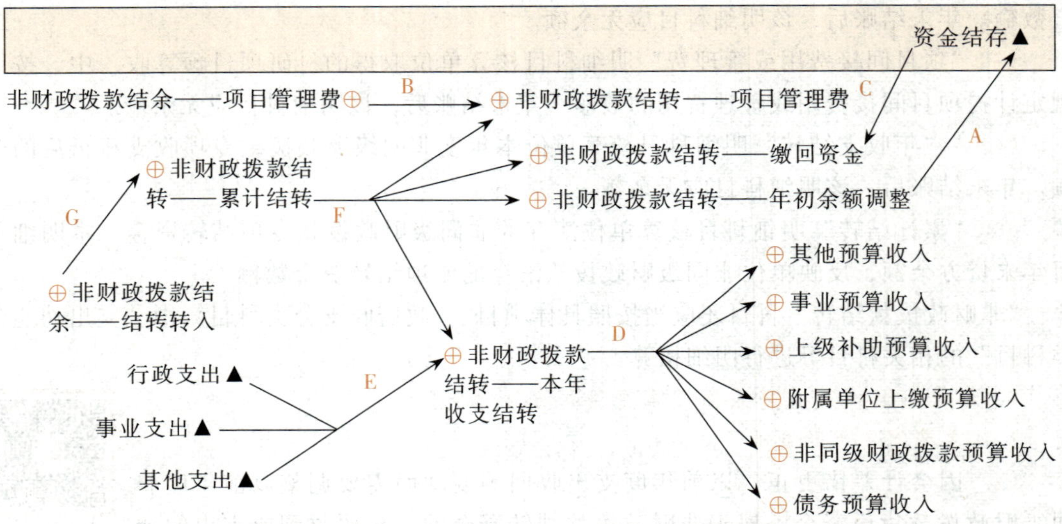

图7-19 非财政拨款结转业务资金运动分析图——预算会计视角

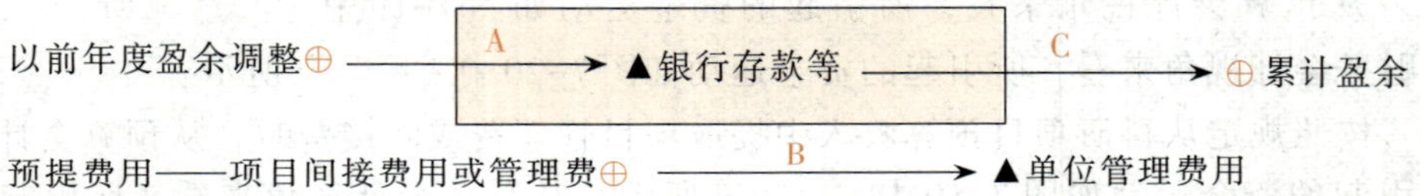

图7-20 非财政拨款结转业务资金运动分析图——财务会计视角

非财政拨款结转业务举例

【例7-7】丙事业单位20×8年发生如下业务：

（1）收到非同级财政部门拨付的某项目上年因漏付而应补付的款项26 000元。该款项以货币资金的形式收到。截至目前，该项目尚未结束。（预算会计如图7-21，A段运动所示；财务会计如图7-22，A段运动所示）

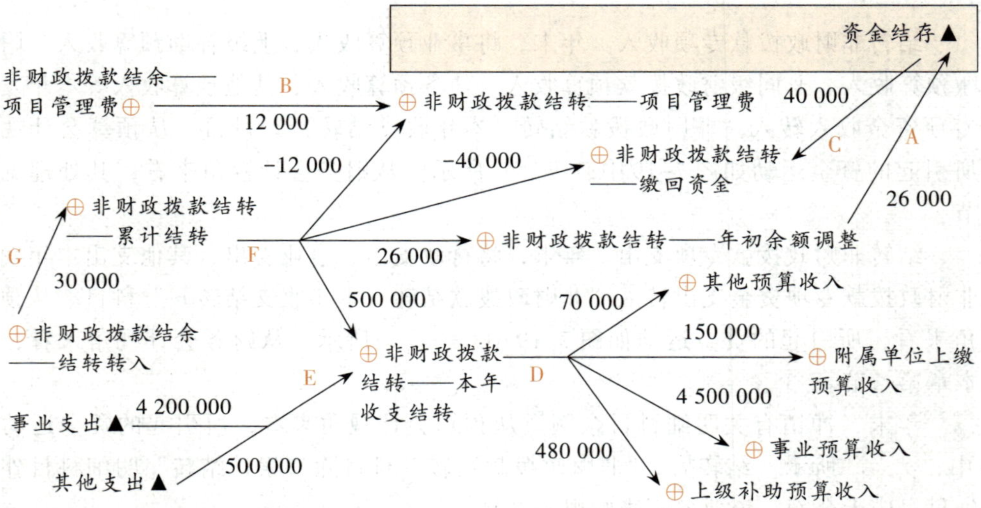

图7-21 丙事业单位非财政拨款结转资金运动分析图——预算会计视角

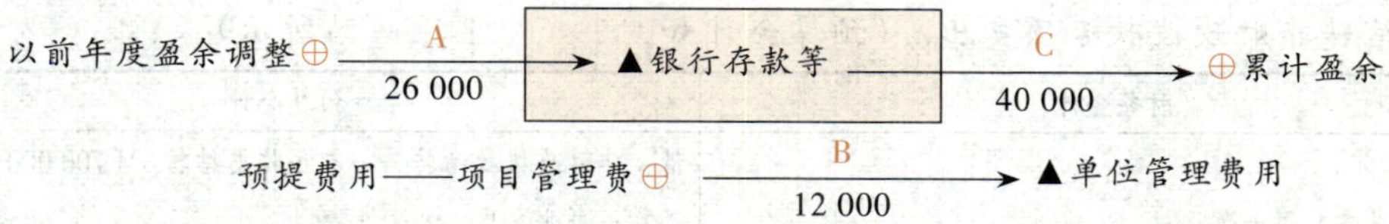

图7-22 丙事业单位非财政拨款结转资金运动分析图——财务会计视角

财务会计	预算会计
借：银行存款 26 000 贷：以前年度盈余调整 26 000	借：资金结存——货币资金 26 000 贷：非财政拨款结转——年初余额调整 26 000

（2）按照规定从某科研项目预算收入中提取项目管理费12 000元。（预算会计如图7-21，B段运动所示；财务会计如图7-22，B段运动所示）

财务会计	预算会计
借：单位管理费用 12 000 贷：预提费用——项目管理费 12 000	借：非财政拨款结转——项目管理费 12 000 贷：非财政拨款结余——项目管理费 12 000

（3）按照规定将已完成的某科研项目结余资金40 000元以货币资金的形式上缴原拨款的非同级财政部门。（预算会计如图7-21，C段运动所示；财务会计如图7-22，C段运动所示）

财务会计	预算会计
借：累计盈余 40 000 贷：银行存款 40 000	借：非财政拨款结转——缴回资金 40 000 贷：资金结存——货币资金 40 000

（4）20×8年12月31日除财政拨款收支以外专项收支发生额汇总见表7-3。

表7-3 丙单位除财政拨款预算收支以外专项收支发生额汇总表 单位：元

会计科目	借方发生额	贷方发生额
事业预算收入		4 500 000
上级补助预算收入		480 000
附属单位上缴预算收入		150 000
其他预算收入		70 000
事业支出	4 200 000	
其他支出	500 000	

①结转非财政拨款专项收入。（预算会计如图7-21，D段运动所示）

财务会计	预算会计
具体处理见本章第一节	借：事业预算收入 4 500 000 上级补助预算收入 480 000 附属单位上缴预算收入 150 000 其他预算收入 70 000 贷：非财政拨款结转——本年收支结转 5 200 000

②结转非财政拨款专项支出。（预算会计如图7-21，E段运动所示）

财务会计	预算会计
具体处理见本章第一节	借：非财政拨款结转——本年收支结转 4 700 000 贷：事业支出 4 200 000 其他支出 500 000

（5）将“非财政拨款结转”科目的各明细科目结转至“累计结转”科目。（预算会计如图7-21，F段运动所示；不影响财务会计）

财务会计	预算会计
不影响财务会计	借：非财政拨款结转——年初余额调整 26 000 ——本年收支结转 500 000 贷：非财政拨款结转——缴回资金 40 000 ——项目管理费 12 000 ——累计结转 474 000

（6）对非财政拨款专项结转资金各项目进行分析，环保监察项目已经完成，结余资金30 000元，按规定留归本单位使用。（预算会计如图7-21，G段运动所示；不影响财务会计）

财务会计	预算会计
不影响财务会计	借：非财政拨款结转——累计结转 30 000 贷：非财政拨款结余——结转转入 30 000

五、非财政拨款结余业务资金运动分析与会计处理

（一）非财政拨款结余概述

非财政拨款结余是指单位历年滚存的、非限定用途的、非同级财政拨款结余资金，主要为非财政拨款结余扣除结余分配后滚存的金额。非财政拨款结余资金主要来源于两个方面：（1）留归本单位使用的非财政拨款结转资金；（2）从非财政拨款结余分配（事业单位）和其他结余（行政单位）转入的资金。非财政拨款结余资金由本单位统筹调配，用于本单位的各项业务活动。有企业所得税缴纳义务的事业单位，可以用非财政拨款结余缴纳企业所得税。

“非财政拨款结余”科目应当设置下列明细科目：

（1）“年初余额调整”明细科目核算因发生会计差错更正、以前年度支出收回等原因，需要调整非财政拨款结余的资金。年末结账后，该明细科目应无余额。

（2）“项目间接费用或管理费”明细科目核算单位取得的科研项目预算收入中，按照规定计提的项目间接费用或管理费。年末结账后，该明细科目应无余额。

（3）“结转转入”明细科目核算按照规定留归单位使用，由单位统筹调配，纳入单位非财政拨款结余的非同级财政拨款专项剩余资金。年末结账后，该明细科目应无余额。

（4）“累计结余”明细科目核算单位历年滚存的非同级财政拨款、非专项结余资金。该明细科目年末贷方余额，反映单位非同级财政拨款滚存的非专项结余资金数额。

“非财政拨款结余”科目还应当按照《政府收支分类科目》中“支出功能分类科目”的相关科目进行明细核算。

（二）非财政拨款结余业务具体资金运动分析与会计处理

非财政拨款结余业务分析

1.日常期间发生的业务

（1）因会计差错更正、以前年度支出收回等原因而需要调整非同级财政拨款货币资金，属于非财政拨款结余资金的，从预算会计视角来看，所引起的资金运动如图7-23中A段运动所示。从财务会计视角来看，所引起的资金运动如图7-24中A段运动所示。

（2）按照规定从科研项目预算收入中提取项目管理费或间接费时，从预算会计视角来看，所引起的资金运动如图7-23中B段运动所示。从财务会计视角来看，所引起的资金运动如图7-24中B段运动所示。

（3）有企业所得税缴纳义务的事业单位实际缴纳企业所得税时，从预算会计视角来看，所引起的资金运动如图7-23中C段运动所示。从财务会计视角来看，所引起的资金运动如图7-24中C段运动所示。

2.年末结转发生的业务

（1）年末，应当对非财政拨款专项结转资金各项目情况进行分析，将留归本单位使用的非财政拨款专项（项目已完成）剩余资金转入非财政拨款结余。从预算会计视角来看，所引起的资金运动如图7-23中D段运动所示。该业务不影响财务会计。

（2）年末，冲销"非财政拨款结余"科目的有关明细科目余额（即全部转入"累计结余"明细科目），所引起的资金运动如图7-23中E段运动所示。结转后，本科目除"累计结余"明细科目外，其他明细科目应无余额。该业务不影响财务会计。

（3）年末，事业单位应将"非财政拨款结余分配"科目余额转入"非财政拨款结余"；行政单位将"其他结余"科目余额转入"非财政拨款结余"。所引起的资金运动如图7-23中F段运动所示。

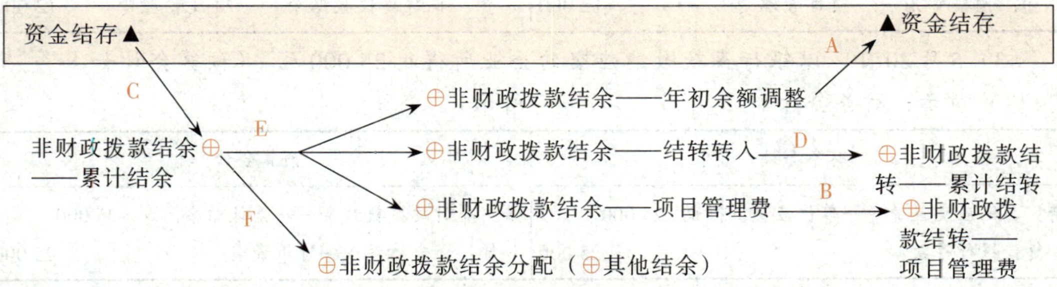

图7-23 非财政拨款结余业务资金运动分析图——预算会计视角

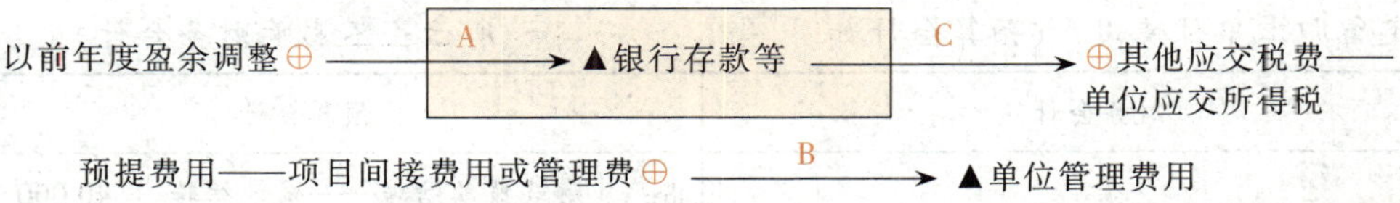

图7-24 非财政拨款结余业务资金运动分析图——财务会计视角

【例7-8】丁事业单位20×8年发生与非财政拨款结余相关的下列业务：

（1）5月10日，支付上年采购项目少付的款项20 000元，款项已以银行存款支付，该研究项目已经完成，其剩余资金已转入非财政拨款结余。（预算会计如图7-25，A段运动所示；财务会计如图7-26，A段运动所示）

非财政拨款结余业务举例

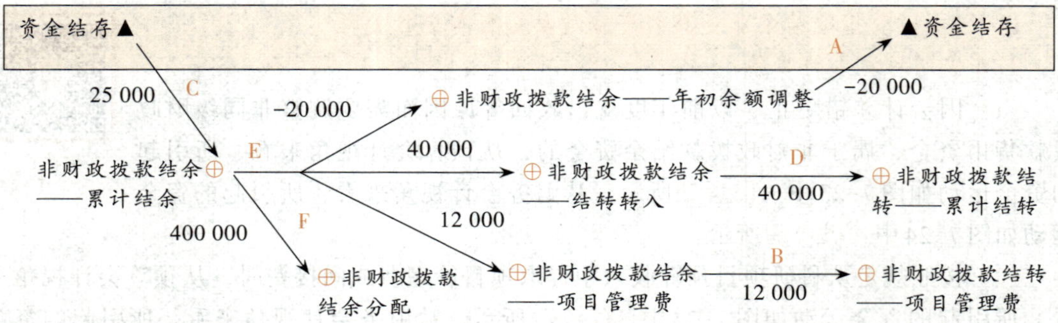

图7-25　丁单位非财政拨款结余资金运动分析图——预算会计视角

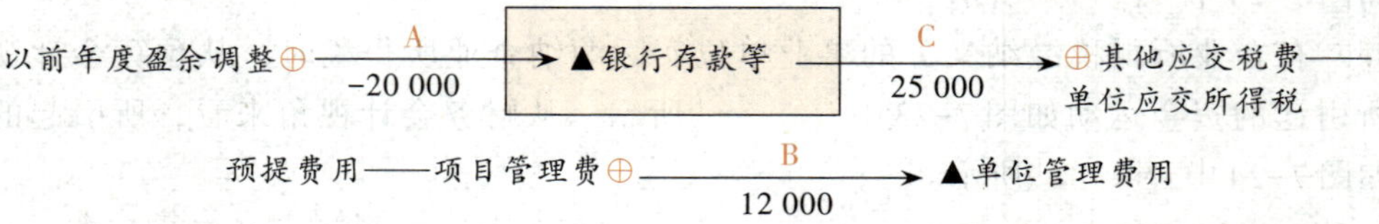

图7-26　丁单位非财政拨款结余资金运动分析图——财务会计视角

财务会计	预算会计
借：以前年度盈余调整　20 000 　贷：银行存款　20 000	借：非财政拨款结余——年初余额调整　20 000 　贷：资金结存——货币资金　20 000

（2）按照规定从某科研项目预算收入中提取项目管理费12 000元。（预算会计如图7-25，B段运动所示；财务会计如图7-26，B段运动所示）

财务会计	预算会计
借：单位管理费用　12 000 　贷：预提费用——项目管理费　12 000	借：非财政拨款结转——项目管理费　12 000 　贷：非财政拨款结余——项目管理费　12 000

（3）5月20日，以银行存款缴纳应交的企业所得税25 000元。（预算会计如图7-25，C段运动所示；财务会计如图7-26，C段运动所示）

财务会计	预算会计
借：其他应交税费——单位应交所得税　25 000 　贷：银行存款　25 000	借：非财政拨款结余——累计结余　25 000 　贷：资金结存——货币资金　25 000

（4）8月31日，由上级拨款研发的某项目已经完成，验收合格，结余资金40 000元，按规定留归本单位使用。（预算会计如图7-25，D段运动所示；不影响财务会计）

财务会计	预算会计
不影响财务会计	借：非财政拨款结转——累计结转　40 000 　贷：非财政拨款结余——结转转入　40 000

（5）12月31日冲销“非财政拨款结余”有关明细科目的余额。（预算会计如图7-25，E段运动所示；不影响财务会计）

财务会计	预算会计
不影响财务会计	借：非财政拨款结余——项目管理费 12 000 ——结转转入 40 000 贷：非财政拨款结余——累计结余 32 000 ——年初余额调整 20 000

(6) 12月31日，将未分配完的非财政拨款结余分配余额400 000元转入累计结余。（预算会计如图7-25，F段运动所示；不影响财务会计）

财务会计	预算会计
不影响财务会计	借：非财政拨款结余分配 400 000 贷：非财政拨款结余——累计结余 400 000

六、经营结余业务资金运动分析与会计处理

“经营结余”科目核算事业单位本年度经营活动收支相抵后弥补以前年度经营亏损后的余额。事业单位开展经营活动所取得的经营收入和发生的经营支出，应当转入经营结余之中，以核算经营业务的成果。经营业务的盈余在弥补以前年度经营亏损后，应转入非财政拨款结余分配。经营业务的亏损，留待以后年度的经营结余弥补。“经营结余”科目按照经营活动类别进行明细核算。

“经营结余”科目的主要业务处理如下：

(1) 年末，将经营预算收入、经营支出的本年发生额转入本科目。从预算会计视角来看，所引起的资金运动如图7-27中A、B段运动所示。相关的财务会计处理见本章第一节。

经营结余业务

(2) 年末，完成上述结转后，如本科目为贷方余额，则反映企业经营活动有盈余，应将其转入“非财政拨款结余分配”科目。从预算会计视角来看，所引起的资金运动如图7-27中C段运动所示。相关的财务会计处理见本章第一节。

年末结转后，本科目如为借方余额，则反映事业单位累计发生的经营亏损。该余额不予结转，留待以后年度的经营盈余来弥补。

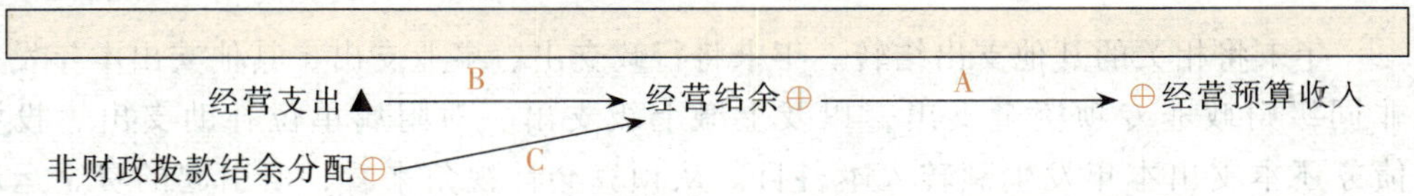

图7-27 经营结余业务资金运动分析图——预算会计视角

【例7-9】丁事业单位20×8年12月31日有关经营预算收入和经营支出本年发生额如下：本期经营预算收入2 000 000元、本期经营支出1 600 000元。

(1) 将经营预算收入结转至“经营结余”科目。（预算会计如图7-28，A段运动所示）

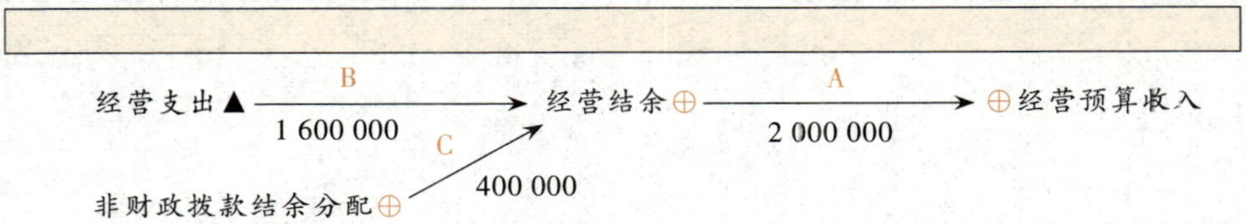

图7-28 丁单位经营结余业务资金运动分析图——预算会计视角

财务会计	预算会计
财务会计处理略	借：经营预算收入　　2 000 000 　贷：经营结余　　2 000 000

（2）将经营支出结转至“经营结余”科目。（预算会计如图 7-28，B段运动所示）

财务会计	预算会计
财务会计处理略	借：经营结余　　1 600 000 　贷：经营支出　　1 600 000

（3）将经营净收益400 000元结转至“非财政拨款结余分配”科目。（预算会计如图 7-28，C段运动所示；不影响财务会计）

财务会计	预算会计
不影响财务会计	借：经营结余　　400 000 　贷：非财政拨款结余分配　　400 000

其他结余业务分析

七、其他结余业务资金运动分析与会计处理

“其他结余”科目核算单位本年度除财政拨款收支、非同级财政专项资金收支和经营收支以外各项收支相抵后的余额。其他收支形成的其他结余，主要是各种非财政、非专项、非经营收支。

“其他结余”科目相关业务的处理如下：

（1）年末将相关的其他预算收入结转。年末，将事业预算收入、上级补助预算收入、附属单位上缴预算收入、非同级财政拨款预算收入、债务预算收入、其他预算收入等本年发生额中的非专项资金收入以及投资预算收益本年发生额转入本科目。从预算会计视角来看，所引起的资金运动如图 7-29 中 A 段运动所示。财务会计处理见本章第一节。

（2）年末将相关的其他支出结转。年末将行政支出、事业支出、其他支出本年发生额中的非同级财政非专项资金支出，以及上缴上级支出、对附属单位补助支出、投资支出、债务还本支出本年发生额转入本科目。从预算会计视角来看，所引起的资金运动如图 7-29 中 B 段运动所示。财务会计处理见本章第一节。

（3）年末完成上述结转后，行政单位将本科目余额转入“非财政拨款结余——累计结余”科目，事业单位将本科目余额转入“非财政拨款结余分配”科目。从预算会计视角来看，所引起的资金运动如图 7-29 中 C 段运动所示。财务会计处理见本章第一节。

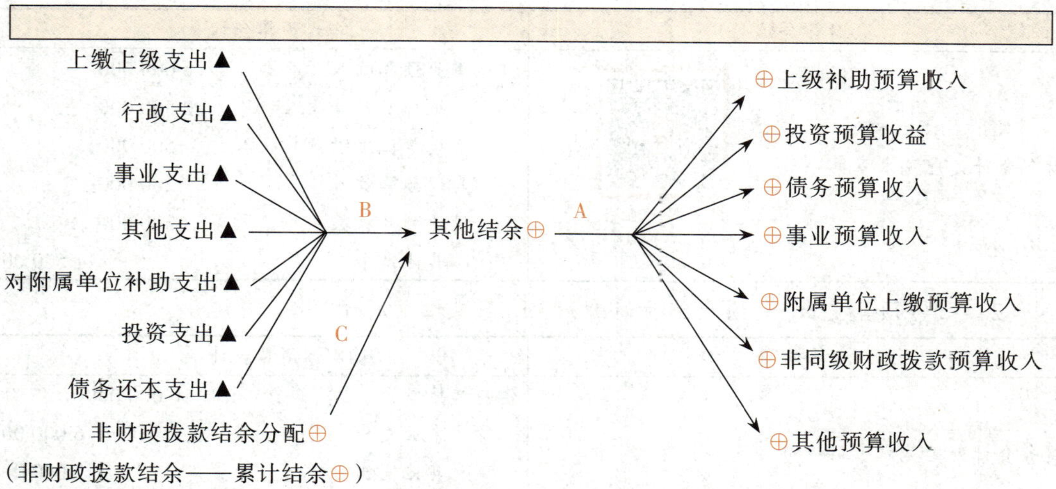

图7-29 其他结余业务资金运动分析图——预算会计视角

【例7-10】甲事业单位20×8年12月31日，有关非同级财政、非专项资金拨款收入支出发生额汇总见表7-4。

表7-4 20×8年有关非同级财政、非专项资金拨款收入支出发生额汇总表 单位：元

会计科目	借方发生额	贷方发生额
事业预算收入		8 000 000
上级补助预算收入		2 500 000
附属单位上缴预算收入		500 000
其他预算收入		200 000
投资预算收益		300 000
事业支出	6 000 000	
其他支出	3 000 000	
对附属单位补助支出	1 000 000	

（1）结转预算收入。（预算会计如图7-30，A段运动所示）

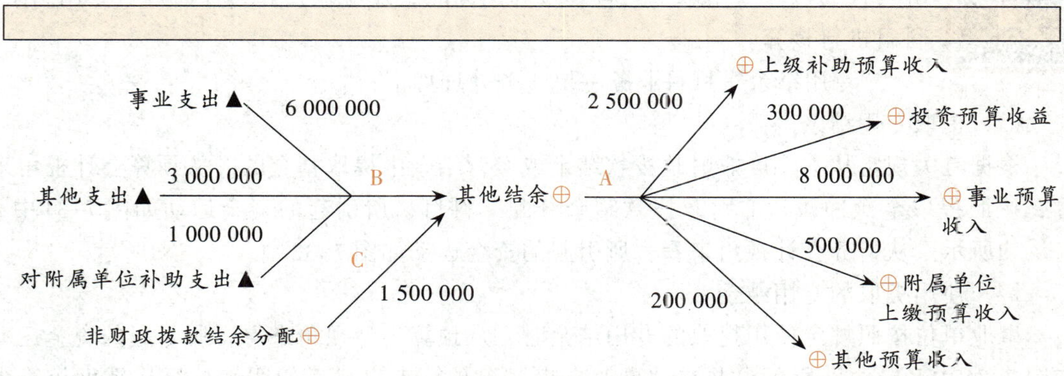

图7-30 甲单位其他结余业务资金运动分析图——预算会计视角

财务会计	预算会计
财务会计处理见本章第一节 其他结余业务举例	借：事业预算收入 8 000 000 上级补助预算收入 2 500 000 附属单位上缴预算收入 500 000 其他预算收入 200 000 投资预算收益 300 000 贷：其他结余 11 500 000

（2）结转预算支出。（预算会计如图 7-30，B 段运动所示）

财务会计	预算会计
财务会计处理见本章第一节	借：其他结余 10 000 000 贷：事业支出 6 000 000 其他支出 3 000 000 对附属单位补助支出 1 000 000

（3）年末结余转入。（预算会计处理如图 7-30，C 段运动所示）

财务会计	预算会计
财务会计处理见本章第一节	借：其他结余 1 500 000 贷：非财政拨款结余分配 1 500 000

八、专用结余业务资金运动分析与会计处理

“专用结余”科目核算事业单位按照规定从非财政拨款结余中提取的具有专门用途的资金的变动和滚存情况。按照有关规定，事业单位可以从本年度非财政拨款结余或经营结余中提取专用基金，如职工福利基金、科技成果转换基金等。专用结余按类别进行明细核算。

2022 年 1 月财政部发布的《事业单位财务规则》（财政部令第 108 号）规定，事业单位应当将专用基金纳入预算管理。

事业单位在财务会计下应当设置“专用基金”科目，核算专用基金的取得和使用情况。事业单位从本年度非财政拨款结余或经营结余中提取专用基金的，在财务会计通过“专用基金”科目核算的同时，还应在预算会计通过“专用结余”科目进行核算。

专用结余业务

“专用结余”科目业务主要账务处理如下：

（1）提取专用结余。

根据有关规定从本年度非财政拨款结余或经营结余中提取基金的，从预算会计视角来看，按照提取金额冲减“非财政拨款结余分配”科目，所引起的资金运动如图 7-31 中 A 段运动所示。从财务会计视角来看，所引起的资金运动如图 7-32 中 A 段运动所示。

（2）使用提取的专用结余。

事业单位按照规定使用提取的专用结余时，从预算会计视角来看，所引起的资金运动如图 7-31 中 B 段运动所示；并在“事业支出”等预算支出科目的明细核算或辅助核算中

注明“使用专用结余”。

事业单位按照规定使用提取的专用基金时，如果直接以货币资金支付（未形成资产的），从财务会计视角来看，所引起的资金运动如图7-32中B1段运动所示；并在有关费用科目的明细核算或辅助核算中注明“使用专用基金”。单位使用提取的专用基金购置固定资产、无形资产的，按照固定资产、无形资产成本金额确认，从财务会计视角来看，所引起的资金运动如图7-32中B21段运动所示；同时，按照专用基金使用金额，冲减“专用基金”，从财务会计视角来看，所引起的资金运动如图7-32中B22段运动所示。

在期末或年末，事业单位应当将有关预算支出中使用专用结余的本年发生额转入“专用结余”，从预算会计视角来看，所引起的资金运动如图7-31中C段运动所示。同时单位应将有关费用中使用专用基金的本期发生额转入“专用基金”，从财务会计视角来看，所引起的资金运动如图7-32中C段运动所示。

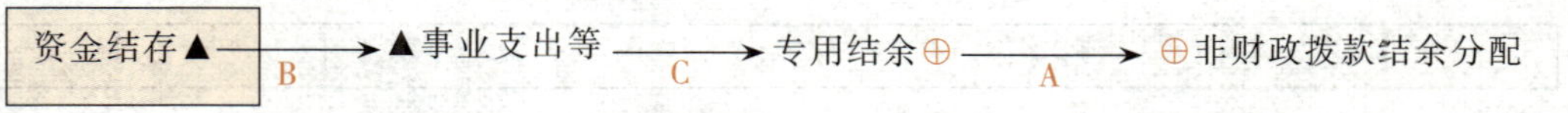

图7-31　专用结余提取与使用资金运动分析图——预算会计视角

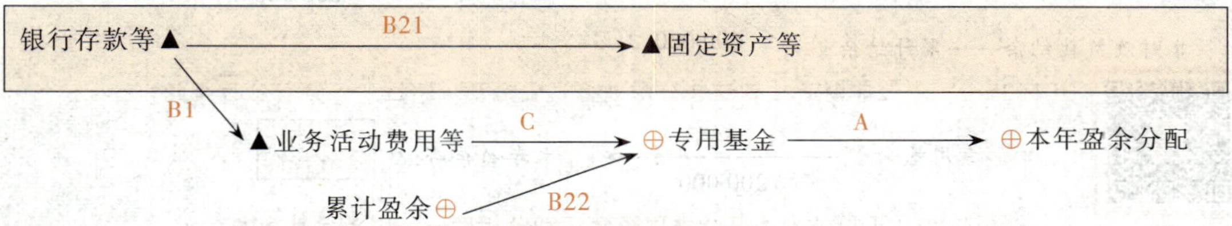

图7-32　专用基金提取与使用资金运动分析图——财务会计视角

九、非财政拨款结余分配业务资金运动分析与会计处理

“非财政拨款结余分配”核算事业单位本年度非财政拨款结余分配的情况和结果。可以转入分配的结余资金主要是事业单位的经营结余和其他结余，财政拨款资金、非财政拨款专项资金形成的结余不得进行分配。行政单位的各项资金结余均不得转入分配。事业单位的非财政拨款结余分配是事业单位的内部分配，其具体的分配形式主要是按照规定提取专用基金。该科目是事业单位特有的预算会计科目。

“非财政拨款结余分配”科目业务主要包括以下三类：

非财政拨款结余分配业务分析

(1) 年末，事业单位应将“其他结余”科目余额和“经营结余”科目余额（贷方余额）转入“非财政拨款结余分配”科目，从预算会计视角来看，所引起的资金运动如图7-33中A段运动所示。需要注意的是，如果“经营结余”为借方余额（即反映经营亏损的），其余额不结转，留待以后期间的经营盈余弥补。财务会计处理见本章第一节。

(2) 根据有关规定提取专用基金的，从预算会计视角来看，所引起的资金运动如图7-33中B段运动所示；从财务会计视角来看，所引起的资金运动如图7-34中B段运动所示。

(3) 最后，将“非财政拨款结余分配”科目余额转入“非财政拨款结余”，从预算会计视角来看，所引起的资金运动如图7-33中C段运动所示。该业务不影响财务会计。

年末结转后，“非财政拨款结余分配”科目应无余额。

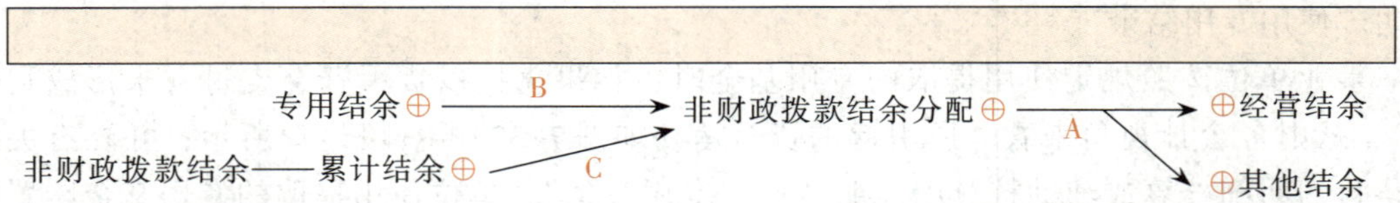

图 7-33　非财政拨款结余分配资金运动分析图——预算会计视角

图 7-34　专用基金提取资金运动分析图——财务会计视角

非财政拨款结余分配业务举例

【例 7-11】20×8 年 12 月 31 日，丁事业单位有关资料如下：其他结余 800 000 元，经营结余-100 000 元，从其他结余中提取专用基金 200 000 元。

（1）将其他结余转入非财政拨款结余分配。（预算会计如图 7-35，A 段运动所示）

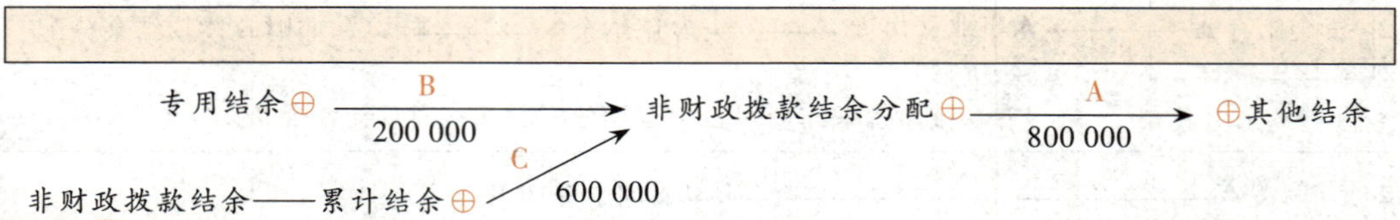

图 7-35　丁单位非财政拨款结余分配业务资金运动分析图——预算会计视角

综合业务举例

图 7-36　丁单位专用基金提取资金运动分析图——财务会计视角

财务会计	预算会计
相关的财务会计处理见本章第一节	借：其他结余　800 000 　贷：非财政拨款结余分配　800 000

（2）由于经营结余为借方余额 100 000 元，代表经营亏损，因此不需要结转。

（3）提取专用基金。（预算会计如图 7-35，B 段运动所示；财务会计如图 7-36，B 段运动所示）

财务会计	预算会计
借：本年盈余分配　200 000 　贷：专用基金　200 000	借：非财政拨款结余分配　200 000 　贷：专用结余　200 000

（4）结转"非财政拨款结余分配"科目余额。（预算会计如图 7-35，C 段运动所示）

财务会计	预算会计
不影响财务会计	借：非财政拨款结余分配　600 000 　贷：非财政拨款结余——累计结余　600 000

思考题

本章习题自测

1. 净资产包括哪些内容？应如何进行分类？
2. 净资产业务主要包括哪些内容？

3. 如何界定专用基金？其管理有什么要求？

4. 如何界定预算结余？结余资金和结转资金有何区别？

5. 如何区分财政拨款结转与财政拨款结余？如何区分非财政拨款结转与非财政拨款结余？

6. “财政拨款结转”科目有哪些明细科目？各明细科目的具体核算内容有哪些？

7. “财政拨款结余”科目有哪些明细科目？各明细科目的具体核算内容有哪些？

8. “非财政拨款结转”与“非财政拨款结余”各有哪些明细科目？

第八章　政府会计报表

育德育人

我国政府财务报告制度改革行稳致远

2014年国务院批转财政部《权责发生制政府综合财务报告制度改革方案》，明确了改革的总体目标、主要任务、具体内容及配套措施，确定了改革的时间表和路线图，标志着此项改革正式启动。财政部按照党中央、国务院决策部署，扎实推进相关工作，取得了阶段性进展。

通过建立以权责发生制政府会计核算为基础，以编制和报告政府资产负债表、收入费用表等报表为核心的权责发生制政府综合财务报告制度，全面、准确反映各级政府整体财务状况、运行情况和财政中长期可持续性，对提升政府财政财务管理水平，提高政府财政透明度，改进政府绩效管理，落实政府过紧日子要求，服务推进国家治理体系和治理能力现代化具有重要意义。

建立政府财务报告制度是防范化解财政风险的机制保障。党的十九大报告将防范化解重大风险摆在突出位置，提出要增强驾驭风险本领，健全各方面风险防控机制。这要求财政不仅要能够预测未来的风险，还要对自身应对风险的能力有充分了解。当前，面对国内外风险挑战明显上升的复杂局面，通过建立政府财务报告制度，形成新的财政政策分析框架具有重要现实意义。

建立政府财务报告制度是提高财政透明度的重要举措。近年来，我国政府预决算公开工作取得很大成绩，公开范围不断扩大、公开内容不断细化、公开质量不断提高。与社会公众期待相比，我国财政透明度还有很大提升空间，比如，尚无法公开政府的资产负债表和收入费用表。一些中介机构对一些地方财政透明度排名打分不高，也与缺失这些财务报表有关。建立政府财务报告制度，尽早向社会公布反映一级政府整体财务状况的信息，既是实现十九届四中全会提出“完善标准科学、规范透明、约束有力的预算制度”的有力抓手，也是贯彻施行政府信息公开条例的具体举措，更是建设人民满意服务型政府的必然要求。

建立政府财务报告制度是提升公共财政管理水平的有力推手。按照建立现代财政制度的要求，提高公共财政管理水平不仅要重视收入、支出的流量管理，还要重视政府资产、负债的存量管理；不仅要重视预算管理，还要重视政府整体财务管理。建立政府财务报告制度，有利于发现政府资产、负债管理中存在的问题，对加强相关管理发挥直接牵引作用。

建立政府财务报告制度是全面实施绩效管理的必然要求。2019年政府工作报告提出“各级政府必须真正过紧日子”，这就要求政府会计能够准确计量各种政府活动的真实成本。权责发生制核算基础的应用，可以为绩效管理提供科学合理的会计信息支持。

建立政府财务报告制度是顺应世界发展潮流的应有之义。目前，编制权责发生制政府综合财务报告已成为国际公共财政管理发展方向。据世行最新统计，国际上已有25%的国家和地区实施了这项改革。G20（20国集团）财政和央行会议上审议通过的数据缺口倡议（DGI）要求各成员国定期公布政府资产负债表和相关流量数据。IMF（国际货币基金组织）正在建立国际公共部门资产负债数据库，希望我国提供相关数据。

资料来源 中国财经报. 我国政府财务报告制度改革行稳致远[EB/OL]. (2021-09-22). http://www.mof.gov.cn/zhengwuxinxi/caijingshidian/zgcjb/202109/t20210916_3753470.htm.

本章思维导图

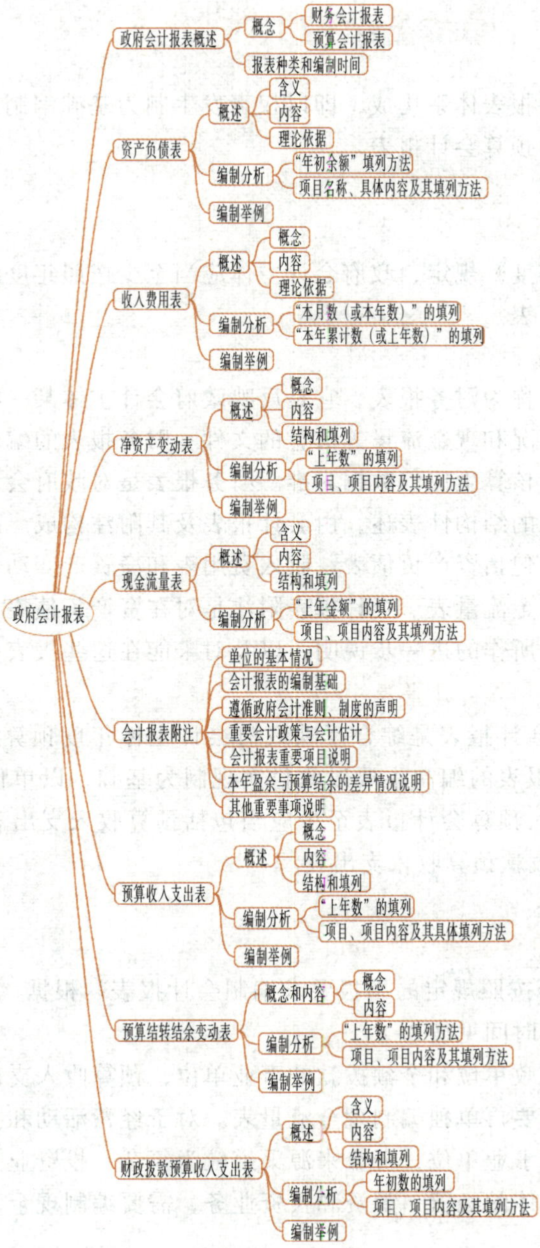

学习目标

本章主要讲授政府会计报表编制。通过本章的学习，应熟悉政府财务报表和预算报表的含义、内容、编制基础；应掌握资产负债表、收入费用表、现金流量表等财务报表的项目内容及填列方法；应掌握预算收入支出表、预算结转结余变动表、财政拨款预算收入支出表等预算会计报表的项目内容及填列方法；应了解会计报表附注的功能及基本构成内容。

第一节　政府会计报表概述

政府会计报表由双报表体系构成，即以权责发生制为基础编制的财务会计报表和以收付实现制为基础编制的预算会计报表。

一、政府会计报表概念

我国《政府会计制度》规定，政府会计主体应当至少按照年度编制真实、完整的财务会计报表和预算会计报表。

（一）财务会计报表

财务会计报表，又称为财务报表，它是反映政府会计主体某一特定日期的财务状况和某一会计期间的运行情况和现金流量等信息的文件。财务报表的编制主要以权责发生制为基础，以单位财务会计核算生成的数据为准。财务报表是对政府会计主体财务状况、运行情况和现金流量等信息的结构性表述，由会计报表及其附注构成。

财务会计报表一般包括资产负债表、收入费用表和净资产变动表。事业单位可根据实际情况自行选择编制现金流量表。会计报表附注是对在资产负债表、收入费用表、现金流量表等报表中列示项目所作的进一步说明，以及对未能在这些报表中列示项目的说明。

政府会计报表

（二）预算会计报表

预算会计报表是综合反映政府会计主体年度预算收支执行结果的文件。预算会计报表的编制主要以收付实现制为基础，以单位预算会计核算生成的数据为准。预算会计报表至少应当包括预算收入支出表、预算结转结余变动表和财政拨款预算收入支出表。

二、政府会计报表种类和编制时间

政府会计主体应当按照规定的编报要求编制会计报表。根据《政府会计制度》，政府会计报表种类及其编制时间见表8-1。

在实际工作中，行政单位和全额拨款的事业单位，预算收入支出表已经反映了资金流入流出情况，一般不需要再单独编制现金流量表。对于经营活动和投资、筹资活动频繁的医院、高校、设计院等事业单位，资金来源渠道较为复杂，投资业务也较多，预算收入支出表不足以反映单位具体的经营、筹资和投资业务，需要编制现金流量表。

表8-1　政府会计报表种类与编制时间

报表编号	报表名称	报表编制期
	财务报表	
会政财01表	资产负债表	月度、年度
会政财02表	收入费用表	月度、年度
会政财03表	净资产变动表	年度
会政财04表	现金流量表	年度
	附注	年度
	预算会计报表	
会政预01表	预算收入支出表	年度
会政预02表	预算结转结余变动表	年度
会政预03表	财政拨款预算收入支出表	年度

第二节　资产负债表

一、资产负债表概述

（一）资产负债表含义

资产负债表是反映政府会计主体在某一特定日期的财务状况，即全部资产、负债和净资产情况的报表。该报表是政府会计主体财务报表的重要组成部分，它反映政府会计主体在某一特定时点占有或使用的经济资源和负担的债务情况。

（二）资产负债表的内容

资产负债表由表头和表体两部分构成。

资产负债表概述

1.表头部分

资产负债表的表头部分包括报表名称、编号（会政财01表）、编制单位、时间和金额单位等内容。资产负债表反映政府会计主体在某一特定时点的财务状况，是一种静态报表，在表头部分需要注明某年某月某日。按其编报时间不同，资产负债表可以分为月度报表和年度报表。

2.表体部分

资产负债表表体部分包括项目、相关栏目两部分构成。

资产负债表的编报项目包括资产、负债和净资产三个财务会计要素的具体项目，其具体排列方式采用账户式结构，即左边排列资产，右边排列负债和净资产。左边的资产项目根据其流动性分为流动资产、非流动资产；右边的负债项目按其流动性分为流动负债和非流动负债。

资产负债表每一个报表项目包括“年初余额”和“期末余额”两栏。“年初余额”栏的数额根据上年年末资产负债表“期末余额”栏内的数字填列。“期末余额”栏数额根据本期各项目的期末余额直接填列、合并填列或经过分析、计算后填列。

（三）资产负债表编制的理论依据

资产负债表编制的理论依据是：资产=负债+净资产。即表中左边的“资产总计”项目余额应当与右边的“负债和净资产总计”项目余额相等。

二、资产负债表的编制

（一）“年初余额”填列方法

“年初余额”栏内各项数字，应当根据上年年末资产负债表“期末余额”栏内数字填列。如果本年度资产负债表规定的项目的名称和内容同上年度不一致的，应当对上年年末资产负债表项目的名称和数字按照本年度的规定进行调整，将调整后金额填入本表“年初余额”栏内。

如果本年度政府会计主体发生了因前期差错更正、会计政策变更等调整以前年度盈余的事项，还应当对资产负债表“年初余额”栏中的有关项目金额进行相应的调整。

资产负债表项目编制

（二）资产负债表项目名称、具体内容及其填列方法

资产负债表项目名称、具体内容及其填列方法见表8-2。

表8-2 资产负债表各项目具体内容及填列方法

报表项目	报表项目内容	报表项目填列方法
流动资产类：		
货币资金	反映单位期末库存现金、银行存款、零余额账户用款额度、其他货币资金的合计数	本项目应当根据“库存现金”“银行存款”“零余额账户用款额度”“其他货币资金”科目的期末余额的合计数填列 若单位存在通过“库存现金”“银行存款”科目核算受托代理资产的，应当按照前述合计数扣减“库存现金”“银行存款”科目下“受托代理资产”明细科目期末余额后的金额填列
短期投资	反映事业单位期末持有的短期投资账面余额	本项目应当根据“短期投资”科目的期末余额填列
财政应返还额度	反映单位期末财政应返还额度的金额	本项目应当根据“财政应返还额度”科目的期末余额填列
应收票据	反映事业单位期末持有的应收票据的票面金额	本项目应当根据“应收票据”科目的期末余额填列
应收账款净额	反映单位期末尚未收回的应收账款减去已计提的坏账准备后的净额	本项目应当根据“应收账款”科目的期末余额，减去“坏账准备”科目中对应收账款计提的坏账准备的期末余额后的金额填列

续表

报表项目	报表项目内容	报表项目填列方法
预付账款	反映单位期末预付给商品或者劳务供应单位的款项	本项目应当根据"预付账款"科目的期末余额填列
应收股利	反映事业单位期末因股权投资而应收取的现金股利或应当分得的利润	本项目应当根据"应收股利"科目的期末余额填列
应收利息	反映事业单位期末因债券投资等而应收取的利息。事业单位购入的到期一次还本付息的长期债券投资持有期间应收的利息，不包括在本项目内	本项目应当根据"应收利息"科目的期末余额填列
其他应收款净额	反映单位期末尚未收回的其他应收款减去已计提的坏账准备后的净额	本项目应当根据"其他应收款"科目的期末余额减去"坏账准备"科目中对其他应收款计提的坏账准备的期末余额后的金额填列
存货	反映单位期末存储的存货的实际成本	本项目应当根据"在途物品""库存物品""加工物品"科目的期末余额的合计数填列
待摊费用	反映单位期末已经支出，但应当由本期和以后各期负担的分摊期在1年以内（含1年）的各项费用	本项目应当根据"待摊费用"科目的期末余额填列
一年内到期的非流动资产	反映单位期末非流动资产项目中将在1年内（含1年）到期的金额，如事业单位将在1年内（含1年）到期的长期债券投资金额	本项目应当根据"长期债券投资"等科目的明细科目的期末余额分析填列
其他流动资产	反映单位期末除本表中上述各项之外的其他流动资产的合计金额	本项目应当根据有关科目期末余额的合计数填列
流动资产合计	反映单位期末流动资产的合计数	本项目应当根据本表中"货币资金""短期投资""财政应返还额度""应收票据""应收账款净额""预付账款""应收股利""应收利息""其他应收款净额""存货""待摊费用""一年内到期的非流动资产""其他流动资产"项目金额的合计数填列

续表

报表项目	报表项目内容	报表项目填列方法
非流动资产类：		
长期股权投资	反映事业单位期末持有的长期股权投资的账面余额	本项目应当根据“长期股权投资”科目的期末余额填列
长期债券投资	反映事业单位期末持有的长期债券投资的账面余额	本项目应当根据“长期债券投资”科目的期末余额减去其中将于1年内（含1年）到期的长期债券投资余额后的金额填列
固定资产原值	反映单位期末固定资产的原值	本项目应当根据“固定资产”科目的期末余额填列
固定资产累计折旧	反映单位期末固定资产已计提的累计折旧金额	本项目应当根据“固定资产累计折旧”科目的期末余额填列
固定资产净值	反映单位期末固定资产的账面价值	本项目应当根据“固定资产”科目期末余额减去“固定资产累计折旧”科目期末余额后的金额填列
工程物资	反映单位期末为在建工程准备的各种物资的实际成本	本项目应当根据“工程物资”科目的期末余额填列
在建工程	反映单位期末所有的建设项目工程的实际成本	本项目应当根据“在建工程”科目的期末余额填列
无形资产原值	反映单位期末无形资产的原值	本项目应当根据“无形资产”科目的期末余额填列
无形资产累计摊销	反映单位期末无形资产已计提的累计摊销金额	本项目应当根据“无形资产累计摊销”科目的期末余额填列
无形资产净值	反映单位期末无形资产的账面价值	本项目应当根据“无形资产”科目期末余额减去“无形资产累计摊销”科目期末余额后的金额填列
研发支出	反映单位期末正在进行的无形资产开发项目开发阶段发生的累计支出数	本项目应当根据“研发支出”科目的期末余额填列
公共基础设施原值	反映单位期末控制的公共基础设施的原值	本项目应当根据“公共基础设施”科目的期末余额填列
公共基础设施累计折旧（摊销）	反映单位期末控制的公共基础设施已计提的累计折旧或累计摊销金额	本项目应当根据“公共基础设施累计折旧（摊销）”科目的期末余额填列

续表

报表项目	报表项目内容	报表项目填列方法
公共基础设施净值	反映单位期末控制的公共基础设施的账面价值	本项目应当根据“公共基础设施”科目期末余额减去“公共基础设施累计折旧（摊销）”科目期末余额后的金额填列
政府储备物资	反映单位期末控制的政府储备物资的实际成本	本项目应当根据“政府储备物资”科目的期末余额填列
文物资源	反映单位期末控制的文物资源的成本	本项目应当根据“文物资源”科目的期末余额填列，其中“以成本计量”应根据“文物资源”科目的“成本”明细科目的金额填写，“以名义金额计量”应根据“文物资源”科目的“名义金额”明细科目余额填写
保障性住房原值	反映单位期末控制的保障性住房的原值	本项目应当根据“保障性住房”科目的期末余额填列
保障性住房累计折旧	反映单位期末控制的保障性住房已计提的累计折旧金额	本项目应当根据“保障性住房累计折旧”科目的期末余额填列
保障性住房净值	反映单位期末控制的保障性住房的账面价值	本项目应当根据“保障性住房”科目期末余额减去“保障性住房累计折旧”科目期末余额后的金额填列
长期待摊费用	反映单位期末已经支出，但应由本期和以后各期负担的分摊期限在1年以上（不含1年）的各项费用	本项目应当根据“长期待摊费用”科目的期末余额填列
待处理财产损溢	反映单位期末尚未处理完毕的各种资产的净损失或净溢余	本项目应当根据“待处理财产损溢”科目的期末借方余额填列。如“待处理财产损溢”科目期末为贷方余额，以“-”号填列
其他非流动资产	反映单位期末除本表中上述各项之外的其他非流动资产的合计数	本项目应当根据有关科目的期末余额合计数填列
非流动资产合计	反映单位期末非流动资产的合计数	本项目应当根据本表中“长期股权投资”“长期债券投资”“固定资产净值”“工程物资”“在建工程”“无形资产净值”“研发支出”“公共基础设施净值”“政府储备物资”“文物文化资产”“保障性住房净值”“长期待摊费用”“待处理财产损溢”“其他非流动资产”项目金额的合计数填列
受托代理资产	反映单位期末受托代理资产的价值	本项目应当根据“受托代理资产”科目的期末余额与“库存现金”“银行存款”科目下“受托代理资产”明细科目的期末余额的合计数填列

续表

报表项目	报表项目内容	报表项目填列方法
资产总计	反映单位期末资产的合计数	本项目应当根据本表中“流动资产合计”“非流动资产合计”“受托代理资产”项目金额的合计数填列
流动负债类：		
短期借款	反映事业单位期末短期借款的余额	本项目应当根据“短期借款”科目的期末余额填列
应交增值税	反映单位期末应缴未缴的增值税税额	本项目应当根据“应交增值税”科目的期末余额填列；如“应交增值税”科目期末为借方余额，以“-”号填列
其他应交税费	反映单位期末应缴未缴的除增值税以外的税费金额	本项目应当根据“其他应交税费”科目的期末余额填列。如“其他应交税费”科目期末为借方余额，以“-”号填列
应缴财政款	反映单位期末应当上缴财政但尚未缴纳的款项	本项目应当根据“应缴财政款”科目的期末余额填列
应付职工薪酬	反映单位期末按有关规定应付给职工及应为职工支付的各种薪酬	本项目应当根据“应付职工薪酬”科目的期末余额填列
应付票据	反映事业单位期末应付票据的金额	本项目应当根据“应付票据”科目的期末余额填列
应付账款	反映单位期末应当支付但尚未支付的偿还期限在1年以内（含1年）的应付账款的金额	本项目应当根据“应付账款”科目的期末余额填列
应付政府补贴款	反映负责发放政府补贴的行政单位期末按照规定应当支付给政府补贴接受者的各种政府补贴款余额	本项目应当根据“应付政府补贴款”科目的期末余额填列
应付利息	反映事业单位期末按照合同约定应支付的借款利息。事业单位到期一次还本付息的长期借款利息不包括在本项目内	本项目应当根据“应付利息”科目的期末余额填列
预收账款	反映事业单位期末预先收取但尚未确认收入和实际结算的款项余额	本项目应当根据“预收账款”科目的期末余额填列

续表

报表项目	报表项目内容	报表项目填列方法
其他应付款	反映单位期末其他各项偿还期限在1年内（含1年）的应付及暂收款项余额	本项目应当根据“其他应付款”科目的期末余额填列
预提费用	反映单位期末已预先提取的已经发生但尚未支付的各项费用	本项目应当根据“预提费用”科目的期末余额填列
一年内到期的非流动负债	反映单位期末将于1年内（含1年）偿还的非流动负债的余额	本项目应当根据“长期应付款”“长期借款”等科目的明细科目的期末余额分析填列
其他流动负债	反映单位期末除本表中上述各项之外的其他流动负债的合计数	本项目应当根据有关科目的期末余额的合计数填列
流动负债合计	反映单位期末流动负债合计数	本项目应当根据本表“短期借款”“应交增值税”“其他应交税费”“应缴财政款”“应付职工薪酬”“应付票据”“应付账款”“应付政府补贴款”“应付利息”“预收账款”“其他应付款”“预提费用”“一年内到期的非流动负债”“其他流动负债”项目金额的合计数填列
非流动负债类：		
长期借款	反映事业单位期末长期借款的余额	本项目应当根据“长期借款”科目的期末余额减去其中将于1年内（含1年）到期的长期借款余额后的金额填列
长期应付款	反映单位期末长期应付款的余额	本项目应当根据“长期应付款”科目的期末余额减去其中将于1年内（含1年）到期的长期应付款余额后的金额填列
预计负债	反映单位期末已确认但尚未偿付的预计负债的余额	本项目应当根据“预计负债”科目的期末余额填列
其他非流动负债	反映单位期末除本表中上述各项之外的其他非流动负债的合计数	本项目应当根据有关科目的期末余额合计数填列
非流动负债合计	反映单位期末非流动负债合计数	本项目应当根据本表中“长期借款”“长期应付款”“预计负债”“其他非流动负债”项目金额的合计数填列
受托代理负债	反映单位期末受托代理负债的金额	本项目应当根据“受托代理负债”科目的期末余额填列

续表

报表项目	报表项目内容	报表项目填列方法
负债合计	反映单位期末负债的合计数	本项目应当根据本表中“流动负债合计”“非流动负债合计”“受托代理负债”项目金额的合计数填列
净资产类：		
累计盈余	反映单位期末未分配盈余（或未弥补亏损）以及无偿调拨净资产变动的累计数	本项目应当根据“累计盈余”科目的期末余额填列
专用基金	反映事业单位期末累计提取或设置但尚未使用的专用基金余额	本项目应当根据“专用基金”科目的期末余额填列
权益法调整	反映事业单位期末在被投资单位除净损益和利润分配以外的所有者权益变动中累积享有的份额	本项目应当根据“权益法调整”科目的期末余额填列。如“权益法调整”科目期末为借方余额，以“-”号填列
无偿调拨净资产	反映单位本年度截至报告期期末无偿调入的非现金资产价值扣减无偿调出的非现金资产价值后的净值	本项目仅在月度报表中列示，年度报表中不列示。月度报表中本项目应当根据“无偿调拨净资产”科目的期末余额填列。“无偿调拨净资产”科目期末为借方余额，以“-”号填列
本期盈余	反映单位本年度截至报告期期末实现的累计盈余或亏损	本项目仅在月度报表中列示，年度报表中不列示。月度报表中本项目应当根据“本期盈余”科目的期末余额填列。“本期盈余”科目期末为借方余额时，以“-”号填列
净资产合计	反映单位期末净资产合计数	本项目应当根据本表中“累计盈余”、“专用基金”、“权益法调整”、“无偿调拨净资产”［月度报表］、“本期盈余”［月度报表］项目余额的合计数填列
负债和净资产总计		本项目应当根据本表中“负债合计”“净资产合计”项目金额的合计数填列

三、资产负债表编制举例

【例 8-1】甲事业单位 20×8 年 12 月 31 日各科目账户余额汇总见表 8-3，假定本例中不考虑年初数，根据所给资料完成该单位 20×8 年年末的资产负债表编制。

表 8-3　　甲事业单位20×8年12月31日账户余额汇总表　　单位：元

账户名称	借方余额	账户名称	贷方余额
库存现金	5 000	短期借款	400 000
银行存款	191 000	其他应交税费	20 000
财政应返还额度	120 000	应缴财政款	70 000
应收票据	22 000	应付职工薪酬	90 000
应收账款	250 000	应付票据	100 000
预付账款	18 000	应付账款	20 000
其他应收款	40 000	应付利息	10 000
库存物品	191 000	预收账款	90 000
待摊费用	12 000	其他应付款	6 900
长期债券投资	148 000	预提费用	36 000
其中：一年内到期的	62 000	长期借款	1 000 000
固定资产	3 000 000	其中：一年内到期长期借款	400 000
		累计盈余	2 289 100
工程物资	50 000	专用基金	400 000
在建工程	502 000	坏账准备： 其中：	20 000
无形资产	400 000	应收账款坏账准备明细账余额	16 500
研发支出	73 000		
长期待摊费用	48 000	其他应收款坏账准备明细账余额	3 500
待处理财产损溢	30 000	固定资产累计折旧	500 000
		无形资产累计摊销	48 000
合计	5 100 000		5 100 000

除以下项目需要汇总或分析填列外，其他项目均可根据各账户的期末余额直接填列。

（1）货币资金项目数额为库存现金、银行存款、零余额账户用款额度和其他货币资金的合计数。

货币资金=5 000+191 000+0=196 000（元）

（2）固定资产、无形资产净值项目按扣除累计折旧、累计摊销后的数额填列。

固定资产净值=3 000 000−500 000=2 500 000（元）

无形资产净值=400 000−48 000=352 000（元）

资产负债表编制举例

（3）应收账款净额、其他应收款净额按扣除相关坏账准备后的金额填列。

应收账款净额=应收账款余额−应收账款坏账准备=250 000−16 500=233 500（元）

其他应收款净额=其他应收款余额−其他应收款坏账准备=40 000−3 500=36 500（元）

（4）长期债券投资项目中，将于1年内（含1年）到期的投资62 000元列入“一年内到期的非流动资产”项目。

长期债券投资=148 000−62 000=86 000（元）

（5）长期借款项目中，将于1年内（含1年）偿还的借款400 000元列入“一年内到期的非流动负债”项目。

长期借款=1 000 000−400 000=600 000（元）

甲事业单位编制完成的资产负债表见表8-4。

表8-4　　资产负债表　　会政财01表

编制单位：甲事业单位　　20×8年12月31日　　单位：元

资产	年末余额	年初余额	负债和净资产	年末余额	年初余额
流动资产：			流动负债：		
货币资金	196 000		短期借款	400 000	
短期投资			应交增值税		
财政应返还额度	120 000		其他应交税费	20 000	
应收票据	22 000		应缴财政款	70 000	
应收账款净额	233 500		应付职工薪酬	90 000	
预付账款	18 000		应付票据	100 000	
应收股利			应付账款	20 000	
应收利息			应付政府补贴款		
其他应收款净额	36 500		应付利息	10 000	
存货	191 000		预收账款	90 000	
待摊费用	12 000		其他应付款	6 900	
一年内到期的非流动资产	62 000		预提费用	36 000	
其他流动资产			一年内到期的非流动负债	400 000	
流动资产合计	891 000		其他流动负债		
非流动资产：			流动负债合计	1 242 900	
长期股权投资			非流动负债：		
长期债券投资	86 000		长期借款	600 000	
固定资产原值	3 000 000		长期应付款		
减：固定资产累计折旧	500 000		预计负债		

续表

资产	年末余额	年初余额	负债和净资产	年末余额	年初余额
固定资产净值	2 500 000		其他非流动负债		
工程物资	50 000		非流动负债合计	600 000	
在建工程	502 000		受托代理负债		
无形资产原值	400 000		负债合计	1 842 900	
减：无形资产累计摊销	48 000				
无形资产净值	352 000				
研发支出	73 000				
公共基础设施原值					
减：公共基础设施累计折旧					
公共基础设施净值					
政府储备物资					
文物资源					
其中：以成本计量的文物资源					
以名义金额计量的文物资源					
保障性住房原值					
减：保障性住房累计折旧					
保障性住房净值			净资产：		
长期待摊费用	48 000		累计盈余	2 289 100	
待处理财产损溢	30 000		专用基金	400 000	
其他非流动资产			权益法调整		
非流动资产合计	3 641 000		无偿调拨净资产*		—
受托代理资产			本期盈余*		—
			净资产合计	2 689 100	
资产总计	4 532 000		负债和净资产总计	4 532 000	

第三节　收入费用表

一、收入费用表概述

(一) 收入费用表的概念

收入费用表是反映政府会计主体在一定会计期间的运行情况，即在某一会计期间内发生的收入、费用及当期盈余情况的报表。收入费用表是政府会计主体财务报表的重要组成部分。它可以提供一定时期政府会计主体收入总额及其构成情况、费用总额及其构成情况和本期盈余等会计信息。

收入费用表概述

(二) 收入费用表的内容

政府会计主体的收入费用表由表头和表体两部分构成。

1.表头部分

收入费用表的表头部分包括报表名称、编号（会政财02表）、编制单位、编制时间和金额单位等内容。由于收入费用表反映单位在某一时期的业务成果，属于动态报表，因此需注明报表所属会计期间，如月报为某年某月，年报为某年。按编报时间的不同，收入费用表分为月度报表和年度报表。

2.表体部分

收入费用表表体部分包括报表项目及其相关栏目两部分。

收入费用表项目应当按照本期收入、本期费用和本期盈余等项目分层次排列，采用单步式结构编排。

月度报表的收入费用表由“本月数”和“本年累计数”两栏组成，年度报表的收入费用表由“上年数”和“本年数”两栏组成。收入费用表的各栏数额，应当根据报表相关收支项目的“本月合计数”和“本年累计数”的发生额填列，或经过计算、分析后填列。

(三) 收入费用表编制的理论依据

收入费用表主要由收入、费用、盈余三个要素构成，从动态方面反映政府会计主体的业务成果。其编制所依据的理论基础是：收入-费用=盈余。

二、收入费用表的编制

(一)“本月数（或本年数）”的填列

本表“本月数”栏反映各项目的本月实际发生数。编制年度收入费用表时，应当将本栏改为“本年数”，反映本年度各项目的实际发生数。

(二)“本年累计数（或上年数）”的填列

本表“本年累计数”栏反映各项目自年初至报告期期末的实际累计发生数。编制年度收入费用表时，应当将本栏改为“上年数”，反映上年度各项目的实际发生数，“上年数”栏应当根据上年年度收入费用表中“本年数”栏内所列数字填列。

如本年度收入费用表项目的名称和内容同上年度不一致，应当对上年度收入费用表项目的名称和数字按照本年度的规定进行调整，将调整后的金额填入本年度收入费用表的“上年数”栏内。

如本年度单位发生了因前期差错更正、会计政策变更等调整以前年度盈余的事项，还应当对年度收入费用表中“上年数”栏中的有关项目金额进行相应调整。

收入费用表的具体项目、项目内容及其填列方法见表8-5。

收入费用表项目编制分析

表 8-5　　收入费用表的具体项目、内容及其填列方法

报表项目	报表项目内容	报表项目的填列方法
一、本期收入	反映单位本期收入总额	本项目应当根据本表中"财政拨款收入""事业收入""上级补助收入""附属单位上缴收入""经营收入""非同级财政拨款收入""投资收益""捐赠收入""利息收入""租金收入""其他收入"项目金额的合计数填列
财政拨款收入	反映单位本期从同级政府财政部门取得的各类财政拨款	本项目应当根据"财政拨款收入"科目的本期发生额填列
其中：政府性基金收入	反映单位本期取得的财政拨款收入中属于政府性基金预算拨款的金额	本项目应当根据"财政拨款收入"相关明细科目的本期发生额填列
事业收入	反映事业单位本期开展专业业务活动及其辅助活动实现的收入	本项目应当根据"事业收入"科目的本期发生额填列
上级补助收入	反映事业单位本期从主管部门和上级单位收到或应收的非财政拨款收入	本项目应当根据"上级补助收入"科目的本期发生额填列
附属单位上缴收入	反映事业单位本期收到或应收的独立核算的附属单位按照有关规定上缴的收入	本项目应当根据"附属单位上缴收入"科目的本期发生额填列
经营收入	反映事业单位本期在专业业务活动及其辅助活动之外开展非独立核算经营活动实现的收入	本项目应当根据"经营收入"科目的本期发生额填列
非同级财政拨款收入	反映单位本期从非同级政府财政部门取得的财政拨款，不包括事业单位因开展科研及其辅助活动从非同级财政部门取得的经费拨款	本项目应当根据"非同级财政拨款收入"科目的本期发生额填列
投资收益	反映事业单位本期股权投资和债券投资所实现的收益或发生的损失	本项目应当根据"投资收益"科目的本期发生额填列；如为投资净损失，以"-"号填列
捐赠收入	反映单位本期接受捐赠取得的收入	本项目应当根据"捐赠收入"科目的本期发生额填列
利息收入	反映单位本期取得的银行存款利息收入	本项目应当根据"利息收入"科目的本期发生额填列
租金收入	反映单位本期经批准利用国有资产出租取得并按规定纳入本单位预算管理的租金收入	本项目应当根据"租金收入"科目的本期发生额填列

续表

报表项目	报表项目内容	报表项目的填列方法
其他收入	反映单位本期取得的除以上收入项目外的其他收入的总额	本项目应当根据“其他收入”科目的本期发生额填列
二、本期费用	反映单位本期费用总额	本项目应当根据本表中“业务活动费用”、“单位管理费用”、“经营费用”、“资产处置费用”、“上缴上级费用”、“对附属单位补助费用”、“所得税费用”和“其他费用”项目金额的合计数填列
业务活动费用	反映单位本期为实现其职能目标，依法履职或开展专业业务活动及其辅助活动所发生的各项费用	本项目应当根据“业务活动费用”科目本期发生额填列
单位管理费用	反映单位本期本级行政及后勤管理部门开展管理活动发生的各项费用，以及由单位统一负担的离退休人员经费、工会经费、诉讼费、中介费等	本项目应当根据“单位管理费用”科目的本期发生额填列
经营费用	反映事业单位本期在专业业务活动及其辅助活动之外开展非独立核算经营活动发生的各项费用	本项目应当根据“经营费用”科目的本期发生额填列
资产处置费用	反映单位本期经批准处置资产时转销的资产价值以及在处置过程中发生的相关费用或者处置收入小于处置费用形成的净支出	本项目应当根据“资产处置费用”科目的本期发生额填列
上缴上级费用	反映事业单位按照规定上缴上级单位款项发生的费用	本项目应当根据“上缴上级费用”科目的本期发生额填列
对附属单位补助费用	反映事业单位用财政拨款收入之外的收入对附属单位补助发生的费用	本项目应当根据“对附属单位补助费用”科目的本期发生额填列
所得税费用	反映有企业所得税缴纳义务的事业单位本期计算应交纳的企业所得税	本项目应当根据“所得税费用”科目的本期发生额填列
其他费用	反映单位本期发生的除以上费用项目外的其他费用的总额	本项目应当根据“其他费用”科目的本期发生额填列
三、本期盈余	反映单位本期收入扣除本期费用后的净额	本项目应当根据本表中“本期收入”项目金额减去“本期费用”项目金额后的金额填列。如为负数，以“-”号填列

收入费用表
编制举例

三、收入费用表编制举例

【例 8-2】甲事业单位20×8年全年收入费用项目发生额汇总见表8-6，请根据发生额表编制收入费用表（不考虑上年数）。

表 8-6　　甲事业单位20×8年全年收入费用发生额汇总表　　单位：元

收入类	本年累计数	费用类	本年累计数
财政拨款收入	8 000 000	业务活动费用	8 600 000
事业收入	1 200 000	单位管理费用	800 000
上级补助收入	250 000	经营费用	280 000
附属单位上缴收入	120 000	所得税费用	30 000
经营收入	400 000	资产处置费用	90 000
非同级财政拨款收入	90 000	对附属单位补助费用	200 000
捐赠收入	15 000	上缴上级费用	150 000
投资收益	300 000	其他费用	80 000
租金收入	96 000		
利息收入	24 000		
其他收入	25 000		
收入合计	10 520 000	费用合计	10 230 000

甲事业单位编制完成的收入费用表见表8-7。

表 8-7　　收入费用表　　会政财02表

编制单位：甲事业单位　　20×8年　　单位：元

项　目	本年数
一、本期收入	10 520 000
（一）财政拨款收入	8 000 000
其中：政府性基金收入	—
（二）事业收入	1 200 000
（三）上级补助收入	250 000
（四）附属单位上缴收入	120 000
（五）经营收入	400 000
（六）非同级财政拨款收入	90 000
（七）投资收益	300 000

续表

项　目	本年数
（八）捐赠收入	15 000
（九）利息收入	24 000
（十）租金收入	96 000
（十一）其他收入	25 000
二、本期费用	10 230 000
（一）业务活动费用	8 600 000
（二）单位管理费用	800 000
（三）经营费用	280 000
（四）资产处置费用	90 000
（五）上缴上级费用	150 000
（六）对附属单位补助费用	200 000
（七）所得税费用	30 000
（八）其他费用	80 000
三、本期盈余	290 000

第四节　净资产变动表

一、净资产变动表概述

（一）净资产变动表的概念

净资产变动表是反映政府会计主体在某一会计年度内各项净资产变动情况的财务报表。净资产变动表可以提供一定时期政府会计主体净资产各组成项目金额的变动情况。政府会计主体应当定期编制净资产变动表，披露该单位在一定会计期间的净资产结存状况。

（二）净资产变动表的内容

政府会计主体净资产变动表由表头部分和表体部分构成。

1.表头部分

净资产变动表的表头部分包括报表名称、编号（会政财03表）、编制单位、编表时间和金额单位等内容。净资产变动表反映单位在某一时期的净资产变动情况，属于动态报表，因此需要注明报表所属的期间，如某年度。

净资产变动表概述

2.表体部分

报表表体部分包括编报项目、栏目及金额。

净资产变动表应当将本年数情况分项列示，按上年年末余额，以前年度盈余调整、本年年初余额、本年变动金额、本年年末余额等项目分层次排列。

净资产变动表的各栏数额，应当根据相关账户的“本年数”的发生额填列，或经过计算、分析后填列。

（三）净资产变动表的结构及填列

净资产变动表分以下五步进行计算与调整：（1）填列上年年末的净资产余额；（2）填列以前年度盈余调整对净资产的影响额；（3）填列本年年初的净资产余额；（4）填列本年变动的净资产数额；（5）填列本年年末的净资产余额。通过纵横多步骤的计算与分析，多层次全方位反映净资产的构成和其增减变动过程及其结果。

净资产变动表项目编制

二、净资产变动表的编制

净资产变动表项目、项目具体内容及其填列方法见表8-8。

表8-8　净资产变动表项目、项目内容及其填列方法

报表项目	报表项目内容	报表项目填列方法
一、上年年末余额	反映单位净资产各项目上年年末的余额	本行各项目应当根据“累计盈余”“专用基金”“权益法调整”科目上年年末余额填列
二、以前年度盈余调整（减少以“-”号填列）	反映单位本年度调整以前年度盈余的事项对累计盈余进行调整的金额	本行“累计盈余”项目应当根据本年度“以前年度盈余调整”科目转入“累计盈余”科目的金额填列；如调整减少累计盈余，以“-”号填列
三、本年年初余额	反映经过以前年度盈余调整后，单位净资产各项目的本年年初余额	本行“累计盈余”“专用基金”“权益法调整”项目应当根据其各自在“上年年末余额”和“以前年度盈余调整”行对应项目金额的合计数填列
四、本年变动金额（减少以“-”号填列）	反映单位净资产各项目本年变动总金额	本行“累计盈余”“专用基金”“权益法调整”项目应当根据其各自在“本年盈余”“无偿调拨净资产”“归集调整预算结转结余”“提取或设置专用基金”“使用专用基金”“权益法调整”行对应项目金额的合计数填列
（一）本年盈余	反映单位本年发生的收入、费用对净资产的影响	本行“累计盈余”项目应当根据年末由“本期盈余”科目转入“本年盈余分配”科目的金额填列；如转入时借记“本年盈余分配”科目，则以“-”号填列
（二）无偿调拨净资产	反映单位本年无偿调入、调出非现金资产事项对净资产的影响	本行“累计盈余”项目应当根据年末由“无偿调拨净资产”科目转入“累计盈余”科目的金额填列；如转入时借记“累计盈余”科目，则以“-”号填列

续表

报表项目	报表项目内容	报表项目填列方法
（三）归集调整预算结转结余	反映单位本年财政拨款结转结余资金归集调入、归集上缴或调出，以及非财政拨款结转资金缴回对净资产的影响	本行“累计盈余”项目应当根据“累计盈余”科目明细账记录分析填列；如归集调整减少预算结转结余，则以“-”号填列
（四）提取或设置专用基金	反映单位本年提取或设置专用基金对净资产的影响	本行“累计盈余”项目应当根据“从预算结余中提取”行“累计盈余”项目的金额填列、本行“专用基金”项目应当根据“从预算收入中提取”“从预算结余中提取”“设置的专用基金”行“专用基金”项目金额的合计数填列
其中：从预算收入中提取	反映单位本年从预算收入中提取专用基金对净资产的影响	本行“专用基金”项目应当通过对“专用基金”科目明细账记录的分析，根据本年按有关规定从预算收入中提取基金的金额填列
从预算结余中提取	反映单位本年根据有关规定从本年度非财政拨款结余或经营结余中提取专用基金对净资产的影响	本行“累计盈余”“专用基金”项目应当通过对“专用基金”科目明细账记录的分析，根据本年按有关规定从本年度非财政拨款结余或经营结余中提取专用基金的金额填列；本行“累计盈余”项目以“-”号填列
设置的专用基金	反映单位本年根据有关规定设置的其他专用基金对净资产的影响	本行“专用基金”项目应当通过对“专用基金”科目明细账记录的分析，根据本年按有关规定设置的其他专用基金的金额填列
（五）使用专用基金	反映单位本年按规定使用专用基金对净资产的影响	本行“累计盈余”“专用基金”项目应当通过对“专用基金”科目明细账记录的分析，根据本年按规定使用专用基金的金额填列；本行“专用基金”项目以“-”号填列
（六）权益法调整	反映单位本年按照被投资单位除净损益和利润分配以外的所有者权益变动份额而调整长期股权投资账面余额对净资产的影响	本行“权益法调整”项目应当根据“权益法调整”科目本年发生额填列；若本年净发生额为借方时，以“-”号填列
（七）会计政策变更	反映单位本年除以前年度盈余调整以外，因会计政策变更对净资产的影响	本行“会计政策变更”项目应当根据“以前年度盈余调整”科目本年发生额中与会计政策变更相关的金额填列；若本年净发生额为借方时，以“-”号填列

续表

报表项目	报表项目内容	报表项目填列方法
（八）其他	反映单位按照政府会计准则制度规定，除本年盈余、无偿调拨净资产、归集调整预算结转结余、提取或设置专用基金、使用专用基金、权益法调整、会计政策变更以外的对净资产的影响	例如，划转撤并调整，使用计提的科研项目间接费用或管理费购买固定资产、无形资产等情况对净资产的影响
五、本年年末余额	反映单位本年各净资产项目的年末余额	本行“累计盈余”“专用基金”“权益法调整”项目应当根据其各自在‘本年年初余额”“本年变动金额”行对应项目金额的合计数填列

三、净资产变动表编制举例

【例 8-3】乙事业单位20×7年年末累计盈余90 500元，专用基金30 000元，权益法调整50 000元。20×8年发生了下列业务：因以前错账更正而减少累计盈余10 000元；增加本年盈余40 000元；无偿调拨净资产增加15 000元；从预算收入中提取专用基金30 000元；使用专用基金28 000元（形成固定资产）；购买的长期股权投资除净损益和利润分配以外的所有者权益变动份额而调整长期股权投资账面余额18 000元；因归集调整预算结转结余导致累计盈余减少24 000元。

净资产变动表编制举例

根据以上资料编制完成的该单位的20×8年的净资产变动表见表8-9。

表 8-9　　净资产变动表　　会政财03表

编制单位：乙事业单位　　20×8年　　单位：元

项　目	本年数			
	累计盈余	专用基金	权益法调整	净资产合计
一、上年年末余额	90 500	30 000	50 000	170 500
二、以前年度盈余调整（减少以“-”号填列）	-10 000			-10 000
三、本年年初余额	80 500	30 000	50 000	160 500
四、本年变动金额（减少以“-”号填列）	59 000	2 000	18 000	79 000
（一）本年盈余	40 000			40 000
（二）无偿调拨净资产	15 000			15 000
（三）归集调整预算结转结余	-24 000			-24 000
（四）提取或设置专用基金		30 000		30 000
其中：从预算收入中提取		30 000		30 000

续表

项　目	本年数			
	累计盈余	专用基金	权益法调整	净资产合计
从预算结余中提取				
设置的专用基金				
（五）使用专用基金	28 000	-28 000		0
（六）权益法调整			18 000	18 000
（七）会计政策变更				
（八）其他				
五、本年年末余额	139 500	32 000	68 000	239 500

第五节　现金流量表

一、现金流量表概述

（一）现金流量表的含义

现金流量表是反映政府会计主体在一定会计期间现金及现金等价物流入和流出情况的报表。政府会计主体可以根据其实际情况自行选择编制现金流量表。现金流量表所指的现金，是指政府会计主体所拥有的库存现金以及其他可以随时用于支付的款项，包括库存现金、银行存款、其他货币资金、零余额账户用款额度、财政应返还额度，以及通过财政直接支付方式支付的款项。

现金流量表概述

（二）现金流量表的内容

现金流量表由表头和表体两部分构成。

1.表头部分

现金流量表的表头部分包括报表名称、编号（会政财04表）、编制单位、编表时间和金额单位等内容。现金流量表反映政府会计主体在某一时期的现金流入流出情况，属于动态报表，需要注明该报表所属的期间，如某年。

2.表体部分

报表主体部分包括编报项目及金额。

现金流量表应当按照日常活动产生的现金流量、投资活动产生的现金流量和筹资活动产生的现金流量等项目分层次排列，并应在现金流量表中反映汇率变动对现金的影响额。

现金流量表的金额栏目包括“上年金额”和“本年金额”，应当根据上述项目相关账户的实际发生数填列，或经过计算、分析后填列。

（三）现金流量表的结构和填列

现金流量表采用直接法编制，即直接确定每笔现金流量的业务属性，并相应填入日常业务、投资、筹资三部分的现金收支项目，然后汇总三者的现金流入流出净额，再加上汇率变动对现金的影响额即得到单位该年度的现金净增加额。

用公式表达：

现金净增加额=日常活动产生的现金流量净额+投资活动产生的现金流量净额+筹资活动产生的现金流量净额+汇率变动对现金的影响额

二、现金流量表的编制

现金流量表项目编制

（一）“上年金额”的填列

该表“上年金额”栏反映各项目的上年实际发生数，应当根据上年现金流量表中“本年金额”栏内所列数字填列。

（二）现金流量表具体项目、项目内容及其填列方法

现金流量表具体项目、项目内容及其填列方法见表8-10。

表8-10 现金流量表项目、项目内容及其填列方法

报表项目	项目具体内容	项目具体填列方法
一、日常活动产生的现金流量		
财政基本支出拨款收到的现金	反映单位本年接受财政基本支出拨款取得的现金	本项目应当根据“零余额账户用款额度”“财政拨款收入”“银行存款”等科目及其所属明细科目的记录分析填列
财政非资本性项目拨款收到的现金	反映单位本年接受除用于购建固定资产、无形资产、公共基础设施等资本性项目以外的财政项目拨款取得的现金	本项目应当根据“银行存款”“零余额账户用款额度”“财政拨款收入”等科目及其所属明细科目的记录分析填列
事业活动收到的除财政拨款以外的现金	反映事业单位本年开展专业业务活动及其辅助活动取得的除财政拨款以外的现金	本项目应当根据“库存现金”“银行存款”“其他货币资金”“应收账款”“应收票据”“预收账款”“事业收入”等科目及其所属明细科目的记录分析填列
收到的其他与日常活动有关的现金	反映单位本年收到的除以上项目之外的与日常活动有关的现金	本项目应当根据“库存现金”“银行存款”“其他货币资金”“上级补助收入”“附属单位上缴收入”“经营收入”“非同级财政拨款收入”“捐赠收入”“利息收入”“租金收入”“其他收入”等科目及其所属明细科目的记录分析填列
日常活动的现金流入小计	反映单位本年日常活动产生的现金流入的合计数	本项目应当根据本表中日常活动项目金额的合计数填列

续表

报表项目	项目具体内容	项目具体填列方法
购买商品、接受劳务支付的现金	反映单位本年在日常活动中用于购买商品、接受劳务支付的现金	本项目应当根据“库存现金”“银行存款”“财政拨款收入”“零余额账户用款额度”“预付账款”“在途物品”“库存物品”“应付账款”“应付票据”“业务活动费用”“单位管理费用”“经营费用”等科目及其所属明细科目的记录分析填列
支付给职工以及为职工支付的现金	反映单位本年支付给职工以及为职工支付的现金	本项目应当根据“库存现金”“银行存款”“零余额账户用款额度”“财政拨款收入”“应付职工薪酬”“业务活动费用”“单位管理费用”“经营费用”等科目及其所属明细科目的记录分析填列
支付的各项税费	反映单位本年用于缴纳日常活动相关税费而支付的现金	本项目应当根据“库存现金”“银行存款”“零余额账户用款额度”“应交增值税”“其他应交税费”“业务活动费用”“单位管理费用”“经营费用”“所得税费用”等科目及其所属明细科目的记录分析填列
支付的其他与日常活动有关的现金	反映单位本年支付的除上述项目之外与日常活动有关的现金	本项目应当根据“库存现金”“银行存款”“零余额账户用款额度”“财政拨款收入”“其他应付款”“业务活动费用”“单位管理费用”“经营费用”“其他费用”等科目及其所属明细科目的记录分析填列
日常活动的现金流出小计	反映单位本年日常活动产生的现金流出的合计数	本项目应当根据本表中日常活动项目金额的合计数填列
日常活动产生的现金流量净额	反映单位日常活动净现金流量	本项目应当按照本表中“日常活动的现金流入小计”项目金额减去“日常活动的现金流出小计”项目金额后的金额填列；如为负数，以“-”号填列
二、投资活动产生的现金流量		
收回投资收到的现金	反映单位本年出售、转让或者收回投资收到的现金	本项目应当根据“库存现金”“银行存款”“短期投资”“长期股权投资”“长期债券投资”等科目的记录分析填列
取得投资收益收到的现金	反映单位本年因对外投资而收到被投资单位分配的股利或利润，以及收到投资利息而取得的现金	本项目应当根据“库存现金”“银行存款”“应收股利”“应收利息”“投资收益”等科目的记录分析填列

续表

报表项目	项目具体内容	项目具体填列方法
处置固定资产、无形资产、公共基础设施等收回的现金净额	反映单位本年处置固定资产、无形资产、公共基础设施等非流动资产所取得的现金，减去为处置这些资产而支付的有关费用之后的净额。由于自然灾害所造成的固定资产等长期资产损失而收到的保险赔款收入也在本项目反映	本项目应当根据“库存现金”“银行存款”“待处理财产损溢”等科目的记录分析填列
收到的其他与投资活动有关的现金	反映单位本年收到的除上述项目之外与投资活动有关的现金。对于金额较大的现金流入，应当单列项目反映	本项目应当根据“库存现金”“银行存款”等有关科目的记录分析填列
投资活动的现金流入小计	反映单位本年投资活动产生的现金流入的合计数	本项目应当根据本表中投资活动项目金额的合计数填列
购建固定资产、无形资产、公共基础设施等支付的现金	反映单位本年购买和建造固定资产、无形资产、公共基础设施等非流动资产所支付的现金；融资租入固定资产支付的租赁费不在本项目反映，在筹资活动的现金流量中反映	本项目应当根据“库存现金”“银行存款”“固定资产”“工程物资”“在建工程”“无形资产”“研发支出”“公共基础设施”“保障性住房”等科目的记录分析填列
对外投资支付的现金	反映单位本年为取得短期投资、长期股权投资、长期债券投资而支付的现金	本项目应当根据“库存现金”“银行存款”“短期投资”“长期股权投资”“长期债券投资”等科目的记录分析填列
上缴处置固定资产、无形资产、公共基础设施等净收入支付的现金	反映本年单位将处置固定资产、无形资产、公共基础设施等非流动资产所收回的现金净额予以上缴财政所支付的现金	本项目应当根据“库存现金”“银行存款”“应缴财政款”等科目的记录分析填列
支付的其他与投资活动有关的现金	反映单位本年支付的除上述项目之外与投资活动有关的现金。对于金额较大的现金流出，应当单列项目反映	本项目应当根据“库存现金”“银行存款”等有关科目的记录分析填列
投资活动的现金流出小计	反映单位本年投资活动产生的现金流出的合计数	本项目应当根据本表中投资活动项目金额的合计数填列

续表

报表项目	项目具体内容	项目具体填列方法
投资活动产生的现金流量净额	反映单位投资活动净现金流量	本项目应当根据本表中“投资活动的现金流入小计”项目金额减去“投资活动的现金流出小计”项目金额后的金额填列；如为负数，以“-”号填列
三、筹资活动产生的现金流量		
财政资本性项目拨款收到的现金	反映单位本年接受用于购建固定资产、无形资产、公共基础设施等资本性项目的财政项目拨款取得的现金	本项目应当根据“银行存款”“零余额账户用款额度”“财政拨款收入”等科目及其所属明细科目的记录分析填列
取得借款收到的现金	反映事业单位本年举借短期、长期借款所收到的现金	本项目应当根据“库存现金”“银行存款”“短期借款”“长期借款”等科目记录分析填列
收到的其他与筹资活动有关的现金	反映单位本年收到的除上述项目之外与筹资活动有关的现金。对于金额较大的现金流入，应当单列项目反映	本项目应当根据“库存现金”“银行存款”等有关科目的记录分析填列
筹资活动的现金流入小计	反映单位本年筹资活动产生的现金流入的合计数	本项目应当根据本表中“财政资本性项目拨款收到的现金”“取得借款收到的现金”“收到的其他与筹资活动有关的现金”项目金额的合计数填列
偿还借款支付的现金	反映事业单位本年偿还借款本金所支付的现金	本项目应当根据“库存现金”“银行存款”“短期借款”“长期借款”等科目的记录分析填列
偿付利息支付的现金	反映事业单位本年支付的借款利息等	本项目应当根据“库存现金”“银行存款”“应付利息”“长期借款”等科目的记录分析填列
支付的其他与筹资活动有关的现金	反映单位本年支付的除上述项目之外与筹资活动有关的现金，如融资租入固定资产所支付的租赁费	本项目应当根据“库存现金”“银行存款”“长期应付款”等科目的记录分析填列
筹资活动的现金流出小计	反映单位本年筹资活动产生的现金流出的合计数	本项目应当根据本表中“偿还借款支付的现金”“偿付利息支付的现金”“支付的其他与筹资活动有关的现金”项目金额的合计数填列

续表

报表项目	项目具体内容	项目具体填列方法
筹资活动产生的现金流量净额	反映单位筹资活动净现金流量	本项目应当根据本表中“筹资活动的现金流入小计”项目金额减去“筹资活动的现金流出小计”金额后的金额填列；如为负数，以“-”号填列
汇率变动对现金的影响额	反映单位本年外币现金流量折算为人民币时，所采用的现金流量发生日的汇率折算的人民币金额与外币现金流量净额按期末汇率折算的人民币金额之间的差额	本项目应当根据现金流量发生日的汇率折算的人民币金额与外币现金流量净额按期末汇率折算的人民币金额之间的差额填列
现金净增加额	反映单位本年现金变动的净额	本项目应当根据本表中“日常活动产生的现金流量净额”、“投资活动产生的现金流量净额”、“筹资活动产生的现金流量净额”和“汇率变动对现金的影响额”项目金额的合计数填列；如为负数，以“-”号填列

第六节　会计报表附注

会计报表附注是对在资产负债表、收入费用表、现金流量表等会计报表中列示项目所作的进一步说明，以及对未能在会计报表中列示项目的说明。会计报表附注是财务报表的重要组成部分。凡对报表使用者的决策有重要影响的会计信息，无论政府会计准则或政府会计制度有无明确规定，政府会计主体均应当在附注中充分披露。

财务会计报表附注

会计报表附注主要包括单位基本情况、会计报表编制基础、遵循政府会计准则制度的声明、重要会计政策和会计估计等。

一、单位的基本情况

政府会计主体应当简要披露其基本情况，包括单位主要职能、主要业务活动、所在地、预算管理关系等。

二、会计报表的编制基础

单位财务报告编制要求以持续经营为前提，以权责发生制为基础，报表项目各个会计期间保持一致，不得随意变更等。

三、遵循政府会计准则、制度的声明

单位应当声明编制的会计报表符合政府会计准则、政府会计制度编制规定的要求，如实反映政府部门会计主体的财务状况、运行情况等有关信息。

四、重要会计政策与会计估计

单位应当采用与其业务特点相适应的具体会计政策，并充分披露报告期内采用的重要会计政策和会计估计。主要包括以下内容：

（1）会计期间。

（2）记账本位币，外币折算汇率。

（3）坏账准备的计提方法。

（4）存货类别、发出存货的计价方法、存货的盘存制度，以及低值易耗品和包装物的摊销方法。

（5）长期股权投资的核算方法。

（6）固定资产分类、折旧方法、折旧年限和年折旧率；融资租入固定资产的计价和折旧方法。

（7）无形资产的计价方法；使用寿命有限的无形资产，其使用寿命估计情况；使用寿命不确定的无形资产，其使用寿命不确定的判断依据；单位内部研究开发项目划分研究阶段和开发阶段的具体标准。

（8）公共基础设施的分类、折旧（摊销）方法、折旧（摊销）年限，以及其确定依据。

（9）政府储备物资分类，以及确定其发出成本所采用的方法。

（10）保障性住房的分类、折旧方法、折旧年限。

（11）其他重要的会计政策和会计估计。

（12）本期发生重要会计政策和会计估计变更的，变更的内容和原因、受其重要影响的报表项目名称和金额、相关审批程序，以及会计估计变更开始适用的时点。

五、会计报表重要项目说明

单位应当按照资产负债表和收入费用表项目列示顺序，采用文字和数据描述相结合的方式披露重要项目的明细信息。报表重要项目的明细金额合计，应当与报表项目金额相衔接。

六、本年盈余与预算结余的差异情况说明

为了反映单位财务会计和预算会计因核算基础和核算范围不同所产生的本年盈余数与本年预算结余数之间的差异，单位应当按照重要性原则，对本年度发生的各类影响收入（预算收入）和费用（预算支出）的业务进行适度归并和分析，披露将年度预算收入支出表中“本年预算收支差额”调节为年度收入费用表中“本期盈余”的信息。有关的披露格式见表8-11。

表 8-11　　本年盈余与预算结余差异情况说明表

项　目	金 额
一、本年预算结余（本年预算收支差额）	
二、差异调节	——
（一）重要事项的差异	
加：1. 当期确认为收入但没有确认为预算收入	
（1）应收款项、预收账款确认的收入	
（2）接受非货币性资产捐赠确认的收入	
2. 当期确认为预算支出但没有确认为费用	
（1）支付应付款项、预付账款的支出	
（2）为取得存货、政府储备物资等计入物资成本的支出	
（3）为购建固定资产等的资本性支出	
（4）偿还借款本息支出	
减：1. 当期确认为预算收入但没有确认为收入	
（1）收到应收款项、预收账款确认的预算收入	
（2）取得借款确认的预算收入	
2. 当期确认为费用但没有确认为预算支出	
（1）发出存货、政府储备物资等确认的费用	
（2）计提的折旧费用和摊销费用	
（3）确认的资产处置费用（处置资产价值）	
（4）应付款项、预付账款确认的费用	
（二）其他事项差异	
三、本年盈余（本年收入与费用的差额）	

七、其他重要事项说明

需要说明的其他重要事项主要包括：

（1）资产负债表日存在的重要或有事项说明。没有重要或有事项的，也应说明。

（2）以名义金额计量的资产名称、数量等情况，以及以名义金额计量理由的说明。

（3）通过债务资金形成的固定资产、公共基础设施、保障性住房等资产的账面价值、使用情况、收益情况及与此相关的债务偿还情况等的说明。

（4）重要资产置换、无偿调入（出）、捐入（出）、报废、重大毁损等情况的说明。

（5）事业单位将单位内部独立核算单位的会计信息纳入本单位财务报表情况的说明。

（6）政府会计具体准则中要求附注披露的其他内容。

（7）有助于理解和分析单位财务报表需要说明的其他事项。

第七节　预算收入支出表

一、预算收入支出表概述

（一）预算收入支出表的概念

预算收入支出表是反映政府会计主体在某一会计年度内各项预算收入、预算支出和预算收支差额情况的报表。预算收入支出表是政府会计主体预算会计报表体系的重要组成部分，它可以提供在一定的会计期间政府会计主体预算收入总额及其具体的构成情况、预算支出总额及其具体的构成情况以及预算收支差额的预算会计信息。

预算收入支出表概述

（二）预算收入支出表的内容

预算收入支出表由表头部分和表体部分构成。

1.表头部分

预算收入支出表的表头部分包括报表名称、编号（会政预01表）、编制单位、编表时间和金额单位等内容。预算收入支出表反映政府会计主体在某一时期的预算收支情况，属于动态报表，需要注明报表所属的期间，如某年。

2.表体部分

报表主体部分包括编报项目、栏目及金额。

预算收入支出表应当按照本年预算收入、本年预算支出的构成和本年预算收支差额情况等项目分别列示。

年度的预算收入支出表由“本年数”和“上年数”两栏组成。预算收入支出表的各栏数额，应当根据相关收支账户的“上年预算数”和“本年预算数”的发生额填列，或经过计算、分析后填列。

（三）预算收入支出表的结构和填列

预算收入支出表采用单步式结构列报。首先，通过计算各项具体的预算收入，汇总得出本年预算收入总额；然后，通过计算各项具体的预算支出，汇总得出本期预算支出总额；最后，通过预算收入总额与预算支出总额相抵销，得出本期预算收支差额。

二、预算收入支出表的编制

（一）“上年数”的填列

本表“上年数”栏反映项目上年度的实际发生数，应当根据上年度预算收入支出表中“本年数”栏所列数字填列。如果本年度预算收入支出表规定的项目的名称和内容同上年不一致，应当对上年度预算收入支出表项目的名称和数字按照本年度的规定进行调整，将调整后金额填入本年度预算收入支出表的“上年数”栏。

预算收入支出表项目编制

（二）预算收入支出表项目、项目内容及其具体填列方法

预算收入支出表项目内容及填列方法见表8-12。

表8-12　预算收入支出表项目内容及填列方法

报表项目	报表项目内容	报表项目填列方法
一、本年预算收入	反映单位本年预算收入总额	本项目应当根据本表中各预算收入项目金额的合计数填列
财政拨款预算收入	反映单位本年从同级政府财政部门取得的各类财政拨款	本项目应当根据“财政拨款预算收入”科目的本年发生额填列
其中：政府性基金收入	反映单位本年取得的财政拨款收入中属于政府性基金预算拨款的金额	本项目应当根据“财政拨款预算收入”相关明细科目的本年发生额填列
事业预算收入	反映事业单位本年开展专业业务活动及其辅助活动取得的预算收入	本项目应当根据“事业预算收入”科目的本年发生额填列
上级补助预算收入	反映事业单位本年从主管部门和上级单位取得的非财政补助预算收入	本项目应当根据“上级补助预算收入”科目的本年发生额填列
附属单位上缴预算收入	反映事业单位本年收到的独立核算的附属单位按照有关规定上缴的预算收入	本项目应当根据“附属单位上缴预算收入”科目的本年发生额填列
经营预算收入	反映事业单位本年在专业业务活动及其辅助活动之外开展非独立核算经营活动取得的预算收入	本项目应当根据“经营预算收入”科目的本年发生额填列
债务预算收入	反映事业单位本年按照规定从金融机构等借入的、纳入部门预算管理的债务预算收入	本项目应当根据“债务预算收入”科目的本年发生额填列
非同级财政拨款预算收入	反映单位本年从非同级政府财政部门取得的财政拨款	本项目应当根据“非同级财政拨款预算收入”科目的本年发生额填列
投资预算收益	反映事业单位本年取得的按规定纳入单位预算管理的投资收益	本项目应当根据“投资预算收益”科目的本年发生额填列
其他预算收入	反映单位本年取得的除上述收入以外的纳入单位预算管理的各项预算收入	本项目应当根据“其他预算收入”科目的本年发生额填列

续表

报表项目	报表项目内容	报表项目填列方法
其中：利息预算收入	反映单位本年取得的利息预算收入	本项目应当根据“其他预算收入”科目的明细记录分析填列。单位单设“利息预算收入”科目的，应当根据“利息预算收入”科目的本年发生额填列
捐赠预算收入	反映单位本年取得的捐赠预算收入	本项目应当根据“其他预算收入”科目明细账记录分析填列。单位单设“捐赠预算收入”科目的，应当根据“捐赠预算收入”科目的本年发生额填列
租金预算收入	反映单位本年取得的租金预算收入	本项目应当根据“其他预算收入”科目明细账记录分析填列。单位单设“租金预算收入”科目的，应当根据“租金预算收入”科目的本年发生额填列
二、本年预算支出	反映单位本年预算支出总额	本项目应当根据本表中各项支出项目金额的合计数填列
行政支出	反映行政单位本年履行职责实际发生的支出	本项目应当根据“行政支出”科目的本年发生额填列
事业支出	反映事业单位本年开展专业业务活动及其辅助活动发生的支出	本项目应当根据“事业支出”科目的本年发生额填列
经营支出	反映事业单位本年在专业业务活动及其辅助活动之外开展非独立核算经营活动发生的支出	本项目应当根据“经营支出”科目的本年发生额填列
上缴上级支出	反映事业单位本年按照财政部门和主管部门的规定上缴上级单位的支出	本项目应当根据“上缴上级支出”科目的本年发生额填列
对附属单位补助支出	反映事业单位本年用财政拨款收入之外的收入对附属单位补助发生的支出	本项目应当根据“对附属单位补助支出”科目的本年发生额填列
投资支出	反映事业单位本年以货币资金对外投资发生的支出	本项目应当根据“投资支出”科目的本年发生额填列

续表

报表项目	报表项目内容	报表项目填列方法
债务还本支出	反映事业单位本年偿还自身承担的纳入预算管理的从金融机构举借的债务本金的支出	本项目应当根据“债务还本支出”科目的本年发生额填列
其他支出	反映单位本年除以上支出以外的各项支出	本项目应当根据“其他支出”科目的本年发生额填列
其中：利息支出	反映单位本年发生的利息支出	本项目应当根据“其他支出”科目明细账记录分析填列。单位单设“利息支出”科目的，应当根据“利息支出”科目的本年发生额填列
捐赠支出	反映单位本年发生的捐赠支出	本项目应当根据“其他支出”科目明细账记录分析填列。单位单设“捐赠支出”科目的，应当根据“捐赠支出”科目的本年发生额填列
三、本年预算收支差额	反映单位本年各项预算收支相抵后的差额	本项目应当根据本表中“本期预算收入”项目金额减去“本期预算支出”项目金额后的金额填列。如相减后金额为负数，以“-”号填列

三、预算收入支出表编制举例

预算收入支出表编制举例

【例 8-4】丙事业单位20×8年预算收入支出发生额见表8-13。根据以下资料编制丙事业单位预算收入支出表（不考虑上年数）。

表 8-13　丙事业单位20×8年预算收入支出发生额汇总表　单位：元

收入类	本年数	支出类	本年数
财政拨款预算收入	8 000 000	行政支出	
其中：政府性基金收入		事业支出	27 000 000
事业预算收入	20 000 000	经营支出	1 600 000
上级补助预算收入	500 000	上缴上级支出	300 000
附属单位上缴预算收入	1 000 000	对附属单位补助支出	800 000
经营预算收入	2 000 000	投资支出	1 000 000
债务预算收入	2 000 000	债务还本支出	800 000
非同级财政拨款预算收入	480 000	其他支出	120 000
投资预算收益	100 000	其中：利息支出	100 000

续表

收入类	本年数	支出类	本年数
其他预算收入	120 000	捐赠支出	20 000
其中：利息预算收入	40 000		
捐赠预算收入	30 000		
租金预算收入	50 000		
收入合计	34 200 000	支出合计	31 620 000

编制完成的丙事业单位20×8年预算收入支出表见表8-14。

表8-14　**预算收入支出表**　会政预01表

编制单位：丙事业单位　20×8年　单位：元

项目	本年数	上年数
一、本年预算收入	34 200 000	
（一）财政拨款预算收入	8 000 000	
其中：政府性基金收入		
（二）事业预算收入	20 000 000	
（三）上级补助预算收入	500 000	
（四）附属单位上缴预算收入	1 000 000	
（五）经营预算收入	2 000 000	
（六）债务预算收入	2 000 000	
（七）非同级财政拨款预算收入	480 000	
（八）投资预算收益	100 000	
（九）其他预算收入	120 000	
其中：利息预算收入	40 000	
捐赠预算收入	30 000	
租金预算收入	50 000	
二、本年预算支出	31 620 000	
（一）行政支出		
（二）事业支出	27 000 000	
（三）经营支出	1 600 000	
（四）上缴上级支出	300 000	

续表

项　目	本年数	上年数
（五）对附属单位补助支出	800 000	
（六）投资支出	1 000 000	
（七）债务还本支出	800 000	
（八）其他支出	120 000	
其中：利息支出	100 000	
捐赠支出	20 000	
三、本年预算收支差额	2 580 000	

第八节　预算结转结余变动表

一、预算结转结余变动表的概念和内容

（一）预算结转结余变动表的概念

预算结转结余变动表是反映政府会计主体在某一会计年度内预算结转结余变动情况的预算会计报表。预算结转结余变动表是政府会计主体预算会计报表的重要组成部分，该报表可以提供一定时期内政府会计主体预算结转结余各个组成项目金额的具体变动情况。

（二）预算结转结余变动表的内容

预算结转结余变动表由表头部分和表体部分构成。

1.表头部分

预算结转结余变动表的表头部分包括报表名称、编号（会政预02表）、编制单位、编表时间和金额单位等内容。预算结转结余变动表反映单位在某一时期的预算结转结余情况，属于动态报表，需要注明报表所属的期间，如某年。

预算结转结余变动表编制

2.表体部分

报表主体部分包括编报项目、栏目及金额。

预算结转结余变动表应当按本年数、上年数等情况分项列示，按年初预算结转结余、年初余额调整、本年变动金额、年末预算结转结余等项目分别列示。

年度预算结转结余变动表由“本年数”和“上年数”两栏组成。其各栏数额，应当根据相关账户的“上年数”和“本年数”的发生额填列，或经过计算、分析后填列。

二、预算结转结余变动表的编制

（一）“上年数”的填列方法

该表“上年数”栏反映各项目的上年实际发生数，应当根据上年度预算结转结余变动表中“本年数”栏内所列数字填列。如果本年度预算结转结余变动表规定的项目名称和内

容同上年度不一致，应当对上年度预算结转结余变动表项目的名称和数字按照本年度的规定进行调整，将调整后金额填入本年度预算结转结余变动表的“上年数”栏。

（二）预算结转结余变动表项目、项目内容及其填列方法

预算结转结余变动表项目、项目内容及其填列方法见表8-15。

表8-15　　预算结转结余变动表项目、项目内容及填列方法

报表项目	报表项目内容	报表项目填列方法
一、年初预算结转结余	反映单位本年预算结转结余的年初余额	本项目应当根据本项目下“财政拨款结转结余”“其他资金结转结余”项目金额的合计数填列
（一）财政拨款结转结余	反映单位本年财政拨款结转结余资金的年初余额	本项目应当根据“财政拨款结转”“财政拨款结余”科目本年年初余额合计数填列
（二）其他资金结转结余	反映单位本年其他资金结转结余的年初余额	本项目应当根据“非财政拨款结转”“非财政拨款结余”“专用结余”“经营结余（借方余额）”科目本年年初余额的合计数填列
二、年初余额调整	反映单位本年预算结转结余年初余额调整的金额	本项目应当根据本项目下“财政拨款结转结余”“其他资金结转结余”项目金额的合计数填列
（一）财政拨款结转结余	反映单位本年财政拨款结转结余资金的年初余额调整金额	本项目应当根据“财政拨款结转”“财政拨款结余”科目下“年初余额调整”明细科目的本年发生额的合计数填列；如调整减少年初财政拨款结转结余，以“-”号填列
（二）其他资金结转结余	反映单位本年其他资金结转结余的年初余额调整金额	本项目应当根据“非财政拨款结转”“非财政拨款结余”科目下“年初余额调整”明细科目的本年发生额的合计数填列；如调整减少年初其他资金结转结余，以“-”号填列
三、本年变动金额	反映单位本年预算结转结余变动的金额	本项目应当根据本项目下“财政拨款结转结余”“其他资金结转结余”项目金额的合计数填列
（一）财政拨款结转结余	反映单位本年财政拨款结转结余资金的变动	本项目应当根据本项目下“本年收支差额”“归集调入”“归集上缴或调出”项目金额的合计数填列
1.本年收支差额	反映单位本年财政拨款资金收支相抵后的差额	本项目应当根据“财政拨款结转”科目下“本年收支结转”明细科目本年转入的预算收入与预算支出的差额填列；差额为负数的，以“-”号填列
2.归集调入	反映单位本年按照规定从其他单位归集调入的财政拨款结转资金	本项目应当根据“财政拨款结转”科目下“归集调入”明细科目的本年发生额填列

续表

报表项目	报表项目内容	报表项目填列方法
3.归集上缴或调出	反映单位本年按照规定上缴的财政拨款结转结余资金及按照规定向其他单位调出的财政拨款结转资金	本项目应当根据“财政拨款结转”“财政拨款结余”科目下“归集上缴”明细科目，以及“财政拨款结转”科目下“归集调出”明细科目本年发生额的合计数填列，以“-”号填列
（二）其他资金结转结余	反映单位本年其他资金结转结余的变动	本项目应当根据本项目下“本年收支差额”“缴回资金”“支付所得税”项目金额的合计数填列
1.本年收支差额	反映单位本年除财政拨款外的其他资金收支相抵后的差额	本项目应当根据“非财政拨款结转”科目下“本年收支结转”明细科目、“其他结余”、“经营结余”、“专用结余”科目本年转入的预算收入与预算支出的差额的合计数填列；如为负数，以“-”号填列
2.缴回资金	反映单位本年按照规定缴回的非财政拨款结转资金	本项目应当根据“非财政拨款结转”科目下“缴回资金”明细科目本年发生额的合计数填列，以“-”号填列
3.支付所得税	反映有企业所得税缴纳义务的事业单位本年实际缴纳的企业所得税金额	本项目应当根据“非财政拨款结余”明细账中本年实际缴纳企业所得税业务的发生额填列，以“-”号填列
四、年末预算结转结余	反映单位本年预算结转结余的年末余额	本项目应当根据本项目下“财政拨款结转结余”“其他资金结转结余”项目金额的合计数填列
（一）财政拨款结转结余	反映单位本年财政拨款结转结余的年末余额	本项目应当根据本项目下“财政拨款结转”“财政拨款结余”项目金额的合计数填列
1.财政拨款结转	反映单位本年财政拨款结转的年末余额	本项目应当根据“财政拨款结转”科目的本年年末余额填列
2.财政拨款结余	反映单位本年财政拨款结余的年末余额	本项目应当根据“财政拨款结余”科目的本年年末余额填列
（二）其他资金结转结余	反映单位本年其他资金结转结余的年末余额	本项目应当根据本项目下“非财政拨款结转”“非财政拨款结余”“专用结余”“经营结余（借方余额）”项目金额的合计数填列
1.非财政拨款结转	反映单位本年非财政拨款结转的年末余额	本项目应当根据“非财政拨款结转”科目的本年年末余额填列
2.非财政拨款结余	反映单位本年非财政拨款结余的年末余额	本项目应当根据“非财政拨款结余”科目的本年年末余额填列

续表

报表项目	报表项目内容	报表项目填列方法
3. 专用结余	反映单位本年专用结余的年末余额	本项目应当根据“专用结余”科目的本年年末余额填列
4. 经营结余	反映单位本年经营结余的年末余额（净亏损）	本项目应当根据“经营结余”科目的本年年末余额填列（如果有的话，一定是借方余额）

三、预算结转结余变动表编制举例

【例 8-5】丁事业单位20×8年预算结转结余年初数分别为：财政拨款结转700 000元，财政拨款结余1 000 000元；非财政拨款结转1 200 000元，非财政拨款结余1 500 000元，专用结余800 000元。

本年发生以下业务：

（1）年初余额调整事项：因会计差错更正调减财政拨款结余100 000元；因购货退回调增非财政拨款结转40 000元。

（2）其他业务：本年从下属单位归集调入财政拨款结转资金300 000元，归集调出财政拨款结余50 000元，归集上缴上级财政部门财政结转资金60 000元，缴回上级部门非财政拨款结余资金20 000元；本年财政拨款（含基本支出和项目支出）收支结平；本年事业收入支出结转，转入非财政拨款结转资金90 000元，转入非财政拨款结余32 000元；本年经营收支结转（亏损）60 000元（借方）。

预算结转结余变动表编制举例

请根据以上资料编制丁事业单位预算结转结余变动表。

编制完成的丁事业单位预算结转结余变动表见表8-16。

表 8-16　预算结转结余变动表　会政预02表

编制单位：丁事业单位　20×8年　单位：元

项目	本年数	填列说明
一、年初预算结转结余	5 200 000	由（一）+（二）计算得出
（一）财政拨款结转结余	1 700 000	由年初财政拨款结转700 000+财政拨款结余1 000 000 =1 700 000
（二）其他资金结转结余	3 500 000	由非财政拨款结转1 200 000+非财政拨款结余1 500 000+专用结余800 000=3 500 000
二、年初余额调整（减少以“-”号填列）	-60 000	由（一）+（二）计算得出
（一）财政拨款结转结余	-100 000	年初会计差错更正调减100 000
（二）其他资金结转结余	40 000	年初购货退回调增40 000

续表

项目	本年数	填列说明
三、本年变动金额（减少以“-”号填列）	232 000	由（一）+（二）计算得出
（一）财政拨款结转结余	190 000	由1+2+3计算得出
1.本年收支差额	0	本年财政拨款收支结平
2.归集调入	300 000	从下属单位归集调入300 000
3.归集上缴或调出	-110 000	归集调出50 000+归集上缴财政60 000=110 000
（二）其他资金结转结余	42 000	由1+2+3+4计算得出
1.本年收支差额	62 000	非财政拨款结转收支差额90 000+非财政拨款结余收支差额32 000+经营收支差额（-60 000）=62 000
2.缴回资金	-20 000	缴回资金20 000
3.使用专用结余		
4.支付所得税	0	未发生所得税费用
四、年末预算结转结余	5 372 000	由（一）+（二）计算得出
（一）财政拨款结转结余	1 790 000	由1+2计算得出
1.财政拨款结转	940 000	年初财政拨款结转700 000+年初余额调整0+本年变动金额240 000=940 000
2.财政拨款结余	850 000	年初财政拨款结余1 000 000+年初余额调整（-100 000）+本年变动金额（-50 000）=850 000
（二）其他资金结转结余	3 582 000	由1+2+3+4计算得出
1.非财政拨款结转	1 330 000	年初非财政拨款结转1 200 000+年初余额调整40 000+本年变动金额90 000=1 330 000
2.非财政拨款结余	1 512 000	年初非财政拨款结余1 500 000+年初余额调整0+本年变动金额（-20 000+32 000）=1 512 000
3.专用结余	800 000	专用结余年初数800 000+变动数0=800 000
4.经营结余（如有余额，以“-”号填列）	-60 000	经营亏损

第九节　财政拨款预算收入支出表

一、财政拨款预算收入支出表概述

（一）财政拨款预算收入支出表的含义

财政拨款预算收入支出表是反映政府会计主体本年财政拨款预算资金收入、支出及相关变动具体情况的报表。

财政拨款预算收入支出表是政府会计主体预算会计报表体系的重要组成部分，它可以提供一定时期单位财政拨款收入支出各个组成项目金额的具体变动情况。政府会计主体应当定期编制财政拨款预算收入支出表，披露在一定会计期间其财政拨款收入支出的变动状况。

（二）财政拨款预算收入支出表的内容

财政拨款预算收入支出表由表头部分和表体部分构成。

1.表头部分

财政拨款预算收入支出表的表头部分包括报表名称、编号（会政预03表）、编制单位、编表时间和金额单位等内容。财政拨款预算收入支出表反映行政事业单位在某一时期的财政拨款的收入支出情况，属于动态报表，需要注明报表所属期间，如某年。

2.表体部分

报表主体部分包括编报项目、栏目及金额。

财政拨款预算收入支出表应当将年初财政拨款结转结余、本年归集调入等情况分项列示，按照一般公共预算财政拨款、政府性基金预算财政拨款等项目分层次排列。

财政拨款预算收入支出表的各栏数额，应当根据相关账户的“上年数”和“本年数”的发生额填列，或经过计算、分析后填列。本表“项目”栏内各项目，应当根据单位取得的财政拨款种类分项设置。其中“项目支出”项目下，根据每个项目设置。单位取得除一般公共预算财政拨款和政府性基金预算财政拨款以外的其他财政拨款的，应当按照财政拨款种类增加相应的资金项目及其明细项目。

（三）财政拨款预算收入支出表的结构和填列

财政拨款预算收入支出表采用多步式结构列报。首先，计算年初财政拨款结转与结余额；其次，计算调整年初财政拨款结转结余、本年归集调入、本年归集上缴或调出、单位内部调剂结转结余；再次，计算本年财政拨款收入与支出金额；最后，计算年末财政拨款结转结余。

财政拨款预算收入支出表编制分析

二、财政拨款预算收入支出表的编制

（一）年初数的填列

“年初财政拨款结转结余”栏中各项目，反映单位年初各项财政拨款结转结余的金额。各项目应当根据“财政拨款结转”、“财政拨款结余”及其明细科目的年初余额填列。本栏中各项目的数额应当与上年度财政拨款预算收入

支出表中“年末财政拨款结转结余”栏中各项目的相应数额相等。

（二）财政拨款预算收入支出表项目、项目内容及其填列方法

财政拨款预算收入支出表项目内容及填列方法见表8-17。

表8-17 财政拨款预算收入支出表项目内容及填列方法

报表项目	报表项目内容	报表项目填列方法
年初财政拨款结转结余	反映单位年初各项财政拨款结转结余的金额	各项目应当根据“财政拨款结转”、“财政拨款结余”及其明细科目的年初余额填列。本栏中各项目的数额应当与上年度财政拨款预算收入支出表中“年末财政拨款结转结余”栏中各项目的数额相等
调整年初财政拨款结转结余	反映单位对年初财政拨款结转结余的调整金额	各项目应当根据“财政拨款结转”、“财政拨款结余”科目下“年初余额调整”明细科目及其所属明细科目的本年发生额填列。如调整减少年初财政拨款结转结余，以“-”号填列
本年归集调入	反映单位本年按规定从其他单位调入的财政拨款结转资金金额	各项目应当根据“财政拨款结转’科目下“归集调入”明细科目及其所属明细科目的本年发生额填列
本年归集上缴或调出	反映单位本年按规定实际上缴的财政拨款结转结余资金，及按照规定向其他单位调出的财政拨款结转资金金额	各项目应当根据“财政拨款结转’、“财政拨款结余”科目下“归集上缴”科目和“财政拨款结转”科目下“归集调出”明细科目，及其所属明细科目的本年发生额填列，以“-”号填列
单位内部调剂	反映单位本年财政拨款结转结余资金在单位内部不同项目之间的调剂金额	各项目应当根据“财政拨款结转”和“财政拨款结余”科目下的“单位内部调剂”明细科目及其所属明细科目的本年发生额填列；对单位内部调剂减少的财政拨款结余金额，以“-”号填列
本年财政拨款收入	反映单位本年从同级财政部门取得的各类财政预算拨款金额	各项目应当根据“财政拨款预算收入”科目及其所属明细科目的本年发生额填列
本年财政拨款支出	反映单位本年发生的财政拨款支出金额	各项目应当根据“行政支出”、“事业支出”等科目及其所属明细科目本年发生额中的财政拨款支出数的合计数填列
年末财政拨款结转结余	反映单位年末财政拨款结转结余的金额	各项目应当根据“财政拨款结转”、“财政拨款结余”科目及其所属明细科目的年末余额填列

三、财政拨款预算收入支出表的编制举例

【例8-6】某事业单位20×8年度预算收支情况汇总如下：

（1）各项预算收入汇总情况：财政拨款预算收入98万元，其中：基本支出——人员

经费70万元、基本支出——日常公用经费15万元、项目拨款13万元；事业预算收入300万元，其中，软件开发项目收入80万元；经营预算收入10万元。

（2）各项预算支出汇总情况：事业支出360万元，其中：基本支出260万元，包括财政拨款用于人员经费70万元和日常公用经费15万元；项目支出60万元，包括财政拨款项目支出10.5万元和软件开发项目支出40万元；经营支出6万元。

（3）各专项项目进展汇总情况：

财政项目拨款13万元中包括2个项目：A项目拨款7万元，支出6万元，结转继续使用；B项目6万元，支出4.5万元，年底已全部完成，剩余款项经批准作为单位结余。

软件开发收入80万元中包括3个项目：甲项目36万元，费用支出30万元，继续研究；乙项目24万元，费用支出10万元，正在正常进行中；丙项目20万元，尚未发生费用支出，留待下年度使用。

财政拨款预算收入支出表编制举例

分析过程：财政拨款预算收入支出表只填列本单位本年财政拨款预算资金收入、支出及相关变动的具体情况，不反映非财政拨款预算收支情况。在本例中，事业预算收入及其相关支出、经营预算收入与经营支出不是财政拨款预算收入，不在该表反映。因此，不涉及财政拨款项目预算支出也不反映在本表中，如软件开发收入中的甲、乙、丙三个项目均不在该表反映。但涉及财政拨款的项目需要按明细项目进行填列，如A项目和B项目，需按项目名称分别进行填列。据此编制完成的财政拨款预算收入支出表见表8-18。

表8-18　财政拨款预算收入支出表　会政预03表

编制单位：某事业单位　20×8年　单位：元

项目	年初财政拨款结转结余		调整年初财政拨款结转结余	本年归集调入	本年归集上缴或调出	单位内部调剂		本年财政拨款收入	本年财政拨款支出	年末财政拨款结转结余	
	结转	结余				结转	结余			结转	结余
一、一般公共预算财政拨款								980 000	955 000	10 000	15 000
（一）基本支出								850 000	850 000	0	0
1.人员经费								700 000	700 000	0	0
2.日常公用经费								150 000	150 000	0	0
（二）项目支出								130 000	105 000	10 000	15 000
1.A项目								70 000	60 000	10 000	0
2.B项目								60 000	45 000		15 000
二、政府性基金预算财政拨款											
（一）基本支出											
1.人员经费											

续表

项目	年初财政拨款结转结余		调整年初财政拨款结转结余	本年归集调入	本年归集上缴或调出	单位内部调剂		本年财政拨款收入	本年财政拨款支出	年末财政拨款结转结余	
	结转	结余				结转	结余			结转	结余
2.日常公用经费											
（二）项目支出											
1.×项目											
2.×项目											
总计								980 000	955 000	10 000	15 000

思考题

本章习题自测

1. 简要分析政府会计报表的构成。
2. 简要分析资产负债表的主要内容。
3. 简要分析收入费用表的主要内容。
4. 简要分析本年盈余与预算结余之间存在的差异。
5. 简要分析预算结转结余变动表的主要内容。
6. 简要分析财政拨款预算收入支出表的主要内容。

第九章　会计调整资金运动分析与会计处理

育德育人

正视问题，整改问题

党中央、国务院高度重视审计整改工作。习近平总书记多次作出重要指示批示，要求被审计单位承担起审计整改的主体责任，主要负责人要尽好责抓到位，严格落实审计整改要求。李克强总理主持召开国务院常务会议研究部署审计整改工作，要求有关地方和部门扎实整改到位。2021年7月，中共中央办公厅、国务院办公厅印发《关于建立健全审计查出问题整改长效机制的意见》（以下简称《意见》），为审计整改工作提供了制度遵循。2021年12月21日，在第十三届全国人民代表大会常务委员会第三十二次会议上，审计署审计长侯凯就全国基本医疗保险基金审计方面的问题做了如下汇报：已整改89.76亿元，完善制度274项，处理处分886人。其具体情况如下：

一是对骗取套取基金问题。被骗取套取的10.59亿元中，有8.46亿元已追回，剩余计划2022年6月底前追回；同时，通过移送司法机关、罚款、加收违约金等进一步整改2.77亿元。医保局会同公安部、卫生健康委开展打击欺诈骗保专项整治行动，查处和公开曝光四川达州、河北廊坊等一批案件，形成震慑；开展医疗费用审核结算专项治理，利用智能审核系统建立事前事中事后监管模式，及时发现并处理基金违规使用情况，遏制骗取套取基金问题发生。

二是对统筹层次较低问题。医保局、财政部在推动全面做实市地级统筹的基础上，推进省级统筹相关工作。对17.82万人未在户籍所在地参保问题，28省已排查清理16.36万人，除部分人员已死亡或无参保意愿外，已将保障对象全部纳入保障范围。对8.44万人应获未获补助问题，9省有8.3万人获得参保补助834.89万元。对18家中央或省属单位未纳入属地化管理问题，3省10户单位的51.32万人已纳入属地管理。对公立医院未及时支付货款等问题，24省全部完成整改，拖欠货款全部结清，制定修订制度29项，处理处分31人。

三是对少拨付中央补助或少安排地方补助问题。21省73县已拨付中央和地方补助资金17.63亿元，8省10县制定了4.91亿元资金的拨款计划。对机关事业单位少缴欠缴保费问题，11省已补缴10.89亿元，3省已明确10.1亿元保费的补缴计划。对挤占挪用等问题，15省32个单位归还原渠道或调整账目4.53亿元，2省制定了5.78亿元资金的还款计划。对违规支付非基金承担的费用问题，28省已整改1.04亿元，其中追回基金0.92亿元。

资料来源 审计署. 国务院关于2020年度中央预算执行和其他财政收支审计查出问题整改情况的报告[EB/OL]. (2021-12-21). https://www.audit.gov.cn/oldweb/n5/n26/c10180212/content.html.

本章思维导图

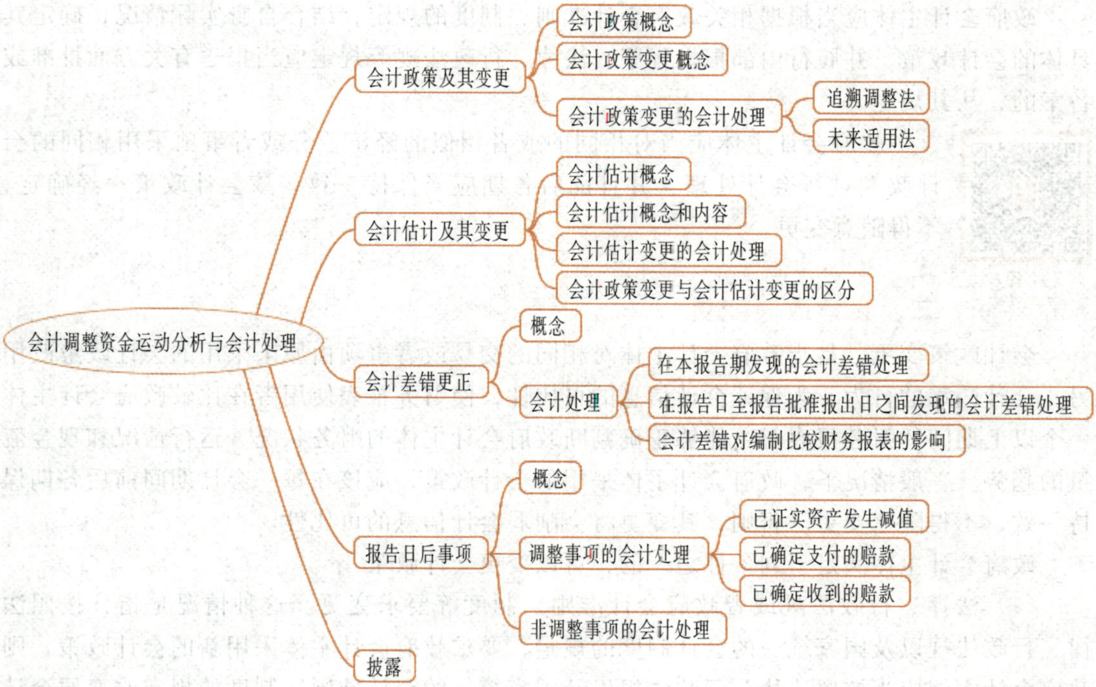

学习目标

本章主要讲授会计政策及其变更、会计估计及其变更、会计差错更正和报告日后事项等会计调整事项。通过本章的学习，应掌握会计政策及其变更资金运动分析与会计处理；应掌握会计估计及其变更的内涵；应掌握会计差错更正资金运动分析与会计处理；应掌握报告日后事项业务资金运动分析与会计处理；应熟悉相关披露业务。

会计调整，是指政府会计主体因按照法律、行政法规和政府会计准则、制度的要求，或者在特定情况下对其原采用的会计政策、会计估计，以及发现的会计差错、发生的报告日后事项等所作的调整。

第一节　会计政策及其变更

一、会计政策概述

会计政策，是指政府会计主体在会计核算时所遵循的特定原则、基础以及所采用的具体会计处理方法。其中，特定原则，是指政府会计主体按照政府会计准则、制度所制定的，适合本政府会计主体的会计处理原则；会计基础，是指政府会计主体为了将会计原则应用于交易或事项而采用的基础，如计量基础（即计量属性），包括历史成本、重置成本、现值、公允价值和名义金额等；具体的会计处理方法，是指政府会计主体从政府会计准则、制度规定的诸多可选择的会计处理方法中所选择的，适合本政府会计主体的会计处理方法。

政府会计主体应当根据相关政府会计准则、制度的规定，结合自身实际情况，确定其具体的会计政策，并履行内部报批程序；法律、行政法规等规定应当报送有关方面批准或备案的，从其规定。

政府会计主体应当对相同的或者相似的经济业务或者事项采用相同的会计政策进行会计处理，并且前后各期应当保持一致。该会计政策一经确定，不得随意变更。

会计政策及其变更界定

二、会计政策变更

会计政策变更，是指政府会计主体对相同的交易或者事项由原来采用的会计政策改用另一会计政策的行为。为保证会计信息的可比性，使财务报表使用者在比较政府会计主体一个以上期间的财务报表时，能够正确判断政府会计主体的财务状况、运行情况和现金流量的趋势。一般情况下，政府会计主体采用的会计政策，应该在每一会计期间前后各期保持一致，不得随意变更。否则，其变更将会削弱会计信息的可比性。

政府会计主体满足下列条件之一的，可以变更会计政策：

（1）法律、行政法规或者政府会计准则、制度等要求变更。这种情况是指，按照法律、行政法规以及国家统一的会计制度的规定，要求政府会计主体采用新的会计政策，则政府会计主体应当按照法律、行政法规以及国家统一的会计准则、制度的规定改变原会计政策，按照新的会计政策执行。

（2）会计政策变更能够提供有关政府会计主体财务状况、运行情况等更可靠、更相关的会计信息。由于经济环境、客观情况的改变，政府会计主体原采用的会计政策所提供的会计信息，已不能恰当地反映政府会计主体的财务状况、运行情况和现金流量等信息。在这种情况下，应改变原有会计政策，按变更后新的会计政策进行会计处理，以便对外提供更可靠、更相关的会计信息。

对会计政策变更的认定，会直接影响会计处理方法的选择。因此，在会计实务中，政府会计主体应当正确认定属于会计政策变更的情形。下列两种情况不属于会计政策变更：

（1）本期发生的交易或者事项与以前相比具有本质差别而采用新的会计政策。这是因为，会计政策是针对特定类型的交易或事项，如果发生的交易或事项与其他交易或事项有本质区别，那么，政府会计主体实际上是为新的交易或事项选择适当的会计政策，并没有改变原有的会计政策。例如，将自用的办公楼改为出租，不属于会计政策变更，而是采用新的会计政策。

（2）对初次发生的或不重要的交易或者事项采用新的会计政策。对初次发生的某类交易或事项采用适当的会计政策，并未改变原有的会计政策。例如，某事业单位对所使用的少量低值易耗品，因其价值较低，故在领用低值易耗品时一次计入费用；该事业单位于近期投入研发一个新产品，所需低值易耗品比较多，且价值较大，该事业单位对领用的低值易耗品处理方法改为五五摊销法。该低值易耗品在费用中占的比例并不大，改变低值易耗品处理方法对该事业单位盈余的影响也不大，属于不重要的事项，会计政策在这种情况下的改变不属于会计政策变更。

三、会计政策变更的会计处理

发生会计政策变更时，有两种会计处理方法，即追溯调整法和未来适用法，两种方法适用于不同情形。

会计政策变更处理方法

（一）追溯调整法下的会计政策变更处理

政府会计主体应当按照政府会计准则制度规定对会计政策变更进行处理。政府会计准则制度对会计政策变更未作出规定的，通常情况下，政府会计主体应当采用追溯调整法进行处理。

追溯调整法，是指对某项交易或事项变更会计政策，视同该项交易或事项初次发生时即采用变更后的会计政策，并以此对财务报表相关项目进行调整的方法。

采用追溯调整法时，政府会计主体应当将会计政策变更的累积影响调整最早前期有关净资产项目的期初余额，其他相关项目的期初数也应一并调整；涉及收入、费用等项目的，应当将会计政策变更的影响调整受影响期间的各个相关项目。

会计政策变更的影响，是指按照变更后的会计政策对以前各期追溯计算的各个受影响的项目变更后的金额与现有金额之间的差额。会计政策变更的累积影响，是指按照变更后的会计政策对以前各期追溯计算的最早前期各个受影响的净资产项目以及其他相关项目的期初应有金额与现有金额之间的差额。

政府会计主体按规定编制比较财务报表的，对于比较财务报表可比期间的会计政策变更影响，应当调整各该期间的收入或者费用以及其他相关项目，视同该政策在比较财务报表期间一直采用。对于比较财务报表可比期间以前的会计政策变更的累积影响，政府会计主体应当调整比较财务报表最早期间所涉及的期初净资产各项目，财务报表其他相关项目的期初数也应一并调整。

【例 9-1】甲事业单位固定资产和无形资产在20×8年12月31日前均未计提折旧和摊销。根据新的政府会计准则和新的政府会计制度的要求，自20×9年1月1日起应对本单位的固定资产计提折旧，对本单位无形资产进行摊销。该单位固定资产原值50 000 000元，根据《〈政府会计准则第3号——固定资产〉应用指南》相关要求计算得出，甲单位应补提固定资产折旧累计金额12 000 000元；该单位无形资产原值10 000 000元，根据《〈政府会计准则第4号——无形资产〉应用指南》的相关要求计算得出，甲单位应补提无形资产摊销累计3 000 000元。

从财务会计视角来看，所引起的资金运动如图9-1所示。该业务不影响预算会计。

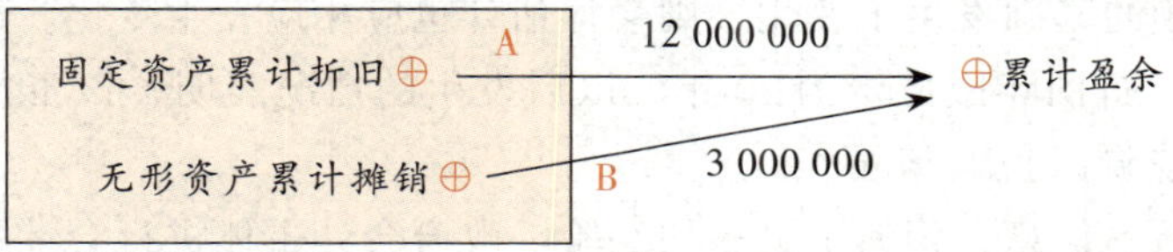

图9-1　甲单位会计政策变更业务资金运动分析图——财务会计视角

财务会计			预算会计
借：累计盈余	15 000 000		
贷：固定资产累计折旧		12 000 000	不涉及现金收支，不做账务处理
无形资产累计摊销		3 000 000	

甲单位应根据上述分录对财务报表相关项目的期初余额进行调整。

（二）未来适用法下的会计政策变更处理

会计政策变更的影响或者累积影响不能合理确定的，政府会计主体应当采用未来适用法对会计政策变更进行处理。

未来适用法，是指将变更后的会计政策应用于变更当期及以后各期发生的经济业务或者事项，或者在会计估计变更当期和未来期间确认会计估计变更的影响的方法。

采用未来适用法时，政府会计主体不需要计算会计政策变更产生的影响或者累积影响，也无需调整财务报表相关项目的期初数和比较财务报表相关项目的金额。

第二节　会计估计及其变更

一、会计估计概念

会计估计，是指政府会计主体对结果不确定的经济业务或者事项以最近可利用的信息为基础所做的判断，如固定资产、无形资产的预计使用年限等。

二、会计估计变更概念和内容

会计估计变更，是指由于资产和负债的当前状况及预期经济利益或义务发生了变化，从而对资产或负债的账面价值或者资产的定期消耗金额进行调整。

由于政府会计主体所面临的不确定因素，许多财务报表项目不能准确地计量，只能进行估计，估计过程涉及以最近可以得到的信息为基础所做的判断。但是，估计毕竟是就现有资料对未来所做的判断，随着时间的推移，如果赖以进行估计的基础发生变化，或者由于取得了新的信息、积累了更多的经验或后来的发展，单位可能不得不对原有的估计进行修正。但会计估计变更的依据应当真实、可靠。

会计估计变更的情形包括：

（1）赖以进行估计的基础发生了变化。政府会计主体进行会计估计，总是依赖一定的基础。如果所依赖的基础发生了变化，则会计估计也应相应发生变化。例如，政府会计主体的某项固定资产折旧年限原定为20年，以后发生的情况表明，该资产的受益年限没有20年，因此应相应调减折旧年限。

（2）取得了新的信息、积累了更多的经验。政府会计主体进行会计估计是就现有资料对未来所做的判断。随着时间的推移，政府会计主体有可能取得新的信息、积累更多的经验。在这种情况下，政府会计主体可能不得不对原有的会计估计进行修订，即发生会计估计变更。例如，政府会计主体原根据当时能够得到的信息，对应收账款每年按其余额的

5%计提坏账准备，现在掌握了新的信息，判定不能收回的应收账款比例已达9%，因此改按9%的比例计提坏账准备。

会计估计变更，并不意味着以前期间会计估计是错误的，只是由于情况发生变化，或者掌握了新的信息，积累了更多的经验，变更会计估计能够更好地反映政府会计主体的财务状况和运行情况等。如果以前期间的会计估计是错误的，则属于前期差错，按前期差错更正的会计处理办法进行处理。

三、会计估计变更的会计处理

政府会计主体应当对会计估计变更采用未来适用法处理。

会计估计变更时，政府会计主体不需要追溯计算前期产生的影响或者累积影响，但应当对变更当期和未来期间发生的经济业务或者事项采用新的会计估计进行处理。

会计估计及其变更业务

会计估计变更仅影响变更当期的，其影响应当在变更当期予以确认；会计估计变更既影响变更当期又影响未来期间的，其影响应当在变更当期和未来期间分别予以确认。

四、会计政策变更与会计估计变更的区分

政府会计主体应当在符合我国现行政府会计准则和政府会计制度要求的前提下，以一贯性、适用性和成本效益原则为基础，正确选择和确定本政府会计主体采用的会计政策与会计估计，并正确划分会计政策变更与会计估计变更，按照不同的方法进行相关会计处理。

政府会计主体应当以变更事项的会计确认、计量基础和列报项目是否发生变更作为判断该变更是会计政策变更还是会计估计变更的划分基础。

（1）以会计确认是否发生变更作为判断基础。《政府会计准则——基本准则》规定了资产、负债、净资产、收入和费用五项财务会计要素的确认标准，该确认标准是会计处理的首要环节。一般地，对会计确认的指定或选择是会计政策，其相应的变更是会计政策变更。会计要素确认的变更属于会计政策变更。

会计政策变更与会计估计变更区分

（2）以计量基础是否发生变更作为判断基础。《政府会计准则——基本准则》规定了历史成本、重置成本、现值、公允价值和名义金额五项会计计量属性，该五项计量属性属于会计处理的计量基础。计量属性的变更属于会计政策变更。

（3）以列报项目是否发生变更作为判断基础。《政府会计准则第9号——财务报表编制和列报》规定了财务报表项目应采用的列报原则。一般地，对列报项目的指定或选择是会计政策，其相应的变更是会计政策变更。

（4）根据会计确认、计量基础和列报项目所选择的、为取得与资产负债表项目有关的金额或数值（如预计使用寿命、净残值等）所采用的处理方法，不是会计政策，而是会计估计，其相应的变更是会计估计变更。例如，政府会计主体需要对某项资产采用公允价值进行计量，而公允价值的确定需要根据市场情况选择不同的处理方法。相应地，当政府会计主体面对的市场情况发生变化时，所采用的确定公允价值的方法变更是会计估计变更，不是会计政策变更。

政府会计主体对某项变更难以区分为会计政策变更或者会计估计变更的，应当按照会计估计变更的处理方法进行处理。

第三节　会计差错更正

一、会计差错概念

会计差错，是指政府会计主体在会计核算时，在确认、计量、记录、报告等方面出现的错误，通常包括计算或记录错误、应用会计政策错误、疏忽或曲解事实产生的错误、财务舞弊等。

政府会计主体需要区分重大会计差错和常规会计差错，并进行不同的会计处理。

重大会计差错，是指政府会计主体发现的使本期编制的报表不再具有可靠性的会计差错，一般是指差错的性质比较严重或者差错的金额比较大。该差错如果会影响报表使用者对政府会计主体过去、现在或者未来的情况作出评价或者预测，则认为性质比较严重，如未遵循政府会计准则制度、财务舞弊等原因产生的差错。通常情况下，导致差错的经济业务或者事项对报表某一具体项目的影响或者累积影响金额占该类经济业务或者事项对报表同一项目的影响金额的10%及以上，则认为金额比较大。

政府会计主体滥用会计政策变更或者会计估计变更，应当作为重大会计差错予以更正。

会计差错更正

二、会计差错更正的会计处理

（一）在本报告期发现的会计差错处理

政府会计主体在本报告期（以下简称本期）发现的会计差错，应当按照以下原则处理：

（1）本期发现的与本期相关的会计差错，应当调整本期报表（包括财务报表和预算会计报表，下同）相关项目。

（2）本期发现的与前期相关的重大会计差错，如影响收入、费用或者预算收支的，应当将其对收入、费用或者预算收支的影响或者累积影响调整发现当期期初的相关净资产项目或者预算结转结余，并调整其他相关项目的期初数。从财务会计视角来看，所引起的资金运动如图9-2所示；从预算会计视角来看，所引起的资金运动如图9-3所示。如果不影响收入、费用或者预算收支的，应当调整发现当期相关项目的期初数。经上述调整后，视同该差错在差错发生的期间已经得到更正。

图9-2　以前年度重大差错更正资金运动分析图——财务会计视角

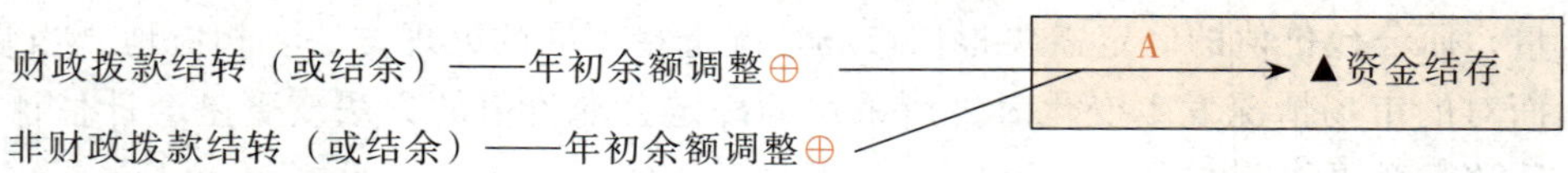

图9-3　以前年度重大差错更正资金运动分析图——预算会计视角

与前期相关的重大会计差错的影响或者累积影响不能合理确定的，政府会计主体可以将其作为非重大会计差错处理。

（3）本期发现的与前期相关的非重大会计差错，应当将其影响数调整相关项目的本期数。

（二）在报告日至报告批准报出日之间发现的会计差错处理

政府会计主体在报告日至报告批准报出日之间发现的会计差错处理，应当按照以下原则处理：

（1）政府会计主体在报告日至报告批准报出日之间发现的报告期以前期间的重大会计差错，应当视同本期发现的与前期相关的重大会计差错，比照上述“（2）本期发现的与前期相关的重大会计差错”进行处理。

（2）政府会计主体在报告日至报告批准报出日之间发现的报告期间的会计差错及报告期以前期间的非重大会计差错，应当将其影响数调整相关项目的本期数。

（三）会计差错对编制比较财务报表的影响

政府会计主体按规定编制比较财务报表的，对于比较财务报表期间的重大会计差错，应当调整各该期间的收入或者费用以及其他相关项目；对于比较财务报表期间以前的重大会计差错，应当调整比较财务报表最早期间所涉及的各项净资产项目的期初余额，财务报表其他相关项目的金额也应一并调整。

对于比较财务报表期间和以前的非重大会计差错，以及影响或者累积影响不能合理确定的重大会计差错，应当调整相关项目的本期数。

第四节　报告日后事项

一、报告日后事项

报告日后事项，是指自报告日（年度报告日通常为12月31日）至报告批准报出日之间发生的需要调整或说明的事项。报告日后事项包括调整事项和非调整事项两类。报告批准报出日一般为财政部门审核通过后，单位负责人批准报告报出的日期。

二、调整事项的会计处理

报告日以后获得新的或者进一步的证据，有助于对报告日存在状况的有关金额作出重新估计，应当作为调整事项，据此对报告日的报表进行调整。调整事项包括已证实资产发生减损、已确定获得或者支付的赔偿、财务舞弊或者差错等。

报告日以后发生的调整事项，应当如同报告所属期间发生的事项一样进行会计处理，对报告日已编制的报表相关项目的期末数或者本期数做相应的调整，并对当期编制的报表相关项目的期初数或者上期数进行调整。

报告日后事项中的调整事项处理原则

具体处理原则如下：

（1）涉及盈余调整的事项，通过“以前年度盈余调整”科目来调整。涉及预算收支调整的事项，通过“财政拨款结转”“财政拨款结余”“非财政拨款结转”“非财政拨款结余”等科目下“年初余额调整”明细科目来调整。不涉及盈余调整或预算收支调整的事项，调整相关科目。

（2）调整会计报表和附注相关项目的金额。即调整报告日编制的会计报表相关项目的期末数或（和）本年发生数；调整事项发生当期编制的会计报表相关项目的期初数或（和）上年数；经过上述调整后，如果涉及报表附注内容的，还应作出相应调整或说明。

（一）已证实资产发生减损

政府会计主体已证实资产发生减损，从财务会计视角来看，所引起的资金运动如图9-4所示。该业务不影响预算会计。

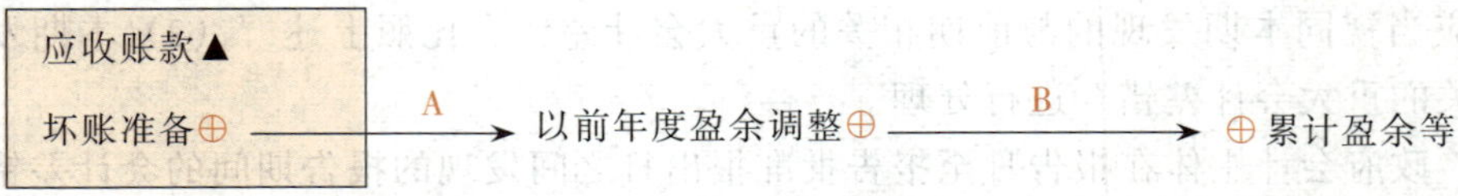

图9-4 事业单位已确认的资产减值业务资金运动分析图——财务会计视角

【例9-2】甲事业单位20×8年9月10日向乙公司出售一批产品，价款为1 130 000元（含增值税），根据销售合同，乙公司应在2个月内付款。至20×8年12月31日，乙公司尚未付款。20×8年12月31日甲事业单位根据掌握的资料判断，乙公司有可能破产清算，估计该应收账款将有20%无法收回，故按20%的比例计提坏账准备。20×9年1月25日，甲事业单位收到通知，乙公司已被宣告破产清算，甲事业单位估计有50%的债权无法收回。20×9年3月15日，甲事业单位的财务报告经批准对外公布。

已证实资产发生减值业务

（1）20×9年1月25日，补提坏账准备=1 130 000×30%=339 000（元）。（财务会计如图9-5，A段运动所示；不影响预算会计）

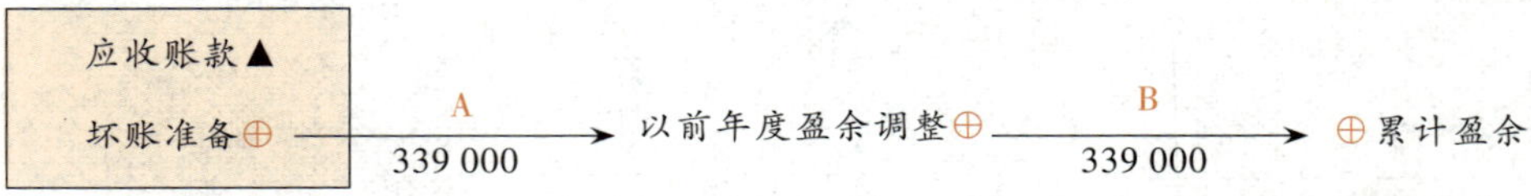

图9-5 甲事业单位已确认的资产减值业务资金运动分析图——财务会计视角

财务会计			预算会计
借：以前年度盈余调整	339 000		不影响预算会计
贷：坏账准备		339 000	

（2）根据补提的坏账准备，调减累计盈余339 000元。（财务会计如图9-5，B段运动所示；不影响预算会计）

财务会计			预算会计
借：累计盈余	339 000		不影响预算会计
贷：以前年度盈余调整		339 000	

（3）调整报告年度财务报告略。

（二）已确定支付的赔款

政府会计主体已确定支付的赔款，从财务会计视角来看，所引起的资金运动如图9-6所示。在图9-6中，A段运动反映根据已确定的赔款金额对原估计的赔款金额进行调整；

B1段运动反映根据已确认的赔款事实调整以前所确认的所得税费用和其他应交税费——单位应交所得税；B2段运动反映根据A段与B1段的调整结果，调整累计盈余；C段运动反映将原估计的赔偿确认为已确认的赔偿；D段运动反映支付赔款。

从预算会计视角来看，所引起的资金运动如图9-7所示。需要注意的是，图9-6和图9-7中D段运动都发生在报告年度的次年，而不能作为报告年度的业务处理。

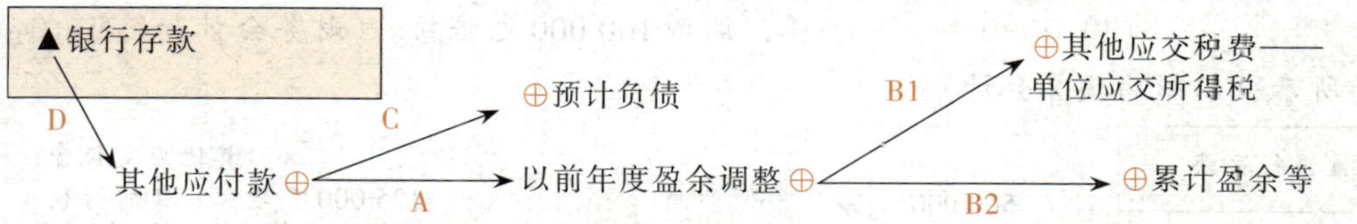

图9-6　单位已确定支付赔款业务资金运动分析图——财务会计视角

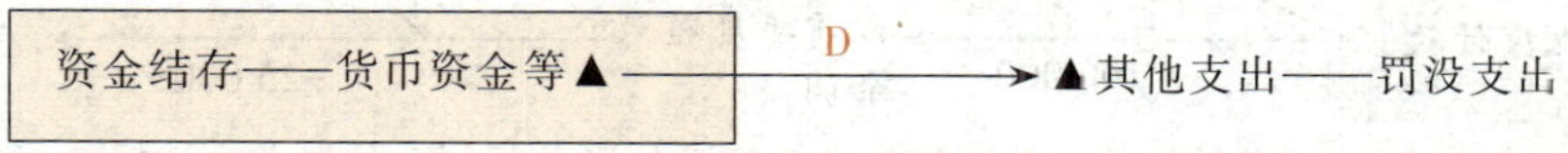

图9-7　单位已确定支付赔款业务资金运动分析图——预算会计视角

（三）已确定收到的赔款

政府会计主体已确定收到的赔款，从财务会计视角来看，所引起的资金运动如图9-8所示。在图9-8中，A段运动反映确认已确定收到的赔款；B1段运动反映根据已确定的赔款调整其他应交税费——单位应交所得税和所得税费用；B2段运动反映将所获得的赔款收入扣除单位应交所得税后的余额，调整累计盈余；C段运动反映收到赔款。

已确定支付赔款和收到赔款业务分析

从预算会计视角来看，所引起的资金运动如图9-9所示。需要注意的是，图9-8和图9-9中C段运动都发生在报告年度的次年，而不能作为报告年度的业务处理。

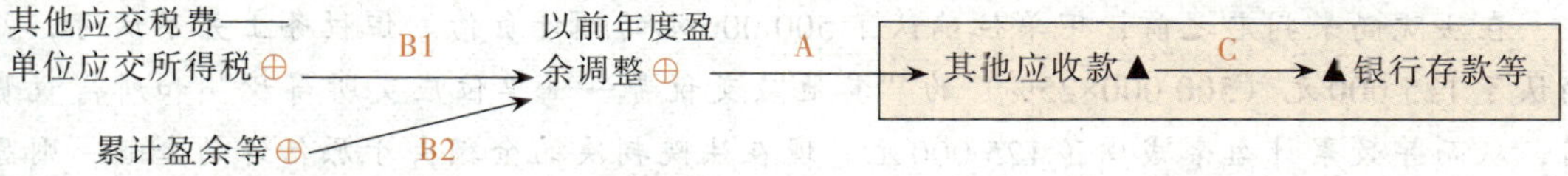

图9-8　单位已确定收到赔款业务资金运动分析图——财务会计视角

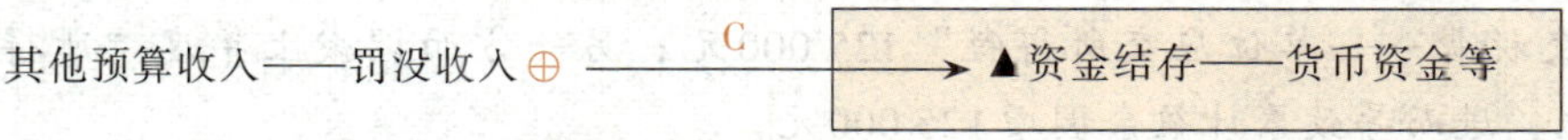

图9-9　单位已确定收到赔款业务资金运动分析图——预算会计视角

【例9-3】甲事业单位与乙事业单位签订一项销售合同，合同中订明甲单位应在20×8年10月25日销售给乙单位一批物资。由于甲单位未能按照合同发货，致使乙单位发生重大经济损失。20×8年12月，乙单位将甲单位告上法庭，要求甲单位赔偿6 500 000元。20×8年12月31日法院尚未判决，甲单位按或有事项准则对该诉讼事项确认预计负债500 000元。20×9年3月15日，经法院判决甲单位应赔偿乙单位600 000元，甲、乙双方均服从判决。20×9年3月18日，甲单位向乙单位支付赔偿款600 000元。甲、乙两单位20×8年所得税汇算清缴在20×9年3月20日完成（假定该项预计负债产生的损失不允许税前抵扣，只有在损失实际发生时才允许税前抵扣）。甲、乙两单位财务报告批准报出日都是20×9年4月30日，所得税税率为25%。

本例中，20×9年3月15日的判决证实了甲、乙两单位在资产负债表日（即20×8年12

月31日）分别存在现时赔偿义务和获赔权利。因此，两单位都应将“法院判决”这一事项作为调整事项进行处理。甲单位和乙单位20×8年所得税汇算清缴均在20×9年3月20日完成。因此，应根据法院判决结果调整报告年度应纳税所得额和应纳所得税税额。

已确定支付赔款和收到赔款业务举例

1. 甲单位账务处理如下：

（1）20×9年3月15日，调增100 000元赔款。（财务会计如图9-10，A段运动所示；不影响预算会计）

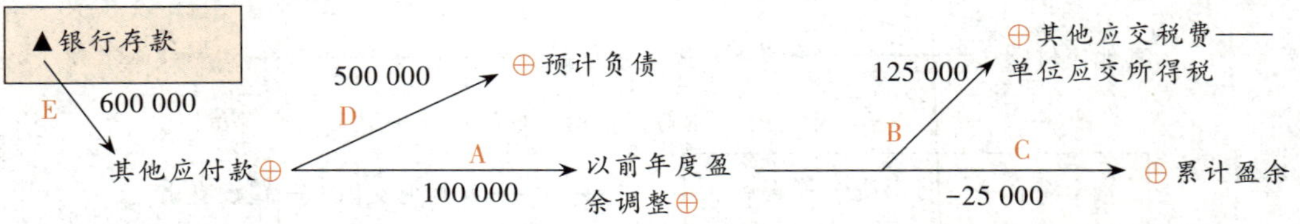

图9-10 甲单位已确定支付赔款业务资金运动分析图——财务会计视角

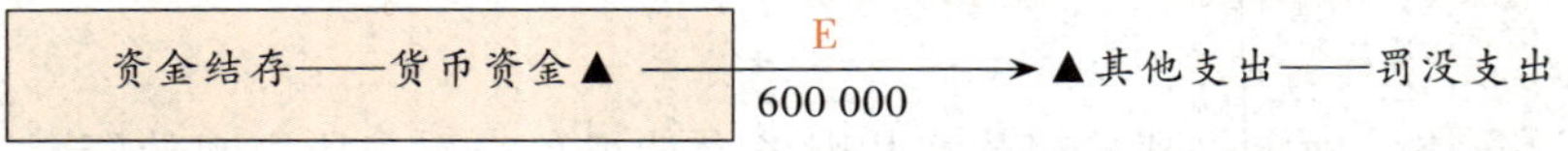

图9-11 甲单位已确定支付赔款业务资金运动分析图——预算会计视角

财务会计	预算会计
借：以前年度盈余调整　100 000 　贷：其他应付款　100 000	不影响预算会计

（2）调减本期应缴纳的所得税125 000元。（财务会计如图9-10，B段运动所示；不影响预算会计）

在法院尚未判定之前，甲单位确认了500 000元的预计负债。但税务上并不认可，并确认了125 000元（500 000×25%）的“其他应交税费——单位应交所得税”和所得税费用，从而导致累计盈余减少了125 000元。现在法院判决的金额大于原估计的金额，则原估计的金额可以全额税前抵扣，一方面，由于甲单位尚未进行汇算清缴，应直接冲减“其他应交税费——单位应交所得税”125 000元；另一方面调减上年度“所得税费用”125 000元，进而导致累计盈余调增125 000元。

由于法院判决的金额比原来预计的多，其差额100 000元也可以税前全额抵扣，从而导致累计盈余减少100 000元。结合对原估计所进行的调整，两项调整合起来，累计盈余应调增25 000元。

财务会计	预算会计
借：其他应交税费——单位应交所得税　125 000 　贷：以前年度盈余调整　125 000	不影响预算会计

（3）调增累计盈余25 000元。其分析过程见（2）项。（财务会计如图9-10，C段运动所示；不影响预算会计）

财务会计	预算会计
借：以前年度盈余调整　　25 000 　贷：累计盈余　　25 000	不影响预算会计

（4）将原确认的预计负债重新确认为其他应付款。（财务会计如图9-10，D段运动所示；不影响预算会计）

财务会计	预算会计
借：预计负债　　500 000 　贷：其他应付款　　500 000	不影响预算会计

（5）20×9年3月18日，支付赔款。（财务会计如图9-10，E段运动所示；预算会计，如图9-11，E段运动所示）

财务会计	预算会计
借：其他应付款　　600 000 　贷：银行存款　　600 000	借：其他支出——罚没支出　　600 000 　贷：资金结存——货币资金　　600 000

需要注意的是：本笔业务应作为20×9年度的业务处理，不调整20×8年12月31日的资产负债表。

（6）调整报告年度财务报表：

①资产负债表项目的年末数调整：

调增其他应付款600 000元，调减其他应交税费125 000元，调减预计负债500 000元，调增累计盈余25 000元。资产负债表略。

②收入费用表项目的调整：

调增其他费用100 000元，调减所得税费用125 000元，调增本期盈余25 000元。收入费用表略。

③净资产变动表项目的调整：

调增本年盈余25 000元，调增本年年末余额25 000元。

④预算会计报表不需要调整。

2. 乙单位账务处理如下：

（1）20×9年3月15日，确认应收到的赔款600 000元。（财务会计如图9-12，A段运动所示；不影响预算会计）

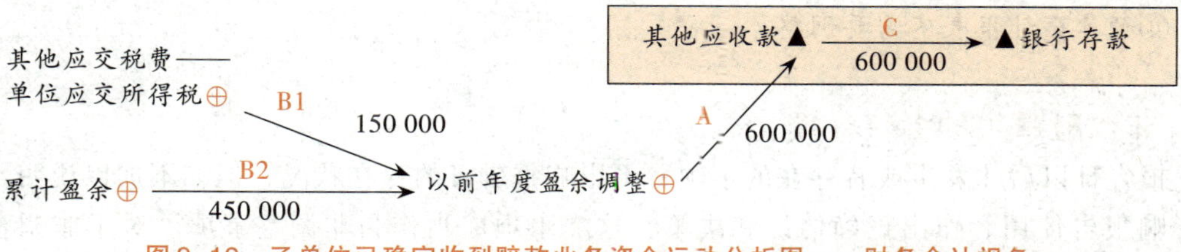

图9-12　乙单位已确定收到赔款业务资金运动分析图——财务会计视角

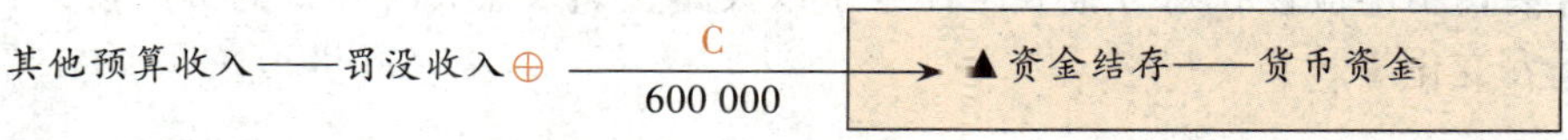

图9-13　乙单位已确定收到赔款业务资金运动分析图——预算会计视角

财务会计	预算会计
借：其他应收款　　600 000 　贷：以前年度盈余调整　　600 000	不影响预算会计

（2）20×9年3月15日，确认其他应交税费——单位应交所得税150 000元。（未汇算清缴）（财务会计如图9-12，B1段运动所示；不影响预算会计）

财务会计	预算会计
借：以前年度盈余调整　　150 000 　贷：其他应交税费——单位应交所得税　　150 000	不影响预算会计

（3）20×9年3月15日，调增累计盈余450 000元。（财务会计如图9-12，B2段运动所示；不影响预算会计）

财务会计	预算会计
借：以前年度盈余调整　　450 000 　贷：累计盈余　　450 000	不影响预算会计

（4）20×9年3月18日，收到赔款。（财务会计如图9-12，C段运动所示；预算会计如图9-13，C段运动所示）

财务会计	预算会计
借：银行存款　　600 000 　贷：其他应收款　　600 000	借：资金结存——货币资金　　600 000 　贷：其他预算收入——罚没收入　　600 000

需要注意的是：本笔业务应作为20×9年度的业务处理，不调整20×8年12月31日的资产负债表。

（5）调整报告年度财务报表相关项目的数字（财务报表略）：

①资产负债表项目的年末数调整：

调增其他应收款600 000元，调增其他应交税费150 000元，调增累计盈余450 000元。

②收入费用表项目的调整：

调增其他收入600 000元，调增所得税费用150 000元，调增本期盈余450 000元。

③净资产变动表项目的调整：

调增本期盈余450 000元，调增本年年末余额450 000元。

④预算会计报表不需要调整。

三、非调整事项的会计处理

报告日以后才发生或者存在的事项，不影响报告日的存在状况，但如不加以说明，将会影响报告使用者作出正确估计和决策，这类事项应当作为非调整事项。对于非调整事项，政府会计主体应该在财务报表附注中予以披露，如自然灾害导致的资产损失、外汇汇率发生重大变化等。

第五节　披露

政府会计主体应当在财务报表附注中披露如下信息：

（1）会计政策变更的内容和理由、会计政策变更的影响，以及影响或者累积影响不能合理确定的理由。

（2）会计估计变更的内容和理由、会计估计变更对当期和未来期间的影响数。

（3）重大会计差错的内容和重大会计差错的更正方法、金额，以及与前期相关的重大会计差错影响或者累积影响不能合理确定的理由。

（4）与报告日后事项有关的下列信息：

①财务报告的批准报出者和批准报出日。

②每项重要的报告日后非调整事项的内容，及其估计对政府会计主体财务状况、运行情况的影响；无法作出估计的，应当说明其原因。

政府会计主体在以后的会计期间，不需要重复披露在以前期间的财务报表附注中已披露的会计政策变更、会计估计变更和会计差错更正的信息。

思考题

本章习题自测

1. 简要分析会计政策及其变更的内涵。
2. 政府会计主体在满足什么条件下才可以变更会计政策？
3. 会计政策变更的处理方法有哪些？其主要内容是什么？
4. 简要分析会计估计及其变更的内涵。
5. 如何区分会计政策与会计估计？
6. 什么是报告日后事项？主要包括哪些事项？

第十章　合并财务报表

育德育人

不晒预决算，就该被问责

2016年9月8日，财政部对外公布关于地方预决算公开情况的专项检查结果，截至2015年10月底，全国有36 638个单位未公开2015年部门预算，56 481个单位未公开2014年部门决算，占比分别为14.48%和22.27%。多地因未按规定公开部门预决算报告遭点名批评。

李克强总理在去年的政府工作报告中指出："除法定涉密信息外，中央和地方所有部门预决算都要公开。"去年1月1日起正式施行的新预算法明确建立了预决算公开透明制度。

所谓的预算公开，法律不仅明确了公开内容、公开主体，还明确了公开时间，"预算、预算调整、决算和预算执行情况的报告及其报表，应当在各级人大及其常委会批准后20日内向社会公开"。根据财政部的点名，内蒙古自治区呼和浩特市赛罕区2015年政府预算于2015年1月15日经区人代会批准，公开时间为2015年11月5日，晚了约9个月。

不晒预决算，公众就不知道各级政府有没有贯彻勤俭节约的原则，有没有严格控制各部门、各单位的机关运行经费和楼堂馆所等基本建设支出。不晒预决算，公众就有理由怀疑，纳税人的钱没用在刀刃上，而是变为官员喝的茅台、吃的大餐，甚至揣进了一些官员的口袋里。而按规定，未将所有政府收入和支出列入预算或者虚列收入和支出，负有直接责任的主管人员和其他直接责任人员将被给予降级、撤职、开除等处分。

此外，财政部通报的问题主要涉及三方面，即部门预决算公开还有待进一步加强；公开内容的完整性和细化程度有待提升；基层预决算公开内容与社会关注不尽匹配。晒预算不能粗枝大叶，更不能故意含糊其词。

晒不晒预决算，关乎能不能建立现代公共财政制度，关乎能不能建设好阳光政府、责任政府，还关乎能不能打造透明财政、廉洁财政。掀开各级预决算的盖头，变"要我晒"为"我要晒"，政府花了多少钱、办了什么事，让公众明明白白，才能真正实现公共财政的公平正义。

资料来源 新民晚报．不晒预决算，就该被问责[EB/OL]. (2016-09-12). https://news.ifeng.com/c/7fbqmhDx3El.

本章思维导图

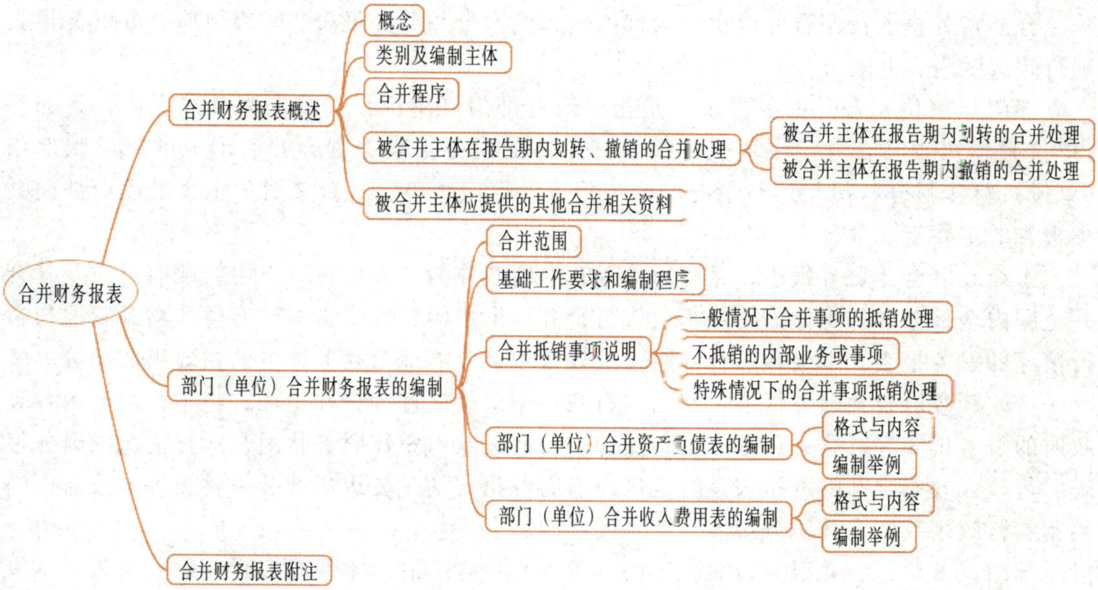

学习目标

本章主要讲授合并财务报表的编制。通过本章的学习，应掌握合并财务报表的定义、类别及编制主体；应熟悉部门合并资产负债表和合并收入费用表的编制。

第八章讲授了单个政府会计主体财务报表的编制，在完成单个政府会计主体财务报表编制的基础上，行政区政府、政府财政、政府部门（单位）等政府会计主体还需要通过调整、抵销等方法编制合并财务报表。本章不涉及预算会计。

第一节　合并财务报表概述

一、合并财务报表的概念

合并财务报表，是指反映合并主体和其全部被合并主体形成的报告主体整体财务状况与运行情况的财务报表。

合并主体，是指有一个或一个以上被合并主体的政府会计主体。合并主体通常也是合并财务报表的编制主体。

被合并主体，是指符合《政府会计准则第9号——财务报表编制和列报》所规定的纳入合并主体合并范围的会计主体。

合并财务报表至少包括下列组成部分：合并资产负债表、合并收入费用表和附注。

二、合并财务报表的类别及编制主体

合并财务报表按照合并级次分为部门（单位）合并财务报表、本级政府合并财务报表和行政区政府合并财务报表。

部门（单位）合并财务报表，是指以政府部门（单位）本级作为合并主体，将部门（单位）本级及其合并范围内全部被合并主体的财务报表进行合并后形成的，反映部门（单位）整体财务状况与运行情况的财务报表。部门（单位）合并财务报表是政府部门财务报告的主要组成部分。

本级政府合并财务报表，是指以本级政府财政作为合并主体，将本级政府财政及其合并范围内全部被合并主体的财务报表进行合并后形成的，反映本级政府整体财务状况与运行情况的财务报表。本级政府合并财务报表是本级政府综合财务报告的主要组成部分。

行政区政府合并财务报表，是指以行政区本级政府作为合并主体，将本行政区内各级政府的财务报表进行合并后形成的，反映本行政区政府整体财务状况与运行情况的财务报表。行政区政府合并财务报表是行政区政府财务报告的主要组成部分。县级以上政府应当编制本行政区政府合并财务报表。

部门（单位）合并财务报表由部门（单位）负责编制。本级政府合并财务报表由本级政府财政部门负责编制。

各级政府财政部门既负责编制本级政府合并财务报表，也负责编制本级政府所辖行政区政府合并财务报表。

本章主要讲述部门（单位）合并财务报表的编制。

政府合并财务报表编制概述

三、合并财务报表的合并程序

合并财务报表应当以合并主体和其被合并主体的财务报表为基础，根据其他有关资料加以编制。

合并财务报表应当以权责发生制为基础编制。合并主体和其合并范围内被合并主体个别财务报表应当采用权责发生制基础编制；按规定未采用权责发生制基础编制的，应当先调整为权责发生制基础的财务报表，再由合并主体进行合并。

编制合并财务报表时，应当将合并主体和其全部被合并主体视为一个会计主体，遵循政府会计准则制度规定的统一的会计政策。合并范围内合并主体、被合并主体个别财务报表未遵循政府会计准则制度规定的统一会计政策的，应当先调整为遵循政府会计准则制度规定的统一会计政策的财务报表，再由合并主体进行合并。

编制合并财务报表的程序主要包括：

（1）对需要进行调整的个别财务报表进行调整，以调整后的个别财务报表作为编制合并财务报表的基础；

（2）将合并主体和被合并主体个别财务报表中的资产、负债、净资产、收入和费用项目进行逐项合并；

（3）抵销合并主体和被合并主体之间、被合并主体相互之间发生的债权债务、收入费用等内部业务或事项对财务报表的影响。

四、被合并主体在报告期内划转、撤销的合并处理

（一）被合并主体在报告期内划转的合并处理

对于在报告期内因划转而纳入合并范围的被合并主体，合并主体应当将其报告期内的收入、费用项目金额包括在本期合并收入费用表的本期数中，合并资产负债表的期初数不作调整。

对于在报告期内因划转而不再纳入合并范围的被合并主体，其报告期内的收入、费用项目金额不包括在本期合并收入费用表的本期数中，合并资产负债表的期初数不作调整。

合并主体应当确保划转双方的会计处理协调一致，确保不重复、不遗漏，并在合并财务报表附注中对划转情况及其影响进行充分披露。

（二）被合并主体在报告期内撤销的合并处理

在报告期内，被合并主体撤销的，其期初资产、负债和净资产项目金额应当包括在合并资产负债表的期初数中，其期初至撤销日的收入、费用项目金额应当包括在本期合并收入费用表的本期数中，其期初至撤销日的收入、费用项目金额所引起的净资产变动金额应当包括在合并资产负债表的期末数中。

五、被合并主体应提供的其他合并相关资料

在编制合并财务报表时，被合并主体除了应当向合并主体提供财务报表外，还应当提供下列有关资料：

（1）采用的与政府会计准则制度规定的统一的会计政策不一致的会计政策及其影响金额；

（2）其与合并主体、其他被合并主体之间发生的所有内部业务或事项的相关资料；

（3）编制合并财务报表所需要的其他资料。

第二节 部门（单位）合并财务报表的编制

一、部门（单位）合并财务报表的合并范围

部门（单位）合并财务报表的合并范围一般应当以财政预算拨款关系为基础予以确定。其所属关系应当根据以下原则确认：（1）存在财政预算拨款关系的事业单位，以财政预算拨款关系为基础确认所属关系。（2）实行经费自理的事业单位，按照《事业单位法人证书》所列举办单位确认所属关系。涉及两个或两个以上举办单位的，按排序第一的举办单位确认，纳入该举办单位的合并财务报表编制范围；举办单位之间有协议、章程或管理办法约定的，按约定执行，不得重复编报。

有下级预算单位的部门（单位）为合并主体，其下级预算单位为被合并主体。合并主体应当将其全部被合并主体纳入合并财务报表的合并范围。

部门（单位）所属的企业不纳入部门（单位）合并财务报表的合并范围。

单位编制合并财务报表要求

二、部门（单位）合并财务报表编制的基础工作要求和编制程序

（一）部门（单位）合并财务报表编制的相关基础工作要求

为编制合并财务报表，单位（部门）应做好如下的相关基础工作：

（1）单位应当加强本部门内部单位清单的管理和更新维护，可以在会计信息系统中将统一社会信用代码等作为部门内部单位的标识依据。发生内部业务或事项时，应当在明细核算或辅助核算中注明“本部门内部单位”。

（2）单位对于经常发生的内部业务或事项，应当统一会计处理，并明确内部抵销规则。

（3）单位应当根据内部业务或事项的发生频率及金额等因素，建立符合单位实际的定期对账机制，梳理并核对内部业务或事项，及时进行会计处理和调整。

（二）部门（单位）合并财务报表的编制程序

部门（单位）合并财务报表编制的一般流程如下：

（1）将需要调整的个别财务报表调整为遵循政府会计准则制度规定的统一会计政策的财务报表，以调整后的个别财务报表作为编制合并财务报表的基础。被合并主体除了应当向合并主体提供财务报表外，还应当按照规定提供有关资料。

（2）设置合并工作底稿①。

（3）将合并主体和被合并主体个别财务报表中的资产、负债、净资产、收入和费用项目金额逐项填入合并工作底稿，并加总得出个别资产负债表、个别收入费用表各项目合计金额。

（4）在合并工作底稿上编制抵销分录，将合并主体和被合并主体之间、被合并主体相互之间发生的内部业务或事项对财务报表的影响进行抵销处理。

（5）根据合并主体和被合并主体个别财务报表各项目合计金额、抵销分录发生额计算合并财务报表各项目的合并金额。抵销分录涉及收入、费用项目的，除调整合并收入费用表相应项目外，还应当结转调整合并资产负债表的净资产项目。

（6）根据合并工作底稿中计算确定的各项目合并金额，填列合并财务报表。

三、部门（单位）合并财务报表的合并抵销事项说明

（一）一般情况下内部业务或事项的抵销处理

编制部门（单位）合并资产负债表、合并收入费用表时，需要抵销的内部业务或事项包括：

（1）部门（单位）本级和其被合并主体之间、被合并主体相互之间的债权（含应收款项、坏账准备，下同）与债务项目、收入与费用项目。

（2）部门（单位）本级和其被合并主体之间、被合并主体相互之间其他业务或事项对部门（单位）合并资产负债表、合并收入费用表的影响。

合并需要抵销的事项清单见表10-1。

---

① 工作底稿（working paper）亦称“工作底表”。将一定期间计算所得的资料或调查搜集得到的资料汇集一起，为取得一定数据而进行调整、试算、分析的一种表式。

表 10-1 合并抵销事项清单

序号	抵销事项	抵销分录
1	部门内部单位之间发生的债权债务事项，应予以抵销（含内部应收款引发的坏账准备）	借：应付账款、应付票据、预收账款、其他应付款、长期应付款（坏账准备）等 贷：应收账款、应收票据、预付账款、其他应收款、长期应收款（其他费用）等
2	部门内部单位之间发生的上级补助收入与对附属单位补助费用，应予以抵销	借：上级补助收入 贷：对附属单位补助费用
3	部门内部单位之间发生的上缴上级费用与附属单位上缴收入，应予以抵销	借：附属单位上缴收入 贷：上缴上级费用
4	支付给部门内部单位的商品和服务费用、经营费用和来自部门内部单位的事业收入、经营收入、其他收入，应予以抵销。对涉及增值税的应税业务，应按扣除增值税后的净额抵销	借：事业收入、经营收入、其他收入（内部） 贷：库存物品等、单位管理费用、业务活动费用、经营费用等

涉及上述抵销事项的各单位，应根据具体事项，编制合并抵销工作底稿。该工作底稿及其编制见表 10-2。

表 10-2 合并抵销工作底稿 单位：元

序号	抵销事项	抵销分录	所属单位 A1	所属单位 A2	……
1	部门内部单位之间发生的债权债务事项（含内部应收款所产生的坏账准备），应予以抵销	借：应付账款、应付票据、预收款项、其他应付款、长期应付款（坏账准备）等			
		贷：应收账款、应收票据、预付款项、其他应收款、长期应收款（其他费用）等			
2	部门内部单位之间发生的上级补助收入与对附属单位补助费用，应予以抵销	借：上级补助收入			
		贷：对附属单位补助费用			
3	部门内部单位之间发生的上缴上级费用与附属单位上缴收入，应予以抵销	借：附属单位上缴收入			
		贷：上缴上级费用			
4	支付给部门内部单位的商品和服务费用、经营费用和来自部门内部单位的事业收入、经营收入、其他收入，应予以抵销	借：事业收入、经营收入、其他收入等			
		贷：库存物品等、单位管理费用、业务活动费用、经营费用等			

（二）不抵销的内部业务或事项

下列内部业务或事项不能抵销：

（1）付款方计入费用、收款方计入应缴财政款的，在编制部门（单位）合并财务报表时，该费用项目不应抵销。

（2）单位相互之间销售商品、提供劳务形成的存货、固定资产、工程物资、在建工程、无形资产等所包含的未实现内部销售损益，在国务院财政部门作出抵销处理的规定之前，单位在编制部门（单位）合并财务报表时暂不抵销。

（3）按照国务院财政部门财务报告编制的有关规定，金额不超过抵销阈值的，在编制部门（单位）合并财务报表时可以不进行抵销。

（三）特殊情况下的合并事项抵销处理

在各单位充分对账、会计处理正确的前提下，部门合并主体对于明细核算或辅助核算中注明“本部门内部单位”，但按照“（一）一般情况下内部业务或事项的抵销处理”规定未能进行抵销处理，且不属于“（二）不抵销的内部业务或事项”的项目，可以直接按照内部业务或事项的金额编制抵销分录（借记有关应付及预收、收入项目，贷记有关应收及预付、费用项目，按其差额借记或贷记“累计盈余”项目）。部门合并主体应当在报表附注中披露按照特殊情况下的抵销处理方法抵销的项目及其金额。

（四）其他需要注意的事项

部门（单位）在编制合并财务报表时，还需要注意以下事项：

（1）单位通过本部门内部单位转拨资金方式，从本部门以外单位取得收入（或向本部门以外单位支付费用）的，不属于编制部门（单位）合并财务报表时应当抵销的内部业务或事项。在会计核算时，转拨单位应当通过“其他应付款”科目进行会计处理。实际取得收入（或支付费用）的单位确认的收入（费用）、转拨单位确认的其他应付款，在会计核算时不应注明“本部门内部单位”，应当按资金的最初来源（最终支付对象）注明“本部门以外同级政府单位”、“本部门以外非同级政府单位”或“其他单位”。

（2）编制部门（单位）合并财务报表过程中发现报告期和报告期以前期间的会计差错，属于报告日以后发生的调整事项，应当按照《政府会计准则第7号——会计调整》的规定进行会计处理，再根据调整后的个别财务报表编制合并财务报表。

四、部门（单位）合并资产负债表的编制

（一）部门（单位）合并资产负债表的格式与内容

部门（单位）合并资产负债表的格式应当与《政府会计制度——行政事业单位会计科目和报表》中规定的单个主体资产负债表的格式保持一致。

部门（单位）合并资产负债表的内容应该包括：

（1）部门（单位）合并资产负债表中的资产类至少应当单独列示反映下列信息的项目：货币资金、短期投资、财政应返还额度、应收票据、应收账款净额、预付账款、应收股利、应收利息、其他应收款净额、存货、待摊费用、一年内到期的非流动资产、长期股权投资、长期债券投资、固定资产净值、工程物资、在建工程、无形资产净值、研发支出、公共基础设施净值、政府储备物资、文物文化资产、保障性住房净值、长期待摊费

用、待处理财产损溢、受托代理资产等项目信息。

（2）部门（单位）合并资产负债表中的负债类至少应当单独列示反映下列信息的项目：短期借款、应交增值税、其他应交税费、应缴财政款、应付职工薪酬、应付票据、应付账款、应付政府补贴款、应付利息、预收款项、其他应付款、预提费用、一年内到期的非流动负债、长期借款、长期应付款、预计负债、受托代理负债等项目的信息。

（3）部门（单位）合并资产负债表中的净资产类至少应当单独列示反映下列信息的项目：累计盈余、专用基金、权益法调整。

（二）部门（单位）合并资产负债表编制举例

单位合并资产负债表编制

【例10-1】甲事业单位属于二级预算单位，有乙和丙两个三级预算事业单位。20×8年甲单位和其两个下属单位之间，发生了下列经济业务：

（1）20×8年7月，乙单位因资金周转发生困难，向甲单位申请借款200万元。经批准，甲单位以自有资金向乙研究所借出款项200万元，借款期限为8个月，无利息。

（2）20×8年8月，乙单位为丙单位提供软件测试服务，合同金额为30万元，测试工作于当月完成，丙单位以商业汇票支付，汇票于20×9年3月1日到期。

（3）20×8年10月丙单位向上级甲单位提供某项特定技术咨询服务，合同金额为20万元，咨询报告已于当月提交，甲单位尚未支付该咨询服务费。

假设上述经济事项不考虑相关税费。

20×8年年末，编制合并资产负债表时，甲单位和其下属单位相关抵销处理为：

（1）借出款项与短期借款抵销：

财务会计	预算会计
借：短期借款　2 000 000 　贷：其他应收款　2 000 000	略

（2）应收票据与应付票据抵销：

财务会计	预算会计
借：应付票据　300 000 　贷：应收票据　300 000	不影响

（3）应收账款与应付账款抵销：

财务会计	预算会计
借：应付账款　200 000 　贷：应收账款　200 000	不影响

合并资产负债表的合并工作底稿（局部）见表10-3。

表 10-3　　合并工作底稿（局部）　　单位：万元

项　目	甲单位	乙单位	丙单位	合计	抵销分录		合并数
					借方	贷方	
（资产类项目）							
……							
应收票据	200	70	30	300		30	270
应收账款净额	600	180	240	1 020		20	1 000
其他应收款净额	300	60	30	390		200	190
……							
（负债类项目）							
……							
短期借款	500	300	60	860	200		660
应付票据	110	95	80	285	30		255
应付账款	200	130	90	420	20		400
……							

五、部门（单位）合并收入费用表的编制

（一）合并收入费用表的格式与内容

部门（单位）合并收入费用表应当以部门（单位）本级和其被合并主体符合要求的个别收入费用表或合并收入费用表为基础，在抵销内部业务或事项对合并收入费用表的影响后，由部门（单位）本级合并编制。

编制部门（单位）合并收入费用表时，需要抵销的内部业务或事项包括部门（单位）本级和其被合并主体之间、被合并主体相互之间的收入、费用项目。

合并收入费用表的内容应该包括：

（1）部门（单位）合并收入费用表中的费用类，应当按照收入来源进行分类列示。收入类至少应当单独列示反映下列信息的项目：财政拨款收入、事业收入、上级补助收入、附属单位上缴收入、经营收入、非同级财政拨款收入、投资收益、捐赠收入、利息收入、租金收入。

（2）部门（单位）合并收入费用表中的费用类，应当按照费用的性质进行分类列示。部门（单位）合并收入费用表中的费用类至少应当单独列示反映下列信息的项目：工资福利费用；商品和服务费用；对个人和家庭补助费用；对企事业单位补贴费用；固定资产折旧费用；无形资产摊销费用；公共基础设施折旧（摊销）费用；保障性住房折旧费用；计提专用基金；所得税费用；资产处置费用。

（3）部门（单位）合并收入费用表应当列示本期盈余项目。部门（单位）合并收入费用表中的本期盈余，是指部门（单位）某一会计期间收入合计金额减去费用合计金额后的差额。

单位合并收入费用表编制

合并收入费用表的具体格式见表10-4。

表10-4　合并收入费用表

编制单位：　　　　年　　　　单位：元

项　目	本年数	上年数
一、本期收入		
（一）财政拨款收入		
（二）事业收入		
其中：非同级财政拨款收入		
（三）上级补助收入*		
（四）附属单位上缴收入*		
（五）经营收入		
（六）非同级财政拨款收入		
（七）投资收益		
（八）捐赠收入		
（九）利息收入		
（十）租金收入		
（十一）其他收入		
二、本期费用		
（一）工资福利费用		
（二）商品和服务费用		
（三）对个人和家庭补助费用		
（四）对企事业单位补贴费用		
（五）固定资产折旧费用		
（六）无形资产摊销费用		
（七）公共基础设施折旧（摊销）费用		
（八）保障性住房折旧费用		
（九）计提专用基金		

续表

项目	本年数	上年数
（十）所得税费用		
（十一）资产处置费用		
（十二）上缴上级费用*		
（十三）对附属单位补助费用*		
（十四）其他费用		
三、本期盈余		

注：1.本表中“本期费用”各项目应当根据个别财务报表附注中“本期费用按经济分类的披露格式”所提供的信息合并填列。

2.编制部门（单位）合并收入费用表时，标*项目原则上应抵销完毕，金额为零。

（二）合并收入费用表编制举例

【例 10-2】接【例 10-1】，乙单位软件测试服务收入 30 万元和丙单位技术咨询服务收入 20 万元均计入事业收入。此外，为推进下属单位进行科技创新，甲单位 20×8 年以自有资金对乙单位补助 90 万元，对丙单位补助 79 万元。假定不考虑相关税费支出。20×8 年年末，编制合并收入费用表时，甲单位和其下属单位相关抵销处理为：

（1）测试服务收入与业务活动费用抵销：

财务会计	预算会计
借：事业收入　　　　300 000 　贷：业务活动费用——商品和服务费用　　300 000	

（2）技术咨询服务收入与业务活动费用抵销：

财务会计	预算会计
借：事业收入　　　　200 000 　贷：业务活动费用——商品和服务费用　　200 000	

（3）上级补助收入和对附属单位补助费用抵销：

财务会计	预算会计
借：上级补助收入　　　　900 000 　贷：对附属单位补助费用——乙单位　　900 000 借：上级补助收入　　　　790 000 　贷：对附属单位补助费用——丙单位　　790 000	

甲单位合并收入费用表的合并工作表（局部）见表 10-5。合并收入费用表略。

表 10-5　　甲单位合并收入费用表工作底稿（局部）　　单位：万元

项目	甲单位	乙单位	丙单位	合计	抵销分录		合并数
					借方	贷方	
（收入类项目）							
……							
事业收入	1 000	710	620	2 330	50		2 280
上级补助收入	0	90	79	169	169		0
……							
（费用类项目）							
……							
商品和服务费用	1 200	900	800	2 900		50	2 850
对附属单位补助费用	169	0	0	169		169	0
……							

第三节　合并财务报表附注

合并财务报表附注是合并财务报表必不可少的组成部分。在合并财务报表附注中，合并单位一般应当披露下列信息：

（1）合并财务报表的编制基础。

（2）遵循政府会计准则制度的声明。

（3）合并财务报表的合并主体、被合并主体清单。

（4）合并主体、被合并主体个别财务报表所采用的编制基础，所采用的与政府会计准则制度规定不一致的会计政策，编制合并财务报表时的调整情况及其影响。

（5）本期增加、减少被合并主体的基本情况及影响。

（6）合并财务报表重要项目明细信息及说明。

（7）未在合并财务报表中列示但对报告主体财务状况和运行情况有重大影响的事项的说明。

（8）需要说明的其他事项。

合并财务报表附注的具体披露格式由财政部另行规定。

思考题

本章习题自测

1. 政府会计主体合并财务报表的类别主要有哪些？
2. 政府会计主体合并财务报表的合并程序主要有哪些？
3. 在合并财务报表的编制过程中，需要抵销的合并事项主要有哪些？
4. 合并财务报表附注一般应披露哪些内容？

附录1　民间非营利组织会计

附录1内容思维导图

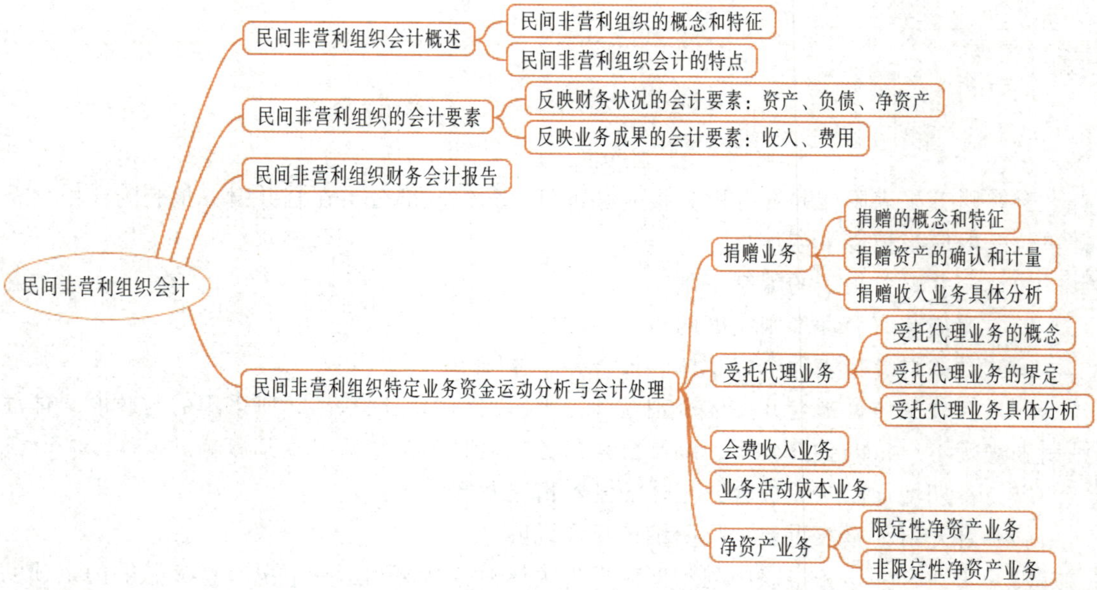

民间非营利组织会计是对民间非营利组织的财务收支活动进行连续、系统、综合的记录、计量和报告，以价值指标客观地反映其业务活动过程，从而为业务管理和其他相关的管理工作提供信息的活动。

一、民间非营利组织会计概述

（一）民间非营利组织的概念和特征

民间非营利组织，是指通过筹集社会民间资金举办的、不以营利为目的，从事教育、科技、文化、卫生、宗教等社会公益事业，提供公共产品的社会服务组织。民间非营利组织作为与政府和企业并列的“第三部门”，是市场经济体系的有机组成部分。它可以有效地弥补政府公共财政资金提供公共产品的不足，同时又可以避免企业的趋利倾向；它在一定程度上解决政府失灵和市场失灵问题，为完善我国社会主义市场经济体系，促进社会各项事业综合、协调发展做出积极贡献。

目前，我国民间非营利组织主要包括在民政部门登记的社会团体、基金会和民办非企业单位。民间非营利组织的会计核算适用《民间非营利组织会计制度》。适用《民间非营利组织会计制度》的民间非营利组织应当同时具备以下三个特征：

（1）该组织不以营利为宗旨和目的。这一特征强调民间非营利组织的非营利性，这与企业的营利性有本质的区别。但强调民间非营利组织的非营利性，并不排除其因提供商品或者服务而获取相应收入或者收取合理费用，只要这些营利活动的所得最终用于该组织的非营利事业。

（2）资源提供者向该组织投入资源不取得经济回报。这一特征强调民间非营利组织的资金或者其他资源提供者不能从民间非营利组织中获取回报。如果出资者等可以从组织中获取回报，就应当将其视为企业。

（3）资源提供者不享有该组织的所有权。这一特征强调资金或者其他资源提供者在将资源投入到民间非营利组织后不再享有相关所有者权益，如与所有者权益有关的资产出售、转让、处置权以及清算时剩余财产的分配权等。这一特征既将民间非营利组织与企业区分开来，又将其与各行政事业单位区分开来，因为行政事业单位尽管也属于非营利组织，但是国家对这些组织及其净资产拥有所有权。

民间非营利组织会计概述

（二）民间非营利组织会计的特点

民间非营利组织会计的主要特点包括：

（1）以权责发生制为会计核算基础。这是由于权责发生制较收付实现制更有助于民间非营利组织加强资产、负债的管理，提高民间非营利组织会计信息质量，增强其会计信息的有用性。

（2）在采用历史成本计价的基础上，引入公允价值计量基础。公允价值的引入是由民间非营利组织的特殊业务活动所决定的，如通过接受捐赠等业务取得的资产，可能很难或者根本无法确定其实际成本，此时历史成本原则就无法满足对资产计量的要求，采用公允价值则可以解决资产计量问题。借鉴国际先进经验，引入公允价值，丰富了民间非营利组织会计的计量基础，实现了对特殊业务活动取得资产的准确计量。

（3）由于民间非营利组织资源提供者既不享有组织的所有权，也不取得经济回报，因此，其会计要素不应包括所有者权益和利润，而是设置了净资产这一要素。

（4）由于采用权责发生制作为会计核算基础，民间非营利组织设置了费用要素，而没有使用行政、事业单位的支出要素。

二、民间非营利组织的会计要素

民间非营利组织的会计要素划分为反映财务状况的会计要素和反映业务活动情况的会计要素。反映财务状况的会计要素包括资产、负债和净资产，其会计等式为“资产−负债=净资产”；反映业务活动情况的会计要素包括收入

民间非营利组织会计要素

和费用，其会计等式为“收入-费用=净资产变动额”。

（一）反映财务状况的会计要素

1. 资产

资产，是指过去的交易或者事项形成并由民间非营利组织拥有或者控制的资源，该资源预期会给民间非营利组织带来经济利益或者服务潜力。资产应当按其流动性分为流动资产、长期投资、固定资产、在建工程、文物文化资产、无形资产和受托代理资产等。

2. 负债

负债，是指过去的交易或者事项形成的现时义务，履行该义务预期会导致含有经济利益或者服务潜力的资源流出民间非营利组织。负债按其流动性分为流动负债、长期负债和受托代理负债等。

3. 净资产

净资产，是指民间非营利组织的资产减去负债后的余额，包括限定性净资产和非限定性净资产。

如果资产或者资产所产生的经济利益（如资产的投资收益和利息等）的使用受到资产提供者或者国家有关法律、行政法规所设置的时间限制或（和）用途限制，由此形成的净资产即为限定性净资产。国家有关法律、行政法规对净资产的使用直接设置限制的，该受限制的净资产也应作为限定性净资产。除此之外的其他净资产应作为非限定性净资产。

时间限制是由资产提供者或者国家有关法律、行政法规要求民间非营利组织在收到资产后的特定时期之内或特定日期之后使用该项资产，或者对资产的使用设置了永久限制。

用途限制是指资产提供者或者国家有关法律、行政法规要求民间非营利组织将收到的资产用于某一特定的用途。

民间非营利组织的董事会、理事会或类似权力机构对净资产的使用所做的限定性决策、决议或拨款限额等，属于民间非营利组织内部管理上对资产使用所做的限制，不属于限定性净资产。

（二）反映业务成果的会计要素

1. 收入

收入，是指民间非营利组织开展业务活动取得的、导致本期净资产增加的经济利益或者服务潜力的流入。收入应当按其来源分为捐赠收入、会费收入、提供服务收入、政府补助收入、投资收益、商品销售收入等主要业务活动收入和其他收入等。

民间非营利组织在确认收入时，应当区分交换交易所形成的收入和非交换交易所形成的收入。交换交易是指按照等价交换原则所从事的交易，即当某一主体取得资产、获得服务或者解除债务时，需要向交易对方支付等值或者大致等值的现金，或者提供等值或者大致等值的货物、服务等的交易。如按照等价交换原则销售商品、提供劳务等均属于交换交易。非交换交易是指除交换交易之外的交易，如捐赠、政府补助等均属于非交换交易。

民间非营利组织对于各项收入应当按是否存在限定区分为非限定性收入和限定性收入进行核算。如果资产提供者对资产的使用设置了时间限制或者（和）用途限制，则所确认的相关收入为限定性收入；除此之外的其他收入，为非限定性收入。民间非营利组织的会费收入、提供服务收入、商品销售收入和投资收益等一般为非限定性收入，除非相关资产提供者对资产的使用设置了限制。民间非营利组织的捐赠收入和政府补助收入，应当视相关资产提供者对资产的使用是否设置了限制，分别限定性收入和非限定性收入进行核算。

2.费用

费用，是指民间非营利组织为开展业务活动所发生的、导致本期净资产减少的经济利益或者服务潜力的流出。费用应当按照其功能分为业务活动成本、管理费用、筹资费用和其他费用等。

三、民间非营利组织财务会计报告

民间非营利组织的财务会计报告由会计报表、会计报表附注和财务情况说明书组成。会计报表至少应当包括资产负债表、业务活动表和现金流量表三张基本报表，附注侧重披露编制会计报表所采用的会计政策、已经在会计报表中得到反映的重要项目的具体说明和未在会计报表中得到反映的重要信息的说明等内容。

民间非营利组织的财务会计报告分为年度财务会计报告和中期财务会计报告。民间非营利组织在编制中期财务会计报告时，应当采用与年度会计报表相一致的确认与计量原则。中期财务会计报告的内容相对于年度财务会计报告而言可以适当简化，但仍应保证包括与理解中期期末财务状况和中期业务活动情况及其现金流量相关的重要财务信息。

四、民间非营利组织特定业务资金运动分析与会计处理

（一）捐赠业务资金运动分析与会计处理

1.捐赠的概念和特征

捐赠属于非交换交易的一种，通常是指某个单位或个人（捐赠人）自愿地将现金或其他资产无偿地转让给另一单位或个人（受赠人），或者无偿地清偿或取消该单位或个人（受赠人）的负债。这里的其他资产包括债券、股票、产品、材料、设备、房屋、无形资产和劳务等。在实务中，民间非营利组织既可能作为受赠人，接受其他单位或个人的捐赠，又可能作为捐赠人，对其他单位或个人作出捐赠。

捐赠一般具有以下三个基本特征：（1）捐赠是无偿地转让资产或者取消负债，属于非交换交易；（2）捐赠是自愿地转让资产或者取消负债，从而将捐赠与纳税、征收罚款等其他非交换交易区分开来；（3）捐赠交易中资产或劳务的转让不属于所有者的投入或向所有者的分配。

判断某项交易是否为捐赠时，还需要注意以下三点：（1）应当将捐赠与受托代理交易等类似交易区分开来；（2）可能某项交易的一部分属于捐赠交易，另一部分属于其他性质的交易；（3）应当将政府补助收入与捐赠收入区分开来，分别核算和反映。

2.捐赠资产的确认和计量

对于民间非营利组织接受捐赠的现金资产，应当按照实际收到的金额入账。对于民间非营利组织接受捐赠的非现金资产，如接受捐赠的短期投资、存货、长期投资、固定资产和无形资产等，如果捐赠方提供了有关凭据（如发票、报关单、有关协议等）的，应当按照凭据上标明的金额作为入账价值；如果凭据上标明的金额与受赠资产公允价值相差较大，受赠资产应当以其公允价值作为其入账价值；如果捐赠方没有提供有关凭据的，受赠

资产应当以其公允价值作为入账价值。

为了对捐赠进行正确的核算，民间非营利组织应当区分捐赠与捐赠承诺。捐赠承诺是指捐赠现金或其他资产的书面协议或口头约定等。捐赠承诺不满足非交换交易收入的确认条件。民间非营利组织对于捐赠承诺，不应予以确认，但可以在会计报表附注中作相关披露。

需要注意的是，劳务捐赠是捐赠的一种，即捐赠人自愿地向受赠人无偿提供劳务。民间非营利组织对于其接受的劳务捐赠，不予确认，但应当在会计报表附注中作相关披露。

3.捐赠收入业务具体资金运动分析与会计处理

捐赠收入是指民间非营利组织接受其他单位或者个人捐赠所取得的收入，应当根据相关资产提供者对资产的使用是否设置了限制，划分为限定性收入和非限定性收入分别进行核算。

一般情况下，对于无条件的捐赠，民间非营利组织应当在捐赠收到时确认收入；对于附条件的捐赠，应当在取得捐赠资产控制权时确认收入。但当民间非营利组织存在需要偿还全部或部分捐赠资产或者相应金额的现时义务时，应当根据需要偿还的金额同时确认一项负债和费用。

接受捐赠业务分析

民间非营利组织为了核算捐赠收入，应当设置“捐赠收入”科目；并按照捐赠收入是否存在限制，在“捐赠收入”科目下设置“限定性收入”和“非限定性收入”明细科目。如果民间非营利组织存在多个捐赠项目，还可以结合具体情况，在“限定性收入”和“非限定性收入”明细科目下按照捐赠项目设置相应的明细科目。

（1）接受捐赠时，所引起的资金运动如附录1图1中A1段、A2段运动所示。对于接受的附条件捐赠，如果存在需要偿还全部或部分捐赠资产或者相应金额的现时义务时（如因无法满足捐赠所附条件而必须将部分捐赠款退还给捐赠人时），按照需要偿还的金额予以确认，所引起的资金运动如附录1图1中B段运动所示。

（2）如果限定性捐赠收入的限制在确认收入的当期得以解除，应当将其转为非限定性捐赠收入，所引起的资金运动如附录1图1中C段运动所示。

（3）年末，将“捐赠收入”科目各明细科目的余额分别转入限定性净资产和非限定性净资产，所引起的资金运动如附录1图1中D段、E段运动所示。

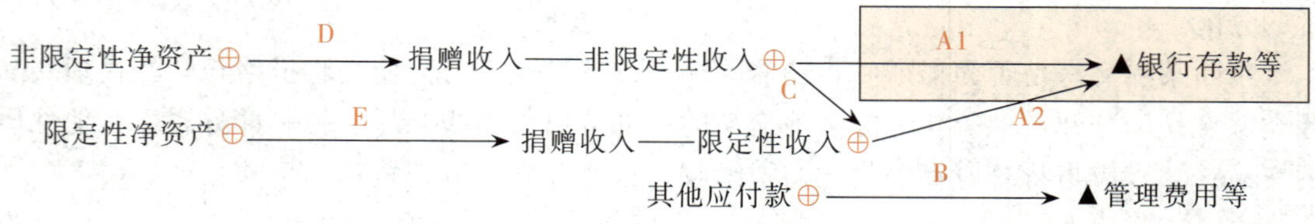

附录1图1　接受捐赠业务资金运动分析图

【附例1】20×8年8月7日，某社会团体收到甲企业所捐赠的款项188 000元。协议规定，该社会团体应当将这笔款项用于某项学术课题。（如附录1图2所示）

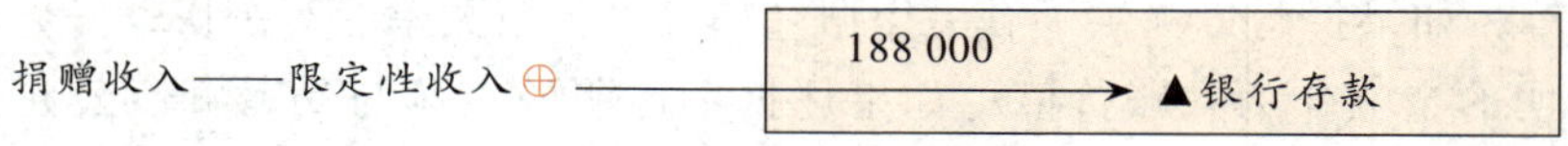

附录1图2　某社团接受捐赠业务资金运动分析图

借：银行存款　　188 000

　贷：捐赠收入——限定性收入　　188 000

【附例2】20×8年5月14日，甲基金会与乙企业签订了一份捐赠协议。协议规定，自20×8年7月1日至20×8年12月31日，乙企业在此6个月的期间内每售出一件产品，即向甲基金会捐赠5元钱，以资助贫困人员医疗救治，款项将在每月底按照销售量计算后汇至甲基金会银行账户。同时，乙企业承诺，此次捐赠的款项不会少于900 000元，并争取达到1 200 000元。根据此协议，甲基金会在20×8年7月底收到了乙企业捐赠的款项160 000元。

甲基金会应做如下账务处理（如附录1图3所示）：

（1）20×8年5月14日，不满足捐赠收入的确认条件，不需要进行账务处理。

（2）20×8年7月31日，按照收到的捐款金额，确认捐赠收入。

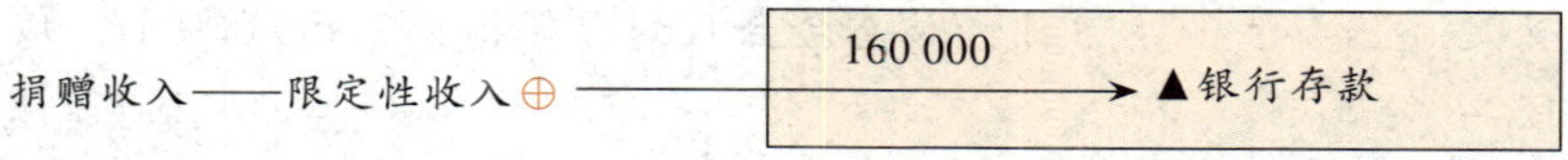

附录1图3　甲基金会接受捐赠业务资金运动分析图

借：银行存款　　160 000

　贷：捐赠收入——限定性收入　　160 000

（3）20×8年8月至12月每月底，分别按照收到的捐款金额，确认捐赠收入。账务处理同7月31日，本处略。

【附例3】20×8年8月26日，某基金会与乙企业签订了一份捐赠协议。协议规定，乙企业将向该基金会捐赠268 000元，其中250 000元用于资助贫困地区的儿童，18 000元用于此次捐赠活动的管理费用支出，款项将在协议签订后的20日内汇至该基金会银行账户。根据此协议，20×8年9月12日，该基金会收到了乙企业捐赠的款项268 000元。

20×8年10月9日，该基金会将250 000元转赠给数家贫困地区的小学，并发生了15 000元的管理费用。20×8年10月14日，该基金会与乙企业签订了一份补充协议，协议规定，此次捐赠活动节余的3 000元由该基金会自由支配。该基金会应做如下账务处理：

（1）20×8年8月26日，不满足捐赠收入的确认条件，不需要进行账务处理。

（2）20×8年9月12日，按照收到的捐款金额，确认捐赠收入。（如附录1图4，A段运动所示）

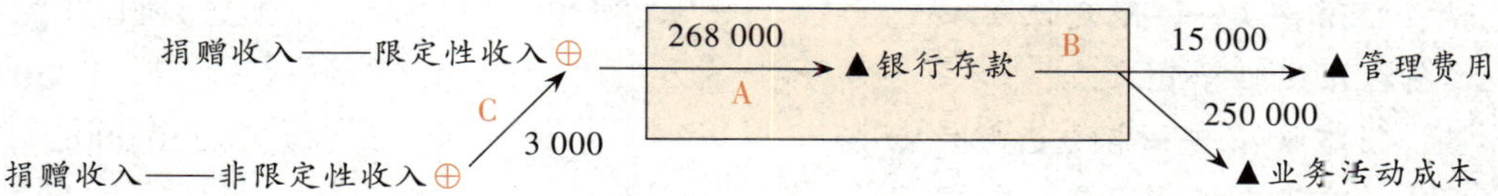

附录1图4　某基金会接受捐赠业务资金运动分析图

借：银行存款　　268 000

　贷：捐赠收入——限定性收入　　268 000

（3）20×8年10月9日，按实际发生的金额确认业务活动成本。（如附录1图4，B段运动所示）

接受捐赠业务举例

借：业务活动成本　　250 000

　　管理费用　　15 000

　贷：银行存款　　265 000

（4）20×8年10月14日，部分限定性捐赠收入的限制在确认收入的当期得以解除，将其转为非限定性捐赠收入。（如附录1图4，C段运动所示）

借：捐赠收入——限定性收入　　3 000

　贷：捐赠收入——非限定性收入　　3 000

【附例4】20×8年10月25日，某基金会与乙企业签订了一份捐赠协议。协议规定，乙企业将向该基金会捐赠2 880 000元，用于成立一项奖学金基金，款项将在协议签订后的20日内汇至该基金会银行账户，自第2年开始每年以基金利息奖励乙企业所在城市的前10名优秀学生，未经乙企业允许不得动用基金本金，具体奖励金额将由双方根据累积基金利息另行商定。20×8年11月3日，该基金会收到该笔捐款2 880 000元。该基金会应做如下账务处理：

（1）20×8年10月25日，不满足捐赠收入的确认条件，不需要进行账务处理。

（2）20×8年11月3日，按照收到的捐款金额，确认捐赠收入（如附录1图5所示）。

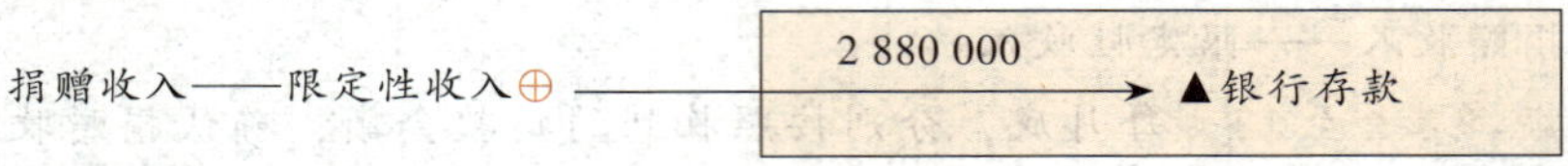

附录1图5　某基金会接受捐赠业务资金运动分析图

借：银行存款　　2 880 000

　贷：捐赠收入——限定性收入　　2 880 000

【附例5】20×8年12月31日，某民间非营利组织“捐赠收入”科目的账面余额为1 680 000元，其中，“限定性收入”明细科目的账面余额为1 350 000元；“非限定性收入”明细科目的账面余额为330 000元。20×8年12月31日，该组织将“捐赠收入”科目各明细科目的余额分别进行结转。（如附录1图6所示）

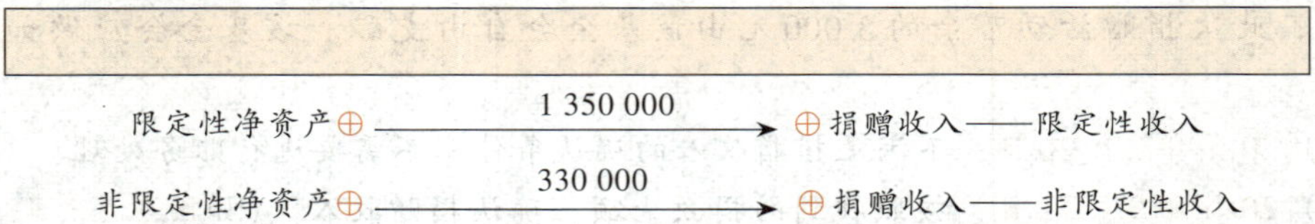

附录1图6　某民间非营利组织捐赠收入期末结转资金运动分析图

借：捐赠收入——限定性收入　　1 350 000

　贷：限定性净资产　　1 350 000

借：捐赠收入——非限定性收入　　330 000

　贷：非限定性净资产　　330 000

（二）受托代理业务资金运动分析与会计处理

1.受托代理业务的概念

受托代理业务，是指民间非营利组织从委托方收到受托资产，并按照委托人的意愿将资产转赠给指定的其他组织或者个人的受托代理过程。民间非营利组织在业务活动中，有时会充当中间人的角色，帮助捐赠人将款项或其他资产转赠给其他单位或个人。在这种业务活动中，民间非营利组织通常只是从委托方取得现金或其他资产，然后按照委托人的意愿将这些资产转赠给委托人指定的第三方，或者按照有关规定将资产转交给指定的其他组织或者个人。民间非营利组织本身在此业务活动过程中只是起中介作用，没有权力改变上述资产的用途或者变更受益人。这种业务活动就是《民间非营利组织会计制度》中所界定的受托代理业务。民间非营利组织接受委托方委托从事受托代理业务而收到的资产即为受托代理资产；民间非营利组织因从事受托代理业务、接受受托代理资产而产生的负债即为受托代理负债。

2.受托代理业务的界定

民间非营利组织的受托代理业务与其通常从事的捐赠活动存在本质上的差异。因此，需要将两者区分开来，按照不同的原则进行会计处理。在区分受托代理业务与捐赠活动时，应当注意以下四点：

(1) 在受托代理业务中，民间非营利组织并不是受托代理资产的最终受益人，只是代受益人保管这些资产。而对于接受捐赠的资产，民间非营利组织对于该资产以及该资产带来的收益具有控制权。

(2) 在受托代理业务中，民间非营利组织只是起到中介人的作用，帮助委托人将资产转赠或转交给指定的受益人，并没有权力改变受益人和受托代理资产的用途。受托代理业务与资产提供者设置了用途限制的捐赠有时候看起来很类似。但是，在限定性捐赠中，民间非营利组织在按照资产提供者要求使用这些受赠资产的前提下，具有一定的自主权，可以在资产提供者的限定范围内选择具体的受益人。而在受托代理业务中，受托代理资产的受益人是由委托人具体指定的，民间非营利组织没有变更的权力。

受托代理业务分析

(3) 在受托代理业务中，委托人通常需要明确指出具体受益人的姓名或受益单位的名称，才能称为“指定的”受益人。委托人有时会从民间非营利组织提供的名单中指定一个或若干个受益人，也符合受托代理业务的概念。比如，在希望工程中，基金会向社会公布有哪些失学儿童需要资助，捐赠人就可以从中认领一名或多名儿童，资助他们上学。

(4) 受托代理业务通常应当签订明确的书面协议，而且通常是由委托方、受托方和受益人三方共同签订。但在有些情况下也可能没有书面协议，这时，民间非营利组织应当综合具体情况，根据受托代理业务的概念进行判断。比如，民间非营利组织可能为某个具体的个人或单位举办一场慈善活动，声明在此次活动中收到的款项将由该组织转交给该个人或单位，那么这些款项就应当被确认为该组织的受托代理资产，并同时确认相应的受托代理负债。

3.受托代理业务具体资金运动分析与会计处理

对于受托代理业务，民间非营利组织应当比照接受捐赠资产的原则确认和计量受托代理资产，同时应当按照其金额确认相应的受托代理负债。为此，民间非营利组织需要设置两个会计科目，即“受托代理资产”和“受托代理负债”科目。民间非营利组织应当设置受托代理资产登记簿，加强对受托代理资产的管理。同时，应当在“受托代理资产”和“受托代理负债”科目下，按照指定的受赠组织或个人设置明细账，进行明细核算。“受托代理资产”科目的期末借方余额，反映民间非营利组织期末尚未转出的受托代理资产价值；“受托代理负债”科目的期末贷方余额，反映民间非营利组织尚未清偿的受托代理负债。

民间非营利组织收到受托代理资产时，应当按照应确认的受托代理资产的入账金额进行处理，所引起的资金运动如附录1图7中A段运动所示。在转赠或者转出受托代理资产时，应当按照转出受托代理资产的账面余额进行处理，所引起的资金运动如附录1图7中B段运动所示。收到的受托代理资产如果为现金、银行存款或其他货币资金，可以不通过“受托代理资产”科目核算，而在“现金”“银行存款”“其他货币资金”科目下设置“受托代理资产”明细科目进行核算。

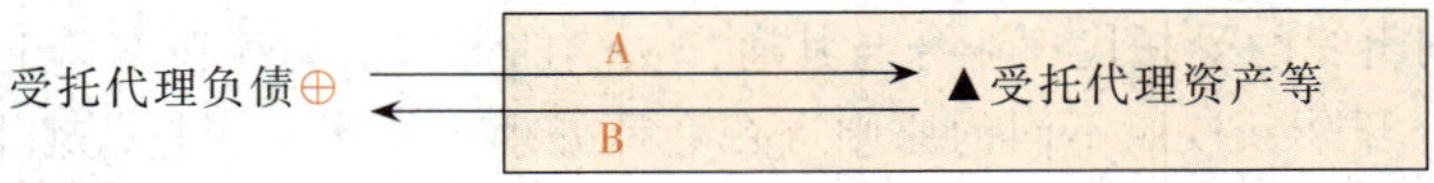

附录1图7　受托代理业务资金运动分析图

【附例6】20×8年12月15日，甲民间非营利组织、乙民间非营利组织与丙企业共同签订了一份捐赠协议，协议规定丙企业将通过甲民间非营利组织向乙民间非营利组织下属的10家儿童福利院（附有具体的受赠福利院名单）捐赠全新的台式计算机100台，每家福利院10台，每台计算机的账面价值为8 000元。丙企业应当在协议签订后的10日内将计算机运至甲民间非营利组织。甲民间非营利组织应当在计算机运抵后的20日内派志愿者将计算机送至各福利院，并负责安装。20×8年12月23日，丙企业按照协议规定将计算机运至甲民间非营利组织。假设截至20×8年12月31日，甲民间非营利组织尚未将计算机送至各福利院。不考虑其他因素和税费。

首先根据协议规定判断，此项交易对于甲民间非营利组织而言属于受托代理交易。

20×8年12月23日，甲民间非营利组织收到丙公司捐赠的计算机。（如附录1图8所示）

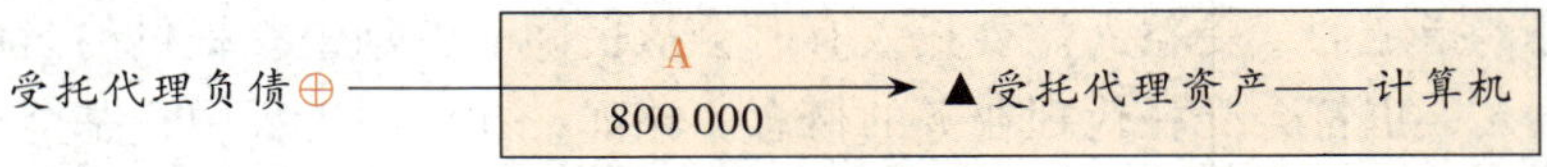

附录1图8　甲民间非营利组织受托代理业务资金运动分析图

借：受托代理资产——计算机　　800 000

　贷：受托代理负债　　800 000

受托代理业务举例

另外，甲民间非营利组织应当在20×8年12月31日资产负债表中单设“受托代理资产”和“受托代理负债”项目，金额均为800 000元。同时，应当在会计报表附注中，披露该受托代理业务的情况。

【附例7】20×8年8月7日，甲基金会与乙企业签订了一份捐赠合作协议，协议规定：乙企业将通过甲基金会向丙学校捐款888 888元，乙企业应当在协议签订后的10日内将款项汇往甲基金会银行账户，甲基金会应当在收到款项后的10日内将款项汇往丙学校的银行账户。20×8年8月14日，乙企业按照协议规定将款项汇至甲基金会账户。20×8年8月20日，甲基金会按照协议规定将款项汇至丙学校账户。

假设不考虑其他因素和税费，甲基金会应做如下账务处理：

首先根据协议规定判断，此项交易对于甲基金会而言属于受托代理交易。

(1) 20×8年8月14日，甲基金会收到银行存款。(如附录1图9，A段运动所示)

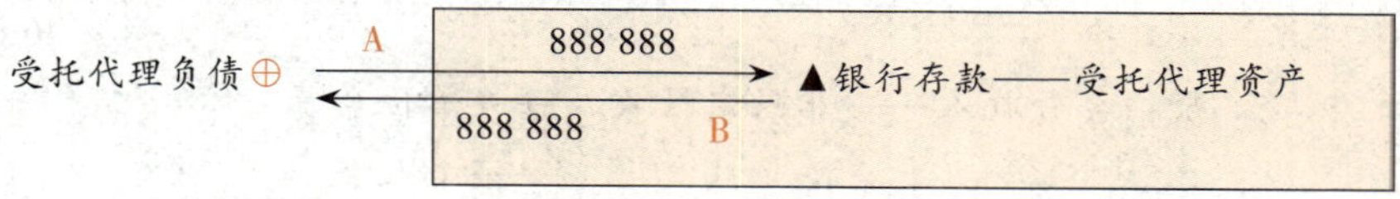

附录1图9 甲基金会受托代理业务资金运动分析图

借：银行存款——受托代理资产 888 888

　贷：受托代理负债 888 888

(2) 20×8年8月20日，甲基金会转出该笔银行存款。(如附录1图9，B段运动所示)

借：受托代理负债 888 888

　贷：银行存款——受托代理资产 888 888

(三) 会费收入业务资金运动分析与会计处理

会费收入是指民间非营利组织根据章程等的规定向会员收取的会费。一般情况下，民间非营利组织的会费收入为非限定性收入，除非相关资产提供者对资产的使用设置了限制。民间非营利组织的会费收入通常属于非交换交易收入。

民间非营利组织为了核算会费收入，应当设置“会费收入”科目，并应当在“会费收入”科目下设置“非限定性收入”明细科目。如果存在限定性会费收入，还应当设置“限定性收入”明细科目；同时，民间非营利组织应当按照会费种类（如团体会费、个人会费等），在“非限定性收入”或“限定性收入”科目下设置明细科目，进行明细核算。

民间非营利组织取得会费收入所引起的资金运动如附录1图10中A1段、A2段运动所示。在年末，民间非营利组织应当将“会费收入”转入净资产，所引起的资金运动如附录1图10中B段、C段运动所示。期末结转后“会费收入”科目应无余额。

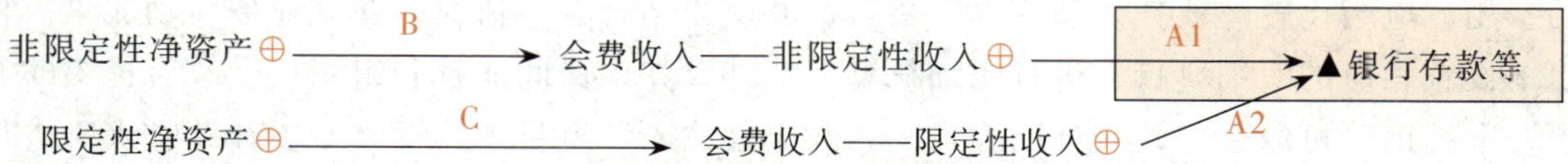

附录1图10 会费收入业务资金运动分析图

【附例8】甲社会团体按照会员代表大会通过的会费收缴办法规定，该社会团体的单位会员应当按照上年度主营业务收入的0.1%缴纳当年度会费，个人会员应当每年缴纳500元会费，每年度会费应当在当年度1月1日至4月30日内（含）缴纳，当年度不能按时缴纳会费的会员，将在下一年度的1月1日自动取消会员资格。假设20×8年1月，该社会团体分别收到以银行存款缴纳的单位会员会费248 000元，以现金方式缴纳的个人会员会费6 000元。(如附录1图11所示)

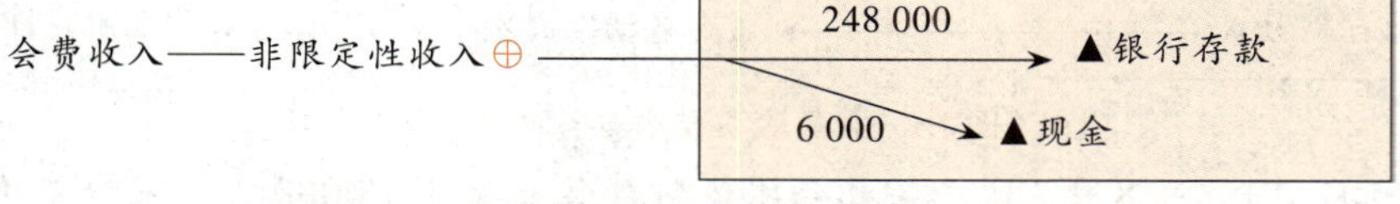

附录1图11 甲社会团体会费收入业务资金运动分析图

会费收入业务

借：银行存款　　248 000

　　现金　　6 000

　　贷：会费收入——非限定性收入——单位会费　　248 000

　　　　　　　　　　　　　　　——个人会费　　6 000

【附例9】20×8年12月31日，乙社会团体“会费收入”科目的账面余额为433 000元，均属于非限定性收入。将“会费收入”转入非限定性净资产。（如附录1图12所示）

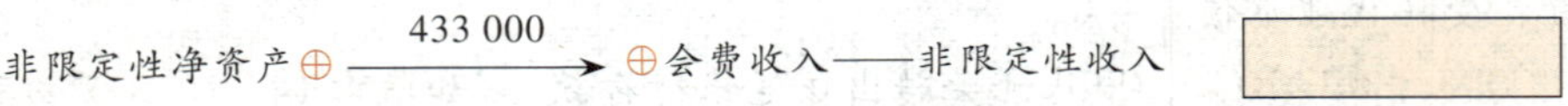

附录1图12　会费收入业务资金运动分析图　2

借：会费收入——非限定性收入　　433 000

　　贷：非限定性净资产　　433 000

（四）业务活动成本业务资金运动分析与会计处理

业务活动成本是指民间非营利组织为了实现其业务活动目标、开展某项目活动或者提供服务所发生的费用。如果民间非营利组织从事的项目、提供的服务或者开展的业务比较单一，可以将相关费用全部归集在“业务活动成本”科目下进行核算和列报；如果民间非营利组织从事的项目、提供的服务或者开展的业务种类较多，应当在“业务活动成本”科目下分项目、服务或者业务大类进行核算和列报。

业务活动成本按照项目、服务或业务种类等进行归集。如果民间非营利组织的某些费用是属于业务活动、管理活动和筹资活动等共同发生的，而且不能直接归属于某一类活动，则应当将这些费用按照合理的方法在各项活动中进行分配。

民间非营利组织为了核算其因实现业务活动目标、开展项目活动或者提供服务所发生的费用，应当设置“业务活动成本”科目，并应当结合具体情况，在“业务活动成本”科目下设置相应的明细科目，进行明细核算。此外，如果民间非营利组织接受政府提供的专项资金补助，可以在“政府补助收入——限定性收入”科目下设置“专项补助收入”进行核算；同时，在“业务活动成本”科目下设“专项补助成本”，归集当期为专项资金补助项目发生的所有费用。

民间非营利组织发生的业务活动成本，应当按照其发生额计入当期费用。业务活动成本业务的主要账务处理如下：

（1）发生业务活动成本时，所引起的资金运动如附录1图13中A段运动所示。

（2）会计期末，将“业务活动成本”科目的余额转入非限定性净资产，所引起的资金运动如附录1图13中B段运动所示。

附录1图13　业务活动成本业务资金运动分析图

【附例10】20×8年8月7日，某社会团体对外售出杂志18 000册，每份售价20元，款项已于当日收到（假定均为银行存款），每册杂志的成本为6元。假定销售符合收入确认条件，不考虑相关税费。

月末，“业务活动成本”余额为600 000元，“商品销售收入”余额为2 000 000元，结转其收入与成本。

（1）确认本笔销售收入360 000元。（如附录1图14，A段运动所示）

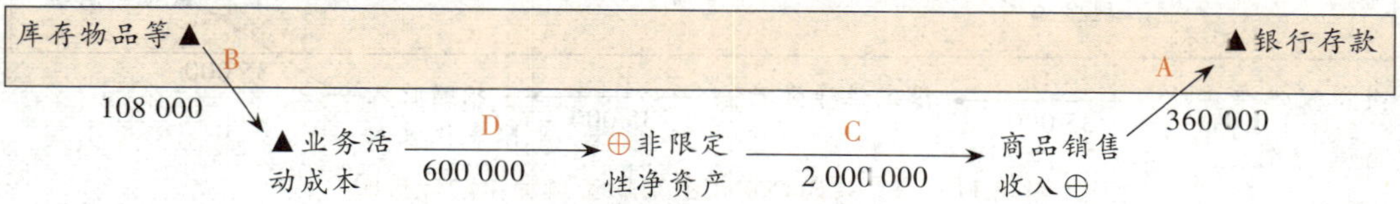

附录1图14　业务活动成本等业务资金运动分析图

借：银行存款　　　　360 000

　贷：商品销售收入　　　　360 000

（2）结转本笔业务相应的成本。（如附录1图14，B段运动所示）

借：业务活动成本——商品销售成本　　　　108 000

　贷：库存物品或存货　　　　108 000

业务活动成本业务

（3）月末结转其销售收入。（如附录1图14，C段运动所示）

借：商品销售收入　　　　2 000 000

　贷：非限定性净资产　　　　2 000 000

（4）月末结转其业务成本。（如附录1图14，D段运动所示）

借：非限定性净资产　　　　600 000

　贷：业务活动成本　　　　600 000

（五）净资产业务资金运动分析与会计处理

1.限定性净资产业务资金运动分析与会计处理

民间非营利组织应当设置“限定性净资产”科目来核算本单位的限定性净资产，并可根据本单位的具体情况和实际需要，在“限定性净资产”科目下设置相应的明细科目。

（1）期末结转限定性收入。民间非营利组织限定性净资产的主要来源是获得了限定性收入（主要是限定性的捐赠收入和政府补助收入）。期末，民间非营利组织应当将当期限定性收入余额转为限定性净资产，所引起的资金运动如附录1图15中A段运动所示。

（2）限定性净资产的重分类。如果限定性净资产的限制已经解除，应当对净资产进行重新分类，将限定性净资产转为非限定性净资产，所引起的资金运动如附录1图15中B段运动所示。

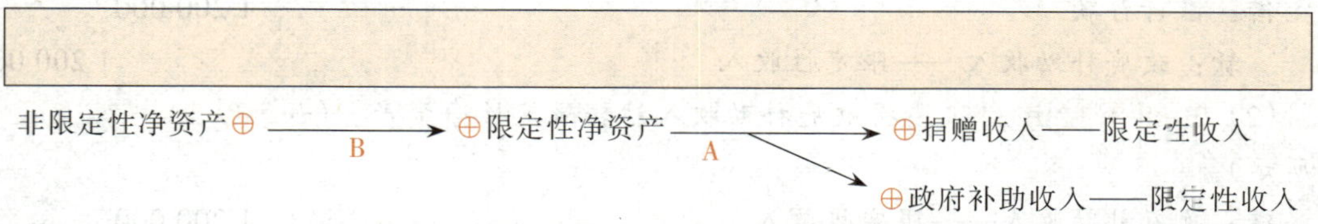

附录1图15　限定性净资产业务资金运动分析图

【附例11】20×8年8月7日，某民办学校获得一笔35 000元的捐款，捐款人要求将款项用于奖励该校20×9年度科研竞赛的前十名学生。该民办学校应做如下账务处理：

限定性净资产业务

（1）20×8年8月7日，收到该笔捐款。（如附录1图16，A段运动所示）

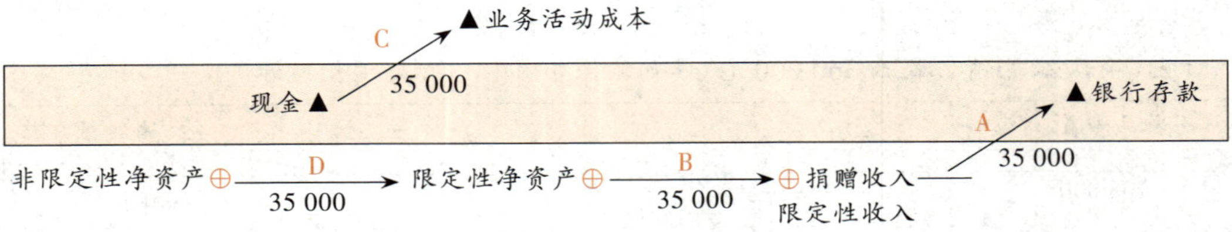

附录1图16　某民办学校获捐业务资金运动分析图

借：银行存款　　35 000

　贷：捐赠收入——限定性收入　　35 000

（2）20×8年12月31日，将捐赠收入结转限定性净资产。（如附录1图16，B段运动所示）

借：捐赠收入——限定性收入　　35 000

　贷：限定性净资产　　35 000

（3）20×9年2月将20×8年8月收到的35 000元捐款以现金的形式奖励给了科研比赛的前十名学生。（如附录1图16，C段运动所示）

借：业务活动成本　　35 000

　贷：现金　　35 000

与此同时，将其对应的限定性净资产重新分类为非限定性净资产。（如附录1图16，D段运动所示）

借：限定性净资产　　35 000

　贷：非限定性净资产　　35 000

【附例12】沿用【附例11】。该民办学校在20×8年12月7日，又得到一笔1 200 000元的政府实拨补助款，要求用于资助贫困学生。该民办学校的账务处理如下：

（1）20×8年12月7日，收到补助款。（如附录1图17，A段运动所示）

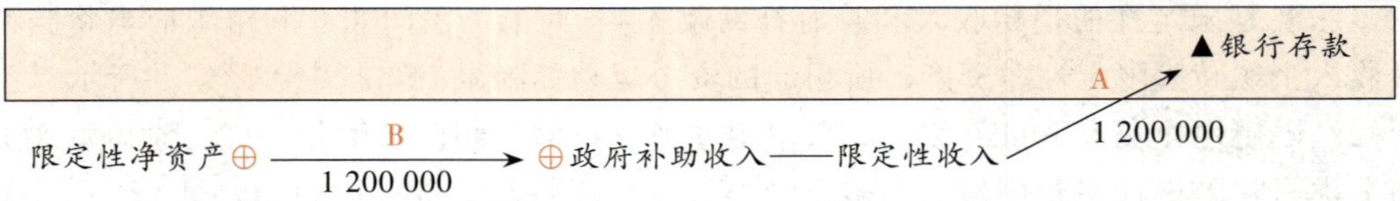

附录1图17　某民办学校获得政府补助收入业务资金运动分析图

借：银行存款　　1 200 000

　贷：政府补助收入——限定性收入　　1 200 000

（2）20×8年12月31日，将政府补助收入结转限定性净资产。（如附录1图17，B段运动所示）

借：政府补助收入——限定性收入　　1 200 000

　贷：限定性净资产　　1 200 000

2.非限定性净资产业务资金运动分析与会计处理

民间非营利组织应当设置“非限定性净资产”科目来核算本单位的非限定性净资产，并可根据本单位的具体情况和实际需要，在该科目下设置相应的明细科目。

（1）期末结转非限定性收入和成本费用项目。期末，民间非营利组织应当将捐赠收入、会费收入、提供服务收入、政府补助收入、商品销售收入、投资收益和其他收入等各项收入项目中非限定性收入的期末余额转入非限定性净资产，所引起的资金运动如附录1图18中A段运动所示。

期末，民间非营利组织应当将业务活动成本、管理费用、筹资费用和其他费用的期末余额均结转至非限定性净资产，所引起的资金运动如附录1图18中B段运动所示。

（2）限定性净资产的重分类。如果限定性净资产的限制已经解除，应当将其重新分类为非限定性净资产。所引起的资金运动如附录1图18中C段运动所示。

有些情况下，资源提供者或者国家法律、行政法规会对以前期间未设置限制的资产增加时间或用途限制，应将非限定性净资产重新分类为限定性净资产。

（3）调整以前期间非限定性收入、费用项目。如果因调整以前期间非限定性收入、费用项目而涉及调整非限定性净资产的，应当按照需要调整的金额，调整非限定性净资产和相关项目。所引起的资金运动如附录1图18中D段运动所示。

“非限定性净资产”科目的期末贷方余额，反映民间非营利组织历年积存的非限定性净资产金额。

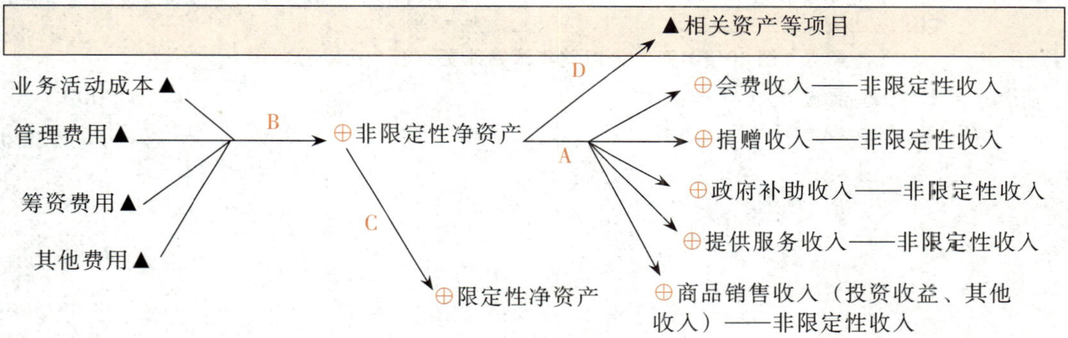

附录1图18　非限定性净资产业务资金运动分析图

【附例13】20×8年12月4日，某基金会取得一笔捐款98 000元，捐赠人限定将该款项用于购置专用设备。20×9年1月15日，该基金会购入设备，价值95 000元。20×9年1月20日，经与捐赠人协商，捐赠人同意将剩余的款项3 000元留归该基金会自主使用。

（1）20×8年12月4日，取得捐赠。（如附录1图19，A段运动所示）

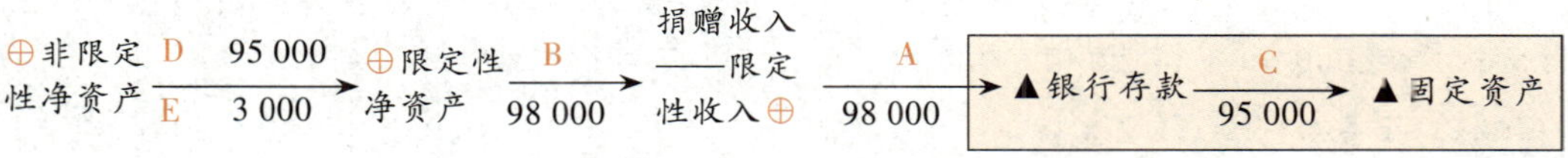

附录1图19　非限定性净资产业务资金运动分析图

借：银行存款　98 000

　贷：捐赠收入——限定性收入　98 000

（2）20×8年12月31日，将捐赠收入结转到限定性净资产。（如附录1图19，B段运动所示）

借：捐赠收入——限定性收入　98 000

　贷：限定性净资产　98 000

（3）20×9年1月15日，购入设备。（如附录1图19，C段运动所示）

非限定性净资产业务

借：固定资产　　95 000

　贷：银行存款　　95 000

由于该捐赠的限定条件已经满足，应将限定性净资产重分类。（如附录1图19，D段运动所示）

借：限定性净资产　　95 000

　贷：非限定性净资产　　95 000

（4）20×9年1月20日，将剩余的限定性净资产进行重分类。（如附录1图19，E段运动所示）

借：限定性净资产　　3 000

　贷：非限定性净资产　　3 000

【附例14】20×8年8月7日，某基金会发现上一年度的一项无形资产摊销12 000元未记录。该基金会应当追溯调整20×7年度业务活动表中的管理费用（调增12 000元），减少非限定性净资产期初数12 000元。（如附录1图20所示）

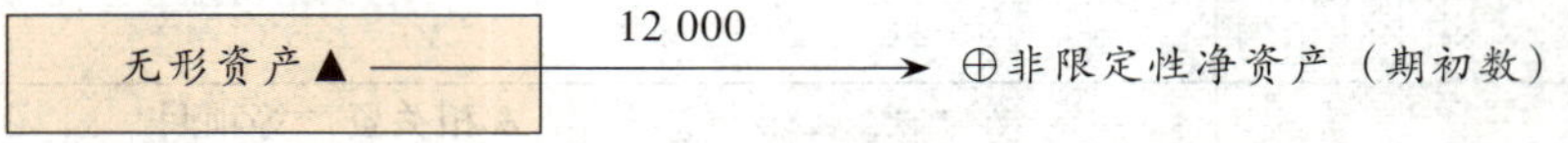

附录1图20　某基金会以前年度错账更正资金运动分析图

借：非限定性净资产（期初数）　　12 000

　贷：无形资产　　12 000

附录2　业财合一视角下复式记账新诠释

一、会计对象、资金运动与"会计沙盘模型"的提出

会计对象是社会再生产过程中的资金运动。为了使抽象的资金运动具体化，以便更好地研究资金运动及其规律，本书提出了"会计沙盘模型"假设。

"会计沙盘模型"源自小孩玩沙子的游戏。借助"小孩之手"，该模型可以将企业经济业务所引起的资金运动通过游戏的形式全程地模拟出来，从而把深奥的会计理论和复杂的会计实务操作用最通俗易懂的语言与图形形象生动地描绘出来，进而使得这些会计理论和实务操作不仅仅是一种观念上的活动，更是一种随处可见的、看得见摸得着的有形实体运动。"会计沙盘模型"假设如附录2图1所示。

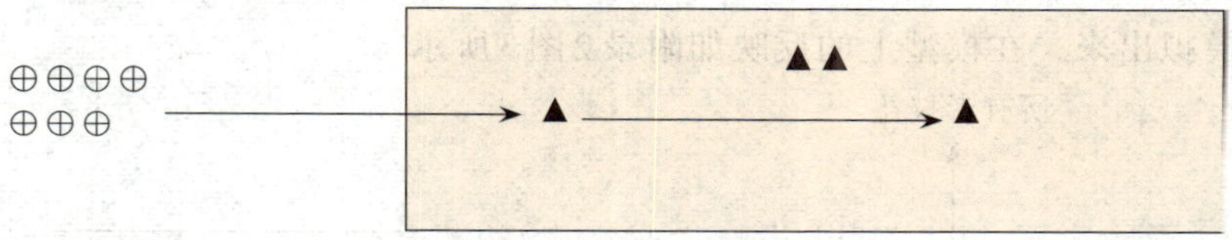

附录2图1　会计沙盘模型图

注：在模型中用"⊕"代表在平面之外的沙坑，用"▲"来表示平面之上的沙堆，用"沙"来代表资金，箭头表示沙的流向。

"会计沙盘模型"的含义是这样的：假设企业经济活动的空间范围就是这个平面及其周边；借助"小孩之手"，通过游戏的形式将企业经济业务所引起的资金运动在平面及其周边全程地、实体地模拟出来。在企业成立之前，该模型的平面及其周边什么都没有：平面之上没有沙堆，平面之外也没有沙坑。企业成立运作需要有初始的资本金；就像小孩玩游戏需要沙一样，小孩需要从平面之外挖取一把沙，并将其放置在平面之上。企业的整个经营过程，就相当于游戏中沙子在沙坑、沙堆之间流动与转换过程。企业终止，就相当于游戏之中的沙子又流回到原来的沙坑之中，平面里外又恢复到最初的原始状态，即平面及其周边什么都没有了。

企业的经济活动可以划分为筹资环节、供应环节（采购环节）、生产环节、销售环节和投资环节等五大环节。每一环节都有其基本的经济业务及其基本的资金运动。每一环节的具体业务都围绕着这些基本的经济业务展开；相应地，所引起的具体资金运动也都是在其基本资金运动的基础上推演而来的。

将企业各个环节的基本资金运动串联在一起，就构成了一个完整的企业基本资金运动流程图。该整体流程如附录2图2所示。

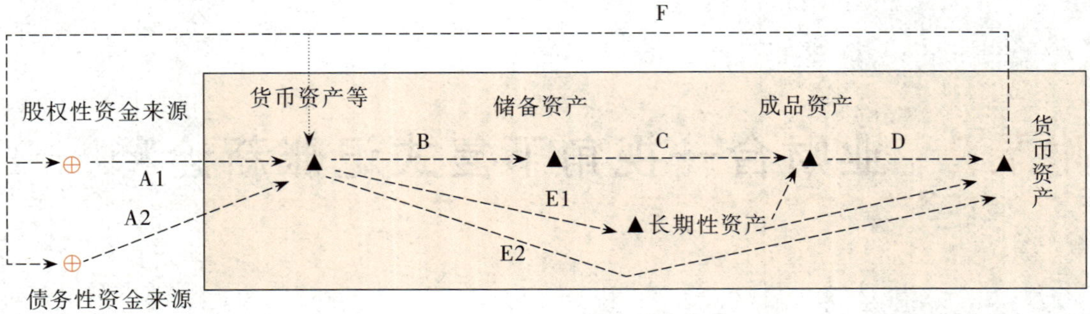

附录2图2　企业基本资金运动综合流程图

附注：A——筹资环节基本资金运动　B——储备环节基本资金运动　C——生产环节基本资金运动
D——销售环节基本资金运动　E——投资环节基本资金运动　F——重新投入再生产或退出企业

企业基本资金运动流程图是资金运动会计理论分析的基本框架。企业所有的业务都是在这个基本流程图上推演出来的。每一笔业务对应一段资金运动，资金运动环环相扣，从而构成企业资金运动全貌。

二、会计静态三要素在“会计沙盘模型”上的反映

资产、负债和所有者权益三要素是资金运动的静态表现形式。这种静态表现形式可以在模型上被模拟出来，在模型上的反映如附录2图3所示。

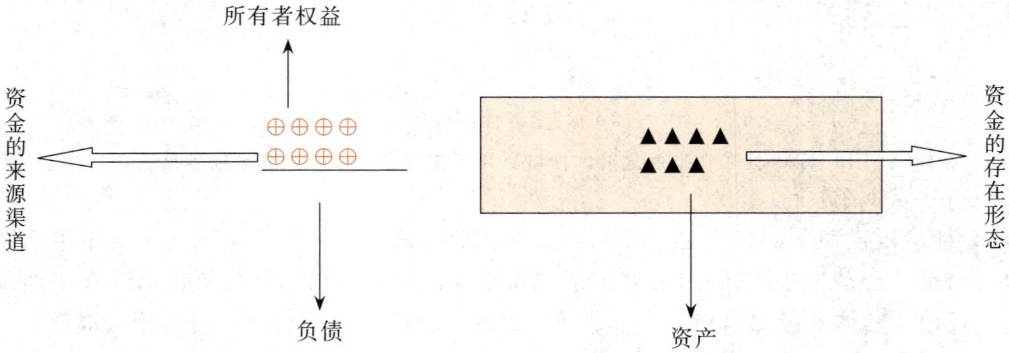

附录2图3　会计静态要素在模型上的反映图

从“会计沙盘模型”中可以看到，会计静态三要素被有形实体化，它们都变成了看得见、摸得着的实体。资产在模型上通过“沙堆▲”的形态被模拟出来，债权人权益（简称负债）和所有者权益则通过“沙坑⊕”的形态被模拟出来。

三、会计账户结构的重新诠释

传统的账户结构主要反映资金的增减变化，反映的是资金运动的结果；如账户的借方既可能反映资产的增加，也可能反映负债的减少。本书将从资金运动过程的新视角来重新诠释账户结构。

以“原材料”为例，在“会计沙盘模型”上，与原材料有关的资金运动如附录2图4所示。

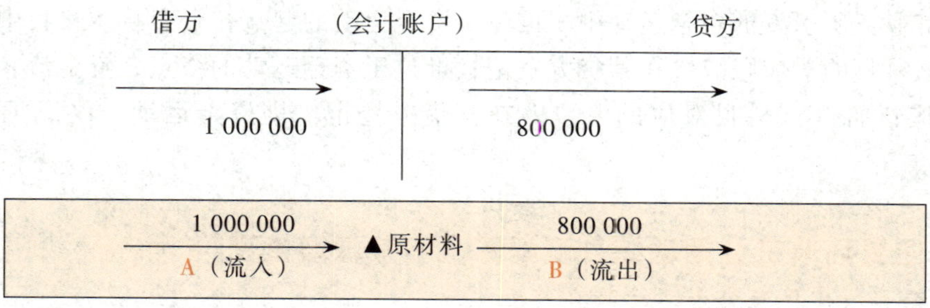

附录2图4　账户与资金运动过程的关系图

从资金运动的角度看，与“原材料”科目有关的资金运动只有两种情况：一种是资金流入到本科目中；另一种就是资金从本科目流出。正是由于其资金流入量和资金流出量，才引起本科目资金的增减变化，并由此而产生余额（资金流入量与流出量之差）。

因此，从资金运动过程的角度来看，账户只需要把资金流入量和资金流出量两个方面记录下来就可以反映该科目的资金变化。在此，将账户的结构与其对应科目的资金运动关联起来：参照从左到右的习惯，账户的左边部分（即借方）记录对应科目的资金流入量，账户的右边部分（即贷方）记录对应科目的资金流出量。

以附录2图4为例，如有1 000 000元的资金流入到“原材料”科目，相应地，就应该打开“原材料”科目所对应的账户，在其借方登记1 000 000元。如有800 000元的资金从“原材料”科目流出，相应地，就应该打开“原材料”科目所对应的账户，在其贷方登记800 000元。

四、借贷记账法新记账思路的重新诠释

传统的记账思路一般分为四步：找账户、辨性质、看增减、定方向；这种记账思路与从资金运动结果角度定义账户结构是一脉相承的。本书将从资金运动过程的新视角来重新诠释记账思路。

按照对账户的新诠释，账户借方登记对应科目的资金流入量，从资金运动的角度来看，所反映的本质就是谁位于资金运动的终点，就在其对应账户的借方登记，如附录2图4中A段运动所示。账户贷方登记对应科目的资金流出量，从资金运动的角度来看，所反映的本质就是谁位于资金运动的起点，就在其对应账户的贷方登记，如附录2图4中B段运动所示。简言之，资金运动，终点记借，起点记贷。这就是新的记账思路。

以“企业向银行申请短期借款100 000元，款项已存入银行”为例，其资金运动如附录2图5所示。

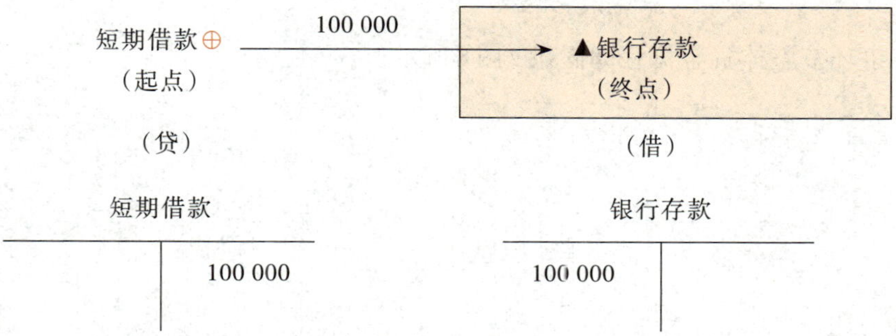

附录2图5　记账思路的重新诠释图

在经济业务所引发的资金运动中，谁位于资金运动的起点，资金从本科目中流出，就应该打开该科目的对应账户，在其贷方登记；谁位于资金运动的终点，资金流入到本科目之中，就应该打开该科目对应的账户，在其借方登记。即资金运动，终点记借，起点记贷。

五、企业主要环节资金运动综合流程图（不考虑增值税）

（一）企业供应环节资金运动综合分析

企业供应环节资金运动整体流程如附录2图6所示。

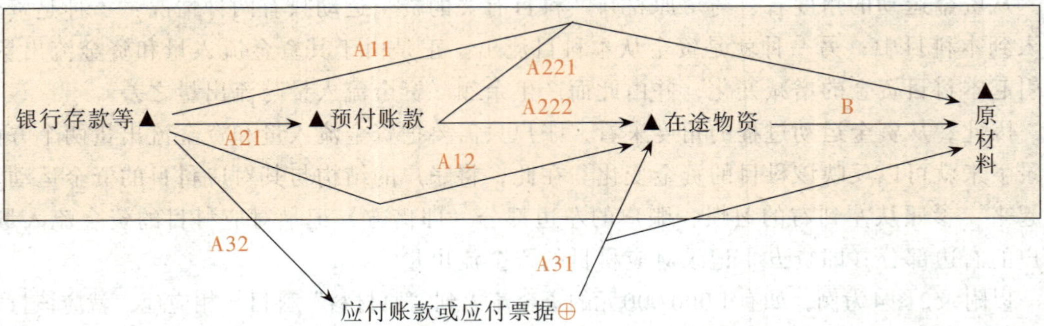

附录2图6　企业供应环节资金运动整体流程图

（二）企业生产环节资金运动综合分析

企业生产环节整体资金运动流程如附录2图7所示。

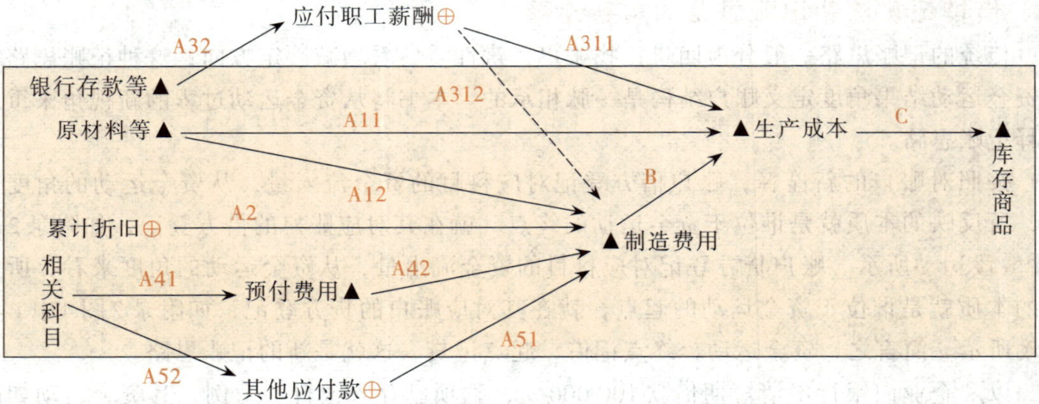

附录2图7　企业生产环节资金运动整体流程图

（三）企业销售环节资金运动综合分析

企业销售环节整体资金流程如附录2图8所示。

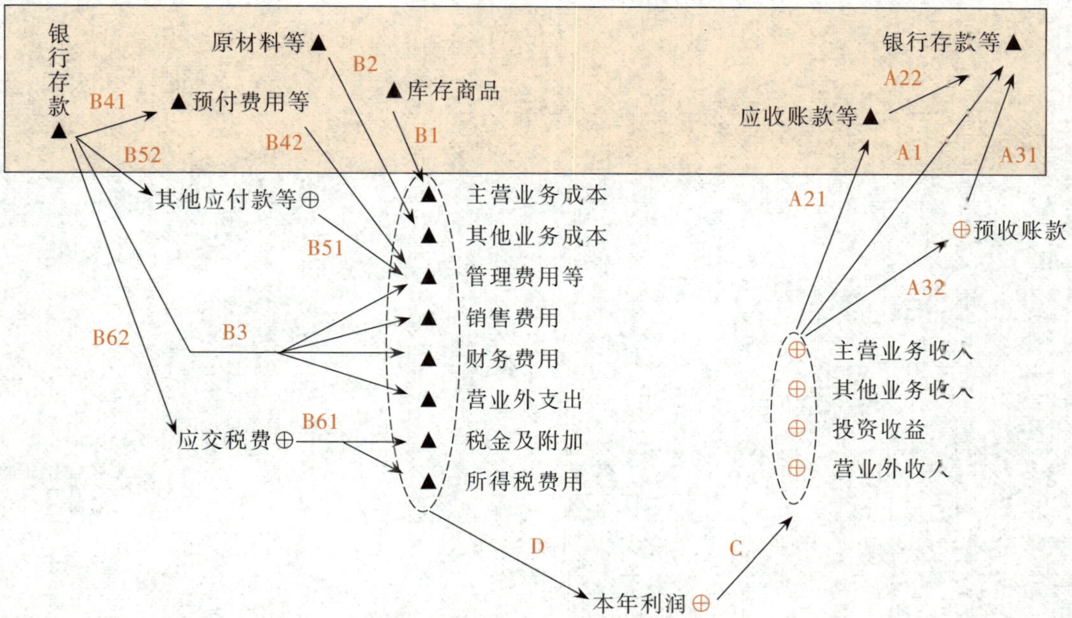

附录2图8　企业销售环节资金运动整体流程图

其具体内容可参见：《会计学原理》，施先旺、龚翔主编，东北财经大学出版社，2021年8月第二版。